Eckey/Stock · Verkehrsökonomie

Hans-Friedrich Eckey/Wilfried Stock

Verkehrsökonomie

Eine empirisch orientierte Einführung in die Verkehrswissenschaften

GABLER

Dr. Hans-Friedrich Eckey ist Professor für Empirische Wirtschaftsforschung und Ökonometrie an der Universität Gesamthochschule Kassel.

Dipl.-Oec. Wilfried Stock ist wissenschaftlicher Mitarbeiter am Lehrstuhl für Empirische Wirtschaftsforschung und Ökonometrie.

Die Deutsche Bibliothek – CIP-Einheitsaufnahme
Ein Titeldatensatz für diese Publikation ist bei der Deutschen Bibliothek erhältlich.

Lektorat: Ralf Wettlaufer / Annegret Eckert

Der Gabler Verlag ist ein Unternehmen der Fachverlagsgruppe BertelsmannSpringer.

http://www.gabler.de

Höchste inhaltliche und technische Qualität unserer Produkte ist unser Ziel. Bei der Produktion und Verbreitung unserer Bücher wollen wir die Umwelt schonen. Dieses Buch ist auf säurefreiem und chlorfrei gebleichtem Papier gedruckt. Die Einschweißfolie besteht aus Polyäthylen und damit aus organischen Grundstoffen, die weder bei der Herstellung noch bei der Verbrennung Schadstoffe freisetzen.

Druck und Buchbinder: Lengericher Handelsdruckerei, Lengerich/Westf.
Printed in Germany

ISBN 3-409-11438-6

Vorwort

Die politische und wissenschaftliche Diskussion über die gesellschaftlichen Wirkungen des Verkehrs ist in vollem Gang und wird äußerst kontrovers geführt. Auf der einen Seite steht die Auffassung, daß eine immer stärker verflochtene Welt –verbunden mit Stichworten wie Globalisierung, Europäische Einigung und Osterweiterung, Deutsche Wiedervereinigung sowie internationaler Tourismus- einen Ausbau der Verkehrsinfrastruktur erfordert und zwangsläufig steigende Verkehrsströme mit sich bringt. Der Austausch von Personen und Gütern fördert den internationalen Wohlstand und bildet die Basis für ein friedliches Zusammenleben der Völker. Auf der anderen Seite steht die Meinung, daß die Arbeitsteilung zwischen Regionen und Ländern ihr Optimum bereits deutlich überschritten hat und ein weiter wachsender Verkehr aus ökologischen Gründen nicht mehr hingenommen werden darf. Eine nachhaltige Entwicklung erfordert Verkehrsvermeidung und –wo dies nicht möglich ist- eine Verkehrsumlenkung zu umweltfreundlichen Verkehrsmitteln.

Das Buch „Verkehrsökonomie" will zu diesem Disput nicht wertend Stellung nehmen, sondern eine Bestandsaufnahme der ökonomischen Grundlagen des Verkehrs bieten. Es wendet sich an Studenten der Ökonomie, die sich in ihrem Studium mit verkehrswissenschaftlichen Fragestellungen beschäftigen, sowie interessierte Laien, die die Grundlagen der Ökonomie beherrschen. Der Leser sollte nach der Lektüre des Buches die theoretischen Grundlagen der Verkehrsökonomie, die Begründung für staatliche Eingriffe in den Verkehrsablauf , die dem Staat hierfür zu Verfügung stehenden Instrumente, aktuelle verkehrspolitische Probleme, statistische Methoden zur Verkehrsanalyse sowie empirische Ausprägungen der Verkehrsökonomie kennen und in der Lage sein, eigene Standpunkte zu verkehrlichen Fragestellungen zu entwickeln und zu begründen.

Ein besonderes Schwergewicht wird dabei auf die Grundlagen und aktuellen Probleme der Verkehrspolitik sowie die empirischen Elemente der Verkehrsökonomie gelegt. Die Begründung hierfür liegt zum einen in den Arbeitsschwerpunkten der Verfasser, die dem Fachgebiet „Empirische Wirtschaftsforschung" der Universität Gh Kassel angehören, und zum anderen an der schon existierenden Literatur zum Verkehrsbereich, die ihren Schwerpunkt eher in den theoretischen Grundlagen hat. Diese gewählte Schwerpunktsetzung äußert sich in einer ausführlichen Darstellung der Argumentation für (und gegen) staatliche Eingriffe, der hierzu zur Verfügung stehenden instrumentellen Ansätze sowie der Probleme, mit denen die Verkehrspolitik gegenwärtig konfrontiert ist. Die empirische Ausrichtung zeigt sich erstens an dem Versuch, einzelne Tatbestände und Aussagen durch Zahlen zu belegen, die sich in der Regel auf die Bundesrepublik Deutschland beziehen und nicht nur den aktuellen Stand, sondern auch die zeitliche Entwicklung zum Ausdruck bringen, sowie zweitens in einem eigenen Kapitel „Verkehrsökonometrie", in dem die Quellen für verkehrsökonomische Daten aufgeführt und die statistischen Methoden zu ihrer Auswertung dargestellt werden. Die vertiefte Befassung mit empirischen und politischen Fragestellungen der Verkehrsökonomie bedeutet selbstverständlich nicht, daß nicht auch auf theoretische Grundlagen eingegangen wird; sie stehen nur nicht im Mittelpunkt des Buches.

Neben den Autoren hat eine Reihe von weiteren Personen an der Erstellung des Lehrbuches mitgewirkt. Zu erwähnen ist zunächst Frau Iris Röttger, die das Manuskript mit großem Eifer und Arbeitsfreude geschrieben hat; auch immer wieder vorgenommene Änderungen wurden von ihr mit großer Geduld ertragen. Abbildungen wurden in erster Linie von Dipl.-Ökonom Arne Berger erstellt. Berechnungen mit Hilfe des Programmsystems „VERENA", das von ihm entwickelt wurde, und die zu einer Reihe von Karten im Lehrbuch geführt haben, führte Herr Dr. Klaus Horn durch. Kritisch gegengelesen wurde das Manuskript von Herrn stud.rer.oec. Orhan Kalkan sowie von Frau Dipl.-Volkswirtin Martina Rengers. Ihnen allen sei an dieser Stelle herzlich für ihre Mit- und Zuarbeit gedankt.

Prof. Dr. Hans-Friedrich Eckey

Dipl.-Ökonom Wilfried Stock

Inhaltsverzeichnis

Abbildungsverzeichnis

Tabellenverzeichnis

Übersichtsverzeichnis

Abkürzungs- und Symbolverzeichnis

Δ	Differenz
δf/δx	Partielle Ableitung der Funktion f nach der Variablen x
η	Preiselastizitätskoeffizient
β	Regressionsparameter
σ	Standardabweichung
^	Symbol für einen Schätzwert
ε	Transportelastizitätskoeffizient
AASHO	American Association of State Highway Officals
ABBG	Autobahnbenutzungsgebhren-Gesetz
Abs.	Absatz
AEG	Allgemeines Eisenbahngesetz
A_i	Auspendler aus Region i
Art.	Artikel
b	Widerstandsparameter
BASt	Bundesanstalt für Straßenwesen
BbG	Bundesbahngesetz
BEV	Bundeseisenbahnvermögen
BGBl	Bundesgesetzblatt
BIP	Bruttoinlandsprodukt
BMV	Bundesministerium für Verkehr
BPW	Bruttoproduktionswert
BR-Drs.	Bundesratdrucksache
BSP	Bruttosozialprodukt
BST	Bundesstraße
BVWP	Bundesverkehrswegeplan
BWS	Bruttowertschöpfung
C	Kapazitätsgrenzwert
C	Kosten

CIR-ELKE	Computer Integrated Rail Roading –Erhöhung der Leistungsfähigkeit im Kernnetz–
Co_2	Kohlendioxide
DB AG	Deutsche Bahn AG
DB	Deutsche Bundesbahn
DBGrG	Deutsche Bahn Gründungsgesetz
df/dx	Ableitung der Funktion f nach der Variablen x
d_{ij}	Distanz (Entfernung) zwischen Punkt i und Punkt j
DIW	Deutsches Institut für Wirtschaftsforschung
DK	Durchschnittskosten
DR	Deutsche Reichsbahn
DTV	Durchschnittliche tägliche Verkehrsstärke
e	Eulersche Zahl
e	Residuen
EBA	Eisenbahnbundesamt
ECMT	European Conference of Ministers of Transport
EG	Europäische Gemeinschaft
EIB	Europäische Investitionsbank
E_j	Einpendler in Region j
EneuOG	Eisenbahnneuordnungsgesetz
EU	Europäische Union
EWG	Europäische Wirtschaftsgemeinschaft
EWS	Empfehlungen zur Wirtschaftlichkeitsuntersuchungen an Straßen
f(x)	Funktion einer stetigen Variablen, Funktionalverknüpfung
F_{ij}	Fahrten zwischen Region i und j
f^x	Anzahl der Fahrten pro Zeiteinheit um Produkt x einzukaufen
GK	Grenzkosten
GüKG	Güterkraftverkehrsgesetz
GVFG	Gemeindeverkehrsfinanzierungsgesetz
GVP	Gemeinsame Verkehrpolitik (der EU)

GVZ	Güterverkehrszentrum
GWB	Gesetz gegen Wettbewerbsbeschränkung
I	Indifferenzkurve
i	Zinssatz
IATA	International Air Traffic Association
Jg.	Jahrgang
K	Kapitaleinsatz
K(x)	Kosten des Gutes x
Kap.	Kapitel
Kfz	Kraftfahrzeug
KLV	Kombinierter Ladungsverkehr
Km	Kilometer
KONTIV	Kontinuierliche Erhebung zum Verkehrsverhalten
KST	Kreisstraße
kt	Kilotonne
KV	Kombinierter Verkehr
L	Arbeitseinsatz
Lkw	Lastkraftwagen
LuftVG	Luftverkehrsgesetz
LuftVZO	Luftverkehrszulassungsordnung
M	Verkehrsmenge (Kfz/h)
Mio.	Millionen
MIV	Motorisierter Individualverkehr
MKRO	Ministerkonferenz für Raumordnung
Mrd.	Milliarden
Mt	Megatonne
n	Anzahl der Merkmalsausprägungen
N	Nachfragefunktion
NB	Nutzen aus Transportkostensenkung
NBL	Neue Bundesländer

NE	Nutzen aus Verbesserung der Erreichbarkeit
NF	Nutzen aus verkehrsfremden Funktionen
NGW	Nettogegenstandswert
NO_x	Stickoxide
NR	Nutzen aus regionalen Effekten
NS	Nutzen aus Beiträgen der Verkehrssicherheit
NU	Nutzen aus Umwelteffekten
NVPL	Nahverkehrsplan
NW	Nutzen aus Kosten der Wegeerhaltung
Ø	Durchschnitt
ÖPNV	Öffentlicher Personennahverkehr
ÖSPV	Öffentlicher Straßenpersonenverkehr
p	Preis
P	Wahrscheinlichkeit
p*	Gleichgewichtspreis
PBefG	Personenbeförderungsgesetz
P_{ij}	Pendler zwischen Region i und j
Pkm	Personenkilometer
Pkw	Personenkraftwagen
PlVereinfG	Planungsvereinfachungsgesetz
$p^x{}_z$	Preis des Produktes x im Ort z
Q_i	Zeilensumme der Region i als Quelle
S_{ij}	Streckenverbindung (Kante) zwischen i und j
SKE	Steinkohleeinheiten
SO_2	Schwefeldioxid
SPNV	Schienenpersonennahverkehr
SPSS	Statistical Package for Social Sciences
s^x	Lagerkosten für Produkt x
T	Summationsobergrenze des Zeitindex
t	Tonne

t	Zeitindex
t_{ij}	Fahrtkosten pro Entfernungseinheit zwischen Orten i und j
tkm	Tonnenkilometer
T_M	Geschwindigkeitsfunktion bei einer Verkehrsmenge M
Tsd	Tausend
u	Störvariable (Störgröße)
U(x)	Nutzen des Gutes x
UVP	Umweltverträglichkeitsprüfung
UVS	Umweltverträglichkeitsstudie
v	Verflechtungsvariable (Interaktionsgröße)
VOC	Volatile Organic Compounds (leicht flüchtige organische Verbindungen)
VT	Verkehrsträger
x	Produkt, Gut
x*	Gleichgewichtsmenge
Y	abhängige Variable
Y	Output
Z_i	Zentrum der Region i
Z_j	Spaltensumme der Region j als Ziel
Zugkm	Zugkilometer

I. Einführung in die Thematik: Grundlegende Begriffe und ihre empirische Darstellung

I.1 Verkehr und Mobilität

Mobilität und Verkehr sind eng verwandte Begriffe, jedoch keineswegs Synonyma. **Mobilität** stammt vom Lateinischen mobilis (= beweglich) und bezeichnet im allgemeinen den Wechsel von Personen oder Gütern zwischen den Teilmengen eines Systems. Der Begriff kann sinnvoll in unterschiedlichsten Lebensbereichen eingesetzt werden. So spricht man etwa von beruflicher Mobilität, wenn der Wechsel von einem Beruf zu einem anderen vorgenommen wird. Häufige Verwendung findet Mobilität auch im Zusammenhang mit dem Wechsel zwischen sozialen Schichten, gewählten Parteien, Arbeitsplatz bietenden Sektoren usw.

Im Rahmen der Verkehrswissenschaften ist die räumliche Mobilität von besonderer Bedeutung. [1] Hier sind die definierten Teilmengen Standorte im Rahmen des Systems Raum. Räumliche Mobilität bedeutet also den Wechsel zwischen (mindestens) zwei Standorten und äußert sich in einer Raumüberwindung. Im Hinblick auf die Mobilität lassen sich verschiedene Begriffspaare unterscheiden:

a) *Potentielle und effektive Mobilität*
Von potentieller Mobilität spricht man, wenn die Raumüberwindung zwischen zwei Standorten grundsätzlich möglich ist, wobei Unmöglichkeiten technischer, finanzieller, zeitlicher, physischer und psychischer Art sein können.
Wird die Strecke zwischen den beiden Standorten wirklich zurückgelegt, wird die potentielle zur effektiven Mobilität. Dieser Schritt wird dann vollzogen, wenn die mit der Überwindung der Strecke verbundenen Nutzen größer als die entsprechenden Kosten sind. Je attraktiver andere Standorte und je geringer die Transportkosten, um so höher also die effektive Mobilität. [2]

b) *Wanderungs- und zirkuläre Mobilität*
Wanderungsmobilität meint eine einseitige Raumüberwindung vom Standort A zum Standort B, ohne von B nach A zurückzukehren; es handelt sich um eine dauerhafte Veränderung des gewählten Standortes in Form eines Wohnortwechsels. Zirkuläre Mobilität bedeutet Rückkehr von B nach A, wenn die in B zu tätigende Aktivität er-

---

[1] Vgl. Thiesis, Michael (1998).
Siehe auch Heine, Wolf-D. (1998).

[2] Eine genaue Darstellung dieses Zusammenhangs findet sich in Kapitel II.1.1 –Arten der volkswirtschaftlichen Nutzen–.

ledigt ist. Hierzu gehören regelmäßig wiederkehrende Tätigkeiten wie Einkaufen, Schulbesuch, Arbeiten, Freizeit und Urlaub.
Bei der Wanderungsmobilität wird ein Weg zurückgelegt (von A nach B), bei der zirkulären Mobilität mindestens zwei Wege (von A nach B und zurück von B nach A). Häufig werden aber auch mehrere außerhäusige Aktivitäten miteinander verbunden. So mag man zunächst von A nach B zur Arbeit, dann von B nach C zum Einkaufen und dann wieder von C nach A zur eigenen Wohnung zurückkehren. In diesem Fall spricht man von einer Wegekette.

c) *Zweck- und Erlebnismobilität*
Mobilität kann den einzigen Zweck haben, von A nach B zu kommen, aber auch Selbstzweck sein. Das Einkaufen in B ist ein Beispiel für Zweckmobilität, das Radfahren zur Freizeitgestaltung (körperliche Ertüchtigung; Genuß der Landschaft) ein Beispiel für Erlebnismobilität.

d) *Freiwillige und erzwungene Mobilität*
Wird die Fahrt zwischen zwei Standorten aufgrund eigener Entscheidung durchgeführt, so ist die Mobilität freiwillig, wird sie dagegen durch eine andere Person angeordnet, so ist sie unfreiwillig.

Mobilität läßt sich durch verschiedene Kennziffern ausdrücken. Die **Mobilitätsrate** berechnet sich, indem man die Anzahl der Ortsveränderungen auf eine Zeiteinheit bezieht. Von der Mobilitätsrate zum **Mobilitätswegelängen- bzw. Mobilitätsstreckenbudget** gelangt man dadurch, daß im Personenverkehr die durchschnittliche Wegelänge pro Person und Zeiteinheit sowie im Güterverkehr die durchschnittliche Transportweite pro Beförderungseinheit und Zeiteinheit angegeben werden. Der letzte der im Zusammenhang mit der Mobilität zu klärende Begriff ist jener des **Mobilitätszeitbudgets**; er beinhaltet pro Zeiteinheit die im Personenverkehr durchschnittlich verbrauchten Wegestunden pro Person bzw. im Güterverkehr die durchschnittliche Transportdauer pro Beförderungseinheit.

Die entsprechenden empirischen Werte für die Zeiteinheit Tag in der Bundesrepublik Deutschland (alt) lassen sich der Tabelle 1 entnehmen. Sie zeigt, daß die Mobilitätsrate und das Mobilitätszeitbudget über den Zeitverlauf relativ konstant sind, während sich das Mobilitätsstreckenbudget, u.a. verursacht durch Geschwindigkeitssteigerungen der Verkehrsmittel, signifikant erhöht hat.

Tabelle 1: Mobilitätsdaten in Deutschland (Personenverkehr)

	KONTIV 76	KONTIV 89
Mobilitätsrate (Wege pro Person u. Tag)	2,62	2,71
Mobilitätsstreckenbudget (km pro Person u. Tag)	23,1	27,3
Mobilitätszeitbudget (Minuten pro Person u. Tag)	57,6	61,1

Quelle: KONTIV (1976/1989). KONTIV steht für **Konti**nuierliche Erhebung zum **V**erkehrsverhalten

Mobilität von Personen läßt sich aus Verhaltensdeterminanten ableiten, wie sie aus Abbildung 1 hervorgehen. Ortsveränderungen werden durch subjektive individuelle Mobilitätswünsche in Verbindung mit den vorhandenen objektiven Mobilitätsmöglichkeiten hervorgerufen.

Abbildung 1: Bestimmungsgründe der Mobilität von Personen

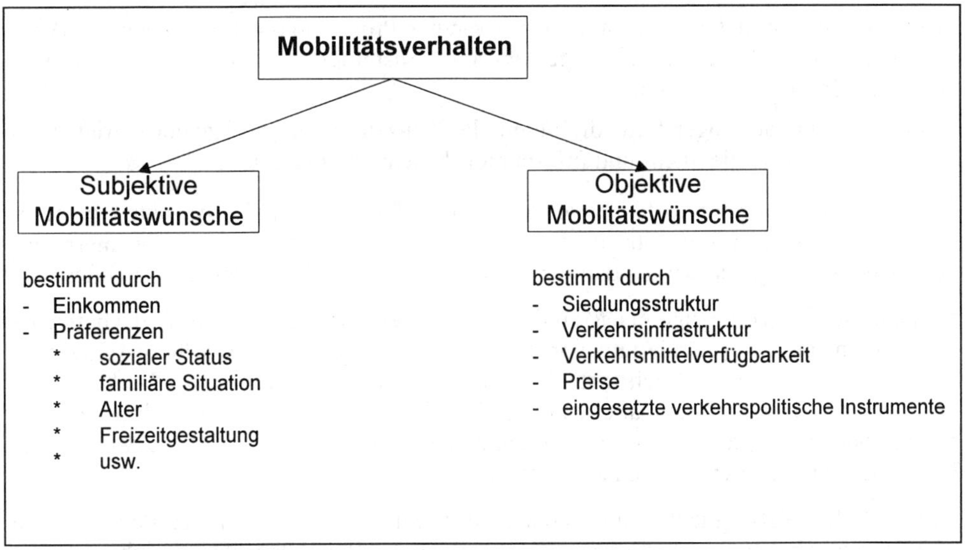

Quelle: In Anlehnung an Barth, Margareta; Neumann, Horst; Würtenberger, Julian (1996), S. 21-24

Diese Faktoren, insbesondere eine erhöhte Verkehrsmittelverfügbarkeit in Kombination mit steigendem Einkommen und zunehmender Freizeit, führen per saldo zu einer kontinuierlichen Steigerung der Mobilitätsdaten, insbesondere des Mobilitätsstreckenbudgets.

Der Grund für die Mobilität von Gütern liegt in der Arbeitsteilung zwischen Menschen, die räumlich getrennt voneinander leben. Verschiedene Standorte haben komparative Vorteile bei der Herstellung bestimmter Güter und Dienstleistungen, was die räumliche Konzentration der Produktion und den Austausch von Erzeugnissen nahe legt. Verantwortlich hierfür zeichnen vor allem folgende Faktoren:

a) Benötigte Rohstoffe sind nur an ausgewählten Standorten vorhanden (Kohle, Erze).

b) Klimatische Verhältnisse lassen die Erzeugung bestimmter landwirtschaftlicher Erzeugnisse nur in wenigen Regionen zu (Südfrüchte).

c) Die zur Produktion von Gütern erforderlichen Produktionsfaktoren sind unterschiedlich regional verteilt. Produkte, deren Herstellung z.B. viel Kapital benötigt, konzentrieren sich in Standorten, in denen relativ viel Kapital vorhanden ist. Deutschland ist ein solches Land mit einer relativ guten Kapitalausstattung und exportiert deshalb vor allem Güter, die kapitalintensiv hergestellt werden, so z.B. Autos, Maschinen und chemische Produkte.

d) Es existieren Vorteile der Großproduktion durch Automatisierung, Spezialausrüstungen sowie learning by doing. Die Produktionselastizität ist > 1, d.h., ein Mehrumsatz der Produktionsfaktoren von 1% führt zu einer Steigerung des Outputs um mehr als 1%.

e) Durch die räumliche Konzentration verwandter Produktionsstätten entstehen Akkumulationsvorteile (Lerneffekte, gemeinsame Ausbildungs- und Forschungseinrichtungen, Informationsvorteile).

f) Für den Endnachfrager führt die räumliche Konzentration von Handelsbetrieben zu Vorteilen, da sie die Such- und Informationskosten deutlich senkt.

Die Höhe der Transportkosten bildet das größte Hemmnis für die Ausnutzung dieser Vorteile und wirkt dekonzentrierend. Sinkende Transportkosten stärken die interregionale Arbeitsteilung und wirken damit positiv auf die räumliche Mobilität von Gütern.

Verkehr ist eine Teilmenge der Mobilität. Unter **Verkehr** wird in den Wirtschaftswissenschaften die Ortsveränderung von Personen (Personenverkehr), Gütern (Güterverkehr) und Nachrichten (Nachrichtentechnik) verstanden [3]. Häufig wird Verkehr aber auch enger definiert; er beinhaltet dann nur jene Raumüberwindung die sich besonderer technischer und organisatorischer Einrichtungen (Verkehrsmittel, Verkehrswege, Verkehrsstationen und Verkehrsanlagen) bedient. [4]

Die **Verkehrsleistung** läßt sich im Personenverkehr über die beförderten Personen und im Güterverkehr über die beförderten Güter, die in der Regel über ihr Gewicht normiert werden, messen. Multipliziert man die Beförderungsfälle mit den gefahrenen Entfernungen, ergeben sich Personen- und Tonnenkilometer [5], die sich im binnenländischen Verkehr in der Bundesrepublik Deutschland wie folgt entwickelt haben: [6]

3 Hier wird im folgenden schwerpunktmäßig auf den Personen- und Güterverkehr eingegangen werden. Die Nachrichtentechnik findet nur insoweit Berücksichtigung, als sie es ermöglicht, Verkehr zu substituieren und zu lenken.

4 Ähnlich bei Hamm, Walter (1988) und
o.V.: Brockhaus-Enzyklopädie (1974).

5 Im folgenden beziehen sich die Angaben, wenn nichts anderes vermerkt, immer auf alle motorisierten Verkehrsträger.

6 Die langen Zeitreihenangaben beziehen sich bis 1990 immer auf die alte Bundesrepublik Deutschland. Ab 1991 werden dann gesamtdeutsche Werte ausgewiesen. Eine Vergleichbarkeit vor und nach 1990 ist damit nicht gewährleistet. Die Trennung entspricht aber den statistischen Veröffentlichungen; sie wird auch in den folgenden Abbildungen und Tabellen aufrechterhalten, wenn nichts anderes vermerkt wird.

Abbildung 2 (a): Entwicklung der beförderten Personen und Personenkilometer in Deutschland

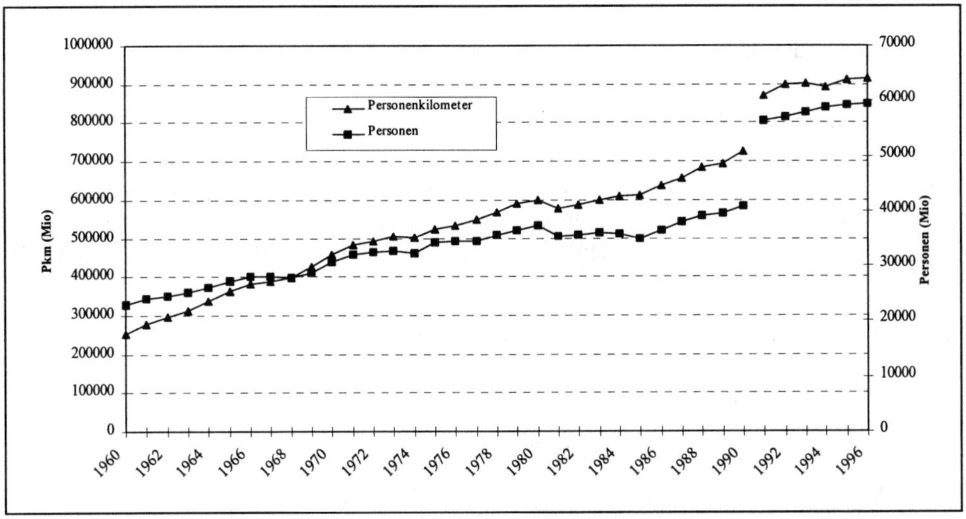

Quelle: Eigene Zusammenstellung und graphische Darstellung nach Angaben des Deutschen Instituts für Wirtschaftsforschung (DIW) (verschiedene Jahrgänge): Verkehr in Zahlen

Abbildung 2 (b): Entwicklung der beförderten Güter und Tonnenkilometer in Deutschland

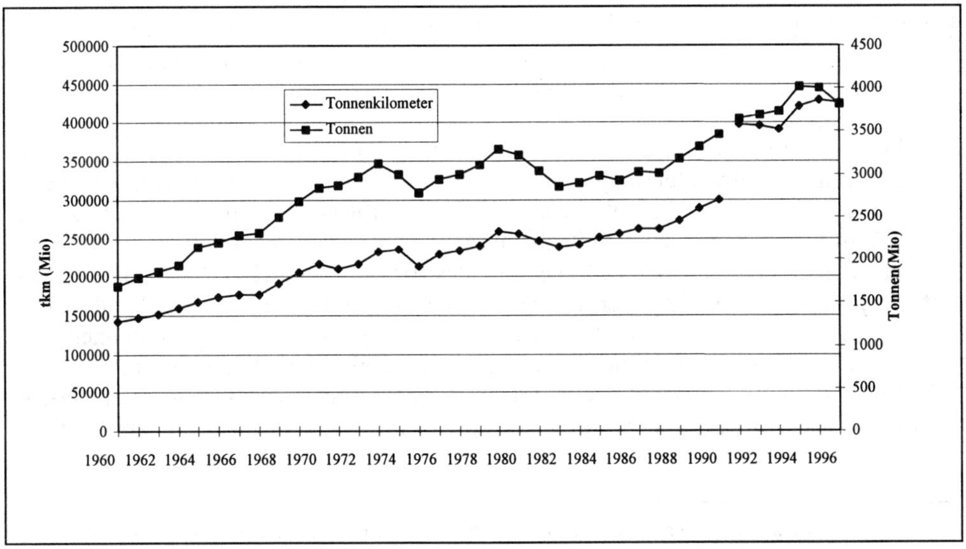

Quelle: Eigene Zusammenstellung und graphische Darstellung nach Angaben des Deutschen Instituts für Wirtschaftsforschung (DIW) (verschiedene Jahrgänge): Verkehr in Zahlen

Die obigen Abbildungen belegen eine erhebliche Ausweitung der binnenländischen Verkehrsmengen. [7] Von 1960 bis 1990 ist in der alten Bundesrepublik Deutschland die Verkehrsleistung im Personenverkehr um 186 und im Güterverkehr um 111 % angewachsen. Diese Steigerung basiert sowohl darauf, daß mehr Personen und Güter befördert wurden, als auch darauf, daß die hierbei zurückgelegten Strecken angewachsen sind. So stieg die durchschnittliche Wegstrecke im Personen- von 11,0 auf 17,7 km und im Güterverkehr von 84 auf 87 km.

Stellt man diese Entwicklung der Verkehrsleistung dem Wachstum der Bruttowertschöpfung gegenüber, so lassen sich Transportelastizitäten dadurch bestimmen, daß man die Wachstumsrate der Verkehrsleistungen durch jene der deflationierten Bruttowertschöpfung dividiert. Für den Zeitraum von 1961 bis 1996 ergeben sich für Deutschland folgende Ergebnisse:

Tabelle 2: Transportelastizitäten in Deutschland
(Wachstumsrate der Verkehrsleistung : Wachstumsrate der Bruttowertschöpfung)

Zeitraum	Transportelastizitäten	
	Personenverkehr	Güterverkehr
1961-1965	1,5041	0,8873
1966-1970	1,0070	1,1488
1971-1975	0,9811	0,1769
1976-1980	1,0147	0,9529
1981-1985	0,8987	0,5346
1986-1990 [8]	0,9003	0,9885
1991-1996	0,5948	0,8372
Durchschnitt 1961-1990	1,1037	0,7184

Quelle: Eigene Berechnungen aufgrund der Angaben des Deutschen Instituts für Wirtschaftsforschung (DIW) (verschiedene Jahrgänge): Verkehr in Zahlen

Tabelle 2 läßt im Hinblick auf den Zusammenhang von Verkehrs- und Wirtschaftsleistung folgende Schlußfolgerungen zu: Die Transportelastizität des Personenverkehrs nimmt im Zeitablauf deutlich ab. War im Zeitraum 1961-1965 eine 1%ige Steigerung der Bruttowertschöpfung noch mit einem Anstieg der Personenkilometer von 1,5 % verbunden, so führte eine gleiche Steigerung des BIP zwischen 1991-1996 nur zu einem unterproportionalen Anstieg der Personenverkehrsleistung von 0,6 %. Bei der Verkehrsleistung im Güterverkehr ist ein solcher eindeutiger Trend nicht zu erkennen. Ihre Transportelastizität schwankt um einen langfristig stabilen Mittelwert, der unter 1 liegt. Während also die häufig geäußerte Auffassung, daß vermehrter Wohlstand den Verkehr überproportional anwachsen läßt, im Güterverkehr nicht bestätigt werden kann, gilt die-

7 Binnenländisch heißen Verkehrsmengen, die sich innerhalb Deutschlands vollziehen. Fährt etwa ein Lkw Güter von Köln nach Brüssel, beinhalten die obigen Zahlen nur die Fahrt von Köln zur deutsch-belgischen Grenze.

8 Bis 1990 nur BRD (alt), ab 1991 gesamtdeutsche Werte.

se Aussage für den Personenverkehr im gesamten betrachteten Zeitraum. Hier ist allerdings ebenfalls eine Tendenz zum unterproportionalen Wachstum festzustellen.

Die amtliche Statistik läßt zu, die gesamte Verkehrsleistung im Rahmen des Personenverkehrs nach den Fahrtzwecken, Ausbildung, Beruf, Geschäft, Einkauf, Freizeit und Urlaub, zu unterteilen. Die entsprechenden Ergebnisse gehen aus der folgenden Tabelle 3 [9] hervor.

Tabelle 3: Fahrtzwecke im Personenverkehr in Deutschland (in Mio. Pkm)

Jahr	Beruf	Ausbildung	Geschäft	Einkauf	Freizeit	Urlaub	Gesamt
1960	51 833	7 020	40 700	29 880	111 926	12 115	253 474
1970	78 761	17 690	69 210	54 176	204 262	32 321	456 420
1980	124 239	32 062	74 696	61 462	250 395	55 708	598 562
1990	150 269	29 028	104 491	71 384	303 573	65 655	724 400
1991	188 472	36 140	146 307	92 884	345 525	61 772	871 100
1992	191 900	39 100	149 300	96 300	356 800	66 600	900 000
1993	187 510	37 415	149 318	96 036	359 082	70 819	900 180
1994	182 218	37 822	146 513	95 562	357 404	74 281	893 800
1995	185 491	39 069	149 117	96 391	365 297	71 835	907 200
Anteil in %							
1960	20,45	2,77	16,06	11,79	44,16	4,78	100,00
1995	20,45	4,31	16,44	10,63	40,27	7,92	100,00

Quelle: Eigene Berechnungen aufgrund der Angaben des Deutschen Instituts für Wirtschaftsforschung (DIW) (verschiedene Jahrgänge): Verkehr in Zahlen

Berechnet man die relativen Anteile dieser sechs Verkehrszwecke, wird deutlich, daß im Rahmen des Urlaubs- und Freizeitverkehrs rund 50 % der Personenverkehrsleistung in Deutschland erbracht wird. Zwischen 1960 und 1990 hat sich der Anteil des Ausbildungsverkehrs deutlich von 2,77 auf 4,31 % erhöht; eine ähnlich hohe Steigerung zeigt sich auch im Urlaubsverkehr, dessen Anteil von 4,78 auf 7,92 % angestiegen ist. Rückläufig waren dagegen die Anteile des Einkaufs- und des Freizeitverkehrs, während der Berufs- und der Geschäftsverkehr im Gleichschritt mit dem gesamten Personenverkehr angewachsen sind.

Auch innerhalb des Güterverkehrs kann eine Unterteilung vorgenommen werden, und zwar nach Güterarten. [10] Sie spiegelt die verschiedene Entwicklung der einzelnen Sektoren der Volkswirtschaft wider und beruht vor allem auf divergierenden Nachfrageelastizitäten, unterschiedlichen Preisentwicklungen und -elastizitäten sowie außenwirtschaftlichen Verflechtungen, die zu Im- und Exporten führen. Tabelle 4 zeigt die Entwicklung

9 Die vom DIW ermittelten Verkehrsleistungen wurden in den letzten Jahren sukzessive revidiert. Es werden ab 1991 die revidierten Verkehrsleistungen für Gesamtdeutschland ausgewiesen; bis 1990 konnten nur die unrevidierten Ergebnisse der Modellrechnung berücksichtigt werden.

10 Eine solche Unterteilung ist leider nicht für den Straßengüternahverkehr möglich, so daß auf seine Unterteilung im folgenden verzichtet werden muß.

der Transportleistungen in 12 Güterhauptgruppen zwischen 1970 und 1993. [11] Deutlich wird, daß eine Reihe von Sektoren abnehmende Transportleistungen aufweisen (z.B. Kohle, Eisenerze), während andere (z.B. Verbrauchsgüter) einen dauerhaften positiven Anstieg verzeichnen. So sank der Anteil der Kohle an der gesamten Güterverkehrsleistung von 12,24 auf 8,46 %, während der Anteil der Verbrauchsgüter von 15,30 auf 27,58 % anstieg.

Tabelle 4: Transportleistungen in 12 Güterhauptgruppen (Straßengüterfernverkehr, Binnenschiffahrt und Eisenbahn) in Deutschland

Jahr	Landwirtschaftliche Erzeugnisse	Nahrungs- und Futtermittel	Kohle	Rohöl	Mineralölprodukte	Eisenerze	NE-Metallerze, Schrott	Eisen, Stahl, NE-Metalle	Steine und Erden	Chemische Erzeugnisse, Düngemittel	Investitionsgüter	Verbrauchsgüter	Insgesamt
In Mio. tkm													
1970	6 276	11 024	19 857	418	14 691	11 059	4 463	17 328	25 400	18 580	8 282	24 821	162 200
1980	6 139	19 475	19 321	235	17 242	11 721	3 969	19 781	27 208	22 754	10 661	37 794	196 300
1990	7 463	26 038	15 481	219	19 690	8 010	4 286	23 567	29 151	27 105	13 476	62 515	237 000
1991	8 496	29 938	24 847	186	23 229	8 508	5 222	27 701	34 125	30 827	15 460	72 062	280 600
1992	8 611	30 879	24 509	154	23 554	8 707	5 058	27 203	33 733	30 665	14 808	75 219	283 100
1993	8 193	29 696	22 772	157	22 670	8 319	4 678	24 331	30 652	29 802	13 693	74 238	269 200
Anteil in %													
1970	3,87	6,80	12,24	0,26	9,06	6,82	2,75	10,68	15,66	11,46	5,11	15,30	100,00
1993	3,04	11,03	8,46	0,06	8,42	3,09	1,74	9,04	11,39	11,07	5,09	27,58	100,00

Quelle: Eigene Berechnung

Den geänderten Anteilen der Personenverkehrszwecke bzw. der Güterhauptgruppen entsprechen divergierende Transportelastizitäten. Wie die Tabelle 5 zeigt, haben im Zeitraum von 1961 bis 1990 der Urlaubsverkehr mit 2,50 die höchste und der Einkaufsverkehr mit 0,80 die geringste Transportelastizität; der Geschäfts- und Freizeitverkehr wuchsen etwa im gleichen Maß wie das Bruttowertschöpfung. Eine ähnliche Reihung, wenn auch mit geänderten Werten, kann für Gesamtdeutschland zwischen 1991 und 1995 festgestellt werden.

11 Aufgrund unterschiedlicher Erhebungs- und Erfassungsmethodik können hier nur die Werte für diesen Zeitraum herangezogen werden.

Tabelle 5: Elastizitäten innerhalb von sechs Personenverkehrszwecken in Deutschland

Zeitraum	Personenkilometer					
	Beruf	Ausbildung	Geschäft	Einkauf	Freizeit	Urlaub
1961-1965	0,9531	1,3734	1,3660	1,6126	1,6540	2,5695
1966-1970	0,7737	3,9065	0,8470	1,0752	0,8875	1,5687
1971-1975	1,9069	3,4433	0,5598	0,2278	0,2576	3,4369
1976-1980	1,3517	1,4685	-0,1688	1,1670	1,2238	0,7788
1981-1985	0,3863	-1,5916	0,5758	0,5849	1,8499	0,4240
1986-1990	0,9791	0,2015	2,1272	0,7916	0,7173	0,4040
1991-1995	-0,2506	1,2841	0,3043	0,5982	0,9067	2,5813
Durchschnitt 1961 bis 1990	1,1930	2,0540	0,9352	0,7995	0,9910	2,4932

Quelle: Eigene Berechnung

Die Elastizitätskoeffizienten der 12 Güterhauptgruppen können der Tabelle 6 entnommen werden. Zu den aufkommenselastischen Gütern zählen nur die Gruppen Verbrauchsgüter und Nahrungs-/Futtermittel. Alle anderen Bereiche zeigen dagegen unelastische Reaktionen. Besonders hervorzuheben sind die Sektoren, in denen Rohstoffe (Kohle, Rohöl, Eisenerze, NE-Metallerze, Steine und Erden) eine bedeutende Rolle spielen. Über den gesamten Zeitraum zwischen 1971 und 1990 wiesen diese Elastizitätswerte negative Vorzeichen auf, was einen absoluten Rückgang der Verkehrsmengen bei steigender Bruttowertschöpfung dokumentiert.

Tabelle 6: Transportelastizitäten in 12 Güterhauptgruppen in Deutschland

Zeitraum	Landwirtschaftliche Erzeugnisse	Nahrungs- und Futtermittel	Kohle	Rohöl	Mineralölprodukte	Eisenerze	NE-Metallerze, Schrott	Eisen, Stahl, NE-Metalle	Steine und Erden	Chemische Erzeugnisse, Düngemittel	Investitionsgüter	Verbrauchsgüter
1971-1975	1,0126	3,3445	-0,4369	-3,2185	0,3860	0,7280	-0,2481	0,4021	-0,4627	0,1091	0,4015	1,6337
1976-1980	-0,9851	1,7735	1,0223	-0,9980	1,1447	0,1697	0,3075	1,5672	0,8527	1,3807	1,0302	1,3599
1981-1985	0,9004	0,9615	-0,7999	-3,3290	2,0678	-1,2043	1,9131	0,7293	-0,9105	1,6280	0,7698	2,7915
1986-1990	0,3817	1,2615	-0,6814	-1,0002	0,0138	-0,6187	0,6064	1,0805	0,9938	0,5870	1,1523	2,0487
1991-1993	-2,9616	-0,6701	-6,9280	-12,8868	-1,9959	-1,8492	-8,6395	-10,089	-8,4399	-2,7570	-9,4791	2,5047
Durchschnitt 1971-1990	0,4394	2,0934	-0,1619	-0,7521	0,5532	-0,2651	0,1706	0,8065	0,2719	0,8367	0,9741	2,4886

Quelle: Eigene Berechnung

Setzt man bestimmte Annahmen in bezug auf die zukünftige Entwicklung jener Faktoren, die das Aufkommen des Personen- und des Güterverkehrs bestimmen, so lassen sich Aussagen über die wahrscheinliche zukünftige Entwicklung von Personen- und Güterverkehr machen. Der Personenverkehr wird bis zum Prognosejahr 2010 vermutlich auf 1 191 Mrd. Personenkilometer, der Güterverkehr auf 443 Mrd. Tonnenkilometer anwachsen. Diese Werte sind Ausdruck einer Status quo-Prognose, beruhen also auf der Annahme, daß das Verhalten der Verkehrsteilnehmer sowie die Gestaltung der Verkehrspolitik in Zukunft ähnlich aussehen werden wie in der Vergangenheit. Unterstellt man dies auch für die einzelnen Fahrtzwecke und Güterarten, lassen sich für sie folgende wahrscheinliche Entwicklungen ableiten:

Tabelle 7: Fahrtzwecke und 12 Güterarten

Jeweils alle Verkehrsträger							
	Güterverkehr (Lkw fern; Zug; Binnenschiffahrt)			Personenverkehr (motorisiert)			
Güterhauptgruppen	1993	2010	Wachstum in %	Verkehrszwecke	1994	2010	Wachstum in %
	tkm (in Mio)				Pkm (in Mio)		
Landwirtschaftliche Erzeugnisse	8 193	13 626	66,32%	Berufsverkehr	182 218	264 709	45,27%
Nahrungs- und Futtermittel	29 696	47 716	60,68%	Ausbildungsverkehr	37 822	45 680	20,78%
Kohle	22 772	27 551	20,99%	Geschäfts-, Dienstreiseverkehr	146 513	223 980	52,87%
Rohöl	157	159	1,31%	Einkaufsverkehr	95 562	107 527	12,52%
Mineralölprodukte	22 670	37 691	66,26%	Freizeitverkehr	357 404	436 917	22,25%
Eisenerze	8 319	6 381	-23,29%	Urlaubsverkehr	74 281	112 469	51,41%
NE-Metallerze, Schrott	4 678	6 007	28,42%	Insgesamt	893 800	1 191 282	33,28%
Eisen, Stahl, NE-Metalle	24 331	34 203	40,57%				
Steine und Erden	30 652	42 897	39,95%				
Chemische Erzeugnisse, Düngemittel	29 802	41 868	40,49%				
Investitionsgüter	13 693	19 050	39,12%				
Verbrauchsgüter	74 238	165 491	122,92%				
Insgesamt	269 200	442 640	64,43%				

Quelle: Güterverkehr: Eigene Berechnung

Personenverkehr: Deutsches Institut für Wirtschaftsforschung (DIW) (verschiedene Jahrgänge): Verkehr in Zahlen; eigene Berechnung

I.2 Verkehrsträger und Verkehrsmittel

I.2.1 Verkehrsträger im Personenverkehr

I.2.1.1 Darstellung der Verkehrsträger im Personenverkehr

Die Verkehrswirtschaft benötigt zur Erstellung ihrer Leistungen –wie andere Wirtschaftszweige– Produktionsfaktoren, so auch Kapital. Dieses Kapital kann unbeweglich oder ortsgebunden (etwa Straßen, Bahnhöfe, Brücken, Gleise), aber auch beweglich und damit ortsveränderlich sein (Lokomotiven, Pkw, Flugzeuge usw.). Dieser letztere Teil des Produktionsfaktors Kapital im Rahmen der Verkehrswirtschaft setzt sich aus Verkehrsträgern und –mitteln zusammen. **Verkehrsträger** sind die Zugmaschinen, **Verkehrsmittel** die Transportgefäße für Personen und Güter. Verkehrsträger und –mittel können identisch sein wie etwa bei einem Auto oder einem Flugzeug, müssen es aber nicht; so stellt etwa ein Container ein Verkehrsmittel dar, das erst zusammen mit einem Verkehrsträger (Eisenbahn, Schiff oder Lkw) zum Transport von Gütern eingesetzt werden kann. Im Personenverkehr lassen sich die Verkehrsträger je nach benutztem Verkehrsweg in Straßen-, Schienen-, Luft- und Wasserverkehr unterscheiden; letzterer spielt im Personenverkehr nur eine untergeordnete Rolle und soll deshalb hier vernachlässigt werden. Verkehrsträger und Verkehrsmittel zeichnen sich durch folgende Charakteristika aus [12]:

- Die verwendeten Fahrzeuge sind in ihrer Masse relativ billig und können von Einzelpersonen bzw. kleinen Unternehmen angeschafft werden.
- Die Lebensdauer der Verkehrsträger ist begrenzt und überschaubar. Sie liegt bei Straßenfahrzeugen bei zehn Jahren und bei Schiffen bei dreißig Jahren.
- Fahrzeuge können für unterschiedliche Zwecke und an unterschiedlichen Orten eingesetzt werden. Sie sind polyvalent, so daß sich bei ihrer konkreten Nutzung Opportunitätskosten ergeben, da auf die gleichzeitige anderweitige Verwendung verzichtet werden muß.
- Größenvorteile treten nur in engem Rahmen auf. Dies gilt aus technischen (zwischen Fahrzeugkapazität und Fahrzeugkosten besteht eine weitgehende Proportionalität), aus rechtlichen (Fahrzeuge dürfen aus Sicherheitsgründen nur eine bestimmte Größe haben) und aus ökonomischen Gründen (die Nachfrage nach Verkehrsleistungen ist räumlich und zeitlich sehr weit gestreut und verlangt meist kleine flexible Fahrzeuge).

12 Ähnlich bei Thomson, John M. (1978), S. 53ff.

- Die variablen Kosten sind im Vergleich zu den Fixkosten relativ hoch. Wie bei den Größenvorteilen bilden hier Supertanker und Jumbo-Jets eine gewisse Ausnahme.

Neben diesen Gemeinsamkeiten treten Spezifika auf, auf die im folgenden eingegangen werden soll. Zum **Straßenverkehr** zählen die Verkehrsträger Fahrrad, Motorrad, Auto und Bus. Während bei Fahrrad-, Motorrad- und dem Großteil der Autofahrten der Fahrzeugführer zu jenen Personen zählt, die im Rahmen einer Fahrt vom Quellort A zum Zielort B gelangen wollen, führen bei einem Teil der Autofahrten und bei den Busfahrten die Fahrzeugführer Dienstleistungen für Dritte durch, die für die Durchführung der gewünschten Fahrt zu bezahlen haben. Dies gilt innerhalb des Auto- für den Taxiverkehr. Taxiunternehmen bieten Fahrer und Fahrzeug gegen Entgelt für das Zurücklegen von Wegen an. Im Rahmen des Busverkehrs ist zwischen Linien- und Gelegenheitsverkehr zu unterscheiden. Beim Linienverkehr erfolgt das Angebot zu festen Beförderungstarifen in einem durch Fahrpläne festgelegten Strecken- und Zeitzyklus. Gelegenheitsverkehr kennt keine Fahrpläne, sondern wird nur dann durchgeführt, wenn eine bestimmte Nachfrage nach ihm besteht; Beispiele hierfür sind etwa Ausflugsfahrten oder Urlaubsreisen.

Fahren die Verkehrsträger auf Gleisen, so spricht man von **Schienenverkehr**, zu dem Straßen-, U- und Eisenbahnen zählen. Während Straßen- und U-Bahnen nur zur Befriedigung der Nachfrage im **Nahverkehr** (Entfernungen unter 50 km) eingesetzt werden, sind Eisenbahnen sowohl im Nah- als auch im **Fernverkehr** (Entfernungen von mehr als 50 km) tätig.

Ähnlich wie der Bus- kann auch der **Luftverkehr** unterteilt werden. Auch hier besteht Linien- und Gelegenheitsverkehr, der hier Charterverkehr heißt und seine Bedeutung vor allem im Urlaubsverkehr hat.

Kombinierter Verkehr bedeutet, daß auf einem Weg mehrere Verkehrsträger eingesetzt werden. So mag man mit dem Linienbus zum Bahnhof fahren, dort einen Zug benutzen und am Zielbahnhof mit dem Taxi zum Bestimmungsort fahren.

I.2.1.2 Anforderungen an die Verkehrsträger im Personenverkehr

Von den Nutzern werden an die Verkehrsträger folgende Anforderungen gestellt:

- *Sicherheit.* Verkehrsunfälle führen nicht nur zu Sachschäden, sondern gefährden auch die Gesundheit und das Leben der Verkehrsteilnehmer.

Tabelle 8: Verkehrstote, Verletzte und Unfallrisiken in der Europäischen Union nach Verkehrsträgern [13]

	Tote	Verletzte	Tote pro Mrd. Fahrgastkilometer		
			EU-Durchschnitt	Mitgliedstaat mit dem geringsten Risiko	Mitgliedstaat mit dem höchsten Risiko
Straße (1993)	47 800	3 300 000	13	6	118
Schiene (Durchschnittswerte 1988-92)	600	1 300	2	1	10
Luftverkehr (1994)	18	6	0,5	-	-
Binnenwasserstraßen und Seeverkehr	-	-	0,5	-	-

Quelle: Kommission der Europäischen Gemeinschaft (1995)

- *Fahrzeit bzw. Fahrgeschwindigkeit.* Verkehrsträger benötigen unterschiedliche Zeiten, um Personen vom Quellort A zum Zielort B zu bringen. So rechnet man beim Pkw je nach Straßentyp mit Geschwindigkeiten zwischen 30 km/h auf Straßen in Innenstädten und 120 km/h auf gut ausgebauten, geraden und ebenen Autobahnen. Diese Geschwindigkeiten hängen dabei nicht nur vom Straßentyp , sondern auch von der Belegung der Straße und der Fahrweise des Fahrers ab.

  In ähnlicher Größenordnung liegen die Fahrgeschwindigkeiten der Eisenbahn. Auf vernachlässigten Nebenstrecken betragen sie häufig nur 30 bis 40 Stundenkilometer, auf hochleistungsfähigen Neubaustrecken bis zu 300 km/h.

  Deutlich langsamer als Pkw und Eisenbahn sind Fahrrad, Linienbus und Straßenbahn, deutlich schneller dagegen das Flugzeug mit mehr als 1 000 km/h.

- *Fahrkosten.* Die Nutzung verschiedener Verkehrsträger ist mit unterschiedlichen Fahrkosten je Entfernungseinheit verbunden; während Fahrradfahren kaum Kosten verursacht, liegen die variablen Kosten je 100 Kilometer beim Pkw im Augenblick bei knapp 15,00 DM.

  Tabelle 9 listet die unterschiedlichen Kosten der einzelnen Verkehrsträger auf. Ausgewiesen werden nur die variablen Kosten. Deutlich wird, daß mit der Nutzung unterschiedlicher Verkehrsträger sehr differente Kosten verbunden sind.

[13] Die entsprechenden Informationen für die Bundesrepublik Deutschland finden sich in der Tabelle 39 im Kapitel II.2.3.3 –Unfallkosten–.

Tabelle 9: Variable Kosten im Personenverkehr in Deutschland

1995	Kosten (in DM) je 100 km und Person
Motorisierter Individualverkehr (MIV) [1]	14,77
Öffentlicher Straßenpersonenverkehr (ÖSPV) [2]	22,80
Zug [3]	22,34
Luft [4]	91,67

Legende:
[1]= Fahrleistungsabhängige Abnutzung, Reifenverschleiß, Reparatur, Wartung und Schmierstoffe für einen VW-Golf CL 1,3
[2]= Einnahmen der ÖSPV-Unternehmen
[3]= 100 km einfache Fahrt 2. Klasse
[4]= Für 100 km bei Hin- und Rückflug Frankfurt/Main –Hamburg

Quelle: Zum MIV: Forschungsgesellschaft für Straßen- und Verkehrswesen (Arbeitsgruppe Verkehrsplanung) (1997)

Zum ÖSPV: Eigene Berechnungen nach Angaben des Deutschen Instituts für Wirtschaftsforschung (DIW) (1996): Verkehr in Zahlen

Zu Zug: Eigene Berechnungen nach Angaben des Deutschen Instituts für Wirtschaftsforschung (DIW) (1996): Verkehr in Zahlen

Zu Luft: Eigene Berechnungen nach Angaben des Deutschen Instituts für Wirtschaftsforschung (DIW) (1996): Verkehr in Zahlen

- *Fahrgenuß.* Behaglichkeit, Komfort und das Erleben der Fahrstrecke unterscheiden sich zwischen den Verkehrsträgern. Befragungen haben gezeigt, daß das Fahren in Verkehrsträgern des ÖPNV (Öffentlicher Personennahverkehr) häufig als wenig komfortabel und –aufgrund einiger Mitreisender– sogar als bedrohlich empfunden wird, während das Fahren im eigenen Pkw als bequem und eigenbestimmt gilt. In einer sehr detaillierten Befragung [14] wurden 1000 Pkw-Fahrer gefragt, warum sie eine bestimmte Wegstrecke nicht mit öffentlichen Verkehrsmitteln, dem Fahrrad oder zu Fuß zurückgelegt haben. Grund gegen die Wahl des öffentlichen Verkehrsmitteln war vor allem, daß überhaupt gar kein Angebot vorhanden oder dieses zu langsam war; außerdem wurden hohe Fahrkosten und mangelnder Fahrkomfort kritisch angemerkt. Die entsprechenden Gründe gegen das Fahrrad und das zu Fuß gehen sind ähnlich. Angeführt werden vor allem die Schwierigkeit, Gepäck mitzunehmen, die Abhängigkeit vom Wetter, die zu lange Entfernung, die persönliche Anstrengung und der mangelnde Komfort.
- *Verfügbarkeit.* Hier spielt die Unterscheidung zwischen Individual- und öffentlichem oder kollektivem Verkehr eine große Rolle. Individualverkehr bedeutet bei der Fahrt von A nach B die Möglichkeit des Reisenden, über die Fahrzeit, die Fahrroute und die Fahrgeschwindigkeit (im Rahmen der technischen, rechtlichen und kapazitären Möglichkeiten) eigenständig entscheiden zu können. Eine solche individuelle Ortsveränderung ist zum einen zu Fuß und zum anderen mit Hilfe der Verkehrsträger

14 Vgl. European Conference of Ministers of Transport (ECMT) (1996), S. 20-21.

Zweirad (Fahrrad, Moped, Motorrad) und Pkw, aber auch eigener Boote und Flugzeuge möglich. Beim öffentlichen Personenverkehr hat jedermann zu gleichen Bedingungen einen gesetzlichen Beförderungsanspruch; Fahrzeiten, Fahrrouten und Fahrgeschwindigkeiten sind in der Regel vorgegeben. Zu den öffentlichen Verkehrsträgern zählen Eisenbahnen, Straßenbahnen, der Omnibuslinienverkehr sowie der öffentliche Flugverkehr. Auch Taxis zählen zum öffentlichen Verkehr, obwohl hier eine individuelle Einflußnahme durch den Fahrgast möglich ist.

- *Ungebrochenheit.* Will man von A nach B fahren, ist dies z.B. mit Pkw und Lkw meist problemlos möglich. Die Nutzung mehrerer Verkehrsmittel oder ein Umsteigen beim gleichen Verkehrsträger ist nicht notwendig. Anders etwa bei der Nutzung von Bus und Bahn. Hier ist es zunächst notwendig, vom Ausgangspunkt der Fahrt zur nächsten Station zu gelangen. Zwischen der Quell- und der Zielstation mag ein einfaches oder sogar mehrfaches Umsteigen notwendig werden. Abschließend muß man von der Zielstation zum Zielpunkt gelangen. Im ersten Fall spricht man von ungebrochenem, im zweiten Fall von gebrochenem Verkehr.
- *Transport von* Gütern. Auch auf Personenfahrten werden häufig Güter mitgeführt, sei es der Koffer auf der Urlaubsreise oder die Tasche auf der Einkaufsfahrt. Ihr Transport ist in einigen Verkehrsträgern, speziell dem Pkw, sehr leicht möglich, in anderen, etwa dem (überfüllten) Bus oder dem Fahrrad, dagegen nur sehr schwer oder gar nicht.
- *Erfordernisse von Zertifikaten.* Die Nutzung verschiedener Verkehrsträger ist jedermann möglich, während andere nur beim Vorliegen von Zertifikaten in Anspruch genommen werden können. So ist etwa die eigene Fahrt mit einem Pkw an einen Führerscheinbesitz gebunden.

Konfrontiert man die Ansprüche der Nutzer mit den Charakteristika der einzelnen Verkehrsträger, so lassen sich folgende Profile ableiten:

Abbildung 3: Qualifikationsprofile der Verkehrsträger im Personenverkehr

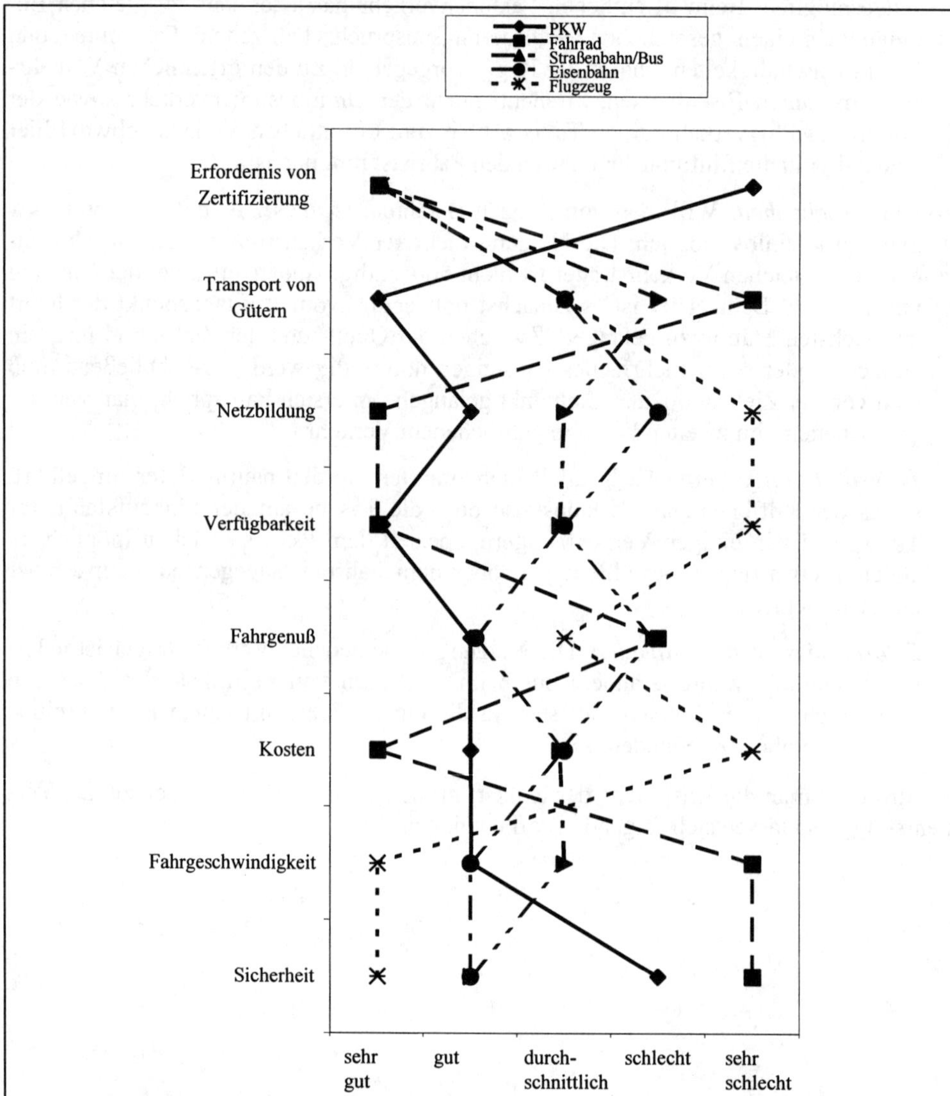

Quelle: Eigene Zusammenstellung nach Einschätzung der Autoren

So hat der Pkw viele Vorteile (hohe Fahrgeschwindigkeit, niedrige variable Kosten, hoher Fahrgenuß, sehr gute Verfügbarkeit und Netzbildung, leichter Transport von Gütern), aber nur wenig Nachteile (geringe Sicherheit, Erfordernis eines Zertifikats).

I.2.1.3 Nutzung der Verkehrsträger im Personenverkehr

Wegen seines günstigen Qualitätsprofils kann die überragende und immer noch wachsende Bedeutung des Pkw im Rahmen des Personenverkehrs nicht überraschen; sie bestätigt sich bei einem Blick auf Tabelle 10.

Tabelle 10: Anteil der Verkehrsträger am Personenverkehr in Deutschland

Jahr	Eisenbahn	Öffentl. Straßenpersonenverkehr	Luftverkehr	Motorisierter Individualverkehr (incl. Taxi)	insgesamt
			Mrd. Pkm		
Bundesrepublik Deutschland (alt)					
1960	40,9	48,5	1,6	162,5	253,5
1965	40,6	51,2	3,3	268,6	363,6
1970	39,2	58,4	6,6	402,3	506,4
1975	39,2	67,7	8,4	407,2	522,5
1980	41,0	74,1	11,0	472,5	598,6
1985	43,5	71,2	12,7	484,1	611,4
1990	44,6	65,1	18,4	596,3	724,4
Bundesrepublik Deutschland (insgesamt)					
1991	57,0	82,6	18,0	713,5	871,1
1992	57,2	80,4	20,3	731,5	889,4
1993	58,7	79,6	21,9	740,8	901,0
1994	60,7	78,3	23,6	731,2	893,8
1995	63,5	77,0	25,5	741,2	907,2
1996	65,3	76,6	26,2	745,6	913,7
Status quo-Prognose					
2010	85,8	102,6	48,0	954,8	1 191,3
Anteil der Verkehrsträger (in %)					
1960	16,14	19,14	0,61	64,11	100,0
1980	6,85	12,38	1,83	78,94	100,0
1996	7,15	8,38	2,87	81,60	100,0
2010	7,20	8,61	4,03	80,15	100,0

Quelle: Deutsches Institut für Wirtschaftsforschung (DIW) (verschiedene Jahrgänge): Verkehr in Zahlen; eigene Berechnungen

Deutlich angestiegen ist auch der Anteil des Luftverkehrs, während Eisenbahnen und öffentlicher Straßenpersonenverkehr bei absoluter Stagnation relativ schrumpften.

Die Entscheidung, welcher Verkehrsträger bei einer bestimmten Fahrt genutzt wird, hängt von mehreren Einflußgrößen ab:

- *Persönliche Eigenschaften des Nutzers.* So werden junge Leute ohne Führerschein, ärmere Bevölkerungsschichten ohne eigenen Pkw und ältere Leute mit gesundheitlichen Einschränkungen den Kollektivverkehr relativ stark für sich in Anspruch nehmen.

Tabelle 11 faßt diese Befunde mit Ergebnissen der KONTIV '89 zusammen; so bevorzugen Personen, die erwerbstätig sind, überdurchschnittlich den motorisierten Individualverkehr, während umgekehrt die jüngeren und älteren Bevölkerungsteile bevorzugt öffentliche Verkehrsmittel nutzen.

Tabelle 11: Nutzerstruktur

	Personenkilometer KONTIV 1989					
	Zu Fuß	Rad	MIV Fahrer	MIV Mitfahrer	Öffentl. Verkehr	Gesamt
Schüler 10-18 J.	6,47%	15,71%	1,96%	38,87%	36,99%	100,00%
Schüler, Studenten ab 18 J.	2,06%	6,50%	45,40%	19,80%	26,23%	100,00%
Auszubildende	2,17%	5,78%	37,72%	27,96%	26,37%	100,00%
Arbeiter	2,95%	1,93%	68,89%	15,44%	10,78%	100,00%
Angestellte	2,52%	2,02%	63,65%	16,55%	15,26%	100,00%
Beamte	2,02%	2,01%	68,67%	7,66%	19,64%	100,00%
Selbständige, mithelfende Familienangehörige	1,73%	1,02%	81,09%	9,26%	6,90%	100,00%
Arbeitslose	11,58%	6,30%	33,23%	31,74%	17,15%	100,00%
Hausfrauen	9,12%	5,29%	25,67%	46,04%	13,89%	100,00%
Rentner u. 75 J.	9,85%	3,61%	42,82%	23,11%	20,61%	100,00%
Rentner ab 75 J.	14,22%	3,52%	24,66%	28,32%	29,27%	100,00%
Keine Angabe	3,19%	4,75%	50,51%	24,48%	17,07%	100,00%
Gesamt	4,26%	3,65%	53,98%	20,80%	17,31%	100,00%

Quelle: KONTIV '89, eigene Berechnungen

- *Länge der Fahrstrecke.* Verkehrsträger haben unterschiedliche Fixkosten und variable Kosten je Fahrt, wobei zu den variablen Kosten auch die Fahrzeit zählt, da sie für andere Zwecke nicht mehr genutzt werden kann. Betrachten wir drei *verschiedene* Verkehrsträger V_I, V_{II} und V_{III}. V_I habe geringe Fix-, aber hohe variable Kosten, während für V_{III} die umgekehrte Situation gilt; V_{II} liege bei beiden Kostenarten in der Mitte. Dann ergibt sich folgende Entscheidungssituation, wobei K_I, K_{II} und K_{III} die Kostenfunktionen der drei Verkehrsträger repräsentieren:

Abbildung 4: Entscheidungssituation im Hinblick auf drei Verkehrsträger bei unterschiedlichen Fix- und variablen Kosten

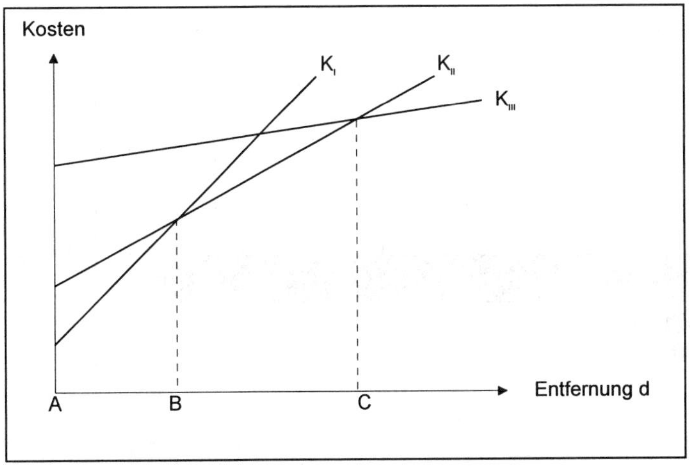

Quelle: Eigene Darstellung

Der Verkehrsträger V_I würde vom Ursprungsort A aus bis zu einer Entfernung d_{AB} genutzt werden, während bei einer Entfernung von größer d_{AC} V_{III} die geringsten Kosten verursacht. Die komparativen Vorteile des Verkehrsträgers V_{II} liegen bei Entfernungen zwischen d_{AB} und d_{AC}.

Verkehrsträger mit geringen Fixkosten, aber aufgrund ihrer hohen Reisezeiten überdurchschnittlichen variablen Kosten sind „zu Fuß" und das Fahrrad. Niedrige Reisezeiten hat das Flugzeug, das aber auch hohe Fixkosten kennt (Anreise zum Flughafen, vorherige Buchung mit längerfristiger Bindung usw.); es eignet sich daher speziell für lange Strecken. Eine Zwischenposition nehmen Bahn und Pkw ein. Diese Hypothese bestätigt sich bei einem Blick auf Abbildung 5.

Abbildung 5: Verkehrsmittelnutzung in Deutschland
Entfernungen pro Weg, Durchschnitt in km

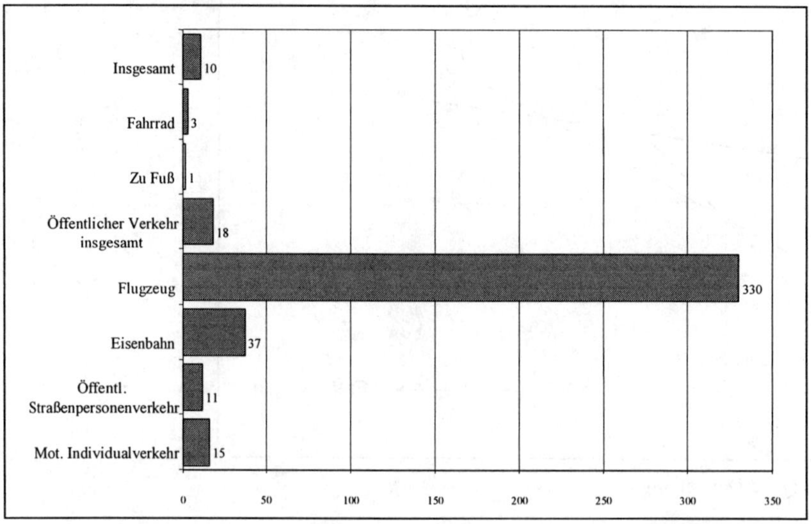

Quelle: Eigene Darstellung und Berechnung nach Angaben des Deutschen Instituts für Wirtschaftsforschung (DIW) (Hrsg.) (1994)

- *Verkehrszwecke.* Da die unterschiedlichen Verkehrszwecke mit unterschiedlichen Fahrentfernungen verbunden sind, ergibt sich bei der Verkehrsmittelwahl eine enge Analogie zum obigen Punkt. Dennoch gehen von den Verkehrszwecken auch eigenständige Auswirkungen auf die Wahl der Verkehrsträger aus. So ist etwa der Anteil des öffentlichen im Rahmen des Ausbildungsverkehrs relativ hoch, da die sich in der Ausbildung befindliche junge Bevölkerung zum großen Teil noch nicht über einen eigenen Führerschein verfügt und damit der Pkw für sie als Verkehrsträger nicht in Frage kommt. Im Urlaubsverkehr sind viele Güter mit zu transportieren, so daß sich –unabhängig von der Entfernung– hier eine Nutzung des Pkws aufdrängt. Eine gleiche Überlegung liegt beim Einkaufsverkehr nahe. Da Einkäufe in der Regel aber in zentralen Orten durchgeführt werden und diese wiederum durch den Öffentlichen Personennahverkehr relativ gut erschlossen sind, ergibt sich durch die intensivere Wettbewerbsposition ein dämpfender Effekt auf den Pkw-Verkehr. Er wird dadurch verstärkt, daß es relativ schwierig ist und immer schwieriger wird, in der Einkaufsstadt einen Parkplatz für seinen Pkw zu bekommen. Wird dagegen nicht in der Innenstadt, sondern in einem Einkaufszentrum „auf der grünen Wiese" eingekauft, so wird sich die Entscheidung zu Gunsten des Pkws und zu Lasten des ÖPNVs verschieben. Einkaufszentren sind nämlich in der Regel mit dem Pkw sehr gut erreichbar und bieten hinreichend Parkplätze an.

Tabelle 12 zeigt eine Kreuztabellierung zwischen Personenverkehrszweck und benutzten Verkehrsmitteln. Während im Ausbildungsverkehr nur ca. ein Drittel mit dem motorisierten Individualverkehr abgewickelt wird, zeigen die anderen fünf

Zwecke Ausprägungen von mindestens 66 %. Im Einkaufsverkehr werden –ähnlich wie im Ausbildungsverkehr– mehr als 13 % mit dem nichtmotorisierten Individualverkehr vorgenommen.

Tabelle 12: Personenverkehrszwecke nach Verkehrsmitteln 1992 in Deutschland (in %)

	Beruf	Ausbildung	Geschäft	Einkauf	Freizeit	Urlaub	Insgesamt
Motorisierter Individualverkehr (incl. Taxi)	76,97	34,99	87,26	69,85	79,58	67,29	76,38
Öffentl. Straßenpersonenverkehr	11,00	38,21	2,16	12,72	7,43	11,03	9,42
Eisenbahn	8,22	13,65	3,34	4,14	5,37	8,30	6,04
Luft	0,00	0,00	6,86	0,00	0,26	13,26	2,40
Öffentl. Verkehr insgesamt	19,22	51,86	12,37	16,86	13,07	32,59	17,87
Fuß	1,31	4,96	0,19	8,77	4,34	0,00	3,18
Rad	2,50	8,19	0,19	4,53	3,02	0,12	2,57
nichtmotorisierter Individualverkehr	3,81	13,15	0,37	13,29	7,35	0,12	5,76
Insgesamt	100,00	100,00	100,00	100,00	100,00	100,00	100,00

Quelle: Eigene Zusammenstellung nach Angaben des Deutschen Instituts für Wirtschaftsforschung (DIW) (Hrsg.) (1994)

Erklärt werden solche unterschiedlichen Verkehrsträgeranteile –neben anderen Gründen– durch die zurückgelegte Entfernung in den einzelnen Personenverkehrszwecken.

In Tabelle 13 können die entsprechenden durchschnittlichen Entfernungen abgelesen werden. Mit 388 km zeigt der Urlaubsverkehr evidenterweise den höchsten Wert, kombiniert mit dem höchsten Flugzeuganteil. Dagegen festigt sich die oben gemachte Aussage, daß sich für den Einkaufsverkehr mit 4,3 km der geringste Entfernungswert errechnet.

Tabelle 13: Durchschnittliche Entfernungen im Personenverkehr 1992 in Deutschland (in km)

	Beruf	Ausbildung	Geschäft	Einkauf	Freizeit	Urlaub	Insgesamt
Motorisierter Individualverkehr (incl. Taxi)	12,2	11,7	20,3	7,6	17,2	460,2	15,4
Öffentl. Straßenpersonenverkehr	10,8	8,0	19,8	6,1	15,3	269,7	11,2
Eisenbahn	24,7	20,8	73,0	18,1	57,3	335,0	36,7
Luft	-	-	370,0	-	333,3	297,2	330,4
Öffentl. Verkehr insgesamt	14,2	9,6	71,2	7,3	22,5	295,5	17,6
Fuß	1,0	1,1	1,0	0,9	1,4	-	1,2
Rad	2,5	2,5	2,3	1,7	3,2	100,0	2,5
Nichtmotorisierter Individualverkehr	1,7	1,7	1,4	1,1	1,8	100,0	1,5
Insgesamt	10,1	6,2	21,0	4,3	10,9	388,0	10,3

Quelle: Eigene Zusammenstellung und Berechnung nach Angaben des Deutschen Instituts für Wirtschaftsforschung (DIW) (Hrsg.) (1994)

I.2.2 Verkehrsträger im Güterverkehr

I.2.2.1 Darstellung der Verkehrsträger im Güterverkehr

Wie beim Personen- so kann auch beim Güterverkehr zwischen Straßen-, Schienen-, Luft- und Wasserverkehr unterschieden werden, wenn man die Verkehrsträger nach dem benutzten Verkehrsweg einteilt.

Lastkraftwagen (Lkw) dienen dem Gütertransport auf der Straße. Er läßt sich in **Eigen- und Fremdverkehr** unterscheiden. Beim Eigen- oder Werksverkehr nimmt das am Transport seiner Güter interessierte Unternehmen diesen Vorgang selber vor, während beim Fremdverkehr der Transportauftrag an ein fremdes Unternehmen vergeben wird. Lkw ist dabei der Oberbegriff für güterbefördernde Kraftfahrzeuge, die sich nach zulässigem Gesamtgewicht, Aufbau, Transportgefäßen und Abmessungen erheblich voneinander unterscheiden. So gibt es Kleinlaster, Lieferkraftwagen, Schnellastwagen und Schwerlastwagen, die im zulässigen Gesamtgewicht zwischen 1 und 42 Tonnen liegen.

Der Güterverkehr ist für die Eisenbahnen von hoher Bedeutung und im Erlös dem Personenverkehr vergleichbar. Der Wagenladungsverkehr ist die traditionelle Form des Gütertransports auf der Schiene. Güterwagen werden in Wagenladungsbahnhöfen oder auf direkten Gleisanschlüssen beim Kunden beladen. Kleinere Sendegrößen werden in Einzelwagen verladen; diese Einzelwagen werden nach einer festen Reglementierung Wagenladungsbahnhof—Knotenbahnhof—Rangierbahnhof gebündelt. Der Prozeß der Auslieferung an den Kunden verläuft in umgekehrter Richtung. Bei einem solchen Ablauf ist der Transport sehr zeitintensiv. Wesentlich schneller ist der Transport im Direktzugsystem, bei dem ganze Güterzüge zwischen zwei Bahnhöfen verkehren, ohne unterwegs anzuhalten und ohne die Zugkonfiguration unterwegs zu ändern. Dadurch werden kurze Laufzeiten und exakte Terminierungen möglich. Treffen die Güter bis zum Nachmittag am Quellbahnhof ein, so werden sie im Nachtsprung zum Zielbahnhof in Deutschland gebracht und können dort am Morgen des Folgetages ausgeliefert oder abgeholt werden. Solche Direktzüge lohnen sich allerdings nur zwischen aufkommensstarken Wirtschaftszentren. Die Güter müssen zunächst zum Quellbahnhof gebracht und vom Zielbahnhof in der Fläche verteilt werden. Dies geschieht mit Hilfe eines Systems von Zubringerbahnhöfen, das aufgrund seiner Form Nabe-Speiche-System genannt wird, oder mit Hilfe des Lkw.

Das Angebot in der Binnenschiffahrt erfolgt durch Partikuliere, Reedereien und Werksverkehr. Partikuliere und Reedereien haben gemeinsam, daß sie für unterschiedliche Kunden fahren; beim Werkverkehr sind dagegen Besitzer und Nutzer des Schiffes identisch. Partikuliere haben nur wenige, meist nur ein Schiff; deshalb heißen sie auch Klein- oder Einzelschiffer. Reedereien sind dagegen größere gewerbsmäßige Unternehmen, die für den Transport auf dem Wasser nicht nur eigene, sondern auch fremde Schiffe nutzen. Die Schiffe unterscheiden sich erheblich untereinander je nach Ausmaß, Verkehrsmittel, Ladefähigkeit und Geschwindigkeit. Ein erstes Einteilungskriterium unterscheidet danach, ob trockene Güter oder Flüssigkeiten transportiert werden können; entsprechend heißen sie Trockengüterschiffe oder Tanker. Eine andere Unterscheidung besteht darin, nach der Antriebsart einzuteilen. Motorschiffe sind durch eigene (meist Diesel-)Motore angetriebene Schiffe, während Schubleichter kastenförmige unbemannte Kähne darstellen, die zusammengefaßt werden können und von einem Schubboot angetrieben und gesteuert werden.

Der Anteil des Flugzeugs am binnenländischen Gütertransport ist relativ gering. So erreichte der Luftfrachtverkehr 1993 in Deutschland ein Volumen von ca. 2 Mio. Tonnen und damit einen Anteil von 0,05 % am gesamten Güteraufkommen. [15] Deshalb setzen nur wenige Luftfahrgesellschaften spezielle Güterflugzeuge ein. In der Regel wird Fracht als komplementäres Gut in Passagiermaschinen befördert.

Rohrleitungen stellen hohle Stränge dar, in denen Flüssigkeiten (Wasser, Erdöl), Gase und Dämpfe (Wasserdampf, Erdgas) sowie feste Stoffe (Staub, Beton, Post) befördert werden können. Sie sind sowohl Verkehrsträger als auch Verkehrsweg.

Zunehmende Bedeutung im Rahmen des Güter- hat der **Kombinierte Verkehr**, bei dem mindestens zwei Verkehrsträger eingesetzt werden, um ein Gut von A nach B zu befördern. Hierdurch ist es möglich, die komparativen Vorteile einzelner Verkehrsträger besser auszunutzen, als dies bei der Nutzung nur eines Verkehrsträgers der Fall wäre. So bietet es sich etwa an, mit Hilfe des Lkw zu transportierende Güter in der Fläche einzusammeln und sie zu zentralen Punkten zu fahren, wo sie auf die Eisenbahn oder das Schiff umgeladen werden. Am Zielbahnhof bzw. –hafen wird wieder mit Hilfe des Lkw eine Verteilung zu den Bestimmungspunkten vorgenommen. Hierbei kommt es zu zwei Umladevorgängen, die dann relativ einfach zu erledigen sind, wenn die Güter in durchgehende Ladeeinheiten verpackt sind. Umgeladen werden dann nicht die einzelnen Güter, sondern die Ladeeinheiten, die jeweils eine Masse von Gütern beinhalten. Solche Ladeeinheiten können Container, Wechselbehälter, Sattelanhänger oder ganze Lastwagen sein. Entsprechend unterscheidet man zwischen Container- und Huckepackverkehr. Beim Container wird der Frachtbehälter vom Lastzug auf den Zug oder das Schiff verladen. Am Zielbahnhof oder –hafen wird der Container dann wieder auf einen anderen Lkw aufgeladen. Beim Huckepackverkehr wird der Lastwagen oder Anhänger auf den anderen Verkehrsträger auf- und wieder abgeladen.

I.2.2.2 Anforderungen an die Verkehrsträger im Güterverkehr

Die Anforderungen der Nutzer an die Verkehrsträger im Güterverkehr sind teilweise mit jenen im Personenverkehr identisch; teilweise treten aber auch Unterschiede auf. Während Fahrkosten und Fahrzeit auch als Anforderungen im Güterverkehr eine erhebliche

---

[15] Die Zahlen werden beeindruckender, wenn man auch den internationalen Verkehr berücksichtigt und nicht das Transportaufkommen, sondern die Verkehrsleistung als Indikator heranzieht. So betrug die Frachtbeförderung in und zwischen 185 Staaten, die der internationalen Zivilluftbehörde ICAO angeschlossen sind, 1996 88,8 Mrd. tkm. Diese Zahl wurde entnommen Pompl, Wilhelm (1998), S. 8.

Rolle spielen, treten noch einige weitere Entscheidungsparameter bei der Wahl des Verkehrsträgers hinzu.

- *Frachtkosten.* Die Frachtkosten zwischen den unterschiedlichen Verkehrsträgern sind nur schwer miteinander vergleichbar, da sie stark von der Art und Menge des zu transportierenden Gutes und der Entfernung zwischen Quell- und Zielort abhängen; Entwicklung der beförderten Personen und Personenkilometer in Deutschland außerdem existieren keine amtlichen Statistiken, da Frachttarife frei ausgehandelt werden können. Der Transport pro Tonnenkilometer ist im Flugzeug aber in der Regel am teuersten und auf dem Schiff am billigsten. Eisenbahn und Lkw liegen zwischen diesen beiden Extremen und dicht beieinander.

- *Fahrzeit.* Hier ergibt sich eine ähnliche Reihung wie bei den Frachtkosten. Schnelle Verkehrsträger sind teurer als langsame. Dabei ergeben sich je nach betrachteter Entfernung Unterschiede bei Geschwindigkeitsdifferenzen. Bei kurzen Entfernungen ist der Lkw am schnellsten; bei weiteren Entfernungen steigt die Wettbewerbsfähigkeit von Eisenbahn und auch Schiffen an, da dann die zeitraubenden Umladevorgänge von dem Lkw auf die Eisenbahn bzw. das Schiff und umgekehrt auf eine längere Fahrstrecke umgelegt werden. So wird davon ausgegangen, daß eine Versendung eines Gutes mit der Bahn sich nur dann lohnt, wenn die Entfernung zwischen Quell- und Zielort mindestens 200 km beträgt.

- *Berechenbarkeit.* Kunden präferieren einen festen Liefertermin, da sie das Produkt zu einem bestimmten Zeitpunkt nutzen wollen. Lieferanten können diesen Termin nur garantieren, wenn sie die Fahrzeit verläßlich prognostizieren können. Ungeeignet sind Verkehrsträger, die häufig in Unfälle verwickelt sind, die Fahrten wegen technischer Probleme zum Zweck der Reparatur unterbrechen müssen, die die Abfahrt verzögernde interne organisatorische Probleme haben (wie etwa der traditionelle Wagenladungsverkehr bei der Eisenbahn) oder die auf überfüllten Verkehrswegen lange Wartezeiten in Kauf nehmen müssen. Vor allem bei dem Versand von Vorprodukten im Rahmen der just-in-time-Fertigung ist absolute Berechenbarkeit und Verläßlichkeit unerläßlich.

- *Anpassungsfähigkeit an Transportaufgaben.* Der Transport ist oft schwierig, weil Güter leicht verderblich, ungünstig dimensioniert oder gefährlich sind. An Verkehrsträger wird von seiten der Kunden die Anforderung gestellt, auf entsprechende Aufgaben flexibel zu reagieren, etwa dadurch, daß spezielle Transportbehälter zur Verfügung stehen.

Für die wichtigen Verkehrsträger im Güterverkehr lassen sich damit die folgenden Qualitätsprofile ableiten:

Abbildung 6: Qualitätsprofile der Verkehrsträger im Güterverkehr

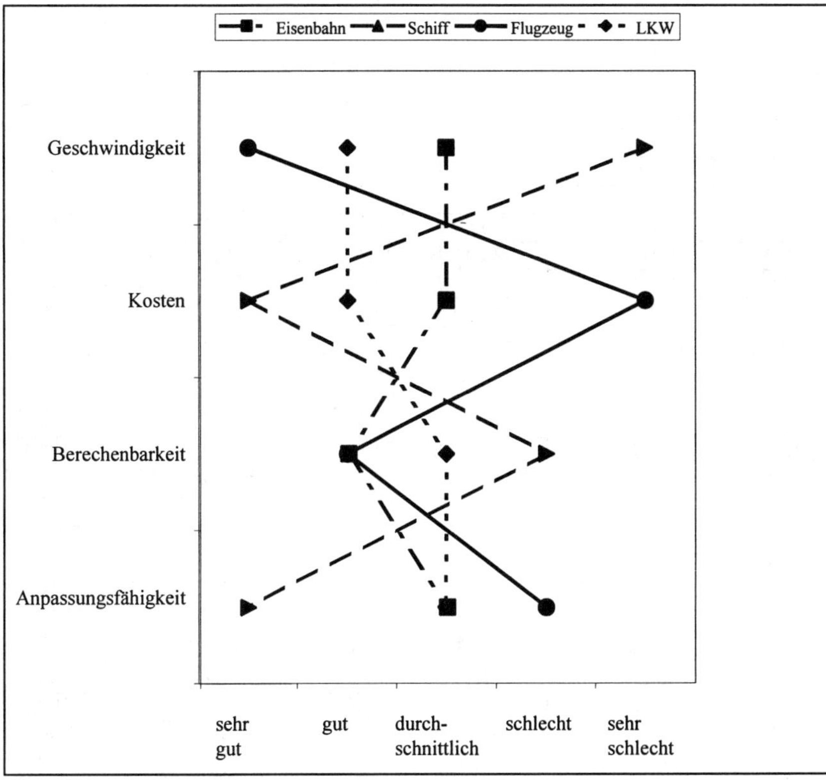

Quelle: Eigene Zusammenstellung nach Einschätzung der Autoren

I.2.2.3 Nutzung der Verkehrsträger im Güterverkehr

Das günstige Qualitätsprofil des Lkw führt zu zunehmenden Marktanteilen, die gleichmäßig zulasten von Eisenbahn und Binnenschiffahrt gehen. Während ihr Transportaufkommen zwischen 1960 und 1990 stagnierte, haben sich die vom Lkw geleisteten Tonnenkilometer ungefähr versechsfacht; zwei Drittel der binnenländischen Transportleistung wird mittlerweile über diesen Verkehrsträger abgewickelt.

Tabelle 14: Anteil der Verkehrsträger am Güterverkehr in Deutschland

Jahr	Eisenbahnen	Binnenschiffahrt	Straßengüterverkehr			Insgesamt
			insgesamt	davon Straßengüternahverkehr	davon Straßengüterfernverkehr	
	Mrd. tkm					
Bundesrepublik Deutschland (alt)						
1960	53,1	40,4	45,5	21,8	23,7	139,0
1965	58,2	43,6	62,5	29,9	32,6	164,3
1970	71,5	48,8	78,0	36,1	41,9	198,3
1975	55,3	47,6	96,0	36,7	59,3	198,9
1980	64,9	51,4	124,4	44,4	80,0	240,7
1985	64,0	48,2	132,2	40,6	91,6	244,4
1990	61,8	54,8	169,8	49,4	120,4	286,4
Bundesrepublik Deutschland (gesamt)						
1991	80,3	56,0	209,4	65,1	144,3	345,7
1992	69,8	57,2	221,8	65,7	156,1	348,8
1993	65,2	57,6	213,8	67,4	146,4	336,6
1994	71,0	61,8	272,6	72,1	200,5 [16]	405,4
1995	69,8	64,0	279,7	71,8	207,9	413,5
1996	67,7	61,4	281,3	68,3	213,0	410,4
Status quo-Prognose						
2010*	108,5	78,9	332,9	79,6	255,2	522,2
2010**	107,7	92,9	325,3	77,6	247,7	525,9
Anteil der Verkehrsträger (in %)						
1960	38,20	29,06	32,73	15,68	17,05	100,0
1980	26,96	21,35	51,68	18,45	33,24	100,0
1996	16,50	14,96	68,54	16,64	51,90	100,0
2010*	20,78	15,11	64,11	15,24	48,87	100,0
2010**	20,48	17,66	61,86	14,76	47,10	100,0

* Eigene Prognose
** ifo-Institut (1995)

Quelle: Deutsches Institut für Wirtschaftsforschung (DIW) (verschiedene Jahrgänge): Verkehr in Zahlen

Es kann nicht verwundern, daß sich spezifische Beziehungen zwischen den Verkehrsträgern auf der einen und den transportierten Gütern auf der anderen Seite zeigen. So bietet sich bei Massengütern, bei denen die Transportkosten einen hohen Anteil an den Gesamtkosten ausmachen, die Binnenschiffahrt als Verkehrsträger an, während ein Transport hochwertiger Einzelprodukte, bei denen die Transportkosten nur eine untergeordnete Rolle spielen, auf der Schiene oder der Straße, wenn nicht sogar in der Luft, erfolgt.

16 Im Straßengüterverkehr wurde die Statistik ab 1994 geändert, vgl. Deutsches Institut für Wirtschaftsforschung (DIW) (verschiedene Jahrgänge): Verkehr in Zahlen.

Tabelle 15: Anteil der Verkehrsträger bei den transportierten Tonnen 1993 in Deutschland

in %	Eisenbahn	Straße fern	Binnenschiffahrt	Gesamt
Landwirtschaftliche Erzeugnisse	10,42	66,33	23,25	100,00
Nahrungs- und Futtermittel	3,97	85,14	10,89	100,00
Kohle	73,60	5,53	20,87	100,00
Rohöl	95,06	0,39	4,55	100,00
Mineralölprodukte	30,25	23,87	45,88	100,00
Eisenerze	40,42	0,05	59,54	100,00
NE-Metallerze, Schrott	45,75	23,51	30,74	100,00
Eisen, Stahl, NE-Metalle	51,01	35,63	13,36	100,00
Steine und Erden	18,58	55,77	25,65	100,00
Chemische Erzeugnisse, Düngemittel	25,11	52,87	22,02	100,00
Investitionsgüter	19,78	78,73	1,49	100,00
Verbrauchsgüter	17,25	79,65	3,10	100,00
Summe	28,76	51,11	20,13	100,00

Quelle: Statistisches Bundesamt (1995)

Dieses Bild festigt sich nochmals, wenn man –wie in Abbildung 7 vorgenommen– die Transportvolumina der einzelnen Verkehrsträger betrachtet. Knapp 30 % der gesamten Transportmenge im Eisenbahnverkehr wird durch die Kohle bestimmt, während ähnliche Anteile in der Binnenschiffahrt mit Steine und Erden erreicht werden.

Abbildung 7: Struktur der transportierten Güter nach Verkehrsträgern 1993 in Deutschland

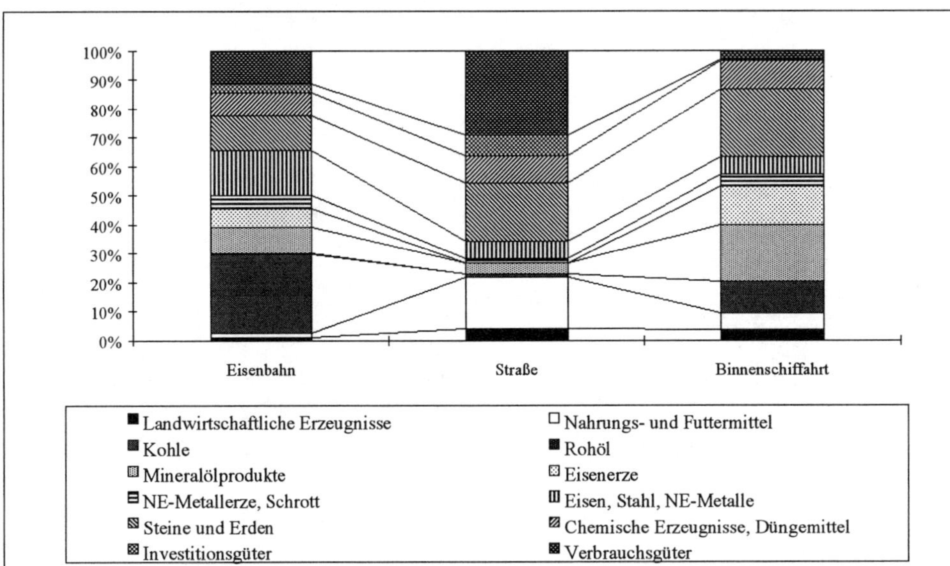

Quelle: Statistisches Bundesamt (1995), eigene Darstellung

Der Lkw ermöglicht Haus–Haus–Transporte, während bei der Eisenbahn und dem Schiff Umladevorgänge erforderlich sind; sie lohnen sich erst bei großen Entfernungen, so daß der Lkw komparative Vorteile im Nahverkehr hat, Eisenbahn und Schiff dagegen im Fernverkehr haben. Die erwartete Reihung stellt sich ein, wenn man die mittlere Transportentfernung einer Tonne im Güterverkehr für die einzelnen Verkehrsträger berechnet. Sie beträgt im Straßengüterverkehr 72 km, im Eisenbahnverkehr 218 km und in der Binnenschiffahrt 270 km. Diese Abstufung gilt auch bei den einzelnen Hauptgütergruppen, wie Tabelle 16 zum Ausdruck bringt.

Tabelle 16: Mittlere Transportweiten (km) ausgesuchter Hauptgütergruppen 1996 in Deutschland

	Eisenbahn	Binnenschiffahrt	Straßengüterverkehr deutscher Lastkraftfahrzeuge
Land- und forstwirtschaftliche Erzeugnisse	409	398	127
Nahrungs- und Futtermittel	380	321	148
Kohle	99	324	75
Erdöl und Mineralölerzeugnisse	211	297	78
Erze und Metallabfälle	159	202	79
Eisen, Stahl und NE-Metalle	196	307	172
Steine und Erden	148	209	30
Düngemittel	262	384	103
Chemische Erzeugnisse	307	246	83
Fahrzeuge, Maschinen, Halb- und Fertigwaren	451	372	172
Insgesamt	218	270	72

Quelle: Deutsches Institut für Wirtschaftsforschung (DIW) (1997): Verkehr in Zahlen

I.3 Verkehrswege, -anlagen und –stationen

I.3.1 Definitionen

Dem Verkehr dienende unbewegliche Anlagen bilden die Verkehrsinfrastruktur, die sich aus Verkehrswegen, -anlagen und -stationen zusammensetzt.

Verkehrswege sind künstlich geschaffene bzw. unterhaltene Bahnen, auf denen die Verkehrsträger fahren. Verkehrswege und -träger bedingen einander; nur zusammen können sie dem Mobilitätsbedürfnis Rechnung tragen und für die Beförderung von Personen, Gütern und Nachrichten sorgen. Zu den Verkehrswegen gehören

„a) die Fahrbahnen der Eisenbahn und Straßenbahn, die durch Eisenschienen auf künstlich befestigtem Unter- und Oberbau gebildet werden. ... Die Ausrüstung des Unterbaus und der Signal- und Schutzanlagen ist entscheidend für die Eignung der Strecke als Haupt- oder als Nebenbahn.

b) die aus (teilweise d.V.) korrigierten Flußläufen und künstlich angelegten Kanälen gewonnenen Binnenwasserstraßen, deren Tiefe und Breite maßgeblich für die Tragfähigkeit ist.

c) die für den Festlandverkehr bestimmten und gebrauchsfähigen Straßen, deren Anlagen und Ausbau seit Durchsetzung des Kraftverkehrs wieder zu der Bedeutung zurückgelangten, die ihnen vor Erfindung der Eisenbahn und der Dampfmaschine seit dem Altertum zukamen.

d) die Netze von Drahtleitungen und Kabeln (auch Überseekabeln), die den telegrafischen und telefonischen Nachrichtenverkehr aller Teile der Welt untereinander ermöglichen.

e) Rohrleitungen zur Beförderung von flüssigem Massengut.“ [17]

Zur **Verkehrsinfrastruktur** gehören neben den Verkehrswegen auch –anlagen und –stationen. **Verkehrsanlagen** dienen der Steuerung des Verkehrs; zu ihnen zählen etwa Verkehrsschilder und Ampeln.

Verkehrsstationen „ermöglichen den Zugang zu den Verkehrsmitteln im Personen- und Güterverkehr und schaffen die baulichen und informationsspezifischen Voraussetzungen für intra- und intermodale Umsteige- und Umschlagvorgänge.“ [18] Zu ihnen zählen etwa Haltestellen, Bahnhöfe, Flughäfen, Häfen und Güterverkehrszentren, wobei letztere unterschiedliche Verkehrsträger miteinander verzahnen sollen und in erster Li-

---

17 Heimes, Anton (1989), S. 222.

18 Aberle, Gerd (1996), S. 32.

nie dazu dienen, mit Hilfe des kombinierten Ladungsverkehrs (KLV) Verkehr von der Straße auf die Schiene zu verlagern.

Die Verkehrsinfrastruktur und hierbei insbesondere die Verkehrswege lassen sich ökonomisch wie folgt charakterisieren: [19]

- Sie sind äußerst kostspielig. Kosten für die Erstellung neuer Verkehrsinfrastruktureinrichtungen sind von Unternehmen oder gar von Einzelpersonen kaum zu finanzieren.
- Die Verkehrsinfrastruktur ist außerordentlich langlebig. Verkehrswege können bei ordnungsgemäßer Pflege und Wartung mehrere hundert Jahre genutzt werden; so gibt es heute noch funktionsfähige Straßen aus dem Altertum und Brücken aus dem Mittelalter.
- Verkehrsinfrastruktur kommt in der Regel nur für eine Nutzungsmöglichkeit infrage, so daß praktisch keine Opportunitätskosten bei ihrer Nutzung bestehen. Mit wenigen Ausnahmen (etwa die Umwidmung von Hafenanlagen zu Wohngebäuden) gilt, daß das Kapital, einmal in die Verkehrsinfrastruktur gesteckt, für andere Zwekke unwiederbringlich verloren ist. [20]
- Beim Bau von Verkehrswegen treten erhebliche Kostendegressionseffekte auf. Eine Straße mit vier Fahrspuren verursacht pro Spur erheblich weniger Kosten als eine Straße mit nur zwei Spuren.
- Die Fix- sind im Vergleich zu den variablen Kosten sehr hoch. Dies bedeutet umgekehrt formuliert, daß die volkswirtschaftlichen Grenzkosten der Nutzung von Verkehrswegen relativ niedrig sind. [21]

Mit Tabelle 17 ist in einer institutionellen Abgrenzung das Anlagevermögen im Verkehrsbereich für das Jahr 1996 aufgelistet. Allein der staatliche Verkehrsbereich schlägt mit 873 318 Mio. DM zu Buche und umfaßt ca. 5 % des gesamten Volkswirtschaftlichen Anlagevermögens aller Wirtschaftsbereiche. [22]

Bezieht man das in Verkehrswegen gebundene Bruttoanlagevermögen auf die existierenden Verkehrszweiglänge, so können die hohen Aufwendungen für einen Kilometer als durchschnittlicher Wert angegeben werden. Die Spannweite reicht von 2,5 Mio. DM je Kilometer bei Rohrfernleitungen bis 8,9 Mio. DM je Kilometer bei Binnenwasserstraßen. Dabei können sich jedoch je nach Ausbau, Topographie und Siedlungsstruktur erhebliche Unterschiede beim gleichen Verkehrsträger ergeben. Beispielhaft seien Investitionskosten zweier 4streifigen Bundesautobahnneubauten in Hessen angeführt. Während für 56 km des Neubaus der A 44 zwischen Kassel und Wommen/Herleshausen Ko-

---

19 In Anlehnung an Thomson, John M. (1978), S. 50.

20 Vgl. auch Kapitel IV.3 –Anpassungsmängel–.

21 Vgl. hierzu auch die Verkehrswegekosten in Kap. II.1.2 –Arten der volkswirtschaftlichen Kosten–.

22 Vgl. auch Kapitel II.1.2, wo das Anlagevermögen der Verkehrsbereiche in funktionaler Abgrenzung erläutert wird.

sten von insgesamt 920 Mio. DM veranschlagt wurden, beträgt die Investitionssumme für 2,8 km des Lückenschlusses der A 66 in Frankfurt/Main 472,7 Mio. DM [23].

Tabelle 17: Brutto-Anlagevermögen insgesamt in Preisen von 1991 (institutionelle Abgrenzung) in Deutschland

	1996
	Mio DM
Deutsche Bahn AG	310 902
darunter Verkehrswege	200 022
Nichtbundeseigene Eisenbahnen	12 152
Eisenbahnen	323 054
Binnenschiffahrt	10 409
Binnenhäfen	11 677
Seeschiffahrt	31 423
Seehäfen	30 559
Schiffahrt	84 068
Öffentlicher Straßenpersonenverkehr	113 891
Güterkraftverkehr	52 481
Fluggesellschaften	31 653
Flughäfen	30 321
Rohrfernleitungen	7 244
Übriger Verkehr	235 590
Straßen und Brücken	807 921
Wasserstraßen	65 397
Staatlicher Verkehrsbereich	873 318
Verkehr insgesamt	1 516 030

Quelle: Eigene Zusammenstellung und Berechnung nach Angaben des Deutschen Instituts für Wirtschaftsforschung (DIW) (1997): Verkehr in Zahlen

I.3.2 Verkehrswege

I.3.2.1 Eisenbahnen

Tabelle 18 spiegelt die Entwicklung der Streckenlängen deutscher Eisenbahnen wider. Man erkennt, daß sich die Streckenlänge insgesamt in der Bundesrepublik Deutschland (alt) von 1960 bis 1990 sukzessive reduzierte, hervorgerufen durch eine Reihe von Streckenstilllegungen. Die verbleibenden Strecken sind dagegen häufig aufgewertet worden, so z.B. durch eine Elektrifizierung. Hinzugekommen sind im betrachteten Zeitraum Neubaustrecken des Hochgeschwindigkeitsnetzes, nämlich die beiden Verbindungen Hannover—Würzburg und Mannheim—Stuttgart. In der Tabelle 18 sind ab 1991 gesamtdeutsche Werte dargestellt. Hier zeigt sich neben dem steigenden elektrifizierten

23 Vgl. Bundesministerium für Verkehr (1992). [HE=Hessen (Anmerkung der Autoren)].

Anteil auch eine insgesamt zunehmende Streckenlänge, der neben dem Wiederaufbau einiger Strecken überwiegend durch zweigleisigen Ausbau verursacht wird.

Tabelle 18: Entwicklung der Streckenlängen deutscher Eisenbahnen

	1960	1970	1980	1990 *	1991 **	1995 ***
Bundeseigene Eisenbahnen						
Insgesamt	30 700	29 500	28 500	26 900	41 100	41 700
Elektrifiziert	3 700	8 600	11 200	11 700	16 200	18 200
Nur für Personenverkehr	300	400	600	700	1 100	900
Nur für Güterverkehr	2 400	3 900	5 300	6 100	7 500	6 900
Personen- und Güterverkehr	28 000	25 200	22 600	20 100	32 500	33 900
Nichtbundeseigene Eisenbahnen						
Insgesamt	5 300	3 600	3 100	3 000	3 000	3 400
Elektrifiziert	500	300	300	400	400	400

* bis 1990 Deutsche Bundesbahn

** ab 1991 Deutsche Bundesbahn + Deutsche Reichsbahn

*** ab 1995 Deutsche Bahn AG

Quelle: Eigene Zusammenstellung nach Deutsches Institut für Wirtschaftsforschung (DIW) (verschiedene Jahrgänge): Verkehr in Zahlen

Die Abbildung 8 stellt im linken Teil den Netzzustand im Jahr 1998 dar. Abbildung 8 b zeigt den Netzzustand deutscher Eisenbahnen im Jahr 1935, dem Zeitpunkt der maximalen Netzlänge. Man erkennt den Rückzug der Eisenbahn aus der Fläche; vor allen Dingen in Westdeutschland konzentriert sich die Bahn auf eine Verbindung leistungsfähiger Zentren und hat damit eine Entwicklung vorgenommen, die in den neuen Bundesländern möglicherweise noch bevorsteht.

Abbildung 8: Eisenbahnnetz in Deutschland

a) Eisenbahnnetz in Deutschland 1998

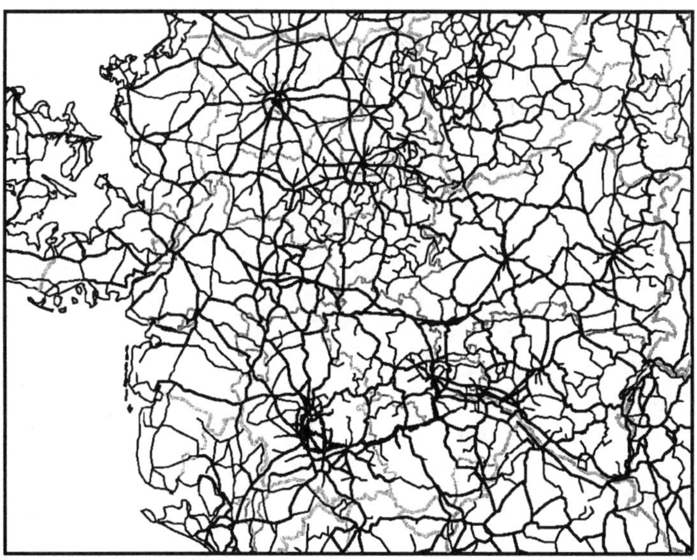

Quelle: VERENA Gh Kassel, eigene Darstellung
Legende: —— elektrifiziert
—— nicht elektrifiziert

b) Eisenbahnnetz in Deutschland 1935

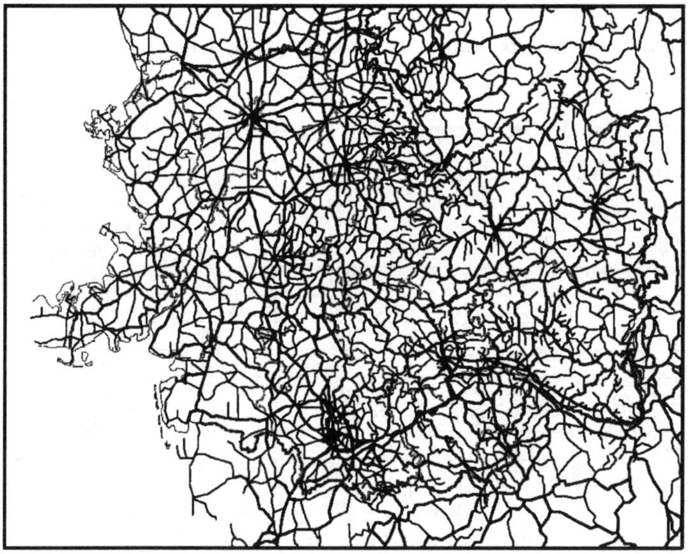

Quelle: VERENA Gh Kassel, eigene Darstellung
Legende: —— Hauptstrecke
—— Nebenstrecke

I.3.2.2 Straßen

Je nach Planungs- und Baulastträger lassen sich im Straßennetz Bundesfernstraßen (mit Bundesautobahnen und Bundesstraßen), Landesstraßen, Kreisstraßen und Gemeindestraßen unterscheiden. Ihre Länge und Entwicklung seit 1960 geht aus der folgenden Tabelle 19 hervor.

Tabelle 19: Länge des Straßennetzes in Deutschland (in km) [24]

	Bundesautobahnen	Bundesstraßen	Landesstraßen	Kreisstraßen	Straßen des überörtlichen Verkehrs insgesamt	Gemeindestraßen
1960	2 515	25 000	57 700	50 100	135 315	22 700
1970	4 110	32 200	65 400	60 700	162 410	27 000
1980	7 292	32 300	65 500	66 400	171 492	30 800
1990	8 822	31 100	63 300	70 700	173 922	32 500
1991	10 955	42 100	84 900	88 300	226 255	k.A.
1996	11 246	41 500	86 800	91 600	231 146	k.A.
Wachstumsraten (in %)						
1960-1990	250,78	24,40	9,71	41,12	28,53	43,17
1991-1996	2,66	-1,43	2,24	3,74	2,16	k.A.

Quelle: Deutsches Institut für Wirtschaftsforschung (DIW) (verschiedene Jahrgänge): Verkehr in Zahlen; eigene Berechnungen

Vergleicht man die Verkehrsentwicklung und die Länge des Straßennetzes, so zeigt sich, daß die Straßenlänge mit dem Verkehrsaufkommen nicht Schritt gehalten hat. Dies bedeutet, daß die Belegung der Straßen in den letzten Jahren und Jahrzehnten immer dichter geworden ist, wie aus Tabelle 20 und Tabelle 21 hervorgeht. Die Belegung der Bundesautobahnen hat sich in 40 Jahren im Durchschnitt fast verzehnfacht; der Anteil der Streckenabschnitte, auf denen täglich mehr als 40 000 Fahrzeuge fahren, ist zwischen 1970 und 1995 von 7,1 auf 58,3 % angestiegen.

24 Zu den vorhandenen und geplanten Autobahnstrecken in Deutschland vgl. Kapitel V.5.3.1 –Der Aus- und Neubau von Verkehrswegen im Rahmen der Bundesverkehrswegeplanung–.

Tabelle 20: Verkehrsbelastungen auf den freien Strecken der überörtlichen Straßen in Deutschland –Durchschnittliche tägliche Verkehrsstärke (DTV) in Kfz. je 24 Stunden–[25]

Jahr	Bundesautobahnen			Bundesstraßen			Landesstraßen			Kreisstraßen		
	DTV	davon		DTV	davon		DTV	davon		DTV	davon	
	Kfz/24h	Personenverkehr vH	Güterverkehr vH	Kfz/24h	Personenverkehr vH	Güterverkehr vH	Kfz/24h	Personenverkehr vH	Güterverkehr vH	Kfz/24h	Personenverkehr vH	Güterverkehr vH
1953	4 578	.	.	1 640	73,1	26,9	567	75,3	24,7	.	.	.
1956	8 185	.	.	2 644	.	.	.	.	.	.	.	.
1958	9 291	.	.	3 047	.	.	.	.	.	.	.	.
1960	10 710	75,5	24,5	3 548	75,6	24,4	1 262	74,1	25,9	453	.	.
1963	13 626	75,5	24,5	4 099	77,	23,0	.	.	.	.	.	.
1965	16 568	75,3	24,7	4 551	79,7	20,3	1 524	76,2	23,8	663	.	.
1968	18 234	77,0	23,0	4 784	79,5	20,5	1 633	80,0	20,0	880	80,5	19,5
1970	22 385	80,8	19,2	5 660	84,6	15,4	1 885	85,9	14,1	964	85,9	14,1
1973	23 531	80,3	19,7	6 016	85,2	14,8	2 153	87,8	12,2	1 079	87,8	12,2
1975	25 687	85,3	14,7	6 108	88,9	11,1	2 166	90,3	9,7	1 132	89,6	10,4
1978	29 120	84,4	15,6	6 601	89,3	10,7	.	.	.	.	.	.
1980	29 917	84,3	15,7	6 785	88,9	11,1	2 566	90,3	9,7	1 325	90,1	9,9
1985	31 385	84,6	15,4	7 238	90,1	9,9	2 837	91,4	8,6	1 415	91,0	9,0
1990	41 967	85,4	14,6	9 005	90,7	9,3	3 527	92,1	7,9	1 655	91,7	8,3
1995	43 940	83,9	16,1	9 135	89,6	10,4	3 789	91,2	8,8	-	-	-

Quelle: Bundesanstalt für Straßenwesen, entnommen Deutsches Institut für Wirtschaftsforschung (DIW) (1997): Verkehr in Zahlen, S. 118

25 Durchschnittliche tägliche Verkehrsstärke aller Tage des Jahres für den Kraftfahrzeugverkehr in beiden Richtungen. Die Erhebung der Verkehrsstärken wurde auf den Landes- und den Kreisstraßen nicht in allen Jahren auf dem gesamten Netz durchgeführt. Der Auswahlsatz variiert in den einzelnen Erhebungsjahren.

Tabelle 21: Verkehrsstärke auf Straßen in Deutschland

	Bundesautobahnen (Anteile der DTV-Klassen in vH)						Bundesstraßen (Anteile der DTV-Klassen in vH)					
DTV-Klasse [26]	1970	1975	1980	1985	1990	1995	1970	1975	1980	1985	1990	1995
bis unter 5 000	6,0	3,5	2,1	2,3	0,8	0,4	55,7	50,9	43,6	40,6	26,4	25,4
5 000 bis unter 10 000	11,0	10,9	6,5	6,6	3,0	2,2	32,7	35,9	39,1	39,9	42,8	43,4
10 000 bis unter 20 000	26,5	21,5	24,8	24,8	13,2	11,5	10,3	11,8	15,3	16,8	25,7	26,3
20 000 bis unter 40 000	49,4	51,1	43,0	38,3	32,2	34,7	1,1	1,2	1,7	2,3	4,4	4,4
40 000 bis unter 70 000	7,0	12,7	21,3	25,0	40,8	38,4	0,2	0,2	0,3	0,4	0,6	0,8
70 000 und mehr	0,1	0,3	2,3	3,0	10,0	12,8	0,0	0,0	0,0	0,0	0,1	0,0
dar. 80 000 und mehr	.	.	0,7	1,5	5,4	7,1	.	.	0,0	0,0	0,0	0,0
Insgesamt	100,0	100,0	100,0	100,0	100,0	100,0	100,0	100,0	100,0	100,0	100,0	100,0
Straßenlänge insgesamt in km	4 217	5 421	7 201	7 972	8 704	11 023	27 830	27 862	27 203	26 775	26 799	35 208

	Landesstraßen (Anteile der DTV-Klassen in vH)						Kreisstraßen (Anteile der DTV-Klassen in vH)				
DTV-Klasse [27]	1970	1975	1980	1985	1990	1995	1970	1975	1980	1985	1990
bis unter 1 000	34,4	29,1	22,8	18,9	12,4	9,8	68,4	62,8	54,9	51,5	45,9
1 000 bis unter 2 000	35,7	33,3	32,0	29,8	24,6	22,8	21,9	24,3	27,6	29,0	28,1
2 000 bis unter 4 000	20,9	25,2	28,3	31,0	33,6	34,0	7,7	9,5	12,9	14,2	18,0
4 000 bis unter 6 000	5,4	7,3	8,9	11,0	14,5	15,9	1,4	2,0	3,0	3,5	5,0
6 000 bis unter 10 000	2,9	3,9	5,9	6,8	10,6	12,5	0,5	0,9	1,3	1,5	2,4
10 000 und mehr	0,7	1,2	2,1	2,5	4,3	4,9	0,1	0,2	0,3	0,3	0,6
Insgesamt	100,0	100,0	100,0	100,0	100,0	100,0	100,0	100,0	100,0	100,0	100,0
Straßenlänge insgesamt in km	60 108	59 151	59 016	56 187	57 104	68 367	24 648	33 850	34 351	39 012	49 108

Quelle: Bundesanstalt für Straßenwesen, entnommen Deutsches Institut für Wirtschaftsforschung (DIW) (verschiedene Jahrgänge): Verkehr in Zahlen

26 Durchschnittliche tägliche Verkehrsstärke (DTV) aller Tage des Jahres für den Kraftfahrzeugverkehr in beiden Richtungen.

27 Vgl. Fußnote 26.

I.3.2.3 Übrige Verkehrsträger

Die Länge der Binnenwasserstraßen variiert im betrachteten Zeitraum weniger, allerdings zeigt sich auch in der Bundesrepublik Deutschland (alt) zwischen 1960 und 1990 eine geringe Abnahme um ca. 2 %.

Tabelle 22: Länge der Binnenwasserstraßen in km in Deutschland

	Länge insgesamt	nationale Bedeutung	internationale Bedeutung
1960	4 458		
1970	4 383		
1980	4 395		
1990	4 350		
1991	7 341	1 473	4 733
1995	7 343	1 575	4 787

Quelle: Eigene Zusammenstellung nach Angaben des Deutschen Instituts für Wirtschaftsforschung (DIW) (verschiedene Jahrgänge): Verkehr in Zahlen

Neben der absoluten Länge (Quantität) spielt natürlich auch die Qualität des Binnenwassernetzes eine wichtige Rolle. Ab 1991 sind die gesamtdeutschen Werte für Wasserstraßen mit nationaler (regionaler) und internationaler Bedeutung angeführt. Die Klassifizierung bezieht sich auf die maximalen Schiffsabmessungen wie Länge, Breite, Tiefgang, Tonnage, Brückendurchfahrtshöhe.

Einen weiteren Verkehrsträger stellen Rohrfernleitungen dar. In der nachfolgenden Tabelle sind die Länge und damit verbundene Verkehrsleistungen abgebildet. Vor allem in den 60er Jahren vollzog sich ein rapider Ausbau dieser Verkehrsträger. Seit der deutschen Einigung beträgt die Länge der Rohrfernleitungsnetze rd. 3.300 km.

Tabelle 23: Länge der Rohrfernleitungen in km in Deutschland

	Rohrfernleitungen *	
	Länge	tkm (Mrd)
1960	455	3,0
1970	2 058	16,9
1980	2 086	14,3
1990	2 222	13,3
1991	3 289	15,7
1995	3 318	16,6

* Rohöl- und Mineralölproduktionsleitungen über 40 km Länge

Quelle: Eigene Zusammenstellung nach Angaben des Deutschen Instituts für Wirtschaftsforschung (DIW) (verschiedene Jahrgänge): Verkehr in Zahlen

I.3.3 Verkehrsstationen

In Tabelle 24 werden die sechs größten Flughafenplätze in Deutschland in ihrer zeitlichen Entwicklung dargestellt. Wie bereits in Abschnitt I.2 –Verkehrsträger, -mittel und –systeme– deutlich geworden ist, so zeigt sich auch anhand der Statistik der ausgesuchten Flughäfen der enorme Bedeutungsgewinn des Flugverkehrs. Eine herausragende Bedeutung nimmt Frankfurt/Main im Personen- und Güterverkehr ein. Mit über 1,4 Mio. t Luftfracht werden dort fast doppelt so viele Güter umgeschlagen wie auf allen anderen betrachteten Flughäfen zusammen.

Tabelle 24: Verkehrsaufkommen auf den wichtigsten Flughäfen in Deutschland

Flughafen Frankfurt

Jahr	Bewegungen*	Passagiere	Luftfracht in t	Luftpost in t
1970	194 368	9 365 000	326 000	59 268
1997	392 121	40 262 700	1 400 977	144 326
Entwicklung 1970-1997	101,74%	329,93%	329,75%	143,51%

Flughafen München (ab1994 in Erding)

Jahr	Bewegungen*	Passagiere	Luftfracht in t	Luftpost in t
1970	103 057	3 559 100	32 141	8 661
1997	267 814	17 894 700	176 752	28 073
Entwicklung 1970-1997	159,87%	402,79%	449,93%	224,13%

Flughafen Hamburg

Jahr	Bewegungen*	Passagiere	Luftfracht in t	Luftpost in t
1970	89 205	3 130 040	34 582	7 993
1997	153 605	8 648 790	65 485	18 905
Entwicklung 1970-1997	72,19%	176,32%	89,36%	136,52%

Flughafen Berlin

(Flughafensystem, bestehend aus den Flughäfen Tegel, Tempelhof; ab 1990 auch Schönefeld)

Jahr	Bewegungen*	Passagiere	Luftfracht in t	Luftpost in t
1970	77 571	5 538 890	26 657	10 564
1997	223 880	11 564 950	43 430	18 982
Entwicklung 1970-1997	188,61%	108,80%	62,92%	79,69%

Flughafen Düsseldorf

Jahr	Bewegungen*	Passagiere	Luftfracht in t	Luftpost in t
1970	108 502	3 600 600	35 129	4 450
1997	183 979	15 532 060	112 648	2 245
Entwicklung 1970-1997	69,56%	331,37%	220,67%	-49,55%

Flughafen Köln/Bonn

Jahr	Bewegungen*	Passagiere	Luftfracht in t	Luftpost in t
1970	55 982	1 363 040	17 608	4 437
1997	148 735	5 308 680	401 818	24 188
Entwicklung 1970-1997	165,68%	289,47%	2182,02%	445,14%

* Starts und Landungen

Quelle: Pressereferat des Bundesministers für Verkehr (Hrsg.) (1998), S. 4

Eine Reihung der Bedeutung deutscher Bahnhöfe erlaubt die Tabelle 25. Darin sind die fünf Bahnhöfe aufgeführt, die die höchsten Besucherzahlen aufweisen.

Tabelle 25: Besucheraufkommen in deutschen Bahnhöfen 1998

Bahnhof	Personen pro Tag
Frankfurt a.M. (Hbf.)	400 000
München (Hbf.)	350 000
Hamburg (Hbf.)	300 000
Stuttgart (Hbf.)	250 000
Köln (Hbf.)	200 000

Quelle: Auskunft DB Service AG. Leider sind keine Zahlen zu den Passagieren erhältlich. Besucher umfassen nicht nur Passagiere, sondern auch Personen, die den Bahnhof aus anderen Gründen aufsuchen.

Werden Stationen mehrerer Verkehrsträger an einem Standort zusammengefaßt, so spricht man von einem **Güterverkehrszentrum** (GVZ) [28]. Hinter der Errichtung von GVZs steht die Hypothese, daß durch die zielgerichtete Ansiedlung von Betrieben des Verkehrsgewerbes und ergänzender Dienstleister an einem gemeinsamen regionalen Standort Synergieeffekte entstehen, die sich im einzelnen wie folgt begründen lassen:

- Kleinere Transportunternehmen können bequem für den einzelnen unrentable Anlagen gemeinsam nutzen. „Spezialrüstungen müssen nicht mehr in jedem Unternehmen vorgehalten werden, Lagerkapazitäten können wirtschaftlicher genutzt, Kühl- und Gefahrgutlager gemeinsam betrieben werden. Weitere Vorteile bringt die gemeinsame Nutzung einer Frachtinformationsstelle, DV-Anlagen, einer Anschlußbahn u.ä. sowie das gemeinsame Anbieten neuer logistischer Produkte“ [29].
- Eine Kooperation bietet sich auch im Hinblick auf den Transport von Gütern an. Haben mehrere Unternehmen kleine Gütermengen von A nach B zu bringen, so würde ein getrennter Transport Ressourcen verschwenden, da ihre Verkehrsträger nicht ausgelastet werden. Werden dagegen die Mengen gebündelt und führt nur ein Unternehmen den gesamten Transport mit Hilfe nur eines Lkw durch, erhöht sich die Wirtschaftlichkeit und sinkt die Umweltbelastung.
- Diese Argumentation gilt nicht nur im Hinblick auf den Fern-, sondern auch im Hinblick auf den Nahverkehr. Werden die Fahrten in die Stadt gebündelt, so spricht man von City-Logistik. GVZs stellen damit eine gute Schnittstelle zwischen Fern- und Nahverkehr dar.
- GVZs erleichtern die Kooperation zwischen verschiedenen Verkehrsträgern, in der Regel zwischen Lkw und Bahn sowie gegebenenfalls der Binnenschiffahrt. „Eine Umschlaganlage für den Kombinierten Ladungsverkehr (KLV) wird deshalb in Deutschland als unverzichtbarer Bestandteil eines GVZ angesehen.“ [30]

28 Hahn, Georg; Reineke, Wilken (1994), S. 32.

29 Vgl. Fußnote 28.

30 Hansmann, Armin; Pautsch, Peter R. (1992), S. 3.

- Durch Kooperation zwischen reinen Transportunternehmen und ergänzenden Dienstleistern wird aus Transport Logistik. Zu primären Dienstleistungen wie Transport und Umschlag treten sekundäre Dienstleistungen wie Lagerung, Verpakkung, Werkstätten, Zoll- und Postämter usw. [31]
- GVZs sollen die wirtschaftliche Entwicklung von Regionen günstig beeinflussen. „Durch ein auf den Wirtschaftsraum zugeschnittenes logistisches Dienstleistungsangebot und mit einer bedarfsgerechten Ausstattung verkehrlicher Anlagen und Einrichtungen tragen GVZ nachhaltig zur Standortattraktivität bei.“ [32]

Nach den Vorgaben des Bundesverkehrsplans 1992 und den Planungen der Deutschen Bahn AG ist der Bau von über 50 Güterverkehrszentren und Terminals des Kombinierten Ladungsverkehrs vorgesehen. „Mittlerweile existieren an ca. 35 Standorten in der Bundesrepublik konkrete Planungen und Umsetzungen, von denen das GVZ Bremen u.a. aufgrund seiner frühen Etablierung nach wie vor eine Art Pilotfunktion einnimmt. Darüber hinaus sind an bis zu 20 weiteren Standorten GVZ-Ansätze zumindest in der Diskussion. Entgegen der vielfach geäußerten Meinung, daß nur zwei funktionierende GVZ (Bremen und Emsland-Dörpen) in der Bundesrepublik existieren, zeigt eine laufende Untersuchung der Deutschen GVZ-Gesellschaft (DGG) in Zusammenarbeit mit dem Institut für Seeverkehrswirtschaft und Logistik (ISL) im Auftrag des BMVBW, daß an ca. 27 Standorten bereits Betriebsansiedlungen erfolgt sind. Davon sind insgesamt elf Standorte in ihrer Entwicklung soweit vorangeschritten, daß dort die wesentlichen Elemente eines GVZ (z.B. KV-Terminal) fest etabliert sind.“ [33]

Die Standorte der existierenden oder in Realisierung befindlichen GVZ können der Abbildung 9 entnommen werden.

31 Maennig, Wolfgang; Thies, Carsten (1998), S. 1.

32 Vgl. Kracke, Rolf. u.a. (1991), S. 19ff.

33 Leerkamp, Bert; Nobel, Thomas (1999), S. 325.

Abbildung 9: GVZ-Standorte in Deutschland

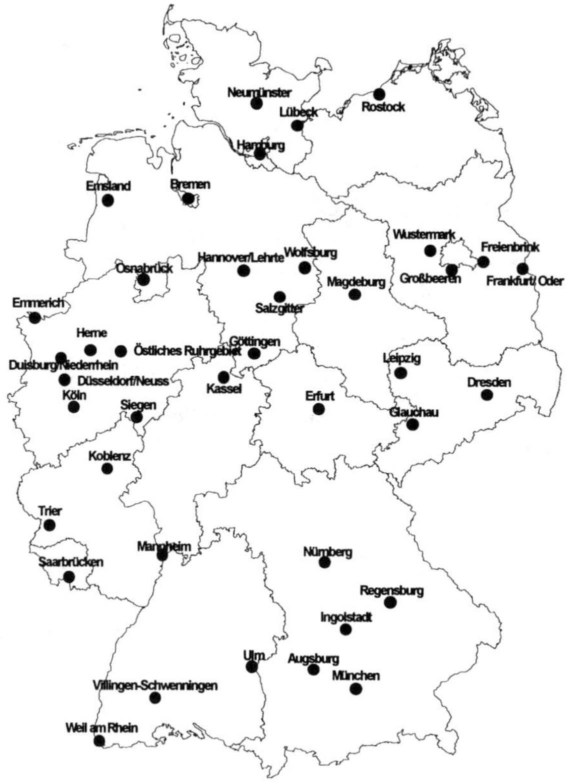

Quelle: In Anlehnung an Leerkamp, Bert; Nobel, Thomas (1999), S. 326

Informationen zur Bedeutung der Binnenhäfen in Deutschland beinhaltet die Abbildung 10. Dort sind die umgeschlagenen Tonnen in ausgesuchten Binnenhäfen in Deutschland abgebildet. Eine überragende Stellung nimmt Duisburg mit über 47 Mio. Tonnen im Jahr 1997 ein.

Der größte Seehafen im Jahr 1996 ist Hamburg mit einem Tonnenumschlag von insgesamt 64,46 Mio. t, gefolgt von Wilhelmshaven (36,12 Mio. t) und den Bremischen Häfen (28,41 Mio. t). An vierter Position kommt mit 16,66 Mio. t Rostock als erster Ostseehafen.

Abbildung 10: Güterumschlag in ausgesuchten deutschen Binnenhäfen 1997 (1 000 t)

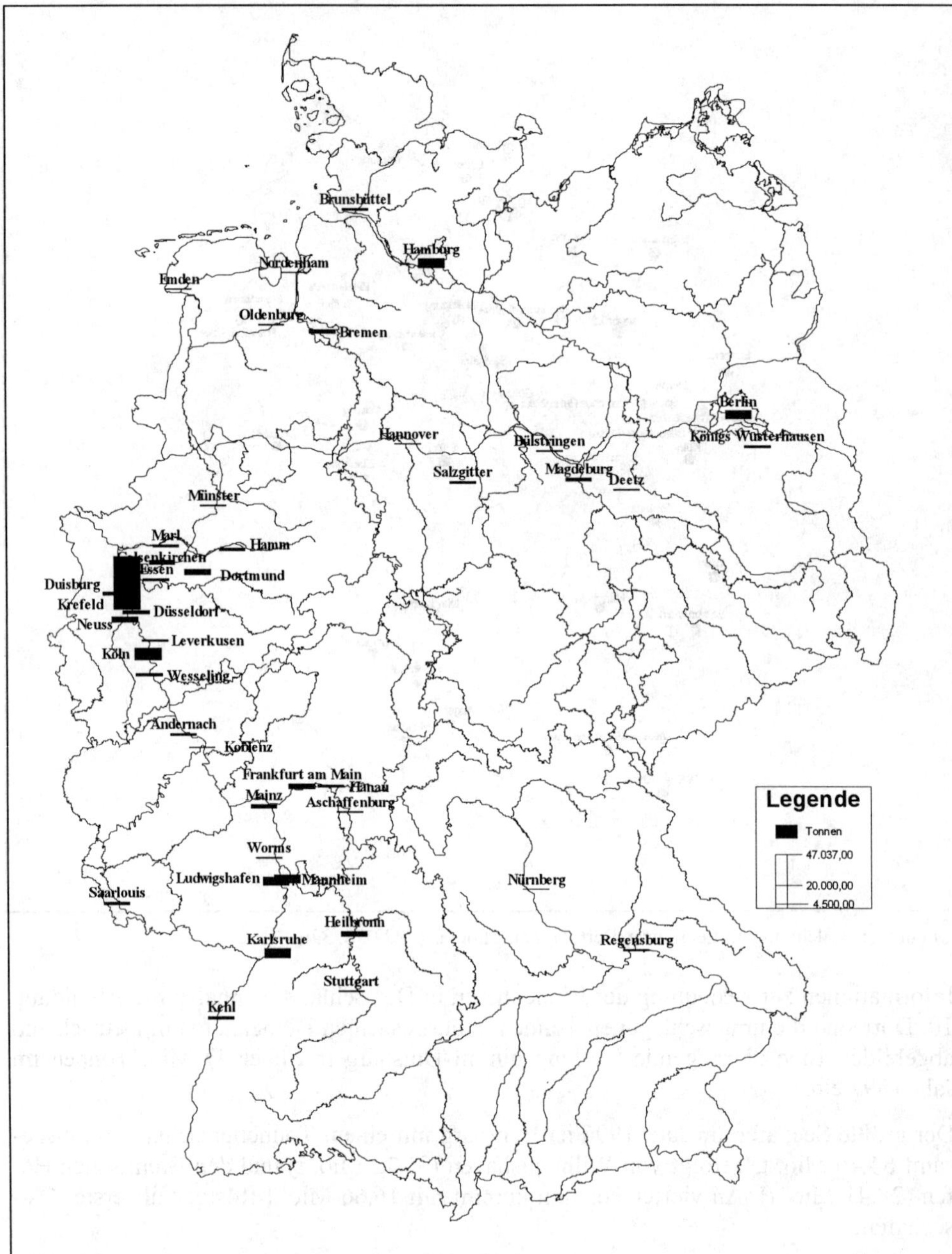

Quelle: Statistisches Bundesamt (1998); eigene Darstellung

I.4 Verkehrspolitik

Verkehrspolitik umfaßt alle Maßnahmen öffentlich-rechtlicher Körperschaften, insbesondere des Staates, die **bewußt** zur Gestaltung von Struktur und Ablauf verkehrswirtschaftlicher Prozesse eingesetzt werden. [34]

Ein solches Eingreifen des Staates in den Markt kann doppelt begründet werden: [35]

- Zum einen wird Bezug auf die Theorie des Marktversagens genommen. Die Ergebnisse eines funktionierenden marktwirtschaftlichen Prozesses würden von den Trägern der Verkehrspolitik akzeptiert; es wird von ihnen aber bestritten, daß es einen solchen funktionierenden Markt im Verkehrsbereich gibt. Eingriffe des Staates in das Verkehrsgeschehen sind notwendig, um das Ausmaß des Marktversagens zu mindern und die mit ihm verbundenen negativen Auswirkungen abzumildern.
- Zum anderen kann zwar die Existenz eines funktionierenden Marktes im Verkehrsbereich durchaus akzeptiert werden. Diesem Ergebnis wird aber ein gesellschaftliches Leitbild gegenübergestellt, das auch außerökonomischen Aspekten Rechnung trägt und deshalb über den Markt nicht realisiert werden kann. Beispielhaft sei das Ziel der Gleichwertigkeit der Lebensbedingungen in allen Räumen einer Volkswirtschaft angeführt: Das marktwirtschaftliche Angebot würde sich wegen der dort hohen Nachfrage auf die Verdichtungsräume konzentrieren und den peripheren ländlichen Raum weitgehend vernachlässigen; eine staatliche regionale Sozialpolitik muß dagegen dafür Sorge tragen, daß auch in abgelegenen Gebieten eine Mindestversorgung mit Verkehrsleistungen stattfindet. [36]

---

[34] Zu den Zielen, Trägern und Instrumenten der Verkehrspolitik im einzelnen, vgl. Kap. V –Elemente der Verkehrspolitik–.

[35] Zur Begründung der Notwendigkeit einer staatlichen Verkehrspolitik, vgl. das Kap. IV –Besonderheiten des Verkehrssektors zur Begründung staatlicher Einflußnahme–.

[36] Ein weiteres Beispiel können militärpolitische Aspekte sein. Hieraus erklärt sich etwa der Verlauf vieler Eisenbahnlinien im Deutschen Kaiserreich vor 1918, indem bei der Planung der Verkehrsinfrastruktur dem Anliegen, Truppen relativ schnell an die Grenze verlagern zu können, ein hohes Gewicht beigemessen worden ist.

II. Volkswirtschaftliche Bedeutung des Verkehrs

II.1 Volkswirtschaftliche Nutzen und Kosten des Verkehrs in der Theorie

II.1.1. Arten der volkswirtschaftlichen Nutzen

II.1.1.1 Konzept der Nutzenmessung

Beschäftigt man sich mit der Frage, wieviel von einem Gut –also auch von Verkehrsleistungen– zu produzieren ist, um die gesamtgesellschaftliche Wohlfahrt zu maximieren, so läßt sich diese optimale Menge theoretisch leicht bestimmen. Bezeichnet man das betrachtete Gut mit x, den durch sie verursachten Nutzen mit U(x) und die bei seiner Herstellung entstehenden Kosten mit K(x), so lautet die Zielfunktion

$$U(x) - K(x) \rightarrow \text{Maximum} \; .$$

Abgeleitet nach x und gleich 0 gesetzt, ergibt sich

$$\frac{dU}{dx} - \frac{dK}{dx} = 0$$

$$\text{bzw.} \quad \frac{dU}{dx} = \frac{dK}{dx} \; .$$

Die Produktion eines Gutes ist also so weit auszudehnen, bis der gesellschaftliche Grenznutzen den gesellschaftlichen Grenzkosten entspricht.

Diese Optimierungsregel bleibt inhaltsleer und ohne praktische Bedeutung, wenn es nicht gelingt, Grenznutzen und Grenzkosten zu bestimmen. Hier soll ein von Alfred Marshall entwickeltes und auf Dupuit zurückgehendes Konzept genutzt werden. [37] Es

---

[37] Dieses Konzept ist nicht unumstritten und beruht auf teilweise sehr einschränkenden Annahmen. Zu den wichtigsten Kritikpunkten zählen:

a) bei Nachfragekurven, die keinen Schnittpunkt mit der Ordinatenachse aufweisen, wäre der Wert der Konsumentenrente unendlich groß;
b) wenn man den Begriff der Produzentenrente auch auf die Produktionsfaktoren ausdehnt, würde man bei einer Addition von Produzenten- und Konsumentenrente den Nutzenzuwachs doppelt zählen;
c) wie vor allem Hicks gezeigt hat, entspricht der von Marshall gewählte Begriff der Konsumentenrente nur sehr ungenau dem Wohlfahrtsgewinn, den das einzelne Wirtschaftssubjekt durch den Kauf der Produkte erzielt. Müßte nämlich der Konsument den der Konsumentenrente entsprechenden Geldbetrag tatsächlich abführen, so würde er sein Optimum nicht mehr bei der

basiert auf der Tatsache, daß beim Vorliegen eines vollkommenen Marktes die Nachfrage- mit der gesellschaftlichen Grenznutzen- und die Angebotskurve mit der gesellschaftlichen Grenzkostenfunktion identisch ist. Beide gestatten dann im Zusammenspiel die Bestimmung von gesellschaftlich optimaler Menge und optimalem Preis sowie dem mit der Produktion des Gutes verbundenen gesellschaftlichen Nutzen.

Abbildung 11: Konsumentenrente, Produzentenrente und sozialer Überschuß

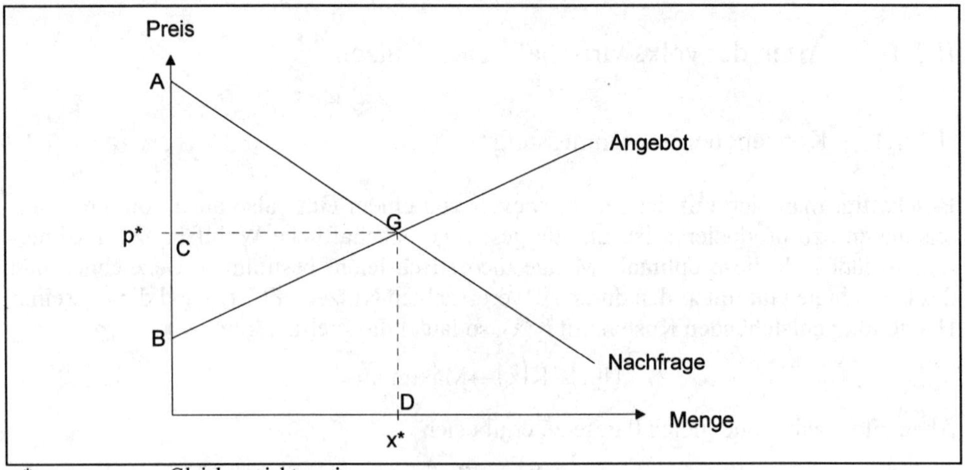

p* = Gleichgewichtspreis
x* = Gleichgewichtsmenge
ACG = Konsumentenrente
BCG = Produzentenrente
ABG = sozialer Überschuß

Quelle: Eigene Darstellung

Die die gesamtwirtschaftliche Wohlfahrt maximierende Menge ist x*, da sich bei ihrer Realisation die sozialen Grenznutzen und -kosten entsprechen. Gehandelt wird dieses Gut zum Preis von p*. Der Verlauf der Nachfragefunktion zeigt an, daß einige Nachfrager durchaus bereit sind, mehr als den Gleichgewichtspreis zu entrichten. Offensichtlich stiftet das Gut ihnen einen höheren Nutzen, als sie auf der anderen Seite zahlen

bisherigen Zusammensetzung des Güterbündels erreichen; das bedeutet jedoch nichts anderes, als daß er im allgemeinen auch nicht die gleiche Menge des fraglichen Gutes (x) nachfragt;

d) obwohl die Konsumentenrente in Geldgrößen gemessen wird, läßt sie sich in der Realität genauso schwer errechnen wie Veränderungen im Nutzenniveau.

e) es handelt sich um ein statisches Konzept, d.h., es bezieht sich auf einen bestimmten Zeitraum. Politisch interessanter sind in einer sich entwickelnden und dauernden Veränderungen unterworfenen Gesellschaft dynamische Wohlfahrtsregeln, die Bedingungen für optimales Wachstum und optimalen Strukturwandel anzeigen; sie existieren nicht.

Zu dem Konzept im einzelnen, seinen Schwächen und Weiterentwicklungen vgl. Suntum, Ulrich van (1986), S. 25ff., und Hanusch, Horst (1994), S. 21ff.

müssen. Der durch den Kauf entstehende Grenznutzen übersteigt die durch den Kauf entstehenden Kosten. Es verbleibt ein Überschuß, der als **Konsumentenrente** bezeichnet wird. Im obigen Diagramm entspricht er dem Dreieck ACG.

Von der Konsumenten- ist die **Produzentenrente** zu unterscheiden, die sich daraus ergibt, daß einige Produzenten durchaus bereit wären, das Gut zu einem billigeren Preis als p* abzugeben. Sie erzielen offensichtlich am Markt einen Preis, der die bei der Produktion entstehenden Grenzkosten übersteigt. Die Differenz zwischen dem Marktpreis und demjenigen Preis, zu dem der Anbieter bereit gewesen wäre, das Gut zu verkaufen, heißt Produzentenrente.[38] Sie wird insgesamt durch das Dreieck BCG zum Ausdruck gebracht.

Summiert man die Konsumenten- und die Produzentenrente auf, so gelangt man zu **sozialem Überschuß**, der hier durch das Dreieck ABG gegeben ist. Er kann als Maß für die Wohlstandssteigerung interpretiert werden, die sich für die Gesellschaft aus der Produktion des betrachteten Gutes ergibt.

II.1.1.2 Nutzen des Personenverkehrs

Mit Hilfe dieses Konzeptes lassen sich die mit dem Verkehr verbundenen Wohlfahrtsgewinne ableiten. Schauen wir uns zunächst die Wohlfahrtsgewinne durch den Personenverkehr an. Beispielhaft sei hierzu der Einkaufsverkehr betrachtet; die Ableitung für andere Fahrzwecke verläuft analog. Eine Person, die in V wohnt, steht vor der Wahl, ein nicht in V, aber im zentralen Ort Z erhältliches Produkt X zu kaufen oder auf diesen Kauf zu verzichten. Ist der in Z zu zahlende Preis P_z^x und fallen keine weiteren Kosten an, so ist die Entscheidungssituation einfach; unser Konsument kauft die Menge x*, die bei ihm zu einer Konsumentenrente ACG führt. Werden zusätzlich Transport- und Lagerkosten berücksichtigt, so kommen auf den Konsumenten Kosten von

$$p_z^x + \frac{f^x \cdot 2 \cdot d_{vz} \cdot t_{vz}}{x} + \frac{1}{2} \cdot \frac{s^x}{f^x}$$

pro Einheit zu; die gekaufte Menge verringert sich auf x**, die Konsumentenrente auf AC'G'. Beide Situationen sollen im folgenden näher erläutert werden.

[38] Dabei wird vereinfachend davon ausgegangen, daß keine fixen Kosten anfallen. Anderenfalls wären sie von der Größe des Dreiecks BCG abzuziehen, um die Produzentenrente bei Berücksichtigung der Existenz von Fixkosten zu berechnen.

Abbildung 12: Konsumentenrente beim Auseinanderklaffen von Wohn- und Einkaufsort

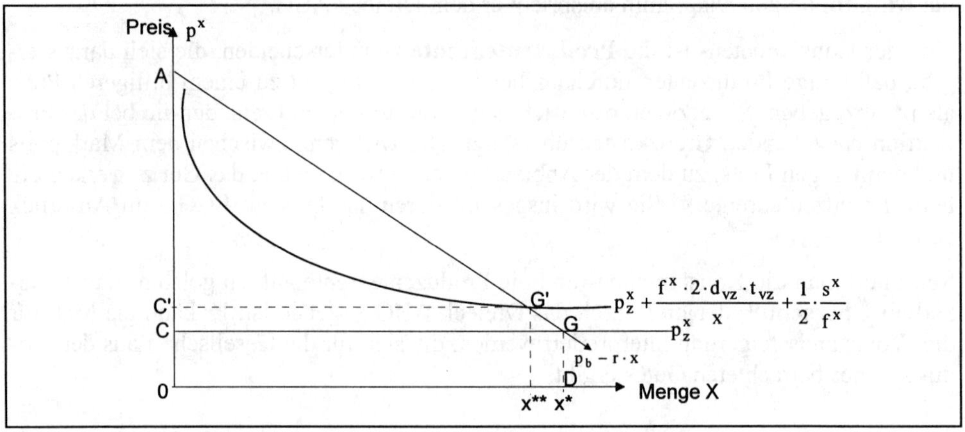

Quelle: Eigene Darstellung

a) Situation beim Kauf des Gutes x im Ort Z bei Vernachlässigung von Transport- und Lagerkosten

Die optimale Menge x* und der mit ihr verbundene Nutzen läßt sich auch algebraisch bestimmen. Wird die lineare Nachfragefunktion $P = p_b - r \cdot x$ [39] unterstellt, so gilt im Gleichgewicht $p_z^x = p_b - r \cdot x$. Aufgelöst nach x ergibt sich für die optimale Menge

$$x^* = \frac{p_b - p_z^x}{r}.$$

Damit ist der vom Konsum von x ausgehende Bruttonutzen

$$\int_0^{x^*} (p_b - r \cdot x) dx.$$

Zum Nettonutzen (= Konsumentenrente) gelangt man, indem die aufzuwendende Kaufsumme vom Bruttonutzen abgezogen wird;

$$ACG = \int_0^{x^*} (p_b - r \cdot x) dx - p_z^x \cdot x^*.$$

39 p_b ist der Prohibitivpreis des Gutes, bei dem die nachgefragte Menge 0 wird.

b) Situation beim Kauf des Gutes x im Ort Z bei Berücksichtigung von Transport- und Lagerkosten

Die Entscheidungssituation wird komplexer, wenn berücksichtigt wird, daß der Konsument Transport- und Lagerkosten zu tragen hat, wenn Wohn- und Einkaufsort also nicht mehr identisch sind. Finden pro Zeitperiode f^x Einkaufsfahrten statt (= Einkaufsfrequenz), ist die Entfernung zwischen V und Z d_{vz} und fallen pro Entfernungseinheit t_{vz} Fahrkosten an, so beträgt die pro Zeiteinheit gefahrene Strecke $f^x \cdot 2 \cdot d_{vz}$. Die Transportkosten sind $f^x \cdot 2 \cdot d_{vz} \cdot t_{vz}$; zu ihnen zählen die Kosten der Nutzung des Verkehrsträgers (variable Kosten des Pkw; Fahrpreis im ÖPNV), die aufzuwendende Fahrzeit, die in Höhe der Opportunitätskosten (= Verzicht auf die nächstattraktivere Zeitverwendung) anzusetzen ist, der Eigenwert des Fahrerlebnisses (Freude am Autofahren, Frust wegen eines Staus, Gelegenheit zum Zeitunglesen im Bus) und Fixkosten [40] (etwa Parkgebühren).

Fallen die Zeitpunkte von Einkauf und Verbrauch des Gutes x nicht mehr zusammen, so müssen Einheiten des Produktes gelagert werden; die durchschnittlich gelagerte Menge beträgt

$$\frac{1}{2} \cdot \frac{x^{**}}{f^x},$$

wobei x** die neue, unten abzuleitende nachgefragte Menge pro Zeiteinheit ist. Es treten s^x Kosten pro gelagerter Produkteinheit und Zeitperiode auf; zu ihnen rechnen die Kosten für den Lagerplatz (Keller, Kühlschrank), für das gebundene Kapital und für den Schwund des Gutes (etwa bei verderblichen Waren). Die Lagerkosten sind damit

$$\frac{1}{2} \cdot \frac{x^{**}}{f^x} \cdot s^x.$$

Die für unseren Konsumenten insgesamt anfallenden Kosten sind also

$$p_z^x \cdot x^{**} + f^x \cdot 2 \cdot d_{vz} \cdot t_{vz} + \frac{1}{2} \cdot \frac{x^{**}}{f^x} \cdot s^x;$$

die relevante Kostenfunktion verschiebt sich gegenüber dem Zustand ohne Transport und Lagerkosten nach oben und beträgt jetzt pro Einheit

$$p_z^x + \frac{f^x \cdot 2 \cdot d_{vz} \cdot t_{vz}}{x} + \frac{1}{2} \cdot \frac{s^x}{f^x}.$$

Die neue gleichgewichtige Einkaufsmenge in Abbildung 12 beträgt x**, die neue Konsumentenrente AC′G′.

40 Auf die Berücksichtigung der Fixkosten wird im folgenden verzichtet. Dies erleichtert die Ableitung, ohne die Ergebnisse zu beeinflussen.

Welche Fahrleistung ergibt sich aufgrund der Entscheidungssituation, vor der unser Haushalt steht? Ist die pro Zeiteinheit nachgefragte Menge bekannt, also etwa x*, so ist die Bestimmung relativ einfach; die Kosten

$$K_x = p_z^x \cdot x^* + f^x \cdot 2 \cdot d_{vz} \cdot t_{vz} + \frac{1}{2} \cdot \frac{s^x}{f^x} \cdot x^*$$

sind in Abhängigkeit von der Menge der durchgeführten Fahren zu minimieren:

$$\frac{dK_x}{df^x} = 2 \cdot d_{vz} \cdot t_{vz} - \frac{s^x \cdot x^*}{2\left(f^x\right)^2} = 0 \ .$$

Aufgelöst nach f^x ergibt sich

$$f^x = \frac{1}{2}\sqrt{\frac{s^x \cdot x^*}{d_{vz} \cdot t_{vz}}} \ .$$

Die gefahrene Strecke pro Zeiteinheit beträgt damit

$$f^x \cdot 2 \cdot d_{vz} = \sqrt{\frac{s^x \cdot x^* \cdot d_{vz}}{t_{vz}}} \ .$$

Die Einkaufsfrequenz steigt

- mit zunehmenden Lagerkosten. Größere Wohnungen und bessere Lagerhaltungsmöglichkeiten (Kühlschrank, Tiefkühltruhe) lassen die Menge der Einkaufsfahrten sinken.
- mit zunehmender nachgefragter Menge x*. Da die Nachfrage nach den meisten Gütern mit steigendem Einkommen anwächst, verstärkt hoher Wohlstand die Menge der Fahrten.
- mit abnehmenden Transportkosten. Eine verbesserte Zugänglichkeit von Z gegenüber V erhöht das Verkehrsaufkommen.

Die Fahrleistung steigt entsprechend mit zunehmenden Lagerkosten, zunehmender nachgefragter Menge sowie zunehmender Entfernung zwischen V und Z und sinkt mit zunehmenden Transportkosten. Eine verbesserte Verkehrsinfrastruktur sorgt für abnehmende Transportkosten und damit zunehmendem Einkaufsverkehr.[41]

---

41 Es gilt $\frac{d\left(f^x \cdot 2 \cdot d_{vz}\right)}{dt_{vz}} = -\frac{\sqrt{s^x \cdot x^* \cdot d_{vz}}}{2 \cdot t_{vz}^{3/2}}$

c) Situation beim Kauf des Gutes x im Ort Z bei Berücksichtigung von Transport- und Lagerkosten und simultaner Bestimmung der optimalen Menge

Wesentlich komplexer stellt sich die Ableitung dar, wenn –wie eigentlich richtig und der Entscheidungssituation angemessen– die nachgefragte Menge bei der Bestimmung der optimalen Einkaufsfrequenz nicht exogen vorgegeben, sondern im Modell endogenisiert wird. Hierzu ist die Beziehung

$$\int_0^{x^{**}} \left(p_b - r \cdot x\right) \cdot d_x - p_z^x \cdot x - f^x \cdot 2 \cdot d_{vz} \cdot t_{vz} - \frac{1}{2} \cdot \frac{s^x}{f^x} \cdot x$$

nach den strategischen Variablen x und f zu differenzieren; die beiden Ableitungen sind anschließend gleich 0 zu setzen. Nach einigen Umformungen ergibt sich

$$x^{**} = \frac{p_b - p_z^x}{r} - \frac{s^x}{f^x \cdot r}$$

$$f^x = \frac{1}{2} \cdot \sqrt{\frac{s^x \cdot x^{**}}{d_{vz} \cdot t_{vz}}}.$$

Gegenüber der Lösung der optimalen nachgefragten Menge ohne Berücksichtigung von Transport- und Lagerkosten tritt zusätzlich der Ausdruck

$$\frac{s^x}{f^x \cdot r}$$

auf, um den sich die nachgefragte Menge verringert; sie wird –wie erwartet– kleiner. Da x**<x*, sinkt bei Berücksichtigung von Transport- und Lagerkosten die Einkaufsfrequenz und damit die Fahrleistung für Einkaufsfahrten.

Ein Beispiel:

Es gelte die Nachfragefunktion $p_b - r \cdot x = 50 - 0{,}01 \cdot x$; ferner sei $p_z^x = 20$, $s^x = 40$, $d_{vz} = 10$ und $t_{vz} = 5$. Bei einem konsekutiven Modell bestimmt sich

$$x^* = \frac{50 - 20}{0{,}01} = 3000.$$

Die Einkaufsfrequenz ist dann

$$f^x = \frac{1}{2} \cdot \sqrt{\frac{40 \cdot 3000}{10 \cdot 5}} = 24{,}495$$

und die für Einkaufsfahrten zurückgelegte Wegstrecke

$$f^x \cdot 2 \cdot d_{vz} = 24{,}495 \cdot 2 \cdot 10 = 489{,}898\,.$$

Diese Werte ändern sich bei einer simultanen Entscheidung. Es gelten die beiden Gleichungen

$$x^{**} = \frac{50-20}{0{,}01} - \frac{40}{f^x \cdot 0{,}01}$$

$$\text{und} \quad f^x = \frac{1}{2} \cdot \sqrt{\frac{40 \cdot x^{**}}{10 \cdot 5}}\,.$$

Damit errechnet sich $x^{**} = 2832$, $f^x = 23{,}799$ und eine gefahrene Wegstrecke von 475,976 km. Pro gekaufter Mengeneinheit fallen 21,68 DM an Kosten an. Hiervon entfallen 20 DM auf den zu zahlenden Kaufpreis und jeweils 0,84 DM auf Fahr- und Lagerkosten. Halbieren sich die Fahrkosten je Kilometer durch eine verbesserte Verkehrsinfrastruktur von 5 auf 2,50 DM/Entfernungseinheit, so steigt x** auf 2 882, f^x auf 33,954 und die gefahrene Strecke damit auf 679,08 km. Die Verbesserung der Verkehrsverhältnisse hat zu zusätzlichem Verkehr von 189,2 km geführt. Transport- und Lagerkosten sinken jeweils von 0,84 auf 0,59 DM. Betrug der Nettonutzen vor der Besserung der Verkehrsinfrastruktur

$$\int_0^{2832} (50 - 0{,}01 \cdot x) - 20 \cdot 2832 - 23{,}799 \cdot 2 \cdot 10 \cdot 5 - \frac{1}{2} \cdot \frac{40}{23{,}799} \cdot 2832$$

$$= 101498 - 56640 - 2379{,}9 - 2379{,}9 = 40098{,}2\,,$$

so steigt er jetzt auf

$$\int_0^{2882} (50 - 0{,}01 \cdot x) - 20 \cdot 2882 - 33{,}954 \cdot 2 \cdot 10 \cdot 2{,}50 - \frac{1}{2} \cdot \frac{40}{33{,}954} \cdot 2882$$

$$= 102570 - 57640 - 1697{,}7 - 1697{,}7 = 41534{,}6\,.$$

Die verbesserten Verkehrsverhältnisse haben den Nutzen unseres Haushaltes um 1 436,40 DM ansteigen lassen. Abbildung 13 bringt für unser Beispiel den funktionalen Zusammenhang zwischen Transportkosten und -leistung graphisch zum Ausdruck. Es zeigt sich der für eine Nachfragefunktion typische inverse Zusammenhang.

Abbildung 13: Funktionaler Zusammenhang zwischen Transportkosten und -leistung

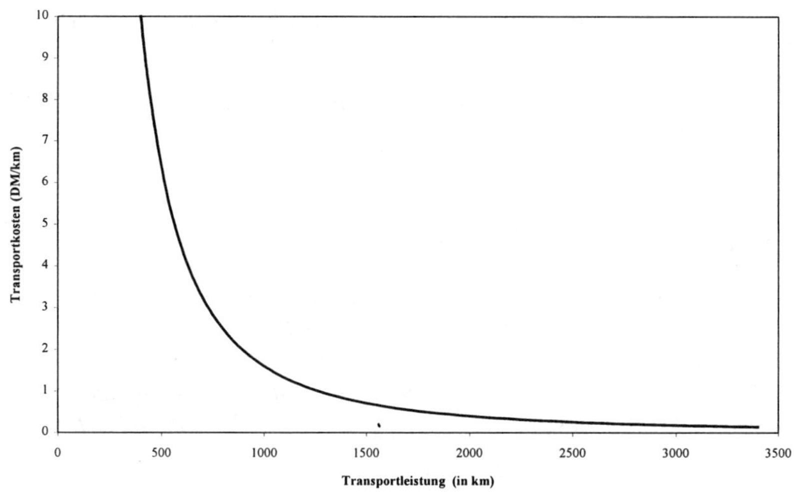

Quelle: Eigene Darstellung

Exkurs [42]

d) Situation beim Kauf des Gutes x im Ort Z oder W bei Berücksichtigung von Transport- und Lagerkosten

Die bisherigen Ausführungen zum Einkaufsverkehr beruhen auf einfachen und noch relativ unrealistischen Annahmen. So wird unterstellt, daß

- *nur ein Einkaufsort Z zur Verfügung steht.*
- *nur ein Produkt X vom Haushalt nachgefragt wird.*

Diese beiden restriktiven Annahmen werden im folgenden aufgehoben; es stehe ein zweiter Einkaufsort W als Alternative zu Z zur Verfügung. Das Gut x wird weiter in Z eingekauft, wenn

$$p_z^x + \frac{f_z^x \cdot 2 \cdot d_{vz} \cdot t_{vz}}{x_z} + \frac{1}{2} \cdot \frac{s^x}{f_z^x} < p_w^x + \frac{f_w^x \cdot 2 \cdot d_{vw} \cdot t_{vw}}{x_w} + \frac{1}{2} \cdot \frac{s^x}{f_w^x}$$

42 Die folgenden im Exkurs kursiv geschriebenen Ausführungen können ohne Probleme für das Gesamtverständnis des Lehrbuches übergangen werden und wenden sich vor allem an den an dieser Materie speziell interessierten Leser.

mit

$x_z(x_w)$ = *in Z (W) gekaufte Menge des Gutes x*

$f_z^x(f_w^x)$ = *Einkaufsfrequenz beim Kauf von x im zentralen Ort Z (W)*

$t_{vz}(t_{vw})$ = *Transportkosten je Entfernungseinheit zwischen V und Z (W)*

$p_z^x(p_w^x)$ = *Preis des Gutes x in Z (W)*

$d_{vz}(d_{vw})$ = *Entfernung von V nach Z (W)*

Einfach ist die Entscheidung darum, wenn sowohl der Preis in Z kleiner als in W und die Transportkosten von V Richtung Z kleiner als Richtung W sind. Das Produkt wird dann sinnvollerweise in Z gekauft. Schwieriger ist die Entscheidungssituation, wenn zwar der Preis in Z höher, die Fahrtkosten von V Richtung Z dagegen niedriger sind (oder umgekehrt). In diesem Fall bleibt Z der aufgesuchte Einkaufsort, wenn

$$p_z^x - p_w^x < 2 \cdot \left(\frac{f_w^x \cdot 2 \cdot d_{vw} \cdot t_{vw}}{x_w} - \frac{f_z^x \cdot 2 \cdot d_{vz} \cdot t_{vz}}{x_z} \right)$$

gilt. Preis- und Transportkostenunterschiede sind gegeneinander abzuwägen.

e) Situation beim Kauf der Güter x und y im Ort Z bei Berücksichtigung von Transport- und Lagerkosten

In einem nächsten Schritt wird ein zweites Gut y in die Betrachtung einbezogen; für den Einkauf von x und y stehen nur Geschäfte im zentralen Ort Z zur Verfügung. Werden zum Einkauf von x und y getrennte Fahrten unternommen, so bestimmen sich die optimalen Mengen und Einkaufsfrequenzen für y genau so, wie dies bereits für x abgeleitet wurde. Es gilt

$$y^{**} = \frac{p_b^y - p_z^y}{r^y} - \frac{s^y}{f_z^y \cdot r^y},$$

$$f_z^y = \frac{1}{2} \cdot \sqrt{\frac{s^y \cdot y^{**}}{d_{vz} \cdot t_{vz}}}$$

und damit für die Transportleistung

$$f_z^y \cdot 2 \cdot d_{vz} = \sqrt{\frac{s^y \cdot y^{**} \cdot d_{vz}}{t_{vz}}} .$$

Die bisherige Entscheidungssituation ließ nur Fahrten zum Kauf des Gutes x oder des Gutes y zu. In der Regel wird man bei einem Einkauf mehrere Produkte gleichzeitig kaufen und die Einkaufsfahrten mit anderen Ereignissen, etwa der Fahrt zur Arbeit oder dem Besuch von Freunden, verbinden. Lassen wir im folgenden den gemeinsamen Einkauf von x und y zu. Um das Modell überschaubar zu halten, werden die nachgefragten Mengen x_z und x_w extern vorgegeben und nicht mehr im Modell endogenisiert. Ist f_z^{xy} die Einkaufsfrequenz beim gleichzeitigen Erwerb von x und y in Z, so lautet die zu minimierende Kostenfunktion

$$K_z^{xy} = p_z^x \cdot x_z + p_z^y \cdot x_y + f_z^{xy} \cdot 2 \cdot d_{vz} \cdot t_{vz} + \frac{1}{2} \cdot \frac{x_z}{f_z^{xy}} \cdot s^x + \frac{1}{2} \cdot \frac{y_z}{f_z^{xy}} \cdot s^y .$$

Es ist

$$\frac{dK_z^{xy}}{df_z^{xy}} = 2 \cdot d_{vz} \cdot t_{vz} - \frac{1}{2} \cdot \frac{x_z}{\left(f_z^{xy}\right)^2} \cdot s^x - \frac{1}{2} \cdot \frac{y_z}{\left(f_z^{xy}\right)^2} \cdot s^y$$

$$\text{mit} \quad f_z^{xy} = \frac{1}{2} \cdot \sqrt{\frac{x_z \cdot s^x + y_z \cdot s^y}{d_{vz} \cdot t_{vz}}} .$$

Es ist auf jeden Fall $f_z^{xy} < f_z^x + f_z^y$, so daß durch den zusammenfassenden Einkauf Fahrten eingespart werden. Dies gilt allerdings nur ceteris paribus, also dann, wenn die beiden Güter in gleichen Mengen weiterhin in Z nachgefragt werden. Es kann aber auch sein, daß bisher weder der separate Einkauf von x noch der von y lohnte, so daß durch den zusammenfassenden Einkauf zusätzliche Fahrten entstehen. Außerdem ist es plausibel, daß durch den zusammenfassenden Einkauf weiter entfernt liegende Einkaufsorte aufgesucht werden. Die Begründung ist einfach; der zusammenfassende Einkauf wirkt wie ein Rückgang der Transportkosten, so daß die dortige Argumentation hier übernommen werden kann.

Beispiel:

Es sei $x_z = 3000$, $y_z = 500$, $s^x = 40$, $s^y = 60$, $d_{vz} = 10$ und $t_{vz} = 5$. Bei einem getrennten Einkauf ist

$$f_z^x = \frac{1}{2} \cdot \sqrt{\frac{3000 \cdot 40}{10 \cdot 5}} = 24{,}495$$

$$f_z^y = \frac{1}{2} \cdot \sqrt{\frac{500 \cdot 60}{10 \cdot 5}} = 12{,}247$$

und die gefahrene Fahrstrecke damit

$$24{,}495 \cdot 2 \cdot 10 + 12{,}247 \cdot 2 \cdot 10 = 734{,}84 \; .$$

Beim gleichzeitigen Einkauf von x und y gilt

$$f_z^{xy} = \frac{1}{2} \cdot \sqrt{\frac{3000 \cdot 40 + 500 \cdot 60}{10 \cdot 5}} = 27{,}386 \; ,$$

verbunden mit einer Fahrstrecke von 547,72 km.

f) Situation beim Kauf der Güter x und y in Orten Z und W bei Berücksichtigung von Transport- und Lagerkosten

Am schwierigsten ist schließlich die Entscheidungssituation bei mehreren Gütern und mehreren Einkaufsorten. Hier sei wieder von zwei Gütern x und y ausgegangen, die in zwei Einkaufsorten W und Z nachgefragt werden können. Sind die nachgefragten Mengen x und y* vorgegeben, so besteht die erste Möglichkeit darin, x und y ausschließlich in W und Z nachzufragen. Richtung W entstehen Kosten von*

$$K_w^{xy} = p_w^x \cdot x_w + p_w^x \cdot y_w + f_w^{xy} \cdot 2 \cdot d_{vw} \cdot t_{vw} + \frac{1}{2} \cdot \frac{x_w}{f_w^{xy}} \cdot s^x + \frac{1}{2} \cdot \frac{y_w}{f_w^{xy}} \cdot s^y \; ;$$

entsprechend gilt für die Fahrten Richtung Z

$$K_z^{xy} = p_z^x \cdot x_z + p_z^x \cdot y_z + f_z^{xy} \cdot 2 \cdot d_{vz} \cdot t_{vz} + \frac{1}{2} \cdot \frac{x_z}{f_z^{xy}} \cdot s^x + \frac{1}{2} \cdot \frac{y_z}{f_z^{xy}} \cdot s^y \; .$$

Werden x und y nur in W oder Z gekauft, so fällt die Entscheidung relativ einfach. Sie geht zugunsten von W aus, wenn $K_w^{xy} < K_z^{xy}$. *Es ist aber auch möglich, x ausschließlich in dem einen und y ausschließlich in dem anderen Ort zu kaufen. Wird x in W und y in Z gekauft, so ergibt sich die Kostenfunktion*

$$K_w^x + K_z^y = p_w^x \cdot x_w + f_w^x \cdot 2 \cdot d_{vw} \cdot t_{vw} + \frac{1}{2} \cdot \frac{x_w}{f_w^x} \cdot s^x + p_z^y \cdot y_z + f_z^y \cdot 2 \cdot d_{vz} \cdot t_{vz} + \frac{1}{2} \cdot \frac{y_z}{f_z^y} \cdot s^y \; .$$

Schließlich ist es möglich, x ausschließlich in dem einen Ort –etwa W– und y ausschließlich in dem anderen Ort –etwa Z– zu kaufen, die Einkaufsfahrten aber mit-

einander zu verbinden; hierdurch entsteht eine Wegekette. Wird zuerst W angefahren, anschließend Z und erfolgt dann eine Rückkehr zum Wohnort V, so lautet die Wegekette VWZV, verbunden mit den Transportkosten $d_{vw} \cdot t_{vw} + d_{wz} \cdot t_{wz} + d_{zv} \cdot t_{zv}$. *Die gesamte Kostenfunktion lautet*

$$K_{wz}^{xy} = p_w^x \cdot x_w + p_z^y \cdot y_z + f_{wz}^{xy} \cdot \left[d_{vw} \cdot t_{vw} + d_{wz} \cdot t_{wz} + d_{zv} \cdot t_{zv} \right] + \frac{1}{2} \cdot \frac{x_w}{f_{wz}^{xy}} \cdot s^x + \frac{1}{2} \cdot \frac{y_z}{f_w^{xy}} \cdot s^y .$$

Damit sind vier Kostenfunktionen miteinander zu vergleichen und die günstigste auszuwählen. Betrachtet man den ersten Fall des gemeinsamen Einkaufs von x und y entweder in W oder Z, so wird in W eingekauft, wenn $K_W^{xy} < K_Z^{xy}$ *ist.*

$$p_W^x \cdot x_W + p_W^y \cdot y_W - p_Z^x \cdot x_Z - p_Z^y \cdot y_Z$$
$$< f_Z^{xy} \cdot 2 \cdot d_{VZ} \cdot t_{VZ} + \frac{1}{2} \cdot \frac{x_Z}{f_Z^{xy}} \cdot s^x + \frac{1}{2} \cdot \frac{y_Z}{f_Z^{xy}} \cdot s^y - f_W^{xy} \cdot 2 \cdot d_{VW} \cdot t_{VW} - \frac{1}{2} \cdot \frac{x_W}{f_W^{xy}} \cdot s^x - \frac{1}{2} \cdot \frac{y_W}{f_W^{xy}} \cdot s^y$$

oder

$$\left[p_W^x + \frac{s^x}{2 \cdot f_W^{xy}} \right] \cdot x + \left[p_W^y + \frac{s^y}{2 \cdot f_W^{xy}} \right] \cdot y + 2 \cdot f_W^{xy} \cdot d_{VW} \cdot t_{VW}$$
$$< \left[p_Z^x + \frac{s^x}{2 \cdot f_Z^{xy}} \right] \cdot x + \left[p_Z^y + \frac{s^y}{2 \cdot f_Z^{xy}} \right] \cdot y + 2 \cdot f_Z^{xy} \cdot d_{VZ} \cdot t_{VZ}$$

oder

$$\left[p_W^x + \frac{s^x}{2 \cdot f_W^{xy}} - p_Z^x - \frac{s^x}{2 \cdot f_Z^{xy}} \right] \cdot x + \left[p_W^y + \frac{s^y}{2 \cdot f_W^{xy}} - p_Z^x - \frac{s^x}{2 \cdot f_Z^{xy}} \right] \cdot y$$
$$< 2 \cdot f_Z^{xy} \cdot d_{VZ} \cdot t_{VZ} - 2 \cdot f_W^{xy} \cdot d_{VW} \cdot t_{VW}$$

In W wird eingekauft, wenn der aus den Preisen und Lagerkosten in W bestehende Nachteil kleiner ist als der Transportkostenvorteil.

Der getrennte Einkauf von x in W und von y in Z ist dann dem gemeinsamen Einkauf von x und y in W unterlegen, wenn $K_W^{xy} < K_W^x + K_Z^y$. *Dies entspricht*

$$\left[p_w^x + \frac{s^x}{2 \cdot f_w^{xy}}\right] \cdot x + \left[p_w^y + \frac{s^y}{2 \cdot f_w^{xy}}\right] \cdot y + 2 \cdot f_z^{xy} \cdot d_{vw} \cdot t_{vw}$$

$$< \left[p_w^x + \frac{s^x}{2 \cdot f_w^x}\right] \cdot x + \left[p_z^y + \frac{s^y}{2 \cdot f_z^y}\right] \cdot y + 2 \cdot f_w^x \cdot d_{vw} \cdot t_{vw} + 2 \cdot f_z^y \cdot d_{vz} \cdot t_{vz}$$

oder

$$\left[\frac{s^x}{2 \cdot f_w^{xy}} - \frac{s^x}{2 \cdot f_w^x}\right] \cdot x + \left[p_w^y \cdot \frac{s^y}{2 \cdot f_w^{xy}} - p_z^y - \frac{s^y}{2 \cdot f_z^y}\right] \cdot y$$

$$< 2 \cdot f_w^x \cdot d_{vw} \cdot t_{vw} + 2 \cdot f_z^y \cdot d_{vz} \cdot t_{vz} - 2 \cdot f_w^{xy} \cdot d_{vw} \cdot t_{vw} \,.$$

Schließlich ist der gemeinsame Einkauf von x und y in W der Wegekette überlegen, wenn $K_w^{xy} < K_{wz}^{xy}$. Dies bedeutet

$$\left[p_w^x + \frac{s^x}{2 \cdot f_w^{xy}}\right] \cdot x + \left[p_w^y + \frac{s^y}{2 \cdot f_w^{xy}}\right] \cdot y + 2 \cdot f_w^{xy} \cdot d_{vw} \cdot t_{vw}$$

$$< \left[p_w^x + \frac{s^x}{2 \cdot f_{wz}^{xy}}\right] \cdot x + \left[p_z^y + \frac{s^y}{2 \cdot f_{wz}^{xy}}\right] \cdot y + f_{wz}^{xy}\left[d_{vw} \cdot t_{vw} + d_{wz} \cdot t_{wz} + d_{vz} \cdot t_{vz}\right]$$

oder

$$\left[\frac{s^x}{2 \cdot f_w^{xy}} - \frac{s^x}{2 \cdot f_{wz}^{xy}}\right] \cdot x + \left[p_w^y \cdot \frac{s^y}{2 \cdot f_w^{xy}} - p_z^y \cdot \frac{s^y}{2 \cdot f_{wz}^{xy}} - \frac{s^y}{2 \cdot f_{wz}^{xy}}\right] \cdot y$$

$$< f_{wz}^{xy}\left[d_{vw} \cdot t_{vw} + d_{wz} \cdot t_{wz} + d_{vz} \cdot t_{vz}\right] - 2 \cdot f_w^{xy} \cdot d_{vw} \cdot t_{vw} \,.$$

Erneut ergibt sich ein Abwägungsprozeß zwischen den Einkaufs- und Lagerkosten auf der einen und den Transportkosten auf der anderen Seite. Die Wahrscheinlichkeit, x und y gemeinsam in W einzukaufen, steigt, wenn

- *der Preisvorteil von y in Z relativ klein ist.*
- *die Transportkosten von V nach W relativ gering sind.*
- *die Transportkosten von V nach Z und von W nach Z relativ hoch sind.*

Wäre die Wegekette die optimale Lösung, so gilt

$$f_{wz}^{xy} = \sqrt{\frac{x_w \cdot s^x + yz \cdot s^y}{2\left[d_{vw} \cdot t_{vw} + d_{wz} \cdot t_{wz} + d_{vz} \cdot t_{vz}\right]}}$$

und für die gefahrene Wegstrecke

$$f_{wz}^{xy} \cdot \left[d_{vw} + d_{wz} + d_{vz}\right]$$
$$= \sqrt{\frac{x_w \cdot s^x + y_z \cdot s^y}{2\left[d_{vw} \cdot t_{vw} + d_{wz} \cdot t_{wz} + d_{vz} \cdot t_{vz}\right]}} \cdot \left[d_{vw} + d_{wz} + d_{vz}\right].$$

g) *Situation bei der Kombination unterschiedlicher Fahrtzwecke*

Ähnlich fällt die Schlußfolgerung aus, wenn mehrere Zwecke auf einer gemeinsamen Fahrt erledigt werden. Will man den in C wohnenden Bekannten f_c *mal pro Zeitperiode besuchen und* f_z *mal in Z das Gut X einkaufen, so entstehen Fahrkosten für getrennt durchgeführte Einkaufs- und Besuchsfahrten von* $f_z \cdot 2 \cdot d_{vz} \cdot t_{vz} + f_c \cdot 2 \cdot d_{vc} \cdot t_{vc}$*; die gefahrene Strecke ist* $f_z \cdot 2 \cdot d_{vz} + f_c \cdot 2 \cdot d_{vc}$*. Werden die Fahrten kombiniert, tritt also anstelle der Wege VZ und VC die Wegekette VZCV, so entstehen* f_{zc} *Fahrten, die sich wie folgt berechnen:*

$$K_{zc} = p_z^x \cdot x_z + f_{zc}\left(d_{vz} \cdot t_{vz} + d_{zc} \cdot t_{zc} + d_{cv} \cdot t_{cv}\right) + \frac{1}{2} \cdot \frac{x_z}{f_{zc}} \cdot s^x$$

$$\frac{dK_{zc}}{df_{zc}} = d_{vz} \cdot t_{vz} + d_{zc} \cdot t_{zc} + d_{cv} \cdot t_{cv} - \frac{1}{2} \cdot \frac{x_z}{f_{zc}^2} \cdot s^x$$

und $$f_{zc} = \sqrt{\frac{x_z \cdot s^x}{2 \cdot \left(d_{vz} \cdot t_{vz} + d_{zc} \cdot t_{zc} + d_{cv} \cdot t_{cv}\right)}}$$

Die Fahrstrecke verringert sich auf $f_{zc} \cdot \left(d_{vz} + d_{zc} + d_{cv}\right)$.

Beispiel:

Es sei:

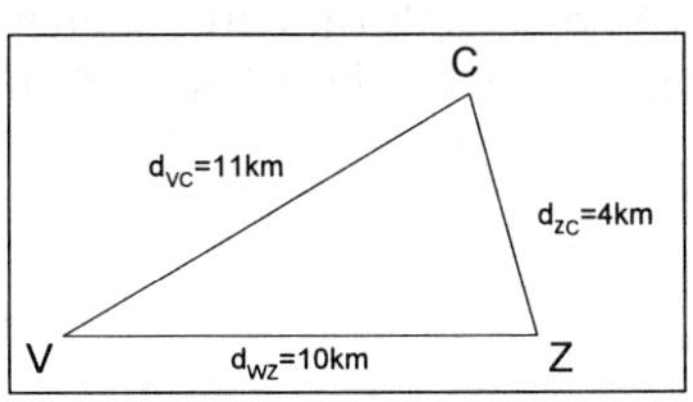

Ferner sei $x_z = 1000$, $s^x = 2$ *und* $t_{vz} = t_{zc} = t_{cv} = 0{,}5$. *Bei getrennten Fahrten ergeben sich dann bei*

$$f_z = \frac{1}{2} \cdot \sqrt{\frac{1000 \cdot 2}{10 \cdot 0{,}5}} = 10$$

$$\text{und} \quad f_c = 5\,,$$

Fahrkosten von $10 \cdot 2 \cdot 10 \cdot 0{,}5 + 5 \cdot 2 \cdot 11 \cdot 0{,}5 = 155$

und eine Fahrstrecke von $10 \cdot 2 \cdot 10 + 5 \cdot 2 \cdot 11 = 310$.

Werden die Fahrten miteinander kombiniert, so ist

$$f_{zc} = \sqrt{\frac{1000 \cdot 2}{2 \cdot (10 \cdot 0{,}5 + 4 \cdot 0{,}5 + 11 \cdot 0{,}5)}} \approx 9\,.$$

Da der Bekannte aber nur fünfmal besucht werden soll, werden viermal Einkaufsfahrten nach Z und fünfmal Wegeketten VZCV gefahren. Fahrkosten und Fahrstrecke sind nun 102,5 bzw. 205. Wird aber aufgrund der gesunkenen Transportkosten der Bekannte auch neunmal wie der Einkaufsort Z aufgesucht, so steigen Fahrkosten und Fahrstrecke wiederum auf 112,5 bzw. 225 an. Ein Teil des Spareffekts der Fahrkombination wird dadurch aufgezehrt, daß der Besuch des Bekannten in C nun mit weniger Kosten verbunden ist und dadurch attraktiver wird.

Es bleibt im Hinblick auf die volkswirtschaftlichen Nutzen des Personenverkehrs festzuhalten:

- Je besser die Verkehrsinfrastruktur, um so größer der Aktionsradius des Menschen und um so reichhaltiger die sich ihm bietenden möglichen Aktivitäten. Dies gilt für unterschiedliche Zwecke, so für das Erreichen von Arbeitsplätzen, den Einkauf von Gütern und die Nutzung von Freizeiteinrichtungen.
- Der Nutzen, den die Verkehrsinfrastruktur einer Person stiftet, äußert sich in seiner Zahlungsbereitschaft, sie zu nutzen. Den Vorteil für die Nachfrager, daß sie nur einen geringeren Preis zahlen müssen, bezeichnet man als Konsumentenrente.
- Mit steigender Güte der Verkehrsinfrastruktur steigt –ceteris paribus– die Nachfrage nach Verkehrsleistungen. Verkehrsinfrastruktur erzeugt aber keinen Verkehr, sondern macht die Realisierung einer bereits latent vorhandenen Nachfrage nach Produkten möglich.

II.1.1.3 Nutzen des Güterverkehrs

Betrachten wir nun die Vorteile des Güterverkehrs, der arbeitsteiliges Wirtschaften erst möglich macht. Beschränken wir uns hierzu auf zwei Produktionsstandorte I und II, in denen das gleiche Gut gefertigt werde. Es wird in II deutlich billiger angeboten als in I $(p_I^* > p_{II}^*)$. Daher lohnt es sich, das Gut in II zu kaufen, nach I zu transportieren und dort zu verkaufen, wenn die hierbei entstehenden Transportkosten pro Mengeneinheit $d_{I,II} \cdot t_{I,II}$ kleiner sind als die Preisdifferenz $p_I^* - p_{II}^*$. Ist dies in einem schlechten Verkehrssystem nicht der Fall, unterbleibt arbeitsteiliges Wirtschaften. Die in Abbildung 14 dargestellte Situation ist gleichgewichtig.

Dies ändert sich beim Ausbau der Verkehrsinfrastruktur. Ist $d_{I,II} \cdot t_{I,II} < p_I^* - p_{II}^*$, so kommt es zu einer interregionalen Arbeitsteilung, die im Ergebnis aus Abbildung 15 hervorgeht. Der Preis in II ist nun p_{II}^{**}; zu ihm werden $C'_{II}F_{II}$ Gütereinheiten hergestellt $(=x^A_{II})$, von denen $C'_{II}E_{II}$ $(=x^N_{II})$ Einheiten von der einheimischen Bevölkerung nachgefragt und $E_{II}F_{II}(=x^A_{II} - x^N_{II})$ Einheiten exportiert werden. Wegen entstehender Transportkosten pro Einheit von $d_{I,II} \cdot t_{I,II}$ wird das Gut in I zum Preis von $p_I^{**} = p_{II}^{**} + d_{I,II} \cdot t_{I,II}$ gehandelt. Das Angebot in I ist nun $C'_I E_I = x_I^A$, die Nachfrage $C'_I F_I = x_I^N$. Der Nachfrageüberschuß wird durch Importe von $E_I F_I (= x^N_I - x^A_I)$ abgedeckt, wobei bei der Betrachtung von nur zwei Produktionsstandorten selbstverständlich $E_I F_I = E_{II} F_{II}$ sein muß; die Exporte der einen entsprechen den Importen der anderen Region.

Wie hat sich nun die Wohlfahrtssituation in den beiden von uns betrachteten Regionen I und II durch den Ausbau der Verkehrsinfrastruktur geändert? Vor dem Ausbau betrug die gesamtgesellschaftliche Wohlfahrt in I $A_I B_I G_I$ und setzte sich aus der Konsumentenrente $A_I C_I G_I$ und der Produzentenrente $B_I C_I G_I$ zusammen. Die Wohlfahrt in II war entsprechend $A_{II} B_{II} G_{II}$ mit der Konsumentenrente $A_{II} C_{II} G_{II}$ und der Produzentenrente $C_{II} B_{II} G_{II}$.

Nach der Verbesserung der Verkehrsinfrastruktur sinkt der Preis des Gutes im Produktionsstandort I, so daß sich die Konsumentenrente von $A_I C_I G_I$ auf $A_I C'_I F_I$ erhöht; der Wohlfahrtsgewinn für die Konsumenten beträgt damit $C_I C'_I F_I G_I$. Eine Verschlechterung ihrer Situation erfahren dagegen die Produzenten, da der am Markt erzielbare Preis gesunken ist. Betrug ihre Rente bisher $C_I B_I G_I$, so geht sie nun auf nun auf $B_I C'_I E_I$ zurück. Sie erleiden einen Wohlfahrtsverlust von $C_I C'_I E_I G_I$. Vergleicht man die Wohlfahrtsgewinne der Konsumenten mit den Wohlfahrtsverlusten der Produzenten in I, so zeigt sich, daß erstere größer als letztere sind. Bildet man ihre Differenz, so bleibt ein Nettowohlfahrtsgewinn von $G_I E_I F_I$. Nach der Kaldor-Hicks-Regel ist es nicht erforderlich, daß sich zur Steigerung des Wohlfahrtsgewinns alle gesellschaftlichen Gruppen in einer veränderten Situation besser stehen. Sie müssen nur in der Lage sein, eine Kompensation für die bei der anderen Gruppe auftretenden Verluste zu bezahlen und dennoch ihre Nettowohlfahrtsfunktion zu verbessern (Kompensationsregel); dies ist hier der Fall.

Abbildung 14: Wohlfahrtssituation in zwei Produktionsstandorten bei hohen Transportkosten

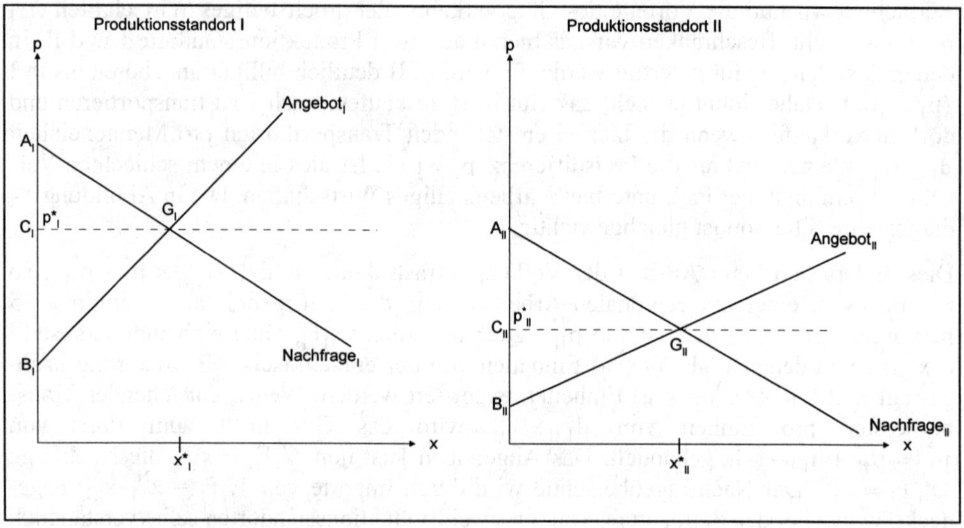

Quelle: Eigene Darstellung

Abbildung 15: Wohlfahrtssituation in zwei Produktionsstandorten bei niedrigen Transportkosten

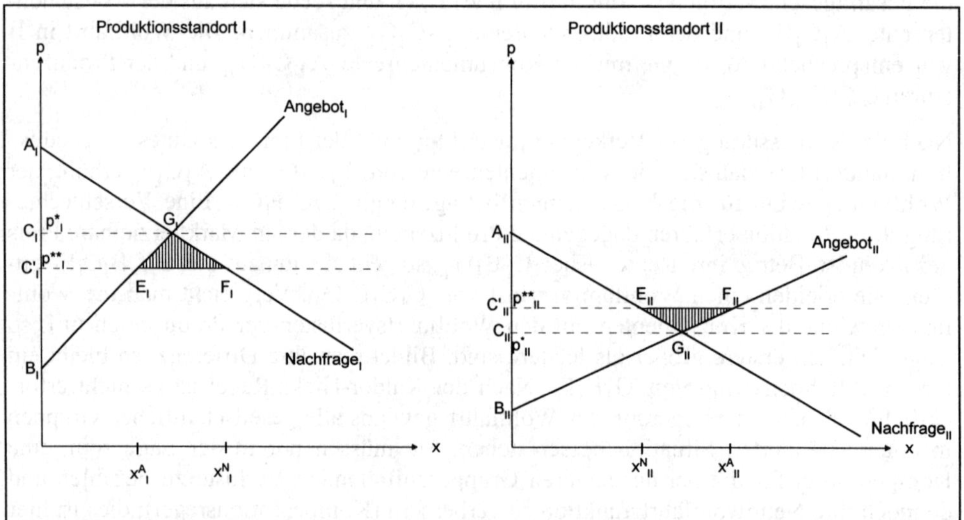

Legende: ||||||| Wohlfahrtsgewinn durch die Verbesserung des Verkehrswesens

Quelle: Eigene Darstellung

Zu einem Wohlfahrtsgewinn kommt es auch im Produktionsstandort II, jedoch mit einer gegenüber I veränderten Verteilungssituation. Profitierten dort die Konsumenten von der Aufnahme der interregionalen Arbeitsteilung, so sind es hier die Produzenten, da in II der Preis des Gutes von p_{II}^{*} auf p_{II}^{**} ansteigt. Der Wohlfahrtsgewinn der Produzenten ist damit $C'_{II}C_{II}G_{II}F_{II}$. Die Konsumenten müssen dagegen aufgrund der Preissteigerung auf einen Nutzen von $C'_{II}C_{II}G_{II}E_{II}$ verzichten, so daß unter dem Strich für II ein Wohlfahrtsgewinn von $E_{II}F_{II}G_{II}$ verbleibt. Die Höhe des Wohlfahrtsgewinn in beiden Regionen hängt dabei von drei Einflußgrößen ab:

- dem Absinken der Transportkosten. Je größer der Fortschritt im Verkehrswesen und der damit verbundenen geringer werdenden Transportkosten, um so höher der auftretende Wohlfahrtsgewinn.
- der Nachfrageelastizität. Je flexibler die Nachfrage auf Preisänderungen reagiert, um so höher der Wohlfahrtsgewinn.
- der Angebotselastizität. Hier gilt das gleiche wie bei der Nachfrage; hohe Preiselastizitäten des Angebotes bringen große Wohlfahrtsgewinne mit sich.

Die entstandenen Transportkosten sind $E_I F_I \cdot d_{I,II} \cdot t_{I,II}$, die anfallenden Verkehrsleistungen $E_I F_I \cdot G \cdot d_{I,II}$, wobei G das Gewicht je Mengeneinheit repräsentiert.

Damit läßt sich im Hinblick auf den Güterverkehr zusammenfassend feststellen:

- Arbeitsteiliges Wirtschaften ist an die Ortsveränderung von Nachrichten und Gütern gebunden. Ohne Einschaltung von Verkehr ist eine Spezialisierung nicht möglich.
- Je geringer die Transportkosten, desto intensiver fällt die Arbeitsteilung zwischen verschiedenen Produktionsstandorten und damit die Verflechtung zwischen ihnen aus. Wie beim Personen- so führen auch beim Güterverkehr sinkende Transportkosten zu anwachsenden Verkehrsmengen.
- Die mit der Verkehrsinfrastruktur verbundene Wohlfahrtszunahme ist um so größer, je stärker sich die Produktionsbedingungen zwischen verschiedenen Standorten voneinander unterscheiden, je größer die economies of scale sind und je stärker die Nachfrager auf Preisänderungen reagieren.

II.1.2. Arten der volkswirtschaftlichen Kosten

Dem Nutzen des Verkehrs sind die durch ihn verursachten Kosten gegenüberzustellen. Sie lassen sich nach mehreren Kriterien unterteilen. Eine erste Unterscheidung stellt fixe und variable Kosten gegenüber. [43] Fixe Kosten entstehen unabhängig von der erbrachten Verkehrsleistung, während zwischen den variablen Kosten und der Verkehrsleistung ein direkter Zusammenhang besteht. Weiter existieren interne neben externen Kosten. [44] Interne Kosten werden vom Erbringer der Verkehrsleistung selbst getragen, während externe Kosten auf Dritte abgewälzt werden. Eine letzte Differenzierung legt eine Unterscheidung zwischen selbst zu beeinflussenden und fremdbestimmten Kosten nahe. So nehmen etwa Wasserstandsschwankungen Einfluß auf die Transportkosten des Binnenschiffes, die für den Betreiber ein Datum darstellen. Dagegen kann er über die Größe seines Schiffes, die Annahme eines Auftrages und die Fahrroute selbst bestimmen.

Bevor die Kostenarten aufgelistet werden, ist es notwendig, einige grundsätzliche Vorbemerkungen zu machen:

- In vielen Fällen können die volkswirtschaftlichen Kosten dadurch ermittelt werden, daß die bei den Individuen anfallenden Kosten aufaddiert werden; dies gilt etwa für die Zeitkosten, d.h. den Wert der Aktivität, die alternativ während der Fahrzeit durchgeführt worden wäre, hätte die Fahrt nicht stattgefunden. Anders stellt sich die Situation dar, wenn die anfallenden Kosten durch Steuern erhöht bzw. durch Subventionen verbilligt werden. Steuern und Subventionen müssen aus den Kosten herausgerechnet werden, da sie Maßnahmen einer Umverteilung sind (bei Steuern zugunsten und bei Subventionen zulasten des Staates) und nicht realen ökonomischen Werteverzehr zum Ausdruck bringen.

- Nicht immer ist eindeutig, ob volkswirtschaftliche Kosten dem Verkehrsbereich zuzuordnen sind. Kommt es etwa durch Staus zu Zeitverlusten und zusätzlichen Umweltkosten, so mag man diese Kosten mit gleicher Plausibilität der Politik wie den Verkehr zuordnen, da sie es nicht schafft, durch geeignete Maßnahmen –etwa einen Kapazitätsausbau– Staus zu verhindern. Ein anderes Beispiel: Kommt es zu einer Zersiedlung der Landschaft, so erhöht dies die Verkehrsleistung und ändert den modal-split zugunsten des Individualverkehrs. Es entstehen zusätzliche volkswirtschaftliche Kosten, die nicht unbedingt dem Verkehrsbereich angelastet werden müssen, sondern auch einer falschen Siedlungspolitik (Regional- und Bauleitplanung) angerechnet werden können. Gleiches gilt, wenn die Bebauung näher an eine bereits seit langem existierende Verkehrstrasse heranrückt und die Bewohner der neuen Häuser durch Emissionen belästigt werden.

- Es ist darauf zu achten, daß Kosten nicht doppelt gezählt werden. So wäre es etwa verfehlt, sowohl Versicherungsbeiträge und als auch Unfallschäden als Kosten des

[43] Kosten sind nicht per se fix oder variabel, sondern in Abhängigkeit von der Fristigkeit der Betrachtung. Kurzfristig stellen etwa Zinsen auf das in einem Pkw gebundene Kapital fixe Kosten dar; langfristig ist der Verzicht auf den Pkw und der Umstieg auf den öffentlichen Verkehr möglich, so daß die Zinskosten variabel werden.

[44] Kosten sind nicht per se intern oder extern, sondern in Abhängigkeit von den Verfügungsrechten und der Abgrenzung der Betroffenen. So produziert **ein** Autofahrer, der einen Unfall und hierdurch einen Stau verursacht, externe Kosten, die aber für alle Autofahrer insgesamt intern sind.

Verkehrs zu rechnen, da die Beiträge zur Absicherung gegen Schäden und zu ihrer Finanzierung dienen. Sie sind wie Steuern und Subventionen zu behandeln.

Im einzelnen können folgende Kostenarten unterschieden werden:

a) Betriebskosten der Verkehrsmittel [45]

a1) Fahrzeugvorhaltung [46]

a11) Verzinsung des gebundenen Kapitals

a12) Zeitabhängige Abschreibung

a13) Unterstellung

a14) Allgemeine Kosten [47]

a2) Fahrzeugbetrieb

a21) Leistungsabhängige Sachkosten
a211) Fahrleistungsabhängige Abnutzung
a212) Instandhaltung, Wartung, Schmierstoffe
a213) Materialverschleiß [48]
a214) Antriebs- und Betriebsstoffe

a22) Zeitabhängige Personalkosten

b) Kosten der Verkehrswege

b1) Zinsen und Abschreibung auf das gebundene Kapital

b11) Nettoinvestitionen
b111) Neubau
b112) Ausbau

b1121) Veränderung (etwa Beseitigung von Unfallschwerpunkten, Abgrenzung eines Radweges, Modernisierung der Anlagen für die Verkehrslenkung und die Verkehrssicherheit

b1122) Erweiterung (etwa der Bau einer zusätzlichen Fahrbahn)

b12) Ersatzinvestitionen (größere Instandsetzungen und Erneuerungen)

---

45 In Anlehnung an Forschungsgesellschaft für Straßen- und Verkehrswesen (Arbeitsgruppe Verkehrsplanung) (1997).

46 Entstehen unabhängig von der Fahrleistung und werden deshalb auch als zeitabhängige Sachkosten bezeichnet.

47 Etwa Kosten der Verwaltung, Auskunft und Fahrkartenverkauf bei der Eisenbahn usw.

48 So z.B. Reifen beim Pkw und Lkw.

b2) Maßnahmen der laufenden Unterhaltung

b13) Betrieb und Wartung (Winterdienst, Wartung von Geräten und Anlagen)

b14) Sicherung des Verkehrs (verkehrspolizeiliche Maßnahmen)

b15) bauliche Unterhaltung (etwa die Beseitigung von Schlaglöchern oder die Reparatur von Brückengeländern)

c) Unfallkosten

d) Umweltkosten

d1) Schadstoffemissionen

d2) Lärmemissionen

d3) Auswirkungen auf die Landschaft

d31) Flächenbeanspruchungen

d32) Veränderung des Landschaftsbildes

d33) Trennwirkungen

d34) Boden- und Wasserbelastung

II.2 Volkswirtschaftliche Nutzen und Kosten des Verkehrs in der Empirie [49]

II.2.1 Grundsätzliche Möglichkeiten zur Erfassung der Nutzen und Kosten

Bei der empirischen Ermittlung der volkswirtschaftlichen Nutzen und Kosten des Verkehrs wird man sich –wenn immer möglich– auf das Ergebnis von Marktprozessen, die Angaben zu Mengen und Preisen liefern, stützen. Zwar sind sie nur dann paretooptimal, wenn sie sich auf vollkommenen Märkten gebildet haben. Unvollkommene Märkte (Monopole, steigende Skalenerträge, externe Effekte) liefern Informationen, die verzerrt sind und eigentlich korrigiert werden müßten. Schattenpreise, die über Korrekturen an den tatsächlich zu beobachtenden Marktpreisen zustande kommen, sind aber praktisch kaum zu bekommen; sie sind mit einem riesigen Informationsbedarf verbunden, da sie auf Produktions-, Kosten- und Erlösfunktionen einzelner Unternehmen zurückgreifen müßten. Außerdem würde eine Korrekturrechnung die Setzung von Annahmen notwendig machen, die ein mehr oder hohes Maß an Willkür beinhalten. Daher ist es weitgehender Konsens, daß die Informationen des Marktes unkorrigiert in die Messung von Nutzen und Kosten eingehen sollten. [50] Solche Informationen liegen für den Großteil der Betriebskosten der Verkehrsmittel und der Kosten der Verkehrswege vor; sie sollten genutzt werden. So weiß man um den Kaufpreis eines Pkw; multipliziert man ihn mit dem Marktzins, erhält man die Verzinsung des gebundenen Kapitals.

Liegen Nutzen- und Kostenströmen keine Marktprozesse zugrunde, so müssen andere Verfahren genutzt werden, um die Zahlungsbereitschaft von Wirtschaftssubjekten aufzudecken. Notwendig wäre eigentlich ein Rechensystem, in dem alle von einer Maßnahme ausgehenden (direkten und indirekten) Effekte in ihrer gegenseitigen Interdependenz und allen Rückwirkungen Berücksichtigung finden. Eine solche totalanalytische Betrachtungsweise ist wegen ihrer außerordentlichen Komplexität kaum möglich; praktisch relevant sind partialanalytische Modelle, die sich auf die von einer Maßnahme ausgehenden wesentlichen Auswirkungen beschränken und darüber hinaus weitere vereinfachende Annahmen treffen wie etwa eine konstante Einkommensverteilung, keine Auswirkungen auf die relativen Preise anderer Güter, linearhomogene Präferenzordnungen usw.

---

49 Eine ausführliche Darstellung findet sich bei Baum, Herbert; Esser, Klaus; Höhnscheid, Karl-Josef (1998).

50 Entnommen Hanusch, Horst (1994), S. 68f.

Es gibt eine Reihe von Hilfsverfahren, mit denen die von einer Maßnahme ausgehenden Nutzen und Kosten geschätzt werden können. Sie lassen sich u.a. in Verfahren, die sich an objektiven Kriterien, insbesondere am Verhalten der Wirtschaftssubjekte, orientieren, und in Verfahren, die die Betroffenheit der Bevölkerung durch Befragungen zum Ausdruck zu bringen versuchen, unterteilen. Damit lassen sich Schätzungen in bezug auf den monetären Wert verkehrsrelevanter Maßnahmen wie folgt systematisieren:

Übersicht 1: Hilfsverfahren zur Bewertung der Nutzen und Kosten des Verkehrs

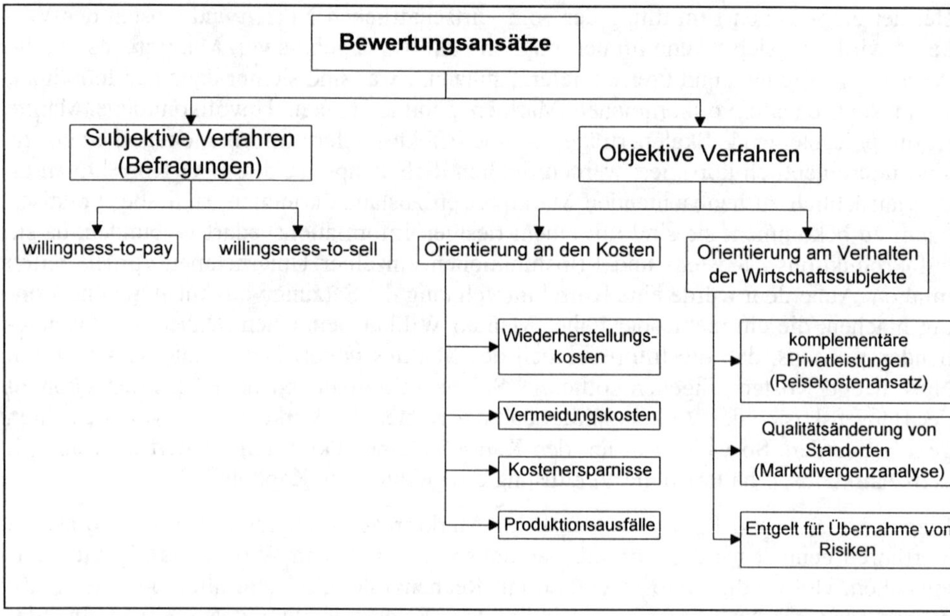

Quelle: Eigene Zusammenstellung

Subjektive Verfahren basieren nicht auf dem wirklichen Verhalten von Wirtschaftssubjekten, sondern auf erfragten Meinungen und Einstellungen. Lautet die Frage: Wieviel sind Sie bereit zu zahlen, um einen bestimmten Effekt zu erreichen?, so spricht man von der willingness-to-pay-Methode; lautet sie dagegen: Wieviel müßte Ihnen als Entschädigung gezahlt werden, damit Sie eine Maßnahme in Kauf zu nehmen bereit sind?, von einer willingness-to-sell bzw. einer willingness-to-accept-Methode.

Beispielhaft sei eine Untersuchung von Schulz [51] angeführt, der der Frage nachgegangen ist, wieviel Geld Betroffenen bessere Luft wert ist.

"Dazu wurden 4500 Berliner nach ihrer Zahlungsbereitschaft für vier Luftqualitäten schriftlich befragt, nämlich für Berliner Luft (Smogalarm möglich), Großstadtluft

51 Schulz, Werner (1985b), sowie
Schulz, Werner (1985a), zitiert nach Wicke, Lutz (1989), S. 72.

(Smogalarm ausgeschlossen), Kleinstadtluft und Ferienluft. Es handelt sich bei den genannten Luftqualitäten somit nicht um naturwissenschaftlich definierte Kategorien, sondern um eine Einteilung, die am Verständnis und Kenntnisstand der Befragten anknüpft: Für praktisch dauerhafte Smogluftqualität wurde eine Zahlungsbereitschaft von Null DM angenommen. ...

Bei der Bewertung der Berliner Luft selber wurden die Bürger danach gefragt, wieviel DM ihnen die Verhinderung noch schlechterer Luft im Monat maximal wert wäre. Außerdem sollten die Zielpersonen –jeweils vom Berliner Luftgütezustand aus gesehen– drei Verbesserungen bewerten, nämlich im Vergleich zu Großstadt-, Kleinstadt- und Ferienluft. Mit Hilfe der Umfrageergebnisse kann man also nicht nur den Wert einer besseren Berliner Luft, sondern beispielsweise auch den Wert einer Verbesserung der Groß- bzw. Kleinstadtluft feststellen. ...

Eine Hochrechnung der Berliner Befragungsergebnisse auf die Bundesrepublik Deutschland wurde unter Berücksichtigung der dort vorherrschenden durchschnittlichen Luftqualität (Großstadtluft) und des dort vorliegenden Durchschnittsalters vorgenommen. Die Untersuchung zeigte nämlich, daß die Zahlungsbereitschaft für bessere Luft nicht nur von der vorherrschenden Luftqualität, sondern auch in sehr starkem Maße vom Alter abhängig ist. So ließ sich feststellen, daß mit zunehmendem Alter die Zahlungsbereitschaft rapide abnimmt. Durchschnittlich hat ein Achtzehnjähriger eine dreimal so hohe Zahlungsbereitschaft für Ferienluft wie ein Fünfundsiebzigjähriger."

Nach diesem Schätzansatz beträgt der gesamte Nutzenentgang durch die Luftverschmutzung in der Bundesrepublik Deutschland (alt) jährlich gut 30 Mrd. DM.

Willingness-to-pay- und willingness-to-sell-Methode stoßen auf folgende Einwendungen [52]:

- Bei Befragungen fehlt für die Bürger der Zwang, ihre "Präferenzen so zu offenbaren, wie sie das bei privaten Gütern tun. Der Weg, über Befragungen (Referenda) die Präferenzen aufzudecken, führt in der Regel zu nicht verwertbaren Ergebnissen. Würde man fragen, wie hoch die Zahlungswilligkeiten für alternative Angebotsmengen des öffentlichen Gutes wären, würden die Haushalte ihre Wertschätzung für das Gut übertrieben darstellen, weil sie zu tatsächlichen Zahlungen nicht verpflichtet werden. Die Gewißheit, daß die Produktionskosten aus allgemeinen Steuermitteln getragen werden, läßt sie für ein möglichst hohes Produktionsniveau des Gutes plädieren. Müßte dagegen der Befragte mit der tatsächlichen Bezahlung des von ihm genannten Betrages rechnen, würde er eine nur geringe Präferenz für das öffentliche Gut angeben in der Hoffnung, daß die Bereitschaft seiner Mitbürger zu entsprechenden Zahlungen dennoch die gewünschte Menge des öffentlichen Gutes sicherstellt." [53] (= Hypotentical bias)

---

52 Vgl. Pearce, David W.; Turner, R. Kerry (1990), S. 150ff.

53 Hesse, Helmut (1980), S. 376.

Diese Auffassung ist allerdings nicht unumstritten. So verweist Bohm [54] darauf, daß bei geschicktem Aufbau der Befragung und problemadäquater Darstellung der Alternativen die Befragten durchaus dazu gebracht werden können, ihre wahren Präferenzen aufzudecken. Werden die Befragten in die Situation eines privaten Käufermarktes versetzt und werden die Fragen so formuliert, daß kein Anreiz besteht, die echten Wertvorstellungen aus strategischen Gründen zu verschleiern, so bieten die Antworten durchaus Ansätze zu Ermittlung der projektspezifischen Nutzen und Kosten.

- Die gewonnenen Ergebnisse sind stark von der gewählten Fragestellung abhängig. Fließen etwa Informationen über die mit einem Projekt verbundenen Effekte mit in die Frage ein, so fallen die Zahlungsbereitschaften deutlich höher aus als ohne solche Informationen (Information bias).

- Eine ähnliche Sensibilität der Ergebnisse in bezug auf die gewählten Befragungstechniken zeigt sich, wenn man die mit Hilfe von willingness-to-pay- und willingness-to-sell-Methode miteinander vergleicht. Letztere führt zu deutlich höheren Zahlungssummen als erstere [55].

- Eine hohe Variabilität zeigen die Ergebnisse auch in bezug auf das in der Frage gewählte Zahlungsinstrument. Zahlungen in Form von Steuern führen zu ganz anderen Geldangaben durch die Befragten als etwa Eintrittspreise oder höhere Preise für Güter (= vehicle bias).

- Hinzu treten die bei (fast) allen Befragungen auftretenden Probleme der Auskunftsverweigerung und der mangelnden Repräsentanz.

Mit dem Ansatz der **Wiederherstellungskosten** beginnen die **objektiven Verfahren**; er sei beispielhaft an den Kosten von Verkehrsunfällen veranschaulicht. Dieses Verfahren geht von den Ressourcen aus, die aufgewendet werden, um die Auswirkungen des Unfalls zu beseitigen. Hier wird gemessen, welche Kosten der Gesellschaft entstehen, um für das Opfer oder dessen Verwandte und Freunde die Situation wiederherzustellen, in der sie sich vor dem Unfall befanden. Das Verfahren beruht häufig auf dem tatsächlichen Wert der zur Erreichung dieses Ziels einzusetzenden Produktionsfaktoren (Arbeit und/oder Kapital). Mitunter werden die realen Zahlen durch Werte ersetzt, die aus Sachverständigengutachten oder Gerichtsurteilen abgeleitet werden. Solche Wertangaben werden vor allem als Grundlage für die von den Versicherungsgesellschaften gezahlten Entschädigungssummen verwendet. Dieses Verfahren erlaubt theoretisch die Ermittlung eines breiten Spektrums an Kosten, ist allerdings nur dann einsetzbar, wenn es möglich ist, die alte Situation wieder herzustellen; es versagt bei irreparablen Schäden (Leistungspotentialverlust von Personen).

---

54 Siehe Bohm, Peter (1971), S. 55ff.

55 Siehe z.B. Pearce, David W.; Turner, R. Kerry (1990), S. 121ff. und S. 157.

Im Rahmen des **Schadenvermeidungsansatzes** [56] wird der Frage nachgegangen, mit welchem Kostenaufwand die durch Verkehr entstehenden **Schäden** beseitigt oder doch zumindest ganz erheblich gemindert werden können. Gehen etwa von einer Umgehungsstraße erhebliche Lärmemissionen aus, so lassen sich diese Beeinträchtigungen durch den Einbau von Doppelfenstern in den angrenzenden Wohnräumen (zumindestens) abmildern. Die Kosten, die mit dem Einbau dieser Doppelfenster verbunden sind, sind hier dem Verkehr anzulasten.

Gegen die Verwendung dieses Ansatzes sprechen vor allem zwei Argumente:

- Häufig ist die notwendige Kenntnis über die dem betrachteten Phänomen zugrunde liegende Ursache-Wirkungs-Kette gar nicht oder doch nur unzureichend vorhanden. Ein deutliches Beispiel sind die Waldschäden, bei denen die letzte Begründung immer noch aussteht. Oder in unserem Beispiel des Einbaus der Doppelfenster: Geht die Lärmbelästigung ausschließlich oder doch vor allem auf die Umgehungsstraße zurück oder stört nicht auch der in der Nähe liegende Sportplatz? Wie lassen sich die Kosten der Doppelfenster auf die verschiedenen Lärmquellen aufteilen?
- Es bleibt bei der Beurteilung der Kosten die Frage offen, ob nicht auf andere Art und Weise der gleiche Effekt günstiger zu erzielen gewesen wäre. Hätte nicht ein größerer Abstand zwischen Wohnbebauung und Umgehungsstraße oder die Errichtung eines (kostengünstigeren) Lärmschutzwalles den gleichen lärmmindernden Effekt mit sich gebracht?

„Zahlreiche öffentliche Projekte haben bei privaten Haushalten und Unternehmen **Kostenersparnisse** zur Folge. Durch diese werden Ressourcen freigesetzt, die den Wirtschaftssubjekten für andere Verwendungen zur Verfügung stehen und zusätzlichen Nutzen stiften. Hier setzt ein weiteres Bewertungsverfahren an, um zu monetär quantifizierbaren Größen für den Nutzen öffentlicher Güter zu gelangen. ...

Unter den Bedingungen der vollkommenen Konkurrenz ist der Preis eines Produktionsfaktors in allen Verwendungen gleich, und er entspricht seinem Wertgrenzprodukt. Werden nun durch ein öffentlichen Projekt Ressourcen freigesetzt, so entspricht deren Wert in ihrer neuen Verwendung genau demjenigen, den sie auch in ihrer ursprünglichen Einsatzmöglichkeit gehabt hätten. Kostenersparnis in der alten und Wertzuwachs in der neuen Verwendung sind also identisch.“ [57]

Betrachten wir beispielhaft den (Aus-)Bau einer Straße, durch den es möglich wird, schneller von A nach B zu gelangen. Hierdurch kommt es zu folgenden volkswirtschaftlichen Kostenersparnissen:

---

56 Vgl. Pearce, David; Markanya, Anil; Barbier, Edward B. (1991), S. 51ff.;
Barde, Jean-Philippe; Pearce, David W. (Ed.) (1991), S. 59ff.;
Braden, John B.; Kolstadt, C.D. (1992);
Johansson, Per-Olov (1987);
Hanley, Nick; Spash, Cliv L. (1993);
Hanley, Nick; Spash, Cliv L. (1991).

57 Hanusch, Horst (1994), S. 83f.

- Es sind weniger Fahrzeuge notwendig, um eine gleiche Verkehrsmenge auf der Strecke zwischen A und B zu bewältigen. Hierdurch sinken die Kosten der Fahrzeugvorhaltung.
- Die noch notwendigen Fahrzeuge können zwischen A und B deutlich schneller fahren als bisher. Dadurch sinken möglicherweise die Kosten des Fahrzeugbetriebs, auf jeden Fall aber die Fahrzeiten.
- Durch den Bau der Straße wird der Verkehr auf anderen Strecken geringer. Erneuerungs- und Unterhaltskosten sinken dort.

Mit Hilfe des Konzepts der **Produktionsausfälle** kann u.a. der Versuch unternommen werden, den gesellschaftlichen Verlust zu bestimmen, der mit Personenschäden bei Verkehrsunfällen verbunden ist. Er beruht auf dem Wert der Arbeitszeit oder dem Wert der Produktion, der aufgrund der Unfallschädigung entfällt. Dabei wird zwischen dem Brutto- und dem Nettoproduktionsausfall unterschieden. Der Bruttoproduktionsausfall entspricht dem gegenwärtigen Wert des erwarteten zukünftigen Einkommens. Beim Nettoproduktionsausfall werden hiervon alle vom Geschädigten in Zukunft ge- und verbrauchten Güter abgezogen; damit erhält man den Wert an Gütern und Dienstleistungen, auf den die restliche Gesellschaft aufgrund der Leistungseinschränkungen des Geschädigten verzichten muß. Gegen das Konzept der Produktionsausfälle sprechen folgende Argumente:

- Es wird unterstellt, daß der Mensch nur aus dem Verzehr von Gütern und Dienstleistungen Nutzen zieht. Schmerzen und Trauer auf der einen und Lebensfreude durch soziale Kontakte, Hobbies u.ä. kommen in diesem Konzept nicht vor.
- Der Wert eines Menschen reduziert sich auf seinen Beitrag zur gesellschaftlichen Produktion. Beim Nettokonzept hätten Rentner, Behinderte und Arbeitslose sogar einen negativen Wert. Ihre Tötung bei Unfällen würde den gesellschaftlichen Nutzen erhöhen.
- Nicht überzeugen kann dagegen das Argument, daß aus ethischen Gründen der Wert eines Menschenlebens aus der Betrachtung der Kosten und Nutzen des Verkehrs herausgehalten werden müsse, da es einer monetären Bewertung nicht zugänglich sei. Dies würde in der Konsequenz dazu führen, den Wert eines Menschenlebens mit Null anzusetzen. Führt der (Aus-)Bau einer Eisenbahnstrecke zu einem geänderten modal-split zulasten der Straße und werden hierdurch Unfälle vermieden, so müssen die hierdurch entstehenden gesellschaftlichen Vorteile selbstverständlich der Eisenbahn zugute geschrieben werden; der (Aus-)Bau der Strecke hat Menschen vor Tod und Behinderung bewahrt.

Zu den Verfahren, die versuchen, Nutzen und Kosten zu schätzen, gehört der **Reisekostenansatz** [58]. Er läßt sich erfolgreich bei allen Projekten anwenden, zu denen sich Nachfrager hinbewegen. Besonders intensiv erfolgte sein Einsatz in der Vergangenheit bei Erholungsanlagen wie Stauseen, Erholungsparks, Sportgelände, Zoos, Wäldern und

58 Vgl. Pearce, David; Markanya, Anil; Barbier, E.B. (1991), S. 71ff.

natürliche Wildnis. Weiß man um die Reisekosten [59] und die Anzahl der Besuche pro Zeiteinheit, so lassen sich die Besucher als Punkte in ein Koordinatensystem einzeichnen, das die Reisekosten pro Besuch auf der Ordinate und die Häufigkeit der Besuche auf der Abszisse hat. In der Regel wird sich zwischen beiden Kriterien eine negative Korrelation einstellen; je kostenintensiver es ist, zur Erholungsanlage zu kommen, um so geringer wird die Besucherhäufigkeit ausfallen. Legt man in die so gebildete Punktwolke eine Regressionsgerade hinein (vgl. Abbildung 16), so kann sie als Nachfragefunktion interpretiert werden; die Fläche unter ihr stellt dann eine Approximation der Konsumentenrente dar.

Abbildung 16: Zusammenhang zwischen Reisekosten und Anzahl der Fahrten

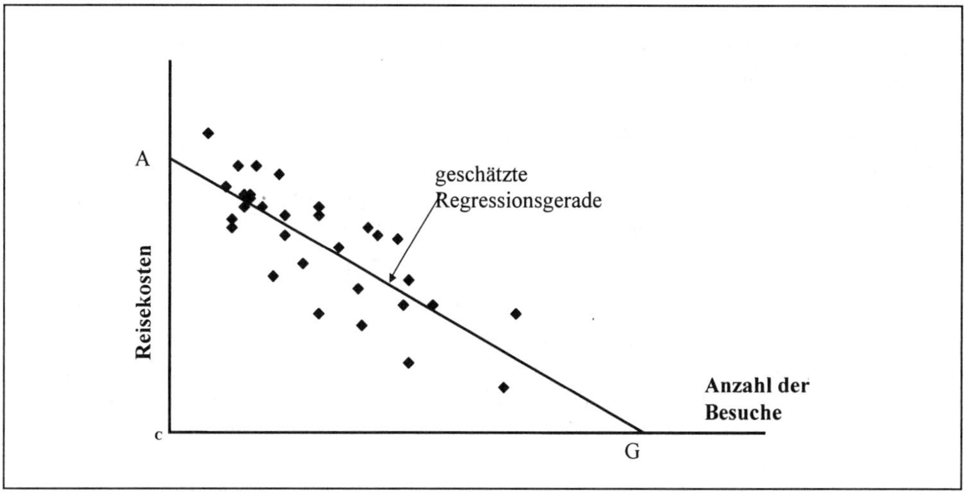

Legende:
♦ = Kombination zwischen Reisekosten und Besuchshäufigkeit einzelner Probanden
ACG = Konsumentenrente

Quelle: Eigene Darstellung

Gegen dieses Schätzverfahren lassen sich vor allem folgende Kritikpunkte anführen:

- Erhebliche Probleme bereitet die Schätzung der Reisekosten. Sie kann nicht einfach über Entfernung · Kosten des genutzten Fahrzeugs ermittelt werden, da das Fahren selber mit Freud (Erlebnisfahrt, Durchfahren einer schönen Landschaft) oder Leid (Staus, Hektik, Unfallgefahr, Parkplatzsuche) verbunden ist.
- Zu den Besuchskosten zählen nicht nur die Reiseaufwendungen, sondern auch die Opportunitätskosten, die dadurch entstehen, daß die für die Erholungsfahrt benötigte Zeit für andere Zwecke nicht mehr zur Verfügung steht. Wäre die alternative Ar-

---

59 wobei man die Reiseentfernung mit Hilfe der Nummernschilder der Besucherautos oder Befragungen ermitteln kann.

beitszeit mit einer Entlohnung von a DM/Stunde verbunden, so müßten die Besuchskosten um a · Besuchszeit erhöht werden.

- Zu den Besuchskosten zählen auch für die Nutzung der Erholungsanlage erforderliche Freizeit- und Sportausrüstungen.
- Von der Erholungsanlage gehen nicht nur positive Effekte auf die Besucher dieser, sondern auch auf Besucher anderer Einrichtungen aus, wenn es dort bisher zu Überfüllungen, anschließend aber zu Entlastungen kommt.
- Die Bevölkerung in den Zeitisochronen um das betrachtete Projekt müssen homogen in bezug auf andere nachfragerelevante Kriterien wie Einkommenshöhe und –verteilung, Präferenzstruktur und wichtige sozio-ökonomische Charakteristika sein.

Die Einschätzung des Wertes von Gütern hängt von ihren Eigenschaften und damit von ihren Nutzungsmöglichkeiten ab. Diese Eigenschaften und Nutzungsmöglichkeiten können sich ändern, wenn es zu bestimmten staatlichen Maßnahmen kommt. Hierdurch steigt oder fällt der Nutzungswert des Gutes. Die Preisdifferenz zwischen dem Zustand mit und dem Zustand ohne die betrachtete Maßnahme gibt dann Hinweise auf die vom Projekt ausgehenden Nutzen und Kosten (**Marktdivergenzanalyse**). Besonders deutlich wird dieser Tatbestand bei der Preisänderung von Wohnungen, die in der Bewertung verkehrlicher Maßnahmen bereits vielfach Verwendung gefunden hat.

„Der Eigenschaftenvektor von Wohnungen umfaßt unter anderem: die in Quadratmetern gemessene Größe und die Zahl der Räume, die Art der sanitären Einrichtungen, das Alter des Gebäudes, in dem die Wohnung liegt, die Zahl der weiteren Wohnungen in diesem Gebäude, das Ausmaß der Lärmbelästigung, den Grad der Luftverschmutzung, die Erreichbarkeit öffentlicher und privater Einrichtungen usw. Eine nähere Analyse dieses Vektors zeigt, daß der Grad der Ausprägung einzelner dieser Eigenschaften durch öffentliche Projekte und Maßnahmen beeinflußbar ist. So führen zum Beispiel Straßenbauprojekte in Städten zu einer Änderung und/oder Verlagerung der Lärm- und Abgasemission, da durch solche Projekte das Verkehrsvolumen, seine Verteilung im bestehenden Straßennetz und die durchschnittliche Reisegeschwindigkeit geändert werden.

Durch die Entscheidung über den Bau und den Standort von Flugplätzen, Behörden, Schulen, Schwimmbädern, Parks usw. ändert sich für eine Vielzahl von Wohnungen die Erreichbarkeit dieser Einrichtungen. Solche, durch öffentliche Projekte bewirkte Änderung der Ausprägungen der Eigenschaften von Wohnungen sind für die meisten Menschen nutzenrelevant. So fühlen sich nahezu alle Menschen –zumindest wenn bestimmte Schwellenwerte überschritten werden– durch Lärm und Luftverschmutzung in ihrem Wohlbefinden beeinträchtigt. Lange Schulwege für die Kinder und größere Aufwendungen an Zeit und Kosten für den Besuch von Behörden, Parks, Schwimmbädern usw. werden in der Regel negativ bewertet. Anders ausgedrückt: Die meisten Menschen haben ein Bedürfnis nach Ruhe, sauberer Luft und gut erreichbaren öffentlichen Einrichtungen. Märkte, auf denen Menschen ihre Zahlungsbereitschaft hierfür unmittelbar ausdrücken können, gibt es jedoch nicht. Da der Grad der Lärm- und Abgasbelästigung sowie die Erreichbarkeit öffentlicher Einrichtungen wichtige Bestandteile des Eigenschaftenvektors von Wohnen sind, liegt es nahe zu prüfen, ob und in welchem Ausmaß sich die Wohnungspreise mit Änderungen der Ausprägungen dieser Eigenschaften verändern." [60]

Methodisches Instrumentarium zur Evaluierung des Einflusses von verkehrlichen Maßnahmen auf die Wohnungspreise ist die Regressionsanalyse. [61] In sie gehen die Wohnungspreise als zu erklärende und eine Reihe von Merkmalen als erklärende Variable ein, die sich in den Gruppen Eigentumsverhältnisse, Nachbarschaft, Erreichbarkeit und Umwelt zusammenfassen lassen. Die ermittelten Regressionskoeffizienten spiegeln den funktionalen Zusammenhang zwischen der zu erklärenden und den erklärenden Variablen wider. Weiß man um die Auswirkung von Maßnahmen auf eine oder mehrere erklärende Variable, läßt sich ihr Effekt auf die Wohnungspreise prognostizieren.

Mögliche Schwachpunkte und Einwendungen sind:

- Die ermittelten Regressionskoeffizienten zeigen marginale Zahlungsbereitschaft für alle Haushalte an. Auf die gesamte Konsumentenrente eines einzelnen Haushaltes kann hieraus nur bei Setzung sehr restriktiver Annahmen (gleiche Präferenzstruktur und gleiches Einkommen der Haushalte) geschlossen werden.
- In den Ansatz können nur quantitative Variable aufgenommen werden. Qualitative, nicht meßbare Kriterien wie Schönheit von Stadt und Landschaft bleiben unberücksichtigt.
- Veränderungen der Umweltqualität berühren Menschen nicht nur bei der Aktivität Wohnen, sondern auch im übrigen Leben.
- Wohnungspreise müssen frei schwanken dürfen, müssen also die Möglichkeit haben, auf Veränderungen der Umweltqualität flexibel zu reagieren.
- Kommt es zu einer Umweltverbesserung, die eine Region als ganzes gleichmäßig berührt, bleiben die Wohnungspreise unverändert.

Die Kosten, die mit einer verkehrlichen Maßnahme verbunden sind, lassen sich auch über das **Entgelt** bestimmen, das Personen aufzuwenden bereit sind, um **Risiken** auszugleichen bzw. von Dritten ausgleichen zu lassen. Ist etwa eine Arbeit im Verkehrssektor mit einer hohen Verletzungs- oder Lebensgefahr verbunden, so sollte das Lohnniveau –ceteris paribus– höher sein als bei Tätigkeiten, die kein oder nur geringeres Risiko kennen. Weiß man um die Wahrscheinlichkeit eines Unfalls in einer bestimmten Tätigkeit und um die Höhe der Gefahrenzulage, läßt sich der Wert berechnen, den ein Beschäftigter seiner Gesundheit und seinem Leben beimißt. Ähnlich geht der Vorsorgeansatz vor. Lassen sich etwa in einem Pkw Vorrichtungen einbauen, die die Gefahr für

60 Arnold, Volker (1998), S. 387.

61 Zu den Ergebnissen solcher Regressionsanalysen vgl. z.B.
Anderson, R.J.; Crocker, T.D. (1971), S. 171ff.,
Marburger, E.-A. (1974), S. 19ff.,
Ridker, R.G.; Hennig, J.A. (1967), S. 246ff. und
Wilkinson, R.K. (1973), S. 72ff.

Leib und Leben verringern (ABS, Airbag, neue Reifen usw.), so sind die Kosten hierfür und die geringere Wahrscheinlichkeit, einen Unfall mit Personenschaden zu erleiden, gegeneinander abzuwägen. Aus dem Ergebnis dieses Abwägungsprozesses lassen sich wie bei der Gefahrenzulage Angaben zu dem Wert von Gesundheit und Leben, wie ihn der einzelne einschätzt, ableiten. Voraussetzung für dieses Verfahren ist, daß eine Person sich frei entscheiden kann –dies ist etwa beim Gurtzwang nicht mehr gegeben– und sie die Schadensrisiken und ihre Minderung durch mit Kosten verbundene Maßnahmen richtig einschätzen kann.

Es kann zusammenfassend festgestellt werden, daß es ***das*** methodische Instrument zur Messung der Effekte verkehrlicher Maßnahmen nicht gibt. Es existieren aber eine Reihe von approximativen Ansätzen mit jeweils spezifischen Vor- und Nachteilen; sie schließen einander nicht aus, sondern lassen sich sinnvoll kombinativ einsetzen.

II.2.2 Messung der volkswirtschaftlichen Nutzen

II.2.2.1 Messung durch Verschiebung der Nachfragefunktionen und Kostenersparnisse

Addiert man die individuellen Nachfragefunktionen von Transportleistungen auf, so erhält man –bei Setzung bestimmter Annahmen wie identische Präferenzen, gegebene Einkommensverteilung usw.– die gesamtgesellschaftliche Nachfragefunktion, die in Kombination mit der Angebotsfunktion die Bestimmung der volkswirtschaftlichen Wohlfahrt zuläßt. Betrachten wir beispielhaft eine Straßenbahnlinie, deren Fahrleistung (etwa gemessen über Personenkilometer) eine Funktion des geforderten Fahrpreises pro Entfernungseinheit darstellt.

Abbildung 17: Nutzenmessung der Verkehrsinfrastruktur und ihrer Verbesserung [62]

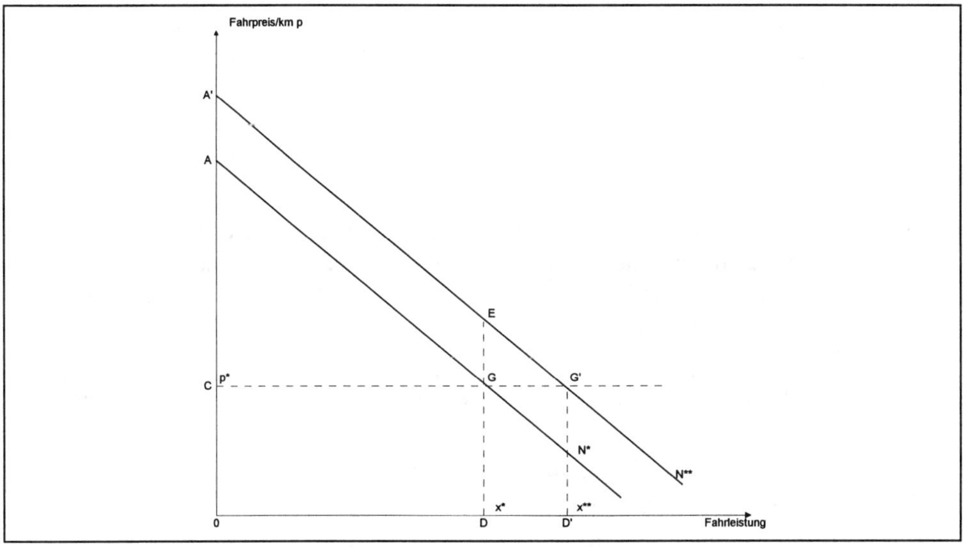

Legende:
Index * = Zustand vor Verbesserung der Verkehrsinfrastruktur
Index **= Zustand nach Verbesserung der Verkehrsinfrastruktur

Quelle: Eigene Darstellung

Vor der Verbesserung des Angebots beträgt die Konsumentenrente ACG. Sie ist identisch mit der gesamtgesellschaftlichen Wohlfahrt, wenn die für die Betreibergesellschaft anfallenden Erlöse $p^* \cdot x^* = CODG$ gerade die anfallenden Kosten decken. Ansonsten ist der Nutzen der Nachfrager um entstandene Verluste zu kürzen bzw. um entstandene Gewinne zu erhöhen.

Im Vergleichsfall wird das Angebot auf der Strecke verbessert, z.B. durch eine höhere Taktfrequenz und damit verbundenen geringeren Wartezeiten, durch eine Erhöhung des Fahrkomforts oder durch einen Ausbau der Strecke, der eine höhere Fahrgeschwindigkeit ermöglicht. In diesem Fall verschiebt sich die Nachfragefunktion nach rechts (N**). Die Konsumentenrente beträgt jetzt A'CG' und ist um A'AGG' angewachsen. Die Fläche entspricht dem durch den Ausbau der Strecke angewachsenen Nutzen der Verkehrsteilnehmer. Er setzt sich aus den Flächen A'AGE und EGG' zusammen. Die erste Fläche symbolisiert die Nutzensteigerung im Hinblick auf die bisherige Nachfrage. Durch die Steigerung der Attraktivität der Strecke kommt es zu einem Mehrverkehr von $x^{**} - x^*$, dem sog. induzierten Verkehr. Mit ihm ist der Nutzen der zweiten Teilfläche verbunden.[63+64]

62 Ähnlich bei Suntum, Ulrich van (1986), S. 163ff.

63 Geht man von einer linearen Nachfragefunktion aus, so ist die durchschnittliche Nutzensteigerung

In der Realität ist es sehr schwierig, N* und N** zu schätzen.[65] So treten folgende Probleme auf:

- Mißt man Preise und Menge zu verschiedenen Zeitpunkten, so ist es schwierig, zwischen Bewegungen auf einer gegebenen Nachfragefunktion und einer Verschiebung dieser Funktion zu unterscheiden.
- Nimmt man keine weiteren erklärenden Variablen auf, weiß man nicht, ob man die Nachfrage- oder die Angebotsfunktion oder ein Mixtum von beiden geschätzt hat (Identifikationsproblem).
- Die Preise (bzw. Transportkosten bei Eigenfahrten wie im Pkw) müssen eine hohe Variabilität im Zeitablauf aufweisen, um ihren Einfluß auf die nachgefragte Menge messen zu können. Sie sind aber in der Realität konstant oder nur geringfügig veränderlich, so daß ihr Einfluß nicht oder doch nur mit hohen Unsicherheiten geschätzt werden kann.
- Das Angebots-Nachfrage-System ist statisch; es kennt keine Erwartungen und Anpassungsvorgänge.
- Es muß vorausgesetzt werden, daß der Markt zu jedem Zeitpunkt im Gleichgewicht ist (Markträumungsbedingung).
- Bei der Benutzung von Zeitreihendaten muß die Annahme einer konstanten Struktur über die Zeit gemacht werden. Dies bedeutet, daß sich die Präferenzstruktur der Bevölkerung nicht ändert.
- Häufig stehen die zur Nachfrageschätzung benötigten Daten nicht zur Verfügung.

Stehen aus diesen und weiteren Gründen die Nachfragefunktionen N* und N** nicht zur Verfügung, muß man zur Schätzung des Vorteils einer verkehrlichen Maßnahme auf Hilfsverfahren zurückgreifen. Von den oben erläuterten Verfahren wird wegen seiner guten Handhabbarkeit vor allem auf das Konzept der Kostenersparnisse zurückgegriffen (gesunkene Betriebs-, Verkehrswege-, Unfall- und evtl. Umweltkosten). Es sei aber ausdrücklich daran erinnert, daß es sich bei diesem und anderen Verfahren lediglich um Hilfskonstrukte handelt, mit denen der Nutzen hilfsweise geschätzt, aber nicht exakt gemessen werden kann. So wird der induzierte Verkehr ($x^{**} - x^{*}$ in Abbildung 17) und der von ihm ausgehende Nutzen beim Konzept der gesparten Kosten gar nicht erfaßt. Nur beim bisherigen Verkehr x* kommt es über geringere Fahrzeiten zu Kostenersparnissen.

bei induziertem halb so hoch wie beim Altverkehr.

64 Zur gesamtgesellschaftlichen Wohlfahrtsänderung gelangt man, indem von der Nutzensteigerung die mit der Angebotsverbesserung verbundene Kostenerhöhung subtrahiert wird.

65 Zur Möglichkeit der Schätzung von Nachfragefunktionen vgl. Ronning, Gerd (1988), S. 65ff., und die dort angegebene Literatur.

II.2.2.2 Der Einfluß der Verkehrsinfrastruktur auf die wirtschaftliche Leistungs- und Wettbewerbsfähigkeit von Regionen

II.2.2.2.1 Der Einfluß der Verkehrsinfrastruktur auf die internationale Wettbewerbssituation

Eine gute Verkehrsinfrastruktur erhöht die Effizienz der im Produktionsprozeß eingesetzten Faktoren Arbeit und Kapital und wirkt damit für die privaten Unternehmen kostensenkend; sie ist damit ein entscheidender Standortfaktor beim Wettbewerb zwischen Regionen um Investitionen und damit um Arbeitsplätze. Bei der Verkehrsinfrastruktur wird –wie auch bei der übrigen Infrastruktur– zwischen einer materiellen, institutionellen und personellen Variante unterschieden. [66] Der personelle Teil der Verkehrsinfrastruktur „wird von den unterschiedlichen Fähigkeiten, die dazu dienen, die Verkehrsabläufe zu planen, zu koordinieren und durchzuführen, geprägt.

Ihr institutioneller Teil wird im wesentlichen von der Wettbewerbsordnung des Verkehrs, von nationalen und internationalen hoheitlichen Regelungen und Rechtsvorschriften sowie von der Verständigung über organisatorische Regelungen für Kooperationsformen im Verkehr und von vertraglichen Vereinbarungen zwischen Wirtschaftseinheiten bestimmt.

Ihr materieller Teil setzt sich aus der Gesamtheit der Wege und der ortsfesten Anlagen, die Verkehrszwecken dienen, zusammen, also den Gleisanlagen der Eisenbahn, Unter- und Oberbau einschließlich Oberleitungen, Brücken, Signalanlagen, Verkehrsleitanlagen, Kraftverkehrsstraßen, See- und Binnenhäfen, Wasserstraßen, Flughäfen usw. [67].

Diese Dreiteilung der Verkehrsinfrastruktur verdeutlicht den komplementären Charakter ihrer Teilbereiche: [68] Sowohl die institutionelle als auch die personale Verkehrsinfrastruktur beeinflussen den Optimalitätsgrad der Nutzung der materiellen Komponente der Verkehrsinfrastruktur. So wirkt das Verbot, im Rahmen des Werkverkehrs keine Fahrten für Dritte übernehmen zu dürfen, effizienzmindernd, weil vermeidbare Leerfahrten entstehen; unzureichende Information kann dazu führen, daß potentielle Produktivitätsgewinne aus einer besseren Zusammenstellung funktionaler Transportketten nicht erkannt werden.

Im folgenden wird jedoch von den komplementären Beziehungen, die zwischen den Teilbereichen der Verkehrsinfrastruktur bestehen, abstrahiert. Bedingt durch die Themenstellung beschränkt sich unsere Untersuchung im wesentlichen auf die materielle Verkehrsinfrastruktur, die noch dahingehend eingeengt wird, daß der haushaltsorientierte Teil, [69] der Endproduktcharakter hat, ausgeklammert wird. Daher verstehen wir, wenn wir im folgenden von Verkehrsinfrastruktur sprechen, die unter-

66 Vgl. Jochimsen, Reimut (1966), S. 145.

67 Vgl. Europäisches Parlament der EG (1961), S. 12f.

68 Tuchtfeldt, Egon (1970), S. 127.

69 vor allem Nutzung der Verkehrsinfrastruktur in Form von Freizeit-, Urlaubs- und Einkaufsverkehr.

nehmensorientierte materielle Verkehrsinfrastruktur, die dem Produktionssektor als öffentliches Zwischenprodukt zur Verfügung steht." [70]

Unter Verkehrsinfrastrukur im engeren Sinn werden hier also die Verkehrswege und die zugehörigen Umschlagseinrichtungen verstanden. Sie bilden zusammen mit den Verkehrsträgern wie Kraftfahrzeugen, Schiffen und Flugzeugen die Voraussetzung zur Befriedung des Mobilitätsbedürfnisses der Menschen und für eine wohlstandsmehrende räumliche Arbeitsteilung. Ihre Güte bestimmt die Raumüberwindungskosten und beeinflußt damit die Rentabilität der Produktion von Unternehmen, die wiederum grundlegend für die regionale Wettbewerbsfähigkeit ist.

Bei den Wirkungen von (Verkehrs-)Infrastrukturinvestitionen lassen sich zwei Bereiche unterscheiden:

a) Zum einen führen öffentliche, so auch die Verkehrsinfrastrukturinvestitionen während der Bauphase zu Produktions-, Einkommens- und Beschäftigungseffekten bei den Produzenten und den Lieferanten der benötigten Vorleistungen. Es kommt in "folgenden Runden" zu Multiplikator- und Akzelatoreffekten.

b) Zum anderen ändern sich in der Phase, in der die Infrastruktur genutzt wird (= Leistungsphase), die volkswirtschaftlichen Angebotsbedingungen. So erhöht –wie bereits ausgeführt– ein leistungsfähiges Verkehrswegenetz die Möglichkeit zur Arbeitsteilung. Die damit verbundene Fähigkeit der Unternehmen zur Spezialisierung führt zur Realisierung von Qualitäts- und Kostenvorteilen.

Obwohl Berechnungen zu den Effekten während der Bauphase vorliegen [71], soll auf ihre Behandlung im Rahmen der folgenden Darstellung verzichtet werden, da sie als volkswirtschaftlich irrelevant betrachtet werden: Errechnete positive Produktions-, Einkommens- und Beschäftigungseffekte während der Bauzeit basieren nämlich auf

- der Vernachlässigung von Einnahmeeffekten. Finanzierungen über Steuern und Kredite führen zu Nachfragerückgängen an anderer Stelle.
- der Negierung anderer Verwendungsmöglichkeiten der im Projekt gebundenen Finanzmittel. Für jede andere öffentliche Ausgabe, sei es im Verteidigungs-, Bildungs-, Sozial- oder Kulturbereich, lassen sich ähnliche Effekte berechnen.
- dem theoretischen Konstrukt eines naiven Keynesianismus, in dem es keine Änderungen der Verhaltensweisen, keine Preisänderungen und keine Verdrängungseffekte (crowding out) aufgrund unzureichender Kapazitäten gibt.

Verkehrswege beziehen ihre Berechtigung nicht aus der Beschäftigung von Produktionsfaktoren während der Bauphase –diese sind vielmehr volkswirtschaftliche Kosten,

---

70 Heinsch, Brigitte (1986), S. 16f.

71 So errechnet etwa das DIW mit Hilfe eines gesamtwirtschaftlichen Simulationsmodells, daß durch eine Erhöhung der staatlichen Investitionen von 1 Mrd. DM im Verkehrsbereich das Bruttosozialprodukt um gut 2 Mrd. DM anwächst und die Menge der Arbeitslosen um mehr als 10 Tsd. zurückgeht.
Vgl. Bach, Stefan; Gornig, Martin; Stille, Frank; Voigt, Ulrich (1994), S. 154.

die im Rahmen gesamtwirtschaftlicher Kosten-Nutzen-Analysen den mit dem Projekt verbundenen Nutzen gegenübergestellt werden müssen–, sondern aus wohlstandssteigernden Effekten während der Leistungsphase.

Will man herausfinden, welchen Einfluß die Güte der Verkehrsinfrastruktur auf den Entwicklungsstand und seine Veränderung in einer Region nimmt, so stehen unterschiedliche methodische Ansätze zur Ermittlung dieses funktionalen Zusammenhanges zur Verfügung; sie bestehen in Unternehmensbefragungen (Ermittlung, was Unternehmen meinen und sagen) und/oder ökonometrischen Modellen (Ermittlung, was Unternehmen tun).

Eine vergleichende Gegenüberstellung von Befragungen und ökonometrischen Modellen führte zu dem Ergebnis, daß beide Methoden spezifische Vor- und Nachteile haben. Befragungen haben im Gegensatz zu ökonometrischen Modellen den Vorteil, daß

- alle Standortfaktoren erfragt werden können und nicht nur solche, die quantitativ meßbar und in der amtlichen Statistik greifbar sind,
- sie ein Nachfragen erlauben,
- mit ihrer Hilfe eine Wertung der Standortfaktoren möglich ist,
- nicht nur eine Vergangenheitsanalyse erfolgt, sondern auch auf die zukünftige Relevanz von Standortfaktoren hingewiesen wird.

Ihr Nachteil besteht darin, daß

- die zur Teilnahme an Befragungen bereiten Unternehmer oft nicht repräsentativ für die Grundgesamtheit sind,
- häufig strategische Antworten gegeben werden.

Bei dem Einfluß der Verkehrsinfrastruktur auf die wirtschaftliche Entwicklung von Regionen wird zwischen einem inter- und einem intranationalen Aspekt unterschieden. Beim ersteren geht es um die Wettbewerbsfähigkeit Deutschlands im Rahmen der internationalen Arbeitsteilung, beim zweiten um die Konkurrenzsituation zwischen den Regionen einer Volkswirtschaft, hier speziell Deutschlands.

Im Rahmen der internationalen Arbeitsteilung ist der Standort Deutschland verstärkt in die Diskussion geraten. Der Hinweis auf hohe deutsche Direktinvestitionen im Ausland bei relativ geringen Auslandsinvestitionen in Deutschland [72] und die damit verbundenen "Arbeitsplatzexporte" dienen als Beleg für die Hypothese, daß Deutschland im Rahmen der internationalen Standortkonkurrenz an Attraktivität verliert. [73] So umstritten dieser Tatbestand unter Hinweis auf andere Indikatoren des internationalen Wettbewerbs wie etwa den Exportüberschuß auch sein mag, so besteht sicherlich allgemeiner Konsens

72 So betrug der Saldo bei den Direktinvestitionen von 1992 bis 1997 für Deutschland 174,8 Mrd. DM. Bei einer Kapitalintensität von ca. 250 000 DM je Arbeitsplatz bedeutet dies rechnerisch einen Nettoexport von ungefähr 700 000 Beschäftigungsmöglichkeiten.

73 Eine gute Zusammenfassung zur Diskussion um den Standort Deutschland findet sich z.B. bei Zeppernick, Ralf (1990), S. 51ff.

darüber, daß der Standortwettbewerb zwischen den Volkswirtschaften aufgrund einer zunehmenden Mobilität des Produktionsfaktors Kapital, verursacht durch die Öffnung der Grenzen und abnehmenden Transportkosten bei Menschen, Gütern und Informationen, intensiver geworden ist und weiter werden wird. [74]

Bei den Befragungen zur Bedeutung der Verkehrsinfrastruktur im Rahmen der internationalen Konkurrenz um Investitionen und Arbeitsplätze sei beispielhaft auf zwei Untersuchungen eingegangen. So hat das Ifo-Institut [75] 1.800 Unternehmen des verarbeitenden Gewerbes danach befragt, welche Faktoren bei Entscheidungen über den langfristigen Produktionsstandort ausschlaggebend sind und wie es aus ihrer Sicht um die Wettbewerbsfähigkeit des Produktionsstandortes Deutschland im Vergleich zu den Standortbedingungen der wichtigsten Konkurrenten im Ausland steht. Danach gehört die (Verkehrs-)Infrastruktur zu den wichtigen Faktoren der internationalen Standortwahl. Nach der Qualifikation der Mitarbeiter und vor der Kundennähe und der politischen Stabilität zählt sie zu jenen Standortfaktoren, bei denen Deutschland einen komparativen Vorteil gegenüber Konkurrenten hat.

Zu einem ähnlichen Ergebnis kommt das Institut der Deutschen Wirtschaft, das 1.150 in Westdeutschland ansässige Unternehmen, die mehrheitlich im Besitz von Ausländern sind, nach ihrer Einschätzung des Standortes Deutschland befragte [76]. Danach war die Güte der (Verkehrs-)Infrastruktur in der führenden Gruppe der Standortfaktoren, die zu einer Investition in Deutschland geführt haben, und übertrifft etwa den hohen technologischen Standard, das gute Sozialklima und die öffentliche Investitionsförderung deutlich.

Ökonometrische Untersuchungen versuchen, die Produktivitätssteigerungen und Kostenentlastungen von Unternehmen durch eine verbesserte Verkehrsinfrastruktur zu messen. Ein hervorragender Überblick zu den hierbei gebräuchlichen Schätzansätzen findet sich bei Hofmann [77]. Er unterscheidet zwischen

---

74 "Die Weltwirtschaft steht in den nächsten Jahren vor tiefgreifenden Veränderungen, und Deutschland ist davon in besonderer Weise betroffen. Mittel- und Osteuropa, bis zur Wende nicht nennenswert an der internationalen Arbeitsteilung beteiligt, aber reichhaltig mit leistungsfähigen Arbeitskräften ausgestattet, drängt bei fortschreitenden Reformen intensiver in die internationale Arbeitsteilung. Die Schwellenländer, ohnehin kostengünstig in der Produktion, werden wettbewerbsfähiger mit neuen Produkten; dies gilt vor allem für die dynamischen neuen Industrieländer in Ost- und Südostasien. Gleichzeitig mit dem Aufholprozeß bilden sich in diesen Regionen der Welt nachfragekräftige Märkte. Güter, Kapital und Informationen sind international mobiler geworden, und Veränderungen irgendwo anders wirken sich schneller und intensiver bei uns aus. Unser Land, das aus der internationalen Arbeitsteilung und einem freien Kapitalverkehr einen großen Teil seines Wohlstandes begründet, muß sich diesen neuen Bedingungen stellen."
Sachverständigenrat zur Begutachtung der gesamtwirtschaftlichen Entwicklung (1994), Ziff. 371.

75 Vgl. Ifo-Institut für Wirtschaftsforschung e.V. (Hrsg.) (1989), in: Ifo-Schnelldienst 4/89, S. 22-28.

76 Vgl. Informationsdienst des Institut der deutschen Wirtschaft (iwd) (1993), S. 4.

77 Vgl. Hofmann, Ulrich (1996), insbesondere S. 15ff.

a) Produktionstheoretischen Schätzansätzen
   a_1) Schätzung von Cobb-Douglas-Produktionsfunktionen [78]
   a_2) Schätzung flexibler Produktionsfunktionen
   a_3) Schätzung der Totalen Faktorproduktivität

b) Kostentheoretischen Schätzansätzen

c) Schätzung von Gewinnfunktionen.

Zu a): Ausgangspunkt dieses Schätzansatzes sind **regionale Produktionsfunktionen**, die neben den privaten Produktionsfaktoren Arbeit L und Kapital K auch die Infrastruktur G enthalten. Der Output Y in der Region i zum Zeitpunkt t bestimmt sich über die Funktion $Y_{it} = f(L_{it}, K_{it}, G_{it}, t)$. Die gewählte Produktionsfunktion bestimmt die funktionale Verknüpfung zwischen der zu erklärenden Variablen Y und den erklärenden Variablen L, K, G und t, wobei die Zeit t stellvertretend für den technischen Fortschritt steht. Mit Hilfe von Zeitreihen-, Querschnitts- oder kombinierten Längs-Querschnittsanalysen ist es möglich, die gesuchten Parameter zu ermitteln. Die Ableitung des Outputs Y nach der Infrastrukturvariablen

$$\left(f_{G_t} = \frac{\partial f}{\partial G_t}\right)$$

zeigt dann an, wie das regionale Bruttoinlandsprodukt auf eine Veränderung der Infrastruktur reagiert (Produktionseffekt der Infrastruktur).

Zu b): Mit Hilfe des **kostentheoretischen Ansatzes** wird versucht, die Kostensenkungseffekte, die durch eine Verbesserung der Verkehrsinfrastruktur bei konstantem Output auftreten, zu messen. Ausgangspunkt dieses Schätzansatzes ist eine Kostenfunktion C, die zu einem Minimum zu führen ist. Die Ableitung

$$C_{G_t} = \frac{\partial C}{dG_t}$$

78 In allgemeiner Form hat eine Cobb-Douglas-Produktionsfunktion folgendes Aussehen: $Y = aL^{\alpha} \cdot K^{\beta}$
mit
Y=Output
L=Arbeitseinsatz
K=Kapitaleinsatz
a=Effizienz-(Niveau-)-parameter.
Für den Fall konstanter Skalenerträge, d.h. $\alpha + \beta = 1$ gilt:
$Y = aL^{\alpha} \cdot K^{(1-\alpha)}$.

stellt die Veränderung der Kosten, hervorgerufen durch eine Verbesserung der Verkehrinfrastruktur, dar. Er kann als marginale Zahlungsbereitschaft der Unternehmen für die Verbesserung der Verkehrsinfrastruktur interpretiert werden. Mit Hilfe eines kostentheoretischen Ansatzes ist es ebenfalls möglich, den Einfluß der Veränderung der Infrastruktur auf den Einsatz der privaten Produktionsfaktoren zu messen. Hierdurch wird die Bildung des totalen Differentials

$$\frac{dY_t}{dG_t} = f_{G_t} + f_{L_t} \cdot \frac{dL_t}{dG_t} + f_{K_t} \cdot \frac{dK_t}{dG_t}$$

möglich, die die gesamte Wirkung der Infrastrukturveränderung auf den Output zum Ausdruck bringt. Produktionstheoretische Ansätze lassen dagegen nur die Bestimmung von f_{G_t} zu.

Zu c): „Eine große Schwäche des kostentheoretischen Ansatzes ist es, daß lediglich die Kostensenkungseffekte bei konstantem Output geschätzt werden. Daneben werden auch nur die konditionalen Faktornachfrageeffekte ermittelt. Der durch die Erhöhung der Infrastrukturausstattung induzierte Outputeffekt auf die Kosten und die Faktornachfrage bleibt unberücksichtigt.“ [79] Diese Nachteile lassen sich durch die **Schätzung von Gewinnfunktionen** vermeiden, wobei der Gewinn durch den Wert des Outputs, vermindert um die Produktionskosten, ermittelt werden. Dieser Ansatz läßt es zu, die Auswirkung einer Infrastrukturänderung auf den Output (partiell und total) sowie die Mengen der eingesetzten privaten Produktionsfaktoren Arbeit und Kapital zu bestimmen. Dieser hohe Informationsgehalt muß mit erheblichen und häufig unüberwindbaren Anforderungen an das methodische Wissen des Nutzers, vor allem aber an das benötigte Datenmaterial erkauft werden.

In den USA sind viele, in Deutschland nur wenige ökonometrische Untersuchungen zum Zusammenhang von Verkehrsinfrastruktur und Output durchgeführt worden. Sie sind von Busch/Klös [80] hervorragend zusammengefaßt worden.

„Aschauer [81] hat eine Cobb-Douglas-Produktionsfunktion für die Vereinigten Staaten geschätzt, in der er den Output mit Hilfe des Arbeitseinsatzes und des privaten Kapitaleinsatzes sowie mit dem realen Nettokapitalstock des Staates (als Variable für die Infrastruktur) erklärt. Er kommt zu folgenden Ergebnissen [82] :

79 Hofmann, Ulrich (1996), S. 27.

80 Busch, Berthold; Klös, Hans-Dieter (1995), S. 12ff.
Siehe auch Hofmann, Ulrich (1996), S. 29ff.

81 Aschauer, David Alan (1989), S. 177-200.

82 Vgl. auch Seitz, Helmut (1994a), S. 24f.

- Von der Infrastruktur gehen erhebliche Produktionswirkungen aus, die partielle Produktionselastizität [83] des öffentlichen Kapitalstocks liegt bei 0,25 bis 0,35 und ist damit der partiellen Produktionselastizität des privaten Kapitalstocks vergleichbar.
- Circa 40 Prozent der Totalen Faktorproduktivität [84] können durch öffentliche Infrastrukturdienstleistungen erklärt werden.
- Straßen und Autobahnen sowie Wasser- und Abwassersysteme (Kerninfrastruktur) sind diejenigen Kategorien des öffentlichen Kapitalstocks, denen die höchste Bedeutung für die private Produktivität zukommt.
- Ohne den Rückgang der öffentlichen Investitionsausgaben wären das Produktivitätswachstum und die private Investitionstätigkeit in den Vereinigten Staaten höher ausgefallen, und die Gewinnlage der amerikanischen Unternehmen wäre besser gewesen [85].

Aschauers Untersuchungen führten zur Formulierung der Hypothese, daß die Vernachlässigung der öffentlichen Infrastrukturinvestitionen eine der zentralen Ursachen nicht nur für die in den Vereinigten Staaten, sondern auch in vielen anderen Industrieländern beobachtete Produktivitätsverlangsamung ist. Infrastrukturdefizite wurden für die gleichzeitige Abschwächung des Produktivitäts- und Sozialproduktwachstums mitverantwortlich gemacht [86].

Daraus läßt sich die „Public Capital Hypothesis“ ableiten, nach der ein verbessertes oder größeres Infrastrukturangebot besonders die Produktivität des privaten Kapitalstocks erhöht und somit zu einem positiven Impuls auf die private Investitionstätigkeit führt [87].

International vergleichende Untersuchungen über den Zusammenhang zwischen dem wirtschaftlichen Wachstum und den Investitionen im Telekommunikations- und Verkehrswesen als Teilbereiche der öffentlichen Infrastruktur kommen ebenfalls zu positiven Zusammenhängen:

So haben Canning und Fay den Einfluß der Transportinfrastruktur auf das Wirtschaftswachstum für 96 Staaten mit Hilfe physischer Infrastrukturvariablen untersucht.

---

83 Die partielle Produktionselastizität ist definiert als das Verhältnis zwischen der relativen Veränderung des Outputs und der relativen Veränderung eines Inputfaktors. Näherungsweise gibt die Produktionselastizität eines Faktors an, um wieviel Prozent der Output steigt, wenn der Inputfaktor um 1 Prozent erhöht und der Einsatz der übrigen Faktoren konstant gehalten wird.

84 Die Totale Faktorproduktivität mißt die Veränderung des Outputs, die nicht auf eine Veränderung der Inputfaktoren Arbeit und Kapital zurückgeführt, sondern mit einer vergrößerten Auslastung, einer verbesserten Betriebsorganisation und dem technischen Fortschritt erklärt werden kann. [Deutsches Institut für Wirtschaftsforschung (DIW) (Hrsg.) (1989), S. 83].

85 Aschauer, David Alan (1991), S. 39-45.

86 Seitz, Helmut (1994a), S. 25; und
Wille, Eberhard (1993).

87 Seitz, Helmut (1994a), S. 43.

Danach hat die Transportinfrastruktur in den Schwellenländern und in den Industrieländern erhebliche Wachstumseffekte [88].

Easterly und Rebelo haben für über 125 Staaten den Zusammenhang zwischen Wachstum und öffentlichen Infrastrukturinvestitionen untersucht und dabei als Indikatorvariable unter anderem die Investitionen im Verkehrs- und Telekommunikationsbereich herangezogen. Die Autoren fanden eine hohe positive Korrelation zwischen den Infrastrukturvariablen und der Wachstumsrate des realen Bruttoinlandsprodukts [89]."

Die Berechnungen Aschauers u.a. sind teilweise heftig kritisiert worden. [90] Die Kritik an den Zeitreihenstudien bezieht sich vor allem darauf, daß das Problem der Kausalität und der Nichtstationarität der Zeitreihen nicht untersucht wurde. So muß nicht unbedingt eine gute Verkehrsinfrastruktur zu einem hohen Wohlstand führen; es kann mit gleicher Plausibilität auch davon ausgegangen werden, daß erst ein hoher Wohlstand die Finanzierung einer guten Verkehrsinfrastruktur möglich macht. Sind Zeitreihen trendbehaftet, so führen Regressionen praktisch immer zu statistisch signifikanten Ergebnissen, die aber nicht unbedingt als kausal interpretiert werden dürfen. Berücksichtigt man diese Kritikpunkte, so nimmt der Einfluß der Verkehrsinfrastruktur auf den Wohlstand zwar ab, ohne jedoch zu verschwinden.

Für Deutschland liegen vor allem Studien von Seitz [91] vor, der in der Regel mit einem kostentheoretischen Ansatz arbeitet und immer zu einem deutlich positiven Effekt der Verkehrsinfrastruktur auf den Wohlstand kommt; er äußert sich in einer erheblichen Kostenentlastung der Unternehmen, wenn die Verkehrswege verbessert werden. Hier sei beispielhaft auf eine Untersuchung für 31 Wirtschaftszweige des Verarbeitenden Gewerbes eingegangen. [92] Sie kommt zu dem Ergebnis, daß die Nutzung von Bundesautobahnen erhebliche Kosteneinsparungen für die Produzenten mit sich bringt. Danach hat die Industrie im Durchschnitt pro Kilometer Autobahn einen Kostenvorteil, der sich auf etwa 32 DM/1 Mio. DM Nettowertschöpfung beläuft. Besonders hoch sind diese Kostenentlastungen für transportkostenintensive Wirtschaftszweige, so den Maschinenbau mit 60 und den Straßenfahrzeugbau mit 78 DM.

---

88 Canning, D.; Fay, L.M. (1993); zitiert nach Seitz, Helmut (1994a), S. 42.

89 Easterly, William; Rebelo, Sergio (1993).
Seitz, Helmut (1994a), S. 59f.

90 Siehe hierzu Busch; Klös (1995), S. 13f.,
Hofmann, Ulrich (1996), S. 37f., und
Baum, Herbert; Esser, Klaus; Höhnscheid, Karl-Josef (1998), S. 103f.

91 Siehe hierzu Seitz, Helmut (1993), S. 187-205.
Conrad, Klaus; Seitz, Helmut (1994), S. 303-311.
Seitz, Helmut (1994b), S. 287-307.
Seitz, Helmut (1994a).
Vgl. ferner Hofmann, Ulrich (1996), S. 76ff.

92 Seitz, Helmut (1993), S. 187ff.

Es bleibt festzuhalten:

- Die internationale Standortkonkurrenz um Investitionen und Arbeitsplätze wird härter. Standortdefizite werden heftiger und schneller bestraft als in der Vergangenheit.
- Die Güte der Verkehrsinfrastruktur spielt bei der internationalen Standortwahl eine wichtige Rolle. Wegen der Globalisierung der Märkte, verbunden mit einer abnehmenden Fertigungstiefe und dem Wunsch nach just-in-time-Lieferung ist sogar mit einer weiteren Aufwertung der Verkehrswege als bestimmende Standortfaktoren zu rechnen.
- Deutschland besitzt bei der Verkehrsinfrastruktur einen komparativen Wettbewerbsvorteil gegenüber der internationalen Konkurrenz, den es zu erhalten gilt (der allerdings Nachteile bei anderen Standortfaktoren immer weniger ausgleichen kann).

II.2.2.2.2 Der Einfluß der Verkehrsinfrastruktur auf die Wettbewerbssituation von Wirtschaftsräumen in einer Volkswirtschaft

Nach der internationalen nun zur regionalen Ebene [93].

Die Güte der Lebensverhältnisse in Regionen bestimmt sich vor allem über

- das quantitative und qualitative Angebot an Einkommenserzielungsmöglichkeiten (= Arbeitsplätzen)
- die Einkommensverwendungsmöglichkeiten (= Versorgung mit Gütern und Dienstleistungen) und
- die Wohn- und Umweltsituation.

Eine verbesserte Verkehrsinfrastruktur erhöht den Aktionsradius der Bevölkerung und damit ihre Handlungsoptionen, senkt die Transportkosten und verbessert damit die Wettbewerbsfähigkeit der regionalen Wirtschaft, schränkt aber u.U. auch die regionale Umweltqualität ein [94].

---

93 Als Literatur siehe hier insbesondere Peschel, Karin (Ed.) (1990), und der dortige Aufsatz: Bökemann, Dieter (1990), S. 81ff.

94 Speziell zum letzteren Aspekt vgl. Dosch, Fabian; Lutter, Horst; Otto, Ingrid; Pütz, Thomas; Schmitz, Stefan (1995).

Einen Überblick über die mit einer verbesserten Verkehrsinfrastruktur verbundenen Effekte gibt Übersicht 2.

Übersicht 2: Auswirkungen der Leistungsabgabe der Verkehrsinfrastruktur auf die Lebenssituation in Regionen

a) Arbeitsplätze

positiv:

a1) Vergrößerung der räumlichen Pendelmobilität der Erwerbstätigen
- Zugänglichkeit zu einem vergrößerten quantitativen Angebot an Arbeitsplätzen
- Zugänglichkeit zu einem vergrößerten qualitativen Angebot an Arbeitsplätzen

a2) Verbesserung der Zugänglichkeit zu Absatz- und Beschaffungsmärkten bei bestehenden Unternehmen (Anreiz zur Erweiterung und Ansiedlung durch Kostensenkung)

a3) Verbesserung der Zugänglichkeit zu Punktinfrastrukturen (Anreiz zur Erweiterung und Ansiedlung durch Erhöhung der Standortattraktivität)

negativ:

a4) Erhöhung der Wettbewerbsintensität
- a41) auf dem Absatzmarkt
(fallende Preise; Wegfall unrentabel werdender Produktion)
- a42) auf dem Arbeitsmarkt
(steigende Löhne; Wegfall unrentabel werdender Arbeitsplätze)

b) Versorgung mit zentralörtlichen Gütern

positiv:

b1) Vergrößerung des räumlichen Aktionradiuses der Nachfrager
- Zugänglichkeit zu einem vergrößerten quantitativen Angebot an Dienstleistungen und Naherholungsräumen
- Zugänglichkeit zu einem vergrößerten qualitativen Angebot an Dienstleistungen und Naherholungsräumen

b2) Erhöhung des potentiellen Einzugsbereichs der Dienstleistungsunternehmen
(Anreiz zur Erweiterung und Ansiedlung)

negativ:

b3) Erhöhung der Wettbewerbsintensität
(Verkleinerung des Einzugsbereiches, Abfluß von Kaufkraft, Einschränkung des Dienstleistungsangebots)

c) Umwelt

ambivalent:

c1) Verkehrsverlagerungen
- c11) Lärm
- c12) Emissionen
- c13) Zerschneidungseffekte von Siedlungen

<u>negativ:</u>

- c2) Inanspruchnahme von Fläche
  - c21) Versiegelung der Landschaft
  - c22) Zerschneidung der Landschaft
- c3) Induzierung von Neuverkehr
  - c31) Lärm
  - c32) Emissionen
  - c33) Verbrauch von Rohstoffen
- c4) Visuelle Beeinträchtigung

Quelle: Eigene Zusammenstellung

Unternehmensbefragungen haben eine lange Tradition bei der Beantwortung der Fragen, welchen Stellenwert die Verkehrsinfrastruktur bei der Standortwahl spielt. Gute Übersichten finden sich bei Tengler [95] und Sartowski [96], dessen Zusammenstellung aus der folgenden Übersicht 3 hervorgeht.

95 Tengler, Hermann (1989), S. 85.

96 Sartowski, Roman (1990), S. 92.

Übersicht 3: Rangfolge der wichtigsten Faktoren bei unternehmerischen Standortentscheidungen nach Ergebnissen ausgewählter Standortuntersuchungen

Autoren (Jahr der Veröffentlichung)	Brede (1971)	Fürst/Zimmermann/ Hansmeyer (1973)	Ballestrem (1974)	Wolf (1974)	Kaiser/Hörner (1976)	Freund/Zabel (1978)	Lammers/Soltwedel (1986/87)	Sartowski (1989/90)
Ansiedlungszeitraum der befragten Unternehmen	1955-64	1966-70	1966-71	1945-71	nicht eingegrenzt	1970-75	1980-84	1945-86
Untersuchungsregion	Bundesgebiet	Schleswig-Holstein, Rheinland-Pfalz, Bayern, Hessen	Nordrhein-Westfalen	Hessen	Großraum Köln	Saarland, Westpfalz	Schleswig-Holstein	Schleswig-Holstein
Rangfolge der wichtigsten Standortfaktoren	Geeignete Gewerbeflächen und Gebäude	Gute überregionale Verkehrsverbindungen	Verfügbare Arbeitskräfte	Ausreichende und geeignete Betriebsgelände	Geeignete Arbeitskräfte	Grundstücksreserven	Ansiedlungsflächen	Geeignete Grundstücke u. Gebäude
	Geeignete Arbeitskräfte	Grundstücksreserven	Grundstücksreserven	Ausreichendes Arbeitskräftepotential	Günstige Verkehrsverbindungen	Gute Verkehrsanschlüsse	Flexibilität der Behörden	Niedrige Grundstückspreise bzw. Gebäudemieten
	Günstige Absatzmöglichkeiten	Preiswerte Grundstücke	Günstiger Grundstückspreis	Niedrige Grundstückspreise	Geeignete Flächen oder Gebäude	Vorteilhafte Investitionshilfen	Sonderabschreibungen	Günstige Verkehrsbedingungen
	Attraktive Steuern und Investitionshilfen	Angebot ungelernter Arbeitskräfte	Gute Verkehrslage	Attraktive Finanzierungshilfen	Gute allgem. Infrastruktur	Preiswerte Grundstücke	Investitionszulagen	Geeignetes Arbeitskräfteangebot
	Niedrige Transportkosten	Angebot geeigneter Fachkräfte	Sofort verfügbare Grundstücke	Passende Betriebsgebäude	Absatz und Beschaffungsvorteile	Ausreichend Fachkräfte	Gute Straßenverbindungen	Nähe zum Herkunftsort d. Unternehmers
	Fühlungsvorteile	Niedrige Erschließungskosten	Vorhandene Gebäude oder Anlagen	Verkehrsgunst zu Absatzmärkten	Industrielle Ballung	Kundennähe	Investitionskredite	Vorteilhafte Energie und Wasserversorgung
	Persönl. Präferenzen d. Unternehmer	Interessante Investitionshilfen	Hilfe bei Grundtücksbeschaffung	Persönl. Präferenzen d. Unternehmer	Versch. Sonstige Faktoren	Niedrige Erschließungskosten		Flexibilität und Hilfe der Kommunen
	Natur und Landschaft	Gute Absatz- u. Beschaffungsmöglichkeiten.	Niedrige Baukosten	Verkehrsgunst zu Beschaffungsmärkten	Öffentliche Förderhilfen	Ausreichend ungelernte Arbeitskräfte		Attraktives Freizeit und Versorgungsangebot
		Wirtschaftliche Aufgeschlossenheit d. Kommunen	Hilfe bei Erschließung	Sonder abschreibungen		Interesse d. Kommunen a. Wirtsch.Anliegen		Hohe öffentl. Investitionshilfen
		Wirtschaftliche Ballung						Niedrige Steuerhebesätze

Quelle: Sartowski, Roman (1990), S. 92

Danach kommt der Verkehrsinfrastruktur neben dem Arbeitskräftereservoir, der Lage zu Bezugs- und Absatzmärkten sowie dem Gewerbeflächenangebot eine wesentliche Bedeutung bei der unternehmerischen Standortwahl zu.

Von besonderem Gewicht ist eine 1988 vom Bundesverband der Jungen Unternehmer vorgestellte Befragung, da sie sich auf neu gegründete oder frisch verlagerte Unternehmen bezog. Die Umsetzung dieser Ergebnisse führt zu dem aus Abbildung 18 hervorgehenden Bild.

Abbildung 18: Wichtigkeit von Standortfaktoren bei der unternehmerischen Standortwahl

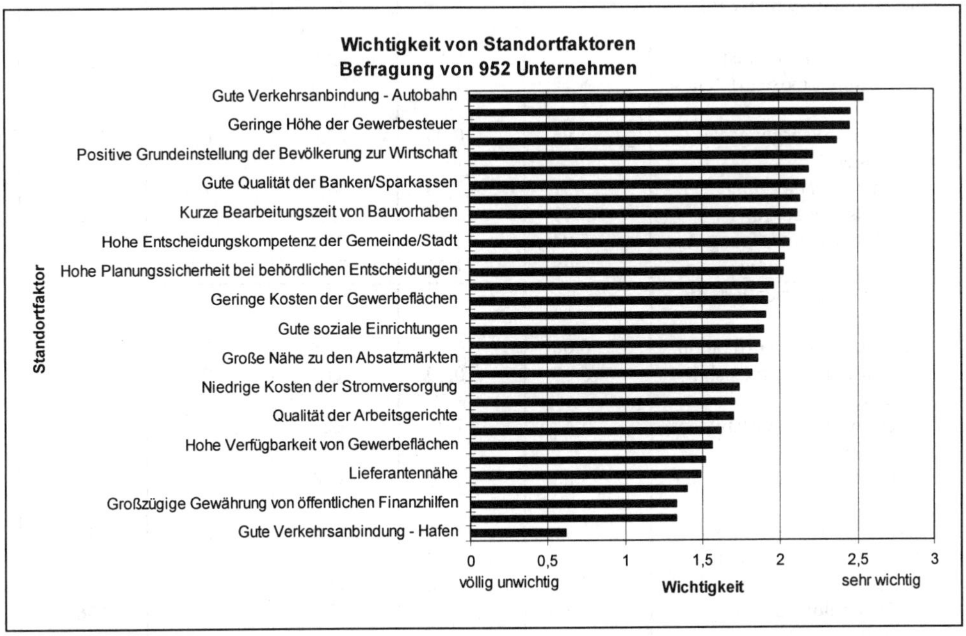

Quelle: Eigene Darstellung nach Angaben aus Wirtschaftswoche Nr. 42 vom 14.10.1988

Als besonders wichtig für die Standortwahl erweisen sich die großräumige Verkehrsanbindung, die Qualität der Arbeitskräfte und weitere Variable, die zusammengefaßt das "wirtschaftsfreundliche Klima" in einer Region zum Ausdruck bringen. Dagegen kommt anderen Faktoren, die in der aktuellen regionalpolitischen Diskussion einen hohen Stellenwert haben, ein deutlich geringeres Gewicht zu. Dies gilt etwa für das kulturelle Angebot, die Verfügbarkeit von Flächen und den Technologietransfer.

Die Bundesforschungsanstalt für Landeskunde und Raumordnung [97] hat Experten die Frage vorgelegt, welche Infrastrukturbereiche für die wirtschaftliche Entwicklung von

97 Gatzweiler, Hans-Peter; Irmen, Eleonore; Janich, Helmut (1990), insbes. S. 122.

Regionen besonders wichtig sind. Es konnten hierbei Noten von 1 (= völlig unwichtig) bis 7 (= überragende Bedeutung) vergeben werden. Der Verkehrsinfrastruktur wurde dabei –wie Tabelle 26 zeigt– mit einer Durchschnittsnote von 6,22 die höchste Bedeutung zugemessen.

Tabelle 26: Bedeutung der Infrastrukturbereiche für die regionale Entwicklung

Infrastrukturbereich	arithmetisches Mittel	Standardabweichung S	% große Bedeutung (Codes 6,7) [1]	% geringe Bedeutung (Codes 1-3)	n (=Anzahl der Antworten)
1. Sachkapitalorientierte Infrastruktur					
Verkehrseinrichtungen	6,22	0,85	82,0	0,7	139
Kommunikationseinrichtungen	5,72	1,06	63,5	3,6	137
Ver- und Entsorgungseinrichtungen	5,96	0,93	72,6	0,9	117
Energieversorgung	5,51	1,33	56,5	7,6	131
Wasserversorgung	5,19	1,48	48,5	13,2	136
Abwasserentsorgung	5,94	1,10	72,1	2,1	140
Abfallentsorgung	5,98	1,22	75,4	5,8	138
2. Humankapitalorientierte Infrastruktur					
Berufliche Erstqualifikation	6,08	0,87	77,8	0,8	126
Betriebliche Erstausbildung	6,00	0,89	73,3	0,7	135
Öffentliche berufsbildende Einrichtungen	5,67	1,02	58,3	4,5	132
Hochschulen / Fachhochschulen	5,86	1,10	67,4	3,8	132
Berufliche Weiterbildung	5,91	1,01	73,4	2,9	139
Wissenstransfereinrichtungen	5,76	1,19	69,3	5,3	114
Transferstellen an FuE	5,63	1,20	62,5	6,3	128
Technologieberatungsstellen	5,81	1,09	72,8	4,4	136
Innovationszentren	5,40	1,27	54,5	7,4	136
3. Haushaltsorientierte Infrastruktur (hochqualifizierte Arbeitnehmer)					
kulturbezogene Aktivitäten	5,17	1,06	4,16	8,0	137
sportliche/gesellschaftliche Aktivitäten	5,01	1,18	37,3	11,9	134
Ausbildung / Freizeit Kinder	5,61	1,07	61,2	4,5	134

1) Die verwendeten Codes umfassen Werte zwischen 1 (ohne Bedeutung) und 7 (größte Bedeutung). Die dazwischenliegenden Codes liegen innerhalb der so errichteten Skala, der Code 4 kann als „neutraler Wert“ von „mittlerer Bedeutung“ interpretiert werden.

Quelle: Gatzweiler, Hans-Peter; Irmen, Eleonore; Janich, Helmut (1990), S. 121ff.

Will man den Zusammenhang zwischen dem Entwicklungsstand einer Region und der Güte ihrer Verkehrsinfrastruktur mit Hilfe statistisch-ökonometrischer Modelle messen, so tauchen –ebenso wie bei internationalen Analysen– die Fragen auf,

- wie man den regionalen Entwicklungsstand und seine Veränderung messen will,
- wie man die Güte der regionalen Verkehrsinfrastruktur erfaßt,
- welche anderen erklärenden Variablen als die Güte der Verkehrsinfrastruktur mit in das Modell aufgenommen werden.

Hierbei wird in der Literatur ganz unterschiedlich vorgegangen, so daß es nicht überraschen kann, daß die ermittelten Ergebnisse nicht deckungsgleich sind. Die größten Übereinstimmungen ergeben sich noch bei der Messung der Regionalentwicklung, die über Wanderungsströme und -salden, die Arbeitsplatzentwicklung und die Veränderung des Bruttoinlandsproduktes erfaßt wird.

Bei der Beurteilung der Güte der Verkehrsinfrastruktur kann sowohl in quantitativer als auch qualitativer Hinsicht auf sekundärstatistische Informationen wie investiertes Sachkapital, Netzdichte, Nähe zu Autobahnanschlüssen oder Bahnhöfen usw. zurückgegriffen werden. Da für die Bewohner einer Region aber nicht einzelne Infrastrukturmerkmale von Interesse sind, sondern (insbesondere) die Fahrzeit zwischen Ursprungs- und Zielort, wird für die Beurteilung der Güte der Verkehrsinfrastruktur sinnvollerweise auf entsprechende Indikatoren zurückgegriffen. Hierzu werden im folgenden Ergebnisse eigener empirischer Untersuchungen dargestellt.

Eine Verkehrsanbindung von i nach j kann dann als gut bezeichnet werden, wenn man von i nach j ohne große Umwege mit relativ hoher Geschwindigkeit fahren kann. Ob dies möglich ist, ist mit Hilfe der oben angeführten Indikatoren kaum zu beantworten. So informativ diese Variablen im einzelnen sein mögen, so geben sie doch in bezug auf die Qualität der Verkehrserschließung nur rudimentäre und ungenügende Einblicke. Deshalb wird im folgenden ein Verkehrsinfrastrukturindikator vorgeschlagen, der auf der Hypothese basiert, daß die Luftliniengeschwindigkeit umfassend zum Ausdruck bringt, wie gut ein Ursprungs- mit einem oder mehreren ausgewählten Zielorten verbunden ist.

Die Luftliniengeschwindigkeit zwischen dem Ursprungsort i und dem Zielort j ist als Luftlinienentfernung : Fahrzeit definiert. Müssen große Umwege gefahren werden, um von i nach j zu gelangen, oder (und) ist die zwischen ihnen bestehende Verkehrsinfrastruktur schlecht, so ist die Luftliniengeschwindigkeit niedrig.

Ein Beispiel:

Betrachtet man die Kreise der Bundesrepublik Deutschland als regionale Untersuchungseinheiten und gewichtet die Zielorte mit Hilfe eines gravitationstheoretischen Ansatzes, d.h. der Zielort wird um so höher gewichtet, je größer er ist und je näher er am Quellort liegt[98], so ergibt sich für die Güte der Schienenanbindung das aus Abbildung 19 hervorgehende Bild. Die führenden regionalen Untersuchungseinheiten liegen überwiegend in der norddeutschen Tiefebene. Besonders schlecht erschlossene Kreise konzentrieren sich eindeutig im südlichen Sachsen und Thüringen.

98 Beide Variable bestimmen weitgehend die Verflechtungsintensität zwischen Regionen.

Abbildung 19: Güte der Verkehrsinfrastruktur Schiene der Kreise in Deutschland heute

[=durchschnittliche Luftliniengeschwindigkeit (km/h) zu allen übrigen Kreisen in Deutschland, gewichtet mit Hilfe eines gravitationstheoretischen Ansatzes]

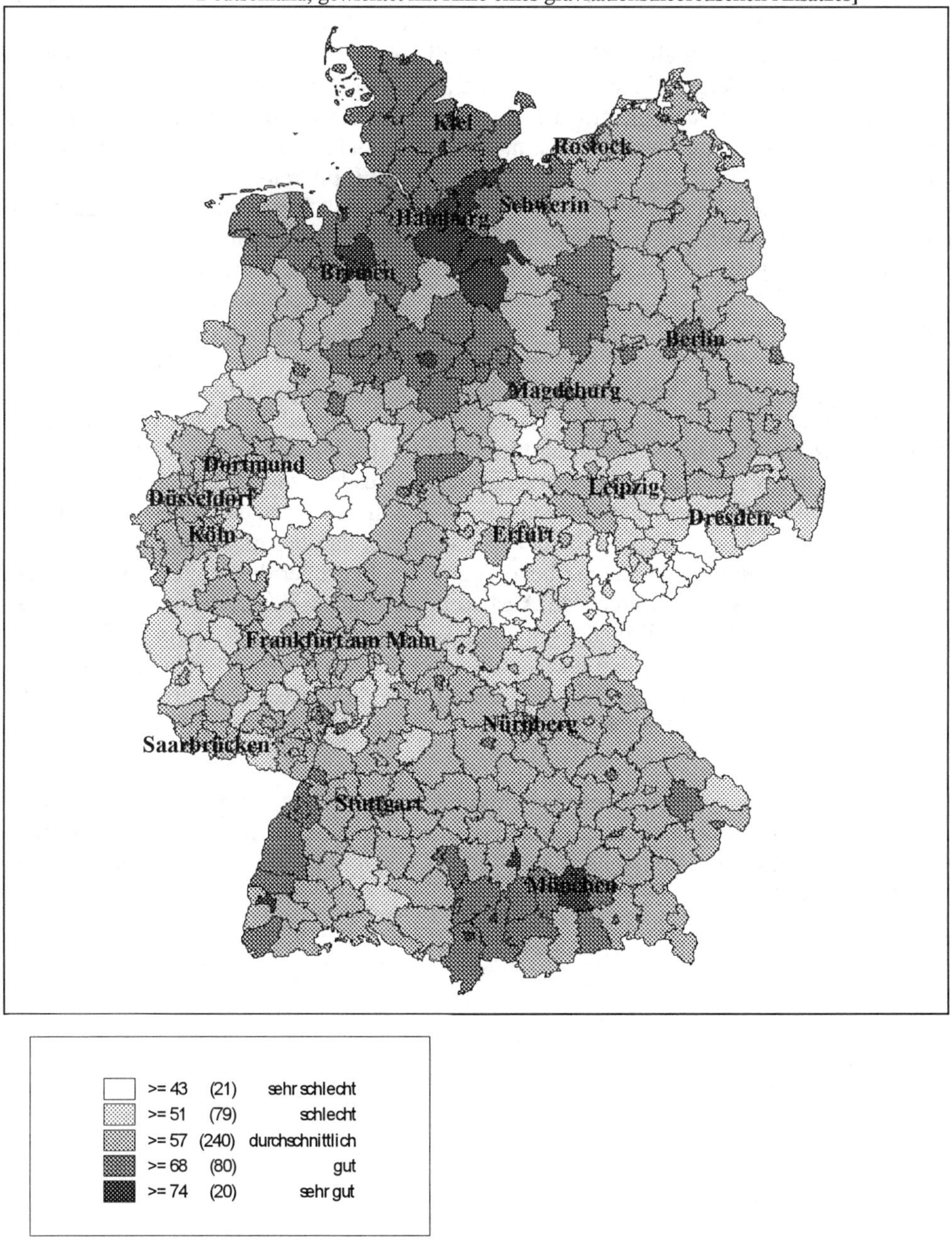

Quelle: Eigene Darstellung

Legt man fiktiv in das vorhandene Verkehrswegenetz geplante Aus- und Neubaumaßnahmen hinein, so lassen sich Prognosen über ihre räumlichen Auswirkungen durchführen. Berechnet man nämlich die Indikatoren vor Einführung der neu- oder ausgebauten Strecke, also im Bezugsfall, und nachher, also im Analysefall, so ist es durch einen Vergleich der Ausprägungen möglich, darzulegen, welche Effekte von den Aus- und Neubaumaßnahmen ausgehen. Dies ist in Abbildung 20 für die Ausbaustrecke Bebra-Erfurt beispielhaft dargestellt worden. Sie ist in Form einer doppelt gezeichneten Linie eingezeichnet worden. Sie entspricht nicht der wirklichen Linienführung, sondern stellt eine direkte Verbindung zwischen den angefahrenen Bahnhöfen dar. Dabei wird davon ausgegangen, daß über die (Aus-)Baustrecke sowohl Intercity- als auch Interregio-Verkehr läuft. Beim Intercity-Verkehr wird unterstellt, daß der Zug in jedem angefahrenen Oberzentrum hält, während beim Interregio-Verkehr außerdem von Halten in Mittelzentren ausgegangen wird. Die in dieser Abbildung eingezeichneten Quadrate zeigen zunächst einmal an, welche Kreise in Deutschland durch diese Maßnahme eine Verkürzung der durchschnittlichen Fahrzeit erfahren, also von ihr profitieren. Es wird deutlich, daß diese bevorzugten Kreise keineswegs ausschließlich direkt an der betrachteten Strecke liegen, sondern weit streuen, wobei die Streuung im Westen bis nach Nordrhein-Westfalen, dem Saarland und Baden-Württemberg und im Osten bis zur polnischen Grenze reicht. Die Begründung hierfür ist relativ einfach. So profitiert auch beispielsweise die Verbindung von Frankfurt nach Dresden von einem Ausbau Bebra-Erfurt, so daß beide Quell-Ziel-Orte aus dieser Maßnahme Nutzen ziehen, ohne direkt an der Strecke zu liegen. Die Größe der Quadrate gibt darüber hinaus an, wie stark der jeweilige Kreis von der Maßnahme bevorzugt wird. Je größer das eingezeichnete Quadrat, desto stärker wird er durch den Ausbau begünstigt. Spitzenreiter ist dabei Gotha. Von hieraus steigt die Luftliniengeschwindigkeit zu allen übrigen Kreisen im Durchschnitt um 7,8 km/h an. Auf den nächsten Rangpositionen folgen Eisenach, Erfurt, Bad Salzungen und Sömmerda, ein Hinweis darauf, daß diese Eisenbahnstrecke vor allem für Thüringen von besonderer Bedeutung ist. Aus diesen Überlegungen kann folgendes Fazit gezogen werden:

Verkehrsinvestitionen stellen überwiegend linienhafte Infrastrukturmaßnahmen in Netzstrukturen dar; sie wirken nie allein, sondern immer im Kontext mit dem schon vorhandenen Netz. Dieser Zusammenhang muß in statistisch-ökonometrischen Modellen Berücksichtigung finden.

Abbildung 20: Veränderung der Güte der Verkehrsinfrastruktur Schiene der Kreise in Deutschland beim Ausbau Bebra-Erfurt
(=durchschnittliche Luftliniengeschwindigkeit zu allen übrigen Kreisen in Deutschland, gewichtet mit Hilfe eines gravitationstheoretischen Ansatzes)

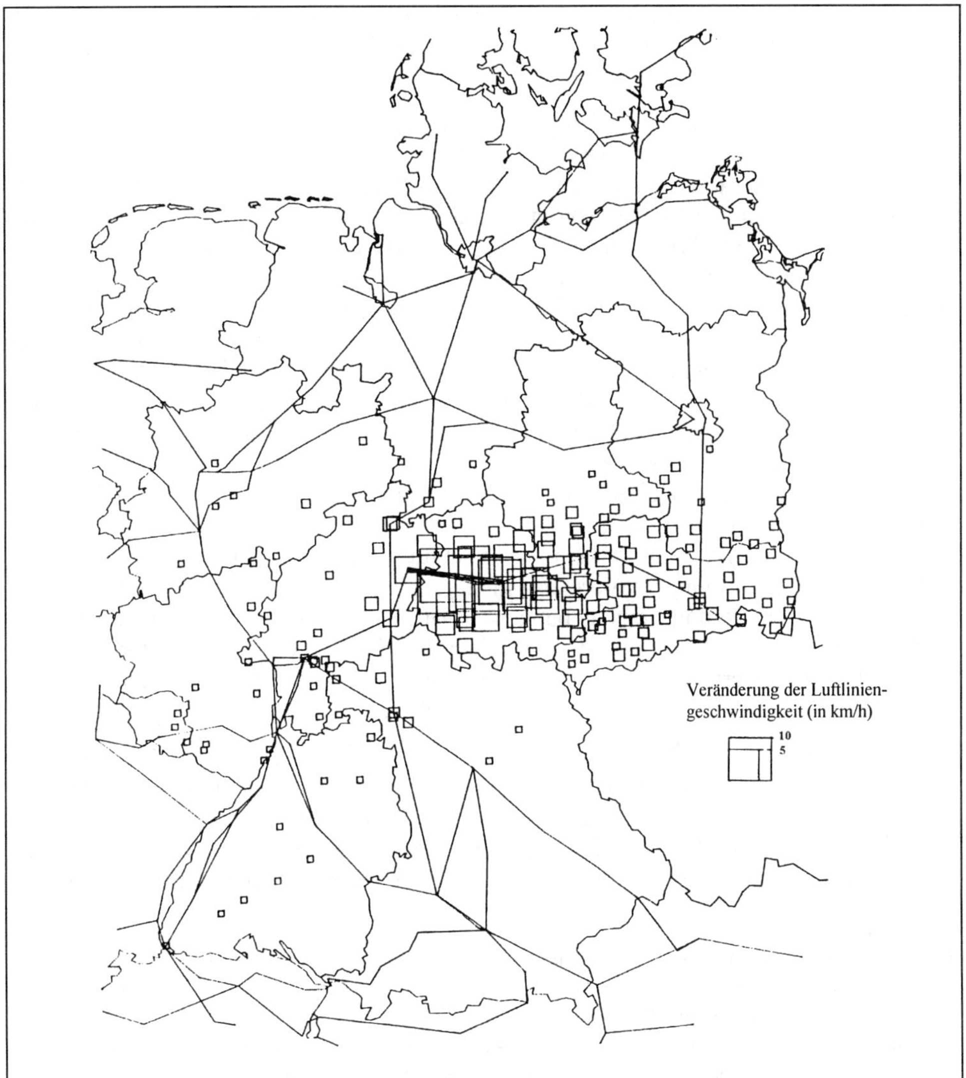

Quelle: VERENA Gh Kassel, eigene Berechnungen

Bei der Menge der erklärenden Variablen kann zwischen bivariaten und multivariaten Modellen unterschieden werden. In bivariaten Modellen wird die Regionalentwicklung ausschließlich über die Güte der Verkehrsinfrastruktur erklärt, während in multivariaten Modellen auch andere intervenierende Variable wie Arbeitsangebot und -kosten, Urbanisierungsvorteile, Wohnattraktivität usw. Berücksichtigung finden. Es bedarf sicherlich keiner näheren Begründung, daß multivariate den bivariaten Modellen vorzuziehen sind.

Zur Gruppe der Arbeiten, die sich speziell dem Zusammenhang von Verkehrsinfrastruktur und Regionalentwicklung widmen, zählen zahlreiche statistisch-ökonometrische Ansätze, die etwa von Zachcial [99] zusammengestellt, methodisch erläutert und bewertet werden. Sie kommen zu unterschiedlichen Ergebnissen und Aussagen. So kann z.B. Schalk [100] keinen Einfluß der Verkehrsinfrastruktur auf das Produktionsniveau feststellen. Lutter [101] kommt zu dem Ergebnis, daß Fernstraßeninvestitionen keine Auswirkungen mehr auf die Standortgunst und auf die Beschäftigung haben; er begründet dies damit, daß alle Regionen in Deutschland mittlerweile gut mit Straßen erschlossen seien und kaum noch fühlbare Qualitätsunterschiede bei der regionalen Erschließung meßbar seien. [102] Die Mehrzahl der Untersuchungen kommt allerdings zu einem anderen Ergebnis und mißt der Verbesserung der Verkehrsinfrastruktur durchaus einen deutlich nachweisbaren Effekt auf den Wohlstand und die Entwicklung von Regionen zu. [103+104] Beispielhaft sollen hier die Untersuchungsergebnisse Zachcials [105] angeführt werden, die sich wie folgt zusammenfassen lassen: Zwar schwächen sich die regionalen Auswirkungen von Verkehrsinfrastrukturinvestitionen im Zeitablauf ab, doch läßt sich auch für die jüngere Vergangenheit zeigen, daß „sowohl kleinräumige unterschiedliche Beschäftigungsverschiebungen als auch großräumige unterschiedliche Beschäftigungseffekte infolge von Investitionen in die Verkehrsinfrastruktur auftreten können. Die Realisierung der Potentiale hängt von weiteren wichtigen Standortfaktoren ab." Eine gute Verkehrsinfrastruktur ist demnach eine notwendige, aber keine hinreichende Bedingung für eine gute wirtschaftliche Entwicklung von Regionen.

Neben Modellen, die speziell auf den Zusammenhang von Verkehrsinfrastruktur und Regionalentwicklung eingehen, existieren eine Vielzahl statistisch-ökonometrischer Untersuchungen, die allgemein den Versuch unternehmen, regionale Entwicklungsunterschiede zu erklären und hierbei auch die Verkehrsinfrastruktur mit einbeziehen. Sie

99 Vgl. Zachcial, Manfred; Roth, Alexander; Schneider, Reinhard; Meindorf, Jürgen (1990), S. 5ff.

100 Schalk, Hans-Joachim (1976).

101 Siehe hierzu Lutter, Horst (1980).

102 Bundesministerium für Raumordnung, Bauwesen und Städtebau (1986), S. 139: „Mängel in der regionalen Erschließung und der Anbindung peripherer und abgelegener Regionen an die überregionalen Verkehrsnetze sind nur noch in Einzelfällen feststellbar."

103 Zur Entgegnung der Thesen Lutters vgl. vor allem Schiller, Hans (1982); zitiert nach Zachcial, Manfred; Rath, Alexander; Schneider, Reinhard; Mundorf, Jürgen (1990), S. 5f.

104 Ein empirischer Nachweis eines extrem engen Zusammenhangs von Verkehrsinfrastruktur und Regionalentwicklung findet sich z.B. bei Knop, Bernd H. (1976).

105 Zachcial, Manfred; Rath, Alexander; Schneider, Reinhard; Mundorf, Jürgen (1990), S. 126ff.

sind von Reimers [106] hervorragend zusammengestellt und durch ein eigenes Modell ergänzt worden. Auch danach kommt der Verkehrsinfrastruktur eine beachtliche Bedeutung als Grundlage des regionalen Wachstums zu. [107]

Neben produktions- gibt es auch auf der regionalen Ebene kostentheoretische Schätzansätze. Ein Ergebnis für die größten deutschen Städte wurde von Seitz [108] vorgelegt. Hiernach führt ein 1%iger Anstieg des realen Infrastrukturkapitals in München zu einer Kostenreduktion im Verarbeitenden Gewerbe von 0,241%. Besonders hohe Infrastrukturelastizitäten der Kostenfunktion zeigen sich in Verdichtungsräumen, wobei Bochum mit 0,517% die Spitzenposition einnimmt. Leider liegen diese Ergebnisse nur für die Infrastruktur insgesamt, aber nicht spezifiziert für seine Teilbereiche wie den Verkehr, vor.

Zur Bedeutung der Verkehrsinfrastruktur im interregionalen Wettbewerb um Investitionen und Arbeitsplätze bietet sich folgendes Resümee an:

- Unternehmensbefragung und ökonometrische Modelle belegen die herausragende Position der Güte der Verkehrsinfrastruktur als Standortmotiv. Zusammen mit dem Arbeitskräftereservoir und Faktoren, die man zusammengefaßt als wirtschaftsfreundliche Klima bezeichnen kann, hat sie den größten Einfluß auf die Standortwahl.
- In der modernen Standortdiskussion häufig genannte "weiche" Standortfaktoren wie Kultur, Technologietransfer, schulisches Angebot und Freizeitwert fallen dagegen in der Bedeutung ab.
- Im Zeichen einer gestiegenen Wettbewerbssituation ist sogar damit zu rechnen, daß Faktoren, die Kosten und Erlöse unmittelbar beeinflussen, noch stärker an Bedeutung zunehmen.
- Diese Thesen werden durch eine Reihe von empirischen Arbeiten gestützt. So zeigt sich neben den oben erwähnten Befragungen und statistisch-ökonometrischen Modellen auch bei einer Raumanalyse in den neuen Bundesländern, daß Investitionen fast ausschließlich in unmittelbarer Nähe von Autobahnen durchgeführt werden. So wurde vom Institut für Wirtschaftsforschung in Halle [109] nachgewiesen, daß die Pro-Kopf-Investitionen 1993 in den Kreisen an den Verkehrsachsen 5 788,-- DM betragen haben; in den Kreisen, durch die keine Autobahn führt, lagen sie dagegen nur bei 1 176,-- DM.
- Selbstverständlich bedeutet dies nicht, daß eine Verbesserung der Verkehrsinfrastruktur automatisch zu verstärktem Wachstum in Regionen führt. Sie muß in ein re-

106 Vgl. Reimers, Walter (1983).
Ein eigener ökonometrischer Ansatz findet sich bei Klemmer, Paul; Eckey, Hans-Friedrich; HLT (1985).

107 Besonders deutlich zeigt sich dieser Zusammenhang bei Koll, Robert (1979).

108 Seitz, Helmut (1995), S. 124ff.

109 Institut für Wirtschaftsforschung Halle (1994), S. 17.

gionales Entwicklungskonzept eingebettet werden, das auch die übrigen Standortfaktoren, also auch die Umweltqualität, berücksichtigt und sie optimal aufeinander abstimmt.

II.2.3 Messung der volkswirtschaftlichen Kosten [110]

II.2.3.1 Betriebskosten der Verkehrsmittel

Für die einzelnen Verkehrsträger liegen umfangreiche **Betriebskostenberechnungen** vor; [111] sie sind relativ exakt zu erfassen, da sie auf Kostenarten- und –stellenrechnungen aufbauen können und ihnen in der Regel Geldströme zugrunde liegen. Die im Bundesverkehrswegeplan genutzten Beförderungskosten der Eisenbahnen wurden aus den Kostenrechnungsunterlagen der Betreiber abgeleitet. [112] Die Betriebskostenrechnung für Kraftfahrzeuge beruht auf einer Kostenartenrechnung, die auf Vorarbeiten mehrerer Autoren basiert. [113] Als Grundlage der Beförderungskosten in der Binnenschiffahrt dienen die Kosten- und Leistungssdaten des Betriebswirtschaftlichen Ausschusses beim Bundesverband der Deutschen Binnenschiffahrt. [114]

Betrachten wir zunächst die bei der Nutzung des Pkw und Lkw anfallenden Betriebskosten (ohne Zeitkosten).

---

110 Die folgende Gliederung ist identisch mit der Auflistung der volkswirtschaftlichen Kosten, wie sie in Kapitel II.1.2 –Arten der volkswirtschaftlichen Kosten– vorgenommen worden ist.

111 Vgl. PLANCO (1993).

112 PLANCO (1993), S. 72.

113 PLANCO (1993), S. 129.

114 PLANCO (1993), S. 183.

Tabelle 27: Kostenstrukturen für ausgewählte repräsentative Personen- und Lastkraftwagen

a) Pkw					
Fahrzeugtyp	Golf CL 1,3 Kat euro	Golf GL 1,8i Kat euro	BMW 525i kat	Kadett LS 1,7 Diesel	DB 190 2,5 Diesel
I. Vorhaltungskosten (in DM/a)					
1. Verzinsung (3%)	335	423	911	373	772
2. Zeitabhängige Abschreibung	983	1 238	2 664	1 098	2 283
3. Unterstellung	580	580	580	580	580
4. Allgemeine Kosten	1 880	1 880	1 880	1 880	1 880
Summe	3 777	4 120	6 035	3 930	5 514
II. Betriebskostengrundwert (in DM/100 km)					
1. Fahrleistungsabhängige Abnutzung	7,62	8,45	18,06	5,76	13,20
2. Reifenverschleiß	1,65	2,20	4,84	1,65	2,86
3. Reparatur, Wartung, Schmierstoffe	5,50	6,20	8,25	4,70	6,90
Summe	14,77	16,85	31,15	12,11	22,96
III. Mittlere Fahrleistung (in km/a)	12 900	14 650	14 750	19 050	17 300
IV. Kosten in DM/100 km	44,05	44,97	72,07	32,74	54,83

b) Lkw				
Fahrzeugtyp	Iveco Euro Cargo 65 E 12	Daimler-Benz 709	Daimler-Benz 814 D	MAW 8.103 F
I. Vorhaltungskosten (in DM/a)				
1. Verzinsung (3%)	919	905	967	1 005
2. Zeitabhängige Abschreibung	2 695	2 653	2 825	2 929
3. Unterstellung	1 540	1 540	1 540	1 540
4. Allgemeine Kosten	2 004	2 004	2 004	2 004
Summe	7 158	7 102	7 337	7 478
II. Betriebskostengrundwert (in DM/100 km)				
1. Fahrleistungsabhängige Abnutzung	8,69	8,56	9,11	9,45
2. Reifenverschleiß	3,15	3,15	4,24	4,39
3. Reparatur, Wartung, Schmierstoffe	19,24	19,77	22,01	22,41
Summe	31,09	31,48	35,37	36,25
III. Mittlere Fahrleistung (in km/a)	31 000	31 000	31 000	31 000
IV. Kosten in DM/100 km	54,18	54,39	59,04	60,37

Quelle: In enger Anlehnung an Kommentar der Forschungsgesellschaft für Straßen- und Verkehrswesen (Arbeitsgruppe Verkehrsplanung) (1997), S. 54 und 57

Unterstellt man einen durchschnittlichen Besetzungsgrad beim Pkw mit 1,5 Personen und eine durchschnittliche Beladung des Lkw mit 13 t, so ergeben sich für einen Golf CL 1,3 Betriebs-(ohne Zeit-)Kosten von 0,29 DM/Personenkilometer; der entsprechende Wert für einen Iveco Euro Cargo lautet entsprechend 0,04 DM/Tonnenkilometer.

Eine interessante Gegenüberstellung verschiedener Bustypen und des Nahverkehrszuges Regio Springer findet sich bei Aberle u.a. [115]. Unterstellt man eine Fahrleistung von jeweils 60 000 km pro Jahr, so ergeben sich Gesamtkosten in Höhe von 3,90 (4,21; 4,44; 7,53) DM pro Kilometer bei einem 12-Meter-Bus (15-Meter-Bus; 18-Meter-Bus; Regio Sprinter).

Einen weiteren Bestandteil der Betriebs- stellen die **Zeitkosten** dar.

Eine Besonderheit des Verkehrs „–einzigartig zumindestens im Ausmaß, wenn nicht sogar im Grundsatz– ist die Einbeziehung der Zeit des Verkehrsteilnehmers. Für viele Reisende ist der Zeitverlust unangenehmer als der Fahrpreis. Große Anstrengungen sind daher zur Ermittlung der persönlichen Zeitwert-Einschätzungen, zur Bewertung von Zeitersparnissen aufgrund verbesserter Verkehrsverhältnisse und zur Beurteilung von Zeitverlusten durch Verkehrsstauungen unternommen worden.“ [116]

Keine Schwierigkeiten gibt es im Prinzip in der Bewertung der bezahlten Arbeitszeit, etwa für den Fahrer eines Lkws. Unterstellt man einen vollkommenen Markt, so entsprechen die Löhne dem Wertgrenzprodukt der Arbeit und damit den Kosten der Gesellschaft dafür, daß der LKW-Fahrer während der Fahrzeit nicht für andere Tätigkeiten eingesetzt werden kann (= Opportunitätskostenprinzip). Anzusetzen sind hierbei die gesamten für den Arbeitgeber entstehenden Arbeitskosten, also auch die Gemeinkosten für die Bereitstellung von Büroraum, Büroausstattung und andere Tätigkeiten.

Erheblich schwieriger ist das Problem der Ermittlung des Wertes unbezahlter Zeit, da hierfür keine Marktpreise existieren. Fährt eine Person von A nach B, so entstehen ihr nicht nur Kosten für die Nutzung von Verkehrsträgern und -wegen, sondern auch dadurch, daß sie während dieser Zeit auf andere - möglicherweise angenehmere - Tätigkeiten verzichten muß. Die aufzuwendende Fahrzeit könnte alternativ zuhause im Rahmen der Freizeitnutzung oder am Arbeitsplatz zur Vermehrung des Einkommens Verwendung finden.

In der Theorie gestaltet sich die Bestimmung der anzusetzenden Kosten relativ einfach. Trägt man auf der Abszisse die pro Tag zur Verfügung stehenden Stunden ab, so kann im Anfangs- und im Endpunkt der Abszisse jeweils eine Ordinate errichten. Der Grenznutzen der Arbeitszeit wird auf der linken, der Grenznutzen der Freizeit auf der rechten Ordinate abgetragen. Im Optimum beträgt die Arbeitszeit damit a^*- und die Freizeit f^*-Stunden. Diese Situation ändert sich, wenn eine Fahrt unternommen werden soll, die r^{**}-Stunden Fahrzeit benötigt. Hierdurch verringern sich die für Arbeit und Freizeit zur Verfügung stehenden Stunden auf a^{**} und f^{**}. Wegen der fallenden Grenznutzenverläufe steigt der anzusetzende Wert pro Stunde jetzt von g^* auf g^{**} an. Für die Fahrzeit sind damit Opportunitätskosten von $r^{**} \cdot g^{**}$ anzusetzen, deren Höhe dem eingezeichneten Rechteck entspricht.

---

115 Vgl. Aberle, Gerd; Kindsvater, Katrin; Aufderbeck, Christiane; Trost, Dirk (1998), insbesondere S. 29.

116 Thomson, John M. (1978), S. 71.

Abbildung 21: Bestimmung des Wertes der Fahrzeit

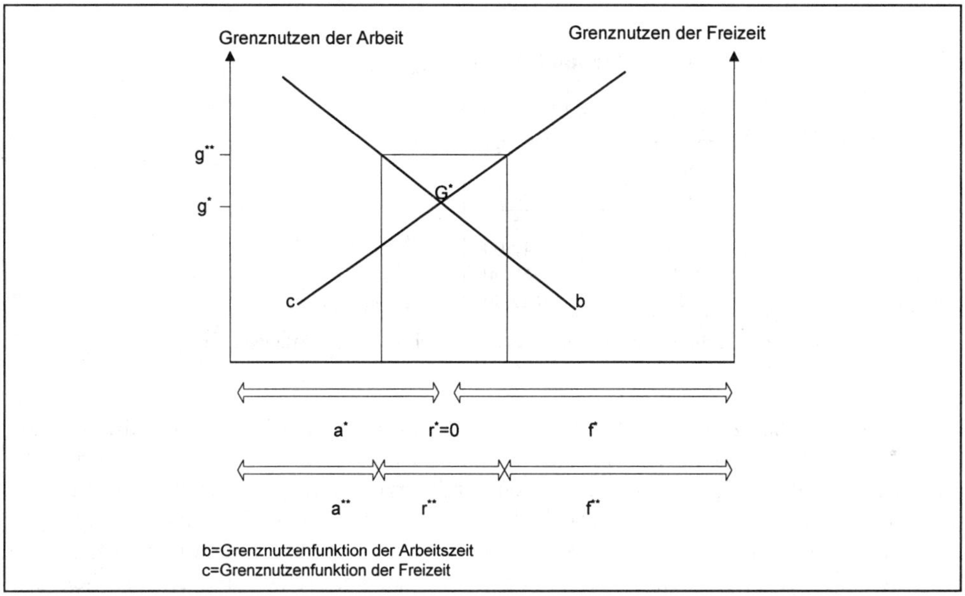

Quelle: Eigene Darstellung

Die empirische Bestimmung des anzusetzenden Wertes der Fahrzeit gestaltet sich relativ schwierig, da zum einen weder der Verlauf der Grenznutzenfunktion der Arbeit noch der der Grenznutzenfunktion der Freizeit bekannt ist und außerdem aufgrund vorgegebener Arbeitszeiten eine Person in der Regel nicht frei über ihr Zeitbudget verfügen kann.

Hilfsweise errechnet sich die Höhe der Opportunitätskosten durch jenen Geldbetrag, den man aufzubringen bereit ist, um Fahrzeit zu sparen. Stehen etwa unterschiedliche Wege für einen Verkehrsträger zur Verfügung, die mit unterschiedlichen Wegekosten verbunden sind, oder zwei oder mehrere Verkehrsträger, die unterschiedliche Fahrkosten mit sich bringen, so läßt sich die Höhe der Opportunitätskosten hilfsweise bestimmen. Beispielhaft sei die Fahrt von einem Quellort A zu einem Zielort B betrachtet, zu dem man einmal mit Hilfe eines Pkws über die nicht gebührenpflichtige Landstraße und zum anderen über die gebührenpflichtige Autobahn fahren kann. Hierbei liegt die Fahrzeit über die Autobahn deutlich niedriger. Ist man bereit, G DM Gebühren an Entgelt zu bezahlen, um F Stunden Fahrzeit zu sparen, so beträgt offensichtlich der Wert einer Stunde Fahrzeit mindestens G dividiert durch F; ansonsten würde die Landstraße genutzt. Stehen solche Vergleiche nicht zur Verfügung - und dies wird in der Regel der Fall sein -, wird man sinnvollerweise auf die Höhe des durchschnittlich gezahlten Nettoentgeltes je Arbeitsstunde zurückgreifen.

Beim Straßenverkehr wird im Rahmen der EWS von folgenden Zeitkosten ausgegangen:

Tabelle 28: Zeitkostensätze nach Fahrzeuggruppen

Fahrzeuggruppe Fz	Zeitkostensätze $[DM/(Kfz \cdot h)]$	
	Normalwerktags urlaubswerktags w, u	Sonntags s
Pkw (P)	11,00	5,50
Lkw (L)	42,00	42,00
Lastzug (Z)	60,00	60,00
Bus (B)	125,00	125,00

Quelle: Forschungsgesellschaft für Straßen- und Verkehrswesen (Arbeitsgruppe Verkehrsplanung) (1997), S. 13

Die Zeitkostenansätze der Nutzfahrzeuge umfassen außer den Lohnkosten die Vorhaltungskosten; dies deshalb, weil durch Netzverbesserungen eingesparte Zeit zu erneuten Fahrten genutzt werden kann und so weniger Fahrzeuge vorgehalten werden müssen, um gleiche Transportleistungen wie bisher zu erbringen. Beim Pkw ist zwischen gewerblichem und nichtgewerblichem Verkehr zu unterscheiden. Die Stundensätze sind innerhalb des gewerblichen Verkehrs deutlich höher anzusetzen und entsprechen den Arbeitskosten; außerdem sind Vorhaltungskosten zu berücksichtigen. Beim nichtgewerblichen Verkehr wird von deutlich niedrigeren Stundensätzen ausgegangen und außerdem auf die Ansetzung von Vorhaltungskosten verzichtet. Der angesetzte Stundensatz errechnet sich als gewichtetes arithmetisches Mittel zwischen dem gewerblichen und dem nichtgewerblichen Verkehr.

Daß unterschiedliche Vorgehensweisen zu stark divergierenden Ergebnissen führen können, sei an den in den Empfehlungen für Wirtschaftlichkeitsuntersuchungen an Straßen (EWS) und am Bundesverkehrswegeplan (BVWP) erläutert. Der BVWP [117] geht für das Jahr 1989 beim gewerblichen Verkehr von den damaligen Arbeitskosten von 31,50 DM pro Person und Stunde aus. Der Wert einer Stunde im nichtgewerblichen Verkehr wird aufgrund von Zahlungsbereitschaftsbefragungen mit 8,50 DM pro Stunde angesetzt. Da die Zeitersparnis erst ab einer bestimmten Schwelle wahrgenommen wird, reduziert sich der Zeitsatz auf 6,00 DM. Die EWS [118] unterstellt ohne Begründung, daß die eine Hälfte des Volkseinkommens durch die Leistung der Erwerbstätigen und die andere Hälfte durch die Leistung der Gesamtbevölkerung erstellt wird. Dann ergibt sich für das Jahr 1992 als Wertansatz für die Arbeitsstunde 19,40 DM und für die Nichtarbeitsstunde 2,82 DM.

Besonders hohe Zeitkosten treten dann auf, wenn **Staukosten** entstehen.

---

[117] Vgl. PLANCO (1993), S. 30f.

[118] Forschungsgesellschaft für Straßen- und Verkehrswesen (Arbeitsgruppe Ver-kehrsplanung) (1997), S. 64f.

Verkehrswege haben eine bestimmte Kapazität; versuchen mehr Verkehrsträger, einen Verkehrsweg zu nutzen, als an Kapazität zur Verfügung steht, kommt es zu seiner Überlastung. Hierdurch sinkt die durchschnittliche Fahrgeschwindigkeit; umgekehrt steigen die Fahrkosten, da höhere Zeitkosten und Fahrzeugbetriebskosten entstehen. Der Zusammenhang zwischen der Belegung einer vierspurigen Autobahn und der jeweils gefahrenen durchschnittlichen Geschwindigkeit in einem PKW kann der folgenden Abbildung 22 entnommen werden. Sie zeigt den Verlauf der Geschwindigkeit (linke Skala) und Fahrzeit (rechte Skala) in Abhängigkeit der Querschnittsbelastungen einer vierspurigen Autobahn [119].

---

119 Eine solche funktionale Verknüpfung kann mit Hilfe von Geschwindigkeitsfunktionen berechnet werden. Die Geschwindigkeitsfunktion für eine vierspurige Autobahn lautet für den Personenverkehr:

$$V_P = \left(148 - 8 \cdot e^{0,235 \cdot s}\right) \cdot e^{-10^{-3} \cdot KU} - 35 \cdot e^{3,8 \cdot 10^{-4} \cdot \left(Q_P + 2 \cdot Q_{GV}\right)}$$

mit V_P = Geschwindigkeit
s = Steigung in %
KU = Kurvigkeit (gon)
Q_P = Belastung Personenverkehr
Q_{GV} = Belastung Güterverkehr

Quelle: Forschungsgesellschaft für Straßen- und Verkehrswesen (Arbeitsgruppe Verkehrsplanung) (1986).

Eine Approximation an diese Geschwindigkeitsfunktion erlaubt folgende funktionale Beziehung (capacity-restraint-Kurve):

$$T_{(M)} = T_0 \left[1 + \left(M/C\right)^b\right]$$

mit $T_{(M)}$ = Fahrzeit bei Verkehrsmenge M
$T_{(0)}$ = Fahrzeit bei unbelasteter Strecke
M = aktuelle Verkehrsmenge
C = Kapazitätsgrenzwert
b = Widerstandsparameter.

C definiert sich für jeden Straßentyp durch die Verdoppelung der Fahrzeit, bei der M=C ist. Für M=C gilt $T_{(M)}=T_0 \cdot 2$. Bei einer vierspurigen Autobahn beträgt die Kapazitätsgrenze 2 640 Kfz/h und der entsprechende Widerstandsparameter b=6.

Abbildung 22: Abhängigkeit der Fahrzeit und Fahrgeschwindigkeit von der Belegung

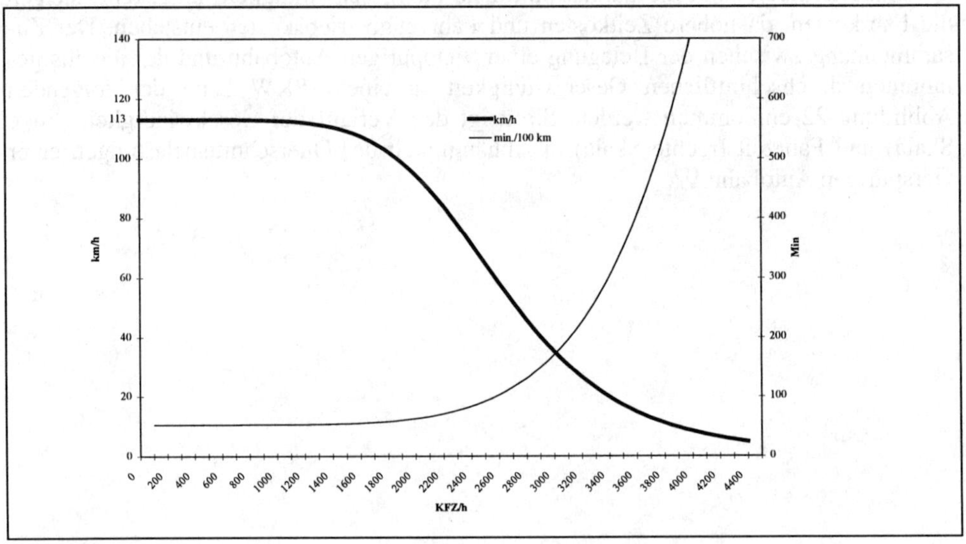

Quelle: Eigene Darstellung

Staukosten sind damit jene Kosten des Verkehrs, die sich als Differenz der wirklichen Fahrkosten und jener Fahrkosten, die sich bei unausgelasteter Kapazität ergeben würden, definieren lassen. Sie können eine beachtliche Höhe erreichen, wie eine aktuelle Untersuchung aus Großbritannien beispielhaft für den Pkw-Verkehr ergeben hat.

Tabelle 29: Kosten der Überlastung in Großbritannien 1993

	Überlastungskosten (Pence/km Pkw)
Autobahn	0,32
Stadtmitte Hauptverkehrszeiten	44,74
Stadtmitte verkehrsarme Zeiten	35,95
Peripherie Hauptverkehrszeiten	19,51
Peripherie verkehrsarme Zeiten	10,75
Kleinstadt Hauptverkehrszeiten	8,47
Kleinstadt verkehrsarme Zeiten	5,17
andere Straßen in Stadtgebieten	0,08
ländliche Schnellstraßen	0,06
andere Hauptstraßen	0,23
sonstige Landstraßen	0,06
Gewogener Mittelwert	4,18

Quelle: Newbery, David (1995)

Führt man die Staukosten als eigene Kostenkomponente auf, so muß man allerdings darauf achten, daß Kosten nicht doppelt gerechnet werden. Ihr Ansatz ist nur dann sinnvoll, wenn bei den übrigen Kostenkomponenten von jenen Kosten ausgegangen wird, die bei „freier Fahrt“ entstehen würden. Werden dort wirkliche Kosten angesetzt, erübrigt sich eine separate Berechnung der Staukosten, da sie dann bereits in anderen Kostenkomponenten, so in den Kosten der Verkehrsträger, in den Zeitkosten und den Umweltkosten enthalten sind.

II.2.3.2 Kosten der Verkehrswege

Verkehrswege, -anlagen und –stationen stellen ein erhebliches Vermögen dar, das Kapital- und laufende Kosten verursacht, die dem Verkehrsbereich anzulasten sind. Die Erfassung und Anlastung dieser volkswirtschaftlichen Kosten verbindet sich mit zwei Fragen:

Wie hoch sind die Kosten für die Existenz und die Nutzung der Verkehrswege anzusetzen? Wie kann man sie auf die einzelnen Nutzer umlegen, und welche Verkehrswegeentgelte müßten gezahlt werden, um sie vollständig den Nutzern anzulasten? Mit ihrer Beantwortung beschäftigt sich die Verkehrswegekostenrechnung, die mittlerweile auf eine jahrzehntelange Tradition zurückblicken kann und zu den zentralen Themen der Verkehrswissenschaft gehört.[120 + 121] Die vorgeschlagenen und (teilweise) durchgeführten methodischen Schritte lassen sich in die Ermittlung der anzusetzenden Kosten und ihre Umlegung auf die einzelnen Verkehrsträger unterteilen. Bei der Ermittlung der Kosten ist auf folgende einzelne Einzelfragen einzugehen:

a) Sollen die Ausgaben oder die Kosten der Verkehrswege angesetzt werden? Die Ausgaben können mit Hilfe der Finanzstatistik relativ einfach bestimmt werden, während bei der Kostenermittlung große Bewertungsprobleme bestehen.

b) Welche Kostenarten sollen in Ansatz gebracht werden? Während dies für viele Kostenarten unstrittig ist –so etwa die Abschreibungen auf das eingesetzte Kapital–, können bei anderen Kostenarten divergierende Meinungen auftreten. Sind etwa private Parkplätze als volkswirtschaftliche Kosten des Verkehrs anzusetzen oder nicht?

c) Soll bei den Kapitalkosten, die den Großteil der (betriebswirtschaftlichen) Verkehrswegekosten ausmachen, von den Anschaffungs- oder den Wiederbeschaffungskosten ausgegangen werden? Für die Anschaffungskosten spricht, daß nur sie wirklich ange-

---

120 Siehe hierzu insbesondere Holocher, Klaus (1988) und Aberle, Gerd (1992).

121 Hingewiesen sei in diesem Zusammenhang auf folgende grundlegenden Untersuchungen:
Böttger, W.; Napp-Zinn, A.F.; Riebel, P., Seidenfus, H. St.; Wehner, B. (1962), S. 45-81;
Allais, M.; Del Viscovo, M.; Duquesne de la Vinelle, L.; Oort, C.J.; Seidenfus, H. St. (1965);
Kommission der Europäischen Gemeinschaften (1969);
Köhler, Karl Gregor (1967);
Enderlein, Heinz; Rieke, Heilwig (1987);
Enderlein, Heinz; Kunert, Uwe (1990);
Enderlein, Heinz; Link, Heike (1992).

fallen sind, für die Wiederbeschaffungskosten, daß der Wert eines Verkehrsweges durch Preissteigerungen nominell angewachsen ist und der augenblickliche Werteverzehr bei einer Kostenbetrachtung relevant ist.

d) Wie sind die jährlichen Abschreibungen anzusetzen? Die Beantwortung dieser Frage hängt von der unterstellten Lebensdauer und der gewählten Abschreibungsmethode ab. Erstere sind Ausdruck einer subjektiven ex-ante-Einschätzung; letztere sind letztlich willkürlich und leiten sich aus Konventionen und Praktikabilitätserwägungen ab. Theoretisch ist nämlich die Höhe der Abschreibung mit dem Wertverlust anzusetzen, den ein Verkehrsweg während einer Zeitperiode für die Gesellschaft gehabt hat. Er ergibt sich aus der Differenz der abdiskontierten Nutzenströme zum Anfang und zum Ende des betrachteten Zeitraums, die aber nicht bekannt sind.

e) Wie hoch ist der Zinssatz anzusetzen, der der Berechnung der kalkulatorischen Zinsen dient? Hier reichen die Vorschläge von den langfristigen nominellen Kapitalmarktzinsen bis zu einem Verzicht auf ihren Ansatz. Die letzte Auffassung läßt sich wie folgt begründen: „Die Verrechnung kalkulatorischer Zinsen suggeriert im Sinne eines Opportunitätskostenansatzes, der Staat habe die Möglichkeit, bei einer alternativen Verwendung der für Verkehrswegeinvestitionen bereitgestellten Finanzmittel eine entsprechende Verzinsung als Rendite zu erzielen. Diese Alternative stellt sich jedoch für den Staat nicht, solange die Verkehrsinfrastrukturpolitik, zumindestens bei den Straßen- und Binnenwasserwegen, als eine öffentliche Daseinsfürsorge definiert wird.“ [122]

f) Sollen alle Kosten oder nur ein Teil von ihnen angesetzt werden? Für eine nur teilweise Ansetzung spricht, daß Verkehrswege nicht nur aus verkehrlichen, sondern auch aus anderen Gründen gebaut und unterhalten werden. Wird z.B. aus Gründen der Gleichwertigkeit der Lebensbedingungen in allen Regionen einer Volkswirtschaft oder aus sicherheitspolitischen Gründen eine Straße gebaut, die unter verkehrlichen Aspekten nicht notwendig wäre, oder ein Kanal, der auch der Bewässerung landwirtschaftlicher Flächen dient, so wäre es sicherlich unbillig, die hierbei entstehenden Kosten voll den Verkehrsträgern anzulasten.

g) Wie können die Kosten nichtstaatlicher Verkehrsinstitutionen erfaßt werden, die ebenfalls Verkehrswege unterhalten? Zu denken ist in diesem Zusammenhang an die Eisenbahnen, Straßenbahnstrecken im ÖPNV, Flughäfen usw.

Methodisch ähnlich schwierig wie die Erfassung gestaltet sich die Umlegung der berechneten Kosten auf die einzelnen Verkehrsträger. Dabei muß zwischen fixen und variablen Kosten unterschieden werden, die auch als Kapazitäts- und Grenzkosten der Benutzung bzw. nichtmarginalisierbare und marginalisierbare Ressourcenbeanspruchungen bezeichnet werden. Erstere entstehen aufgrund der reinen Existenz der Verkehrswege, letztere aufgrund ihrer Nutzung durch Verkehrsträger.

122 Aberle, Gerd (1996), S. 329.

Zu den Kapazitätskosten zählen

- kalkulatorische Abschreibungen,
- kalkulatorische Zinsen,
- Teile der Maßnahmen zur Unterhaltung, zum laufenden Betrieb, zur Erneuerung und zur Sicherheitsüberwachung der Verkehrswege;

zu den Grenzkosten ein Teil der

- Maßnahmen zur Unterhaltung und zum laufenden Betrieb der Verkehrswege,
- Maßnahmen ihrer Erneuerung,
- Kosten für die Verkehrspolizei.

Ein (geringer) Teil dieser Kosten läßt sich einzelnen Verkehrsträgern relativ zuverlässig zuordnen, so die anfallenden Instandsetzungsarbeiten, deren Zuordnung auf dem AASHO-Road-Test basiert [123]. Danach steigt die Straßenabnutzung mit der vierten Potenz der Achslast. Ein Lastwagen mit 10 t Achslast beansprucht die Verkehrswege damit pro Entfernungseinheit 160 000 mal so stark wie ein PKW mit einer Achslast von 0,5 t. Durch Multiplikanz entsprechender Äquivalenzziffern mit den Fahrleistungen ist eine Schlüsselung der Straßenschäden auf die Verkehrsträger relativ gut möglich.

Erheblich problematischer ist dagegen die Belastung der einzelnen Verkehrsträger mit den übrigen Grenz- und vor allem mit den (stark durchschlagenden, weil hohen) Kapazitätskosten[124]. Hier sind folgende Fragen zu stellen und zu beantworten:

a) Wie sollen die Kostenschlüssel gewählt werden? So würden etwa fahrleistungsabhängige Äquivalenzziffern den PKW, gewichtsabhängige Äquivalenzziffern dagegen stärker den LKW belasten.

b) Soll überhaupt nach Äquivalenzziffern umgelegt werden, die Bezug zur Kostenentstehung haben, oder sollten nicht Schlüsselgrößen gewählt werden, die auf dem Nutzen der Verkehrsteilnehmer basieren? Hier ergibt sich eine direkte Analogie zu anderen Steuern, bei denen auch nicht nach den Kostenträgern staatlicher Ausgaben gefragt wird, sondern nach anderen Kriterien, etwa der Leistungsfähigkeit und dem Opferprinzip bei der Einkommensteuer.

---

123 AASHO stellt die Abkürzung dar für **A**merican **A**ssociation of **S**tate **H**ighway **O**fficals.

124 So schlägt die Kommission der Europäischen Gemeinschaft in ihrem Gutachten „Faire Preise für die Infrastrukturbenutzung" vom August 1999 vor, die Verkehrsträger grundsätzlich mit den von ihnen verursachten Grenzkosten zu belasten. Die Kapazitätskosten sollen durch die Grenzkosten der Überlastung und durch der Umweltbeeinträchtigung sowie die Unfallfolgekosten abgedeckt werden (vgl. Kommission der Europäischen Gemeinschaft (1999b).
Zur Kritik an diesem Konzept vgl. Wissenschaftlicher Beirat beim Bundesminister für Verkehr, Bau- und Wohnungswesen (1999), S. 436ff.
Die in beiden Publikationen angeführten Argumente finden sich im Rahmen dieses Lehrbuches im Kapitel IV –Besonderheiten des Verkehrssektors zur Begründung staatlicher Einflußnahme– und hier insbesondere im Kapitel IV.2.1 –Instrumentelle Ansatzpunkte beim Vorliegen natürlicher Monopole–.

Im Rahmen der Verkehrswegekostenrechnung ist den ermittelten Kosten der Verkehrsträger ihr Wegeentgelt gegenüberzustellen. Beim Straßenverkehr sind dies vor allem Steuern (Mineralöl- und Kraftfahrzeugsteuer) sowie Straßenbenutzungsgebühren (road pricing etwa in Form der Autobahngebühr, Parkgebühren).

Nach diesen grundsätzlichen Überlegungen zur Ermittlung der volkswirtschaftlichen Verkehrswegekosten und ihrer Umlegung auf die einzelnen Verkehrsträger soll nun auf konkrete empirische Berechnungen eingegangen werden. Die Höhe des in der Verkehrsinfrastruktur gebundenen Anlagevermögens geht aus der Tabelle 30 hervor; hierbei unterscheiden sich Brutto- und Nettovermögen um die getätigten Abschreibungen.

Tabelle 30: Brutto- und Netto-Anlagevermögen in Deutschland –Verkehrsinfrastruktur [1] – (in Mio. DM zu Preisen von 1991)

Kategorie	1977		1981		1986		1991 [1]		1997	
	Brutto [2]	Netto [2]	Brutto [2]	Netto [2]	Brutto [2]	Netto [2]	Brutto [2]	Netto [2]	Brutto [2]	Netto [2]
Verkehrswege	696 253	547 034	787 106	605 542	870 369	644 128	1 060 434	735 748	1 162 829	800 203
Eisenbahnen, S-Bahn	135 065	85 488	141 734	87 969	150 731	92 874		114 252	207 911	133 072
Stadtschnellbahn, Stadtbahnen [3]	30 523	26 411	38 179	33 534	46 106	40 504	54 895	47 047	64 233	54 262
Straßen und Brücken	481 806	401 764	555 428	449 530	618 406	474 765	744 419	530 804	817 627	568 556
dar. Bundesfernstraßen	171 215	149 347	196 922	167 026	218 828	176 201	269 035	199 270	296 089	210 809
Wasserstraßen [4]	42 832	29 707	45 821	31 405	49 279	33 218	63 271	40 125	65 898	40 794
Rohrfernleitungen [5]	6 027	3 664	5 944	3 104	5 847	2 767	7 764	3 520	7 160	3 519
Stationen [2]	93 028	60 156	96 782	60 277	96 567	57 319	112 665	66 668	123 258	73 859
Eisenbahnen, S-Bahn [6]	44 786	27 020	45 664	26 540	44 250	23 999	49 117	25 004	50 184	26 293
Binnenhäfen [7]	11 703	7 354	11 554	6 972	11 377	6 624	11 949	6 807	11 599	6 535
Seehäfen	21 741	15 613	23 910	16 786	25 761	17 414	28 785	18 694	31 040	20 125
Flughäfen [8]	14 798	10 169	15 654	9 979	15 179	9 282	22 814	16 163	30 435	20 906

Legende:
1) Ab 1991 gesamtdeutsche Werte.
Die Vermögenswerte für die Umschlagplätze beziehen sich auf Infra- und Suprastruktur.
2) Jahresendbestand. Ohne Grundbesitz.
3) Fahrweg einschl. zugehöriger Anlagen.
4) Bis zur Seegrenze.
5) Rohöl- und Mineralölproduktenleitungen über 40 km Länge.
6) Bahnhöfe einschl. sonstiger Bauten und Ausrüstungen.
7) Öffentliche Binnenhäfen.
8) Einschl. Flugsicherung.

Quelle: Deutsches Institut für Wirtschaftsforschung (DIW) (1997): Verkehr in Zahlen, S. 34f.

Dieses Anlagevermögen verursacht zunächst einmal Kosten dadurch, da es abgeschrieben und verzinst werden muß (= **Kapitalkosten**). Die Höhe der Abschreibungen hängt von der gewählten Abschreibungsmethode und dem unterstellten Abschreibungszeitraum ab, die Verzinsung [125] von dem Ertrag, den das eingesetzte Kapital an anderer Stelle erbringen würde (= **Opportunitätskosten**). Der Abschreibungszeitraum (= mittlere Nutzungsdauer von Anlageteilen) für unterschiedliche Verkehrszweige in Deutschland kann der folgenden Tabelle 31 entnommen werden. Unterstellt man einen langfristigen Realzins (= Nominalzins minus Inflationsrate) von 3%, so ist es möglich, den Annuitätenfaktor als Ausdruck für die Summe von Abschreibungen und Zinskosten zu berechnen.

Tabelle 31: Abschreibungszeiträume und Annuitätenfaktoren für die Anlagenteile verschiedener Verkehrszweige in Deutschland

Verkehrszweig Eisenbahn

Lfd. Nr.	Bezeichnung der Anlageteile	Abschreibungszeitraum (Jahre)	Anuitätenfaktor (p=3%)
1	Grund und Boden		0,03000
2	Bahnkörper	90	0,03226
3	Tunnel	100	0,03165
4	Brücken	80	0,03311
5	Oberbau	26	0,05594
6	Bauliche Anlagen	60	0,03613
7	Signalanlagen	35	0,04654
8	Fernmeldeanlagen	35	0,04654
9	Bahnstromversorgung	35	0,04654
10	Fahrleitung	35	0,04654
11	Lärmschutzwände, -wälle	50	0,03887
12/13	Planung/Mittelbare Kosten	Durchschnitt der Gesamtinvestitionsmaßnahme	

125 Suntum, Ulrich van (1986a), S. 273ff.

Verkehrszweig Straße

Lfd. Nr.	Bezeichnung der Anlageteile	Abschreibungszeitraum (Jahre)	Anuitätenfaktor (p=3%)
1	Planung und Bauleitung		0,03000
2	Grunderwerb und Entschädigung		0,03000
3	Untergrund, Unterbau, Wälle, Frostschutzschicht, Entwässerung	90	0,03226
4	Tragschichten	45	0,04079
5	Fahrbahndecken		
5.1	Asphalt	10	0,11723
5.2	Beton	30	0,05102
5.3	Pflaster	30	0,05102
6	Brücken	75	0,03367
7	Stützwände	75	0,03367
8	Tunnel	90	0,03226
9	Ausstattung	10	0,11723
10	Lärmschutzwände	20	0,06722

Verkehrszweig Binnenschiffahrt

Lfd. Nr.	Bezeichnung der Anlageteile	Abschreibungszeitraum (Jahre)	Anuitätenfaktor (p=3%)
1	Grund und Boden		0,03000
2	Fluß- und Kanalbett	100	0,03165
3	Uferdeckwerke in regulierten und stauregulierten Flüssen	50	0,03887
4	Uferdeckwerke in Kanälen	35	0,04654
5	Uferwände aus Beton und Stahl	85	0,03265
6	Kanalbrücken	100	0,03165
7	Hebewerke	70	0,03434
8	Schleusen einschl. Vorhäfen		
8.1	aus Beton oder Mauerwerk	95	0,03193
8.2	aus Stahlwänden	80	0,03311
9	Häfen		
9.1	Hafenbett und –dämme	100	0,03165
9.2	Böschung, Wege, Ausrüstung	40	0,04326
10	Hochbauten	100	0,03165
11	Pumpwerke		
11.1	Baulicher Teil	90	0,03226
11.2	Maschineller Teil	30	0,05102
12	Fernmeldeanlagen	30	0,05102
13	Schiffahrtszeichen	10	0,11723
14	Sonstige Anlagen: Düker, Dalben etc.	80	0,03311

Quelle: PLANCO (1993), S. 11ff.

Zu den Zinsen und Abschreibungen auf das gebundene Kapital treten Maßnahmen der **laufenden Unterhaltung**. Sie umfassen den Betrieb und die Wartung, die Sicherung des Verkehrs sowie die bauliche Unterhaltung. In den Kostenrechnungen werden diese Unterhaltungskosten als Bruchteile der Kosten der jeweiligen Investitionsmaßnahmen angesetzt. Für die Deutsche Bahn AG ergeben sich aufgrund langjähriger Erfahrungen folgende Instandhaltungskostenfaktoren für die einzelnen Sachgebietsgruppen:

Tabelle 32: Instandhaltungskosten im Verkehrszweig Eisenbahn nach Investitionssachgebietsgruppen in Deutschland

Sachgebietsgruppe	Instandhaltungsfaktor
Bahnkörper	0,005
Tunnel	0,002
Brücken	0,006
Oberbau	0,044
Bauliche Anlage	0,040
Signalanlagen	0,030
Fernmeldeanlagen	0,050
Bahnstromversorgung	0,004
Fahrleitung	0,030
Lärmschutzwände und –wälle	0,001

Quelle: PLANCO (1993), S. 85

In der praktischen Ermittlung der Verkehrswegekosten wird in der Regel in Deutschland wie folgt vorgegangen: Die laufenden Kosten entsprechen den jeweiligen Ausgaben der betrachteten Periode für die Unterhaltung, den Betrieb und die Verwaltung der Verkehrswege. Die Kapitalkosten unterscheiden sich demgegenüber –wie bereits ausgeführt– aufgrund der unterschiedlichen zugeordneten Investitionsjahrgänge von den in der Periode anfallenden Investitionsausgaben und umfassen die Zinsen und Abschreibungen auf das gebundene Kapital.

Mit den Kapitalkosten zu Wiederbeschaffungswerten wird der größte Teil der Wegekosten erfaßt. Die Abschreibungen erfassen den Werteverzehr der entsprechenden Anlage mit linearen Prozentsätzen entsprechend der spezifischen Nutzungsdauer.

Die kalkulatorischen Zinsen werden aufgrund des Netto-Anlagevermögens ermittelt und stellen die Kosten der Kapitalbindung dar. Als Zinssatz wird die Differenz aus einer durchschnittlichen jährlichen Preissteigerungsrate für Verkehrswegeinvestitionen und der durchschnittlichen jährlichen Rendite öffentlicher Anleihen berechnet.

Da für Verkehrswege auch verkehrsfremde Funktionen unterstellt werden können (z.B. Erschließungs- und Kommunikationsfunktionen), werden diese Kosten anhand spezifischer Anteilssätze von den gesamten Wegekosten abgezogen. Daran anschließend erfolgt eine Verteilung der Wegekosten für Verkehrsträger auf

- Fahrzeugarten (Straßenverkehr)
  ⇒ Antriebsarten
  ⇒ LKW
    - Gewichtsklassen
- Verkehrsarten (Bahn)
  ⇒ Personennah-, -fernverkehr
  ⇒ Expreß-, Stückgut-, Wagenladungsverkehr
- Wasserstraßenarten.

Basis der Verteilung der Straßenkosten bildet die vom DIW jährlich durchgeführte Fahrleistungsberechnung für Kraftfahrzeugarten. Um die Kapazitätskosten auf einzelne Fahrzeugkategorien zu verteilen, gewichtet man die ermittelten Fahrzeugleistungen mit raum- und geschwindigkeitsabhängigen Äquivalenzfaktoren. Für die Zurechnung der Grenzkosten werden Äquivalenzfaktoren nach dem AASHO-Road-Test herangezogen, wonach im Ergebnis diese Kosten ausschließlich schweren Fahrzeugen angelastet werden.

Die Wegekosten der Bahn werden aufgrund interner Unterlagen der Deutschen Bundesbahn auf die Verkehrsarten aufgeteilt, während die Aufteilung der Wegekosten auf einzelne Wasserstraßen zum Teil durch wasserstraßenspezifische Daten aus der Ausgabenrechnung des Bundesministers für Verkehr erfolgt. Um Wegekostendeckungsgrade zu ermitteln, werden die Wegeeinnahmen den Wegekosten gegenüber gestellt. Die spezifischen Wegeentgelte sind für die Verkehrsbereiche sehr unterschiedlich, und grundsätzlich wird die Mehrwertsteuer –um Vergleichbarkeit herzustellen– abgezogen. Wegeeinnahmen der Wasserstraßen erfolgen über Abgaben für die jeweilige Benutzung, wobei allerdings diese Abgaben nur auf Teile des Wasserstraßennetzes erhoben werden. Im Eisenbahnverkehr konnten bisher nur globale Betriebsergebnisse als Wegeeinnahmen verteilt werden. Mit der Trennung in Fahrweg und Betrieb können zukünftig Wegeentgelte detaillierter erfaßt und zugeordnet werden.

Im Straßenverkehr gelten als Wegeeinnahmen die Kraftfahrzeugsteuer, die vom Kraftfahrzeugverkehr aufgebrachte Mineralölsteuer und die Parkgebühren. Die Zuordnung auf die jeweiligen Fahrzeugkategorien erfolgt über durchschnittliche Steuersätze und über die geschätzten Fahrleistungen kombiniert mit den spezifischen Kraftstoffverbräuchen.

Im folgenden sind Ergebnisse der Wegekostenrechnung dargestellt. Tabelle 33 gibt einen zusammenfassenden Überblick über den Straßen-, Eisenbahn- und Wasserstraßenverkehr. Darin sind die Kosten nach der betriebswirtschaftlichen Vollkostenmethoden erfaßt. [126]

Tabelle 33: Kosten der Verkehrswege 1984 und 1987 (in Mio. DM)

Kostenart	Deutsche Bundesbahn 1984	Deutsche Bundesbahn 1987	Straßen 1984	Straßen 1987	Binnenwasserstraßen 1984	Binnenwasserstraßen 1987
Kapitalkosten [1)]	5 410	5 448	21 805	24 271	1 328	1 448
Abschreibungen	2 988	2 940	9 897	11 416	574	626
Kalk. Zinsen	2 422	2 508	11 908	12 855	754	822
Laufende Kosten	4 479	4 331	10 668	12 691	420	966
Unterhaltung	2 246	2 044	2 528	2 828	166	401
Betrieb und Verwaltung [2)]	2 233	2 287	8 140	9 862	254	565
Gesamtkosten	9 889	9 779	32 473	36 962	1 748	2 414
abzüglich:						
Mehrwertsteuer	-	-	900	1 340	64	82
nicht dem Verkehr zuzurechnende Kosten	-	-	1 968	2 286	549	1 107
dem Verkehr zuzurechnende Wegekosten	9 889	9 779	29 605	33 336	1 135	1 225
Wegekostendeckungsgrad in %	64,4	64,7	100,0	97,8	9,0	8,5

1) Kalk. Zinsen von 2,5% p.a.
2) Einschließlich Verkehrspolizei

Quelle: Enderlein, Heinz; Rieke, Heilwig (1987), Übersicht 5; Enderlein, Heinz; Kunert, Uwe (1990), S. 71

126 Wird statt dessen eine Ausgabenrechnung angewandt, so erhält man erhebliche Ergebnisunterschiede, da darin keine Kapitalkosten (kalkulatorische Abschreibungen und kalkulatorische Zinsen) enthalten sind, dagegen aber Ist-Investitionsausgaben.

Tabelle 34 und Tabelle 35 differenzieren die Vollkosten im Eisenbahn- und Binnenwasserstraßenverkehr, wobei in Tabelle 34 für das Jahr 1996 die Deckungsgrade in Personen- und Güterverkehr berechnet sind. Die Unterdeckung von 52 % wird vor allen Dingen durch den geringen Deckungsgrad des Güterverkehrs (20 %) bestimmt.

Tabelle 34: Wegekosten 1984, 1987 und 1996 der Deutschen Bahnen (in Mio. DM)

Verkehrsart	1984	1987	1996	Deckungsgrad 1996 in %
Personenverkehr	4 183	4 154	6 080	92
Personenfernverkehr	1 359	1 320	2 130	83
Personennahverkehr	2 824	2 834	3 950	97
Güterverkehr	5 706	5 625	7 430	20
Wagenladungsverkehr	4 748	4 650	-	
Stückgutverkehr	421	429	-	
Expreßgutverkehr	248	266	-	
Übrige Verkehrsarten	289	280	-	
Verkehr ingesamt	9 889	9 779	13 510	52

Quelle: Enderlein, Heinz; Rieke, Heilwig (1987),
Enderlein, Heinz; Kunert, Uwe (1990)

Tabelle 35: Wegekosten, Wegeeinnahmen und Wegekostendeckungsgrade bei den Binnenwasserstraßen 1984 und 1987

	Kosten (in Mio. DM)		Einnahmen (in Mio. DM)		Kostendeckungsgrad (in v.H.)	
Wasserstraßenart	1984	1987	1984	1987	1984	1987
Abgabepflichtige Wasserstraßen	937	1014	112,2	104,4	12,0	10,3
Nichtabgabepflichtige Wasserstraßen	198	211	-	-	-	-
Rhein	129	137	-	-	-	-
Übrige Wasserstraßen	69	74	-	-	-	-
Binnenwasserstraßen insgesamt	1 135	1 225	112,2	104,4	9,0	8,5

Quelle: Enderlein, Heinz; Rieke, Heilwig (1987),
Enderlein, Heinz; Kunert, Uwe (1990), S. 95

Mit Hilfe der Tabelle 36 und der Tabelle 37 werden die Wegekosten und Wegeeinnahmen im Straßenverkehr für das Jahr 1991 dargestellt. In ihnen wird deutlich, daß im Güterverkehr die Ausgaben die zugeordneten Einnahmen übertreffen, also die volle Deckung der Kosten nicht gewährleistet ist. Besonders kraß ist dieses Mißverhältnis bei ausländischen Nutzfahrzeugen des Güterverkehrs. [127]

Tabelle 36: Wegekosten der Straßen 1991 –Alte Bundesländer–

Fahrzeugkategorie		Mill. DM
Inländische Fahrzeuge		
Voll abgabepflichtiger Kraftfahrzeugverkehr		30 934
Personen- u. Kombinationskraftwagen		16 967
Nutzfahrzeuge des Güterverkehrs [1)]		12 994
davon mit Gesamtgewicht [2)]	bis 12t	2 484
	Über 12t bis 18t	1 857
	Über 18t bis 24t	797
	Über 24t bis 34t	1 078
	Über 34t bis 38t	1 157
	Über 38t	5 621
Übrige Kraftfahrzeuge [3)]		973
Nicht oder teilweise abgabepflichtiger Kraftfahrzeugverkehr [4)]		7 560
Inländische Fahrzeuge zusammen		38 494
Ausländische Fahrzeuge		2 586
Personen- u. Kombinationskraftwagen		692
Nutzfahrzeuge des Güterverkehrs [1)]		1 772
davon mit Gesamtgewicht [2)]	bis 12t	40
	Über 12t bis 18t	50
	Über 18t bis 24t	51
	Über 24t bis 34t	94
	Über 34t bis 38t	119
	Über 38t	1 418
Übrige Kraftfahrzeuge		122
Fahrzeuge insgesamt		41 080

1) Lastkraftwagen, gewöhnliche Zugmaschinen, Kfz.-Anhänger, Sattelfahrzeuge.

2) Bei Fahrzeugkombinationen bezieht sich das Gesamtgewicht auf das Zugfahrzeug einschließlich Anhänger.

3) Kraftomnibusse, Krafträder, Sonderkraftfahrzeuge und Kraftfahrzeuganhänger nicht zur Lastenbeförderung.

4) Von der Kraftfahrzeugsteuer und/oder Mineralölsteuer befreite motorisierte Zweiräder, Personen- und Kombinationskraftwagen, Lastkraftwagen, Sonderkraftfahrzeuge, Kraftomnibusse und gewöhnliche Zugmaschinen sowie Fahrräder, soweit sie Straßenraum beanspruchen.

Quelle: Enderlein, Heinz; Link, Heike (1992)

127 Seit dem 1. Januar 1995 müssen alle schweren in- und ausländischen Lkw, das sind Lkw mit einem zulässigen Gesamtgewicht von mindestens 12 Tonnen für die Benutzung der Autobahnen in der Bundesrepublik Deutschland eine Autobahnbenutzungsgebühr entrichten. Gesetzliche Grundlage für die Abgabenerhebung bilden die EG-Richtlinie 92/89/EWG vom 25. Oktober 1993 (Amtsblatt der Europäischen Gemeinschaft (1993) und das Autobahnbenutzungsgebühren-Gesetz (ABBG) in der Bundesrepublik vom 25. Februar 1994. Zitiert nach Köberlein, Christian (1997), S. 174/175.

Tabelle 37: Wegeeinnahmen bei den Straßen 1991 –Alte Bundesländer–

Fahrzeugkategorie			Mill. DM
Inländische Fahrzeuge			
Voll abgabepflichtiger Kraftfahrzeugverkehr			38 786
Personen- u. Kombinationskraftwagen			29 155
Nutzfahrzeuge des Güterverkehrs [1]			8 617
davon mit Gesamtgewicht [2]		bis 12t	2670
	Über 12t	bis 18t	1 360
	Über 18t	bis 24t	520
	Über 24t	bis 34t	660
	Über 34t	bis 38t	640
	Über 38t		2 767
Übrige Kraftfahrzeuge [3]			1 014
Nicht oder teilweise abgabepflichtiger Kraftfahrzeugverkehr [4]			6 599
Inländische Fahrzeuge zusammen			45 385
Ausländische Fahrzeuge			870
Personen- u. Kombinationskraftwagen			600
Nutzfahrzeuge des Güterverkehrs [1]			253
davon mit Gesamtgewicht [2]		bis 12t	8
	Über 12t	bis 18t	9
	Über 18t	bis 24t	9
	Über 24t	bis 34t	15
	Über 34t	bis 38t	17
	Über 38t		195
Übrige Kraftfahrzeuge			17
Fahrzeuge insgesamt			46 255

1) Lastkraftwagen, gewöhnliche Zugmaschinen, Kfz.-Anhänger, Sattelfahrzeuge.

2) Bei Fahrzeugkombinationen bezieht sich das Gesamtgewicht auf das Zugfahrzeug einschließlich Anhänger.

3) Kraftomnibusse, Krafträder, Sonderkraftfahrzeuge und Kraftfahrzeuganhänger nicht zur Lastenbeförderung.

4) Von der Kraftfahrzeugsteuer und/oder Mineralölsteuer befreite motorisierte Zweiräder, Personen- und Kombinationskraftwagen, Lastkraftwagen, Sonderkraftfahrzeuge, Kraftomnibusse und gewöhnliche Zugmaschinen sowie Fahrräder, soweit sie Straßenraum beanspruchen.

Quelle: Enderlein, Heinz; Link, Heike (1992)

Schließlich zeigt die Tabelle 38 die Entwicklung der Wegekostendeckungsgrade von 1966 bis 1991. Es scheint so, daß die bis in die achtziger Jahre festzustellende Reduzierung der Deckungsgrade (die sich für alle Fahrzeuge 1981 und 1987 in Unterdeckungen äußerte) diesen Tiefpunkt überschritten hat und in eine gegenläufige Tendenz umschlägt.

Tabelle 38: Entwicklung der Wegekostendeckung [1] für die Straßen –Alte Bundesländer–

Fahrzeugkategorie		Wegekostendeckungsgrad - vH -							
		1966	1972	1975	1978	1981	1984	1987	1991
Inländische Fahrzeuge									
Voll abgabepflichtiger Kraftfahrzeugverkehr		161,9	155,0	134,0	128,9	105,6	113,4	111,7	125,4
Krafträder		199,8	185,8	164,6	159,1	150,0	158,7	159,7	199,4
Personen- u. Kombinationskraftwagen		194,6	179,4	159,1	155,5	132,7	139,7	146,0	171,8
Nutzfahrzeuge des Güterverkehrs		112,9	110,0	91,1	84,3	65,2	69,4	66,5	66,3
Lastkraftwagen		125,4	123,0	102,4	94,9	74,6	80,2	78,4	80,0
davon mit Gesamtgewicht	bis 3,5t	143,5	137,9	117,2	111,3	89,1	100,3	102,9	117,9
	über 3,5t bis 9t	144,8	135,3	114,1	107,2	86,4	93,8	93,8	97,1
	über 9t bis 12t	149,7	133,7	108,6	101,3	84,5	90,1	87,5	87,4
	über 12t	96,2	111,3	94,2	87,1	67,7	71,8	69,0	68,3
Satteleinheiten		84,9	98,9	82,9	76,1	56,5	59,1	54,2	52,0
Gewöhnliche Zugmaschinen		103,0	103,6	85,8	78,8	64,4	69,5	68,4	67,6
Gewöhnliche Kraftfahrzeuganhänger		88,3	78,4	62,1	57,9	42,2	45,0	44,1	39,6
Sonderkraftfahrzeuge nicht zur Lastenbeförderung		127,3	123,2	110,8	104,7	87,0	96,6	93,4	90,0
Kfz.-Anhänger nicht zur Lastenbeförderung		.	.	.	.	38,3	40,5	40,0	41,7
Kraftomnibusse		153,1	146,6	127,7	119,3	96,2	101,0	97,3	95,5
Nicht oder teilweise abgabepflichtiger Kraftfahrzeugverkehr [2]		43,7	28,8	28,5	27,3	30,8	39,2	74,2	87,3
Sonstiger abgabefreier Fahrzeugverkehr [3]		-	-	-	-	-	-	-	-
Inländische Fahrzeuge zusammen		141,3	134,9	121,1	117,0	96,3	104,3	102,8	117,9
Ausländische Fahrzeuge		39,3	41,8	39,0	35,0	29,5	18,3	16,8	33,6
Personen- u. Kombinationskraftwagen		.	.	.	.	39,5	41,6	43,3	86,7
Nutzfahrzeuge des Güterverkehrs		.	.	.	.	25,3	9,5	8,7	14,3
Übrige Kraftfahrzeuge		.	.	.	.	11,4	12,0	13,1	13,9
Fahrzeuge insgesamt		138,5	132,2	118,5	114,1	93,2	100,0	97,8	112,6

1) Bei einer Kapitalverzinsung von 2,5 vH p.a. Dieser Zinssatz quantifiziert eine soziale Zeitpräferenzrate, errechnet aus der durchschnittlichen jährlichen Rendite der Anleihen der öffentlichen Hand und der durchschnittlichen jährlichen Preissteigerungsrate für Verkehrswegeinvestitionen im Zeitraum 1950 bis 1990.

2) Von der Kraftfahrzeugsteuer und/oder Mineralölsteuer befreite motorisierte Zweiräder, Personen- und Kombinationskraftwagen, Lastkraftwagen, Sonderkraftfahrzeuge, Kraftomnibusse (im Öffentlichen Personennahverkehr) und Zugmaschinen (vor allem in der Landwirtschaft).

3) Straßenbahnen, Gespannfahrzeuge und Fahrräder, soweit sie Straßenraum beanspruchen.

Quelle: Enderlein, Heinz; Link, Heike (1992)

II.2.3.3 Unfallkosten [128]

Die Durchführung von Verkehr bringt die Gefahr von Unfällen mit sich. In Deutschland sind im Jahr 1995 389 532 Verkehrsunfälle mit Personenschäden registriert worden, die sich nach Verkehrsträgern und Auswirkungen wie folgt gliedern lassen:

Tabelle 39: Verkehrsunfälle nach Verkehrszweigen in der Bundesrepublik Deutschland im Jahre 1995

	Unfälle mit Personenschäden	Tote	Verletzte Personen	Tote pro 1 Mrd. Pkm
Eisenbahn	1 243	291	1 494	5
Dar. Reisende		36	707	
Straßenverkehr	388 003	9 454	512 141	12
Binnenschiffahrt	26	2	26	
Luftfahrt	260	79	255	3
dar. Linien- und Charterverkehr	14	1	18	

Quelle: Eigene Zusammenstellung nach Statistisches Bundesamt (Hrsg.) (1997

Mit diesen Unfällen sind volkswirtschaftliche Kosten verbunden, die sich in Personenschäden, Sachschäden und Verwaltungskosten unterteilen lassen und aus der Übersicht 4 hervorgehen.

128 Als grundlegende Literatur hierzu empfiehlt sich der Bericht der Europäischen Kommission (1994).

Übersicht 4: Bestandteile der Unfallfolgekosten

1 Personenschäden
- 1.1 Medizinische Kosten (medizinische Rehabilitation)
  - 1.1.1 Erste Hilfe und Krankentransport
  - 1.1.2 Unfall- und Notdienst
  - 1.1.3 Stationäre Behandlung
  - 1.1.4 Ambulante Behandlung
  - 1.1.5 Behandlung außerhalb eines Krankenhauses
  - 1.1.6 Hilfsmittel und Geräte
- 1.2 Nicht-medizinische Rehabilitation
  - 1.2.1 Haus-/Wohnungsumbau für Behinderte
  - 1.2.2 Spezielle persönliche Beförderungsmittel für Behinderte
  - 1.2.3 Berufliche Rehabilitation
  - 1.2.4 Sonderpädagogische Betreuung für Kinder
- 1.3 Leistungspotentialverlust (netto oder brutto)
  - 1.3.1 Produktionsausfall bei Erwerbstätigen
  - 1.3.2 Produktionsausfall außerhalb des Arbeitsmarktes (z.B. Tätigkeit im Haushalt, ehrenamtliche Tätigkeit)
  - 1.3.3 Künftiger bzw. potentieller Produktionsausfall (z.B. Kinder, Arbeitslose)
- 1.4 Sonstige ökonomische Kosten, z.B.
  - 1.4.1 Krankenbesuche
  - 1.4.2 Produktionsausfall bei Haushaltsangehörigen
  - 1.4.3 Bestattung (Unterschied zwischen heutigen und zukünftigen Kosten)
  - 1.4.4 Haushaltshilfe
- 1.5 Menschliche Kosten
  - 1.5.1 Verlust an Lebenserwartung bei tödlich Verunfallten
  - 1.5.2 Physisches und psychisches Leiden des Opfers (Schmerz, Kummer und Leid, Minderung der Lebensqualität, bleibende äußerliche Verunstaltungen)
  - 1.5.3 Psychisches Leiden bei den Verwandten und Freunden des Opfers (Schmerz, Kummer und Leid, Minderung der Lebensqualität)

2 Sachschäden
- 2.1 Fahrzeugschäden (Reparatur- oder Ersatzkosten)
- 2.2 Schäden am Straßenumfeld
- 2.3 Schäden an Gebäuden
- 2.4 Schäden an persönlichem Eigentum
- 2.5 Schäden an bzw. Verlust der Ladung bei Nutzfahrzeugen
- 2.6 Umweltschäden

3 Verwaltungskosten
- 3.1 Kosten der Polizei
- 3.2 Kosten der Feuerwehr
- 3.3 Verwaltungskosten der Krankenversicherung
- 3.4 Verwaltungskosten anderer Versicherungen
- 3.5 Rechtskosten

Quelle: Europäische Kommission (1994), S. 9f.

Einige dieser Kostenarten, insbesondere jene, denen Geldströme gegenüberstehen, sind relativ unproblematisch zu erfassen. So werden bei den medizinischen und Rehabilitationskosten sowie den Sachschäden jene Kosten gemessen, die notwendig sind, um die Situation so wieder herzustellen, wie sie vor dem Unfall bestand. Sonstige ökonomische Kosten und Verwaltungskosten lassen sich ebenfalls über den getätigten Aufwand erfassen. Bei dem Verlust des Leistungspotentials wird in einer fiktiven Rechnung ermittelt, auf welche Produktion die Gesellschaft durch die Verletzung oder Tötung von Menschen bei Verkehrsunfällen verzichten muß. [129]

Am problematischsten stellt sich die Situation bei der Erfassung der menschlichen Kosten dar. Eine Möglichkeit besteht darin, die Aufwendungen zu erfassen, die Menschen zu zahlen bereit sind, um das Risiko von Unfällen zu verringern. Dies kann über Befragungen (willingness-to-pay) oder die Analyse des effektiven Verhaltens (Entgelt für die Übernahme von Risiken) geschehen. Bei einem anderen Verfahren kann die Lebenserwartung, die ein Getöteter unmittelbar vor dem Unfall hatte, mit einem fiktiven Stundensatz für entgangene Freizeit multipliziert werden.

Diese –und weitere– Verfahren führen zu großen Bewertungsunterschieden. So wurden die Gesamtkosten pro Verkehrstoten 1990 in den Niederlanden mit 105 546, in der Schweiz aber mit 2 165 560 € errechnet; [130] dies entspricht einem Verhältnis von 1:20. Bei den Wirtschaftlichkeitsuntersuchungen an Straßen in Deutschland wird ein Getöteter mit 1 600 000, ein Schwerverletzter mit 70 000 und ein Leichtverletzter mit 7 000 DM angesetzt. Insgesamt werden folgende Kostensätze pro Unfall veranschlagt:

Tabelle 40: Kostensätze (in 1.000 DM je Unfall) für Straßenverkehrsunfälle in Abhängigkeit von Straßen- und Unfallkategorie

Unfallkategorie	Straßenkategorie			
	Außerorts		Innerorts	
	Autobahn	Übrige	Verkehrsstraßen	Erschließungsstraßen
Unfälle mit Personenschäden	170	160	71	42
Davon				
Unfälle mit Schwerverletzten oder Getöteten	410	340	190	160
Unfälle mit Leichtverletzten	61	39	29	23
Unfälle mit ausschließlich Sachschäden	19	12	12	8,2
Davon				
Schwerwiegender Unfall	34	28	26	21
Sonstiger Unfall	10,5	9,0	9,9	6,8

Quelle: In enger Anlehnung an Forschungsgesellschaft für Straßen- und Verkehrswesen (Arbeitsgruppe Verkehrsplanung) (1997), S. 71

129 Hier können sich bereits erhebliche Unterschiede bei der Berechnung ergeben, je nachdem, ob vom Brutto- oder Nettoproduktionsausfall ausgegangen wird.

130 Vgl. Europäische Kommission (1994), S. 20.

Für das Jahr 1989 berechnen Hansson und Markham die volkswirtschaftlichen Kosten der Unfälle für die Straße und die Schiene in der Bundesrepublik Deutschland (alt) auf 14,033 bzw. 0,132 Mrd. €. Dies entspricht einem Anteil von 1,31 % am Bruttosozialprodukt.[131] Die Bundesanstalt für das Straßenwesen (BASt) beziffert die gesamtwirtschaftlichen Unfallkosten 1988 auf 40,120 Mrd. DM; davon entfallen 18,540 Mrd. DM auf Personen- und 21, 580 Mrd. DM auf Sachschäden. [132]

II.2.3.4 Umweltkosten

II.2.3.4.1 Ein Überblick

Sowohl von den Verkehrswegen als auch von den Verkehrsträgern gehen Umweltbelastungen aus. Die Umweltkosten der Verkehrsinfrastruktur äußern sich in der Inanspruchnahme von Fläche, der Veränderung des Landschaftsbildes, Trennwirkungen sowie Boden- und Wasserbelastungen. Von Verkehrsträgern gehen Lärm- und Schadstoffemissionen aus, die anschließend als Immissionen die Umwelt schädigen.

In Tabelle 41 sind Pkw, Bahn und Bus mit ihren Auswirkungen auf unterschiedliche Umweltaspekte wie Flächenverbrauch, Energieverbrauch, Emission und Unfallrisiken dargestellt. Um eine Vergleichbarkeit zu gewährleisten, wurden die einzelnen Einheiten auf die Verkehrsleistungen bezogen. Im Ergebnis zeigt sich, daß mit Ausnahme des Primärenergiebedarfs und der CO_2-Emissionen des Busverkehrs der Bahn die geringsten Umweltauswirkungen zugerechnet werden [133].

[131] Entnommen European Conference of Ministers of Transport (1998), S. 174.

[132] Vgl. Bundesanstalt für Straßenwesen (BASt), 1989.

[133] Die folgenden Angaben stellen Durchschnittswerte dar. Bei einzelnen Reisen können sich erhebliche Abweichungen hiervon ergeben. Verantwortlich hierfür sind unterschiedliche Wegeketten, divergierende Antriebsarten bei den Verkehrsträgern (so etwa Elektro- oder Dieselantrieb-Bahn), divergierende Wegelänge usw. Beispielsrechnungen für unterschiedliche Verkehrszwecke und Antriebsarten finden sich in o.V.(1999a).

Tabelle 41: Umweltauswirkungen im Personenverkehr

	Pkw ohne Kat	Pkw mit Kat	Bahn	Bus	Einheit
Flächenbedarf	120	120	7	12	qm/Person
Primärenergiebedarf	90	90	31	27	g SKE/Pkm
CO_2-Emissionen	200	200	60	59	g /Pkm
sonstige Emissionen	11,9	1,79	0,15	0,43	g /Pkm
Luftverschmutzung	28 000	4 400	1 000	2 500	Belastete Luft cbm/Pkm
verursachtes Unfallrisiko	12,5	12,5	0,48	1,1	Verlorene Lebensstd/Pkm

Legende: SKE = Steinkohleneinheiten

Quelle: UPI-PC Programm „Mobil mit und ohne Auto“; UPI-Bericht Nr. 19/1991; zitiert nach Teufel, Dieter (1993b); in: Frank, Hans-Joachim; Walter, Norbert (1993), S. 46

Abbildung 23 setzt die einzelnen Werte der Bahn gleich eins. Es zeigt sich, daß die Luftverschmutzung (gebildeter Gesamtindex aus den Emissionen) beim Pkw- mehr als viermal höher ist als beim Bahnfahren.

Abbildung 23: Relative Umweltauswirkungen (Bahn=1)

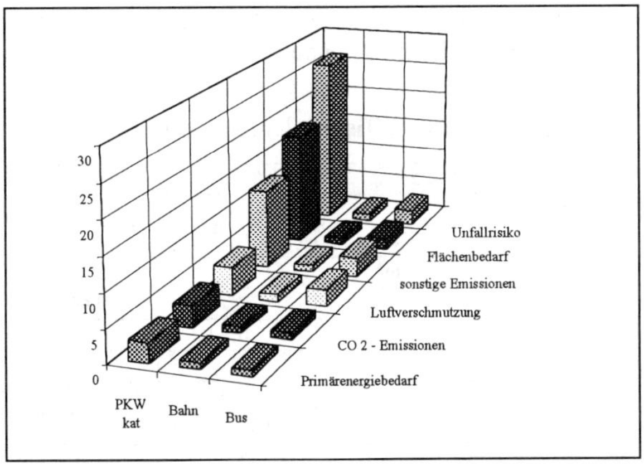

Quelle: Eigene Darstellung nach UPI-PC Programm „Mobil mit und ohne Auto“; UPI-Bericht Nr. 19/1991; zitiert nach Teufel, Dieter (1993b); in: Frank, Hans-Joachim; Walter, Norbert (1993), S. 47

II.2.3.4.2 Schadstoffemissionen

Die Schadstoffemissionen lassen sich in mehrfacher Hinsicht gliedern. Eine erste Untersuchung basiert auf der Art der Emission. Für die Bundesrepublik Deutschland ergeben sich folgende absolute Werte:

Tabelle 42: Emissionen des Verkehrs in Deutschland

Emissionsart	Pkw			Nutzfahrzeuge			Übriger Verkehr			Insgesamt		
	1985	1990	1994	1985	1990	1994	1985	1990	1994	1985	1990	1994
Kohlenmonoxid (kt)	5 984	5 604	3 313	660	567	397	686	568	426	7 330	6 739	4 136
NMVOC (organische Verbindungen) (kt)	1 089	1 206	547	128	130	91	200	146	104	1 417	1 482	742
Kohlendioxid (Mt)	83	105	106	33	39	48	28	27	26	144	171	180
Stickstoffoxide (kt)	865	776	534	320	398	463	330	315	285	1515	1 489	1 282
Dieselrußpartikel (kt)	6	9	10	23	27	30	36	31	24	65	67	64
Schwefeldioxid (kt)	24	25	17	42	46	32	49	35	14	115	106	63
Benzol (kt)										61	68	31

Legende:
kt = Kilotonnen
Mt = Megatonnen

Quelle: Umweltbundesamt (Hrsg.) (1997), S. 144

Es wird deutlich, daß aufgrund der Verbesserung der Kraftstoffqualität, der Einführung des Katalysators und anderer Maßnahmen das Emissionsniveau deutlich rückläufig war; eine Ausnahme bildet dabei das Kohlendioxid.

Bezieht man diese absoluten Werte auf die Transportleistung, so errechnen sich für den Anfang der 90er Jahre für Deutschland die nachstehenden Ausprägungen.

Tabelle 43: Verkehrsträgerspezifische Emissionen in Deutschland

Emissionsart	Kfz.	Flugzeug	Eisenbahn
a) Personenverkehr (in Gramm/Pkm)			
Kohlenmonoxid	11	0,28	0,13
Kohlendioxid	180	160	78
Stickstoffoxid	2,1	0,71	0,46
Organische Verbindungen	2,3	0,31	0,30
b) Güterverkehr (in Gramm/tkm)			
Kohlenmonoxid	2,40	1,40	0,05
Kohlendioxid	207	1 160	41
Stickstoffoxid	3,60	5,30	0,20
Organische Verbindungen	1,10	0,80	0,08

Quelle: OECD und AECMA, zitiert nach Kommission der Europäischen Gemeinschaft (1995), S. 32

Eine zweite Unterteilung basiert auf der räumlichen Auswirkung der Emission, die lokal, regional oder global sein kann. „Die lokale Luftverschmutzung hat Auswirkungen auf die Gesundheit (z.B. Erkrankungen der Atemwege) und verursacht Sachschäden an Gebäuden und in der Pflanzenwelt. Die lokale Luftverschmutzung wird von Primärschadstoffen, d.h. SO_2, Blei und Festkörperteilchen verursacht. Versauerung und bodennahes Ozon sind die Ursachen regionaler Auswirkungen. Die globalen Auswirkungen treten in der fortschreitenden Akkumulierung von Treibhausgasen sowie der bei der dadurch bedingten allmählichen Erwärmung der Erdatmosphäre zutage. Der Verkehr ist einer der größten Verursacher des sogenannten „Treibhauseffekts“, der hauptsächlich CO_2 [134]- und FCKW [135]-Emissionen, jedoch auch durch Emissionen anderer luftverunreinigender Stoffe verursacht wird. Neben ihren Auswirkungen auf die lokale Luftverschmutzung tragen VOCs [136]- und NO_x [137]-Emissionen zur Ozonbildung und somit indirekt zur globalen Erwärmung bei. Sowohl die NO_x- als auch die VOC-Emissionen stellen ein lokales Problem dar und tragen aufgrund chemischer Reaktionen in bedeutendem Umfang zur regionalen Luftverschmutzung bei. Blei- und Festkörperteilchen-Emissionen sind in erster Linie ein lokales Problem.“ [138]

Eine dritte Unterteilung der Emissionen unterscheidet nach der Art der durch sie verursachten Kosten. Zu den Gesundheitsschäden zählen vor allem Atemwegserkrankungen und Herz-Kreislauf-Leiden, die mit der Luftverschmutzung durch Verkehr in Zusammenhang stehen. Hinzu treten die Mehraufwendungen für die Instandhaltung und die Reinigung von Gebäuden und anderen Gegenständen wie z.B. Fahrzeugen. Schließlich kommt es zu Schäden in der Natur, u.z. bei Tieren, Nutzpflanzen und dem Wald.

Bei der konkreten Messung der Schäden bieten sich unterschiedliche Schätzansätze an. PLANCO [139] verwendet zwei unterschiedliche Methoden. Zum einen werden Schäden an Menschen, Materialien und der Natur in Belastungs- und Reinluftgebieten miteinander verglichen und bewertet, wobei diese Bewertung vor allen die Behandlungskosten und die Produktionsausfälle umfaßt. Dem Verkehr wird jener Anteil an Schäden zugeordnet, der seinem Anteil an den Emissionen entspricht. Zum anderen werden Zahlungsbereitschaften erfragt. Der gesamte Wert wird gemäß der Vorgehensweise bei der obigen Schadensfunktion in einen auf den Verkehr entfallenden Anteil umgerechnet. Beim Konzept der Schadensfunktion kommt PLANCO auf eine Schadensschätzung durch die verkehrsbedingte Luftverschmutzung von 12,4 Mrd. DM/Jahr; beim Zahlungsbereitschaftsansatz liegt der entsprechende Wert bei 19 bis 23 Mrd. DM.

Neben der Verwendung von Schadensfunktionen und Zahlungsbereitschaft bieten sich weitere Schätzverfahren zur Schadensermittlung an. Zu denken ist an die Marktdivergenzanalyse [140] und das Entgelt für die Übernahme von Risiken. Wegen der Unsicher-

---

134 CO_2 = Kohlendioxid.

135 FCKW = Fluorchlorkohlenwasserstoffe.

136 VOC = Volatile Organic Compounds (in deutsch: leichtflüchtige organische Verbindungen).

137 NO_x = Stickoxide.

138 Kommission der Europäischen Gemeinschaft (1995), S. 32.

139 Vgl. Dogs, Ernst; Platz, Holger (1991), S. 3-1ff.

140 Zu den Ergebnissen solcher Regressionsanalysen vgl. z.B.
Anderson, R.J.; Crocker, T.D. (1971), S. 171ff.,
Marburger, Ernst-Albrecht (1974), S. 19ff.,
Ridker, R.G.; Hennig, J.A. (1967), S. 246ff., und
Wilkinson, R.K. (1973), S. 72ff.
Eines der in der Literatur veröffentlichten Ergebnisse sei beispielhaft angeführt:

heit innerhalb der einzelnen Verfahren und der möglichen Methodenvielfalt kann es nicht überraschen, daß die Schätzungen für die Schäden, die durch den Verkehr hervorgerufene Luftverschmutzung verursacht werden, weit auseinander klaffen. Für Deutschland liegen sie zwischen 3,1 [141] und 31,2 [142] Mrd. DM.

II.2.3.4.3 Lärmemissionen

Unter Lärm versteht man Geräusche, die als störend empfunden werden. Sie beeinträchtigen das körperliche und seelische Wohlbefinden; Konzentrations- und Schlafstörungen, Gehörschädigungen und psychosomatische Beschwerden können die Folge sein. In Umfragen wird die erhebliche Lärmbelastung häufig als das dringendste Umweltproblem genannt; dies gilt insbesondere für den Straßenverkehr.

Impact of air pollution on property values

City	Year of: (a) property data (b) pollution measure	Pollution	Percentage fall in property value for a percentage increase in pollution
St. Louis	(a) 1960 (b) 1963	Sulphation Particulates	0.06-0.10 0.12-0.14
Chicago	(a) 1964-67 (b) 1964-67	Paticultes and Sulphation	0.20-0.50
Washington	(a) 1970 (b) 1967-68	Particulates Oxi- dants	0.05-0.12 0.01-0.02
Toronto-Hamilton	(a) 1961 (b) 1961-67	Sulphation	0.06-0.12
Philadelphia	(a) 1960 (b) 1969	Sulphation Parti- culates	0.10 0.12
Pittsburg	(a) 1970 (b) 1969	Dustfall and sulphation	0.09-0.15
Los Angeles	(a) 1977-78 (b) 1977-78	Particultes and oxidants	0.22

Quelle: Pearce, David W.; Markandya, Anil (1988)

141 Vgl. Bickel, Peter; Friedrich, Rainer (1995).

142 Siehe Teufel, Dieter u.a. (1993).

Tabelle 44: Lärmbelästigung der Bevölkerung 1994 durch Verkehrsträger (Angaben in %)

	Grad der Belästigung	durchschnittliche Lärmbelästigung BRD (alt)	durchschnittliche Lärmbelästigung Neue Bundesländer
Straßenverkehr	stark	18	37
	nicht so stark	48	42
	gar nicht	34	21
Flugverkehr	stark	10	3
	nicht so stark	36	23
	gar nicht	54	73
Schienenverkehr	stark	3	3
	nicht so stark	17	21
	gar nicht	79	75

Quelle: Umweltbundesamt (Hrsg.) (1997), S. 471

„Die Schadenswirksamkeit des Verkehrs unter Lärmaspekten unterliegt mehreren Determinanten, die entweder der Phase der Geräuscherzeugung, der Schallausbreitung oder der Lärmeinwirkung bei den Betroffenen zuzuordnen sind:

(a) Determinanten der Geräuscherzeugung:
- die Verkehrsmenge (Fahrleistungen)
- die Geschwindigkeit und das Fahrverhalten
- das Emissionsverhalten einzelner Fahrzeuge (Aggregat-, Wind-, Rollgeräusche)
- die Zusammensetzung nach Fahrzeugarten
- die Beschaffenheit der Straßenoberfläche bzw. des Gleiskörpers
- die Beschaffenheit von Reifen bzw. Rädern und
- die horizontale und vertikale Streckenführung.

(b) Determinanten der Lärmausbreitung:
- die topographische Lage der Verkehrswege
- die Randbebauung
- Schallschutzeinrichtungen zur Verhinderung der Lärmausbreitung.

(c) Determinanten der Lärm(ein)wirkungen:
- die Immissionsvermeidung durch Abwehr oder zeitliches bzw. räumliches Ausweichen
- die individuelle Lärmempfindlichkeit.“ [143]

Die Methoden zur Schadensbestimmung des Lärms und die bei ihrer Anwendung auftretenden Probleme entsprechen weitgehend jenen, die bereits bei den Schadstoffemissionen erwähnt wurden. [144] So finden wie dort die Konzepte der Schadensfunktion, der Marktdivergenzanalyse und der Zahlungsbereitschaft Anwendung; hinzu tritt der

143 Dogs, Ernst; Platz, Holger (PLANCO Consulting) (1990), S. 5-2 f.

144 Zu den anwendbaren Methoden vgl. Reinhold, Tom (1997), S. 123-163.

Vermeidungskostenansatz. PLANCO [145] verwendet mehrere dieser Ansätze und kommt beim Vermeidungskostenansatz (Marktdatendivergenzansatz; Zahlungsbereitschaftsansatz) auf Kosten von 10 (14 – 30; 18) Mrd. DM pro Jahr. In der Literatur, die sich auf die Bundesrepublik Deutschland bezieht, findet sich ein Intervall von 0,7 [146] bis 44,5 [147] Mrd. DM.

II.2.3.4.4 Auswirkungen auf die Landschaft

Die Verkehrsfläche setzt sich aus der Straßen- und der sonstigen Verkehrsfläche zusammen; zur ersteren gehören Straße, Wege und Plätze, zur letzteren Bahngebäude, Flugplätze, Hafenanlagen und Verkehrsbegleitflächen. Mit 1,6 Mio. ha nimmt sie 4,6 % des Bundesgebietes ein. [148] Dabei zeigen sich erhebliche interregionale Unterschiede. In Stadtstaaten und kreisfreien Städten erreicht der Anteil mehr als 12 %, in peripheren ländlichen Räumen dagegen nur 2 %. Der Anteil bei den Flächenstaaten der alten Länder liegt zwischen 4 und 5 %, derjenige der neuen Länder bei 2,5 bis 3,8 %. [149] Dabei nimmt die Flächeninanspruchnahme im Zeitablauf deutlich zu. So ist der Anteil der Verkehrsfläche seit 1981 in der alten Bundesrepublik Deutschland von 4,77 auf 5,13 % angestiegen.

Die Erwerbskosten für die für die Verkehrsinfrastruktur benötigten Flächen sind in den Verkehrswegekosten enthalten und dürfen deshalb hier nicht erneut angesetzt werden; dies würde eine Doppelzählung bedeuten. Nicht abgegolten sind dagegen Funktionen, die unbebaute Flächen im Naturhaushalt wahrnehmen und die nach ihrer Bebauung durch Verkehrsinfrastruktur nicht mehr ausgeübt werden können. Hierzu zählt zunächst die Funktion als Wasserspeicher und –filter. Die Wasserqualität kann sinken und die Gefahr von Hochwasser anwachsen. Außerdem kommt es durch Straßen und Schienenwege zu Zerschneidungseffekten. Diese Effekte bestehen zum einen aus Zeitverlusten für Fußgänger und andere Verkehrsteilnehmer, die gezwungen sind, Umwege in Kauf zu nehmen, um den gewünschten Zielpunkt zu erreichen. Außerdem können Wartezeiten an Bahnübergängen und vorfahrtsberechtigten Straßen entstehen. Zum anderen wird die Natur als Standort für die Tier- und Pflanzenwelt durch die Zerschneidungseffekte erheblich in ihrer Funktion gestört. Zu ihrem Bestandsschutz benötigen vor allem Teile der Tierwelt große, unzerschnittene, verkehrsarme Räume.

„Bereits vor 15 Jahren hatte die BfANL (Bundesforschungsanstalt für Naturschutz und Landschaftsökologie) [150] eine Analyse zu *unzerschnittenen verkehrsarmen Räumen in*

---

[145] Reinhold, Tom (1997), S. 16f.

[146] Grupp, Harriolf (1986), Heft 9–S. 359-366, Heft 10–S. 403-407.

[147] Teufel, Dieter u.a. (1993).

[148] Stichtag 31.12.1992, siehe hierzu Statistisches Bundesamt (1994a).

[149] Entnommen Dosch, Fabian; Lutter, Horst; Otto, Ingrid; Pütz, Thomas; Schmitz, Stefan (1995), S. 11.

[150] Lassen, Diethard (1979), S. 333-334.

der Bundesrepublik Deutschland vorgelegt, die fortgeschrieben wurde. [151+152] Ziel der damaligen Untersuchung war die Ermittlung von größeren Räumen, die (noch) nicht durch Verkehrsflächen zerschnitten waren und sich daher besonders als **naturnahe Räume und Erholungsgebiete** eignen. Neben einer quantitativen Analyse wurde auch eine qualitative Bewertung dieser Räume (vgl. Netz 1990) durchgeführt. Ein bemerkenswertes Ergebnis der Untersuchungen war, daß 1987 in den alten Ländern noch knapp 46.000 km^2 (knapp 20 % der Bodenfläche) als unzerschnitten galten. 1977 waren es noch 56.000 km^2, aber in nur 10 Jahren verringerten sich die unzerschnittenen Räume um 18,3 % oder ein knappes Fünftel.“ [153] Die Bundesforschungsanstalt für Landeskunde und Raumordnung [154] hat den Versuch unternommen, den Zerschneidungsgrad der Landschaft auf Kreisebene zu berechnen. Hierzu wurde der Anteil der stark zerschnittenen Flächen (< 100 km^2 zusammenhängende, nicht durch Bundesautobahnen und –straßen zerschnittene Fläche) an der Gesamtfläche des Kreises berechnet (vgl. Abbildung 24).

151 Lassen, Diethard (1987), S. 532-535.

152 Lassen, Diethard (1990), S. 326-327.

153 Dosch, Fabian; Lutter, Horst; Otto, Ingrid; Pütz, Thomas; Schmitz, Stefan (1995), S. 13.

154 Dosch, Fabian; Lutter, Horst; Otto, Ingrid; Pütz, Thomas; Schmitz, Stefan (1995), S. 15f.

Abbildung 24: Zerschneidung durch Bundesverkehrswege

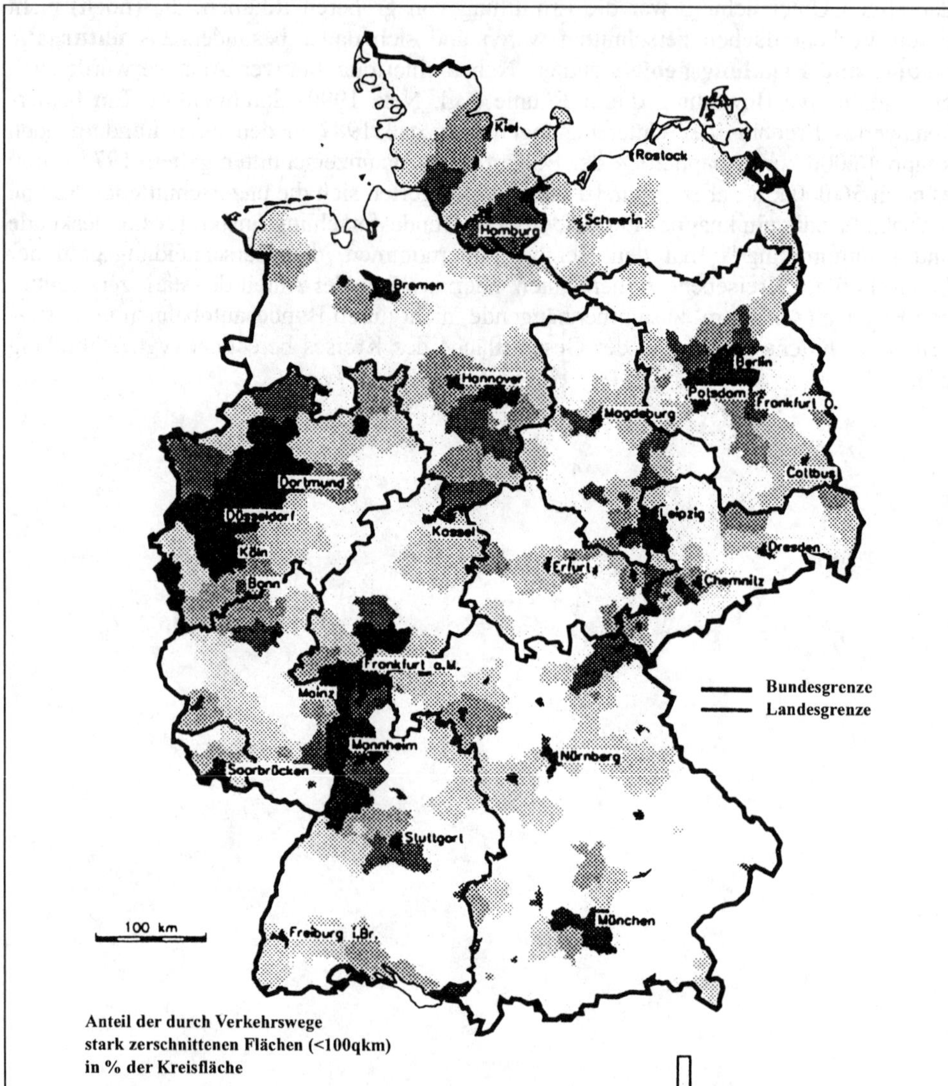

Quelle: Dosch, Fabian; Lutter, Horst; Otto, Ingrid; Pütz, Thomas; Schmitz, Stefan (1995), S. 16

„Kreise, die damit einen Zerschneidungsgrad von 100 % aufweisen, sind Wiesbaden, Offenbach, Dortmund, Ludwigshafen, Mannheim, Gelsenkirchen und Freiburg; mehr als 94 % Herne, Kassel, Mülheim/Ruhr, Nürnberg, Frankfurt, München und Düsseldorf; 88-84 % Potsdam, Hannover, Koblenz und Karlsruhe; Leipzig 79 %; demgegenüber hat Berlin einen Zerschneidungsgrad von ‚nur' 77 %, ... Köln 71 % und das gesamte Stadtgebiet von Stuttgart durch die besondere topographische Lage lediglich 60 %." [155] Naturnahe Räume, insbesondere der Wald, haben erheblichen Einfluß auf das (lokale) Klima. Auch diese Funktion wird durch verkehrsinfrastrukturelle Maßnahmen beeinträchtigt. Schließlich können Verkehrswege, -anlagen und –stationen das Landschaftsbild beeinträchtigen.

Zur Ermittlung der Auswirkungen der Verkehrsinfrastruktur auf die Landschaft bieten sich unterschiedliche Hilfsverfahren an; sie können der folgenden Übersicht entnommen werden:

Übersicht 5: Hilfsverfahren zur Ermittlung der Auswirkung der Verkehrsinfrastruktur auf die Landschaft

Art der Beeinträchtigung	Sinnvolles Hilfsverfahren
Wasserspeicher und –filter	Vermeidungskosten (z.B. Regenrückhaltebecken zum Hochwasserschutz; kostspielige Verfahren der Wasseraufbereitung)
naturnahe Fläche (etwa Biotope)	Wiederherstellungskosten (Schaffung von Ausgleichsflächen an anderer Stelle)
Zerschneidungseffekte (Wirkung auf Verkehrsteilnehmer)	Abschätzung der Zeitverluste Befragungen Marktdivergenzanalyse
Klimafunktion	Wiederherstellungskosten
Landschaftsbild	Befragungen Reisekostenansatz

Quelle: Eigene Zusammenstellung

Die Auswirkungen der Verkehrsinfrastruktur auf die Landschaft werden ganz unterschiedlich geschätzt. Faßt man Klima-, Wasser- und Flächenkosten zusammen, so liegen die Bewertungen für Deutschland zwischen gut 1 Mrd. [156] und 75 Mrd. DM [157].

---

155 Dosch, Fabian; Lutter, Horst; Otto, Ingrid; Pütz, Thomas; Schmitz, Stefan (1995), S. 15.

156 So etwa Bickel, Peter; Friedrich, Rainer (1995).

157 Teufel, Dieter u.a. (1993).

II.3 Anteil des Verkehrs an der gesamten Volkswirtschaft

Nachfrage- und Angebotsfunktionen, die sich aus dem Nutzen und den Kosten des Verkehrs ableiten lassen, bestimmen in ihrem Zusammenspiel die in einer Volkswirtschaft erstellte Verkehrsleistung. Sie wird –wie bereits ausgeführt– im Personenverkehr i.d.R. über Personenkilometer und im Güterverkehr über Tonnenkilometer gemessen. Um sie jedoch mit anderen Sektoren vergleichen zu können, um so die Bedeutung des Verkehrssektors in einer gesamten Volkswirtschaft deutlich zu machen, ist es notwendig, auf die zur Erstellung dieser Verkehrsleistung benötigten Produktionsfaktoren oder die mit dieser Verkehrsleistung verbundenen Erlöse zurückzugreifen. Hier seien hilfsweise die Beschäftigten, die Investitionen, das Anlagevermögen und die Bruttowertschöpfung herangezogen.

In Tabelle 45 sind die Erwerbstätigenzahlen verschiedener Verkehrsbereiche von 1970 bis 1996 dargestellt. Betrachtet man die Entwicklung der über alle Bereiche aggregierten Erwerbstätigenzahlen, so zeigt sich, daß der Anteil an den gesamten Arbeitsplätzen bis 1990 konstant bleibt. Mit der deutschen Einigung steigt der Anteil stark an –offensichtlich arbeiteten in der ehemaligen DDR überproportional viele Menschen im Verkehrsbereich–, um schließlich tendenziell wieder auf das Niveau der alten Bundesrepublik zu sinken.

Tabelle 45: Arbeitsplätze im Verkehrsbereich in Deutschland

Jahr	Eisenbahn [1]		Schiffahrt		übriger Verkehr		dar. Güterkraftverkehr [2]		Verkehr insges.	Anteil des Verkehrs insgesamt
	in Tsd.	in % [3]	in Tsd.	in % [3]	in Tsd.	in % [3]	in Tsd.	in % [3]	in Tsd.	in % [3]
1970	414	1,56	105	0,40	457	1,72	279	1,05	976	3,67
1975	433	1,66	86	0,33	498	1,91	296	1,14	1 017	3,91
1980	354	1,31	79	0,29	575	2,13	350	1,30	1 008	3,74
1985	309	1,17	72	0,27	584	2,20	352	1,33	965	3,64
1990	263	0,92	63	0,22	742	2,61	462	1,62	1 068	3,75
1991*	466	1,28	87	0,24	•	•	•	•	•	•
1992	437	1,22	74	0,21	938	2,62	594	1,66	1 449	4,04
1993	379	1,08	70	0,20	920	2,61	587	1,67	1 369	3,89
1994	336	0,96	64	0,18	878	2,51	557	1,59	1 278	3,65
1995	328	0,94	61	0,17	880	2,52	564	1,62	1 269	3,64
1996	288	0,84	59	0,17	800	2,32	549	1,59	1 147	3,33
1997	263		57		764		511		1 085	

* Ab 1991 gesamtdeutsche Zahlen

1) Bis 1990 Deutsche Bundesbahn, bis 1993 Deutsche Bundesbahn und Deutsche Reichsbahn, ab 1994 Deutsche Bahn AG. Ab 1994 wurden verschiedene Bereiche der Deutschen Bahn AG ausgegliedert.

2) Gewerblicher Verkehr einschl. Verkehrsnebengewerbe.

3) aller Arbeitsplätze in Deutschland.

Quelle: Eigene Berechnungen nach Deutsches Institut für Wirtschaftsforschung (DIW) (1997, 1998): Verkehr in Zahlen

Abbildung 25 setzt diese Tabelle graphisch um. [158]

Abbildung 25: Arbeitsplätze im Verkehrsbereich (1970=100)

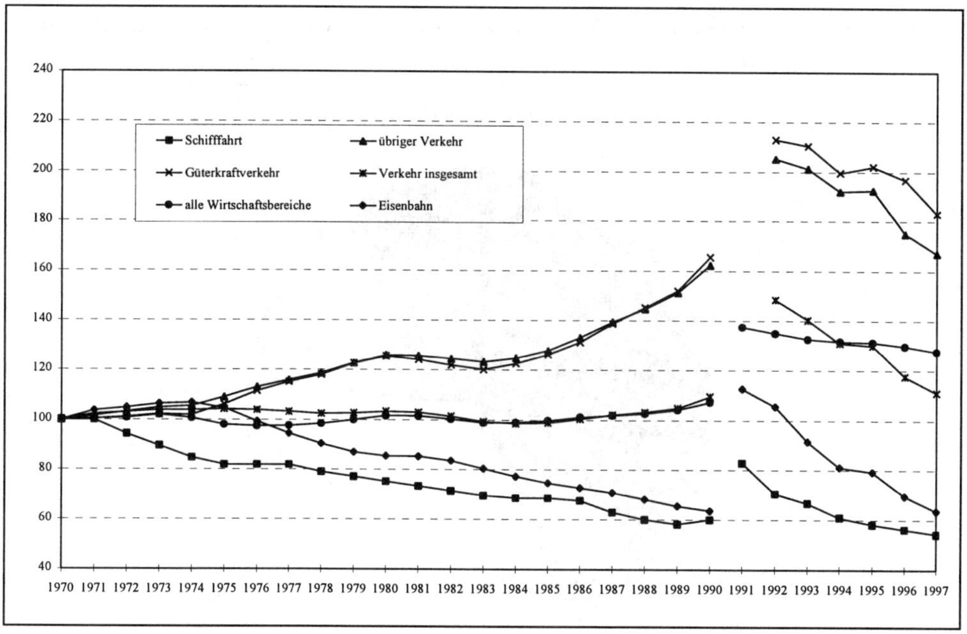

Quelle: Eigene Darstellung

Diese Entwicklung trifft die einzelnen Sektoren des Verkehrsbereichs aber nicht in gleicher Weise. Während die Arbeitsplätze bei den Eisenbahnen und im Schiffsverkehr kontinuierlich abnehmen, steigen sie im betrachteten Zeitraum in den übrigen Verkehrsbereichen. [159]

158 Mit der deutschen Einigung tritt ab dem Jahr 1991 ein Strukturbruch bzw. eine Niveauverschiebung auf, der eigentlich eine weitere Bezugsgröße erfordert. Diese würde aber an den grundsätzlich zu erkennenden Tendenzen nichts ändern.

159 Dieser Bereich setzt sich überwiegend aus dem Güterkraftverkehr und dem öffentlichen Straßenpersonenverkehr zusammen, daneben noch Flughäfen, Fluggesellschaften und Rohrfernleitungen.

Abbildung 26 macht die Struktur der Arbeitsplätze 1996 im Verkehrssektor deutlich. Mit rd. einem Drittel nehmen Speditionen den größten Anteil ein.

Abbildung 26: Struktur der Arbeitsplätze im Verkehrssektor 1996 in Deutschland

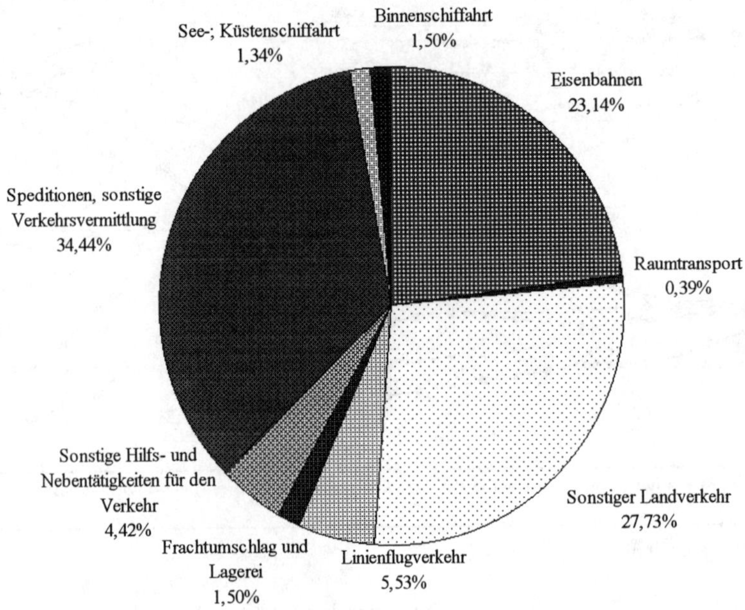

Quelle: Eigene Berechnung und Darstellung nach Daten des Statistisches Bundesamtes (o.J.)

Die Beschäftigten des Verkehrsbereiches erwirtschafteten 1996 eine Bruttowertschöpfung von 99,620 Mrd. DM; der Anteil an der gesamten Bruttowertschöpfung in Deutschland lag damit bei 3,34 % und hat sich seit 1977 kaum verändert (vgl. Tabelle 46). Rückläufig sind die Anteile der Eisenbahn (von 0,76 auf 0,48 %) und der Schiffahrt (von 0,40 auf 0,24 %), steigend dagegen der Anteil des übrigen Verkehrs (von 2,01 auf 2,61 %).

Tabelle 46: Bruttowertschöpfung in Preisen 1991 im Verkehrsbereich in Deutschland

Jahr	Eisenbahn 1)		Schiffahrt		übriger Verkehr				Verkehr insgesamt	
							dar. Güterkraftverkehr 2)			
	Mio. DM	in % 3)	Mio. DM	in % 3)	Mio. DM	in % 3)	Mio. DM	in % 3)	Mio. DM	in % 3)
1977	13 480	0,76	7 090	0,40	35 840	2,01	21 990	1,24	56 410	3,17
1980	13 960	0,72	5 750	0,30	41 370	2,14	25 160	1,30	61 080	3,16
1985	14 220	0,69	7 090	0,34	45 170	2,19	27 060	1,31	66 480	3,22
1990	13 220	0,54	5 490	0,23	63 010	2,58	39 520	1,62	81 720	3,35
1991 *	15 370	0,56	6 140	0,22	71 370	2,59	•	•	92 880	3,37
1992	•	•	•	•	•	•	•	•	93 850	3,33
1993	13 740	0,49	6 440	0,23	75 040	2,69	•	•	95 220	3,41
1994	14 170	0,49	7 000	0,24	76 180	2,66	•	•	97 350	3,39
1995	14 250	0,49	7 200	0,25	77 800	2,65	•	•	99 250	3,39
1996	14 380	0,48	7 250	0,24	77 990	2,61	•	•	99 620	3,34

* Ab 1991 gesamtdeutsche Zahlen

1) Bis 1990 Deutsche Bundesbahn, bis 1993 Deutsche Bundesbahn und Deutsche Reichsbahn, ab 1994 Deutsche Bahn AG. Ab 1994 wurden verschiedene Bereiche der Deutschen Bahn AG ausgegliedert.

2) Gewerblicher Verkehr einschl. Verkehrsnebengewerbe.

3) der Bruttowertschöpfung in Deutschland insgesamt.

Quelle: Eigene Berechnungen nach Deutsches Institut für Wirtschaftsforschung (DIW) (1997): Verkehr in Zahlen

Die zeitliche Entwicklung aller hier betrachteten Faktoren kommt nochmals in Abbildung 27 zum Ausdruck. Während der Wertschöpfungsanteil nur in einem kleinen Intervall schwankt und relativ konstant bleibt, sinkt die Bedeutung des Verkehrssektors, gemessen mit Hilfe der drei anderen Inputfaktoren. Dies gilt insbesondere für das Bruttoanlagevermögen sowie die Bruttoanlageinvestitionen und deutet auf eine Überalterung des Kapitalstocks im Verkehrsbereich hin.

Abbildung 27: Entwicklung von Inputfaktoren des Verkehrsbereichs in Deutschland

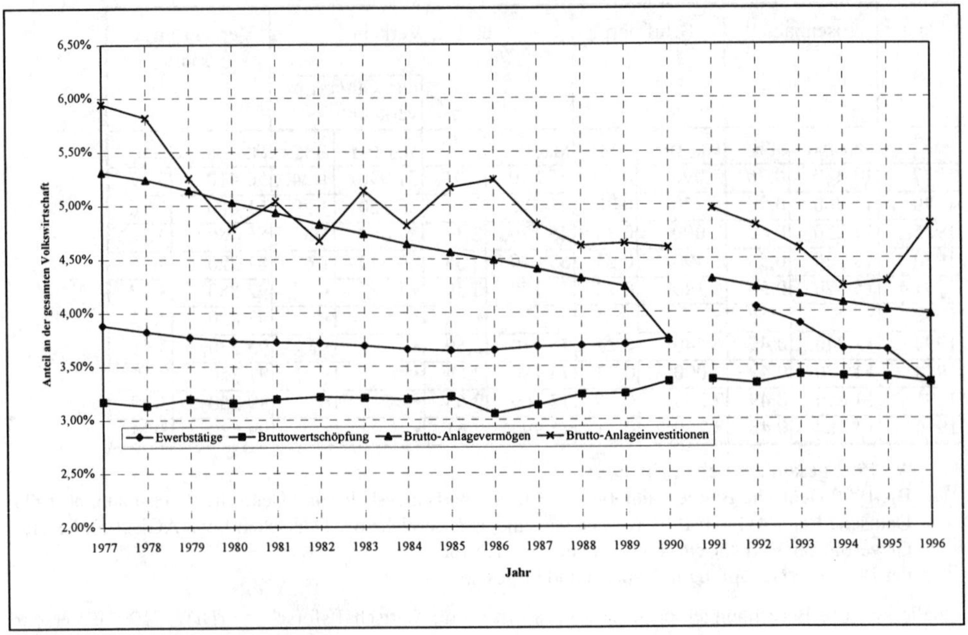

Quelle: Eigene Darstellung und Berechnung

Wer fragt die Leistungen des Verkehrssektors nach? Antwort auf diese Frage geben die Ergebnisse der Input-Output-Analyse. [160]

160 Ihre Erstellung war nur dadurch möglich, daß das Statistische Bundesamt die benötigten Zahlen durch eine Sonderaufbereitung den Autoren zur Verfügung stellte; hierfür sei an dieser Stelle sehr herzlich gedankt.

Betrachten wir zunächst die Tabelle 47.

Tabelle 47: Absatzstruktur der Sektoren des Verkehrsgewerbes und der Nachrichtenübermittlung [Anteile der Abnehmer (in %)]

	Eisenbahn	Schiffahrt, Wasserstraßen, Häfen	Postdienst, Fernmeldewesen	sonstiger Verkehr	Verkehr insgesamt
Land- und Forstwirtschaft, Fischerei	1,251	0,577	0,187	1,693	1,121
Elektrizitäts-, Gas-, Fernwärme- und Wasserversorgung	2,625	2,923	0,615	0,519	0,843
Bergbau	0,682	0,371	0,157	0,345	0,309
Chemische Industrie, Herstellung und Verarbeitung von Spalt- u. Brutst., Mineralölverarb.	3,676	2,172	1,399	3,601	2,822
Herstellung von Kunststoff und Gummiwaren	0,830	0,380	0,494	0,761	0,656
Gewinnung und Verarbeitung v. Steine und Erden; Feinkeramik; Glasgewerbe	1,364	1,556	0,364	1,552	1,172
Metallerzeugung und -bearbeitung	7,136	1,909	0,730	1,771	1,782
Stahl-, Maschinen- und Fahrzeugb.; H. v. Büromasch., Datenverarb. Ger. u. -Einrichtg.	4,198	1,283	3,102	4,592	3,876
Elektrotechnik, Feinmechanik, Optik; Herstellung v. EBM-Waren usw.	1,902	1,211	2,021	2,521	2,238
Holz-, Papier- und Druckgewerbe	2,486	0,711	1,105	2,722	2,066
Leder-, Textil- und Bekleidungsgewerbe	0,272	0,165	0,792	0,621	0,621
Ernährungsgewerbe, Tabakverarbeitung	2,666	1,162	1,158	5,599	3,734
Baugewerbe	3,194	2,132	3,727	4,987	4,289
Handel	0,743	1,198	5,128	2,707	3,236
Dienstleistungen der Eisenbahn	0,072	0,085	0,093	0,424	0,276
Dienstleistungen der Schiffahrt, Wasserstraßen, Häfen	0,026	27,776	0,056	0,040	1,967
Dienstleistungen des Postdienstes und Fernmeldewesens	3,137	0,139	7,094	0,185	2,507
Dienstleistungen des sonst. Verkehrs	1,851	4,524	2,703	10,077	6,903
Kreditinstiute und Versicherungsgewerbe	0,174	0,094	3,554	1,281	1,838
Dienstleistungen, soweit von Unternehmen und freien Berufen erbracht	1,374	1,649	9,298	5,865	6,368
Organisationen ohne Erwerbszweck	0,282	0,447	0,818	1,331	1,047
Gebietskörperschaften und Sozialversicherung	2,855	0,286	5,342	2,743	3,387
Input der Produktionsbereiche zusammen	*42,795*	*52,749*	*49,937*	*55,940*	*53,058*
Privater Verbrauch im Inland	41,882	3,862	47,045	26,433	32,207
Staatsverbrauch	0,000	0,000	0,000	0,000	0,000
Ausrüstungen	1,266	0,000	0,000	0,899	0,579
Bauten	0,000	0,000	0,000	0,096	0,054
Vorratsveränderung	0,000	0,000	0,000	0,000	0,000
Ausfuhr von Waren und Dienstleistungen	14,056	43,389	3,018	16,632	14,102
zusammen	*57,205*	*47,251*	*50,063*	*44,060*	*46,942*
Gesamte Verwendung von Gütern	100,000	100,000	100,000	100,000	100,000

Quelle: Eigene Berechnungen nach Input-Output-Tabelle von Deutschland 1995, zur Verfügung gestellt vom Statistischen Bundesamt (Hrsg.) (1995)

Sie setzt den gesamten Bruttoproduktionswert BPW (Umsatz + selbsterstellte Anlage + Lagerbestandsveränderungen) gleich 100 und zeigt auf, wer wie stark prozentual an der Gesamtnachfrage 1995 beteiligt war. 53 % des BPW des gesamten Verkehrsbereiches gingen zur Befriedigung der Zwischennachfrage an die einzelnen Sektoren der Volkswirtschaft und wurden dort als Input im Produktionsprozeß eingesetzt; 47 % dienten der Befriedigung der Endnachfrage, wobei der private Verbrauch im Inland (32,2 %) und die Ausfuhr (14,1 %) eine herausragende Rolle spielten. Mehr als 5 % der Nachfrage entfielen als Input auf die Wirtschaftszweige Dienstleistungen des sonstigen Verkehrs (6,9 %) und Dienstleistungen, soweit von Unternehmen und freien Berufen erbracht (6,4 %). Die Absatzstruktur unterscheidet sich erheblich zwischen den einzelnen Branchen des Verkehrsbereiches. So spielt für die Eisenbahn die Endnachfrage mit 57,2 % eine deutlich größere Rolle; verantwortlich hierfür zeichnet vor allem der private Verbrauch im Inland (41,9 %). Insbesondere die Metallerzeugung und –bearbeitung entfaltet Nachfrage nach Zwischenprodukten der Eisenbahn (7,1 %), aber auch der Stahl-, Maschinen- und Fahrzeugbau (4,2 %) und die Chemische Industrie (3,7 %).

Führt man –wie in Tabelle 48 geschehen– eine Input-Output-Analyse durch, so zeigen die errechneten Koeffizienten an, wie stark unter Berücksichtigung direkter und indirekter Verflechtungen zwischen den Wirtschaftszweigen die Produktion ansteigen muß, wenn die Endnachfrage in dem betrachteten Wirtschaftszweig um eine Einheit anwächst. Erhöht sich etwa die Endnachfrage in der Land- und Forstwirtschaft um eine Einheit, so muß die Eisenbahn (die Schiffahrt; das Post- und Fernmeldewesen; der übrige Verkehr) den Output um 0,003189 (0,002729; 0,005815; 0,041275) Einheiten [161] steigern, um die steigende Zwischennachfrage befriedigen zu können; für den Verkehr insgesamt ergibt sich als Summenwert 0,053008. Eine besondere Transportintensität läßt sich bei den Dienstleistungen der Schiffahrt [162], aber auch bei der Land- und Forstwirtschaft (Input-Koeffizient von 0,053), bei der Gewinnung von Steinen und Erden (0,061), der Metallerzeugung und –bearbeitung (0,051), dem Holz-, Papier- und Druckgewerbe (0,055), dem Ernährungsgewerbe (0,070), dem Baugewerbe (0,054), den Eisenbahnen (0,069), dem Post- und Fernmeldewesen (0,093), dem sonstigen Verkehr (0,156) sowie den Kreditinstituten und Versicherungen (0,068) feststellen. Die Eisenbahn profitiert vor allem dann, wenn sich die Endnachfrage in den Sektoren Metallerzeugung und –bearbeitung sowie im Post- und Fernmeldewesen erhöht.

---

161 Hierbei wird vorausgesetzt, daß sich die Input-Output-Verflechtungen nicht ändern.

162 Der Wert von 1,403 bedeutet, daß sich die Gesamtnachfrage nach Leistungen dieses Sektors um diesen Betrag erhöht, wenn seine Endnachfrage um eine Einheit steigt; 0,403 Einheiten basieren damit auf der gestiegenen Zwischennachfrage. Entsprechend sind die Werte der übrigen Verkehrsbereiche zu interpretieren.

Tabelle 48: Input-Koeffizienten der Sektoren des Verkehrsgewerbes und der Nachrichtenübermittlung (Erhöhung der Produktion bei Absatzsteigerung der Verkehrsleistung nachfragenden Sektoren um eine Einheit)

	Eisenbahn	Schiffahrt, Wasserstraßen, Häfen	Postdienst, Fernmeldewesen	sonstiger Verkehr	Verkehr insgesamt
Land- und Forstwirtschaft, Fischerei	0,003189	0,002729	0,005815	0,041275	0,053008
Elektrizitäts-, Gas-, Fernwärme- und Wasserversorgung	0,004644	0,007377	0,008761	0,015783	0,036565
Bergbau	0,002692	0,002499	0,005320	0,015953	0,026463
Chemische Industrie, Herstellung und Verarbeitung von Spalt- u. Brutst., Mineralölverarb.	0,002988	0,002993	0,008253	0,028578	0,042812
Herstellung von Kunststoff und Gummiwaren	0,002736	0,002381	0,010006	0,025639	0,040761
Gewinnung und Verarbeitung v. Steine und Erden; Feinkeramik; Glasgewerbe	0,003867	0,006469	0,008893	0,042173	0,061402
Metallerzeugung und –bearbeitung	0,009159	0,004641	0,008713	0,028323	0,050835
Stahl-, Maschinen- und Fahrzeugb.; H. v. Büromasch., Datenverarb. Ger. u. -Einrichtg.	0,002592	0,001688	0,009798	0,022991	0,037069
Elektrotechnik, Feinmechanik, Optik; Herstellung v. EBM-Waren usw.	0,002103	0,001870	0,009411	0,020417	0,033801
Holz-, Papier- und Druckgewerbe	0,003541	0,002314	0,011193	0,038165	0,055214
Leder-, Textil- und Bekleidungsgewerbe	0,001008	0,001055	0,010723	0,016771	0,029556
Ernährungsgewerbe, Tabakverarbeitung	0,003110	0,002715	0,009656	0,054609	0,070090
Baugewerbe	0,002689	0,002967	0,014048	0,034112	0,053817
Handel	0,000770	0,001279	0,014148	0,015845	0,032043
Dienstleistungen der Eisenbahn	1,002063	0,003071	0,010594	0,053086	1,068814
Dienstleistungen der Schiffahrt, Wasserstraßen, Häfen	0,000824	1,385078	0,006171	0,010511	1,402585
Dienstleistungen des Postdienstes und Fernmeldewesens	0,006862	0,000787	1,077964	0,007203	1,092817
Dienstleistungen des sonst. Verkehrs	0,003042	0,009304	0,022667	1,120693	1,155706
Kreditinstiute und Versicherungsgewerbe	0,001115	0,001102	0,036080	0,029757	0,068054
Dienstleistungen, soweit von Unternehmen und freien Berufen erbracht	0,000754	0,000929	0,010034	0,014643	0,026360
Organisationen ohne Erwerbszweck	0,000940	0,001665	0,009744	0,026307	0,038656
Gebietskörperschaften und Sozialversicherung	0,001407	0,000914	0,012458	0,016553	0,031332

Quelle: Eigene Berechnungen nach Input-Output-Tabelle von Deutschland 1995, zur Verfügung gestellt vom Statistischen Bundesamt (Hrsg.) (1995)

Setzt man den Bruttoproduktionswert der gesamten Volkswirtschaft gleich 100, entfallen hiervon 2,372 Einheiten als Zwischennachfrage auf den Verkehrsbereich, u.z. 0,116 auf die Eisenbahnen, 0,164 auf die Schiffahrt, 0,694 auf das Post- und Fernmeldewesen sowie 1, 399 auf den übrigen Verkehr.

Abbildung 28 macht diesen Sachverhalt deutlich. Sie zeigt an, wieviel Prozent des Bruttoproduktionswertes der einzelnen Wirtschaftszweige als Zwischennachfrage auf den Verkehrsbereich und seine einzelnen Sektoren entfällt.

Abbildung 28: Anteil der Vorleistungen der Sektoren des Verkehrsgewerbes am Bruttoproduktionswert der übrigen Branchen 1995 (in %)

Quelle: Eigene Berechnungen nach Input-Output-Tabelle von Deutschland 1995, zur Verfügung gestellt vom Statistischen Bundesamt (Hrsg.) (1995)

III. Verkehrsökonometrie [163]

III.1 Definition und Aufgabenstellung der Verkehrsökonometrie

Der Begriff Ökonometrie ist ursprünglich aus den Wirtschaftswissenschaften hervorgegangen. Er setzt sich aus den beiden griechischen Wörtern „oikonomia“ (= Verwaltung, Wirtschaft) und „metron“ (= Maß, Messung) zusammen und beinhaltet die Anwendung statistisch-mathematischer Verfahren auf wirtschaftswissenschaftliche Fragestellungen. Mittlerweile findet diese quantitative Analyse auch in vielen anderen Sachgebieten Anwendung, so auch in den Verkehrswissenschaften, und heißt dort Verkehrsökonometrie. Sie kann als Anwendung statistisch-mathematischer Verfahren auf verkehrliche Zusammenhänge und Prozeßabläufe verstanden werden. Gerade der Verkehr mit all seinen komplexen Strukturen und Zusammenhängen bietet ein weites Feld für verkehrsökonometrische Modelle. Mit ihrer Anwendung verbinden sich folgende Zielsetzungen:

a) Variable aus dem Verkehrsbereich werden beschrieben. Diese **Beschreibung** kann sich auf die zeitliche Entwicklung einer Variablen beziehen; in diesem Fall spricht man von einer Längsschnittanalyse. Ist y die zu beschreibende Variable und T die Menge der Beobachtungszeitpunkte, so steht y_t mit $1,2,\ldots,T$ für die Ausprägung von y zum Zeitpunkt t. Die Ausprägungen werden anhand des Zeitindexes geordnet und ausgewertet. Beispiele hierfür bieten die Tabellen 3 und 4 in Kapitel I.1.1 –Verkehr und Mobilität–, die die Entwicklung der Verkehrsleistung des Personen- und Güterverkehrs in Deutschland beinhalten.

   Wird die Variable zu einem bestimmten Zeitpunkt an n Merkmalsträgern (y_i mit $i = 1,2,\ldots n$) beobachtet und ausgewertet, so spricht man von einer Querschnittsanalyse. In diesem Lehrbuch bietet Abbildung 19 [164] hierfür ein Beispiel, in der die Güte der Verkehrsinfrastruktur Schiene in den Kreisen in Deutschland graphisch dargestellt wird.

b) Vergleicht man mehrere Variable im Rahmen von Längs- und Querschnittsanalyse miteinander, so ergeben sich Hinweise auf mögliche Zusammenhänge zwischen ihnen. Sie lassen die **Bildung von Hypothesen** zu, in der die Ausprägungen einer abhängigen Variablen y auf den Einfluß von m unabhängigen Variablen x zurückge-

---

163 Im folgenden geht es um die Anwendung ökonometrischer Methoden innerhalb der Verkehrswissenschaften. Auf die Erläuterung der Methoden selber kann nicht im Detail eingegangen werden; vgl. hierzu die ökonometrische Fachliteratur, so z.B. Eckey, Hans-Friedrich; Kosfeld, Reinhold; Dreger, Christian (1995).
Ein spezielles Lehrbuch zur Verkehrsökonometrie hat Richter, Klaus-Jürgen (1995) geschrieben.

164 in Kapitel II.2.2.2.2 –Der Einfluß der Verkehrsinfrastruktur auf die Wettbewerbssituation von Wirtschaftsräumen in einer Volkswirtschaft–.

führt wird; es gilt $y = f(x_j)$ mit $j = 1,2,\dots,m$. Mit Hilfe ökonometrischer Verfahren ist es möglich, **Hypothesen** auf ihre Übereinstimmung mit der Realität **zu überprüfen** sowie gute von schlechten Theorien zu trennen. Ausgangspunkt hierzu ist ein ökonometrisches Modell $y = \beta_0 + \beta_1 \cdot x_1 + \beta_2 \cdot x_2 + \dots + \beta_m \cdot x_m + u$, das aus

- der zu erklärenden Variablen y,
- den erklärenden Variablen $x_j (j = 1,2,\dots,m)$,
- der Störgröße u, die stellvertretend für alle nicht im Modell erfaßten Einflüsse auf y steht,
- den Parametern (= Regressionskoeffizienten) $\beta_j (j = 0,1,\dots,m)$,
- der funktionalen (hier linearen) Verknüpfung zwischen y und den x_j

besteht. Von besonderem Interesse beim Testen von Theorien sind die Regressionskoeffizienten, die den Einfluß der x_j auf y zum Ausdruck bringen.

Beispiel:
A behauptet, daß mit steigendem Wohlstand das Güterverkehrsaufkommen überproportional anwächst, während B eher einen unterproportionalen Anstieg vermutet. Welche der beiden aufgestellten Hypothesen steht in Übereinstimmung mit der Realität? Berechnet man die Transportelastizität für die (alte) Bundesrepublik Deutschland in den letzten Jahrzehnten [165], so zeigt sich, daß ein Anstieg der Bruttowertschöpfung von 1% im Durchschnitt zu einer Transportleistungsveränderung von 0,75% geführt hat. Die von A aufgestellte Hypothese steht damit nicht in Übereinstimmung mit der Realität; die Hypothese von B hat sich dagegen vorläufig [166] bewährt.

c) Mit Hilfe ökonometrischer Modelle ist es auch möglich, **Status quo-Prognosen** durchzuführen [167], die Antwort auf die Frage geben: Wie wird sich die zu erklärende Variable y entwickeln, wenn die sie beeinflussenden Rahmenbedingungen sich in Zukunft in gleicher Weise ändern, wie sie es in der Vergangenheit getan haben. Voraussetzung für eine „gute“ Prognose auf der Grundlage eines ökonometrischen Modells ist zum einen eine Stabilität der Strukturparameter im Prognosezeitraum, also die Abwesenheit von Strukturbrücken, und zum anderen eine valide Vorhersage der zukünftigen Werte der endogenen Variablen. Eine ökonometrische Prognose ist „immer eine bedingte Prognose, da sie von gegebenen Werten der exogenen Variablen ausgeht. Prognosefehler können sich daher nicht allein dadurch ergeben, daß das ökonometrische Modell die Strukturzusammenhänge unzureichend abbildet oder keine hinreichende Stabilität der Strukturparameter im Prognosezeitraum vorliegt. Vielmehr ergeben sie sich zusätzlich aufgrund einer Fehleinschätzung der

---

165 Vgl. Kapitel III.5.1 –Transportelastizitäten–.

166 vorläufig, weil es durchaus möglich sein kann, daß an anderem Ort oder zu anderer Zeit ein anderer Zusammenhang beobachtet werden kann.

167 Zu den statistisch-ökonometrischen Analyse- und Prognoseverfahren vgl. Kapitel III.2.2 –Einteilung nach den verwendeten statistischen Verfahren–.

Entwicklung der exogenen Variablen. Diese Problematik ist stets bei ex ante-Prognosen zu berücksichtigen.“ [168]

Bei Prognosen können Punkt- von Intervallprognosen unterschieden werden.

Punktprognose

Bei der Punktprognose wird der zukünftige Wert einer zu erklärenden Variablen mittels des Regressionsmodells ermittelt, wobei die zukünftigen Ausprägungen der exogenen Variablen als gegeben betrachtet werden. Unterstellen wir das einfache Regressionsmodell:

[1] $y_t = \beta_0 + \beta_1 x_t + e_t$,

mit t=1,...,T und e_t als stochastische Störvariable. Die Punktprognose für den Zeitpunkt T+h erfolgt dann durch die Schätzfunktion

[2] $\hat{y}_{T+h} = \hat{\beta}_0 + \hat{\beta}_1 x_{T+h}$,

wobei h=1,...,P ist. P stellt den Planungshorizont dar.

Betrachten wir ein Beispiel, bei dem wir einen linearen Zusammenhang zwischen der Transportleistung im Güterverkehr und der Bruttowertschöpfung unterstellen. Der Stützzeitraum läuft von 1960 bis 1990 und beträgt damit 31 Jahre (t=1,2,...,31). Die Regressionskoeffizienten für die alte Bundesrepublik Deutschland berechnen sich dann mit $\beta_0 = 55\,538{,}33$ und $\beta_1 = 99{,}698$. Für eine Punktprognose für das Jahr 2000 (P=10) benötigen wir eine Vorhersage für die Bruttowertschöpfung in diesem Jahr, die mit 2 812 Mrd. DM angenommen wird. Mit diesen Angaben läßt sich nun eine Punktprognose für die Transportleistung im Prognosejahr 2000 erstellen, indem wir einsetzen:

[3] $\text{Tkm}_{2000} = 55\,538{,}33 + 99{,}698 \cdot 2\,812 = 335\,889$,

d.h. bei Konstanz der Strukturparameter und der richtigen Vorhersage der exogenen Größe läßt sich in unserem einfachen Modell eine Transportleistung im Güterverkehr von insgesamt 335 889 (in Mio. Tkm) prognostizieren.

Intervallprognose

In der Regel kann man jedoch nicht erwarten, daß die Punktprognose mit dem tatsächlichen Zeitreihenwert übereinstimmt. Einen Ausweg bieten Konfidenzbereiche für die Prognosewerte, die die Aussage erlauben, daß der Vorhersagewert mit einer Wahrscheinlichkeit, 1-α, in einem Vertrauensintervall liegt. Dazu werden zwei Intervallgrenzen (ℓ und u) berechnet, so daß der wahre Wert μ mit vorher festgelegter Wahrscheinlichkeit in diesem Intervall liegt. Ist 1-α die bestimmte Wahrscheinlichkeit, so gilt:

[4] $P(\ell < \mu < u) = 1-\alpha$.

[168] Vgl. Eckey, Hans-Friedrich; Kosfeld, Reinhold; Dreger, Christian (1995), S. 184.

Üblicherweise wird das Konfidenzniveau auf 0,95 (1-0,05) festgelegt. [169] Zur Berechnung der Konfidenzintervalle benötigt man

- Annahmen über Verteilung der Prognosewerte,
- die Standardabweichung des Prognosewerts $\sigma_{\hat{y}_{T+h}}$.

Führt man für die Störvariable in einer Regressionsanalyse die Normalverteilung als Verteilungsannahme ein [170], so ist die endogene Variable ebenfalls normalverteilt [171]. Die Varianz läßt sich unter Zuhilfenahme des Prognosefehlers $\hat{u}_{T+h} = y_{T+h} - \hat{y}_{T+h}$ herleiten. Die Schätzfunktion für die unbekannte Varianz im Fall einer einfachen Regression lautet: [172]

$$[5] \quad \hat{\sigma}^2_{\hat{y}_{T+h}} = \hat{\sigma}^2_e \left(1 + \frac{1}{n} + \frac{(x_{T+h} - \bar{x})^2}{\sum_{i=1}^{n} (x_i - \bar{x})^2} \right),$$

worin $\hat{\sigma}^2_e$ der Schätzer für die Störvarianz ist. [173]

Das Prognoseintervall erhält man nun durch:

$$[6] \quad P\left(\hat{y}_{T+h} - t_{1-\frac{\alpha}{2};n-2} \sqrt{\hat{\sigma}^2_{\hat{y}_{T+h}}} \le y_{T+h} \le \hat{y}_{T+h} + t_{1-\frac{\alpha}{2};n-2} \sqrt{\hat{\sigma}^2_{\hat{y}_{T+h}}} \right) = 1 - \alpha\,;$$

hier ist $t_{1-\alpha/2;n-2}$ das entsprechende Quantil der t-Verteilung mit dem hier unterstellten n-2 Freiheitsgraden.

Fortsetzung des Beispiels:

Wir haben für das Jahr 2000 mit einer einfachen Regression mit [3] die Punktschätzung der Tonnenkilometer im Güterverkehr hergeleitet. Für eine Intervallschätzung

---

169 Die Herleitung und Berechnung von Konfidenzintervallen ist Teil der Inferenzstatistik (induktive Statistik), wir können hier diesen Teilbereich nur rudimentär streifen. Für eine vertiefende Diskussion vgl. etwa: Eckey, Hans-Friedrich; Kosfeld, Reinhold; Dreger, Christian (1992); Bohley, Peter (1996).

170 Formal: e_t=N(0,σ^2) für alle t.

171 Dies erklärt sich aus dem stochastischen Part e_t und dem deterministischen Teil $ß_0+\Sigma ß_j x_j$.

172 Vgl. Eckey, Hans-Friedrich; Kosfeld, Reinhold; Dreger, Christian (1995), S. 188.

173 Der standardisierte Prognosefehler ist t-verteilt mit n-k Freiheitsgraden. Eine t-verteilte Variable entsteht durch den Quotienten einer standardnormalverteilten Variablen und einer Chiquadratvariablen. Im Nenner steht durch die Schätzung der unbekannten Varianz eine Variable, die der Chiquadratverteilung folgt.

benötigen wir noch den Standardfehler dieser Schätzung. Tabelle 49 enthält alle nötigen Informationen.

Tabelle 49: Kennziffern der einfachen Regression

Residuensumme der OLS-Schätzung	1 467 951 897
Varianz BWS	178 321,265
Mittelwert BWS	1 657,69

Die Standardabweichung ist dann in unserem Beispiel:

$$[7] \quad \hat{\sigma}_{335\,889} = \sqrt{\frac{1\,467\,951\,897}{31-2}}\sqrt{\left(1+\frac{1}{31}+\frac{(2\,182-1\,657{,}69)^2}{178\,321{,}265\cdot 31}\right.} = 8\,053{,}55133.$$

Die Quantile der t-Verteilung mit 29 Freiheitsgraden betragen $|t_{0.025}|=2{,}045$ [174].

Unter Kenntnis aller Größen läßt sich das Prognoseintervall für die Tonnenkilometer im Güterverkehr für das Jahr 2010 berechnen:

$$[8] \quad P(335\,889-2{,}045\cdot 8\,053{,}55 < y_{2000} < 335\,889+2{,}045\cdot 8\,053{,}55)=0{,}95.$$

Mit einer Wahrscheinlichkeit von 95% liegt die zukünftige Güterverkehrsleistung also in einem Intervall, das durch die Werte 319 419 Tkm und 352 359 Tkm (in Mio.) begrenzt wird.

Eine Intervallprognose entspricht aufgrund ihrer Konzeption eher den ökonometrischen Grundlagen, da sie die Unsicherheit von Prognosen wiedergibt. In der Realität werden jedoch überwiegend Punktprognosen eingesetzt, da Entscheidungen meist aufgrund der Kenntnis von eindeutigen Größen gefällt werden müssen.

d) Im Rahmen einer rational betriebenen Verkehrspolitik ist die Status quo-Entwicklung der Zielvariablen mit der gewollten und angestrebten Entwicklung (= Zielprojektion) zu vergleichen. Stimmen beide Entwicklungen (annähernd) überein, so kann die Politik weitermachen wie bisher. Weichen sie jedoch in nicht-tolerabler Weise voneinander ab, so muß die Politik geändert werden, wenn sie an der Zielprojektion festhält; entweder müssen die bisher eingesetzten verkehrspolitischen Instrumente in ihrer Intensität modifiziert oder gänzlich neue Instrumente eingesetzt werden. Hier stellt sich sofort die Frage nach der richtigen Dosierung, die mit Hilfe einer **Instrumentalprognose** beantwortet werden kann. Der Unterschied zur Status quo-Prognose besteht darin, daß der zukünftige Wert von y als Zielprojektion vorgegeben ist und die Ausprägung von x gesucht wird, die mit diesem angestrebten y kompatibel ist; ansonsten stimmen beide Arten von Prognosen in ihrer Vorgehensweise und ihren Grundannahmen überein.

---

174 Einer t-Tabelle entnommen.

Beispiel:
Unter Status quo-Bedingungen möge bis zum Jahr 2010 mit einem Güterverkehrswachstum von 30% gerechnet werden. Die Politik will aber aus ökologischen Gründen nur eine Steigerung von maximal 20% zulassen. Weiß man aufgrund ökonometrischer Analysen, daß ein 1%iger Anstieg der Kraftstoffpreise zu einem 0,2%igen Rückgang des Güterverkehrsaufkommens führt [175], so müssen die Kraftstoffpreise um 50% erhöht werden, um das Verkehrsaufkommen um 10% zu reduzieren.

Die obigen Ausführungen zeigen, daß vor allem die Verkehrsprognosen eine hohe Bedeutung für die verkehrspolitische Praxis haben; ohne sie ist eine rationale Verkehrspolitik nicht möglich. Der Hinweis auf die Bundesverkehrswegeplanung [176], deren Entscheidung u.a. auf Prognosen der Verkehrsentwicklung basiert, mag diesen Sachverhalt hinreichend verdeutlichen. Wir haben gesehen, daß sie auf ökonometrischen Modellen basieren, deren Parameter β_j nur dann vernünftig berechnet werden können, wenn

- die Modelle die Realität valide abbilden,
- geeignete statistisch-ökonometrische Verfahren zu ihrer Schätzung zur Verfügung stehen,
- empirische Ausprägungen der y und x_j vorhanden sind.

Diese Anforderungen bestimmen den Aufbau der folgenden Ausführungen; sie schließen mit der Präsentation ausgewählter Ergebnisse (Transport- und Preiselastizitäten) ökonometrischer Modelle.

175 Zur Berechnung des Zusammenhangs von Verkehrsaufkommen und Kraftstoffpreisen vgl. Kapitel III.5.2 –Preiselastizitäten–.

176 Vgl. Kapitel V.3.2.3.1 –Der Aus- und Neubau von Verkehrswegen im Rahmen der Bundesverkehrswegeplanung–.

III.2 Einteilungsmöglichkeiten der Verkehrsökonometrie

III.2.1 Einteilung nach dem Aggregationsniveau

Eine erste anschauliche Differenzierung der Verkehrsmodelle liefert die Einteilung in Aggregationsstufen. Allgemein wird zwischen aggregierten und disaggregierten Modellen unterschieden, wobei aber zunächst noch nicht die Aggregationsebene deutlich ist. Verkehrs(planungs)modelle lassen sich durch mindestens zwei unterschiedliche Kriterien aggregieren bzw. disaggregieren:

- Räumliche Einheiten
- Untersuchungsobjekte.

In Anlehnung an die Terminologie der Volkswirtschaft können Aggregationsniveaus als Mikro- bzw. Makromodelle bezeichnet werden. Für die räumliche Aggregationsstufe stellt sich in vielen Fällen die Frage, ob bei einem gesamträumlichen Prognosewert die Vorhersage auf einem aggregierten Niveau gemacht werden soll oder ob kleinere Einheiten individuell prognostiziert werden, um anschließend zu einem Makroergebnis aggregiert zu werden. Der erste Fall wird i.d.R. als top-down Ansatz bezeichnet, der das Ergebnis aus Makrobeziehungen auf die Teilelemente überträgt, während die zweite Modellorganisation als bottom-up Ansatz individuelle Ergebnisse auf die Gesamtheit der Untersuchungseinheiten „hochrechnet". Für die Untersuchungsobjekte kommt man sehr schnell zu der kritischen Unterscheidung zwischen Mikrogrößen (z.B. das einzelne Individuum oder ein Haushalt als kleinste Einheit der Verkehrsentstehung) und der Bevölkerung insgesamt als Makrogröße. Hier sind natürlich eine ganze Reihe von Zwischengrößen möglich, wie etwa Bevölkerungsgruppen, Altersklassen etc. Prinzipiell sollten jedoch Mikro- und Makromodelle miteinander vergleichbar sein, wobei im Zweifelsfall Mikrobeziehungen den Makrobeziehungen vorzuziehen sind, da Makromodelle leicht zu systematischen Fehlern tendieren. Allerdings darf auch nicht verkannt werden, daß disaggregierte Spezifikationen nicht immer möglich sind; in diesen Fällen sollten die nächst höheren Aggregationsstufen gewählt werden. Die Frage der Aggregationsstufe ist in den meisten Untersuchungen auch eng mit vorhandenen Daten verbunden, nämlich ob es sich um Querschnitts- oder Längsschnittsdaten (Zeitreihen) bzw. um eine Kombination beider (Panels) handelt. Differenziert man analog zum Untersuchungsgebiet und Untersuchungsobjekt den Untersuchungszeitraum (meist ein Kalenderjahr), so erhält man eine dreidimensionale Kombinationsmöglichkeit von Verkehrsmodellen, wie dies Abbildung 29 veranschaulicht. Die gesamte Figur repräsentiert für alle drei Einteilungskriterien die größte Zusammenfassung; im Gegensatz dazu können die einzelnen Würfel als problemadäquate Differenzierungen interpretiert werden.

Abbildung 29: Differenzierungsmöglichkeiten von Verkehrsplanungsmodellen

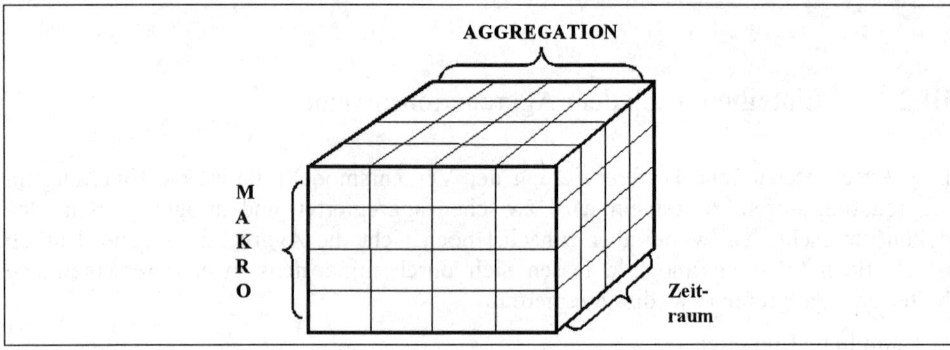

Quelle: Eigene Darstellung

III.2.2 Einteilung nach den verwendeten statistischen Verfahren

Im Mittelpunkt der folgenden Ausführungen stehen die statistisch-ökonometrischen Möglichkeiten, Strukturrelationen im Rahmen der Verkehrswissenschaften zu schätzen und sie zu Prognosen zu nutzen. Übersicht 6 liefert eine erste Einteilung.

Übersicht 6: Statistisch-ökonometrische Verfahren zur Analyse und Prognose im Rahmen der Verkehrswissenschaften

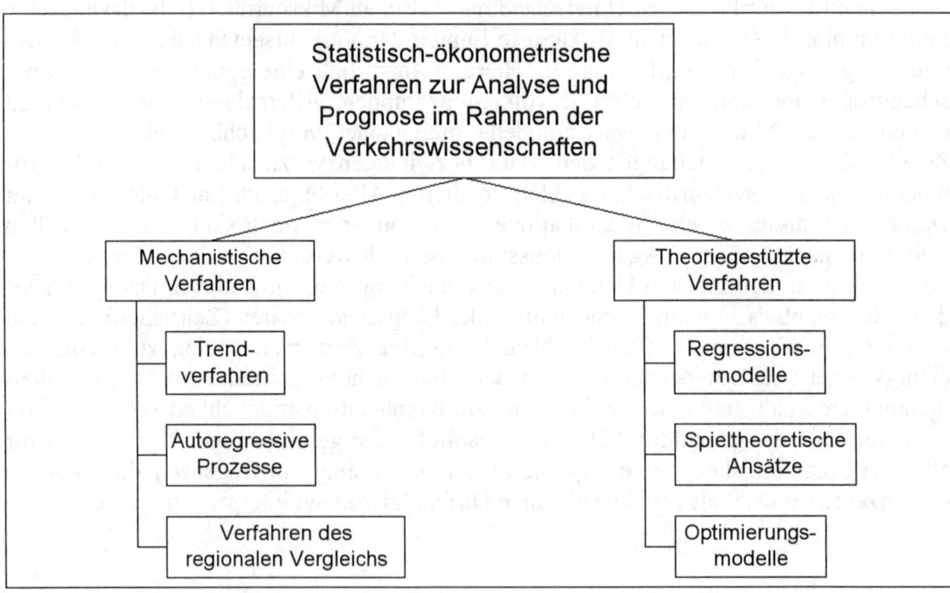

Quelle: Eigene Zusammenstellung

Das Charakteristikum der mechanistischen Verfahren besteht darin, daß die Entwicklung der zu erklärenden und zu prognostizierenden Variablen y als unabhängig von der Entwicklung von Einflußgrößen x_j, also als autonom betrachtet wird. Es wird dabei nicht auf eine bewährte Theorie zurückgegriffen, sondern rein pragmatisch nach stabilen funktionalen Zusammenhängen in der Vergangenheit gesucht. Dagegen versuchen theoriegestützte Verfahren, auf Erklärungsansätzen aufzubauen und ein bewährtes theoretisches Modell zu nutzen.

Beim **Trendverfahren** tritt im ökonometrischen Modell als einzig erklärende Variable die Zeit t auf. In einem linearen Modell gilt dann $y_t = \beta_0 + \beta_1 \cdot t + u_t$. Für die Tonnenkilometer (in Mio. Tkm) und der Zeit im Intervall von 1970 bis 1990 (t=1,2,...,21) ergibt sich die funktionale Verknüpfung y_t=151 267,143+3 517,272·t+e_t. Will man einen Prognosewert für das Jahr 2000 berechnen, ist $t = 31$ zu setzen. Die prognostizierte Güterverkehrsleistung ist dann 260 303 Mio. tkm.

Autoregressive Verfahren ist der Oberbegriff für eine Reihe von Verfahren, die sich im Detail unterscheiden, jedoch gemeinsam haben, daß die Ausprägung einer Größe zum Zeitpunkt t als Funktion der Ausprägung der gleichen Größe von weiter zurückliegenden Zeitpunkten betrachtet wird. Hier sei beispielhaft das Kettenverfahren [177] angeführt, dem die funktionale Beziehung

$$y_t = \beta_0 + \beta_1 \cdot y_{t-1} + \beta_2 \cdot y_{t-2} + \ldots + \beta_q \cdot y_{t-q} + u_t$$

zugrunde liegt. Geht man vom einfachsten Fall des Kettenverfahrens erster Ordnung $y_t = \beta_0 + \beta_1 \cdot y_{t-1} + u_t$ aus, so errechnet sich für unser Beispiel mit dem Güterverkehrsaufkommen die Funktionsform $y_t = -758{,}689 + 1{,}024 \cdot y_{t-1} + e_t$. Sie führt zu einem Prognosewert für das Jahr 2000 von 291 916 Mio. tkm.

Gibt es eine andere Region, die bei der interessierenden Variablen einen lead gegenüber unserer Untersuchungsregion besitzt, so kann das Verfahren des **regionalen Vergleichs** eingesetzt werden. y sei wiederum die im Mittelpunkt der Untersuchung stehende, zu erklärende und zu prognostizierende Größe, die für einen Wirtschaftsraum 1 vorhergesagt werden soll. Die Ausprägungen der gleichen Variablen liegen für eine andere Region 2 vor, die einen lead gegenüber dem Raum 1 aufweist. Zum Zeitpunkt t ist im Raum 1 ein Niveau der Variablen y erreicht, das in der Region 2 bereits zum Zeitpunkt t-n realisiert werden konnte. Beim Verfahren des regionalen Vergleichs wird nun unterstellt, daß zwischen den Zeitpunkten t und t_{prog}=T+h in der Region 1 die Entwicklung der Variablen y genauso weiterverlaufen wird, wie sie dies zwischen den Zeitpunkten t-n und t im Raum 2 getan hat.

$y_t^1 = f\left(y_{t-n}^2\right)$ bzw. bei linearer Verknüpfung $y_t^1 = \beta_0 + \beta_1 \cdot y_{t-n}^2 + u_t$.

Es ergibt sich damit ein maximales Prognoseintervall von t_{prog}–t. Je enger Regionen miteinander verflochten sind und je weniger ausgeprägt damit die lead-lag-Beziehungen sind, um so weniger eignet sich dieses Verfahren für langfristige Vorhersagen. Es kann dann lediglich noch für kurz- und mittelfristige Prognosen Anwendung finden.

177 Andere autoregressive Verfahren sind beispielsweise das exponential smoothing- und das ARIMA-Verfahren. Beide werden in gängigen ökonometrischen Lehrbüchern erläutert.

Das Verfahren des regionalen Vergleichs ist also dann besonders interessant, wenn von lead-lag-Strukturen beim betrachteten Kriterium zwischen Regionen ausgegangen werden kann und diese Beziehungen mindestens so groß sind wie das angestrebte Prognoseintervall. Beispielhaft sei hier erneut auf das Güterverkehrsaufkommen in Deutschland eingegangen. Haben beispielsweise die USA einen stabilen lead bei der Transportleistung je Einwohner, so kann das dortige Güterverkehrsaufkommen als Vorhersagewert für Deutschland genommen werden.

Die bisher vorgestellten Verfahren stellen „measurement without theory" dar. Sie sollen im folgenden um Analyse- und Prognoseverfahren ergänzt werden, die auf Theorien beruhen. Sie heißen theoriegestützt, weil die Wirkung y über mindestens eine Ursache x erklärt wird. In **Regressionsmodellen** [178] wird die zu erklärende Variable y in eine funktionale Beziehung mit erklärenden Variablen x_j gebracht ($y=f(x_j)$ mit $j=1,2,...m$). Um ein solches Regressionsmodell als Prognoseinstrument einsetzen zu können, muß die Ausprägung der erklärenden Variablen zum Prognosezeitpunkt bekannt sein. Will man sich nicht auf willkürlich gewählte Größen beschränken, ergibt sich das Problem der Vorhersage dieser Variablen (infiniter Regress). Dieser einschränkenden Voraussetzung steht allerdings der Vorteil des Hinweises auf den sinnvollen Einsatz von Instrumenten gegenüber. Sind die erklärenden Variablen x_j strategiefähig, so geben die geschätzten Regressionskoeffizienten Hinweise auf ihre Effizienz.

In fast allen Bereichen der Volkswirtschaft besitzt strategisches Verhalten der Wirtschaftsakteure eine besondere Bedeutung. Die Wissenschaft vom strategischen Denken wird **Spieltheorie** genannt. „Die Spieltheorie versucht, das rationale Entscheidungsverhalten in sozialen Konfliktsituationen abzuleiten, in denen der Erfolg des einzelnen nicht nur von den Aktionen anderer abhängt." [179] Man kann daher das strategische Verhalten von Akteuren auch oder gerade mit dem spieltheoretischen Instrumentarium ableiten, weil „die Spieltheorie als methodische Wissenschaft .. das formale Instrumentarium zur Analyse rationaler strategischer Interaktionen" [180] liefert. Wir wollen in diesem Lehrbuch nicht so sehr die mathematischen strengen Lösungen in den Vordergrund stellen, sondern die konkrete Anwendung von spieltheoretischen Lösungen und deren Implikationen für die Verkehrspolitik herausarbeiten.

„Entscheidungssituationen ..., die durch Interdependenzen zwischen Individuen und Unsicherheit charakterisiert sind, werden in der Spieltheorie untersucht. Grundsätzlich werden hinsichtlich der Darstellung

- Spiele in extensiver Form und
- Spiele in Normalform

---

178 Beispiele zu Regressionsmodellen finden sich in den Kapiteln III.1 –Definition und Aufgabenstellung der Verkehrsökonometrie– und III.5 –Ausgewählte Teilgebiete der Verkehrsökonometrie.

179 o.V. (1997), S. 3512.

180 Illing, Gerhard (1995), S. 509.

unterschieden. Im ersten Fall wird der vollständige Entscheidungsbaum abgebildet, im zweiten Fall wird eine summarische Beschreibung der Spielsituation in Matrixform gewählt.“ [181]

Die extensive Form bildet also detailliert die zeitliche Struktur ab, wobei sukzessiv die Entscheidungen der Akteure durch Knoten abgebildet werden. Der zweite Fall, auch als strategische Form bezeichnet, stellt dagegen die Ergebnisse aller Strategiekombinationen der Akteure dar. [182]

Eine der wesentlichen Aufgaben der Spieltheorie liegt darin, konkrete Lösungen für mögliche Konfliktsituationen (Spiele) zu liefern. „Ein rational handelnder Spieler sollte eine Gleichgewichtsstrategie im Sinne von Nash wählen ... . Ein Nash-Gleichgewicht ist ein Spielergebnis, bei dem keiner der rational handelnden Spieler einen Anreiz besitzt, bei gegebener Strategie des jeweils anderen Spielers seine Strategie zu ändern.“ [183] Formal läßt sich das Ergebnis dieser Strategiekombinationen s^* eines Nash-Gleichgewichts für jeden Akteur i wie folgt darstellen:

[9] $$U_i(s_i^*, s_j^*) \geq U_i(s_i, s_j^*), \quad s_i \in S \ .$$

Hierbei stellt S die Menge aller Strategien dar, über die der Akteur i verfügt, während s_j die Strategiekombination der Gegenakteure von i widerspiegelt.

Wir wollen uns nun im folgenden mit zwei Situationen beschäftigen, die besonders interessant für die Verkehrspolitik sind und die mit einem spieltheoretischen Instrumentarium Hinweise auf die Umsetzung von konkreten verkehrspolitischen Maßnahmen geben. [184] Es handelt sich dabei um nicht-kooperative „Spiele“, die davon ausgehen, daß alle Beteiligten individuell rational ihr Interesse verfolgen.

Im ersten Beispiel gibt es zwei Möglichkeiten, um von Berkeley nach San Francisco zu pendeln. Eine besteht darin, mit dem Pkw über eine Brücke zu fahren, und die zweite in der Benutzung eines Nahverkehrszugs. Dieser Zug braucht immer ca. 40 min, die belastungsunabhängig sind, da die Waggonzahl variiert werden kann. Über die Brücke braucht man mit dem Pkw ohne Belastung 20 min, und für zusätzlich 2 000 Autos (pro Std.) erhöht sich die Fahrzeit für jeden Fahrer um 10 min. [185] Wie werden sich nun 10 000 Pendler der Hauptverkehrszeit aufteilen, wenn sich jeder Pendler individuell rational verhält? Oder anders ausgedrückt: Welche Strategie (Verkehrsmittelbenutzung) ist für jeden Pendler optimal, die seine eigene Fahrzeit minimiert? Das Gleichgewicht

181 Weise, Peter u.a. (1991), S. 78.

182 Vgl. Illing, Gerhard (1995), S. 509; dort kann man auch für ein Beispiel beide Darstellungsformen gut nachvollziehen. Im Kapitel „Prozeßpolitik“ finden sich ebenfalls Beispiele für die strategische Form.

183 Weise, Peter u.a. (1991), S. 80.

184 Diese beiden Beispiele wurden entnommen: Dixit, Avinash; Nalebuff, Barry (1997), S. 222–225 bzw. S. 231–234. Dieses Buch gibt eine gute Einführung in die Spieltheorie (auf die Mathematik wurde vollkommen verzichtet).

185 Wir haben hier eine lineare capacity-restrained-Funktion vorliegen, die die Form $T_{(M)}=T_0+T_0 \cdot (M/4000)$ besitzt.

ist im gewählten Beispiel leicht zu erfassen; es liegt dann vor, wenn 40% den Pkw und 60% den Zug nutzen. In diesem Zustand braucht jeder Pendler 40 min, egal ob er das Auto oder den Zug nutzt. Dieses Ergebnis ist folglich das Gleichgewicht des Spiels im Sinne eines Nash-Gleichgewichts, da sich niemand besser stellen kann, wenn er sein Verkehrsmittel wechselt. Die Herleitung kann sehr einfach erfolgen. Geht man von einem Extremzustand aus, in dem alle Pendler das Auto nutzen, so benötigt jeder Pendler 70 min. In diesem Zustand ist es offensichtlich für die Pendler rationeller (sie können Zeit sparen), wenn sie auf den Zug umsteigen, und erst im Gleichgewichtszustand gäbe es keinen Anreiz mehr zu wechseln. Auch graphisch läßt sich das Ergebnis leicht herleiten. In der Abbildung 30 ist auf der Abszisse die Pendlerzahl und auf den beiden Ordinaten die Fahrzeiten abgetragen. Die steigende Linie repräsentiert die Pkw-Fahrzeit bei entsprechender Belastung, während die flache Linie die konstante Zugfahrzeit zeigt.

Abbildung 30: Pendler

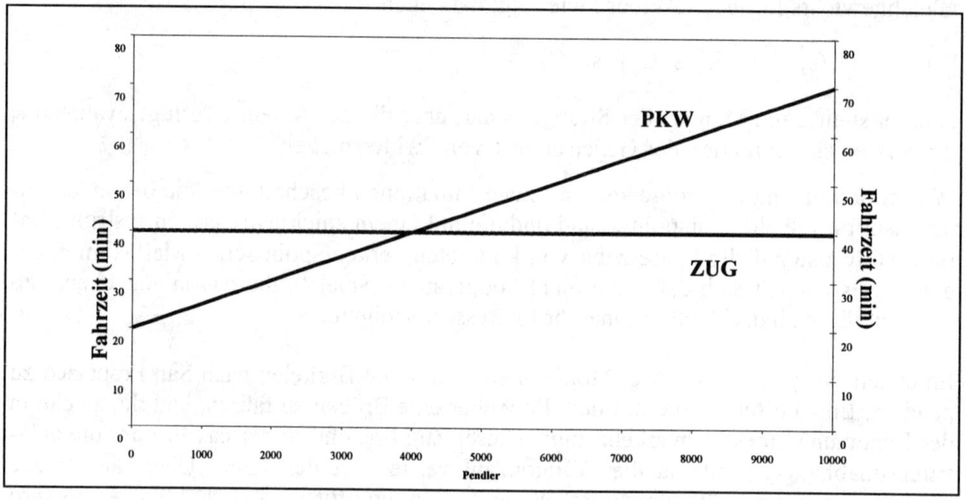

Quelle: Eigene Darstellung

Der Schnittpunkt stellt nun das Gleichgewicht dar, da dort für alle Pendler die gleiche Pendelzeit möglich ist, und zwar bei 4 000 Pkw-Pendlern und den komplementären 6 000 Zug-Pendlern. Allerdings ergibt sich weiter die Frage, ob die auf individuellen rationalen Entscheidungen basierende Gleichgewichtslösung für das Kollektiv insgesamt am günstigsten ist. Mit den gemachten Annahmen nicht! Im Gleichgewicht benötigt jeder Pendler 40 min, was einer Gesamtpendelzeit von 400 000 min entspricht. Würden nun 2 000 Pkw-Pendler auf den Zug umsteigen, so beträgt die Gesamtfahrzeit der jetzt 8 000 Zug-Pendler 320 000 min. Die restlichen 2 000 Pkw brauchen jeweils 30 min, also insgesamt 60 000 min. Beide zusammengenommen ergeben also eine Fahrzeiteinsparung von 20 000 min [186] gegenüber dem ermittelten Gleichgewicht. Im Ergeb-

186 Dieses Aufteilungsverhältnis bildet die niedrigste Gesamtpendelzeit Z, was sich einfach zeigen läßt:

nis sehen wir, daß individuell rationale Verhaltensweisen hier nicht zum bestmöglichen Ergebnis führt.

Eine Lösungsmöglichkeit bietet sich, wenn die Fahrzeit mit einem Preis bewertet wird. Nehmen wir an, für jeden Pendler hat eine Stunde den Wert von 24 DM, was aufgrund von Opportunitätskosten bedeutet, daß man bereit wäre, 24 DM für die Einsparung von einer Stunde zu zahlen. Unterstellen wir weiter – die sicherlich unrealistische Annahme –, daß der Fahrpreis zwischen Berkeley und San Francisco für Pkw und Zug identisch ist [187], dann müßte eine Maut von 4 DM für die Benutzung der Brücke erhoben werden. Mit dieser Situation bildet sich das gesamtwirtschaftliche Optimum heraus, da Pendler bereit wären, für die Zeiteinsparung zu zahlen. Benutzen 2 000 Pkw-Pendler die Brücke, benötigen sie jeweils 30 min und zahlen 4 DM, was im Hinblick auf den Nutzen identisch mit der Pendelzeit der anderen 8 000 Pendler von 40 min ist. Dieser Zustand ist wieder stabil, da die effektiven Gesamtkosten gleich hoch sind, so daß niemand einen Anreiz hat, das Verkehrsmittel zu wechseln. Zu ähnlichen Ergebnissen kommt man, wenn die Brücke privatisiert wird. In diesem Zustand wird der Eigentümer seine Einnahmen maximieren, indem er versucht, das Maximum an einzusparender Zeit anzubieten, für das die Nutzer bereit sind zu zahlen. Allerdings sollten auch nicht die mit diesen Implikationen verbundenen Kosten und Schwierigkeiten übersehen werden. Solche Regelungen erfordern Kontrollen, die wiederum den gewünschten Effekt überkompensieren können, so daß der ursprüngliche Zustand, trotz Ineffizienz, am besten sein kann.

Das zweite Beispiel, das ebenfalls mit dem spieltheoretischen Instrumentarium dargestellt wird, geht der Frage nach, ob man sich als Autofahrer an ein Tempolimit halten sollte. Die Beantwortung wird durch eine Spielsimulation mit individuell rationalen Strategien gegeben, wobei die einzelne Entscheidung mit allen anderen Teilnehmerentscheidungen in Wechselbeziehung steht. Es gibt für jeden Autofahrer zwei Entscheidungen, nämlich sich an das Limit zu halten oder schneller zu fahren. Schauen wir uns die Situation an, in der sich keiner an das Tempolimit hält, dann ist es für den einzelnen besser, ebenfalls schneller zu fahren, da es sicherer ist, sich dem allgemeinen Tempo anzupassen, und man in der Masse nicht so leicht „erwischt“ wird. Im umgekehrten Zustand gilt demzufolge die entgegengesetzte Argumentation; alle halten sich dann an das Tempolimit. Im Gegensatz zu dem Beispiel mit den Pendlern zwischen Berkeley und San Francisco werden hier die beiden Extremzustände immer attraktiver, je mehr Akteure in diese Richtung tendieren. Wenn alle zu schnell fahren, ist es sicherer, ebenfalls zu schnell zu fahren, und wenn sich alle an das Gesetz halten, will niemand der erste sein, der beschleunigt (was man auch als first-mover-disadvantage bezeichnen kann). Während die Pendler zu einem Gleichgewicht in der Mitte konvergieren, führt dieses Beispiel zu den zwei möglichen Extremen als Gleichgewichtszustände.

$Z=40 \cdot (10\,000-x)+x \cdot [20+20 \cdot (x/4\,000)]$; mit x als Pkw-Pendler. Wird die erste Ableitung gebildet und gleich Null gesetzt, erhält man als Ergebnis: x=2 000.

187 Dies vereinfacht die Lösung. Ohne diese Annahme beträgt die Maut 4 DM über dem Zugfahrkartenpreis.

Welche Konsequenzen ergeben sich aus diesen spieltheoretischen Erkenntnissen? Damit ein Tempolimit eingehalten wird, muß sich die kritische Masse der Autofahrer gesetzestreu verhalten. Durch kurze Phasen harter Überwachung mit scharfen Strafen kann diese kritische Masse zum gewünschten Verhalten angehalten werden, so daß durch die Eigendynamik eine vollständige Gesetzestreue erreicht wird. Dieses Vorgehen ist wesentlich effizienter, als den selben Aufwand mit geringerer Überwachungsintensität über einen längeren Zeitraum zu verteilen.

Das Charakteristikum von **Optimierungsmodellen** ist die Existenz einer Zielfunktion, die im Rahmen des gewählten Modells maximiert oder minimiert werden soll. Restriktive Nebenbedingungen verhindern, daß die gewählte Zielgröße gegen ∞ oder 0 konvergiert. Die ermittelte Lösung gibt Hinweise auf

- die erreichbare Ausprägung der Zielgröße,
- die Entwicklungsengpässe, die einen noch günstigeren Wert der Zielgröße verhindern,
- die Zielgrößenveränderung, die mit der Beseitigung der Entwicklungsengpässe verbunden ist.

Solche Optimierungsaufgaben können mit Hilfe der linearen und –komplizierter– der nicht-linearen Planungsrechnung [188] sowie der Kontrollrechnung [189] gelöst werden. Hier sei ein einfaches Beispiel vorgestellt, das mit Hilfe der linearen Planungsrechnung gelöst werden kann. Ausgangspunkt ist ein größerer Raum (etwa Deutschland), der in Verkehrszellen (etwa Kreise) unterteilt wird. Für jede dieser geographisch angegrenzten Räume wird ein Schwerpunkt definiert und unterstellt, „daß der aus der Zelle austretende Verkehr (Quellverkehr) an der Stelle des Schwerpunkts entspringt und in die Zelle eintretende Verkehr (Zielverkehr) an der Stelle des Schwerpunkts endet“ [190].

Hier wird beispielhaft eine Unterteilung in sechs Verkehrszellen unterstellt, die mit $I_i \left(i = 1,2,\ldots,6\right)$ bezeichnet werden; ihre Zentren heißen Z_i. Die Menge der Verkehrsbewegungen, die in der Zelle I_i ihren Ursprung haben (Quellregion) und in I_j enden (Zielregion), sei mit F_{ij} bezeichnet. Die Gesamtmenge aller zwischen den Verkehrszellen eines Gesamtraumes durchgeführten Fahrten ist dann

$$F = \sum_{i=1}^{n} \sum_{j=1}^{n} F_{ij} \text{ für } i \neq j .$$

Der zwischen den Zellen existierende Verkehr wird über Trassen abgewickelt, die sich in Form von Graphen darstellen lassen. Ein Graph ist ein Netzwerk aus Knoten und sie verbindenden Strecken, die in der Graphentheorie Kanten heißen. Knoten sind in einem Verkehrsbeziehungen ausdrückenden Graphen die Punkte, die dem Verkehrsteilnehmer den Übergang von einer Kante auf eine andere ermöglichen. Beim Individualverkehr ist

188 Eine ausführliche Beschreibung dieser Methoden findet sich bei Müller-Merbach, Heiner (1970), S. 87-188, und Feichtinger, Gustav; Hartel, Richard F.(1986).

189 Le Blanc, L.J.; Rothengatter, Werner (1982), S. 85.

190 Vgl. Fußnote 189.

dies eine Kreuzung, im öffentlichen Verkehr eine Umsteigemöglichkeit. Zwischen den Zentren der Verkehrsregionen bestehen Trassen, wie sie aus der nachstehenden Graphik hervorgehen.

Abbildung 31: Strecken zwischen den betrachteten Zentren und Knoten

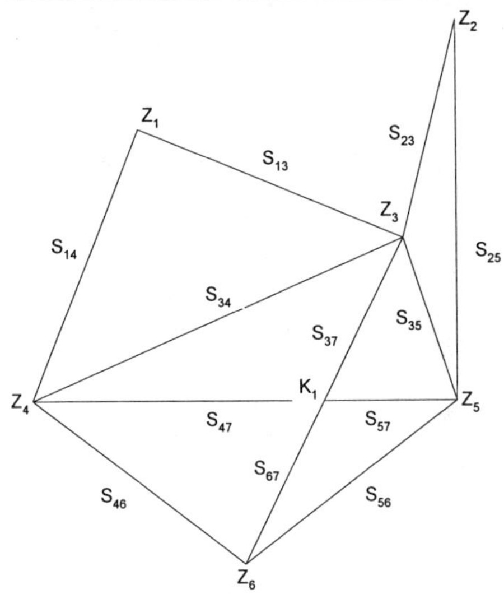

Quelle: Eigene Darstellung

Bestimmte Zentren sind direkt miteinander verbunden (etwa Z_3 und Z_5), andere erfordern die Durchfahrt eines dritten Zentrums (etwa von Z_1 nach Z_2 über Z_3). Die Z_3 und Z_6 sowie Z_4 und Z_5 verbindenden Trassen treffen sich in K_1; hier ist ein Übergang möglich. Damit besteht das Modell aus 7 Knoten (Z_1–Z_6, K_1) und 12 Kanten (S_{13}–S_{67}).

Will man von einer Verkehrszelle zu einer anderen fahren, so sind unterschiedliche Fahrtrouten möglich. Eine Fahrt von Z_1 nach Z_6 kann beispielsweise auf den aus mehreren Kanten zusammengesetzten Fahrtrouten

$$S_{14} + S_{46}$$
$$S_{13} + S_{37} + S_{67}$$
$$S_{13} + S_{35} + S_{56}$$
$$S_{14} + S_{34} + S_{37} + S_{67}$$
$$S_{14} + S_{47} + S_{67}$$

usw.

durchgeführt werden.

Will man aus diesen Möglichkeiten die optimale Route auswählen, so bedarf es zunächst der Festlegung einer Zielfunktion. Hier wird der Wunsch nach Minimierung der Fahrzeit unterstellt; alternativ können auch Distanzen oder Fahrtkosten angesetzt werden. In unserem kleinen Modell möge von folgenden Fahrzeiten ausgegangen werden:

Abbildung 32: Fahrzeiten zwischen den betrachteten Zentren und Knoten

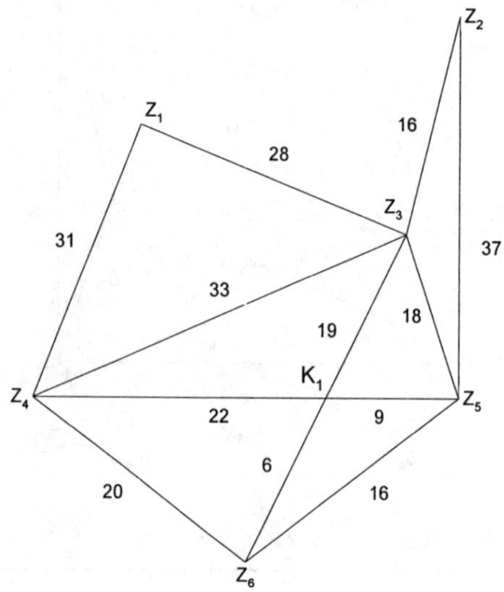

Quelle: Eigene Darstellung

Beispielhaft beträgt die Fahrzeit F_{31} zwischen den Zentren Z_1 und Z_4 31.

Zur Bestimmung der optimalen Routen zwischen den Verkehrszellen sind unterschiedliche Lösungsalgorithmen möglich. [191] Bei überschaubaren Problemen bieten sich heuristische Verfahren an, bei komplexeren Entscheidungssituationen muß auf anspruchsvollere Algorithmen wie die dynamische Planungsrechnung zurückgegriffen werden. Auf sie wird hier Bezug genommen, um die optimale Route zwischen den Zentren Z_1 und Z_6 zu bestimmen. Der Ansatz besteht aus der Zielbeziehung und den Nebenbedingungen, wie sie aus Tabelle 50 hervorgehen.

191 Vgl. Domschke, Wolfgang (1972).

Tabelle 50: Optimale Route für eine Fahrt von Z_1 nach Z_6 ohne Berücksichtigung von Kapazitätsengpässen

Ausgangsgrößen	F_{14}	F_{13}	F_{23}	F_{32}	F_{34}	F_{43}	F_{37}	F_{73}	F_{35}	F_{53}	F_{25}	F_{52}	F_{47}	F_{74}	F_{57}	F_{75}	F_{67}	F_{76}	F_{46}	F_{64}	F_{56}	F_{65}	
Zielbeziehung	31	28	16	16	33	33	19	19	18	18	37	37	22	22	9	9	6	6	20	20	16	16	→Minimum
Nebenbedingungen	1	1	0	0	0	0	0	0	0	0	0	0	0	0	0	0	0	0	0	0	0	0	=1 [192]
	0	0	-1	1	0	0	0	0	0	0	-1	1	0	0	0	0	0	0	0	0	0	0	=0 [193]
	0	1	1	-1	-1	1	-1	1	-1	1	0	0	0	0	0	0	0	0	0	0	0	0	=0 [194]
	1	0	0	0	1	-1	0	0	0	0	0	0	-1	1	0	0	0	0	-1	0	0	0	=0 [195]
	0	0	0	0	0	0	0	0	1	-1	1	-1	0	0	-1	1	0	0	0	0	-1	0	=0 [196]
	0	0	0	0	0	0	1	-1	0	0	0	0	1	-1	1	-1	0	-1	0	0	0	0	=0 [197]

Legende:
F_{ij} = Fahrtzeit zwischen i und j

Quelle: Eigene Zusammenstellung

192 Ausdruck der Tatsache, daß die Fahrt von 1 nach 6 entweder auf der Strecke S_{14} oder der Strecke S_{13} beginnen muß.

193 Ausdruck der Tatsache, daß eine in Z_2 ankommende Fahrt auch mit einer Weiterfahrt verbunden sein muß, um von 1 nach 6 zu gelangen.

194 Ausdruck der Tatsache, daß eine in Z_3 ankommende Fahrt auch mit einer Weiterfahrt verbunden sein muß, um von 1 nach 6 zu gelangen.

195 Ausdruck der Tatsache, daß eine in Z_4 ankommende Fahrt auch mit einer Weiterfahrt verbunden sein muß, um von 1 nach 6 zu gelangen.

196 Ausdruck der Tatsache, daß eine in Z_5 ankommende Fahrt auch mit einer Weiterfahrt verbunden sein muß, um von 1 nach 6 zu gelangen.

197 Ausdruck der Tatsache, daß eine in K_1 ankommende Fahrt auch mit einer Weiterfahrt verbunden sein muß, um von 1 nach 6 zu gelangen.

Die Zielbeziehung besteht aus der Fahrzeit zwischen den einzelnen Knoten, die es zu minimieren gilt. Bei den Nebenbedingungen sind zwei Arten von Beziehungen zu berücksichtigen. Zum einen soll die optimale Route für **eine** Fahrt von Z_1 nach Z_6 errechnet werden. Hierbei müssen die Anfangsstrecken S_{14} oder S_{13} benutzt werden, so daß die Summe von F_{14} und F_{13} gleich 1 zu setzen ist. Zum anderen muß für jeden Knoten außer dem Quell- und dem Zielknoten der eingehende gleich dem ausgehenden Verkehrsfluß sein. Die Summe der Fahrten muß damit Null werden. Gehen wir beispielsweise davon aus, daß zunächst eine Fahrt von Z_1 nach Z_4 durchgeführt worden ist; F_{14} nimmt damit die Ausprägung 1 an. Das in Z_4 angekommene Fahrzeug muß anschließend weiterfahren, damit der Passagier in seinem gewünschten Zielbahnhof Z_6 ankommt. Eine solche Weiterfahrt ist prinzipiell in Richtung Z_3, K_1 oder Z_6 möglich. Deshalb muß entweder F_{34}, F_{47} oder F_{46} den Wert 1 annehmen. Die anderen Ausgangsgrößen in dieser Beziehung werden Null. Multipliziert man anschließend die Koeffizienten der Nebenbedingungen mit den Ausprägungen der Ausgangsgrößen, muß sich als Summe Null ergeben. Nach Durchführung des Lösungsalgorithmuses errechnet sich F_{14} und F_{46} mit 1; die übrigen F_{ij} sind 0. Der Wert der Zielfunktion wird –51. Die optimale Route läuft damit von Z_1 über Z_4 nach Z_6 und ist mit einer Fahrzeit von 51 verbunden.

Exkurs

Das bisherige Modell der optimalen Fahrtrouten ging von der (unrealistischen) Annahme aus, daß die Trassen unbegrenzte Kapazitäten haben. Im folgenden sollen Kapazitätsengpässe mit in das Modell aufgenommen werden.

Fortführung des Beispiels:

Auf den im Modell berücksichtigten 12 Strecken *S_{13}...S_{67} mögen noch folgende freie Kapazitäten (etwa Autos oder Züge pro Tag) bestehen:*

Strecke	freie Kapazität
S_{14}	5
S_{13}	9
S_{23}	17
S_{34}	11
S_{37}	0
S_{35}	4
S_{25}	23
S_{47}	6
S_{57}	6
S_{67}	7
S_{46}	10
S_{56}	19

Es sollen 18 zusätzliche Verkehrsbewegungen zwischen den Zentren Z_1 und Z_6 durchgeführt werden. Ist diese Menge im bestehenden Verkehrsnetz abwickelbar, wenn ein maximaler Umweg von 50% gegenüber der bisherigen Fahrtroute noch als vertretbar angesehen wird?

Damit ist die Frage nach dem maximal möglichen Verkehrsfluß im bestehenden Netz angesprochen. Sie läßt sich mit Hilfe des Programms der linearen Optimierung beantworten [198].

Ziel ist es, den Verkehrsfluß von Z_1 nach Z_6 zu maximieren. Als Lösungsalgorithmus bietet sich erneut die dynamische Planungsrechnung an, die in ihrem Aufbau und ihrem Ergebnis aus der Tabelle 51 hervorgeht.

Da der von Z_1 nach Z_6 laufende Verkehr entweder über die Strecke S_{13} oder S_{14} abgewickelt werden muß, bietet es sich an, die zusätzlichen Verkehrsbewegungen über diese beiden Strecken zu maximieren. Hieraus resultiert die aus Tabelle 51 hervorgehende Zielbeziehung. Die Nebenbedingungen 1 bis 5 wurden bereits in der Tabelle 50 berücksichtigt und drücken aus, daß in jedem Durchgangsknoten die Menge der hereinfließenden gleich der Menge der herausfließenden Verkehrsbewegungen sein muß. Zusätzlich werden die auf den einzelnen Strecken bestehenden Kapazitätsengpässe durch Ungleichen in das Modell mit aufgenommen. Die zwischen zwei Knoten zusätzlich induzierten Fahrten können höchstens so groß sein, wie die auf diesen Strecken bestehende freie Kapazität.

Diese Überlegungen führen zur Tabelle 51.

[198] wenn die Nebenbedingungen –wie hier– linear sind. Geht man etwa von Geschwindigkeitsfunktionen aus (vgl. Kapitel II.2.3.1 –Betriebskosten der Verkehrsmittel–), muß auf Kontrollrechnungen zurückgegriffen werden. In einfachen Fällen genügen aber auch graphische Hilfsverfahren, wie sie im Kapitel III.4.5 –Verkehrsumlegung– genutzt werden.

Tabelle 51: Optimale Routen bei Maximierung der Fahrten von Z_1 nach Z_6 mit Berücksichtigung von Kapazitätsengpässen

	F_{14}	F_{13}	F_{23}	F_{32}	F_{34}	F_{43}	F_{37}	F_{73}	F_{35}	F_{53}	F_{25}	F_{52}	F_{47}	F_{74}	F_{57}	F_{75}	F_{67}	F_{76}	F_{46}	F_{64}	F_{56}	F_{65}		
Ausgangsgrößen																								
Zielbeziehung	-1	-1	0	0	0	0	0	0	0	0	0	0	0	0	0	0	0	0	0	0	0	0	$\Rightarrow$ Maximum[199]	
Nebenbedingungen[200] (zusätzlich zu Tabelle 50)																								
	1	0	0	0	0	0	0	0	0	0	0	0	0	0	0	0	0	0	0	0	0	0	$\leq$	5
	0	1	0	0	0	0	0	0	0	0	0	0	0	0	0	0	0	0	0	0	0	0	$\leq$	9
	0	0	1	0	0	0	0	0	0	0	0	0	0	0	0	0	0	0	0	0	0	0	$\leq$	17
	0	0	0	1	0	0	0	0	0	0	0	0	0	0	0	0	0	0	0	0	0	0	$\leq$	17
	0	0	0	0	1	0	0	0	0	0	0	0	0	0	0	0	0	0	0	0	0	0	$\leq$	11
	0	0	0	0	0	1	0	0	0	0	0	0	0	0	0	0	0	0	0	0	0	0	$\leq$	11
	0	0	0	0	0	0	1	0	0	0	0	0	0	0	0	0	0	0	0	0	0	0	$\leq$	0
	0	0	0	0	0	0	0	1	0	0	0	0	0	0	0	0	0	0	0	0	0	0	$\leq$	0
	0	0	0	0	0	0	0	0	1	0	0	0	0	0	0	0	0	0	0	0	0	0	$\leq$	4
	0	0	0	0	0	0	0	0	0	1	0	0	0	0	0	0	0	0	0	0	0	0	$\leq$	4
	0	0	0	0	0	0	0	0	0	0	1	0	0	0	0	0	0	0	0	0	0	0	$\leq$	23
	0	0	0	0	0	0	0	0	0	0	0	1	0	0	0	0	0	0	0	0	0	0	$\leq$	23
	0	0	0	0	0	0	0	0	0	0	0	0	1	0	0	0	0	0	0	0	0	0	$\leq$	6
	0	0	0	0	0	0	0	0	0	0	0	0	0	1	0	0	0	0	0	0	0	0	$\leq$	6
	0	0	0	0	0	0	0	0	0	0	0	0	0	0	1	0	0	0	0	0	0	0	$\leq$	6
	0	0	0	0	0	0	0	0	0	0	0	0	0	0	0	1	0	0	0	0	0	0	$\leq$	6
	0	0	0	0	0	0	0	0	0	0	0	0	0	0	0	0	1	0	0	0	0	0	$\leq$	7
	0	0	0	0	0	0	0	0	0	0	0	0	0	0	0	0	0	1	0	0	0	0	$\leq$	7
	0	0	0	0	0	0	0	0	0	0	0	0	0	0	0	0	0	0	1	0	0	0	$\leq$	10
	0	0	0	0	0	0	0	0	0	0	0	0	0	0	0	0	0	0	0	1	0	0	$\leq$	10
	0	0	0	0	0	0	0	0	0	0	0	0	0	0	0	0	0	0	0	0	1	0	$\leq$	19
	0	0	0	0	0	0	0	0	0	0	0	0	0	0	0	0	0	0	0	0	0	1	$\leq$	19

Legende:
F_{ij} = Fahrten zwischen i und j

Quelle: Eigene Zusammenstellung

199 Die Menge der Fahrten von 1 nach 6 ist zu maximieren.

200 Ausdruck der noch freien Kapazitäten auf den einzelnen Strecken.

Der Wert der Zielfunktion nimmt den Wert 14 an, d.h. im bestehenden Verkehrswegenetz können noch 14 zusätzliche Verkehrsbewegungen zwischen Z_1 und Z_6 durchgeführt werden. Die Werte für die einzelnen F_{ij} zeigen dann, über welche Strecken sie durchgeführt werden. Es ist $F_{14}=5$, $F_{13}=9$, $F_{34}=5$, $F_{35}=4$, $F_{46}=10$ und $F_{56}=4$. Die 14 zusätzlichen Fahrten verlaufen damit wie folgt:

Abbildung 33: Zusätzliche Fahrten von Z_1 nach Z_6

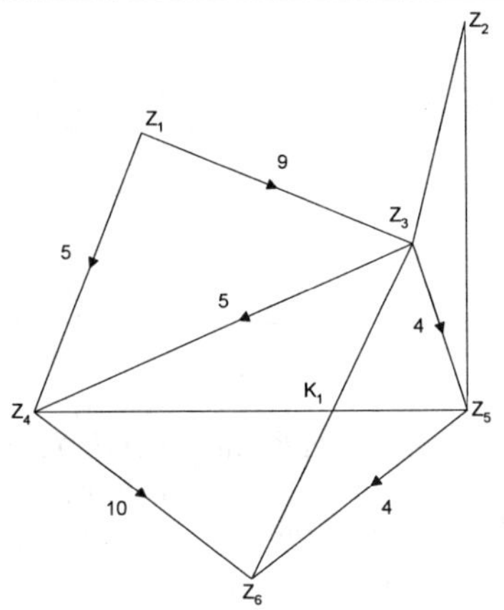

Quelle: Eigene Darstellung

Die auf den einzelnen Strecken jetzt noch bestehenden freien Kapazitäten gehen ebenfalls aus der Endlösung hervor; Auskunft hierüber geben sog. Schlupfvariable, die in den Ungleichungen der Nebenbedingungen eingeführt werden, um aus ihnen Gleichungen werden zu lassen. Die noch freien Kapazitäten für alle betrachteten Trassen wird durch die folgende Abbildung ausgedrückt:

Abbildung 34: Weiterhin noch freie Kapazitäten

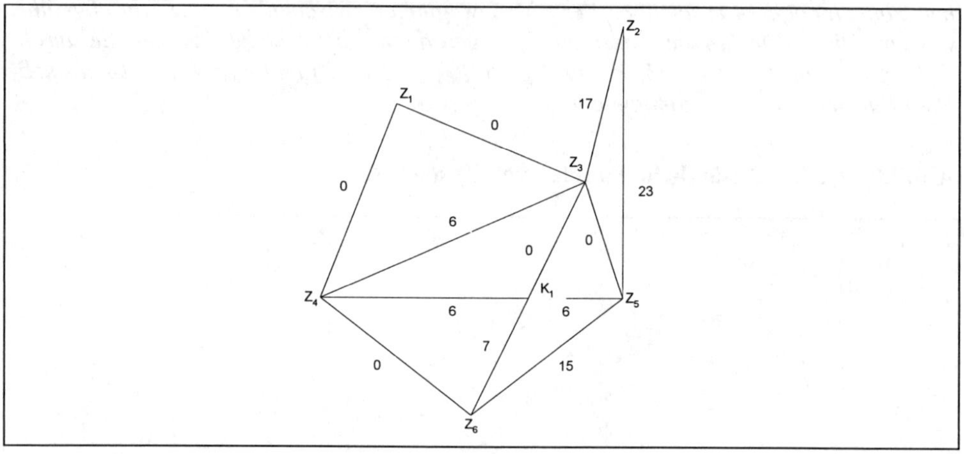

Quelle: Eigene Darstellung

Die Zielfunktion der Endlösung macht außerdem deutlich, durch welche Maßnahmen im bestehenden Netz eine zusätzliche Abwicklung von Verkehr möglich wäre. Wird die der Strecke S_{14} zugehörige Schlupfvariable um eine Einheit vergrößert, so erhöht sich hierdurch die Kapazität des Verkehrsnetzes für Bewegungen zwischen Z_1 und Z_6 ebenfalls um eine Einheit. Die gleiche Aussage gilt für einen Ausbau von S_{13}.

Zeitminimierungs- und Kapazitätsmaximierungsmodelle lassen sich auch kombinativ einsetzen. Dazu ist die Zielfunktion der Tabelle 49 zu übernehmen. Aus der Tabelle 49 ist ebenfalls die erste Nebenbedingung zu übernehmen, die aber gleich 14 (und nicht mehr gleich 1) gesetzt wird, da nicht nur eine, sondern 14 Fahrten zwischen Z_1 und Z_6 durchgeführt werden sollen. Die übrigen Nebenbedingungen sind mit jenen der Tabelle 50 identisch. Dabei zeigt sich, daß die vier in Z_5 ankommenden Fahrten über K_1 nach Z_6 geführt werden sollten, da die hiermit verbundene Fahrzeit geringer ist als bei der direkten Verbindung zwischen Z_5 und Z_6. Die Fahrzeit für die 14 Fahrten beträgt 904 (Wert der Zielfunktion). Würde die Menge der Fahrten um eine Einheit reduziert werden, würde hierdurch eine Kosteneinsparung von 81 (Wert unter der Schlupfvariablen) eintreten. Hierbei handelt es sich um die kostenintensivsten Trassen S_{13}, S_{34} und S_{46}. Da die mit dieser Trasse verbundenen Kosten über dem zulässigen Grenzwert von 76 Einheiten liegt,[201] *ist sie betriebswirtschaftlich nicht rentabel und scheidet damit aus dem Kalkül aus. Verbunden damit ist ein Rückgang an Verkehrsbewegungen von 5 Fahrten.*

Die Werte unter anderen Schlupfvariablen zeigen an, welche Kostenersparnis sich gegenüber der teuersten Trasse bei alternativer Routenwahl ergeben würde. Wird nicht über die Trassen S_{13} und S_{34}, sondern über die Trasse S_{14} gefahren, ergibt sich eine Kostenersparnis von 30 Einheiten.

201 Gefordert wurde in der Aufgabenstellung, daß der Umweg maximal um 50% über dem Wert der besten Fahrroute (= 51) liegt.

Die dritte zu berücksichtigende Route führt gegenüber der teuersten Trasse zu einem Kostenrückgang um 20 Einheiten. Wegfallen würde jetzt die Benutzung der Strecken S_{34} und S_{46}. Diese Route würde ersetzt durch eine Fahrt über S_{35}, S_{57} und S_{67}.

Von den drei im Rahmen der Kostenminimierung betrachteten Trassen sind damit zwei betriebswirtschaftlich rentabel, eine dagegen nicht. Daher werden die Verkehrsbewegungen zwischen Z_1 und Z_6 nicht auf den technisch möglichen Wert von 14 erhöht, sondern lediglich um 9 Einheiten.

III.2.3 Einteilung nach Modelltypen

Die BASYS –Beratungsgesellschaft für angewandte Systemforschung– hat eine weitere Einteilung von Verkehrsmodellen vorgenommen.[202] Dabei wird zunächst in verhaltensorientierte und nicht-verhaltensorientierte Verkehrsmodelle differenziert, also danach, ob die Modelle in der Lage sind Verhaltensänderungen der Verkehrsakteure abzubilden oder nicht. Die Unterschiede zwischen beiden Modelltypen sind nicht immer stringent und die Grenzen sind fließend. Aufbauend auf diese erste Unterteilung läßt sich daher folgende Systematik darstellen:[203]

Verhaltensorientierte Modelle
- Ökonomische Modelle
- Wahlverhaltensmodelle
- Sozioökonomische und demographische Modelle
- Aktivitäts- und situationsorientierte Modelle
- Dynamische Mikromodelle (Panels)

Nicht-verhaltensorientierte Modelle
- Planungsmodelle
- Technische Modelle

Wir beschränken uns hier auf die detaillierte Diskussion der Planungsmodelle und geben nur einen kurzen Überblick über verhaltensorientierte Modelle. Dies geschieht aus mehreren Gründen. Zunächst ist, wie schon angedeutet, eine eindeutige Unterteilung in die oben angeführten Modellbezeichnung nicht immer möglich. Zweitens wird mit den Verkehrsplanungsmodellen ein Spektrum abgedeckt, in dem z.B. auch das Wahlverhalten eingeht. Drittens sind gerade die Verkehrsplanungsmodelle besonders für ökonometrische Fragestellungen mit ökonomischen Hintergrund geeignet.

202 Vgl. im folgenden Beratungsgesellschaft für Angewandte Systemforschung (BASYS) (1992).

203 Hier sind nur die wichtigsten Modelle aufgeführt. Es lassen sich noch weitere Modelltypen anführen, wie z.B. Trendverfahren und Präferenzverfahren, die aber indirekt in den hier dargestellten enthalten sind.

Beginnen wollen wir mit den verhaltensorientierten Modellen und deren erste Kategorie, die **ökonomischen Modelle**. Hierbei handelt es sich um Modelle, die auf ökonomischen Determinanten aufbauen.

„Ökonomische Modelle zeichnen sich ... dadurch aus, daß sie sich um die ökonomischen Bestimmungsgründe des Verkehrsgeschehens bemühen.“ [204]Typische Beispiele sind einfache Nutzenfunktionen[205]

[10] $U = f(x, v)$,

mit der Budgetrestriktion

[11] $E = x\, p_x + v\, p_v$
mit
v = Verkehrsnachfrage
x = Nachfrage nach anderen Gütern
E = Einkommen
U = Nutzen
p = Preis.

Aus diesen Zusammenhängen läßt sich das einfache Modell:

[12] $v = f(p_v, E)$

herleiten. Womit zum Ausdruck kommt, daß die Verkehrsnachfrage z.B. im motorisierten Individualverkehr vom Preis und individuellem Einkommen abhängt und dementsprechend so geschätzt werden kann.

Wesentlich umfangreicher sind dagegen Modelle mit komplexen Funktionalbeziehungen, wie etwa Produktionsfunktionen.

Nimmt man eine einfache Produktionsfunktion,

[13] $Y = f(K, L, A)$
mit
Y = Output
K = Kapital
L = Arbeitseinsatz
A = andere Inputfaktoren[206] (z.B. Verkehrsinfrastruktur),

und die dazugehörige Kostenfunktion,

[14] $C = C(P_k, P_a, Y, A)$,

wobei P_k die Kosten des Kapitals und P_a die Arbeitskosten darstellen. Die Kostenfunktion [14] erhält man durch

---

204 Beratungsgesellschaft für Angewandte Systemforschung (BASYS) (1992), S. 53.

205 Vgl. Beratungsgesellschaft für Angewandte Systemforschung (BASYS) (1992), S. 53.

206 Üblicherweise findet man explizit noch eine Zeitvariable als Proxy für den technischen Fortschritt. Aus Gründen der einfachen Darstellung wird hier jedoch darauf verzichtet.

[15] $C = P_k \cdot K + P_a \cdot L$

und der Produktionsfunktion [13] als Nebenbedingung.

Um die Kostenfunktion ökonometrisch zu schätzen, muß der Funktion eine explizite funktionale Form zugewiesen werden. Eine Möglichkeit bietet die Translog-Approximation zweiter Ordnung, die aufgrund ihrer mathematischen Konstruktion jede Variable mit jeder anderen und sich selbst in Beziehung setzt:[207]

$$
\begin{aligned}
[16]\quad \mathrm{LnC} = {} & \alpha_o+\alpha_K \ln P_k+\alpha_L \ln P_a+\alpha_Y \ln Y+\alpha_A \ln A \\
& +0{,}5\beta_{YY}(\ln Y)^2+\beta_{YK}\ln Y \ln P_k+\beta_{YL}\ln Y \ln P_a+\beta_{YA}\ln Y \ln A \\
& +0{,}5\beta_{KK}(\ln P_k)^2+\beta_{KL}\ln P_k \ln P_a+\beta_{KA}\ln P_k \ln A \\
& +0{,}5\beta_{LL}(\ln P_a)^2+\beta_{LA}\ln P_a \ln A \\
& +0{,}5\beta_{AA}(\ln A)^2
\end{aligned}
$$

oder in allgemeiner Form:

$$[17]\quad \ln Y = \alpha_0 + \sum_{i=1}^{n} \alpha_i \ln x_i + \sum_{i=1}^{n}\sum_{j=1}^{n} \beta_{ij} \ln x_i \ln x_j ; \text{ mit } \beta_{ij} = \beta_{ji}$$

für

$$Y = f(x_1, x_2, \ldots, x_n)$$

Aufgrund der doppelt-logarithmischen Gleichung können die partiellen Ableitungen als Elastizitäten interpretiert werden. Für den Verkehrsbereich besonders interessant ist z.B. der Zusammenhang zwischen (Verkehrs-)Infrastruktur und den Kosten der Produktion. Differenziert man die Kostenfunktion C partiell nach A,

$$[18]\quad s = \frac{\partial \ln C}{\partial \ln A} = \alpha_A + \beta_{YA} \ln Y + \beta_{KA} \ln P_k + \beta_{LA} \ln P_a + \beta_{AA} \ln A \ ,$$

so gibt das Ergebnis s an, um wieviel Prozent sich die Kosten ändern, wenn sich die Infrastrukturvariable um ein Prozent ändert. Üblicherweise kann man erwarten, daß der Regressionskoeffizient der (Verkehrs-)Infrastruktur ein negatives Vorzeichen besitzt, da die Bereitstellung einer zusätzlichen Einheit Infrastruktur die Kosten der privaten Produktionsunternehmen senken wird. [208]

Wahlverhaltensmodelle sind an täglichen Wahlentscheidungen interessiert, bei denen es z.B. um die Beantwortung der klassischen Fragestellung geht, ob eine Person ein bestimmtes Verkehrsmittel für einen bestimmten Verkehrszweck nutzt. Ganz konkret also, ob ein Berufspendler den Pkw oder ein öffentliches Verkehrsmittel für den täglichen

---

207 Vgl. z.B. Hengevoss, Tilman (1990), S. 91ff.

208 Eine empirische Anwendung einer ähnlichen Schätzung ist im Kapitel II.2.2.2.1 vorgestellt worden, wo Kosteneinsparungen für die Industriezweige durch die Nutzung von Bundesautobahnen abgeleitet sind.

Weg zur Arbeitsstätte wählt. Modelliert werden solche Entscheidungen überwiegend durch Logit- bzw. Probit-Modelle.

„**Sozioökonomische und demographische Modelle** führen das Verkehrsverhalten .. insbesondere auf die Zugehörigkeit zu bestimmten Bevölkerungsgruppen zurück.“[209] Unterstellt wird, daß Gruppen mit ähnlichen sozioökonomischen und demographischen Merkmalen (Berufstätigkeit, Alter, Geschlecht, Einkommen, Regionaltypen etc.) ein homogenes Verkehrsverhalten zeigen, das eindeutig überwiegend mit deskriptiven Analysen ermittelt werden kann.

Aktivitäts- und situationsorientierte Modelle ermitteln Verkehrsverhaltensparameter von Einzelpersonen oder Haushalten im Zusammenhang von Aktivitäten und/oder Situationen. Das Erkennen von Mustern der Verkehrsteilnehmer für bestimmte Aktivitäten –besonders deren verkehrliche Organisation– steht dabei im Vordergrund. Untersuchungsgegenstand dieser Modelle sind also die Besonderheiten und Strukturen spezifizierter Verkehrsentscheidungen (Wahl eines Verkehrsmittels), die bei Außerhausaktivitäten getroffen werden.

Das Wesentliche von **dynamischen Mikromodellen (Panels)** ist der ihnen innewohnende Längsschnittcharakter. Dynamische Mikromodelle analysieren das Verkehrsverhalten von Einheiten (Einzelpersonen, Haushalte) über einen längeren Zeitraum, wobei der Schwerpunkt auf den identischen Beobachtungseinheiten liegt. Sie ermöglichen auf dieser Grundlage die Modellierung von individuellen Veränderungen des Verkehrsverhaltens im Zeitablauf, und gehen somit über wiederholte Querschnittsanalysen hinaus.[210] Prinzipiell werden hier alle ökonometrischen Verfahren herangezogen.

Neben den weiter unten dargestellten Verkehrsplanungsprozessen –als Vierstufenmodell– werden **technische Modelle** zu den **nicht verhaltensorientierten** Modellen gezählt. Technische Modelle stellen funktionale Beziehungen zwischen der Verkehrsnachfrage und technischen Determinanten auf. So läßt sich beispielsweise der Motorisierungsgrad (M) mit der Beziehung

[19] $M = f(B, F)$

über die Prognose der Bevölkerung (B) und die Prognose der Führerscheininhaber (F) herleiten, wobei die erklärenden Variablen oft mit Hilfe von ökonometrischen oder zeitreihenanalytischen Verfahren geschätzt werden.

209 Beratungsgesellschaft für Angewandte Systemforschung (BASYS) (1992), S. 87.

210 Vgl. Beratungsgesellschaft für Angewandte Systemforschung (BASYS) (1992), S. 129.

III.3 Datengrundlage

Auf die Notwendigkeit einer sorgfältigen und gründlichen Datengewinnung und -aufbereitung kann man nicht oft genug hinweisen; Modellergebnisse „stehen und fallen“ mit den empirischen Grundlagen. Die Verkehrswissenschaft ist notwendigerweise auf empirische Daten angewiesen. Ohne sie sind keine Simulationen der komplexen verkehrlichen Abläufe möglich, Hypothesen und Theorien können nicht falsifiziert werden, und schließlich sind sie notwendige Voraussetzung für ökonometrische Modellierungen.

Die Verkehrsstatistik soll Informationen und Daten zum Verkehrsgeschehen bereitstellen. Zunächst ist nach den Trägern und Quellen der Verkehrsstatistik zu unterscheiden; danach kann in amtliche und nichtamtliche Statistik differenziert werden. Neben dem **Statistischen Bundesamt** Wiesbaden, das insbesondere mit der Fachserie 8 [211], dem Statistischen Jahrbuch, Verkehr aktuell und einzelnen Beiträgen in „Wirtschaft und Statistik“ Verkehrsdaten veröffentlicht, sind vor allem noch folgende Quellen und Institutionen zu nennen:

Bundesministerium für Verkehr, Bonn, Berlin

Kraftfahrt-Bundesamt, Flensburg

Bundesamt für Güterverkehr, Köln

Bundesanstalt für Straßenwesen, Bergisch-Gladbach

Verband Deutscher Verkehrsunternehmen (VDV), Köln,

Bundesverband der deutschen Binnenschiffahrt e.V., Berlin

Arbeitsgemeinschaft deutscher Verkehrsflughäfen, Stuttgart

Verband der Automobilindustrie, Frankfurt/Main

Die Verkehrsstatistik läßt sich nach einer Vielzahl von Kategorien unterteilen. Informationen über Verkehrsleistungen und -aufkommen, Fahrleistungen, Verkehrsinfrastrukturen, Verkehrsunfälle, mit dem Verkehr zusammenhängende Emissionen und Energieverbräuche sind die wichtigsten Erkenntnisgegenstände dieser Statistik.

Für einen Überblick über die vorhandenen und veröffentlichten Verkehrsstatistiken bietet es sich an, die Verkehrsstatistik anhand einer Systematik darzustellen. Die einzelnen Kategorien lassen sich wie folgt unterscheiden:

---

211 Die Fachserie 8 „Verkehr“ gliedert sich in die Reihe 1 (Güterverkehr der Verkehrszweige, ab 1993 eingestellt), Reihe 2 (Eisenbahnverkehr), Reihe 3 (Straßenpersonenverkehr), Reihe 4 (Binnenschifffahrt), Reihe 5 (Seeschiffahrt), Reihe 6 (Luftverkehr) und Reihe 7 (Verkehrsunfälle).

- Verkehrsarten (Personen- und Güterverkehr),
- Verkehrsträger (Straße, Schiene, Binnenwasserstraßen, See, Luft und Rohrfernleitungen),
- Periodizität (regelmäßig, jährlich etc.),
- regionale Abgrenzung (Gesamtraum, Teilräume).

Diese Kategorien stellen sozusagen nur einen groben Rahmen dar, denn sie lassen sich weiter unterteilen, so z.B. in Fahrtzwecke des Personenverkehrs, in sektorale Teileinheiten (Gütergruppen) des Güterverkehrs [212], um nur einige zu nennen.

Danach kann die Verkehrsstatistik nach der Art der Datengewinnung eingeteilt werden. Zwei zentrale Erhebungsarten sind besonders zu nennen, zum einen die Vollerhebung und zum anderen die Stichprobe. Anzuführen sind ferner Modellrechnungen, die mittels empirischer Daten Informationen bereitstellen. In Übersicht 7 ist eine Übersicht über verschiedene Kategorien der Verkehrsstatistik dargestellt, in der exemplarisch für die Kombinationen von Verkehrsträgern und Verkehrsarten einige Erkenntnisgegenstände aufgeführt sind. Dabei wird kein Anspruch auf Vollständigkeit erhoben, vielmehr können diese Beispiele nur einen eingeschränkten Überblick verschaffen, da sich diese Kreuztabellierung noch weiter fortführen läßt, so z.B. in unterschiedliche regionale Einheiten und Periodizität sowie in die Erhebungsart.

Übersicht 7: Systematik der Verkehrsstatistik

Verkehrsart / Verkehrsträger	Personenverkehr	Güterverkehr
Straße	z.B. Verkehrsleistung und –aufkommen, Fahrleistung, Infrastruktur, Unfälle, Energieverbrauch, Emissionen	z.B. transportierte Tonnen, Transportleistung
Schiene	z.B. Verkehrsleistung und –aufkommen, Streckenlänge	z.B. transportierte Tonnen, Transportleistung
Binnenwasserstraße	z.B. Passagiere	z.B Bestand an Schiffen, Länge der Binnenwasserstraßen
See	z.B. Passagiere	z.B. Frachtaufkommen (Ex- und Import)
Luft	z.B. Passagieraufkommen	z.B. Güterarten
Rohrfernleitungen	—	z.B. transportierte Menge

Quelle: Eigene Zusammenstellung

Im folgenden werden verkehrsstatische Informationen anhand der vorgestellten Kategorien aufgelistet. Diese Darstellung erhebt wiederum keinen Anspruch auf Vollständigkeit. Zunächst werden Beispiele für Vollerhebungen in Übersicht 8 aufgelistet.

212 Vgl. hierzu Kapitel I.1 –Verkehr und Mobilität–.

Übersicht 8: Veröffentlichungen des Statistischen Bundesamts

A. Eisenbahnstatistik

A.1 Eisenbahnstatistik (Bestandsstatistik) (ab 1951)

Unternehmen; tätige Personen, Verkehrseinnahmen, Streckenlängen und Einrichtungen nach Besitzverhältnissen (DB/Nichtbundeseigene Eisenbahnen); Gemeinschaftsbahnhöfe; Fahrzeug- und Containerbestände nach Arten und Besitzverhältnissen.
Erhebungseinheit: Unternehmen.
Regionaler Erhebungsbereich: Deutschland (ab 1991), früheres Bundesgebiet.
Periodizität der Erhebung: Jährlich.

A.2 Eisenbahnverkehrsstatistik

Beförderte Personen, geleistete Pkm und Tarif-Tkm, Verkehrseinnahmen; insgesamt beförderte Güter (Wagenladungsverkehr) nach Hauptverkehrsbeziehungen und Güterabteilungen des GV.
Erhebungseinheit: Beförderungsfälle (Personen, Güter).
Regionaler Erhebungsbereich: Deutschland (ab 1991) , früheres Bundesgebiet.
Periodizität der Erhebung: Monatlich und jährlich.

A.3 Statistik der Bahnbetriebsunfälle

Unfälle mit Personenschaden, getötete Personen, verletzte Personen.
Erhebungseinheit: Unfälle mit Personenschaden.
Regionaler Erhebungsbereich: Deutschland (ab 1990) , früheres Bundesgebiet.
Regionales Zuordnungsprinzip der Erhebungseinheiten: Unfallort.
Periodizität der Erhebung: Jährlich.

B. Statistiken des Straßenverkehrs

B.1 Längenstatistik der Straßen des überörtlichen Verkehrs

Erhebungseinheit: Straßen des überörtlichen Verkehrs.
Regionaler Erhebungsbereich: Deutschland (ab 1992), früheres Bundesgebiet, Bundesländer, Kreise.
Periodizität der Erhebung: Jährlich.

B.2 Statistik des Kraftfahrzeug- und Anhängerbestandes und seiner Veränderungen

Erhebungseinheit: Zugelassene Kraftfahrzeuge und Kraftfahrzeuganhänger sowie zulassungsfreie Kraftfahrzeuge mit amtlichen Kennzeichen.
Regionaler Erhebungsbereich: Deutschland (ab 1991), früheres Bundesgebiet.
Regionales Zuordnungsprinzip der Erhebungseinheiten: Standort nach StVZO.
Periodizität der Erhebung: Täglich.
Veröffentlichungen zur Statistik: Statistische Mitteilungen des Kraftfahrt-Bundesamtes; der Bestand an Kraftfahrzeugen u. Kraftfahrzeuganhängern; Neuzulassungen, Besitzumschreibungen, Löschungen von Kraftfahrzeugen u. Kraftfahrzeuganhängern.

B.3 Verkehrsstatistik

Statistik der Personenbeförderung im Straßenverkehr (ab 1950).
Erhebungseinheit: Unternehmen des genehmigungspflichtigen Straßenpersonenverkehrs (ohne Taxi- und Mietwagenverkehr, ab Oktober 1984 ohne Pkw-Verkehr); bei der Verkehrsstatistik: Unternehmen mit 6 und mehr Kraftomnibussen, Unternehmen mit Straßenbahn oder Omnibusverkehr.
Regionaler Erhebungsbereich: Deutschland (ab 1991), früheres Bundesgebiet, Bundesländerebene, Verkehrsverbünde.
Regionales Zuordnungsprinzip der Erhebungseinheiten: Sitz der Genehmigungsbehörden bzw. Betriebssitz.
Periodizität der Erhebung: Unterschiedliche Abstände.

B.4 Statistiken des gewerblichen Fernverkehrs und des Werkfernverkehrs

Erhebungseinheit: Unternehmen des gewerblichen Fernverkehrs und des Werkfernverkehrs.
Regionaler Erhebungsbereich: Deutschland (ab 1991), früheres Bundesgebiet.
Regionales Zuordnungsprinzip der Erhebungseinheiten: Sitz des Unternehmens bzw. Unternehmensteils.
Periodizität der Erhebung: Unterschiedliche Abstände.
Veröffentlichungen zur Statistik: Gemeinsame Veröffentlichungen des Kraftfahrt-Bundesamtes (KBA) und der Bundesanstalt für den Güterfernverkehr; (BAG).

B.5 Statistik der Straßenverkehrsunfälle

Erhebungseinheit: Unfälle.
Regionaler Erhebungsbereich: Deutschland (ab 1991), früheres Bundesgebiet, Bundesländerebene, Kreise.
Regionales Zuordnungsprinzip der Erhebungseinheiten: Unfallort.
Periodizität der Erhebung: Täglich.

C. Statistik der Binnen- und Seeschiffahrt

C.1 Statistik der benutzten Wasserstraßen

Erhebungseinheit: Benutzte Wasserstraßen.
Regionaler Erhebungsbereich: Deutschland (ab 1991), früheres Bundesgebiet.
Periodizität der Erhebung: Jährlich.
Berichtszeitpunkt bzw. -raum: Kalenderjahr.

C.2 Statistik des Bestandes an Binnenschiffen

Erhebungseinheit: Binnenschiffe einschl. Werkschiffe ab 20 t Tragfähigkeit oder mindestens 37 kW (vor 1977: 50 PS) Maschinenleistung.
Regionaler Erhebungsbereich: Deutschland (ab 1991), früheres Bundesgebiet.
Regionales Zuordnungsprinzip der Erhebungseinheiten: Unternehmenssitz.
Periodizität der Erhebung: Täglich.
Berichtszeitpunkt bzw. -raum: Laufende Fortschreibung.

C.3 Statistik über die Unternehmen in der Binnenschiffahrt (ab 1969)

Erhebungseinheit: Unternehmen.
Regionaler Erhebungsbereich: Deutschland (ab 1991), früheres Bundesgebiet.
Regionales Zuordnungsprinzip der Erhebungseinheiten: Unternehmenssitz.
Periodizität der Erhebung: Jährlich

C.4 Statistik des Schiffs- und Güterverkehrs auf den Binnenwasserstraßen

Erhebungseinheit: Schiffe, Beförderungsfälle.
Regionaler Erhebungsbereich: Deutschland (ab 1991), früheres Bundesgebiet
Regionales Zuordnungsprinzip der Erhebungseinheiten: Einlade-, Ausladeort, Grenzübergangsstelle.
Periodizität der Erhebung: Täglich.

C.5 Statistik der Unfälle auf den Binnenwasserstraßen

Erhebungseinheit: Unfälle.
Regionaler Erhebungsbereich: Deutschland (ab 1991), früheres Bundesgebiet.
Regionales Zuordnungsprinzip der Erhebungseinheiten: Unfallort.
Periodizität der Erhebung: Täglich.

C.6 Statistik des Bestandes an Seeschiffen

Erhebungseinheit: Seeschiffe mit über 50 cbm Rauminhalt bzw. 17,65 BRT; Seeschiffsbauwerke, deren Besteller ihren Sitz im Inland haben, mit über 50 cbm Rauminhalt bzw. 17,65 BRT.
Regionaler Erhebungsbereich: Deutschland (ab 1990), früheres Bundesgebiet.
Regionales Zuordnungsprinzip der Erhebungseinheiten: Heimathafen bzw. Standort der Bauwerft.
Periodizität der Erhebung: Täglich.

C.7 Statistik des Güterverkehrs über See

Erhebungseinheit: Schiffe, Beförderungsfälle.
Regionaler Erhebungsbereich: Deutschland (ab 1991), früheres Bundesgebiet.
Regionales Zuordnungsprinzip der Erhebungseinheiten: Einlade-, Ausladehafen.
Periodizität der Erhebung: Täglich.

D. Statistik des Luftverkehrs
D.1 Statistik des Luftverkehrs –Unternehmen–
Erhebungseinheit: Unternehmen mit Genehmigung oder Erlaubnis zur Durchführung von Flügen.
Regionaler Erhebungsbereich: Deutschland (ab 1991), früheres Bundesgebiet.
Regionales Zuordnungsprinzip der Erhebungseinheiten: Unternehmenssitz.
Periodizität der Erhebung: Jährlich.
D.2 Gewerblicher Luftverkehr auf ausgewählten Flugplätzen
Erhebungseinheit: Luftfahrzeuge, Luftfahrzeugbewegungen, Personen, Güter.
Regionaler Erhebungsbereich: Deutschland (ab 1991), früheres Bundesgebiet.
Regionales Zuordnungsprinzip der Erhebungseinheiten: Ausgewählte Flugplätze.
Periodizität der Erhebung: Täglich.
D.3 Statistik der Luftverkehrsunfälle
Erhebungseinheit: Unfälle.
Regionaler Erhebungsbereich: Deutschland (ab 1991), früheres Bundesgebiet.
Regionales Zuordnungsprinzip der Erhebungseinheiten: Unfallort.
Periodizität der Erhebung: Täglich.

Quelle: Statistisches Bundesamt

Eine zusammenfassende Übersicht für die oben dargestellten Verkehrsträger bietet die vom Statistischen Bundesamt seit Juni 1997 monatlich herausgegebene Publikation „Verkehr aktuell" an. Hierin sind monatliche und jährliche Informationen für das Gebiet der Bundesrepublik Deutschland insgesamt enthalten. Diese Veröffentlichung ersetzt z.T. die bis zum Berichtsjahr 1993 veröffentlichte Reihe „Güterverkehr der Verkehrszweige", worin vor allem die Landverkehrsträger differenziert nach Gütergruppen, Verkehrsbezirken und Hauptverkehrsbeziehungen in jährlicher Periodizität dargestellt sind. Hinzuweisen ist darauf, daß bis 1993 der Straßengüterfernverkehr auf der Grundlage von Frachtbriefen erfaßt wurde und der Straßengüternahverkehr zuletzt 1978 vom DIW geschätzt wurde. Ab 1994 wird der gesamte Straßengüterverkehr mittels einer Stichprobe ermittelt. [213]

Eine weitere wichtige Quelle stellt die vom Bundesministerium für Verkehr herausgegebene (und vom Deutschen Institut für Wirtschaftsforschung bearbeitete) Reihe „Verkehr in Zahlen" dar. Seit 1950 sind darin für die BRD (alt) (ab 1990 Deutschland) in institutioneller (das Unternehmen mit wirtschaftlichem Schwerpunkt im Verkehr steht im Mittelpunkt) und funktionaler (der Verkehr wird nach Verkehrsarten unterschieden) Differenzierung Verkehrsdaten veröffentlicht. Dort finden sich die meisten verkehrswissenschaftlich relevanten Informationen komprimiert für die gesamte Bundesrepublik Deutschland. Auch wird damit eine große Lücke der amtlichen Verkehrsstatistik geschlossen, da neben den zusammenfassenden Informationen darin eine Veröffentlichung der Schätzung von Verkehrsleistungen im Individualverkehr von besonderer Bedeutung ist. So weist das DIW anhand von Modellrechnungen z.B. die Fahrleistung, das Verkehrsaufkommen und die Verkehrsleistung im motorisierten Individualverkehr für das gesamte Bundesgebiet jährlich aus.

213 Vgl. Deutsches Institut für Wirtschaftsforschung (DIW) (1997).

Übersicht 9: Inhaltsverzeichnis von Verkehr in Zahlen

A Verkehr in institutioneller Gliederung
- Brutto-Anlageinvestitionen
- Brutto- und Netto-Anlagevermögen
- Erwerbstätige, Einnahmen, Bruttowertschöpfung
- Spezifische Kennziffern der einzelnen Verkehrsbereiche

B Verkehr in funktionaler Gliederung
- Bevölkerung, Erwerbstätige. Private Haushalte
- Verkehrsmittelbenutzung der Erwerbstätigen und Schüler
- Länge der Verkehrswege – Straßenfläche
- Kraftfahrzeugdichte – Straßenbelastung
- Verkehrsausgaben, Transportbilanz
- Unternehmen und Genehmigungen zum Straßengüterfernverkehr
- Kraftfahrzeuge – Bestand, Neuzulassungen, Fahrleistung
- Führerscheine, TÜV-Ergebnisse, Gurtanlegequoten
- Verkehrszentralregister, Luftfahrzeugbestand, Fahrradbestand
- Straßenverkehrsunfälle
- Getötete und verletzte Verkehrsteilnehmer
- Unfallursachen
- Grenzüberschreitender Verkehr, Transit
- Straßenverkehr nach Ländern
- Seeschiffahrt nach Fahrgebieten
- Personenverkehr: Verkehrsaufkommen und -leistung im Öffentlichen Verkehr und Individualverkehr
- Fahrtzwecke und nicht-motorisierter Verkehr
- Güterverkehr: Verkehrsaufkommen und -leistung im Güternah- und -fernverkehr, Hauptgütergruppen
- Gefahrguttransporte
- Tarife, Frachtraten, Kostenentwicklung im Verkehr
- Belastung privater Haushalte durch den eigenen Verkehr
- Preisindex für die Lebenshaltung
- Energieverbrauch – Umweltbelastung

C Kennziffern zu den alten und neuen Bundesländern

D Internationale Kennziffern

Quelle: Deutsches Institut für Wirtschaftsforschung (DIW) (1997)

Um das Informationsdefizit der amtlichen Statistik im motorisierten Individualverkehr zu verringern, wird in unregelmäßigen Abständen eine kontinuierliche Erhebung zum Verkehrsverhalten (KONTIV) durchgeführt. Bisher wurde diese Stichprobenerhebung in den Jahren 1976, 1982 und 1989 organisiert. Mittels einer schriftlichen Befragung von Haushalten werden Erhebungsmerkmale ermittelt, aufgrund derer Erkenntnisse über das Mobilitätsverhalten gewonnen werden. [214]

Rückschlüsse über die Kapazität der Straßeninfrastruktur läßt die im Auftrag des Bundesministeriums für Verkehr von der Bundesanstalt für Straßenwesen, Bergisch-Gladbach, durchgeführten Straßenverkehrszählung –Ergebnisse für die Bundesfernstraßen– der Jahre 1975, 1978, 1980, 1985, 1990 und 1993 zu. Im Ergebnis liegen für alle

[214] Zu KONTIV-Ergebnissen vgl. Kap I.1 –Verkehr und Mobilität–.

Bundesfernstraßen durchschnittliche tägliche Verkehrsstärken (DTV) auf ausgewählten Teilabschnitten vor.

Hinzuweisen ist noch auf eine Zusammenstellung des Bundesministeriums für Verkehr, in der anhand von Umfragen ein Überblick über durchgeführte, laufende und geplante Verkehrserhebungen gegeben wird. Die „Dokumentation der Verkehrserhebungen in Bund, Ländern, Gemeinden" listet ein weites Spektrum von Verkehrserhebungen auf, das von einzelnen Befragungen in einer Gemeinde über Verkehrsstromzählungen bis hin zu regionalen Verkehrsanalysen reicht.

III.4 Verkehrsplanungsmodelle

III.4.1 Vierstufenmodell

Modelle sind schematisierte Abbilder der Wirklichkeit, die je nach geforderter Aussagekraft die realen Zustände mehr oder weniger präzise wiedergeben. Die Modellierung des Verkehrsablaufs im zugrunde gelegten Untersuchungsgebiet und Zeitraum ist eine der Hauptaufgaben der Verkehrswissenschaft. Die Komplexität des realen Verkehrs macht eine vereinfachte, auf das Wesentliche komprimierte Abbildung unabdingbar. Eine Voraussetzung für Verkehrsmodelle ist ihre Einsetzbarkeit für praktische Fragestellungen. Politische Entscheidungsfindungen im Verkehrswesen kranken sehr oft an mangelnden Kenntnissen über die Einflüsse und Wirkungen von verkehrspolitischen Instrumenten. Es ist daher notwendig, die Kausalität und Wirkungszusammenhänge verschiedener Rahmenbedingungen aufzuzeigen. Wenn man unter Verkehr die Gesamtheit aller Ortsveränderungen von Personen, Gütern und Nachrichten versteht, dann erhält die räumliche Verteilung von Quellen und Zielen eine besondere Bedeutung. Es geht daher in Verkehrsmodellen insbesondere um die Abbildung von Aktivitäten, die sich aus den nachfragebedingten Wünschen der Verkehrsakteure ergeben. Allgemeine Verkehrsnachfragemodelle werden für die Erklärung der nachgefragten Verkehrsgrößen aufgestellt und eingesetzt. Neben dem erklärenden Aspekt besitzen sie auch einen prognostischen Gesichtspunkt, da die Verkehrsprognose als integraler Bestandteil im komplexen Entscheidungsfindungsprozeß der Verkehrspolitik die Auswirkungen verkehrsplanerischer Maßnahmen aufzeigen soll. Modelle zeigen nicht nur den augenblicklichen Zustand, sondern erlauben auch die Sichtbarmachung von ex post- und ex ante-Zuständen. Mittels Modellen wird die Realität bzw. die Entwicklung erfaßt und für Planungszwekke (politische Reaktionen) einsetzbar. Für Planungen ist es unumgänglich, möglichst valide Prognosen einzubeziehen, da sie den zukünftigen Zustand im weitesten Sinn beschreiben müssen.

Verkehrsplanungsmodelle (in der Literatur auch als Vierstufenmodell bezeichnet) setzen sich aus vier z.T. interdependenten Stufen zusammen. Die einzelnen Stufen haben unterschiedliche Zielsetzungen, wobei auch eine sequentielle Hierarchie erkennbar ist. Im einzelnen handelt es sich dabei um

1. Verkehrserzeugung (als Mobilität, Aktivitätenwahl, Verkehrsaufkommen),
2. Verkehrsverteilung (als Zielwahl),
3. Verkehrsaufteilung (als Modal-Split, Verkehrsmittelwahl),
4. Verkehrsumlegung (als Wegewahl, Nutzung der vorhandenen Verkehrsinfrastruktur).

In der Verkehrsplanung werden diese Teilelemente als ein grundlegender Bestandteil von Verkehrsprognosen eingesetzt, wie dies durch Abbildung 35 verdeutlicht wird. Oftmals werden die Stufen Verkehrserzeugung und Verkehrsverteilung simultan durchgeführt, da beide Modellstufen eng zusammenhängen. Aus didaktischen Gründen und zur besseren Übersichtlichkeit sollen hier jedoch alle vier Stufen der Verkehrsplanungsmodelle separat diskutiert werden. [215]

Abbildung 35: Verkehrsprognosen

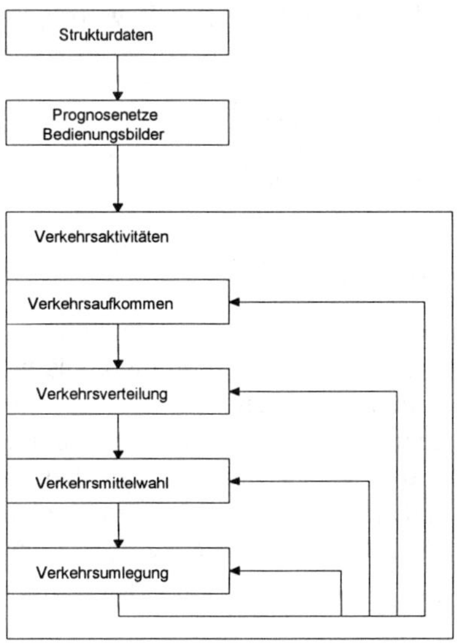

Quelle: Bundesamt für Bauwesen und Raumordnung (1998), S. 76

215 Die Entscheidungen zur Verkehrsteilnahme werden vom Individuum in der Realität nicht sukzessiv (sequentiell) getroffen. Ein Beispiel mag dies verdeutlichen: Die Aktivität, am Verkehr teilzunehmen, wird u.a. auch durch das vorhandene Zeitbudget determiniert; wenn dies gegeben ist, dann erhält natürlich auch das Ziel eine entscheidende Rolle. Dies fällt bei essentiellen Verkehrsteilnahmen, wie etwa Berufs- und Ausbildungsverkehr oder unabdingbaren Einkäufen, nicht so sehr ins Gewicht (hier sind Entstehungs- und Zielgrößen eher durch einen langfristigen Entscheidungsprozeß bestimmt), bei anderen Verkehrszwecken steht jedoch die Entstehung und Zielwahl in einem simultanen Zusammenhang.

III.4.2 Verkehrserzeugung

Mit der Verkehrserzeugung wird das Verkehrsaufkommen von Verkehrsarten in definierten Quell- und Zielregionen ermittelt. Dies kann z.B. das Personenaufkommen im motorisierten Individualverkehr aus der Quellregion Q_i sein, das sich anhand von Kennziffern, wie Motorisierungsgrad, Pkw-Verfügbarkeit, Einwohner und Wegehäufigkeit, schätzen läßt. Für das Zielaufkommen werden i.d.R. Attraktivitätsmerkmale, wie z.B. Arbeitsplätze, Zentralität, Lagegunst und Dienstleistungsangebote, für die Zielregion Z_j eingesetzt.

So läßt sich der Quellverkehr F_i wie folgt schätzen bzw. prognostizieren:

[20] $F_i = f(X_1, X_2, \ldots, X_n)$

X_i = aufkommensrelevante Merkmale der Quellregion i

und der Zielverkehr F_j entsprechend durch:

[21] $F_j = f(Y_1, Y_2, \ldots, Y_m)$

Y_j = Attraktivitätskennziffern der Zielregion j

Das Ergebnis dieser ersten Stufe innerhalb des Vierstufenmodells zeigt also das geschätzte und/oder prognostizierte Verkehrsaufkommen, das in einer Quelle beginnt und das in einem Ziel endet. Es kann sich durchaus auch um sich entsprechende Ströme handeln; so ist der Quellverkehr, der in der Region i beginnt, auch gleichzeitig Zielverkehr dieser Region, wenn er dort endet. (Hier entsprechen sich Quelle und Ziel, und man nennt diesen Verkehr Binnenverkehr bzw. intraregionalen Verkehr.) Abbildung 36 dokumentiert diesen Sachverhalt, indem für die Region B das Zielverkehrsaufkommen dargestellt ist und für die Region C das Quellverkehrsaufkommen.

Abbildung 36: Quell- und Zielverkehrsaufkommen

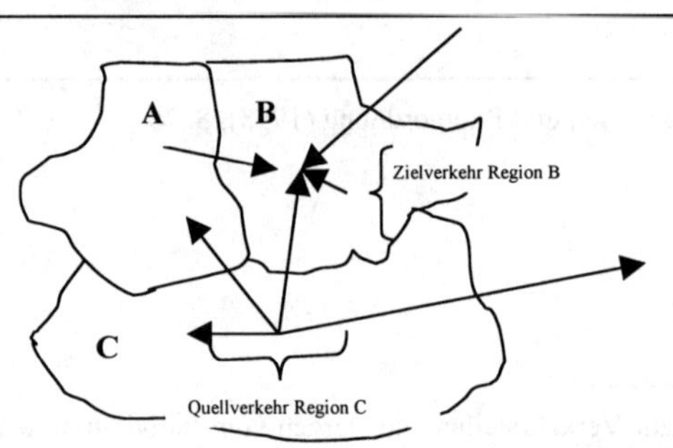

Quelle: Eigene Darstellung

Eine einfache gesamträumliche, auf die Untersuchungsregion bezogene lineare Funktion verschiedener Merkmale (Makrozustand, höchstes Aggregationsniveau) entspricht aufgrund konzeptioneller und systematischer Fehler nicht der realen Verkehrsentstehung. Da die Verkehrsnachfrage aus den Raumüberwindungsbedarf abzuleiten ist, kommt dem Aktivitätenmuster der Verkehrsteilnehmer die zentrale Rolle zu. Eine valide Schätzung der Verkehrsentstehung und -anziehung sollte daher möglichst durch Mikromodelle, in denen verhaltenshomogene Gruppen die Untersuchungsobjekte bilden, modelliert werden. So leuchtet es unmittelbar ein, daß die Verkehrsentstehung im Berufsverkehr durch andere soziodemographische Determinanten hervorgerufen wird als etwa der Urlaubs- und Ausbildungsverkehr.

Fehlen Mikrodaten, so bieten sich auch gesamträumliche Schätzungen an, die auf einer ersten Stufe das Verkehrsaufkommen (räumlich) aggregiert ermitteln (Top-down Ansatz). Hier geht es darum, das Verkehrsaufkommen des gesamten Untersuchungsraums für differenzierte Merkmale zu ermitteln. Betrachtet man beispielsweise die gesamte Bundesrepublik Deutschland, so ist der innerdeutsche Verkehr gleichzeitig Quell- und Zielverkehr, während internationale Verflechtungen wiederum in der oben angeführten Terminologie als Verkehrsaufkommen in der Quell- bzw. Zielregion definiert werden. Der wichtige Quell- und Zielverkehr für die definierten Verkehrszellen muß auf einer zweiten Stufe hieraus erst berechnet werden. Dies kann z.B. durch Proportionalitätskennziffern erfolgen.

Bevor wir an einem Beispiel die Vorgehensweise zur Schätzung von Verkehrserzeugungsdaten erläutern, zeigt Übersicht 10 die Vielfalt der möglichen Modellarten und deren Funktionsweise.

Übersicht 10: Verkehrserzeugung in den Verkehrsplanungsmodellen

Verkehrserzeugung	
Modellart	**Funktionsweise**
1. Trend-Fortschreibung, Mobilitätsannahmen	Trend-Analyse, Analyse + Konstanthaltung der Zusammenhänge im Status quo, Szenariotechnik
2. stochastische Aktivitätenwahlmodelle	Ermittlung der Wahrscheinlichkeit zur Rückkehr in die Wohnung nach jeder Aktivität, Ableitung von Wegeketten und Wegehäufigkeitsverteilungen
3. Regression auf Strukturdaten	Beziehung zwischen Verkehrsaufkommen und Strukturdaten
4. Gelegenheitenverteilungsmodelle für Aktivitäten	Aufstellung einer Entfernungsverteilung von Gelegenheiten zu Aktivitäten und einer Wahrscheinlichkeitsverteilung der Wahrnehmung dieser Gelegenheiten, integrierte Modellierung von Verkehrserzeugung und Verkehrsverteilung
5. Nutzenmaximierungsmodelle	Nutzenfunktion in Abhängigkeit von der Entfernung, integrierte Modellierung von Verkehrserzeugung und Verkehrsverteilung

Quelle: Selz, Thomas (1993)

Beispiel:

Für die sieben Kreise eines Regierungsbezirks (sie werden mit A, B, C, D, E, F und G bezeichnet) soll das jeweilige Verkehrsaufkommen im Berufsverkehr für das Jahr 2010 geschätzt werden. Man interessiert sich für die Einpendler bzw. Auspendler der jeweiligen Kreise. Als einfache Hypothese wird formuliert, daß es auf der einen Seite einen gesicherten Zusammenhang zwischen der Anzahl der Auspendler und den Einwohnern gibt und auf der anderen Seite eine Abhängigkeit zwischen Einpendlern und Arbeitsplätzen. Wir wollen diese einfache Hypothese anhand der Einpendler und Auspendler für das Jahr 1996 für die gesamte Bundesrepublik Deutschland überprüfen. Abbildung 37 zeigt für alle Kreise in Deutschland diese Zusammenhänge in zwei Streudiagrammen für das Jahr 1996. [216]

Abbildung 37: Zusammenhang zwischen Einpendlern bzw. Auspendlern mit Prädiktoren 1996

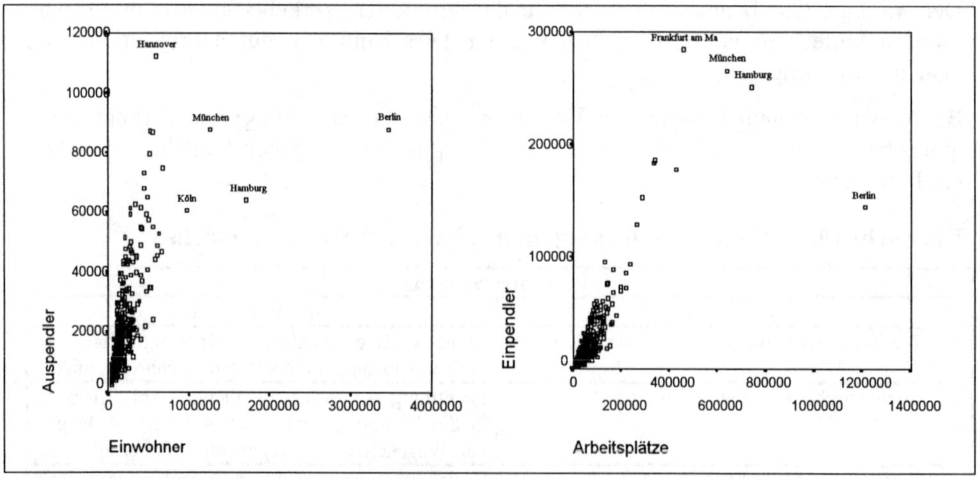

Quelle: Eigene Berechnung

Unsere Hypothese lautet nun etwas genauer formuliert, daß es einen linearen Zusammenhang zwischen den Einpendlern und den Arbeitsplätzen resp. zwischen Auspendlern und Einwohner gibt. Gelten die Schätzeigenschaften [217] der Kleinst-Quadrat-Schätzung und hat man Aussagen über die Arbeitsplätze bzw. die Einwohner in allen Untersuchungseinheiten, so läßt sich eine Schätzung über das Aufkommen der Berufspendler durchführen. Um den notwendigen funktionalen Zusammenhang herzustellen, führen

216 Die Zielgrößen hängen sicherlich von einer größeren Anzahl von Einflußfaktoren ab. Aus Gründen der Übersichtlichkeit unterstellen wir hier nur jeweils eine Prädiktorvariable.

217 Zu den Voraussetzungen, methodischen Grundlagen und Schätzeigenschaften einer Kleinst-Quadrat-Schätzung vgl. Eckey, Hans-Friedrich; Kosfeld, Reinhold; Dreger, Christian (1995); Assenmacher, Walter (1995); Johnston, John (1984).

wir eine lineare Regression durch den Ursprung durch, [218+219] deren Ergebnisse für die deutschen Kreise sich wie folgt errechnen, und zwar mit E_j als Variablenbezeichnung für die Einpendler in Region j und A_i als entsprechende Bezeichnung für die Auspendler aus Region i (in Klammern t-Werte):

[22] $\hat{E}_j = 0{,}3910 \cdot \text{Arbeitsplätze}_j$
(57,434)

[23] $\hat{A}_i = 0{,}1047 \cdot \text{Einwohner}_i$
(47,713)

Die Ergebnisse bestätigten die a-priori unterstellten Funktionalbeziehungen. Je 100 Arbeitsplätzen ist in unserem Modell mit ca. 40 Einpendlern zu rechnen, während von 100 Einwohnern eines Kreises rd. 10 Personen auspendeln.

Für das Prognosejahr 2010 sind in Tabelle 52 die durch andere Quellen geschätzten Einwohner und Arbeitsplätze eingesetzt. Mit deren Hilfe ist es nun möglich das gesuchte Quell- und Zielverkehrsaufkommen im betrachteten Berufsverkehr zu bestimmen.

Tabelle 52: Prognostizierte Ein- und Auspendler

	Einwohner 2010	**Arbeitsplätze 2010**	**Einpendler 2010** (siehe Gleichung [22])	**Auspendler 2010** (siehe Gleichung [23])
Region A	150 000	55 000	21 505	15 705
Region B	190 000	100 000	39 100	19 893
Region C	100 000	35 000	13 685	10 470
Region D	260 000	75 000	29 325	27 222
Region E	160 000	32 000	12 512	16 752
Region F	120 000	33 000	12 903	12 564
Region G	110 000	30 000	11 730	11 517
Summe	1 090 000	360 000	140 760	114 123

Quelle: Eigene Berechnungen

Wir schätzen für unser Prognosejahr beispielsweise, daß in die Region B ca. 39 000 Personen einpendeln werden, während ca. 20 000 in andere auspendeln.

218 Dies bietet sich hier an, da bei keinem Arbeitsplatz auch kein Einpendler erwartet werden kann und ohne Einwohner sind natürlich auch keine Auspendler vorhanden.

219 Die Kleinst-Quadrat-Schätzung für ein lineares Modell ohne Absolutglied führt weiter zu besten unverzerrten Schätzungen für die Regressionskoeffizienten. Allerdings sind die auf den Residuen basierenden Determinationskoeffizienten nicht mehr zu verwenden. Vgl. Schips, Bernd (1990), S. 155.

III.4.3 Verkehrsverteilung

III.4.3.1 Grundsätze der Verkehrsverteilung

Auf der zweiten Stufe „Verkehrsverteilung" wird Verkehr als Ortsveränderung realer faßbar, da hier die Quellen und Ziele von Verkehrsströmen eindeutig festgelegt werden. Sie ermittelt damit die Gesamtheit der Verkehrsverflechtung aller Raumeinheiten. Die Verkehrsverteilungsrechnung erfolgt mit Hilfe von Gravitationsmodellen oder Prinzipien der Entropiemaximierung und ermittelt richtungsscharfe Verkehrsbeziehungen. Auf dieser Stufe wird der Verkehr in Interaktionsmodellen analysiert. Eine herausragende Bedeutung in der Verkehrsökonometrie kommt Matrixmodellen zu. Dies aus dem Grund, da verkehrliche Geschehen überwiegend Ortsveränderungen darstellen und Matrizen eine problemadäquate Modellierung dieser Ströme ermöglichen.

Tabelle 53 zeigt diese Darstellung, indem für n Quellregionen und m Zielregionen eine entsprechende Matrix visualisiert wird.

Tabelle 53: Quelle-Ziel-Matrix

	Ziel 1	**Ziel 2**	**...**	**Ziel m**	**Summe der Quelle i**
Quelle 1	v_{11}	v_{12}		v_{1m}	$\sum_{j=1}^{m} v_{1j} = Q_1$
Quelle 2	v_{21}	v_{22}		v_{2m}	$\sum_{j=1}^{m} v_{2j} = Q_2$
...					
Quelle n	v_{n1}	v_{n2}		v_{nm}	$\sum_{j=1}^{m} v_{nj} = Q_n$
Summe des Ziels j	$\sum_{i=1}^{n} v_{i1} = Z_1$	$\sum_{i=1}^{n} v_{i2} = Z_2$		$\sum_{i=1}^{n} v_{im} = Z_m$	$\sum_{i=1}^{n} \sum_{j=1}^{m} v_{ij}$

Quelle: Eigene Zusammenstellung

Übersicht 11 gibt einen zusammenfassenden Überblick über die in der Verkehrswissenschaft möglichen Modellarten und deren Funktionsweise.

Übersicht 11: Verkehrsverteilung in den Verkehrsplanungsmodellen

Verkehrsverteilung	
Modellart	Funktionsweise
1. vereinfachter Widerstandsansatz	Analogie zum Kirchhoffschen Gesetz: Auswahlwahrscheinlichkeit eines Zieles im weiteren Sinn umgekehrt proportional zum Widerstand
2. Gesamtmodaler Widerstandsansatz	Ermittlung gewichteter Eigenschaften der Verkehrsmittel als relationsspezifischer Widerstand
3. Beziehung der Zielwahl auf Aktivitäten	Entfernungsverteilung von Gelegenheiten zu Aktivitäten, Wahrscheinlichkeitsverteilung der Wahrnehmung dieser Gelegenheiten; integrierte Modellierung von Verkehrserzeugung und Verkehrsverteilung
4. Differenzierung der Zielwahl nach Verkehrsträgern	Ziel- und Verkehrsmittelwahl nach gruppenspezifischen Auswahlwahrscheinlichkeiten; integrierte Modellierung von Verkehrsverteilung und Verkehrsmittelwahl

Quelle: Selz, Thomas (1993)

III.4.3.2 Gravitationstheoretisches Modell

Der gravitationstheoretische Ansatz [220] basiert auf dem allgemeinen Newtonschen Gravitationsgesetz mit dem Sachverhalt, daß zwei Körper eine Gravitationskraft (F_{12}) aufeinander aufweisen, die aus dem proportionalen Produkt ihrer Massen (M_1 und M_2) und dem umgekehrten proportionalen Quadrat des Abstands (d_{12}) ihrer Mittelpunkte ist.

$$[24] \quad F_{12} = G\frac{M_1 M_2}{d_{12}^2}$$

G repräsentiert eine Gravitationskonstante. Auf diesem einfachen physikalischen Gravitationsmodell basieren Interaktionsmodelle der Verkehrswissenschaft. So lassen sich Flüsse zwischen zwei Regionen (etwa Pendler, Güterströme und Wanderungen) durch einen gravitationstheoretischen Ansatz beschreiben. Ein erster Ansatz besteht z.B. aus einem Berufspendlermodell:

$$[25] \quad P_{ij} = b\frac{A_i E_j}{d_{ij}{}^{ß}},$$

darin beschreiben P_{ij} die Berufspendler zwischen Region i und Region j, A_i die Auspendler der Quellregion i, E_j die Einpendler in Zielregion j und d_{ij} die Distanz zwischen beiden betrachteten Räumen. Der Koeffizient b erfaßt eine allgemeine Pendelbereitschaft, und ß stellt den Distanzexponenten dar. Man erkennt sehr deutlich die Attraktivität des Gravitationsmodells für diesen Interaktionszweck, da Pendelbeziehungen zwischen Regionen mit hohen Auspendlerzahlen und vielen Einpendlern größer sind als zwischen Regionen mit geringen Ausprägungen dieser Zählervariablen, und die Verflechtung zwischen nah zusammenliegenden Räumen ist höher als zwischen entfernteren. Erweiterungen des grundlegenden Gravitationsmodells betreffen insbesondere die Gewichtung der Prädiktoren. Eine solche Modifikation zeigt die folgende Spezifikation:

$$[26] \quad P_{ij} = b\frac{A_i^{\delta} E_j^{\lambda}}{d_{ij}^{\beta}} \quad ;$$

hierin sind δ und λ die Gewichtungsfaktoren der Quell- und Zielattraktivitätsgrößen. Der Vorteil dieser Modellgleichung liegt u.a. auch darin, daß die Koeffizienten als Elastizitäten interpretiert werden können. Um die Koeffizienten mit der Methode der Kleinsten Quadrate in einer Regressionsanalyse [221] zu schätzen, muß die Gleichung linearisiert werden. Durch Logarithmierung erhält man:

---

220 Einen guten Überblick über den gravitationstheoretischen Ansatz geben: Kemming, Herbert (1980); Wilson, Alan; Kirkby, Michael (1975); Haggett, Peter; Cliff, Andrew; Frey, Allan (1977).

221 Üblicherweise wird angenommen, daß eine Regressionsfunktion additiv von einer nicht-beobachtbaren zufälligen Störvariablen u überlagert wird, so daß eine formale Spezifikation des Regressionsmodells in Matrixnotation wie folgt geschrieben wird: $y=Xß+u$.

[27] $\ln \hat{P}_{ij} = \ln b + \delta \ln A_i + \lambda \ln E_j - \beta d_{ij}$,

so daß die Regressionskoeffizienten durch die Methode der Kleinst-Quadrat-Schätzung problemlos ermittelt werden können. [222]

Wir wollen als Beispiel die Berufspendlerverflechtungen im festgelegten Prognosejahr zwischen den sieben Kreisen des Untersuchungsraumes mit Hilfe eines Gravitationsmodells [26] schätzen. [223] In Stufe 1 (Verkehrserzeugung) wurden die Quell- und Zielentstehungsgrößen A_i (Auspendlersummen) und E_j (Einpendlersummen) für alle Untersuchungseinheiten für das Jahr 2010 hergeleitet [224], so daß für den Einsatz von [26] noch die Parameter b, δ, λ und β unbekannt sind. Die Schätzung dieser Koeffizienten erfolgt für das Jahr 1996 mit den Berufspendlern zwischen den 7 Kreisen unserer Untersuchungsregion, deren Werte in Tabelle 54 abzulesen sind. In Klammern sind die Entfernungsdistanzen zwischen allen Einheiten angeben. Das Schätzmodell entspricht dem oben Dargelegten, also mit Einpendlersummen bzw. Auspendlersummen als Ziel- resp. Quellgrößen.

222 Zu den durch solche Umformungen sich ergebenen methodischen Problemen vgl. z.B. Assenmacher, Walter (1990), S. 27ff..

223 Intraregionale Pendler sind nicht im Modell enthalten, formal: $i \neq j$. Die Berechnung erfolgte mit dem Statistik-Programm SPSS 8.0 für Windows, mit dem nicht-lineare Zusammenhänge iterativ geschätzt werden können. Zu den genaueren Vorgaben einer nicht-linearen Regressionsschätzung vgl. z.B.: Bühl, Achim; Zöfel, Peter (1998), S. 335ff.

224 Vgl. Tabelle 54.

Tabelle 54: Berufspendlerverflechtung 1996

Quelle \ Ziel	Region A	Region B	Region C	Region D	Region E	Region F	Region G	Summe Auspendler[225]
Region A	58 074 (10)	316 (85)	1 328 (44)	49 (100)	105 (71)	18 (106)	39 (83)	9 927
Region B	111 (85)	39 907 (5)	153 (52)	9 320 (22)	1 078 (29)	411 (46)	392 (38)	15 438
Region C	1 364 (44)	750 (52)	32 536 (10)	219 (66)	1 209 (41)	34 (75)	665 (47)	7 321
Region D	146 (100)	33 737 (22)	215 (66)	35 695 (10)	1 451 (42)	1 064 (49)	653 (51)	44 139
Region E	170 (71)	7 321 (29)	1 197 (41)	7 282 (42)	37 613 (12)	1 728 (44)	310 (56)	23 383
Region F	61 (106)	1 323 (46)	71 (75)	1 067 (49)	598 (44)	47 447 (12)	15 (79)	8 617
Region G	115 (83)	2 745 (38)	1 079 (47)	1 461 (51)	710 (56)	83 (79)	25 384 (10)	9 935
Summe Einpendler[226]	12 779	54 301	9 503	23 057	7 780	8 446	7 177	

Quelle: Eigene Berechnung

Tabelle 55: SPSS-Schätzung eines gravitationstheoretischen Modells

```
Nonlinear Regression Summary Statistics     Dependent Variable PENDLER
  Source                 DF  Sum of Squares  Mean Square
  Regression              4  1324468289,47  331117072,367
  Residual               38  37867623,5329   996516,40876
  Uncorrected Total      42  1362335913,00

  (Corrected Total)      41  1201603566,12

  R squared = 1 - Residual SS / Corrected SS =      ,96849

                                          Asymptotic 95 %
                              Asymptotic      Confidence Interval
  Parameter    Estimate      Std. Error     Lower          Upper
  b          61,939888126 111,08388680 -162,9376840 286,81746027
  δ            ,845744738   ,114090407   ,614780785  1,076708692
  λ            ,505625121   ,114096582   ,274648667   ,736601575
  β           2,673965896   ,263148644  2,141249318  3,206682475
```

Quelle: Eigene Berechnung

Insgesamt wurden 42 Relationen berücksichtigt Alle Regressionskoeffizienten mit Ausnahme von b sind hoch signifikant, wodurch die Schätzfunktion wie folgt formalisiert werden kann:

---

225 Die Summe ist höher als die Zeilensumme ($i \neq j$), da noch weitere Verflechtungen berücksichtigt sind.

226 Vgl. Fußnote 225.

$$[28]\quad \hat{P}_{ij} = 61{,}9399 \frac{A_i^{0{,}8457} E_j^{0{,}5056}}{d_{ij}^{2.6740}}; i \neq j$$

Für die Prognose unseres Planungsjahres sind nun alle Größen bestimmt, so daß wir eine Verkehrsverteilung im Berufspendlerverkehr im Untersuchungsbezirk vornehmen können. Wir wollen dabei keine Änderung der Distanzen berücksichtigen; dies würde naturgemäß eine weitere Strukturänderung innerhalb des Verflechtungsgebiets nach sich ziehen. Es wird folglich auch unterstellt, daß die Reaktionskoeffizienten zeitinvariant sind. In der folgenden Tabelle 56 sind die mit unserem Modell geschätzten Veränderungen gegenüber dem Basisjahr 1996 aufgelistet. Es zeigt sich, daß aufgrund der prognostizierten Einpendler- und Auspendlersummen eine beträchtliche Verschiebung der Pendlerströme im Untersuchungsgebiet im Jahr 2010 erwartet werden kann.

Tabelle 56: Prognostizierte Pendlerverflechtungsänderung

	Region A	Region B	Region C	Region D	Region E	Region F	Region G
Region A	-	24,85%	77,24%	66,45%	87,42%	82,62%	88,96%
Region B	61,22%	-	49,01%	39,94%	57,56%	53,53%	58,86%
Region C	76,08%	14,63%	-	52,83%	72,08%	67,67%	73,49%
Region D	-13,55%	-43,72%	-20,10%	-	-15,51%	-17,68%	-14,82%
Region E	-1,87%	-36,12%	-9,30%	-14,82%	-	-6,55%	-3,31%
Region F	78,98%	16,52%	65,42%	55,35%	74,92%	-	76,35%
Region G	47,42%	-4,03%	36,26%	27,96%	44,08%	40,39%	-

Quelle: Eigene Berechnung

III.4.3.3 Doubly-constrained-Model

Die Schätzung eines gravitationstheoretischen Modells bedingt die Kenntnis über die Interaktionsgrößen, hier die Berufspendler zwischen den Kreisen. In der empirischen Arbeit sind diese nicht immer gegeben. Einen Ausweg bietet das doubly-constrained-model an. [227] Dieses Modell unterstellt, daß die Anzahl der Flüsse, die eine Region verlassen und die Gesamtzahl der Flüsse, die in der Region enden, bekannt sind (Spalten- und Zeilensummen). In diesen Fällen können die Quell- und Zielgrößen (A_i bzw. E_j) im allgemeinen Gravitationsmodell [25] durch die totalen Quell- (z.B. Anzahl der Auspendler aus Region i) und Zielsummen (z.B. Anzahl der Einpendler in die Region j) ersetzt werden, wobei sie gleichzeitig die Nebenbedingungen des doubly-constrained-model bilden.

227 Dieses Modell wird in der Literatur auch als „production-attraction-constrained-model" bezeichnet. Eine gute Einführung gibt z.B. Thomas, Richard; Huggett, Richard (1980), S. 132ff., sowie die oben angeführte Literatur, vgl. Fußnote 220.

$$[29] \quad A_i \mathrel{\hat{=}} Q_i = \sum_{j=1}^{m} P_{ij}$$

$$[30] \quad E_j \mathrel{\hat{=}} Z_j = \sum_{i=1}^{n} P_{ij}$$

Um die Nebenbedingungen einzuhalten, nämlich daß die geschätzten Interaktionsgrößen den jeweiligen Zeilen- bzw. Spaltensummen entsprechen, ist es notwendig, für jede Zeile und Spalte der Verflechtungsmatrix eine Skalierungskonstante zu berechnen, die –vereinfacht ausgedrückt– durch das Verhältnis zwischen bekannter Spalten-(Zeilen-)summe und entsprechenden geschätzten Werten bestimmt wird. Das doubly-constrained-model nimmt nun die folgende Form an:

$$[31] \quad P_{ij} = \frac{C_i Q_i D_j Z_j}{d_{ij}^{\beta}} .$$

Setzt man [29] und [30] in [31] ein, so läßt sich leicht zeigen, daß

$$[32] \quad C_i = \frac{1}{\sum_{j=1}^{m} D_j Z_j d_{ij}^{-\beta}} \text{ und}$$

$$[33] \quad D_j = \frac{1}{\sum_{i=1}^{n} C_i Q_i d_{ij}^{-\beta}}$$

ist. Auch wird sehr schnell deutlich, daß diese Gleichungen nicht direkt lösbar sind, da die Skalierungsfaktoren C_i nur berechnet werden können, wenn D_j bekannt sind und umgekehrt.[228] Zur Lösung des Problems bietet sich ein Algorithmus an, der zunächst alle D_j gleich 1 setzt. Mit diesen Werten läßt sich nun eine erste Schätzung $C_i^{(1)}$ erhalten. Aufbauend darauf können nun erste Werte für $D_j^{(1)}$ berechnet werden. Es folgen weitere k Iterationen, bis ein Konvergenzkriterium erreicht ist (z.B. die Änderung von $C_i^{(k)}$ zu $C_i^{(k-1)}$ ist marginal). Anschließend können die Interaktionsgrößen zwischen den unterstellten Quell- und Zielregionen ermittelt werden. Eine weitere Voraussetzung ist allerdings die Kenntnis des Distanzparameters β.

Fortführung des Beispiels:

Wir wollen anhand eines Beispiels mit unseren sieben Untersuchungseinheiten den praktischen Einsatz des doubly-constrained-models demonstrieren. Dazu benötigen wir die Spalten- und Zeilensummen für alle sieben Einheiten, wenn das gesamte Untersuchungsgebiet als abgeschlossene Region betrachtet wird, so daß keine weitere Au-

228 Für n Quell- und m Zielregionen erhält man n + m simultane nicht-lineare Gleichungen.

ßenverflechtung existiert. Q_i sind also die Auspendler der Region i zu den anderen Regionen, während Z_j analog als Einpendler zu bezeichnen sind. [229] Tabelle 57 zeigt in der zweiten Spalte diese Summen im Jahr 1996 und für das unterstellte Prognosejahr 2010. Der erste Lösungsschritt besteht darin, die Skalierungskonstanten C_i und D_j iterativ zu ermitteln. Ab der dritten Spalte sind jeweils die Ergebnisse der Iterationsschritte abgebildet, die sich einstellen, wenn man im ersten Schritt alle D_j gleich eins setzt. [230] Im achten Iterationsschritt sind die Änderungen gegenüber der siebten Iteration nur noch marginal, insofern betrachten wir hier das Konvergenzkriterium als erreicht.

Tabelle 57: Skalierungsiterationen

a) 1996

i	Auspendler Q_i	$C_i^{(1)}$	$C_i^{(2)}$	$C_i^{(3)}$	$C_i^{(4)}$	$C_i^{(5)}$	$C_i^{(6)}$	$C_i^{(7)}$	$C_i^{(8)}$
1	59 929	0,00815	0,00822	0,00829	0,00836	0,00842	0,00848	0,00853	0,00858
2	51 372	0,00088	0,00078	0,00073	0,00072	0,00071	0,00071	0,00071	0,00071
3	36 777	0,01234	0,01229	0,01226	0,01223	0,01221	0,01219	0,01217	0,01216
4	72 961	0,00741	0,00822	0,00873	0,00904	0,00923	0,00936	0,00944	0,00949
5	55 621	0,01455	0,01518	0,01547	0,01560	0,01566	0,01568	0,01569	0,01570
6	50 582	0,01459	0,01402	0,01358	0,01323	0,01295	0,01273	0,01255	0,01240
7	31 577	0,02368	0,02284	0,02215	0,02163	0,02125	0,02097	0,02077	0,02063
j	**Einpendler Z_j**	$D_j^{(1)}$	$D_j^{(2)}$	$D_j^{(3)}$	$D_j^{(4)}$	$D_j^{(5)}$	$D_j^{(6)}$	$D_j^{(7)}$	$D_j^{(8)}$
1	60 041	1,00000	0,99073	0,98207	0,97411	0,96682	0,96013	0,95399	0,94833
2	86 099	1,00000	1,13299	1,20263	1,23298	1,24366	1,24581	1,24476	1,24283
3	36 579	1,00000	1,00383	1,00636	1,00854	1,01054	1,01233	1,01388	1,01515
4	55 093	1,00000	0,85505	0,77762	0,73587	0,71259	0,69897	0,69061	0,68526
5	42 764	1,00000	0,92536	0,89021	0,87469	0,86810	0,86535	0,86422	0,86377
6	50 785	1,00000	1,04459	1,08175	1,11304	1,13938	1,16151	1,18007	1,19563
7	27 458	1,00000	1,03532	1,06967	1,09967	1,12387	1,14244	1,15626	1,16637

229 Im Gegensatz zum gravitationstheoretischen Modell werden hier auch die intraregionalen Größen berücksichtigt

230 Wir haben hier dem Distanzexponenten ß den Wert 2,7 gegeben.

b) 2010 [231]

i	Auspendler Q_i	$C_i^{(1)}$	$C_i^{(2)}$	$C_i^{(3)}$	$C_i^{(4)}$	$C_i^{(5)}$	$C_i^{(6)}$	$C_i^{(7)}$	$C_i^{(8)}$
1	59 534	0,00822	0,00832	0,00841	0,00850	0,00859	0,00868	0,00877	0,00886
2	55 159	0,00111	0,00117	0,00120	0,00123	0,00124	0,00125	0,00125	0,00125
3	38 486	0,01226	0,01259	0,01288	0,01312	0,01333	0,01351	0,01366	0,01379
4	56 610	0,00735	0,00690	0,00660	0,00639	0,00624	0,00613	0,00604	0,00598
5	50 576	0,01470	0,01474	0,01479	0,01482	0,01485	0,01487	0,01487	0,01487
6	50 578	0,01507	0,01481	0,01459	0,01439	0,01422	0,01406	0,01393	0,01381
7	31 936	0,02425	0,02423	0,02424	0,02427	0,02429	0,02432	0,02433	0,02435
j	Einpendler Z_j	$D_j^{(1)}$	$D_j^{(2)}$	$D_j^{(3)}$	$D_j^{(4)}$	$D_j^{(5)}$	$D_j^{(6)}$	$D_j^{(7)}$	$D_j^{(8)}$
1	59 553	1,00000	0,98895	0,97800	0,96724	0,95676	0,94661	0,93683	0,92746
2	67 851	1,00000	0,94745	0,91642	0,89777	0,88663	0,88020	0,87676	0,87524
3	37 026	1,00000	0,97153	0,94825	0,92905	0,91314	0,89991	0,88887	0,87964
4	57 855	1,00000	1,08349	1,14528	1,19130	1,22581	1,25190	1,27183	1,28725
5	43 800	1,00000	1,00063	0,99872	0,99633	0,99428	0,99283	0,99201	0,99175
6	49 408	1,00000	1,01879	1,03576	1,05106	1,06483	1,07721	1,08830	1,09825
7	27 385	1,00000	1,00429	1,00527	1,00479	1,00377	1,00267	1,00169	1,00093

Quelle: Eigene Berechnung

Im zweiten Schritt erfolgt eine Schätzung der Verflechtung durch [31] [232], und wir können –wie mit dem gravitationstheoretischen Modell– die Veränderungen [233] der einzelnen Matrixelemente berechnen, wie dies mit Tabelle 58 geschehen ist.

---

231 $C_1^{(1)} = 1/\Sigma(1 \cdot 59\,553 \cdot 10^{-2,7} + 1 \cdot 67\,851 \cdot 85^{-2,7} + 1 \cdot 37\,026 \cdot 44^{-2,7} + 1 \cdot 57\,855 \cdot 100^{-2,7} + 1 \cdot 43\,800 \cdot 71^{-2,7} + 1 \cdot 49\,408 \cdot 106^{-2,7} + 1 \cdot 27\,385 \cdot 83^{-2,7})$

und

$D_1^{(2)} = 1/\Sigma(0,00822 \cdot 59\,534 \cdot 10^{-2,7} + 0,00111 \cdot 55\,159 \cdot 85^{-2,7} + 0,01226 \cdot 38\,486 \cdot 44^{-2,7} + 0,00735 \cdot 56\,610 \cdot 100^{-2,7} + 0,01470 \cdot 50\,576 \cdot 71^{-2,7} + 0,01507 \cdot 50\,578 \cdot 106^{-2,7} + 0,02425 \cdot 31\,936 \cdot 83^{-2,7})$

232 Wir unterstellen wieder, daß sich die Distanzen zwischen den Regionen nicht geändert haben uns setzen die Werte aus Tabelle 54 ein.

233 Die Veränderungen basieren auf dem Vergleich der mit dieser Methode geschätzten Pendlerverflechtungen zwischen den Jahren 2010 und 1996.

Tabelle 58: Doubly-constrained-model-Ergebnis (Veränderungen 2010 zu 1996)

	Region A	Region B	Region C	Region D	Region E	Region F	Region G	Insgesamt
Region A	-0,49%	-42,82%	-9,38%	101,99%	21,29%	-6,56%	-10,90%	-0,66%
Region B	82,89%	5,09%	66,56%	271,24%	122,92%	71,73%	63,75%	7,37%
Region C	14,34%	-34,30%	4,13%	132,09%	39,37%	7,36%	2,37%	4,65%
Region D	-52,59%	-72,76%	-56,83%	-3,77%	-42,21%	-55,49%	-57,55%	-22,41%
Region E	-16,91%	-52,25%	-24,33%	68,66%	1,28%	-21,98%	-25,61%	-9,07%
Region F	6,15%	-39,00%	-3,33%	115,48%	29,39%	-0,33%	-4,96%	-0,01%
Region G	14,29%	-34,32%	4,09%	132,00%	39,31%	7,32%	2,33%	1,14%
Insgesamt	-0,44%	-21,29%	2,25%	3,23%	2,35%	-2,22%	0,66%	

Quelle: Eigene Berechnung

Es zeigen sich z.T. erhebliche Veränderungen der geschätzten Pendlerverflechtungen, wobei naturgemäß die prognostizierten Zeilen- und Spaltensummen als restriktive Nebenbedingung die veränderten Pendlerverflechtungen bestimmen.

III.4.3.4 Entropiemodell

Zu einem ähnlichen Ergebnis führen Entropiemaximierungsmodelle, die auf der Unterscheidung von Mikro- über Meso- bis zu Makrozuständen (zunehmender Aggregationszustand) einer Matrix basieren. Die Entropie einer Matrix beschreibt die Anzahl der Mikrozustände, die bei gegebenen Mesozuständen möglich sind. [234] Als Mesozustände bezeichnet man dabei die Verflechtungen v_{ij}, wie sie z.B. in Tabelle 53 symbolisch dargestellt sind. [235] Interessant sind nun die Anzahl der Mikrozustände (Betrachtung von Individuen), die mit den Mesozuständen verbunden sind. [236]

---

234 Zur Methode der Entropiemaximierung vgl. Kemming, Herbert (1980); Wilson, Alan; Kirkby, Michael (1975); Haggett, Peter; Cliff, Andrew; Frey, Allan (1977).

235 Ein Makrozustand definiert sich durch die Gesamtzahl der Pendler und der Anzahl der regionalen Einheiten. Hat man beispielsweise drei Einheiten und fünf Pendler, so bedeuten diese Angaben die Makrozustandsinformation. Ein Mesozustand ergibt sich aus der Verflechtung der insgesamt fünf Pendler zwischen den drei Einheiten. So können drei Personen von Region 1 in Region 2 pendeln und zwei Pendler von Region 2 in 3. Damit ist ein Mesozustand beschrieben. Eine anderer Mesozustand wäre dadurch definiert, daß vier Personen von 2 in 1 und eine Person von 2 in 3 pendeln. Die jeweiligen Zustände sind mit einem Entropiewert verbunden; er zählt die Anzahl der Mikrozustände, die mit einem Mesozustand verbunden sind. Als Mikrozustände sind die individuellen Arrangements definiert. Bleiben wir bei unserem letzten Mesozustand, in dem von den fünf Pendler vier von Region 2 in 3 und eine Person von Region 2 in Region 3 pendeln. Individualisiert man die fünf Pendler, indem man sie mit den Buchstaben A, B, C, D, E bezeichnet, so ist ein Mikrozustand dadurch gegeben, daß A diejenige Person ist, die zwischen Region 2 und 3 pendelt, während B, C, D und E die andere Relation bilden. Genauso gut könnte diese eine Person auch B, C, D oder E sein. Bei diesem Mesozustand gibt es also insgesamt fünf mögliche Mikrozustände. Im zweiten beschriebenen Mesozustand (drei Pendler von 1 nach 2 und zwei Pendler von 2 nach 3) erhöht die Zahl möglichen Mikrozustände – wie man leicht überprüfen kann – auf zehn, was sich auch durch das

Mit den Regeln der Kombinatorik läßt sich das Entropiemaß

[34] $$W(\{v_{ij}\}) = \frac{V!}{\prod_{j=1}^{m}\prod_{i=1}^{n} v_{ij}!}$$

$$\text{mit}: V = \sum_{j=1}^{m}\sum_{i=1}^{n} v_{ij}$$

herleiten. Es ist also ein Maß dafür, auf wie vielen Arten sich eine Matrix bei vorgegebenen V erzeugen läßt. Sind alle Mikrozustände gleich wahrscheinlich, so ist der Mesozustand am wahrscheinlichsten, der mit dem größten Entropiewert verbunden ist. Für ein Maximum ist die erste Ableitung gleich Null zu setzen; aus Gründen der Vereinfachung wird dabei meist vom Logarithmus der Funktion [34] ausgegangen

[35] $$E = \text{Log}W(\{v_{ij}\}) = \text{Log}V! - \sum_{j=1}^{m}\sum_{i=1}^{n} \text{Log}v_{ij}!$$

Sind wieder alle Entstehungs- Q_i und Zielgrößen Z_j sowie die gesamten Kosten (z.B. Zeitbudget) gegeben, ist Funktion [35] unter den Nebenbedingungen

$$Q_i = \sum_{j=1}^{m} v_{ij}$$

$$Z_j = \sum_{i=1}^{n} v_{ij}$$

$$K = \sum_{i=1}^{n}\sum_{j=1}^{m} v_{ij}c_{ij}$$

zu maximieren. Dies ist eine typische Lagrange-Funktion

[36] $$L = E + \sum_{i=1}^{n}\lambda_i(Q_i - \sum_{j=1}^{m} v_{ij}) + \sum_{j=1}^{m}\nu_j(Z_j - \sum_{i=1}^{n} v_{ij}) + \beta(K - \sum_{i=1}^{n}\sum_{j=1}^{m} v_{ij}c_{ij})$$

mit λ_i, ν_j und β als Lagrange-Multiplikatoren.

Die Bedingung für ein Maximum lautet

[37] $$\frac{\partial L}{\partial v_{ij}} = -\text{Log}v_{ij} - \lambda_i - \nu_j - \beta c_{ij} = 0\ .$$

Entropiemaß berechnen läßt: $10 = \frac{5!}{3!*2!}$

236 Man fragt sich, wie viele Möglichkeiten es gibt, die V Individuen als verschiedene, unterscheidbare Systemzustände innerhalb der Verflechtungsmatrix abzubilden.

Im Ergebnis erhält man eine Entropie-Maximierungs-Verflechtungsmatrix durch die Gleichung

$$[38] \quad v_{ij} = \frac{C_i Q_i D_j Z_j}{e^{-\beta c_{ij}}},$$

wobei

$$[39] \quad C_i = \frac{1}{\sum_{j=1}^{m} D_j Z_j e^{-\beta c_{ij}}}$$

und

$$[40] \quad D_j = \frac{1}{\sum_{i=1}^{n} C_i Q_i e^{-\beta c_{ij}}} \text{ ist.}$$

Man sieht, daß die Gleichungen [38] bis [40] den Gleichungen [31] bis [33] sehr ähnlich sind. Statt der Distanzfunktion $d_{ij}^{-ß}$ steht nun die Exponentialfunktion $e^{-ßc}{}_{ij}$, worin c_{ij} auch als Zeitdistanzen interpretiert werden kann. Der Lösungsalgorithmus entspricht den oben beschriebenen doubly-constrained-models.

III.4.4 Die Verkehrsmittelwahl (Modal-Split)

Die Modellstufe „Verkehrsaufteilung" umschreibt den Modal-Split. Wesentliche Untersuchungsobjekte bei der Verkehrsmittelwahl sind die Entwicklungen der Modal-Split-Anteile der einbezogenen Verkehrsträger, die z.B. im Personenverkehr, in motorisierten Individualverkehr, Öffentlichen Straßenpersonenverkehr, Eisenbahnverkehr, Luftverkehr, Fahrradverkehr und Fußgängerverkehr unterteilt werden können. Die Wahl des Transportmittels (als Gelegenheit zur Mobilität) ist primär eine Reaktion auf die Verfügbarkeit bzw. das Angebot der alternativen Möglichkeiten. In die Entscheidung für ein Verkehrsmittel fließen im wesentlichen Kosten und Transportzeiten. Übersicht 12 gibt einen Einblick über die in dieser Stufe verwendeten Modellarten und deren Funktionsweise.

Übersicht 12: Verkehrsaufteilung in den Verkehrsplanungsmodellen

Verkehrsaufteilung	
Modellart	**Funktionsweise**
1. direct-demand-Modelle	Schätzung einer Nachfragefunktion nach einem Verkehrsmittel
2. Zeitreihenanalyse	Anwendung der Box-Jenkins-ARIMA-Technik und der Regressionsanalyse auf die Nachfrage
3. Wahlmodelle zwischen Alternativen	Alternativenwahlmodell auf der Basis der Nutzenmaximierung

Quelle: Selz, Thomas (1993)

Der Modal-Split kann durch unterschiedliche funktionale Beziehungen geschätzt werden; erstens mit einem

[41] Logit Modell $$p_{ij}^{VT} = F(\beta'\mathbf{x}_{ij}) = \frac{1}{1+e^{-\beta'\mathbf{x}_{ij}}}$$

mit $p^{VT}{}_{ij}$ = Wahrscheinlichkeit, einen Verkehrsträger VT von Quellregion i zur Zielregion j in Abhängigkeit des Einflußvektors $\mathbf{x}_{ij}$ (z.B. Kosten des Verkehrsträgers VT und Kosten alternativer Verkehrsträger) zu benutzen. Hierbei spricht man auch von qualitativen Wahlhandlungsmethoden, in denen die zu erklärende Variable nur diskrete Ausprägungen annimmt. Diese qualitativen Wahlhandlungsmodelle setzen normalerweise Mikrodaten voraus, wie sie z.B. aus Personenbefragungen entnommen werden können. Zweitens durch ein

[42] Anteilmodell $$A_{ij}^{VT} = f(x_{1ij}, x_{2ij}, \ldots, x_{nij})$$

mit $A^{VT}{}_{ij}$ = Anteil des Verkehrsträgers VT von Quellregion i zur Zielregion j als eine Funktion von exogenen Variablen (z.B. relative Kosten und Reisezeiten).

Beispiel:

In einer süddeutschen Stadt sind Personenfahrten innerhalb eines Jahres aus 30 anderen Regionen bekannt. Dabei wurde zwischen den Verkehrsträgern Straße und Schiene unterschieden. Es liegen also 60 Angaben über die Personenfahrten vor. Tabelle 59 listet die entsprechenden Werte auf; daneben werden die Zeitentfernungen und der Motorisierungsgrad (Pkw je 1 000 Einwohner) in der Quellregion i angegeben.

Tabelle 59: Verkehrsmittelwahl

Quelle	Zugfahrtenanteil	Personenfahrten mit dem Pkw	Personenfahrten mit dem Zug	Zeitdistanz Pkw	Zeitdistanz Zug	Motorisierungsgrad der Quellregion
1	68,33 %	19	41	571	439	689
2	79,17 %	10	38	548	386	599
3	83,75 %	26	134	542	383	534
4	63,09 %	55	94	524	382	670
5	80,49 %	8	33	450	382	714
6	53,85 %	24	28	395	372	589
7	74,83 %	110	327	389	351	538
8	68,29 %	52	112	401	366	584
9	69,44 %	11	25	381	372	575
10	85,66 %	35	209	389	357	531
11	40,20 %	61	41	378	325	663
12	49,06 %	136	131	316	286	635
13	47,22 %	19	17	347	321	778
14	34,02 %	161	83	260	228	783
15	50,57 %	87	89	242	203	720
16	76,73 %	118	389	302	271	607
17	30,61 %	68	30	334	302	724
18	16,82 %	272	55	217	223	753
19	14,63 %	321	55	195	194	799
20	14,64 %	577	99	165	183	843
21	46,01 %	386	329	224	243	696
22	7,28 %	522	41	212	209	756
23	5,72 %	3860	234	126	157	759
24	8,21 %	1599	143	135	148	782
25	7,30 %	3592	283	64	124	867
26	4,64 %	3329	162	103	148	834
27	2,30 %	1443	34	153	207	748
28	5,26 %	6064	337	84	99	881
29	22,98 %	6963	2078	48	95	777
30	11,87 %	14048	1892	81	122	804

Quelle: Eigene Berechnung

Beginnen wollen wir mit einer Schätzung der **Anteilswerte** des Zugverkehrs, die in der 2. Spalte für die jeweiligen Quellorte berechnet wurden. Dieses Modell geht davon aus, daß man eine Aussage über den Zuganteil [237] von der Quellregion i mit Hilfe der entsprechenden Ausprägungen der exogenen Variablen machen kann. Als einfache Funktionsspezifizierung wählen wir eine lineare Form:

$$[43] \quad A_i = \beta_0 + \beta_1 \cdot X_1 + \beta_2 \cdot X_2 + e_i$$

[237] Auch interpretierbar als bedingte Wahrscheinlichkeit.

mit A_i als Anteilwert, β_0, β_1 und β_2 als zu bestimmende Regressionskoeffizienten und X_1 und X_2 als exogene Variable, die hier durch das Verhältnis beider Zeitdistanzen [238] und dem Motorisierungsgrad [239] in der Quellregion festgelegt sind. Schließlich bezeichnet e_i in der Terminologie der Kleinst-Quadrat-Regressionsmethodik einen Faktor, der alle nicht erfaßten Einflüsse repräsentiert. Im folgenden ist ein Ausschnitt einer SPSS-Ausgabe wiedergegeben, in dem die wichtigsten Kleinst-Quadrat-Schätzungs-Ergebnisse abzulesen sind.

238 Definiert als Verhältnis zwischen Pkw-Fahrzeit zu Zug-Fahrzeit. Werte über 1 bedeuten somit eine bessere Zugfahrzeit im Vergleich zur Pkw-Fahrzeit.

239 Die Variable Motorisierungsgrad kann als Indikator für die Pkw-Verfügbarkeit interpretiert werden.

Tabelle 60: Kleinst-Quadrat-Schätzung der Anteilswerte

Aufgenommene/Entfernte Variablen [b]

Modell	Aufgenommene Variablen	Entfernte Variablen	Methode
1	ZEITVERH, MOTGRAD[a]	,	Eingeben

a. Alle gewünschten Variablen wurden aufgenommen.

b. Abhängige Variable: Zug Anteil

Modellzusammenfassung

Modell	R	R-Quadrat	Korrigiertes R-Quadrat	Standardfehler des Schätzers
1	,895[a]	,802	,787	,133869

a. Einflußvariablen : (Konstante), ZEITVERH, MOTGRAD

ANOVA [b]

Modell		Quadratsumme	df	Mittel der Quadrate	F	Signifikanz
1	Regression	1,959	2	,979	54,648	,000[a]
	Residuen	,484	27	1,792E-02		
	Gesamt	2,443	29			

a. Einflußvariablen : (Konstante), ZEITVERH, MOTGRAD

b. Abhängige Variable: Zug Anteil

Koeffizienten [a]

Modell		Nicht standardisierte Koeffizienten		Standardisierte Koeffizienten	T	Signifikanz
		B	Standardfehler	Beta		
1	(Konstante)	1,264	,331		3,816	,001
	MOTGRAD	-,0018	,000	-,640	-5,748	,000
	ZEITVERH	,418	,138	,339	3,039	,005

a. Abhängige Variable: Zug Anteil

Quelle: Eigene Berechnung

Mit einem Determinationskoeffizienten von 0,8 gelingt es relativ gut, die Zuganteilswerte mit den eingesetzten Variablen zu erklären. Die Regressionskoeffizienten haben das erwartete Vorzeichen, denn es ist a priori einsichtig, daß eine hohe Pkw-Verfügbarkeit die Zugbenutzung sinken läßt, und es läßt sich intuitiv vermuten, daß eine im Vergleich zum Pkw niedrigere Zugreisezeit den Zuganteil erhöht. Gleichung [43] erhält folgende numerische Form:

$$[44] \quad \hat{A}_i = 1{,}2639 - 0{,}0018 * \text{Motgrad}_i + 0{,}4185 * \text{Zeitverhältnis}_i \; .$$

Die relativ einfache Modellschätzung mittels der Kleinst-Quadrat-Methode sollte aber nicht über einige Problemfelder hinwegtäuschen, die diesem Ansatz innewohnen. Normalerweise impliziert die Linearitätsannahme einen unbeschränkten Wertebereich. Hier wird dieser Bereich allerdings durch das Intervall [0,1] bzw. [0%, 100%] beschränkt. Auch sind die Regressionskoeffizienten nicht immer eindeutig interpretierbar. Allgemein geben diese Größen an, um wieviel sich die endogene Variable ändert, wenn sich die exogene Variable um eine Einheit ändert (z.B. verringert sich der Zuganteil um ca. 18%, wenn der Motorisierungsgrad um 100 steigt). In der vorliegenden Schätzung liegt die Konstante mit dem Wert von 1,2639 außerhalb des Wertebereichs, so daß die Größen der Regressionskoeffizienten in diesem Bereich keine inhaltliche Bedeutung haben.

Fortführung des Beispiels:

Um unser in Kapitel III.4.3 –Verkehrsverteilung– begonnenes Beispiel fortzusetzen, wollen wir exemplarisch den Modal-Split zwischen den prognostizierten Fahrten der Regionen B und G herleiten. Wir unterstellen nur zwei Verkehrsträger, nämlich die Eisenbahn und den Pkw-Verkehr. Aus der Kombination der Tabelle 54 mit der Tabelle 56 wird ersichtlich, daß zwischen den Region B und G insgesamt 623 Personen täglich im Prognosejahr pendeln, während die umgekehrte Relation 2634 beträgt. Wenden wir hierauf trotz aller gemachten Einwände Gleichung [44] an, so errechnen sich für beide Beziehungen folgende Zuganteile:

Quelle	Ziel	Motorisierungsgrad der Quellregion	Distanzverhältnis	Gesamte Pendler	Zuganteil
Region B	Region G	509	0,49	623	54,74 %
Region G	Region B	658	0,49	2634	27,78 %

Daraus folgt, daß von Region G nach Region B 1902 Pendler einen Pkw benutzen und 732 Pendler den Zug von G nach B wählen.

Eine weitere Möglichkeit, den Modal-Split modellhaft zu erfassen, bietet sich durch eine **Logit-Analyse**. Logit-Modelle unterstellen im einfachen Fall eine dichotome Codierung des Regressanden. [240] In diesem Fall wird die Wahl eines bestimmten Verkehrsmittels mit dem Wert 1 und die Nichtwahl mit 0 festgelegt. Wir wollen hier den Pkw-Verkehr als Untersuchungsobjekt betrachten. Zur Demonstration wurde ein einfaches Beispiel ausgewählt. In unserer süddeutschen Stadt wurden Personen befragt, mit welchem Verkehrsmittel sie ihren täglichen Weg zur Arbeitsstätte zurücklegen. In der folgenden Tabelle 61 sind die Antworten von 30 Pendlern wiedergegeben. Darin wurde die Pkw-Wahl mit eins codiert; ein anderes Verkehrsmittel somit mit Null. Neben der Verkehrsmittelentscheidung wurden für die Personen auch das Einkommen und das Ge-

240 Die Logit-Analyse eignet sich nicht nur für binäre (zwei) Alternativen. Methodisch etwas aufwendiger sind sogenannnte polytome (multinominale) Logit-Analysen, mit denen mehr als zwei Wahlhandlungsmöglichkeiten berücksichtigt werden.

schlecht [241] festgehalten; diese Angaben können ebenfalls der Tabelle entnommen werden. Wir wollen hier das Logit-Modell für die Verkehrsmittelwahl (Pkw) in Abhängigkeit vom Einkommen und Geschlecht spezifizieren. Gilt das Logit-Modell, ist die Wahrscheinlichkeit p_i [242] durch [41] gegeben. Dabei ist

$$\mathbf{ß}' = (ß_1 \quad ß_2 \quad ß_3) \text{ und } \mathbf{x}'_i = (1 \quad x_{1i} \quad x_{2i}).$$

Tabelle 61: Verkehrsmittelwahl

Pendler	Pkw-Benutzung	Einkommen (DM/Monat)	Geschlecht
1	nein (0)	2 500	weiblich (1)
2	ja (1)	3 000	männlich (0)
3	ja (1)	3 200	männlich (0)
4	ja (1)	3 500	weiblich (1)
5	nein (0)	2 800	weiblich (1)
6	nein (0)	3 000	weiblich (1)
7	ja (1)	4 000	männlich (0)
8	nein (0)	2 200	weiblich (1)
9	ja (1)	3 800	männlich (0)
10	nein (0)	2 900	weiblich (1)
11	ja (1)	2 600	weiblich (1)
12	nein (0)	2 400	männlich (0)
13	ja (1)	4 200	männlich (0)
14	ja (1)	3 700	männlich (0)
15	nein (0)	3 300	weiblich (1)
16	ja (1)	4 100	weiblich (1)
17	nein (0)	2 500	weiblich (1)
18	ja (1)	3 900	männlich (0)
19	ja (1)	4 400	männlich (0)
20	nein (0)	2 000	weiblich (1)
21	nein (0)	3 100	weiblich (1)
22	ja (1)	3 400	männlich (0)
23	ja (1)	3 500	weiblich (1)
24	ja (1)	3 800	männlich (0)
25	nein (0)	2 200	weiblich (1)
26	ja (1)	3 950	männlich (0)
27	nein (0)	3 600	weiblich (1)
28	nein (0)	3 200	weiblich (1)
29	nein (0)	2 800	weiblich (1)
30	ja (1)	4 150	weiblich (1)

Quelle: Eigene Berechnung

Zur Modellschätzung wurde wieder das Statistikprogramm SPSS 8.0 für Windows eingesetzt. Nach wenigen Iterationen konvergiert das Programm zu folgendem Ergebnis:

241 Da es sich beim Geschlecht auch um ein nominal skaliertes Merkmal handelt, ist eine dichotome Codierung notwendig, wobei männlich mit 0 und weiblich mit 1 festgelegt wurde.

242 Der Index j ist in unserem Beispiel nicht notwendig, da es sich immer um das gleiche Ziel handelt.

Tabelle 62: SPSS-Output Logit-Analyse (Ausschnitt)

```
Classification Table for Pkw-Wahl
The Cut Value is ,50
                        Predicted
                      nein      ja       Percent Correct
                          n   I   j
Observed              +-------+-------+
   nein        n      I   13  I    1  I   92,86%
                      +-------+-------+
   ja          j      I    1  I   15  I   93,75%
                      +-------+-------+
                             Overall   93,33%

---------------------- Variables in the Equation -----------------------

Variable             B        S,E,       Wald     df       Sig          R      Exp(B)

EINKOMMEN        ,0039       ,0016     5,8034      1     ,0160      ,3029     1,0039
GESCHLECHT     -3,3397      1,6900     3,9052      1     ,0481     -,2144      ,0354
Constant       -9,9220      4,8085     4,2577      1     ,0391
```

Quelle: Eigene Berechnung

Das Ergebnis zeigt, daß alle Koeffizienten bei einem Signifikanzniveau von 5% statistisch gesichert sind. Die Vorzeichen lassen erkennen, daß tendenziell mehr Männer den Pkw nutzen und die Nutzung mit steigendem Einkommen zunimmt.

Die Modellschätzung für unser Beispiel lautet in numerischer Form:

$$[45] \quad p_i = \frac{1}{1+e^{9{,}922-0{,}0039\cdot \text{Einkommen}_i+3{,}3397\cdot \text{Geschlecht}_i}}$$

Die Abbildung 38 differenziert die Wahrscheinlichkeit der Pkw-Wahl in Abhängigkeit des Einkommens für Männer und Frauen. Da bei unserer Berechnung bei Männern tendenziell mehr das Auto genutzt wird, ist auch schon - im Vergleich zu Frauen - bei geringeren Einkommen die Wahrscheinlichkeit höher, den Pkw als Verkehrsmittel zur Arbeit zu nutzen.

Abbildung 38: Pkw-Benutzung in Abhängigkeit vom Einkommen

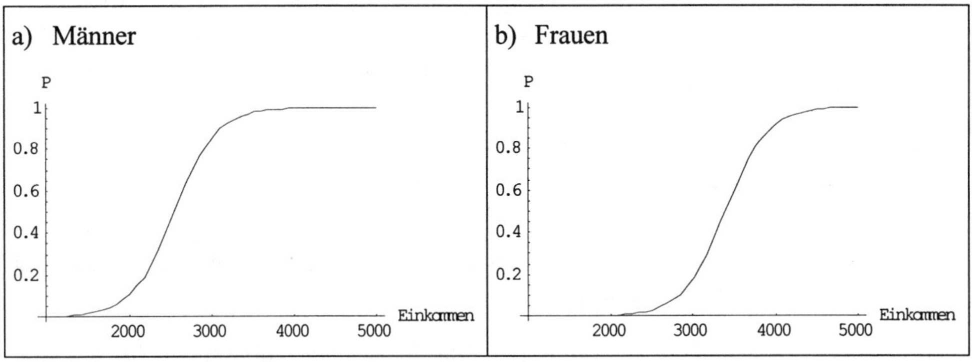

Quelle: Eigene Berechnung

Interessant sind nun die Veränderungen der Wahrscheinlichkeit, den Pkw als Verkehrsmittel zu wählen, wenn sich das Einkommen verändert. Schauen wir uns Pendler Nr. 22 (ein Mann mit DM 3400, -- Einkommen) und Nr. 23 (eine Frau mit DM 3500, -- Einkommen) einmal genauer an. Mit diesen Ausprägungen ordnet unser Modell Pendler 22 eine hohe Wahrscheinlichkeit zu Gunsten des Pkws zu (0,95971), während die Wahrscheinlichkeit für die Pendlerin Nr. 23 0,55376 [243] entspricht. Erhöhen sich beide Einkommen um jeweils 100 DM, so verändert sich Pkw-Wahlwahrscheinlichkeit für Pendler 22 um 0,01252 auf 0,97223, bei Pendlerin 23 dagegen um 0,09211 auf 0,64587. Die unterschiedlich hohen Zuwächse ergeben sich aus den verschiedenen Positionen und Steilheiten der geschlechterspezifischen Logitfunktionen, wie man leicht aus Abbildung 38 entnehmen kann.

III.4.5 Verkehrsumlegung

Die Wahl des zurückzulegenden Weges ist das zentrale Untersuchungsobjekt für diese Stufe. Dabei ist das jeweils gewählte Verkehrsmittel zu beachten. Zwischen zwei Punkten bestehen i.d.R. mehr als zwei Möglichkeiten, um die Distanz zwischen n Raumpunkten zu überwinden. Dies trifft im besonderen Maß für das Straßennetz zu. Der Einflußgröße Fahrzeit kommt eine herausragende Bedeutung zu, da ein Verkehrsteilnehmer unter normalen Umständen den kürzesten Weg wählen wird. Ohne Kapazitätsbeschränkungen würde prinzipiell nur die zeitminimale Route benutzt. In der Reali-

243

$$p_{22} = \frac{1}{1+e^{9,922-0,0039\cdot 3400}} \cong 0,95971$$

$$p_{23} = \frac{1}{1+e^{9,922-0,0039\cdot 3500+3,3397}} \cong 0,55376$$

tät ist im Straßenverkehr auf vielen Streckenabschnitten mit Kapazitätsrestriktionen zu rechnen, wie sie sich in Stockungen und Stauungen äußern. Es müssen also Widerstände, wie etwa schlechte Ausbauzustände oder Überlastungen in den Fahrtzeiten zwischen Quell- und Zielregion, berücksichtigt werden. Im wesentlichen können drei Verfahren unterschieden werden:

1. Wahl der zeitminimalen Route ohne Beschränkungen,
2. Umlegung der Verkehrsströme auf die beste Route unter Berücksichtigung von Belastungen und Kapazitätsrestriktionen,
3. Wahl mehrerer Routen unter Beachtung belastungsbedingter Eigenschaften und Kapazitätsbeschränkungen der Wege.

Die Umlegung von Verkehrsteilnehmern auf das Straßennetz sollte möglichst realitätsnah erfolgen, so daß insbesondere das dritte Verfahren eine besondere Aufmerksamkeit genießt. Im Straßenverkehr ist das Ergebnis der Verkehrsumlegung eine Streckenabschnittsbelastung mit Pkw und Lkw. Diese Ergebnisse werden anschließend mit empirischen Werten kalibriert, wie sie aus durchgeführten Straßenverkehrszählungen bekannt sind.

Um einen Überblick über die Umlegungsproblematik zu bekommen, wollen wir ein vereinfachtes Beispiel heranziehen, mit dem jedoch die grundsätzliche Vorgehensweise ersichtlich wird.

Aus Kapitel III.4.4 –Die Verkehrsmittelwahl (Modal-Split)– haben wir für das Prognosejahr berechnet, daß von 2 634 Pendlern zwischen Region G und B 1 902 mit dem Pkw pendeln. Wir unterstellen, daß jeder Pendler seinen eigenen Pkw nutzt, so daß aufgrund des spezifischen Verkehrszwecks alle 1 902 Pendler in einem Zeitraum von einer Stunde mit dem Pkw von G nach B fahren. Zwischen beiden Untersuchungsregionen bestehen zwei Straßen. Die eine ist eine gut ausgebaute Bundesstraße (BST) mit hoher Kapazität; allerdings beträgt die zu fahrende Distanz auf dieser Route 20 km. Die zweite Alternative ist eine Kreisstraße (KST), die beide Regionen direkt in 10 km verbindet; sie weist jedoch eine geringe Leistungsfähigkeit auf. Ziel der Umlegung ist es nun, die 1 902 Pkw, die zwischen G und B fahren, auf beide Routen so aufzuteilen, daß die Fahrzeit auf beiden Alternativen gleich hoch ist. Anders ausgedrückt wollen wir einen Gleichgewichtszustand errechnen, bei dem es für den einzelnen Verkehrsteilnehmer nicht mehr möglich ist, die Verbindungsroute zu ändern, ohne daß damit eine Verschlechterung seiner Fahrzeit verbunden ist.

Abbildung 39: Routen zwischen Region B und G

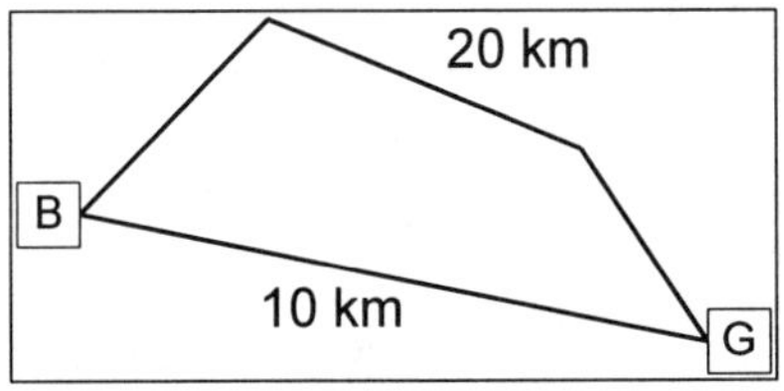

Quelle: Eigene Darstellung

Unbelastet ist auf der Bundesstraße eine Geschwindigkeit von 100 km/h zu fahren, während dies auf der Kreisstraße mit 80 km/h möglich ist. Die capacity-restrained-Funktionen für beide Straßen lauten: [244]

[46] $T_M^{KST} = 7{,}5\left[1+\left(\frac{m}{600}\right)^3\right],$

[47] $T_M^{BST} = 12\left[1+\left(\frac{m}{1200}\right)^2\right].$

Eine graphische Lösung ermöglicht uns die Abbildung 40, in der auf der Abszisse die Fahrzeuge je Stunde abgetragen sind und auf den beiden Ordinaten die entsprechende Fahrzeiten für beide Routen. Teilt man die gesamten 1902 Pkw in zwei gleich große Hälften, so ist die Fahrzeit auf der Bundesstraße niedriger als auf der Kreisstraße. In diesem Zustand ist es für einige Verkehrsteilnehmer sinnvoll, von der Kreisstraße auf die Bundesstraße zu wechseln, um ihre Fahrzeit zu verkürzen. Im Schnittpunkt beider Kurven ist nun jener Gleichgewichtszustand erreicht, bei dem die Fahrzeit auf beiden Routen gleich hoch ist, und jeder Pendler die gleiche Zeit für die Strecke von Region G nach Region B braucht.

244 Vgl. auch Kapitel II.2.3 –Messung der volkswirtschaftlichen Kosten–.

Abbildung 40: Bestimmung der gleichgewichtigen Fahrzeit auf zwei Alternativen

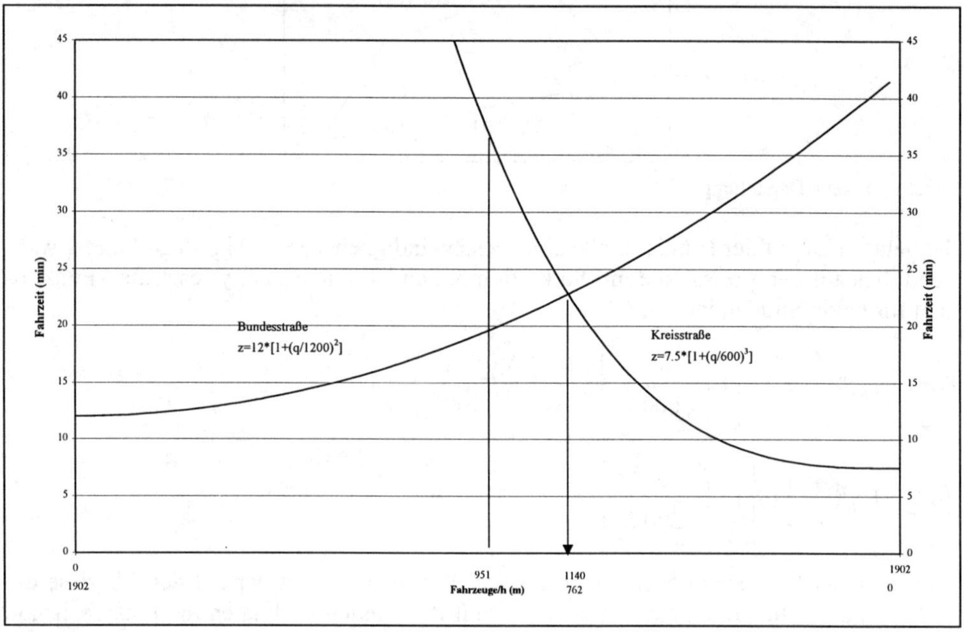

Quelle: Eigene Darstellung

Numerisch läßt sich in unserem Beispiel die Verteilung der Pkws wie folgt herleiten. Es muß offensichtlich gelten, daß $T^{BST}=T^{KST}$ ist. Unter der Nebenbedingung von insgesamt 1 902 Pkw läßt sich nun die Gleichung herleiten:

$$[48] \quad 7{,}5\left[1+\left(\frac{m}{600}\right)^3\right]=12\left[1+\left(\frac{1\,902-m}{1\,200}\right)^2\right].$$

Nach einigem Umformen lautet die Lösung: m=762. Die Umlegung mit den entsprechenden capacity-restrained-Funktionen auf die beiden Alternativrouten bestimmt eine Belegung von 1 140 Pkw auf die Bundesstraße und 762 auf die Kreisstraße, womit jeweils eine Fahrzeit von rund 23 Minuten verbunden ist.

In der Realität finden sich zwischen zwei Verkehrsregionen i.d.R. mehr als zwei Verbindungsmöglichkeiten. Die Lösungen sind dann nicht mehr graphisch zu lösen. Denn wird ein Gesamtraum in n Verkehrszellen eingeteilt, so wird der Verkehr über z Trassen abgewickelt, die sich in Form von Graphen darstellen lassen. Ein Graph ist ein Netzwerk aus Knoten und sie verbindenden Strecken, die Kanten heißen. Knoten sind in einem Verkehrsbeziehungen ausdrückenden Graphen die Punkte, die dem Verkehrsteilnehmer den Übergang von einer Kante auf eine andere ermöglichen. Beim Individualverkehr ist dies eine Kreuzung, im öffentlichen Verkehr eine Umsteigemöglichkeit.

Zwangsläufig müssen nicht direkte Verbindungen zwischen zwei Verkehrsregionen bestehen, sondern sie können auch über andere Regionen führen. Auch wird die Belegung einer Kante –nicht wie in unserem Beispiel– nur durch zwei Regionen hervorgerufen. Zum einen wird die Belegung durch zusätzliche Quell-Ziel-Beziehungen bestimmt, und zum anderen dürften i.d.R. durch Knoten weitere Einspeisungen notwendig sein. Diese nur kurzen Erläuterungen reichen aus, um die große Komplexität des Umlegungsverfahren darzustellen. Die Lösungen in solchen komplexen Netzwerken sind dann nur noch mit anspruchsvollen Algorithmen der dynamischen Planungsrechnung und der mathematischen Optimierung möglich [245].

245 Vgl. Kapitel III.2.2 –Einteilung nach den verwendeten statistischen Verfahren–.

III.5 Ausgewählte Teilgebiete der Verkehrsökonometrie

III.5.1 Transportelastizitäten

Elastizitäten bezeichnen allgemein das Verhältnis der relativen Veränderungen einer Variablen zur relativen Veränderung einer Einflußvariablen. Im Falle der Transportelastizität bedeutet dies, daß der Elastizitätskoeffizient (ε) formal als:

$$[49] \quad \varepsilon = \frac{\frac{\Delta Tkm}{Tkm}}{\frac{\Delta BSP}{BSP}} = \frac{\Delta Tkm}{\Delta BSP}\frac{BSP}{Tkm}$$

definiert ist. Er ist also das Produkt des Differenzenquotienten und des Quotienten der Ausgangsgrößen. Wir betrachten hier das Verhältnis der relativen Veränderungen der Transportleistung im Güterverkehr (Tkm) zur relativen Veränderung des gesamtwirtschaftlichen Aggregats Bruttosozialprodukt (BSP). Das Ergebnis dieses Elastizitätskoeffizienten läßt die Aussage zu, um wieviel Prozent die Transportleistung reagiert, wenn sich das Bruttosozialprodukt um 1% verändert. Es müssen drei wichtige Bereiche für die Höhe des Koeffizienten unterschieden werden:

$\varepsilon > 1$ Die Transportleistung entwickelt sich überproportional zum Bruttosozialprodukt.

$\varepsilon = 1$ Die Veränderungen der Transportleistungen und des BSP entsprechen sich.

$\varepsilon < 1$ Die Transportleistung entwickelt sich unterproportional zum BSP.

Aufgrund ihrer Definition sind Elastizitätskoeffizienten immer dimensionslose Größen.

Elastizitätskoeffizienten lassen sich für eine breite Spanne von relativen Verhältnissen berechnen und interpretieren. Empirisch beobachtbare Mengenänderungen können i.d.R. durch verschiedene Einflußvariablen erklärt werden, so daß sich immer mehrere Ursachen-Wirkungszusammenhänge heranziehen lassen. Aus diesem Grund eignen sich Elastizitätskoeffizienten besonders zur vergleichenden Betrachtung. Wir wollen uns in diesem Lehrbuch auf das oben dargestellte Beispiel der Transportelastizitäten im Güterverkehr beschränken, da es zum einen das Prinzip der Elastizitätsberechnung sinnvoll verdeutlicht, und zum anderen auch als Synonym der Transportelastizität gebraucht wird. Wir haben in Kapitel I.1 [246] empirische Transportelastizitäten für den Güter- und

[246] Kapitel I.1 –Verkehr und Mobilität–.

Personenverkehr berechnet;[247] dort wurden die empirischen absoluten Veränderungen zwischen 5 Jahren herangezogen. Empirische Elastizitätskoeffizienten können nur für beobachtete Werte berechnet werden, da es sich i.d.R. um diskrete Variablenausprägungen handelt. In unserem Beispiel haben wir näherungsweise ermittelt, um wieviel Prozent sich die Transportleistung in einem Zeitraum von fünf Jahren ändert, wenn man die relative Veränderung der Bruttowertschöpfung im gleichen Zeitraum als Normierungsgröße heranzieht. Eine Verallgemeinerung wird dadurch erreicht, indem man zwischen beiden Variablen einen funktionalen Zusammenhang ermittelt, was durch eine Regressionsfunktion gegeben ist. Die Regressionsanalyse ermöglicht, eine stetige Funktion $y = f(x)$ zu schätzen, so daß für jeden Wert von x eine Punktelastizität berechnet werden kann. Setzt man in [49] statt des Differenzenquotienten

$$\frac{\Delta y}{\Delta x} \text{ den Differentialquotienten } \frac{dy}{dx} \text{ ein,}$$

so ist die Punktelastizität definiert als:

$$[50] \quad \varepsilon = \frac{dy}{dx}\frac{x}{y} .$$

Es läßt sich nun leicht zeigen, daß die Art des funktionalen Zusammenhangs zwischen Einfluß- und Wirkungsvariable die Elastizitätsberechnung maßgeblich beeinflußt. Wir beschränken uns hier auf zwei der wichtigsten Funktionstypen und die damit verbundenen Punktelastizitäten, nämlich:

1. Lineare Funktion $y = \beta_0 + \beta_1 \cdot x \rightarrow$ $\varepsilon = \beta_1 \cdot x/y$
2. Potenzfunktion $y = \beta_0 \cdot x^{\beta_1}$ $\rightarrow$ $\varepsilon = \beta_1$
   (mit β_0 und β_1 als Regressionsparameter)[248]

Beispiel:

In Abbildung 41 ist die empirische Punktwolke zwischen der Verkehrsleistung im Güterverkehr und der Bruttowertschöpfung (in Preisen von 1991) für die Bundesrepublik Deutschland (alt) für die Jahre 1960 bis 1990 abgebildet.

---

247 Vgl. Tabelle 2, 5 und 6.

248 Eine breites Spektrum von weiteren Funktionstypen und deren Elastizitäten können bei Wenke, Martin (1994), S. 39–59, nachgelesen werden.

Abbildung 41: Tonnenkilometer und Bruttowertschöpfung

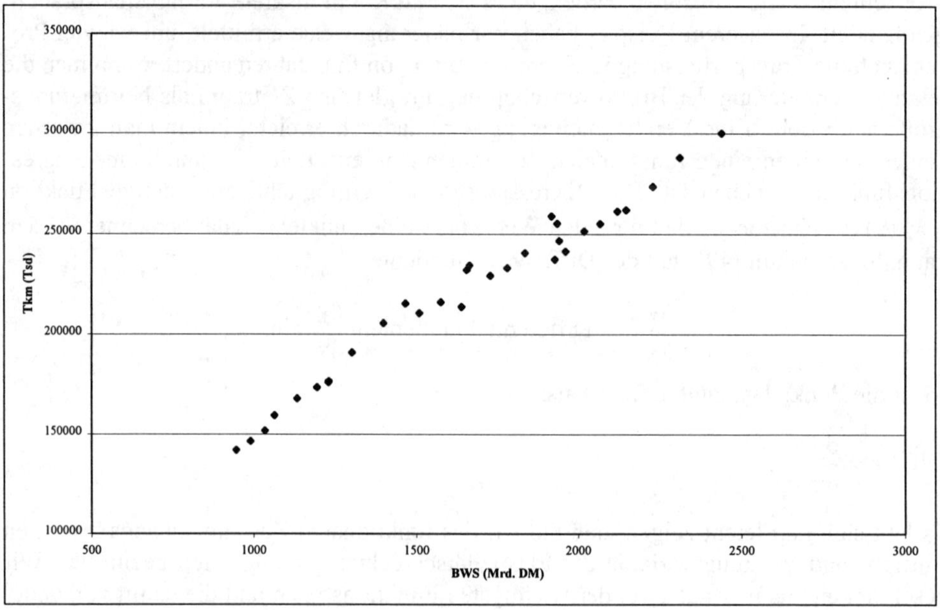

Quelle: Datenquelle: Deutsches Institut für Wirtschaftsforschung (DIW) (1997): Verkehr in Zahlen; eigene Berechnungen

Die einfache Methode der kleinsten Quadrate berechnet folgende Funktion:[249]

$$[51]\quad \hat{Tkm} = 55\,538{,}33 + 99{,}698\,\text{BWS},$$

mit der nun die Punktelastizitäten in unserem Beispiel des linearen Ansatzes approximativ geschätzt werden können. Es gilt dann:

$$[52]\quad \varepsilon_t = \hat{\beta}_1 \cdot \frac{x_t}{y_t}\ .$$

Die Ergebnisse sind in Tabelle 63 für die Jahre 1986 bis 1990 aufgelistet. Die einzelnen Koeffizienten variieren im Bereich zwischen 0,8 und 0,82. Die Interpretation dieser Werte läßt den Schluß zu, daß aufgrund der linearen Schätzfunktion die Transportleistung im Güterverkehr im Vergleich zur Bruttowertschöpfung unterdurchschnittlich zunimmt.

249 Wir sehen hier von möglichen Modelldefekten ab und unterstellen idealtypische Modellvoraussetzungen.

Tabelle 63: Elastizitätsschätzungen

Jahr	Bruttowertschöpfung (Mio. DM)	Tonnenkilometer (Mio.)	Elastizitäten des linearen Modells
1986	2 119 850	261 300	0,8088
1987	2 146 540	262 000	0,8168
1988	2 228 830	273 600	0,8122
1989	2 310 370	288 000	0,7998
1990	2 438 280	300 100	0,8100

Quelle: Deutsches Institut für Wirtschaftsforschung (DIW) (verschiedene Jahrgänge): Verkehr in Zahlen; eigene Berechnungen

Wird der zeitlichen Variabilität der Elastizität Rechnung getragen, dann müssen von den variablen Punktelastizitäten des linearen Funktionstyps die durchschnittlichen Elastizitäten

[53] $\bar{\varepsilon} = \hat{\beta}_1 \cdot \frac{\bar{x}}{\bar{y}}$

abgegrenzt werden.[250] In unserem obigen Beispiel erreicht die durchschnittliche Elastizität im Zeitraum zwischen 1986 und 1990 mit [53] den Wert von 0,8094.

Eine sehr interessante Funktionsform stellt die Potenzfunktion (auch als logarithmisch-linearer Ansatz bezeichnet) dar, da der geschätzte Regressionskoeffizient direkt als Elastizitätskoeffizient interpretiert werden kann. Im Gegensatz zum linearen Funktionstyp variieren die Reagibilitäten nicht: Es werden konstante Elastizitäten über den gesamten Stützzeitraum unterstellt. Für unser obiges Beispiel lautet die mit der Kleinst-Quadrat-Methode geschätzte Funktion:

[54] $\mathrm{LN}(\widehat{\mathrm{Tkm}}) = \mathrm{LN}(858{,}6066) + 0{,}7494\,\mathrm{LN}(\mathrm{BWS})$,

aus der wir den konstanten Elastizitätskoeffizienten von 0,7494 direkt ablesen können. Hier lautet folglich die Interpretation, daß über den gesamten Stützzeitraum eine im Vergleich zur Wertschöpfung unterdurchschnittliche Tranportleistungsveränderung geschätzt wird. Mit anderen Worten: Verändert sich die Bruttowertschöpfung um 1% steigt die Transportleistung im Güterverkehr um 0,75%.

III.5.2 Preiselastizitäten

Die Preiselastizität gibt das Verhältnis der relativen Nachfrageveränderung eines Gutes und der relativen Veränderung des Preises dieses Gutes an; sie wird somit als Elastizität der Nachfrage in bezug auf den Preis definiert.

250 Vgl. Wenke, Martin (1994), S. 43.

Betrachten wir beispielsweise die Nachfrage nach Verkehrsleistung im motorisierten Personenverkehr. Der Preiselastizitätskoeffizient η berechnet sich dann durch:

$$[55] \quad \eta = \frac{\frac{\Delta Pkm}{Pkm}}{\frac{\Delta p}{p}}$$

Die Problematik bei der Schätzung solcher Preiselastizitäten liegt i.d.R. in der empirischen Bestimmung von Nachfragefunktionen. Versucht man einen funktionalen Zusammenhang zwischen der Verkehrsnachfrage im motorisierten Individualverkehr und den Preisen - als Ursachenvariable - abzubilden, zeigt ein Streudiagramm ein sehr indifferentes Bild. In Abbildung 42 sind für die Jahre 1960 bis 1992 die Personenkilometer und die Kosten für ein Pkw gegeneinander abgetragen.[251]

Abbildung 42: Zusammenhang zwischen Verkehrsleistung (MIV) und Preis in der BRD (alt)

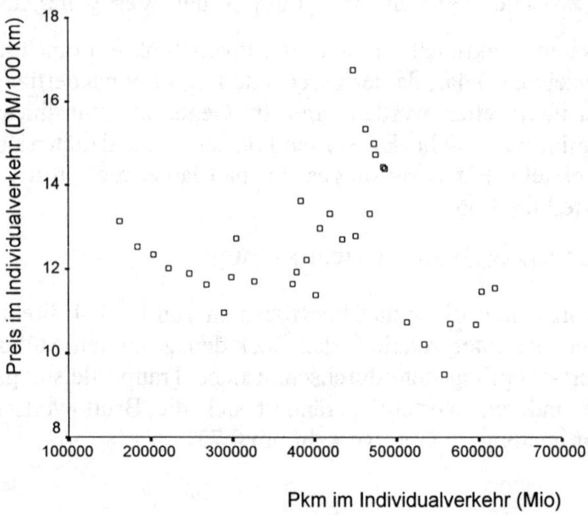

Quelle: Eigene Darstellung

Wie sich leicht erkennen läßt, ist der typisch negative Verlauf einer Preis-Mengen-Funktion nicht eindeutig feststellbar. Empirisch gemessene Veränderungen der Menge (hier Verkehrsleistung) haben meist mehr als eine Einflußvariable, so daß ein monokau-

251 Die Werte entsprechen denen der BRD (alt) für die Jahre 1960 bis 1992. Die Pkm im MIV können der Tabelle 3 in Kapitel I.1 –Verkehr und Mobilität– entnommen werden. Die Kosten für 100 km mit dem Pkw errechnen sich wie folgt: Durchschnittlicher Kraftstoffverbrauch (l/100km) x realem Kraftstoffpreis (DM/l).

saler Zusammenhang i.d.R. nicht die adäquate funktionale Form ist.[252] Betrachten wir die Entwicklung der Verkehrsleistung im motorisierten Individualverkehr von 1960 bis 1992, so zeigt sich ein eindeutiger steigender Trend, der nicht nur durch die Preise erklärt werden kann; vielmehr sind weitere Bestimmungsfaktoren verantwortlich. Zu denken ist etwa an die in diesem Zeitraum festzuhaltende Wohlstandssteigerung, die Zunahme der Freizeit, die Ausweitung der Arbeitsteilung, die Verbesserung der Verkehrsinfrastruktur etc. Die Modellbildung ist also relativ komplex; wir wollen uns hier aber auf die einfache Beschreibung des Konzepts der Preiselastizität beschränken und unterstellen, daß die Verkehrsnachfrage vom Preis und einer Trendvariable als Bestimmungsfaktoren modelliert werden kann.[253] Für die Berechnung des Elastizitätskoeffizienten ist die Wahl der Funktionsform –wie wir bereits diskutiert haben– von zentraler Bedeutung. Wir unterstellen eine Potenzfunktion:

[56] $y = \beta_0 \cdot x^{\beta_1} \cdot t^{\beta_2}$

in der y die Verkehrsleistung im motorisierten Individualverkehr darstellt, x den Preis für 100 km mit dem Pkw, t die Trendvariable (t=1, 2, ..., 33) und $\beta_0, \beta_1, \beta_2$ die zu schätzenden Regressionsparameter. Diese Funktionsform hat wieder den Vorteil, daß der Parameter β_1 direkt als Preiselastizität interpretiert werden kann. In Tabelle 64 sind die Ergebnisse einer nicht-linearen Schätzung des Programmpakets SPSS wiedergegeben. Die Koeffizienten haben das erwartete Vorzeichen und wir können hier folgende Schlußfolgerung ziehen: Steigt der Preis für 100 km mit dem Pkw um 1%, sinkt die Nachfrage für die Verkehrsleistung um 0,2%; diese Aussage gilt konstant –aufgrund unseres Funktionstyps– im gesamten Untersuchungszeitraum 1960 bis 1992.

Tabelle 64: SPSS-Schätzung der Preiselastizität

```
Nonlinear Regression Summary Statistics    Dependent Variable Pkm im
mot. Individualverk.
  Source                 DF   Sum of Squares   Mean Square
  Regression              3   5962498773804   1987499591268
  Residual               30   10187015002,7   339567166,757
  Uncorrected Total      33   5972685788807
  (Corrected Total)      32    502842125968
  R squared = 1 - Residual SS / Corrected SS =      ,97974
                                              Asymptotic 95 %
                             Asymptotic     Confidence Interval
  Parameter    Estimate      Std. Error     Lower          Upper
  β0          203892,20115  29758,885421  143116,44912  264667,95318
  β1          -,200457354    ,053377798   -,309469361   -,091445346
  β2           ,440347951    ,014369801    ,411000902    ,469695001
```

Quelle: Eigene Berechnung

[252] Zu den Schwierigkeiten, die Nachfragefunktion zu bestimmen, vgl. Kapitel II.2.2.1 – Messung durch Verschiebung der Nachfragefunktionen und Kostenersparnisse–.

[253] Formal: Y=f(x, t); mit x als Preis für die Verkehrsleistung und t (t=1, 2, ..., T) als Trendvariable. Mit dieser Vorgehensweise läßt sich der Einfluß der Trendkomponente isolieren. Vgl. Eckey, Hans-Friedrich; Kosfeld, Reinhold; Dreger, Christian (1995), S.199.

Neben der direkten Preiselastizität sind auch Kreuzpreiselastizitäten von Interesse, die angeben, um wieviel Prozent sich die nachgefragte Menge eines Gutes (i) ändert, wenn sich der Preis eines anderen Gutes (j) um 1 % verändert.

$$[57] \quad \eta_{x_i/p_j} = \frac{\frac{\Delta x_i}{x_i}}{\frac{\Delta p_j}{p_j}}$$

Bei substitutiven Gütern kann man ein positives, bei komplementären Gütern ein negatives Vorzeichen erwarten. Bleiben wir bei unserem oben angeführten Beispiel; wir wollen die Kreuzpreiselastizität als Reaktion der Nachfrage nach der Verkehrsleistung im motorisierten Individualverkehr bezogen auf den Preis eines anderen Verkehrsmittels berechnen. Als substitutives Verkehrsmittel wählen wir den Öffentlichen Straßenpersonenverkehr (ÖSPV); einen Überblick über die reale Preisentwicklung im Öffentlichen Straßenpersonenverkehr gibt Abbildung 43, worin zum Ausdruck kommt, daß zu Beginn der achtziger Jahre ein drastischer Preisverfall im Pkw-Verkehr festgehalten werden kann, während die Preise des ÖSPV[254] tendenziell eine entgegengesetzte Entwicklung aufweist.

254 Die Preise wurden mittels der Einnahmen der Betriebe des Öffentlichen Straßenpersonenverkehrs berechnet. Als Deflationator wurde der Preisindex eines Vierpersonenhaushalts herangezogen.

Abbildung 43: Reale Preise im ÖSPV und für den Pkw (1985=100) in der BRD (alt)

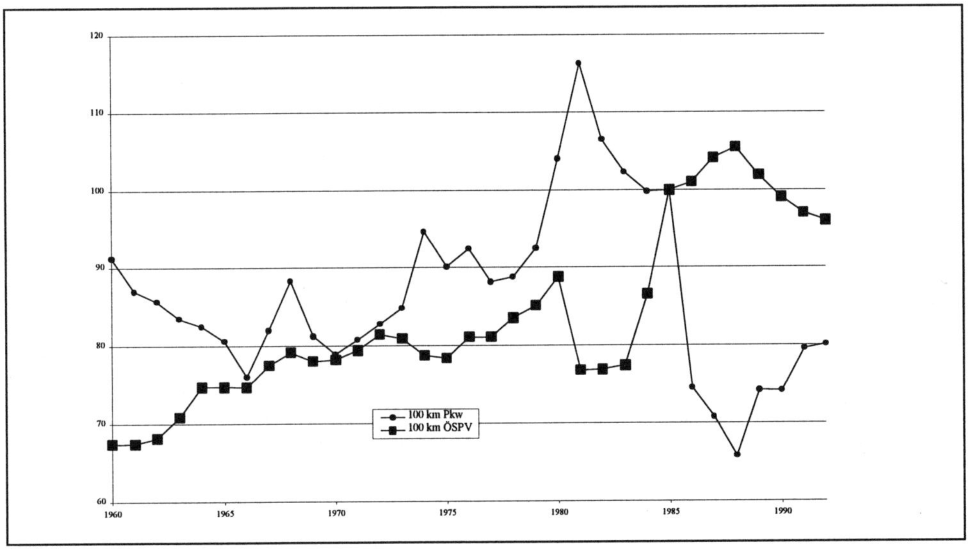

Quelle: Eigene Darstellung

Zur Berechnung der Kreuzpreiselastizität wählen wir wieder [56]. An Stelle des Preises im Pkw-Verkehr setzen wir als Bestimmungsfaktor den Preis im ÖSPV ein. Die Schätzergebnisse dieser Vorgehensweise können der folgenden Tabelle 65 entnommen werden.

Tabelle 65: SPSS-Schätzung der Kreuzpreiselastizität

```
Nonlinear Regression Summary Statistics   Dependent Variable Pkm im
mot. Individualverk.
  Source                     DF  Sum of Squares  Mean Square
  Regression                  3  5958777261417  1986259087139
  Residual                   30  13908527390,4  463617579,679
  Uncorrected Total          33  5972685788807
  (Corrected Total)          32   502842125968
  R squared = 1 - Residual SS / Corrected SS =      ,97234
                                             Asymptotic 95 %
                             Asymptotic     Confidence Interval
  Parameter   Estimate       Std. Error     Lower          Upper
  β0         80675,716480 20970,427237 37848,390537 123503,04242
  β1           ,151757296   ,095273670  -,042817496   ,346332089
  β2           ,438140122   ,017365093   ,402675870   ,473604374
```

Quelle: Eigene Berechnung

Die Erwartungen bestätigen sich auch hier. Der Koeffizient β_1 hat ein positives Vorzeichen, was auch aufgrund des substitutiven Charakters des ÖSPV erwartet werden konnte. Wir können hier also die Aussage treffen, daß sich die Nachfrage nach der Verkehrsleistung im motorisierten Individualverkehr um 0,15% erhöht, wenn der Preis im ÖSPV um 1% zunimmt.

IV. Besonderheiten des Verkehrssektors zur Begründung staatlicher Einflußnahme [255]

IV.1 Begründungen staatlicher Eingriffe: Ein Überblick

Eine Begründung für staatliche Eingriffe in das Verkehrswesen kann ökonomisch und außerökonomisch erfolgen. Bei der ökonomischen Begründung stellt der vollkommene Markt mit seinen wohlfahrtsökonomischen Auswirkungen die Bezugsbasis dar. Würde sich nachweisen lassen, daß der Wettbewerbsmechanismus in den Verkehrsmärkten nicht hinreichend funktioniert, so spräche dies für staatliche Eingriffe. Diese normative Theorie [256] der Verkehrspolitik fragt also danach, ob und wann staatliche Eingriffe in den wettbewerblichen Prozeß ökonomisch sinnvoll sind und wie sie aussehen sollten. Von der ökonomischen ist eine außerökonomische Begründung der politischen Maßnahmen zu unterscheiden. Bei der ökonomischen Begründung werden die wohlfahrtsökonomischen Implikationen eines vollkommenen Marktes als richtige gesellschaftlichen Zielsetzungen akzeptiert und danach gefragt, warum sie in der Realität nicht erreicht werden und welche Eingriffe in den Markt notwendig sind, um ihnen näher zu kommen oder sie sogar zu realisieren. Bei der außerökonomischen Begründung werden dagegen von der Politik andere, außerökonomische Ziele (alleine oder zusätzlich) angestrebt.

Auf beide Ansätze soll im folgenden eingegangen werden, wobei mit der normativ-ökonomischen Begründung begonnen werden soll. Sie gründet sich auf die Besonderheiten des jeweils betrachteten Marktes, wobei für den Verkehrssektor folgende Besonderheiten charakteristisch sind:

„a) Eine Produktion auf Vorrat ist unmöglich;

b) es müssen Reservekapazitäten vorgehalten werden;

c) es entstehen zwangsläufig Leerfahrten wegen der Unpaarigkeit der Verkehrsströme; [257]

---

255 Zu den Versuchen, den Verkehr als wettbewerblichen Ausnahmebereich zu begründen und zur kritischen Auseinandersetzung mit diesen Begründungen vgl. Laaser, Claus-Friedrich (1991b), S. 51ff., und Suntum, Ulrich van (1986c), S. 61ff.

256 Von diesem normativen ist ein positiver Ansatz zu unterscheiden, der danach fragt, aus welchen Gründen heraus in der Vergangenheit von seiten der Politik Regulierungsmaßnahmen durchgeführt worden sind. Hier geht es also um eine politökonomische und nicht um eine wohlfahrtsökonomische Begründung der ergriffenen Maßnahmen.

257 Häufig werden Güter nur in einer Richtung (von A nach B) transportiert, und die Transportmittel müssen leer an ihren Ausgangspunkt zurückkehren.

d) ein Ausweichen der Unternehmen auf andere Branchen ist unmöglich;

e) es gibt im Verkehrswesen hohe fixe Kosten und langlebige Investitionen;

f) die Marktform auf den unterschiedlichen Teilmärkten ist jeweils unterschiedlich;

g) die Preiselastizität der Nachfrage ist gering, so daß Preissenkungen wirkungslos bleiben;

h) es bestehen wesentliche intermodale Technologieunterschiede;

i) es sind Wettbewerbsverfälschungen aufgrund einseitiger Staatseingriffe zu verzeichnen;

j) es gibt Wettbewerbsentartungen wegen der internationalen Verflechtung des Verkehrs;

k) gerade die Häufung dieser Besonderheiten macht eine Besonderheit für sich aus.“ [258]

Die meisten dieser Besonderheiten begründen keine staatlichen Eingriffe, da sie wohlfahrtsökonomisch unerheblich sind, sich auch in vielen anderen Sektoren zeigen oder gerade auf falsche staatliche Regulierungsmaßnahmen zurückgeführt werden können. Es bleiben vier normativ-ökonomische Begründungsversuche, auf die im folgenden einzugehen sein wird, nämlich die Tendenz zum natürlichen Monopol, Anpassungsmängel, externe Effekte sowie die Verkehrsinfrastruktur als öffentliches Gut.

---

[258] zitiert aus Laaser, Claus-Friedrich (1991b), S. 56; dieser zitiert nach Hamm, Walter (1964), S. 77ff.

IV.2 Tendenzen zum natürlichen Monopol

IV.2.1 Ursachen und Probleme von natürlichen Monopolen

Ein natürliches Monopol ist dadurch charakterisiert, daß ein Anbieter die zur Befriedigung der Nachfrage notwendige Produktmenge kostengünstiger erstellen kann als mehrere Anbieter. Es liegt eine subadditive Kostenfunktion vor, d.h., die Summe über die Produktionskosten mehrerer Anbieter ist höher als die Kosten nur eines einzigen Anbieters.

Geht man von zwei Unternehmen aus, so lautet die Formel für Kostensubadditivität

$$K(X_1 + X_2) < K(X_1) + K(X_2).$$

Es ist kostengünstiger, die gesamte benötigte Menge $X_1 + X_2$ in einem Unternehmen herzustellen als ihre Produktion in irgendeiner Form auf zwei getrennte Unternehmen aufzuteilen. Der einfachste Fall für solche Produktionsverhältnisse liegt dann vor, wenn die Durchschnittskosten im gesamten relevanten Mengenbereich permanent fallen. Bei Einproduktunternehmen basiert die Tendenz zum natürlichen Monopol auf Größenvorteilen (economies of scale), die bei Mehrproduktunternehmen von produktübergreifenden Synergieeffekten (economies of scope) begleitet werden können. Folgende Einflußfaktoren sind zu unterscheiden:

- *„Mindesteinsatzmengen bei den Produktionsfaktoren:* Die in der Realität wohl häufigste Ursache stellen 'Mindesteinsatzmengen' bei Produktionsfaktoren dar (z.B. einzelne Maschinen, Fertigungsanlagen, Labors oder Verwaltungsgebäude). Bei einer Erhöhung des Auslastungsgrades verteilen sich die Kosten für diese Ressourcen auf eine größere Outputmenge (Fixkosten-Degression). Als Spezialfall lassen sich *Losgrößenvorteile* auffassen: Entsteht bei der Umrüstung von der Produktion eines Gutes auf die Herstellung eines anderen Gutes erheblicher Aufwand, so ist es vorteilhaft, eine möglichst große Menge pro Los zu fertigen. Die Umrüstkosten verteilen sich auf die Menge pro Los und verlieren mit steigender Losgröße an Bedeutung.
- *Zwei-Drittel-Regel:* Bei Kapitalgütern wie z.B. Öfen, Tanks, Röhren, Destillationsanlagen und Kabeln läßt sich die Kapazität durch eine Vergrößerung des Umfangs erhöhen. Dabei ist eine Kapazitätserhöhung um eine Einheit in der Regel mit einem Anstieg der Materialkosten in Höhe von nur ca. zwei Dritteln verbunden (sogenannte 'ingenieurwissenschaftliche *Zwei-Drittel-Regel*').
- *Stochastische Größenersparnisse:* Mit ansteigender Betriebsgröße ist es in der Regel leicht, zufallsbedingte Ereignisse zu kalkulieren, da sich einzelne Abweichungen vom Durchschnitt gemäß dem Gesetz der großen Zahl tendenziell ausgleichen. Aus diesem Grunde ist beispielsweise der Bedarf an Ersatzteilen für

mehrere gleichartige Maschinen genauer planbar als für eine einzelne Anlage, so daß sich der Lagerbestand besser optimieren läßt. Stochastische Ersparnisse können sich auch im Hinblick auf den Umfang der erforderlichen Reservekapazitäten (z.B. bei der Energieerzeugung) ergeben.

- *Prinzip des kleinsten gemeinsamen Vielfachen:* Bestehen bei aufeinander aufbauenden Fertigungsstufen unterschiedliche mindestoptimale Kapazitäten (z.B. auf der ersten Stufe 600 Einheiten, der zweiten Stufe 1.000 Einheiten und der dritten Stufe 1.500 Einheiten), so ergibt sich die optimale Gesamtkapazität beim kleinsten gemeinsamen Vielfachen der mindestoptimalen Teilkapazitäten (hier bei 3.000 Einheiten)." [259]

Welche wohlfahrtsökonomischen Implikationen sind mit dem Auftreten natürlicher Monopole verbunden? Eine Antwort auf diese Frage gibt Abbildung 44:

Abbildung 44: Wohlfahrtsökonomische Implikationen eines natürlichen Monopols

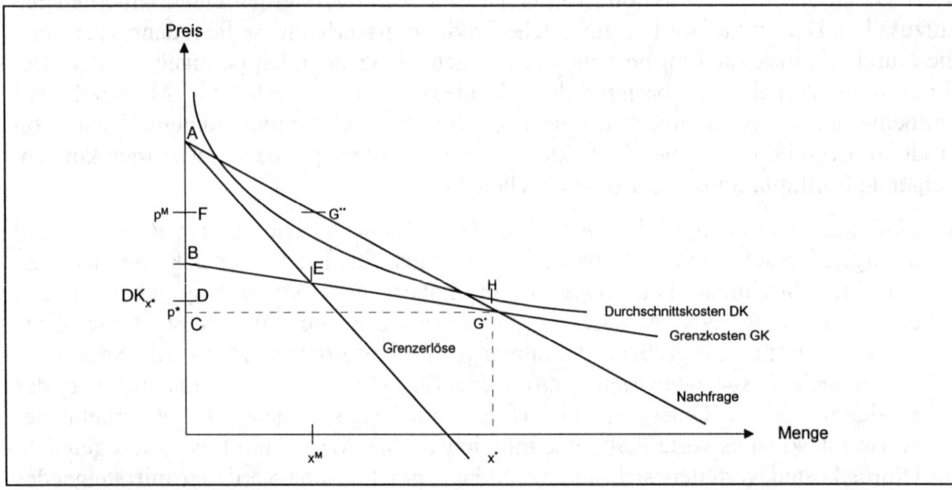

Quelle: Eigene Darstellung.

Die wohlfahrtsoptimale Menge ist x*, die zu einem Preis von p* am Markt angeboten werden müßte, da es hier zu einem Ausgleich von volkswirtschaftlichen Grenznutzen und –kosten kommt. Die Konsumentenrente beträgt ACG*; die Produzentenrente ist negativ und beträgt –vernachlässigt man die fixen Kosten– -BCG*, so daß sich insgesamt ein sozialer Überschuß von ABG* ergibt. Eine solche Lösung wird sich aber (ohne flankierende Maßnahmen) am Markt nicht durchsetzen, da die Durchschnittskosten über

259 Fritsch, Michael; Wein, Thomas; Ewers, Hans-Jürgen (1993), S. 124f.

dem erzielten Marktpreis liegen und damit Verluste von $(DK_{x^*} - p^*) \cdot x^* = CDHG^*$ beim Produzenten anfallen würden. Der Marktausleseprozeß würde schließlich nur noch einen Anbieter übrig lassen, der zur Gewinnmaximierung die Gleichheit von Grenzerlös und Grenzkosten wählt und damit den Preis p^M setzt, bei dem die Menge x^M abgesetzt werden kann. Die Konsumentenrente sinkt von ACG* auf AFG**. Die Produzentenrente beträgt jetzt BEG**F und ist damit deutlich angewachsen. Diese Steigerung kann allerdings den Rückgang der Konsumentenrente nicht wettmachen; gesamtwirtschaftlich kommt es zu einem Wohlfahrtsverlust von G**EG*. Läßt man das natürliche Monopol, so beschränken sich die negativen Auswirkungen möglicherweise nicht auf diese statischen Wohlfahrtsverluste am betrachteten Markt. Wegen seiner Monopolgewinne ist der Anbieter in der Lage, auf anderen Märkten einen ruinösen Wettbewerbsprozeß in Gang zu setzen und Konkurrenten vom Markt zu verdrängen, so daß es auch dort zu monopolistischen Tendenzen kommt. Außerdem kommen die dynamischen Funktionen des Wettbewerbs (Verbesserung der Produkte und der Produktionsverfahren) nicht voll zum tragen.

Sinkende Durchschnittskosten und Tendenzen zum natürlichen Monopol werden für den Verkehrsbereich vermutet. Diese Hypothese läßt sich mehrfach begründen:

- Bei den Verkehrswegen ist es offensichtlich wenig sinnvoll, mehrere parallel verlaufende Trassen von unterschiedlichen Anbietern bauen zu lassen, zumindestens so lange, wie keine Kapazitätsengpässe auftreten. Aber auch in diesem Fall wird es in der Regel sinnvoller, weil billiger und ökologisch verträglicher sein, existierende Trassen auszubauen als neue zu errichten.
- Für die Verkehrsträger werden häufig steigende Skalenerträge und Verbundvorteile unterstellt. So lassen sich etwa Lokomotiven tagsüber im Personen- und nachts im Güterverkehr einsetzen; gleiches gilt für das Personal. Außerdem lassen sich die Anschlüsse der Züge bei steigender Dichte besser aufeinander abstimmen (economics of density). Weitere Begründungen sind denkbar.

„Beispiele für derart ausgeprägte Kostendegression findet man vor allem im sog. Netz- und Leitungsverbund: Es wäre offensichtlich eine verschwenderische Doppelinvestition, wenn man z.B. jeden Haushalt an mehrere konkurrierende Strom-, Gas-, Wasser- und Telefonnetze anschließen würde, denn die damit verbundenen Leistungen können ebensogut durch jeweils ein einziges Netz erbracht werden. Konkurrenz z.B. verschiedener Stromanbieter um die Einspeisung in das Netz braucht deswegen zwar nicht ausgeschlossen zu werden, aber für das Netz als solches, also die eigentliche Transportleistung, ist offenbar eine wettbewerbliche Organisation weder sinnvoll noch möglich. Ähnlich wird für den Fall mehrerer parallel verlaufender, miteinander konkurrierender Eisenbahnlinien argumentiert: Jede der konkurrierenden Linien würde versuchen, zu minimalen Durchschnittskosten anzubieten, und da dies wegen der begrenzten Nachfrage immer nur einem einzigen Anbieter gelingen kann, wird es zu ruinösen Preiskämpfen kommen, in deren Verlauf schließlich nur ein einziger Anbieter übrig bleiben könnte. Eisenbahnen zeichnen sich neben dieser allgemeinen Charakteristik von Leitungs- bzw. Schienennetzen außerdem noch dadurch aus, daß sie Mehrproduktunternehmungen sind und so zusätzliche Verbundvorteile realisieren können, indem z.B. auf dem gegebenen Netz gleichzeitig Güter- und Personenverkehr betrieben wird, teilweise sogar unter Verwendung desselben Zugmaterials und Personals, wodurch sich weitere Kostendegressionen ergeben.“ [260]

IV.2.2 Instrumentelle Ansatzpunkte beim Vorliegen natürlicher Monopole

IV.2.2.1 Voraussetzungen für sinnvolles staatliches Handeln

Die Tendenz zum natürlichen Monopol im Verkehrsbereich, so sie denn besteht, legt die Frage nach der wirtschaftspolitischen Konsequenz nahe. Es muß allerdings aus mehreren Gründen davor gewarnt werden, aufgrund der obigen Überlegung intensive prozeßpolitische Maßnahmen des Staates zu fordern. [261]

a) Die Hypothese einer Tendenz zum natürlichen Monopol im Verkehrsbereich hält einer empirischen Überprüfung nur sehr begrenzt stand. Entsprechende Untersuchungen sind von Laaser hervorragend zusammengestellt und dokumentiert worden.

   „Faßt man die Ergebnisse der verfügbaren Studien zusammen, so ergibt sich, daß sich die für ein natürliches Monopol typischen Kostenverläufe bei Eisenbahnen nicht eindeutig nachweisen lassen. Kleine Unternehmen, die mit einer Netzgröße bis zu 500 Meilen (800 Kilometer) operieren, zeigen nach den Untersuchungen sowohl ‘economies of firm size’, gemessen anhand der Verkehrsleistung, als auch ‘economies of density’, gemessen an der Auslastung der Strecken; bei dem von ihnen realisierten Outputniveau ist sowohl die optimale Firmengröße noch nicht erreicht als auch die Auslastung des vorhandenen Netzes suboptimal. Diese Gesellschaften bilden innerhalb ihrer Netze natürliche Monopole im Sinne der verwendeten Definitionen. Jenseits der von mehreren Autoren festgelegten Trennlinie bei einer Netzgröße von 500 Meilen wird das Ergebnis widersprüchlich: Auf der einen Seite lassen sich auch hier noch ‘economies of density’ beobachten, andererseits treten keine ‘economies of firm size’ mehr auf. …

   Zur Frage der langfristigen Durchschnittskosten, die mit der Netz- und/oder Unternehmensgröße variieren, kann eine Reihe von Studien herangezogen werden, in denen die Busdienste in verschiedenen Ländern auf mögliche Skalenerträge hin untersucht worden sind. Die älteste dieser Studien [262] ermittelte leicht zunehmende

---

260 Suntum, Ulrich van (1986c), S. 68f.

261 Dies gilt auch –wegen gleicher oder ähnlicher Gründe– für die neben dem natürlichen Monopol zu behandelnden weiteren Besonderheiten des Verkehrsbereichs, mit denen sich Staatseingriffe begründen lassen.

262 Johnston, John (1956).

Skalenerträge mit steigender Unternehmensgröße, gemessen am Umfang des Fuhrparks [263]. Lee und Steedman [264] untersuchten die Kostenstrukturen städtischer Busunternehmen im Vereinigten Königreich. Sie fanden konstante Skalenerträge anhand der Outputvariablen 'Fahrzeugmeilen'. Mittels des Datenmaterials konnte noch nicht einmal die intuitive Hypothese bestätigt werden, daß große Unternehmen Größenvorteile in der Bedienung von integrierten Netzen und im Unterhalt der Fahrzeuge hätten. [265] Offenbar konnten kleinere Unternehmen eventuelle produktionstechnische Nachteile durch ein Mehr an Flexibilität ausgleichen. [266] Koshal [267] analysierte in einer multiplen Regressionsanalyse die Kostenstruktur indischer Busunternehmen (auf Stadt-, Überland- und Berglinien). Bei keiner der verschiedenen Kostenarten waren die Konstanten der Gleichungen, die 'economies of scale' zeigen würden, statistisch signifikant verschieden von null. [268] In einer weiteren Analyse der Kostenstrukturen im Busverkehr der USA [269] wiederholte sich dieses Ergebnis. Daraus kann abgeleitet werden, daß im Busverkehr eher mit konstanten Skalenerträgen zu rechnen ist. [270] Wettbewerb im Busbereich erscheint aufgrund der empirischen Evidenz daher möglich. ...

Zur Frage, ob und in welchem Umfang im Luftverkehr langfristige Skalenerträge anfallen, gibt es aus den USA eine Reihe von Untersuchungen. ...

Keine dieser Untersuchungen konnte jenseits einer gewissen Unternehmensgröße 'economies of firm size' feststellen. Es zeigen sich daher deutliche Parallelen zum Fall der Eisenbahnen. [271] Die ermittelten 'economies of density' können allenfalls relevant sein für die Frage, wie viele Gesellschaften eine einzelne Linie bedienen können, besagen jedoch nicht, daß im Luftverkehr generell ein Marktversagen zu verzeichnen ist.“ [272]

b) Die Problematik einer Fehlallokation durch subadditive Kostenfunktionen verliert erheblich an Relevanz, wenn man sich nicht am statischen

263 Thomson, John Michael (1978), S. 128f.

264 Lee, Norman; Steedman, Ian (1970), S. 15-28.

265 Lee, Norman; Steedman, Ian, (1970), S. 27.

266 Thomson, John Michael (1978), S. 128.

267 Koshal, Rajindar K. (1970), S. 29-36.

268 Koshal, Rajindar K. (1970), S. 31ff., S. 35.

269 Koshal, Rajindar K. (1972), S. 151ff.

270 Vgl. auch Blankart, Charles Beat (1979), S. 12, S. 21.

271 Die Parallelen zwischen Luftverkehr und Eisenbahnen lassen sich auch noch weiter ziehen: Start- und Landerechte auf Flughäfen (slots) sowie die Rechte zur Benutzung der Luftstraßen finden ihr Gegenstück bei den Eisenbahnen in Form von Fahrplantrassen auf den einzelnen Strecken. Bei der Nutzung der Infrastruktur lassen sich durchaus Monopolelemente ausmachen, die sich aber bei einer getrennten Betrachtung von Fahrweg und Betrieb wettbewerblich lösen lassen. Im Luftverkehr ist diese Sichtweise selbstverständlich; zur Anwendung dieses Prinzips auf den Eisenbahnbereich vgl. Kap. IX. (Wettbewerb im Schienennetz der Eisenbahn als weitestgehende Deregulierungsoption (Anmerkung der Verfasser dieses Buches).

272 Laaser, Claus-Friedrich (1991b), S. 60ff.

Wohlfahrtsoptimum orientiert, sondern die Wirtschaft als dynamischen Prozeß begreift, der nicht ideal ablaufen, aber doch funktionieren muß.

„Beispiele für solche alternativen Wettbewerbsmodelle sind

- das Konzept der 'workable competition' [273]
- das neoklassische Konzept des freien Wettbewerbs [274]
- das Konzept des Wettbewerbs als Entdeckungsverfahren [275] und
- das Konzept des Wettbewerbs als schöpferische Zerstörung (durch innovative Unternehmer) [276].

Zieht man derartige Definitionen heran,

- die Wettbewerb als ständigen Prozeß des Vorpreschens und Aufholens interpretieren [277]
- die die dynamische Funktion des Wettbewerbs betonen und
- die gerade die partiellen und temporären Unvollkommenheiten als Motor der wirtschaftlichen Entwicklung und als Beleg für einen funktionierenden Wettbewerb ansehen, [278]

dann muß auch Marktversagen anders definiert werden. Marktversagen aus dieser Sicht heißt nicht, daß eine der restriktiven Voraussetzungen des Modells der vollkommenen Konkurrenz nicht erfüllt ist. Es heißt vielmehr, daß der marktwirtschaftliche Koordinationsprozeß systematisch in seiner Funktionsfähigkeit behindert und daß das Anreizsystem, das sonst die Wirtschaftssubjekte zu innovativem Verhalten und zum Lernen anregt, nachhaltig gestört sein muß. [279] Ein derartiges Konzept des Marktversagens setzt denn auch eher am Prinzip der Wettbewerbsfreiheit an als an der Verletzung von restriktiven Optimalitätsbedingungen. [280] Abweichungen vom Gleichgewicht des Modells der vollkommenen Konkurrenz sind demnach nicht notwendigerweise als Marktversagen anzusehen, sondern eventuell sogar positiv zu beurteilen, wenn sie das Anreizsystem und den Wettbewerb als dynamischen Entdeckungs-, Lern- und Aufholprozeß nicht behindern.“ [281]

273 Clark, John Maurice (1961).

274 Hoppmann, Erich (1966), S. 286-323;
Hoppmann, Erich (1968), S. 9-49;
Hoppmann, Erich (1978).

275 Hayek, Friedrich August von (1968).

276 Schumpeter, Joseph Alois (1943).

277 Cox, Helmut; Hübener, Harald (1981), S. 5.

278 Lutz, Friedrich A. (1956), S. 19-43, bezeichnet das Lehrbuchmodell des vollkommenen Wettbewerbs als „Schlafmützenkonkurrenz“; Giersch, Herbert (1981/82), S. 158ff., als einen Prozeß, in dem „der Wettbewerb vollkommen ausgeschaltet ist“.

279 Soltwedel, Rüdiger; Busch, Axel; Gross, Alexander; Laaser, Claus-Friedrich (1986), S. 5.

280 Schmidt, Ingo (1981), S. 12.

281 Laaser, Claus-Friedrich (1991b), S. 54f.

Insbesondere dann besteht kein Anlaß für staatliches Eingreifen, wenn der Markt „bestreitbar (contestable markets)" ist. Danach kommt es weniger auf die effektive, sondern auf die potentielle Konkurrenz an. Sie wirkt auf den Monopolisten disziplinierend, da die Ausschöpfung seiner Marktmacht sofort neue Wettbewerber auf den Plan rufen würde. Er muß also ein eigenes Interesse daran haben, die Preise niedrig und die Mengen hoch zu halten, da er sich sonst selbst in eine Wettbewerbssituation hineinbringen würde. Solche Konkurrenten können das gleiche Gut (etwa eine zweite Eisenbahngesellschaft) oder substitutive Güter (Lkws anstelle Eisenbahnverkehr) anbieten. Bei der Gefahr der potentiellen Konkurrenz spielt das Konzept der versunkenen Kosten (sunk costs) eine große Rolle. Sie stellen jene Kosten dar, die in die Produktion eines Gutes eingebracht werden müssen, aber nicht rückholbar sind, wenn die Produktion eingestellt wird. Die entsprechenden produktionsnotwendigen Anlagen sind damit nur für den einen Zweck verwendbar, was man auch als Irreversibilität bezeichnet. Damit ergeben sich im Hinblick auf die Beurteilung der potentiellen Konkurrenz zwei Beurteilungskriterien, nämlich der Grad der Subadditivität und der Grad der Irreversibilität. Das Ausmaß der potentiellen Konkurrenz ist nur dann sehr gering, wenn sowohl Subadditivität besteht als auch die Irreversibilität hoch ist.

In Übersicht 13 sind die beiden Kriterien der Subadditivität und der Irreversibilität für Sektoren des Verkehrsbereichs aufgeführt.

Übersicht 13: Subadditivität und Irreversibilität in verschiedenen Wirtschaftsbereichen

Sektor	Subadditivität	Irreversibilität
Eisenbahn		
a) Schienennetz	ja	hoch
b) Güter- und Personenverkehr	nein	gering
Bus-, Fähr- und Fluglinien	i.d.R. nein	gering
Binnenschiffahrt	nein	gering
Güterkraftverkehr	nein	gering
Pipeline	ja	hoch

Quelle: Nach Fritsch, Michael; Wein, Thomas; Ewers, Hans-Jürgen (1993), S. 150.

Marktversagen ist danach vor allem beim Schienennetz der Eisenbahn und den Pipelines zu erwarten, da dort sowohfl Subadditivität als auch Irreversibilität gegeben sind. In den großen Bereichen des Güter- und Personenverkehrs der Eisenbahn, der Bus-, Fähr- und Fluglinien, der Binnenschiffahrt und des Güterkraftverkehrs ist dagegen eher mit funktionierenden Märkten zu rechnen, weil dort keine Subadditivität vorliegt und die Markteintritts- und –austrittskosten gering sind.

Nach dem Konzept der bestreitbaren Märkte sollte danach die Wirtschaftspolitik für eine hohe potentielle Konkurrenz sorgen. Dies geschieht am besten dadurch, daß die Märkte offen gehalten und alle Beschränkungen für einen Marktzutritt abgebaut oder doch zumindestens klein gehalten werden. In den Bereichen, in denen Subadditivität herrscht und die Irreversibilität hoch ist, kann der Staat für das Angebot selber sorgen oder ein Unternehmen damit beauftragen, das er selber der Mißbrauchsaufsicht unterwerfen müßte. Diese Bereiche können allerdings durch bestimmte Maßnahmen relativ klein gehalten werden, etwa indem man die Erzeugung von der Verteilung trennt. Lediglich die Netze wären dann noch in staatlicher Hand bzw. in der Hand von Unternehmen, die der Mißbrauchsaufsicht unterliegen, zu halten, während die Erzeugung von Leistungen dem Markt überlassen werden könnte.

c) Die Begründung eines Marktversagens ist ein keineswegs hinreichender Grund für staatliche Eingriffe. Hier langt es nämlich nicht, die reale mit einer optimalen Marktsituation zu vergleichen und dabei einen Unterschied festzustellen. Vielmehr ist notwendig, daß sich die Situation durch staatliche Einflußnahme verbessert. Es sind also zwei reale Zustände miteinander zu vergleichen, nämlich jener ohne und jener mit Staatseingriffen. Aufgrund von Friktionen im politischen Entscheidungsprozeß kann dann einer zufriedenstellenden, wenn auch nicht optimalen Marktsituation ohne prozeßpolitische Eingriffe durchaus der Vorrang eingeräumt werden. Solche Friktionen können in fehlenden und fehlerhaften Informationen, in einem Handeln zu falschen Zeitpunkten und mit falschen Instrumenten sowie in dem Wunsch nach Stimmenmaximierung, der auf Partikularinteressen ungerechtfertigt hohe Rücksicht nimmt, bestehen.

IV.2.2.2 Mögliche Instrumente

Will der Staat dennoch in das Marktgeschehen eingreifen, um die mit der Tendenz zum natürlichen Monopol verbundenen wohlfahrtsmindernden Effekte zu verhindern oder doch zumindestens zu verkleinern, so lassen sich grundsätzlich zwei Gruppen von Preisbildungsregeln unterscheiden. Zur ersten Gruppe gehören die Regeln, die sich am Ziel der Realisierung des Paretooptimums orientieren, also versuchen, durch staatliche Eingriffe die Gleichheit von sozialen Grenzkosten und –nutzen zu realisieren und so eine wohlfahrtsmaximale Situation darzustellen. Andere Instrumente rücken aus pragmatischen Erwägungen von der Grenzkosten-Preis-Regel ab und suchen nach Lösungen, die am Markt auftretende Wohlfahrtsverluste mindern, aber nicht ganz verhindern.

Zur ersten Gruppe (first-best-Lösungen) gehören

– verordnete Festpreise, die den Grenzkosten entsprechen, und die Übernahme der daraus resultierenden Verluste durch den Staat.
– gespaltene Tarife, d.h., das zu zahlende Entgelt besteht aus einem verbrauchsabhängigen und einem verbrauchunabhängigen Bestandteil, wobei der verbrauchsabhängige Teil den Grenzkosten entspricht.

- Preisdifferenzierungen, d.h., die Nachfrager zahlen aufgrund unterschiedlicher Zahlungsbereitschaften unterschiedliche Preise, wobei der Nachfrager mit einer Zahlungsbereitschaft in Höhe der Grenzkosten nur diese als Preis entrichtet. Nachfrager mit einer höheren (niedrigeren) Zahlungsbereitschaft zahlen höhere Preise (kommen nicht zum Zug).

Zur zweiten Gruppe (second-best-Lösungen) zählen

- die Durchschnittspreisbildung. Der Anbieter darf Preise in Höhe der Durchschnittskosten setzen, die von der Aufsichtsbehörde erheblich leichter zu kontrollieren sind als Grenzkosten.
- Ramsey-Preise. Haben Personen oder Personengruppen unterschiedliche Nachfrageelastizitäten, so zahlen sie unterschiedliche Preise. Hohe Nachfrageelastizitäten bedingen niedrige Preise, weil hier –wie zu zeigen sein wird– Abweichungen von dem Grenzkostenpreis mit besonders hohen Wohlfahrtsverlusten verbunden sind. Die Preise sind so zu setzen, daß die Erlöse die Kosten decken.

Zu den Instrumenten im einzelnen [282]:

- Der Staat schreibt einen Preis vor, der mit den Grenzkosten identisch ist. Er entspricht p* in Abbildung 44 und sorgt für die Gleichheit von Grenzkosten und Grenznutzen, die Voraussetzung für die Realisierung des Wohlfahrtsoptimums ist. Entstehende Verluste werden durch aus Steuermitteln finanzierte Subventionen abgedeckt; in Abbildung 44 entsprechen sie dem Rechteck DCG*H.

  Gegen diese Vorgehensweise –so bestechend sie auf den ersten Blick theoretisch sein mag– sprechen mehrere Gründe. Werden Verluste durch Subventionen abgedeckt, besteht keine Veranlassung für das Unternehmen mehr, mit minimalen Kosten zu produzieren; es kommt zu Ineffizienzen bei der Produktion (X-Ineffizienz). Außerdem besteht keine Veranlassung, Produkt- und Prozeßinnovationen einzuführen. Da der Staat über Interna der Produktion nur unzureichend informiert ist –zwischen ihm und dem Produzenten besteht Informationsasymmetrie–, vermag er Ineffizienzen nicht zu erkennen, zu kontrollieren und abzustellen. Darüber hinaus ist es unter dem Aspekt der Stimmenmaximierung wegen der unterschiedlichen Fühlbarkeit und der damit verbundenen Auswirkung auf das Wahlverhalten der erfolgversprechendere Weg, einen kleinen volkswirtschaftlichen Bereich relativ großzügig zu alimentieren und die Kosten hierfür auf den großen Kreis der Verbraucher und Steuerzahler umzulegen; eine Kontrolle der Ineffizienz wird daher, wenn sie denn überhaupt möglich ist, eher zurückhaltend ausfallen.
- Eine weitere Möglichkeit des Staates, Einfluß zu nehmen, besteht darin, eine Mißbrauchskontrolle einzuführen. Dem Monopolisten wird nicht gestattet, den für ihn gewinnmaximalen Preis p^M (vgl. Abbildung 44) zu nehmen; gestattet wird

282 Siehe hierzu auch Suntum, Ulrich van (1986c), S. 70 ff., und Fritsch, Michael; Wein, Thomas; Ewers, Hans-Jürgen (1993), S. 154ff.

lediglich ein Preis, der den Durchschnittskosten (evtl. erhöht um einen Gewinnaufschlag) entspricht. Hier ergeben sich die gleichen Informations- und Kontrollprobleme wie bei der Grenzkosten-Preisregel. Das Unternehmen wird bei einer durchschnittsorientierten Preissetzung geradezu verleitet, Kosten zu produzieren und alles zu unterlassen, sie zu senken. Das Problem des X-Ineffizienz stellt sich auch in diesem Fall.

- Will der Staat die Grenzkosten-Preisregel realisiert wissen, den Verlust des Monopolisten aber nicht durch die Zahlung von Subventionen ausgleichen, muß dem Anbieter gestattet werden, bei der Preissetzung einen Teil der Konsumentenrente abzuschöpfen und durch eine entsprechende Maßnahme drohende Verluste aufzufangen. Welche Preissetzungen sind in diesem Zusammenhang möglich und sinnvoll? [283]

(a) Gespaltene Tarife

Sie bestehen darin, daß neben dem Preis, der der Höhe der Grenzkosten entspricht, fixe Grundgebühren erhoben werden. Der Grundpreis kann bei Pkw etwa eine Kfz-Steuer, der Leistungspreis eine Mineralölsteuer oder eine Straßenbenutzungsgebühr sein. Genauso sind die Bahn-Card und die zu entrichtenden Fahrpreise im Zugverkehr einzustufen.

Der wohlfahrtsmaximierende Punkt, bei dem sich soziale Grenznutzen und Grenzkosten entsprechen, ist Abbildung 44 bekanntlich G^*, der dem Leistungspreis p^* und der am Markt gehandelten Menge x^* entspricht. Da bei dieser Menge Durchschnittskosten von DK_{x^*} entstehen, würde ein Verlust von $CDHG^*$ entstehen, der durch die Setzung eines Grundpreises abgegolten werden muß. Er muß zu Erlösen führen, die zwischen $CDHG^*$ und ACG^* liegen; im ersten Fall wäre die Produzentenrente gleich 0 und die Konsumentenrente $ACG^*–CDHG^*$, im zweiten Fall die Konsumentenrente 0, und die Rente in voller Höhe würde beim Produzenten anfallen.

(b) Preisdifferenzierung

Bei der Preisdifferenzierung macht man sich den Tatbestand zunutze, daß die Anzahl und die Zahlungsbereitschaft der Konsumenten vielfach von der Art, von der Qualität und dem Zeitpunkt der Inanspruchnahme der Verkehrsleistung abhängt. Gelingt es, den Markt in Teilmärkte aufzuspalten, so kann es im Extremfall zu einer vollkommenen Abschöpfung der Konsumentenrente ACG^* in Abbildung 44 kommen. Beispiele für solche Preisdifferenzierungen sind unterschiedliche Klassen im Personenverkehr der Eisenbahn sowie unterschiedliche Wertestaffeln in ihrem Güterverkehr, wobei zwischen preisunelastischen hochwertigen Gütern und preiselastischen Massengütern unterschieden wird. Zur Preisdifferenzierung gehören auch Sondertarife je nach Strecke, Größe des Auftrages oder Fahrzeit.

Eine besondere Variante stellt die zeitliche Preisdifferenzierung (peak load-pricing) dar. Wie der Name bereits sagt, macht sie sich die Tatsache zunutze, daß gleiche Verkehrsleistungen zu unterschiedlichen Zeiten verschieden nachgefragt werden; es

---

283 Vgl. Aberle, Gerd: Transportwirtschaft, a.a.O., S. 273ff.

gibt Zeiten der Spitzennachfrage (peak-Periode) und Zeiten einer sehr geringen Nachfrage (off peak-Periode). Es bietet sich an, diese unterschiedliche Nachfrage auszunutzen und sie in zeitlicher Differenzierung mit unterschiedlichen Preisen zu versehen. In Zeiten hoher Nachfrage werden hohe, in Zeiten geringer Nachfrage geringe Preise gesetzt. Beispiele hierfür sind etwa Sondertarife der Deutschen Bahn AG in verkehrsschwachen Zeiten (Abend- und Nachtfahrten, Wochenende) und die Setzung hoher Straßenbenutzungsgebühren in den Spitzenzeiten des Pkw- und Lkw-Verkehrs.

(c) *Ramsey-Preise* [284]

Ramsey-Preise stellen eine besondere Form der Preisdifferenzierung dar, bei der die Grenzkosten so mit Zuschlägen versehen werden, daß die Fixkosten mindestens abgedeckt werden und sich die Relationen der Angebotsmengen nicht ändern. Diese bedeutet einen niedrigen Preisaufschlag bei einer preiselastischen und einen hohen Preisaufschlag bei einer preisunelastischen Nachfrage. Man muß also davon ausgehen, daß eine Aufteilung der Gesamtnachfrage in mehrere Nachfragegruppen gelingt, für die jeweils ein gesonderter Preis verlangt werden kann.

In Abbildung 45 soll dieser Sachverhalt verdeutlicht werden. Für ein Gut sind zwei Nachfragekurven mit unterschiedlichen Preiselastizitäten eingetragen. Die Gesamtnachfrage ergibt sich durch die horizontale Aufaddierung beider Nachfragekurven. Zur Vereinfachung wird davon ausgegangen, daß sich die wohlfahrtsoptimale Menge X^* zu gleichen Teilen aus jeweils $X^*_{1/2}$ zusammensetzt. Würde diese Menge angeboten, entstünde den Produzenten ein Verlust in Höhe der gepunkteten Fläche CDHG.

Zur (Mindest-)Abdeckung der Fixkosten werden die Preise in Marktsegment I auf P_I^{**} und in Marktsegment II auf P_{II}^{**} erhöht. Da sich beide Mengen jeweils auf $X^{**}_{1/2}$ reduzieren, bleiben die ursprünglichen Relationen der Angebotsmengen bestehen. Der Wohlfahrtsverlust ist durch die schraffierte Fläche dokumentiert und errechnet sich aus den Flächen ABK + ABL. Für den Fall, daß gerade alle Kosten gedeckt sind, entsprechen die durch die Ramsey-Preise erzielten Einnahmen

$$\left(P_I^{**} \cdot X_{1/2}^{**} + P_{II}^{**} \cdot X_{1/2}^{**}\right)$$

exakt den Gesamtkosten $\left(2 \cdot X_{1/2}^{**} \cdot F\right)$ der Ramsey-Mengen.

284 Siehe hierzu die sehr gute Darstellung bei Aberle, Gerd (1996), S. 280ff.

Abbildung 45: Ramsey-Preise

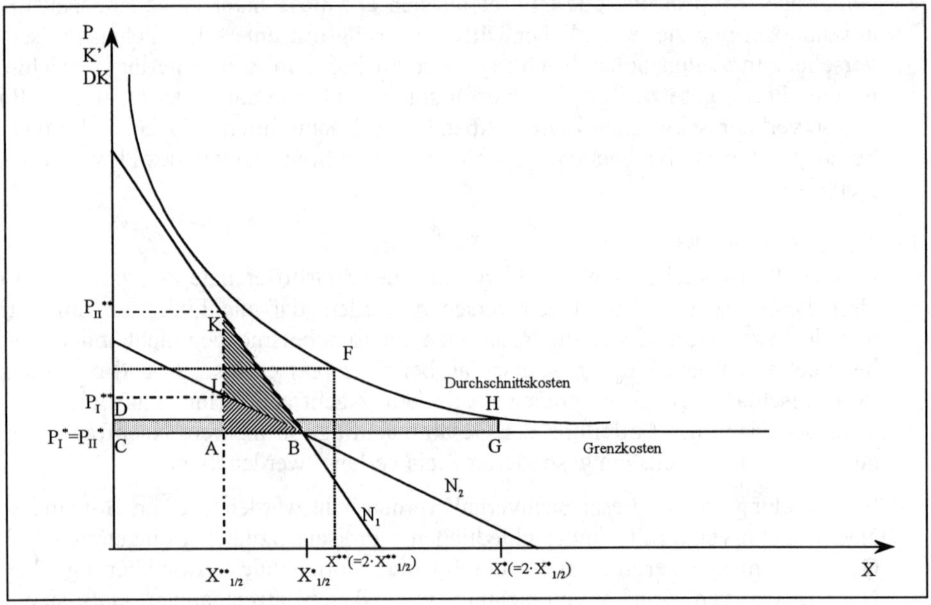

Quelle: Eigene Darstellung.

Wohlfahrtsoptimal sind die Preise $p_I^* = p_{II}^*$, verbunden mit den Mengen X_I^* und X_{II}^*, die aber zu einem Verlust beim Anbieter führen würde. Er erhöht die Preise so stark - hier auf p_I^{**} und p_{II}^{**} -, daß seine Fixkosten (mindestens) gedeckt sind und $X_I^{**} : X_I^* = X_{II}^{**} : X_{II}^*$ ist. Die Wohlfahrtsverluste sind durch die grau unterlegten Flächen in Abbildung 46 zum Ausdruck gebracht, in der die Marktsegmentierung nochmals graphisch verdeutlicht wird. Die Preise auf den beiden Teilmärkten sind so zu setzen, daß

- die Produktionskosten des Monopolisten gerade gedeckt werden und
- die Summe der Wohlfahrtsverluste auf beiden Teilmärkten minimiert wird.

Abbildung 46: Marktsegmentierung

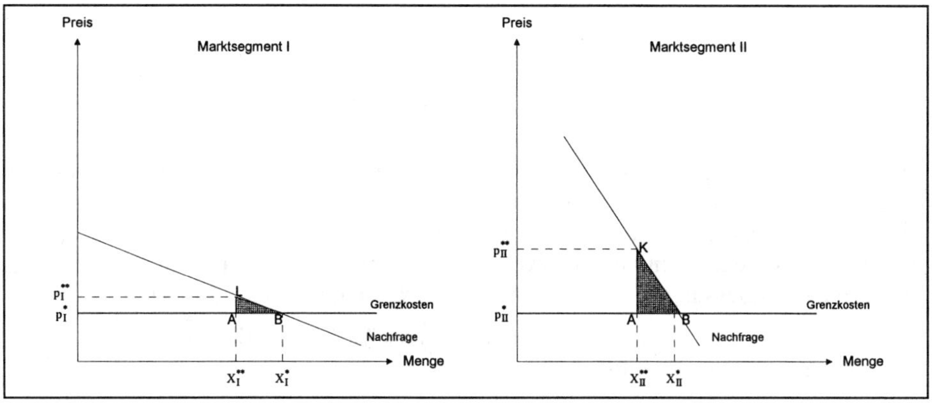

Quelle: Eigene Darstellung.

Diese Preissetzungen würden von einem Monopolisten aufgrund seiner spezifischen Preisbildung überschritten werden, so daß Wohlfahrtsverluste minimierende Lösungen auch hier an eine staatliche Preisaufsicht und -genehmigung zu binden ist (Mißbrauchskontrolle). Damit ergibt sich erneut das bekannte Informations- und Kontrollproblem, das sich aufgrund weiterer benötigter Daten in noch verschärfter Form präsentiert.

IV.3 Anpassungsmängel

IV.3.1 Ursachen und Probleme von Anpassungsmängeln

In den bisherigen Ausführungen sind wir davon ausgegangen, daß der Marktpreis den Unternehmen eindeutige Signale liefert, er also seiner Ausgleichs-, Lenkungs- und Signalfunktion nachkommt, und die Unternehmen willens und in der Lage sind, die mit dem Preis und seiner Entwicklung verbundenen Informationen in wirksame Strategien umzusetzen. Anpassungsmängel in einer Volkswirtschaft können auftreten, wenn

- von den Preisen irritierende oder sogar falsche Informationen ausgehen, die die Realisierung eines (stabilen) Gleichgewichts verhindern.
- die Preise zwar ihre Informationsfunktion erfüllen, Nachfrager und (oder) Anbieter ihnen aber mit volkswirtschaftlichen unvernünftigen Strategien begegnen.

Für den Verkehrssektor finden sich Argumente für beide Arten von Anpassungsmängeln. Beginnen wir mit den Gründen, die für das Fehlen oder die Instabilität des Marktgleichgewichtes sprechen. Verantwortlich hierfür sind spezifische Angebots- und Nachfragefunktionen, die sehr preisunelastisch oder sogar invers sind.

Die Begründung im Hinblick auf die Unelastizität der Nachfragefunktion basiert auf dem Prinzip der abgeleiteten Nachfrage. Verkehrsleistungen werden in der Regel nicht deshalb nachgefragt, weil sie die Bedürfnisse des Menschen direkt befriedigen, sondern weil er mit ihnen Raumüberwindung von Menschen und Gütern betreiben will; die eigentliche Zweckbestimmung der Reise findet erst am Zielort statt. Da die Transport- nur einen geringen Anteil an den Gesamtkosten haben, werden sie, wenn sie steigen, nur zu äußerst geringen Preiserhöhungen für das betrachtete Gut führen. Da die Transportleistung aber direkt abhängig von der Menge der nachgefragten Güter ist, besteht eine weitgehende Unabhängigkeit zwischen dem Preis der Transportleistung und der nachgefragten Transportmenge. Dieser Zusammenhang sei mit Hilfe der Abbildung 47 erläutert.

Abbildung 47: Bestimmung der abgeleiteten Nachfrage

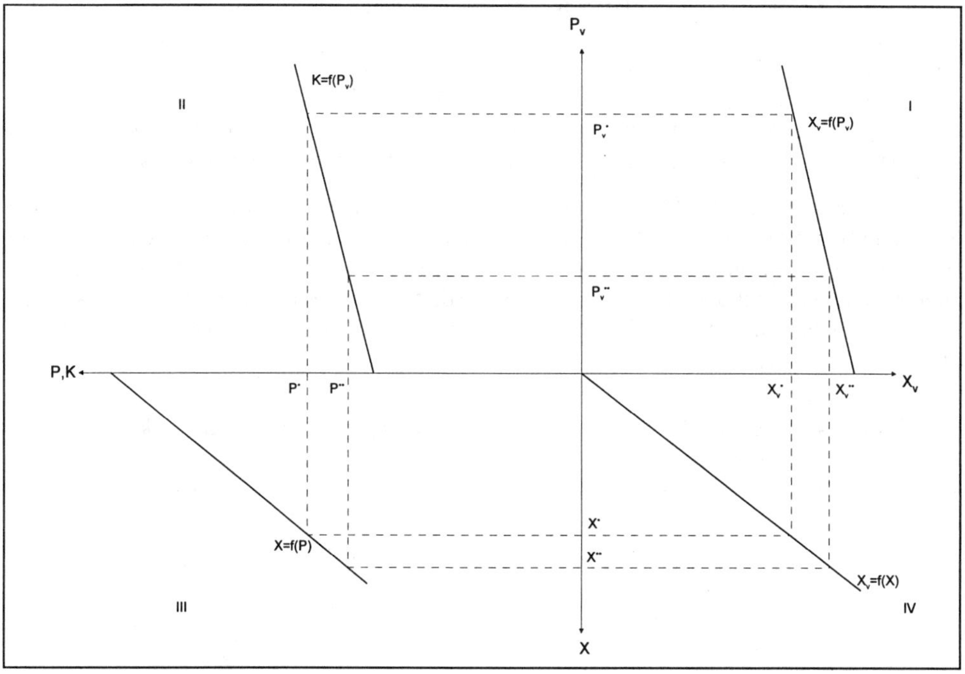

Quelle: Eigene Darstellung

Ein Unternehmen, das das Gut X herstelle, frage Verkehrsleistungen nach. Die nachgefragte Verkehrsleistung sei eine lineare Funktion der am Markt abgesetzten Menge $(X_V = f(X))$ im Quadranten IV). Nach dem Gut X bestehe eine normale Nachfragefunktion $X = f(P)$, die im III. Quadranten zum Ausdruck gebracht wird. Die an das Transportunternehmen zu zahlenden Transportleistungen stellen innerhalb des Kostengefüges des Produktionsunternehmens nur einen geringen Anteil dar, so daß Preiserhöhungen des Verkehrsunternehmers die Kosten des Produktionsunternehmens und damit die Marktpreise für X kaum beeinflussen; dieser Tatbestand wird im Quadranten II zum Ausdruck gebracht. Im vierfeldrigen Koordinatensystem ist die Gleichgewichtssituation für zwei unterschiedliche Situationen dargestellt, nämlich einmal für einen hohen Transportpreis P_V^* und einen niedrigen Transportpreis P_V^{**}. Eine erhebliche Preissenkung des Transportunternehmers senkt die Preise für das Gut X kaum, so daß die nachgefragte Menge nur wenig steigt; wegen der linearen Verknüpfung gilt dies auch für die Transportleistung. Die Preiselastizität der Nachfrage auf dem betrachteten Verkehrsmarkt ist damit außerordentlich gering.

Für die Preisunelastizität der Angebotsfunktion lassen sich mehrere Begründungen finden. Charakteristisch ist der hohe Anteil der Fix- und der niedrigere Anteil der variablen Kosten. Damit werden die Anbieter Aufträge auch noch dann annehmen, wenn die Preise nur wenig über den variablen Kosten liegen, da dann dennoch ein positiver Deckungsbeitrag im Hinblick auf die Fixkosten erzielt wird. Das Angebot wird (fast) identisch mit der Kapazitätsgrenze und stellt damit weitgehend eine Parallele zur Ordinate dar. Für Kleinunternehmer wird außerdem häufig anstelle der Gewinnmaximierung eine Erlösstabilisierung unterstellt. Eine solche Verhaltensweise führt sogar zu einem negativen Verlauf der Angebotsfunktion; je höher der am Markt zu erzielende Transportpreis p_v, um so geringer das Transportangebot (inverses Angebot).

Die Konsequenz dieser starren Angebots- und Nachfragefunktionen besteht darin, daß sie sich im Extremfall gar nicht schneiden oder daß es bei geringen Mengenvariationen zu extremen Preisausschlägen kommt. Diese für den Verkehrsbereich als spezifisch angesehenen Angebots- und Nachfragefunktionen können auf mehrfache Art die Bildung eines stabilen Gleichgewichts verhindern, wie mit Hilfe von Abbildung 48 verdeutlicht werden soll.

Abbildung 48: Typische Angebots- und Nachfragefunktionen im Verkehrsbereich

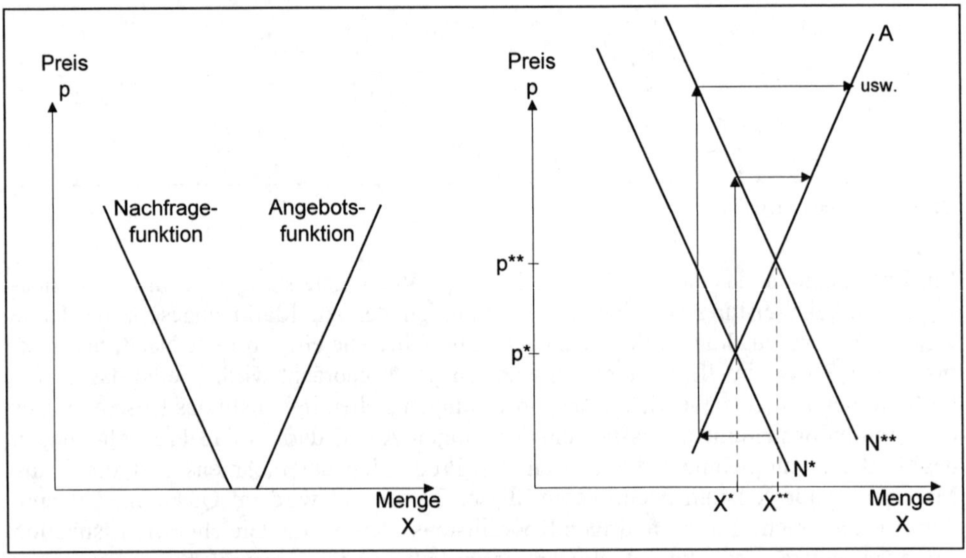

a) Angebots- und Nachfragefunktionen schneiden sich nicht.
b) Angebots- und Nachfragefunktionen sind sehr unelastisch.

Quelle: Eigene Darstellung.

Zum einen ist es möglich, daß sich Angebots- und Nachfragekurve gar nicht schneiden [vgl. Abbildung 48a)]. Die Bildung gleichgewichtiger Preise und Mengen ist unmöglich; der Koordinationsmechanismus Markt kann seiner Aufgabe, Angebot und Nachfrage aufeinander abzustimmen, nicht gerecht werden. Zum anderen kann eine Verschiebung der Angebots- oder Nachfragefunktion zu einem instabilen Marktprozeß führen. Angebotsfunktion A und ursprüngliche Nachfragefunktion N* führen zu einem

Gleichgewichtspreis von p* und einer Gleichgewichtsmenge von X*. Verschiebt sich die Nachfragefunktion nach rechts –etwa in Zeiten einer Hochkonjunktur–, so liegt der neue gleichgewichtige Marktpreis p** deutlich höher als bisher, während sich die neue gleichgewichtige Menge X** kaum von X* unterscheidet. Große Preisvariationen führen nur zu geringen Nachfrageänderungen bei der Transportmenge. Des weiteren besteht die Gefahr, daß es zu einem divergierenden Cobweb-Prozeß kommt. Aufgrund der spezifischen Angebots- und Nachfragefunktionen und der damit verbundenen Verhaltensweise der Wirtschaftssubjekte entfernen sich Preise und Mengen immer weiter von ihrem Gleichgewichtswert, wenn sich z.B. die Nachfragefunktion verschiebt; der Markt wird instabil.

Anpassungsmängel bestehen aber auch, wenn der Preis-Mengen-Mechanismus zufriedenstellend funktioniert, die mit ihm verbundenen Signale von den Unternehmen aber nicht in volkswirtschaftlich vernünftige Handlungsweisen umgesetzt werden. Zu denken ist hierbei zunächst an den Fall des Verdrängungswettbewerbs. Hier versuchen „die Unternehmen, sich mit aggressiven Preisunterbietungs- und Preisdiskriminierungsstrategien gegenseitig aus dem Markt zu drängen, um anschließend den Markt zu monopolisieren. Der gesamtwirtschaftliche Schaden wird darin gesehen, daß es entweder einem Unternehmen gelingt, eine marktbeherrschende Stellung zu erringen oder daß ständig Kapitalzerstörung stattfindet, weil andere Unternehmen den Marktzutritt wagen, um von sich aus einen Verdrängungswettbewerb zu starten.“ [285] Durch einen solchen Verdrängungswettbewerb werden volkswirtschaftliche Kapazitäten aus dem Markt gedrängt, die rentabel sind und erhaltenswertes Vermögen darstellen.

Ein weiterer Grund für eine unzureichende Anpassung an neue volkswirtschaftliche Rahmenbedingungen kann in einer unzureichenden Flexibilität der Produktionsfaktoren gesehen werden. Ein nachhaltiger Rückgang der Nachfrage führt nicht oder doch nur sehr langsam zu einer Anpassung des Angebots. Hohe Marktaustrittsbarrieren führen zu massiven und lang andauernden Überkapazitäten, die dann volkswirtschaftliche Verschwendungen darstellen, wenn die Produktionsfaktoren in alternativer Verwendung höhere Grenzproduktivitäten aufweisen würden. Gründe für die Inflexibilität können fehlende Alternativen, eine besondere emotionale Bindung an den ausgeübten Beruf sowie eine sehr hohe und irreversible Kapitalbindung sein; das eingesetzte Kapital wäre im Falle einer Berufsaufgabe verloren (sunk costs).

„In der Literatur findet sich darüber hinaus noch das Modell des ‘Zitronenwettbewerbs’. Dabei verdrängen angeblich unseriöse Anbieter mit qualitativ schlechten Leistungen seriöse Anbieter mit guten Leistungen, weil die Käufer weniger gut über die Produktqualität informiert sind als die Verkäufer. Unter diesen Umständen könnten sich Qualitätsunterschiede nicht im Preis widerspiegeln, der Anreiz, schlechte Qualitäten zu vermarkten, nähme zu, während die Käufer ihre Preisgebote reduzieren, wenn sie merken, daß sie betrogen wurden. Danach könnten seriöse Anbieter ihre Kosten nicht

285 Willeke, Rainer (1977), S. 161f.

mehr decken und müßten statt der Anbieter von 'Zitronen' vom Markt ausscheiden.“ [286] Ein Beispiel könnte etwa ein Taxiunternehmen sein, das seine Wagen nicht hinreichend pflegt und damit die Fahrten zu relativ niedrigen Preisen anbieten könnte. Das Unternehmen mit Wagen, die sicher sind, und Fahrern, die qualifiziert sind, muß wegen dieser höheren Qualität einen höheren Preis nehmen und würde so vom Markt verdrängt (adverse Selektion).

IV.3.2 Instrumentelle Ansatzpunkte beim Vorliegen von Anpassungsmängeln

Was ist von diesen Argumenten der fehlerhaften Anpassung zu halten und wie ist ihnen zu begegnen?

Kommt es zu starken Preisschwankungen, so liegt die Forderung an den Staat nahe, durch die Setzung von Margen- oder Festpreisen für mehr Stabilität am Markt zu sorgen. Hierzu bedarf es allerdings der Kenntnis des Staates über den gleichgewichtigen Preis und seine zeitliche Entwicklung; hiermit ist er in der Regel überfordert (Anmaßung von Wissen). Außerdem würde es bei der Setzung von Festpreisen vor dem Hintergrund stark schwankender Gleichgewichtspreise zu Nachfrage- oder Angebotsüberschüssen kommen, die möglicherweise flankierende Maßnahmen erfordern (Gesetz der Ausweitung der Staatseingriffe; Ölflecktheorem). Auch verteilungspolitisch lassen sich Margen- oder Festpreise nicht begründen. Zwar entstehen durch intensive Preis- auch ebensolche Gewinnschwankungen, jedoch ist es dem Unternehmer zumutbar, Verluste durch die in anderen Zeiten entstehenden hohen Gewinne auszugleichen.

Im Hinblick auf den Verdrängungswettbewerb ergeben sich keine speziellen Besonderheiten des Verkehrssektors gegenüber anderen Wirtschaftszweigen. Will man sie verhindern, so sind sie wettbewerbsrechtlich zu verbieten, wobei dieses Verbot durch eine Kartellbehörde zu überwachen wäre. Außerdem gilt auch hier –wie bereits bei der Tendenz zum natürlichen Monopol ausgeführt– das Konzept des bestreitbaren Marktes. Besteht keine Subadditivität und sind kaum verlorene Kosten aufzuwenden, besteht eine erhebliche potentielle Konkurrenz, die den rational handelnden Monopolisten daran hindert, seine Machtposition kurzfristig auszunutzen.

Verzögerte Anpassung ist letztlich ein Motivations- und Informationsproblem. Jeder rational handelnde Anbieter (so auch im Verkehrswesen) wird den Nutzen, weiter als Produzent in diesem Bereich tätig zu sein, mit den hierdurch entstehenden Opportunitätskosten vergleichen, also jenen Einkommen, die für ihn dadurch entfallen, daß er nicht an anderer Stelle tätig ist. Hierbei treten selbstverständlich Informations- und Risikoprobleme auf; sind sie größer als in anderen Märkten und handeln die Anbieter

[286] Laaser, Claus-Friedrich (1991b), S. 79.

risikoavers, so drückt sich dieses Risiko in höheren Marktpreisen aus. Verzichtet der Anbieter trotz Unrentabilität nicht auf seinen Beruf, weil er emotional an ihn gebunden ist, so besteht offensichtlich eine Nutzenkomponente jenseits der erzielbaren Einkommen. Auch in diesem Fall würde keine Begründung für einen Markteingriff vorhanden sein, da die Situation für den Produzenten offensichtlich angenehmer als eine andere Situation ist. Außerdem hat das Konzept der verzögerten Anpassung einen inneren Widerspruch. Bestehen hohe Marktaustrittskosten, so kommt es zwar zu einer verzögerten Anpassung; auf der anderen Seite sind die Produzenten vor neuen Wettbewerbern aber weitgehend geschützt. „Sollte demgegenüber der Marktzutritt leicht sein, kann auch der Marktaustritt nicht schwer sein; die beim Markteintritt aufgewendeten Kosten können nicht verloren sein, und gesamtwirtschaftlich entstehen keine Kosten durch einen Marktaustritt. Den Kosten des Marktein- und des Marktaustritts bedingen einander, sie variieren parallel: Hohe Marktaustrittskosten wären zugleich eine natürliche Marktzutrittsbarriere. Wie hoch die Marktzu- und -austrittskosten einer Branche auch immer sein mögen, ein Anlaß zu Wettbewerbsbeschränkungen können sie nicht sein.“[287]

Das Konzept des Zitronenwettbewerbs unterstellt, daß die Käufer mangelnde Marktinformationen haben und nicht lernfähig sind. Dies gilt sicherlich nicht für Güter, die häufiger nachgefragt werden, da es hier zu einem Lernprozeß kommt. Eine Taxigesellschaft, die einen einmal schlecht befördert hat, wird nicht mit der Nachfrage nach einer weiteren Fahrt rechnen können. Aber auch bei einmaliger Nachfrage gibt es Möglichkeiten, sich über die Produktqualitäten (unentgeltlich oder gegen Gebühr) zu informieren. Der Zitronenwettbewerb hat damit relativ geringe empirische Relevanz wie auch der durchaus zufriedenstellend funktionierende Gebrauchtwagenmarkt zeigt, für den dieses Konzept entwickelt wurde.

In bezug auf einzelne Verkehrsträger sind damit folgende Schlußfolgerungen möglich:

- Im Güterkraftverkehr sind die natürlichen Marktzutrittsbedingungen niedrig; bestehen hohe Marktzutrittsschranken, so sind sie in der Regel vom Staat geschaffen worden, etwa in der Form der Erteilung von Konzessionen. Außerdem bestehen keine wesentlichen Marktaustrittsschranken, da sowohl für die verwendeten Kapitalgüter wie die Lkw als auch für das Humankapital des Inhabers und der Mitarbeiter funktionsfähige Märkte bestehen. Die Güterkraftverkehrsmärkte sind daher angreifbar und können damit effizient dem Markt überlassen werden.
- Zu einer ähnlichen Schlußfolgerung gelangt man im Hinblick auf das Personenkraftfahrzeuggewerbe. Da die Marktstruktur im Taxenbereich ausgesprochen polypolistisch ist, kann daraus geschlossen werden, daß die Marktzutrittsschranken relativ gering sind; dies gilt auch für den Marktaustritt, da ein funktionierender Gebrauchtwagenmarkt existiert. Erfahrungen mit der Liberalisierung von Taxenmärkten zeigen, daß der Wettbewerb am Markt zu zufriedenstellenden Verhältnissen führte, wobei die Preise für die Nutzer deutlich sanken.

---

287 Laaser, Claus-Friedrich (1991b), S. 79.

- Höhere Marktzutritts- und Marktaustrittsschranken bestehen in kapitalintensiveren Verkehrszweigen wie der Binnenschiffahrt und der Luftfahrt. Dennoch sprechen –wie bereits oben ausgeführt– relativ hohe Eintritts- und Austrittskosten nicht gegen einen funktionierenden Preiswettbewerb. Der beobachtbare Trend von mittelständischen Partikulieren zu großen Reedereien mag zwar für den selbständigen Binnenschiffer als ruinöser Wettbewerbsprozeß erscheinen, volkswirtschaftlich ist er nichts anderes als der Trend hin zu einer größeren optimalen Betriebsgröße, da kleine Betriebe mit wenig spezialisiertem Schiffsraum nicht mehr konkurrenzfähig sind.

IV.4 Externe Effekte

IV.4.1 Ursachen und Probleme externer Effekte

Von externen Effekten spricht man, wenn ein Wirtschaftssubjekt einen Teil der Kosten, die von ihm verursacht werden, nicht selber trägt (interne Kosten), sondern auf Dritte abwälzt (externe Kosten) bzw. Dritte einen Teil des Nutzens, der ihnen durch die Handlung eines Wirtschaftssubjekts zufließt, nicht entgelten, sondern unentgeltlich in Anspruch nehmen (externe Nutzen). Formal werden externe Effekte in der wirtschaftstheoretischen Analyse dadurch berücksichtigt, daß in den Nutzen- und Kostenfunktionen einzelner Wirtschaftssubjekte nicht nur Variable zu berücksichtigen sind, über die der Betroffene selbst entscheidet, sondern auch Aktionsparameter Dritter. In der Konsumtheorie lautet der formale Zusammenhang $U_A = f(x_A, x_B)$ und bedeutet, daß der Nutzen des Wirtschaftssubjektes A nicht nur von der ihm zur Verfügung stehenden Menge des Gutes X $(= x_A)$ abhängt, sondern auch von der Menge x_B, also jener Menge, die ein Dritter B von x konsumiert. Ähnlich gilt für den Bereich der Produktion $K(x_A) = f(m_{x_A}, p_M, x_B, y_B)$. Die im Unternehmen A anfallenden Kosten bei der Produktion der Menge x_A des Gutes X hängen nicht nur von der Menge der Produktionsfaktoren, die zur Produktion von x_A erforderlich sind (m_{x_A}), und ihren Preisen p_M ab, sondern auch von den Mengen, die ein anderer Unternehmer B vom gleichen $(= x_B)$ oder einem anderen Gut Y $(= y_B)$ herstellt.

Dabei ist zwischen pekuniären und technologischen externen Effekten zu unterscheiden. Erhöht sich etwa der Preis für das Gut X dadurch, daß B dieses Produkt verstärkt nachfragt, so ist hiervon auch A betroffen, da er jetzt mehr für dieses Gut zahlen muß als bisher. Hier ergibt sich der Zusammenhang über den Markt und äußert sich in geänderten Preisrelationen. Man spricht von pekuniären externen Effekten, die für das Funktionieren des Marktgeschehens nicht nur nicht schädlich, sondern geradezu unerläßlich sind.

Anders dagegen die technologischen externen Effekte. Sie verlaufen nicht indirekt über den Markt, sondern direkt zwischen den beteiligten Wirtschaftssubjekten A und B, und werden nicht im Marktmechanismus erfaßt, so daß er bei ihrem Auftreten zu Fehlallokationen führen muß.

Technologische externe Effekte –insbesondere die externen Kosten– spielen bei der Begründung der Versagung des Marktprozesses im Verkehr eine erhebliche Rolle. Die Auswirkungen ihrer Existenz sei mit Hilfe der Abbildung 49 erläutert.

Abbildung 49: Auswirkungen des Auftretens externer Kosten

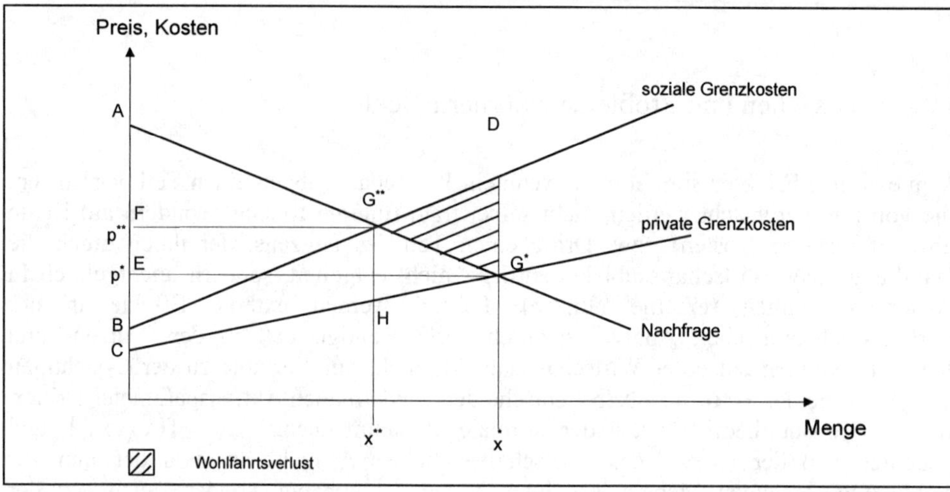

Quelle: Eigene Darstellung.

Externe Kosten sind dadurch charakterisiert, daß ein Teil der entstehenden volkswirtschaftlichen Kosten auf die Allgemeinheit abgewälzt werden und nur ein Teil vom Verursacher selbst getragen wird. Aus diesem Grund muß eine soziale Grenzkostenkurve, die alle volkswirtschaftlichen Grenzkosten enthält, von einer privaten Grenzkostenkurve, die lediglich die beim Erbringer der Verkehrsleistungen anfallenden Grenzkosten zum Ausdruck bringt, unterschieden werden. Die volkswirtschaftlich optimale Menge wäre x^{**}; sie müßte zum Preis von p^{**} auf dem Markt angeboten werden. Die dann auftretende gesamtwirtschaftliche Rente wäre ABG^{**} und würde sich auf die Nachfrager mit AFG^{**} und die Anbieter mit FBG^{**} verteilen.

Ein gewinnmaximierender Anbieter von Verkehrsleistungen wird sich aber nicht an den sozialen, sondern nur an seinen privaten Grenzkosten orientieren, so daß die wirkliche Produktionsmenge x^* ist, die zu einem Preis von p^* am Markt angeboten wird. Ein Vergleich zwischen beiden Situationen läßt folgende Schlußfolgerung zu:

- Die Verkehrsmenge ist über das volkswirtschaftliche Optimum hinaus angewachsen; es kommt zu „falschem" Verkehr in Höhe der Differenz x^*-x^{**}.
- Der angesetzte Preis von p^* ist zu niedrig und unterschreitet die bei der Produktion anfallenden volkswirtschaftlichen Kosten.
- Die Nachfrager nach Verkehrsleistungen hatten bisher eine Konsumentenrente von AFG^{**}, die sich jetzt auf AEG^* vergrößert hat. Damit hat die Konsumentenrente um $FEG^{**}G^*$ zugenommen.
- Die Produzentenrente betrug bisher FBG^{**} und ändert sich nun auf ECG^*. Ob sich die Produzentenrente hierdurch erhöht hat, bleibt zunächst offen. Eine teilweise

Abwälzung der Produktionskosten nutzt also vor allem den Nachfragern und weniger den Anbietern.

- Gelingt es, einen Teil der privaten Grenzkosten auf die Allgemeinheit zu überwälzen, stehen sich Konsumenten und Produzenten zusammen auf jeden Fall besser als auf einem Markt ohne externe Kosten. Dort betrüge ihre Wohlfahrt nämlich nur ABG^{**}, jetzt aber ACG^{*}. Durch das Abwälzen von Kosten auf die Allgemeinheit ist also ihre Wohlfahrt um $BCG^{*}G^{**}$ angewachsen.
- Beim Auftreten externer Kosten muß in die Betrachtung aber noch eine dritte Gruppe aufgenommen werden, nämlich die durch den Verkehr Geschädigten. Bei einer Menge von x^{*} beträgt ihr Verlust $BCG^{*}D$. Sie sind die Leidtragenden der Existenz externer Kosten.
- Faßt man alle drei Gruppen, nämlich die Nachfrager, die Anbieter und die Leidtragenden, zu einer volkswirtschaftlichen Betrachtung zusammen, so zeigt sich, daß sich durch das Abwälzen von Kosten auf die Allgemeinheit die gesamtgesellschaftliche Wohlfahrt um die Fläche $G^{**}G^{*}D$ verringert hat. Zwar können Konsumenten und Produzenten ihre Wohlfahrt zusammen um $BCG^{*}G^{**}$ vergrößern; diesem Gewinn steht aber ein Verlust bei den Leidtragenden von $BCG^{*}D$ gegenüber.

Aufgabe der Verkehrspolitik muß es sein, die externen Effekte zu internalisieren und damit eine Gleichheit von sozialen und privaten Grenzkosten anzustreben. Bevor auf die hierzu zur Verfügung stehenden Instrumente eingegangen wird, seien zunächst einige spezielle mit den externen Effekten zusammenhängende Fragestellungen erörtert.

IV.4.2 Spezielle Fragestellung im Zusammenhang mit dem Auftreten externer Effekte

IV.4.2.1 Wie hoch sind die externen Kosten des Verkehrs?

Bei den externen Kosten des Verkehrs, also jenen Kosten, die nicht vom Verkehrsteilnehmer selber getragen, sondern auf Dritte abgewälzt werden, kann zwischen den externen Kosten der Verkehrsträger und den externen Kosten der Verkehrsinfrastruktur unterschieden werden. Zu den ersteren zählen Unfallkosten (soweit nicht durch Versicherungsleistungen abgedeckt), Umweltbeeinträchtigungen und Staukosten, zu letzteren die Bodenversiegelung, Trennwirkungen und der Landverbrauch, soweit die Erwerbs- nicht den volkswirtschaftlichen Opportunitätskosten entsprechen.

Wie bei der Verkehrswegekostenrechnung ergeben sich auch hier eine Reihe von methodischen Problemen; so ist zu unterscheiden, welche Kosten aufzunehmen sind, wie die durch den Verkehr entstehenden externen Kosten monetär zu bewerten und wie sie auf die einzelnen Verkehrsträger umzulegen sind. Die einzelnen Schätzverfahren, die den drei prinzipiell möglichen Ansätzen

- der Erfassung der Vermeidungskosten (Was kostet etwa die Vermeidung der externen Kosten etwa durch den Einbau von Katalysatoren in Autos?),
- der Erfassung der Beseitigungskosten (Was kostet die Beseitigung auftretender externer Kosten, z.B. der Bau von Lärmschutzwänden?)
- oder der Erfassung der Schadenseintrittskosten (Wie hoch sind die eingetretenen Schäden zu bewerten, etwa der Tod eines Menschen durch einen Verkehrsunfall?)

zugeordnet werden können, führen zu unterschiedlichen Resultaten. Da darüber hinaus die geschätzten externen Kosten mit unterschiedlichen Verfahren den einzelnen Verkehrsträgern zugerechnet werden können, kann es nicht überraschen, daß unterschiedliche Studien zu unterschiedlichen Ergebnissen führen. So schwanken etwa die Schätzungen für die gesamten externen Kosten des motorisierten Individualverkehrs zwischen ca. 17 [288] und 186 Mrd. [289] DM. Dennoch erhält die Erfassung der externen Kosten - mit Recht und verursacht durch das gestiegene Umweltbewußtsein und die drängenderen Umweltprobleme - in Wissenschaft, Gesellschaft und Politik eine immer größere Aufmerksamkeit. [290] Methodische Probleme dürfen nicht zu einem Verzicht auf die Schätzung externer Kosten führen, sondern fordern die Wissenschaft auf, sie zu lösen.

Nun zu den externen Kosten im einzelnen, wobei ihre Erfassung schwerpunktmäßig an einer Studie von PLANCO erläutert wird [291].

---

288 Bickel, Peter; Friedrich, Rainer (1995b), S. 112.

289 Teufel, Dieter u.a. (1991).

290 Besonders wichtige Studien in diesem Zusammenhang sind:
Bickel, Peter; Friedrich, Rainer (1995b).
Diekmann, Achim (1990), S. 332-340.
Dogs, Ernst; Platz, Holger (Planco-Consulting) (1990).
Grupp, Hariolf (1986), Heft 9, S. 359-366; Heft 10, S. 403-407.
Glaser, Christian (1992)..
Huckestein, Burkhard; Verron, Hedwig (1995), S. 3-52.
Banfi, Silvia (1995).
Kågeson, Per (1993).
Kinnock, Neil (1996).
Kommission der Europäischen Gemeinschaften (1995).
Teufel, Dieter u.a. (1991).
Wicke, Lutz (1989), S. 285-289.

291 Vgl. Dogs, Ernst; Platz, Holger (Planco Consulting) (1990).

Tabelle 66: Externe Kosten des Verkehrs in der Bundesrepublik Deutschland Mitte der 80-er Jahre

Externe Kosten (Summe)	Mill. DM			DM je l Kraftstoff			DPf je Leistung		
Schätzversion [1]	I	IIa	IIb	I	IIa	IIb	I	IIa	IIb
Personenverkehr	*31 004*	*36 350*	*39 778*				DPf je Pkm		
Individualverkehr	29 673	34 896	38 237	0.85	1.00	1.10	5.79	6.81	7.46
Bus	635	738	809	0.56	0.66	0.72	1.19	1.38	5.51
Eisenbahn	696	716	732	-	-	-	1.65	1.70	1.74
Güterverkehr	*6 366*	*7 246*	*7 910*				DPf je tkm		
Straße	5 643	6 433	7 029	0.53	0.61	0.66	4.02	4.58	5.01
Eisenbahn	614	662	698	-	-	-	1.01	1.09	1.15
Binnenschiff	109	151	183	0.13	0.18	0.22	0.21	0.29	0.35
Landgeb. Verkehr	*37 370*	*43 596*	*47 688*						
Luftverschmutzung [2]	Mill. DM			DM je l Kraftstoff			DPf je Leistung		
Personenverkehr	*10 268*	*15614*	*19 042*				DPf je Pkm		
Individualverkehr	9 997	15 220	18 561	0.29	0.44	0.53	1.95	2.97	3.62
Bus	220	323	394	0.20	0.29	0.35	0.41	0.60	0.74
Eisenbahn	51	71	87	-	-	-	0.12	0.17	0.21
Güterverkehr	*2 139*	*3 019*	*3 683*				DPf je tkm		
Straße	1 923	2 713	3 309	0.18	0.26	0.31	1.37	1.93	2.36
Eisenbahn	114	162	198	-	-	-	0.19	0.27	0.33
Binnenschiff	102	144	176	0.12	0.17	0.21	0.20	0.28	0.34
Landgeb. Verkehr	*12 407*	*18 633*	*22 725*						

Anmerkungen:

1) Die *Schätzversion I* basiert auf *wirkungsbereichsspezifischen Schätzungen* der luftverschmutzungsbedingten Schäden. Da die Gesundheitsbelastungen, Tier-, Pflanzen- und Materialschäden nur unvollständig erfaßt sind, führt diese Schätzversion zu einer Unterbewertung der externen Kosten. Unbewertet blieben beispielsweise die Todesfälle infolge luftverschmutzungsbedingter Herz-Kreislauf-Leiden.
Den Schätzversionen II liegen Ergebnisse von in Berlin durchgeführten Befragungen nach der Zahlungsbereitschaft für bessere Luft zugrunde. Die Differenz zwischen IIa und IIb beruht auf unterschiedlichen Hochrechnungsmodalitäten. *IIa* berücksichtigt die Verteilung der Bevölkerung auf Kernstädte mit den Berliner Verhältnissen ähnlichen Luftbelastungen, auf Ballungsregionen und auf ländliche Gebiete mit höherer Luftgüte. *IIb* benutzt die bundesdurchschnittliche Schwefeldioxid-Immissionskonzentration als Hochrechnungsindikator, der für den Bundesdurchschnitt Anfang der 80-er Jahre 'Großstadtluftgüte' ausweist. Einerseits reduzierte sich die SO_2-Belastung, andererseits nahm die Ozon-Belastung zu, so daß weiterhin u.U. die Großstadt-Luftgüte als repräsentativ anzusehen ist.

2) *Ohne* Schäden infolge von *Kohlendioxidemissionen* ('Treibhauseffekt').

Fortsetzung der Tabelle 66:

	Bodenbelastung [1]			**Lärm** [2]		
	Mill. DM	DM je l	DPf	Mill. DM	DM je l	DPf
Personenverkehr	*1 934*		je Pkm	777		je Pkm
Individualverkehr	1 882	0.05	0.37	304	0.01	0.06
Bus	52	0.05	0.10	47	0.04	0.09
Eisenbahn	-	-	-	426	-	1.01
Güterverkehr	*566*		je tkm	*900*		je tkm
Straße	566	0.05	0.40	489	0.05	0.35
Eisenbahn	-	-	-	411	-	0.68
Binnenschiff	-	-	-	-	-	-
Landgeb. Verkehr	*2 500*			*1 677*		

	Unfälle [3]			**Trennwirkungen** [4]			**Flächenverbrauch** [5]		
	Mill. DM	DM je l	DPf	Mill. DM	DM je l	DPf	Mill. DM	DM je l	DPf
Personenverkehr	*17 304*		je Pkm	*419*		je Pkm	*302*		je Pkm
Individualverkehr	16 800	0.48	3,28	411	0.01	0.08	279	0.01	0.05
Bus	300	0.27	0.56	8	0.01	0.01	8	0.01	0.01
Eisenbahn	204	-	0.48	-	-	-	15	-	0.04
Güterverkehr	*2 582*		je tkm	*81*		je tkm	*98*		je tkm
Straße	2 500	0.24	1.78	81		0.06	84	0.01	0.06
Eisenbahn	75	-	0.12	-	0.01	-	14	-	0.02
Binnenschiff	7	0.01	0.01	-	-	-	-	-	-
Landgeb. Verkehr	*19 886*			*500*	-		*400*		

Anmerkungen:

1. Vermeidungskosten: Jährliche Aufwendungen für Abwasserauffang- und -reinigungsanlagen an Straßen; Restschäden durch nicht verhinderbare Schadstoffinfiltration blieben unbewertet.
2. *Vermeidungskosten:* Jährliche Aufwendungen für den Einbau von Schallschutzfenstern zur Verhinderung nächtlicher Lärmbelastungen von mehr als 55 dB(A). Schäden in ungeschützten Bereichen blieben unbewertet.
3. *Schadenseintrittskosten:* Produktionsausfälle infolge einer vorübergehenden oder dauerhaften Arbeitsunfähigkeit Verunglückter. Persönliches Leid der Opfer und ihrer Angehörigen sind monetär nicht berücksichtigt. Unfallbedingte Wildverluste können gegenwärtig nicht beziffert werden. Bewertete Zeitverluste von Anwohnern, die durch Warten an stark befahrenen Straßen entstehen.
4. *Beseitigungskosten:*
   Kosten für ökologische ökologische *Ausgleichsmaßnahmen*, die zur Beseitigung der durch Verkehrsanlagen verursachten Störungen im Naturhaushalt (Trenn- und Versiegelungseffekte) notwendig werden.

Allgem. Hinweis:
Nicht erfaßt sind die externen Belastungen in den verkehrswirtschaftlichen Vorleistungsbereichen (Fahrzeugbau, Reifenindustrie, usw.). Ebenso blieben die Belastungen durch die Fahrzeugverschrottung und
-verwertung unberücksichtigt.

Quelle: Nach Dogs, Ernst; Platz, Holger (1990) (Planco Consulting), S. 9/10.

Planco schätzt die einzelnen Komponenten der externen Kosten wie folgt:

Komponente der externen Kosten	methodischer Schätzansatz [292]	geschätzte Schadenssumme (in Mrd. DM)
Luftverschmutzung	Schadfunktionenansatz	12,4
	Zahlungsbereitschaft	19-23
Boden-, Wasserbelastung	Erforderliche Gefahrenabwehr durch umfassende Straßenkanalisation und Abwasserreinigung	2,5
Lärm [292]	a) Vermeidungskosten (Einbau von Schallschutzfenstern)	
	a1) Begrenzung auf 45 dB(A) in der Nacht	10
	a2) Begrenzung auf 55 dB(A) in der Nacht	1,7
	Marktdivergenzenansatz	14-30
	Zahlungsbereitschaft	18
Unfälle	Unfallgedingte Produktionsausfälle	20
Trennwirkungen	Zeitverluste von Fußgängern	0,5
Flächenbeeinträchtigungen	Kosten ökologischer Ausgleichsmaßnahmen	0,4

Entscheidet man sich beim Lärm für den Vermeidungskostenansatz und setzt hier die jährlichen Auswirkungen für den Einbau von Schallschutzfenstern mit 1,7 Mrd. DM an, so ergeben sich externe Kosten des Verkehrs, die zwischen 37 und 48 Mrd. DM pro Jahr liegen. Sie werden von Planco als Untergrenze angesehen, da wichtige externe Kosten (so die CO_2-Belastung) nicht bewertet werden konnten, der Vermeidungskostenansatz nicht die volle Höhe der Belastung widerspiegelt und die Naturwissenschaften aufgrund fehlender Erkenntnisse nur unzureichende Schadfunktionen zu liefern imstande ist. Eine Schadenssumme bis zu 63 Mrd. DM/Jahr wird deshalb auch für möglich gehalten.

Will man diese externen Effekte internalisieren, so bietet es sich an, die Mineralölsteuer um den hierfür notwendigen Betrag zu erhöhen.

„Im *Personenverkehr* erzeugt der *motorisierte Individualverkehr* (Pkw, Kombi und motorisierte Zweiräder) externe Kosten von rund 30 bis 38 Mrd. DM/a. Bezogen auf den Kraftstoffeinsatz 1986 fallen pro Liter Kraftstoff externe Kosten zwischen 0,85 und 1,10 DM an. Die Wegerechnung zeigt allerdings, daß 1987 die Mineralöl- und Kraftfahrzeugsteuererträge des Individualverkehrs die diesem Verkehrssegment zurechenbaren Wegeausgaben um fast 12 Mrd. DM überstiegen. Unter Anrechnung dieser Überschüsse reduzieren sich die externalisierten Kosten auf 0,51 bis 0,76 DM je Liter.

292 Vgl. Kapitel II.2.1 –Grundsätzliche Möglichkeiten zur Erfassung der Nutzen und der Kosten–.

Vergleich der spezifischen externen Kosten im Personenverkehr

Personenverkehr (Kosten in DPf je Personen-km)						
Kostenart	Version	Schiene	Pkw [1]	Bus	Differenz zur Schiene	
					Pkw [1]	Bus
Luftverschmutzung	I	0,12	1,95	0,41	+1,83	+0,29
	IIa	0,17	2,97	0,60	+2,80	+0,43
	IIb	0,21	3,62	0,74	+3,41	+0,53
Boden-, Wasserbelastung		0,00	0,37	0,10	+0,37	+0,10
Lärm		1,01	0,06	0,09	-0,95	-0,92
Unfälle		0,48	3,28	0,56	+2,80	+0,08
Trennwirkungen		0,00	0,08	0,01	+0,08	+0,01
Flächenverbrauch		0,04	0,05	0,01	+0,01	-0,03
Summe	I	1,65	5,79	1,19	+4,14	-0,46
	IIa	1,70	6,81	1,38	+5,11	-0,32
	IIb	1,74	7,46	1,51	+5,72	-0,23

1) einschließlich motorisierter Zweiräder.

Verlagerungen von der Straße auf die Schiene würden zu einer Ersparnis externer Kosten von mindestens 4,1 DPf je Personen-Kilometer führen. 2,8 DPf ergeben sich infolge der höheren Verkehrssicherheit und mindestens 1,8 DPf aufgrund der niedrigeren Emissionen des Schienenverkehrs. Bei den Unfallkosten fällt der Abstand beider Verkehrsträger im Nahverkehr vermutlich größer aus, da die dem Nahverkehr zuzurechnenden Unfälle auf außerörtlichen Straßen überdurchschnittlich schwere Personenschäden verursachen.

Da sich mit der Verbreitung des Katalysatoreinsatzes die spezifischen Emissionen je Personenkilometer bei unverändertem Auslastungsgrad der Fahrzeuge und unverändertem Durchschnittsverbrauch reduzieren, müssen die durch die Luftverschmutzung gerechtfertigten Kostensatzanteile periodisch berichtigt werden. Wenn bis Mitte der 90-er Jahre der Anteil der Pkw, die die US-Norm erfüllen, auf rund 60 % des gesamten Bestandes zunimmt, reduzieren sich die flottendurchschnittlichen spezifischen Emissionen auf ca. 50 % des 86-er Niveaus. Entsprechend wäre der Kostensatz je l um 15 DPf (bei Bewertungsversion I für die Luftverschmutzung) bzw. um 27 DPf (Version IIb) zu kürzen, sofern die luftverschmutzungsbedingten Schäden nicht höher bewertet werden.

Trotz höherer externer Kosten durch die Luftverschmutzung sind die externen Kosten insgesamt beim Bus niedriger als bei der Bahn. Dies ergibt sich aus deutlich niedrigeren spezifischen Lärmkosten.

Im **Güterverkehr** weist die Straße 1987 insgesamt eine Wegeausgabenunterdeckung von 1,8 Mrd. DM auf. Zuzüglich der externen Kosten von 5,6 bis 7 Mrd. DM/a betragen die nicht durch Mineralöl- und Kfz-Steuerzahlungen angelasteten Kosten ca. 7,5 bis 8,8 Mrd. DM/a oder 0,70 bis 0,83 DM je Liter.

Vergleich der spezifischen externen Kosten im Güterverkehr

Güterverkehr (Kosten in DPf je tkm)						
Kostenart	Version	Schiene	Straße	Binnenschiff	Differenz zur Schiene	
					Straße	BiSchiff
Luftverschmutzung	I	0,19	1,37	0,20	+1,18	+0,01
	IIa	0,27	1,93	0,28	+1,66	+0,01
	IIb	0,33	2,36	0,34	+2,03	+0,01
Boden-, Wasserbelastung		0,00	0,40	0,00	+0,40	+0,00
Lärm		0,68	0,35	0,00	-0,33	-0,68
Unfälle		0,12	1,78	0,01	+1,66	-0,11
Trennwirkungen		0,00	0,06	0,00	+0,06	0,00
Flächenverbrauch		0,02	0,06	0,00	+0,04	-0,02
Summe	I	1,01	4,02	0,21	+3,01	-0,80
	IIa	1,09	4,58	0,29	+3,49	-0,80
	IIb	1,15	5,01	0,35	+3,86	-0,80

Verlagerungen von der Straße zur Bahn führen zu einer Reduzierung externer Kosten um durchschnittlich mindestens 3 DPf je tkm, davon ca. 1,2 DPf wegen geringerer Luftbelastungen und 1,7 DPf infolge vermiedener Unfälle. Im Güter**fern**verkehr fällt der Abstand aufgrund auslastungsbedingt unterdurchschnittlicher spezifischer Lkw-Emissionen je tkm etwas geringer aus.“ [293]

Zu deutlich höheren Ergebnissen als Planco kommt das UPI (Umwelt- und Prognose-institut Heidelberg), das aufgrund vor allem anderer Schätzmethoden –so wird häufig der Zahlungsbereitschaftsansatz verwendet– zu einem mehr als viermal so hohen Wert für die externen Kosten kommt, wobei der öffentliche Personen- und der Schienenverkehr nicht einmal berücksichtigt wurden. Damit nimmt das UPI den oberen Rand der Schätzungen ein, die zusammengefaßt aus der Tabelle 67 hervorgehen. Sind bei Planco 0,51 bis 0,76 DM Steuern je Liter notwendig, um die externen Kosten des Pkw-Verkehrs abzudecken, so steigt dieser Betrag bei UPI auf fast 5 DM an.

293 Vgl. Dogs, Ernst; Platz, Holger (PLANCO Consulting) (1990).

Tabelle 67: Externe Kosten des Straßen- und Schienenverkehrs –Ergebnisse–
(in Mrd. DM pro Jahr)

Studie	Gebiet	Unfälle	Klima	Luft	Lärm	Fläche	Sonstiges	Summe
				Straßenverkehr				
Grupp	D89	39,7-46,2 [1]		4,3-10,3	0,7-2,0	1,1-1,6		48,3-57,3 [2]
Wicke	D89	8		12	30			50
Diekmann	D89	19,6			10,1			29,7
Planco	D89	19,6		12,1-22,3	0,84	0,37	2,5 [3]+0,5 [4]	35,9-46,1
UPI	D89	71,1		31,2	44,5	60,2	14,9 [3]	221,9
Kågeson	D89	17,4	6,3	19,3	1,6			44,6
Bickel/ Friedrich	D89	12,4-27,4		3,1-12,8	1,0-18,0	0,05-0,5	1,2 [4]	17,8-59,9
IWW/Infras	D90	79,0	14,1	14,3	16,3			123,7
Huckestein/ Verron	D90	31,3	21,1		10,4	1,1	5,2 [5]+3,6 [6]	72,7
				Schienenverkehr				
Grupp	D89	0,4-0,5 [1]		0,2-0,5	0,1-0,3	0,1		ca. 1
Diekmann	D89	0,2			0,65			0,85
Planco	D89	0,28		0,17-0,29	0,84	0,03		1,3-1,4
Kågeson	D89	0,29	0,43	0,18	0,07			0,97
Bickel/ Friedrich	D89	0,21-0,57		0,06-0,21	0,13-4,0	0,005-0,5		0,4-4,8
IWW/Infras	D90	0,4	0,75	0,37	1,38			2,9
Huckestein/ Verron	D90	0,4	0,7		4,5	0,1	1,1 [6]	6,8

D89/90: Gebiet der Bundesrepublik Deutschland vor/nach dem 03.10.1990

1) enthält bereits internalisierte Kosten

2) Ergebnis berücksichtigt Fehlerausgleichsrechnung.

3) Wasserbelastung

4) Trennwirkungen

5) Boden- und Wasserbelastung

6) Streusalzschäden + straßenverkehrsbedingte Mehrkosten für den ÖPNV

Quelle: Bickel, Peter; Friedrich, Rainer (1995a), S. 84.

Legende zu Tabelle 67:

a) Bickel, Peter; Friedrich, Rainer (1995b).
b) Diekmann, Achim (1990), S. 332-340.
c) Grupp, Hariolf (1986), Heft 9, S. 359-366; Heft 10, S. 403-407.
d) Wicke, Lutz (1989) S. 285-289.
e) Dogs, Ernst; Platz, Holger (1991).
f) Teufel, Dieter u.a. (1991).
g) Kågeson, Per (1993).
h) Banfi, Silvia u.a. (1995).
i) Huckestein, Burkhard; Verron, Hedwig (1995), S. 3-52.

IV.4.3 Sind Staukosten externe Kosten?

Definieren wir vor Beantwortung dieser Frage zunächst den Begriff der Staukosten. Wir wollen dies unter Verwendung der Abbildung 50 tun.

Abbildung 50: Staukosten im Verkehr

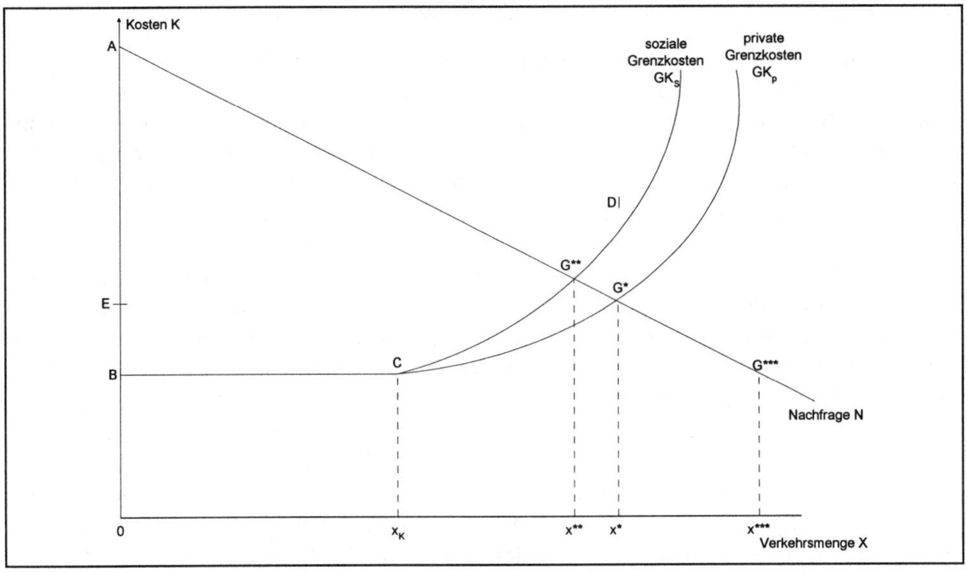

Quelle: Eigene Darstellung.

In dieser Darstellung wird auf einem bestimmten Straßenabschnitt bis zu einer Verkehrsmenge x_K „freie Fahrt" unterstellt; es fallen konstante Grenz- in Form von Betriebs- und Zeitkosten pro Entfernungseinheit an. Diese Situation ändert sich, wenn die Verkehrsmenge größer als x_K wird, da es dann zu ersten Kapazitätsengpässen kommt und die durchschnittliche Fahrgeschwindigkeit sinkt. Diese Überlastungskosten steigen exponentiell an, bis die Kapazität der Strecke vollkommen ausgelastet ist und ein Stau entsteht. Ohne Kapazitätsengpässe würde die auf der Strecke nachgefragte Verkehrsmenge x*** betragen, verbunden mit einer Konsumentenrente von ABG***. Wegen des Auftretens von Kapazitätsengpässen treten aber höhere Zeit- und Betriebskosten auf, so daß die Nachfrage auf x* zurückgeht; volkswirtschaftlich optimal wäre aber x**. Warum? Der einzelne Verkehrsteilnehmer wird in sein Kalkül nur die bei ihm anfallenden Nutzen und Kosten berücksichtigen. Fährt er aber auf einen bereits überfüllten Straßenabschnitt $(x > x_k)$, so führt seine Verhaltensweise zu weiteren Zeitverlusten auch bei den übrigen Verkehrsteilnehmern, da sie jetzt noch etwas langsamer fahren müssen als bisher. Auch ihre zusätzlichen Kosten sind bei einer gesamtwirtschaftlichen Betrachtungsweise zu berücksichtigen, so daß eine soziale von einer privaten Grenzkostenkurve zu unterscheiden ist. Bei gegebener Kapazität des

Streckenabschnitts ist x** jene Verkehrsmenge, bei der es zum Ausgleich von sozialen Grenznutzen und –kosten kommt. Der Bruttonutzen ist 0AG**x**, von dem zur Berechnung des Nettonutzens die auftretenden Kosten 0BG**x** abzuziehen sind, so daß er ABG** beträgt. Bei einer größeren Verkehrsmenge x* steigen zwar der Bruttonutzen auf 0AG*x* an, jedoch die Kosten noch stärker auf 0BDx*. Es kommt zu einem Wohlfahrtsverlust von DG**G* dadurch, daß ein Teil der volkswirtschaftlichen Kosten, die durch das Auftreten eines zusätzlichen Verkehrsteilnehmers auftreten, nicht von diesem getragen, sondern auf Dritte abgewälzt werden.

In der Literatur finden sich unterschiedliche Auffassungen darüber, ob Staus als externe Kosten anzusehen sind oder nicht. Die herrschende Auffassung, die auch die Autoren teilen, verneint diese Frage. Diese Entscheidung kann doppelt begründet werden: Zum einen verursacht zwar der einzelne Verkehrsteilnehmer externe Kosten, wenn er bei Überfüllung noch zusätzlich einen Verkehrsweg nutzen will; diese Kosten sind zwar vom Einzelnen aus extern, für die Masse aller Verkehrsteilnehmer jedoch intern. Zum anderen kann argumentiert werden, daß die Staukosten dadurch verursacht werden, daß die Verkehrswege zu gering dimensioniert sind und ihr (Aus-)Bau in der Vergangenheit von der Politik vernachlässigt worden ist. Staukosten sind damit keine externen Kosten des Verkehrs, sondern Ausdruck eines Politikversagens. Externe Kosten des Staus lassen sich allenfalls damit begründen, daß der Verkehr externen Nutzen mit sich bringt, der durch Staus verringert wird. Anderer Auffassung darüber, ob Stau- als externe Kosten des Verkehrs anzusehen sind, ist etwa die Europäische Kommission, die die Überlastungs- zu den externen Kosten rechnet. Sie stellen dabei keine marginale Größe dar, sondern bestimmen die externen Kosten weitgehend. „Aus den vorhandenen Studien geht jedoch hervor, daß die Kosten der Verkehrsüberlastung im allgemeinen den größten Teil der externen Kosten ausmachen, gefolgt von Unfällen und Umweltproblemen (Luftverschmutzung und Lärm)“. [294]

IV.4.3.1 Gibt es externe Nutzen des Verkehrs?

Wie externe Kosten so können auch externe Nutzen die optimale Allokation der Produktionsfaktoren in einer Volkswirtschaft beeinträchtigen. Zeigten sich externe Kosten des Verkehrs darin, daß die einzelwirtschaftliche unter der gesamtwirtschaftlichen Kostenfunktion (die einzelwirtschaftliche über der gesamtwirtschaftlichen Nachfragefunktion) lag, so liegt beim Auftreten positiver externer Effekte der umgekehrte Tatbestand vor. Gehen wir hier von einer Differenz bei der Nachfragefunktion aus.

294 Kommission der Europäischen Gemeinschaft (1995), S. 8.

Abbildung 51: Externe Nutzen des Verkehrs

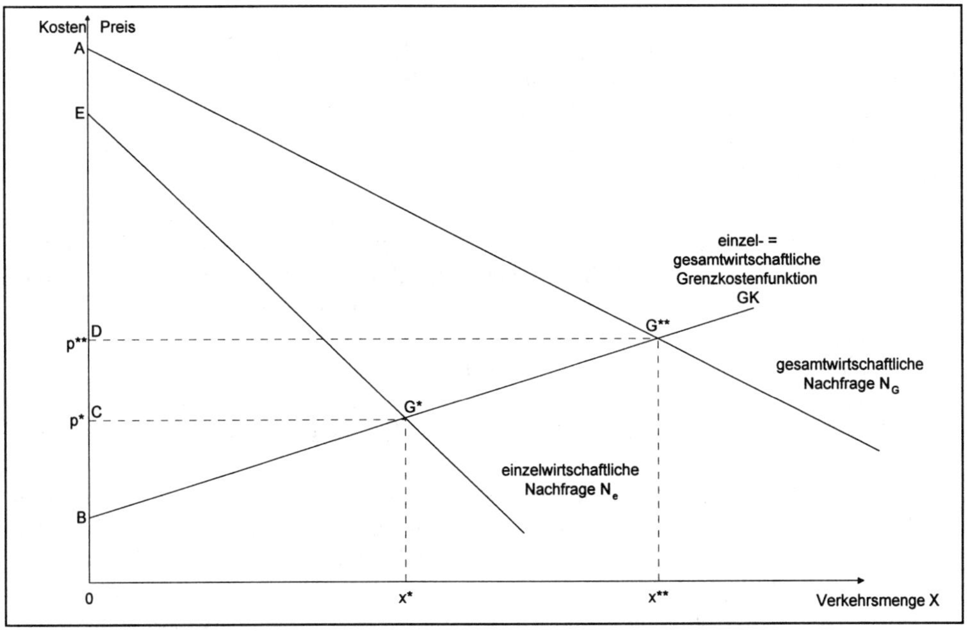

Quelle: Eigene Darstellung.

Einstellen wird sich am Markt die gleichgewichtige Verkehrsmenge x*, die mit einer Produzentenrente (Konsumentenrente; gesamtwirtschaftliche Rente) von BCG* (ECG*, EBG*) verbunden ist. Gesamtwirtschaftlich optimal wäre aber x**. Die Produzentenrente würde um DCG*G** auf BDG** anwachsen, die gesamtwirtschaftliche Rente um AEG*G** auf ABG**. Die Internalisierung positiver externer Effekte nutzt also vor allem den Anbietern von Verkehrsleistungen. Ob sich die Situation der Konsumenten verbessert, ist unbestimmt; ihre Rente ändert sich von ECG* auf ADG**.

Es ist unbestritten, daß es positive externe Effekte im Verkehrsbereich gibt. Zu ihnen zählen

- die Freude an einem vorbeifahrenden Oldtimer und an einem imponierenden Brückenbauwerk,
- das Retten von Menschenleben durch ein ausgebautes Rettungswesen, das dem Kranken oder Verletzten Hilfe in wenigen Minuten verspricht,
- ein intensives Kennenlernen durch den Personenverkehr und einen regen Austausch von Produkten durch den Güterverkehr, der das friedliche Auskommen von Völkern miteinander fördert.

Darüber hinaus werden häufig mit fragwürdigen Argumenten [295] weitere und erhebliche positive externe Effekte des Verkehrs behauptet. In sehr allgemeiner Form erfolgen Hinweise auf steigende Skalenerträge, den positiven Nutzen der Arbeitsteilung auf Wachstum, Einkommen und Beschäftigung, den Beitrag von Agglomerationen auf die Entstehung und Verbreitung von technischem Wissen sowie die Wissensweitergabe zwischen Arbeitskräften, die erst durch räumliche Mobilität und Arbeitsteilung ermöglicht wird; diese wiederum ist ohne Verkehr nicht denkbar. Eine solche Argumentation erscheint aus mehreren Gründen wenig stichhaltig: [296]

- Der Verkehr verursacht zwar enorme Nutzen, der jedoch zur Gänze oder doch zumindestens zum allergrößten Teil internalisiert ist, indem Mobilität, Transporte und Zeitgewinne den Verkehrsteilnehmern zukommen und von ihnen in ihrem Nutzenkalkül berücksichtigt werden. Bei ihnen handelt es sich um sog. pekuniäre externe Nutzen, die über den Markt abgegolten werden, weil Verursacher und Nutznießer in direktem wirtschaftlichen Kontakt zueinander sind. Dies ist bei den sog. technologischen externen Effekten, etwa bei dem Verhältnis zwischen einem Autofahrer und einem Hausbesitzer, der durch den Fahrlärm gestört wird, nicht der Fall.
- In Kosten-Nutzen-Analysen, die dem Bau von Verkehrswegen vorausgehen, wird der Versuch unternommen, auch jene Effekte zu berücksichtigen, die nicht den Verkehrsteilnehmern zugute kommen. So etwa beim (Aus-)Bau von Wasserstraßen, der eventuell eine Energieerzeugung aus Wasserkraft, einen verbesserten Hochwasserschutz, eine leichtere Wasserver- und –entsorgung sowie eine attraktive Freizeitgestaltung ermöglicht. [297] Externe Nutzen werden also bei gesamtwirtschaftlichen Bewertungen von Verkehrswegeinvestitionen berücksichtigt, so daß ihr Auftreten nicht zu einer zu geringen Dimension der Verkehrsinfrastruktur führt.
- Geht man in Übereinstimmung mit der modernen Wachstumstheorie von spill-overs von Wissen und damit von positiven Externalitäten von Agglomerationen aus, so dürfen sie nicht ausschließlich dem Verkehr zugute gehalten werden. Die Möglichkeit zur Konzentrierung menschlicher Aktivitäten basiert nicht ausschließlich auf Verkehr; es bedarf vielmehr darüber hinaus eines modernen Städtebaus, einer geregelten Ver- und Entsorgung, Gesetzen, die ein zivilisiertes Zusammenleben auf engem Raum ermöglichen usw. Jeder dieser Bereiche könnte mit gleicher Plausibilität die externen Effekte von Agglomerationen für sich verbuchen wie der Verkehr.

---

295 Zu dieser Auffassung vgl. z.B. Willeke, Rainer (1993), S. 215ff.;, S. 215ff.; sowie Aberle, Gerd; Engel, Michael (1992), S. 169ff.; Baum, Herbert; Esser, Klaus; Höhnscheid, Karl-Josef (1998), S. 123ff.; und Institut für Angewandte Wirtschaftsforschung (1995), nach dem eine Verringerung der Kapazität der Bundesfernstraßen um 1 % pro Jahr das reale Bruttosozialprodukt um 0,5 % und den privaten Verbrauch um 0,1 % senken sowie den Preisindex des privaten Verbrauchs um 1,3 % anwachsen läßt.

296 Vgl. Gawel, Erik (1994), S. 161.

297 Vgl. PLANCO Consulting GmbH (1993), S. 49.

Es wird damit die herrschende Auffassung geteilt, daß es zwar positive Effekte des Verkehrs gibt, die jedoch relativ gering sind, deutlich geringer jedenfalls als die externen Kosten.

IV.4.4 Instrumentelle Ansatzpunkte beim Vorliegen externer Effekte [298]

Dem Staat steht ein breites Spektrum umweltpolitischer Maßnahmen zur Verfügung. Zu ihnen zählen Umweltauflagen in der Form von Ge- und Verboten. Ein Beispiel für ein Gebot ist z.B. der Einbau des Katalysators in Pkws, ein Beispiel für ein Verbot das Unterlassen des Transports von gefahrenträchtigen Gütern auf Lkws. Der Vorteil von Ge- und Verboten besteht in ihrer Praktikabilität und schnellen Wirksamkeit sowie ihrer unmittelbaren Einsichtigkeit, die die politische Durchsetzbarkeit erleichtert. Der Hauptnachteil der Auflagen liegt in ihrer wirtschaftlichen Ineffizienz; Umweltschutzziele sind oft durch andere Instrumente günstiger, d.h. mit einem geringeren Ressourceneinsatz, zu erreichen. Außerdem behindern Ge- und Verbote den Anreiz zu technischem Fortschritt und zu einem Handeln, das über die gesetzten Grenzwerte hinausgeht. Des weiteren beschränken sie die Entscheidungsfreiheit von Wirtschaftssubjekten und passen deshalb nur schlecht in die marktwirtschaftliche Ordnung.

Der Vorschlag, externe Effekte mit Hilfe von Steuern zu internalisieren, geht auf Pigou [299] zurück. Im Idealfall entsprechen die Steuern genau der Differenz von einzel- und gesamtwirtschaftlicher Grenzkostenfunktion; der Schädiger kalkuliert die Steuern als Kosten in sein Kalkül ein und produziert so die gesamtwirtschaftlich optimale Menge. Der Anreiz, Innovationen einzuführen und nach kostengünstigeren Lösungen zu suchen, bleibt erhalten. Allerdings stellt die Pigou-Steuer hohe Anforderungen an den Staat; er muß zumindestens ungefähre Vorstellungen von Verlauf der privaten und der sozialen Grenzkostenfunktion haben. In Abbildung 49 ist eine Steuer zu erheben, die x** zu realisieren und dazu den Betrag von BCHG** zu umfassen hat.

Ihr Vorteil wird auch unmittelbar bei der Beseitigung von Staukosten sichtbar (vgl. Abbildung 50). Es ist eine Pigou-Steuer (Straßenbenutzungsgebühr) in Höhe von BE zu erheben. Die sich dann ergebende Verkehrsmenge ist x** und volkswirtschaftlich optimal [300]; sie ist mit Steuereinnahmen von $BE \cdot x^{**}$ verbunden. Verlangt man zur Auslastung der Verkehrswege- und Staukosten eine Pigou-Steuer vom Verkehrsteilnehmer, so spricht man von road-pricing. [301]

---

298 Zu den Instrumenten der Umweltpolitik im einzelnen vgl. Wicke, Lutz (1982) und Michaelis, Peter (1996).

299 Vgl. Pigou, Arthur Cecil (1920).

300 Dies gilt jedenfalls kurzfristig. Langfristig mag es vernünftiger sein, die betrachtete Strecke auszubauen und so Staukosten gänzlich zu vermeiden.

301 Zur Pigou-Steuer und zum road-pricing vgl. die ausführliche Darstellung in Kapitel V.3.1.3.2 –Steuern und Subventionen–.

Der (zu) hohe Informationsgehalt, der vom Staat bei der Pigou-Steuer erwartet wird, führt zum Standard-Preis-Ansatz. Hierbei wird ein gesellschaftlich akzeptabler Immissionsstandard politisch vorgegeben. Die Abgabe für Emissionen wird so hoch angesetzt, daß die noch als tolerabel angesehene Immission gerade realisiert wird. Eine graphische Darstellung möge diesen Ansatz näher erläutern.

Abbildung 52: Standard-Preis-Ansatz im Verkehr

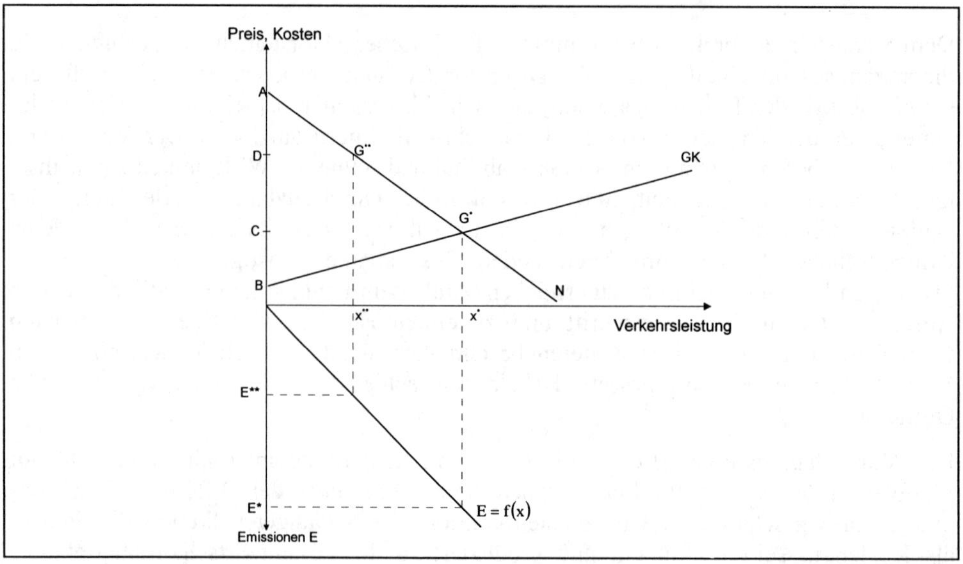

Quelle: Eigene Darstellung, ähnlich bei Köberlein, Christian (1997), S. 217

Ohne staatliche Eingriffe würde die Verkehrsmenge x* realisiert werden. Sie ist mit Emissionen von E* verbunden. Werden diese als zu hoch empfunden und lediglich E** toleriert, muß die Verkehrsmenge auf x** reduziert werden. Dies wird durch eine Abgabe in Höhe von CD erreicht, die zu Einnahmen von $CD \cdot x^{**}$ führt. In der Praxis wird man die notwendige Abgabe CD nicht sofort treffen, sondern in Form eines trial-and-error-Verfahrens bestimmen.

Beim Instrument der Umweltlizenzen kommt es zur Ausgabe oder zum Verkauf von Umweltverschmutzungsrechten. Vom Staat werden Zertifikate abgegeben bzw. verkauft, die eine Schädigung der Umwelt in einem wohldefinierten und begrenzten Ausmaß gestatten. Die Umweltverschmutzer können Schadstoffe nur in der Höhe der erworbenen Menge an Lizenzen an die Umwelt abgeben. Diese Lizenzen können unter den Umweltschädigern gehandelt werden. Dabei haben die handelnden Wirtschaftssubjekte zum einen die Möglichkeit, die Lizenzen zu verkaufen und die eigenen Emissionen durch Produktionsverringerungen oder umweltverträglichere Produktionsverfahren zu ersetzen. Zum anderen kann man aber auch weitere Lizenzen kaufen und die Produktion mit unveränderlicher Technologie ausdehnen. Jene

Schädiger werden ein besonders hohes Interesse am Kauf haben, denen es besonders schwer möglich ist, Umweltschädigungen kostengünstig zu vermeiden oder zu verringern. Schädiger, die Umweltbeeinträchtigungen dagegen relativ problemlos verhindern können, werden ihre Zertifikate verkaufen, so daß es im Idealfall zu einer (wohlfahrtsoptimalen) Gleichheit von Grenzkosten der Schadensvermeidung bei allen Schädigern kommt, die den Preisen für die Zertifikate entsprechen. So bestechend Zertifikationslösungen auf den ersten Blick erscheinen, so stoßen sie doch auf praktische Schwierigkeiten. Zum einen sind die Transaktionskosten relativ hoch. Zum anderen treffen sie auf Widerstände im emotionalen Bereich; der „Verkauf von Umwelt" wird als unmoralisch angesehen und deshalb abgelehnt.

Eine Internalisierung kann auch durch die Fusion der Beteiligten erreicht werden. Schädigt etwa eine Firma A eine andere Firma B durch ihre Emissionen, so können beide Firmen zu einem neuen Unternehmen zusammengeschlossen werden, was den Vorteil hätte, daß die externen Kosten internalisiert wären. Eine solche Strategie ist sicherlich nur bei wenigen Schädigern und wenigen Geschädigten möglich und mindert möglicherweise die Wettbewerbsintensität auf dem relevanten Markt.

Externe Effekte können auch durch Verhandlungen zwischen Schädiger und Geschädigtem internalisiert werden, wobei es notwendig ist, vorher die Eigentumsrechte an Umweltgütern eindeutig zu definieren. Darf der Schädiger schädigen, so bieten ihm die Geschädigten einen Ausgleichsbetrag dafür an, daß er auf die Schädigung verzichtet oder sie doch zumindestens mindert. Bei umgekehrten Eigentumsrechten würde der Schädiger den Geschädigten eine Ausgleichszahlung dafür anbieten, daß sie die Schädigung –zumindestens teilweise– dulden. Nach Coase [302] kommt es also nicht darauf an, ob der Schädiger oder die Geschädigten die Eigentumsrechte an der Umwelt besitzen; sie müssen nur eindeutig zugeordnet sein. In der praktischen Verkehrspolitik ist die Bedeutung dieses Instruments eher gering. Dies liegt vor allem an den sehr hohen Transaktionskosten und der unterschiedlichen Verhandlungsmacht. So wird es für den Geschädigten oft schon unmöglich sein, zu klären, wer Schädiger ist und in welchem Umfang er zur Schädigung beigetragen hat. Man vermutet vielleicht, daß „die Autofahrer" für die eigene Atemwegserkrankung verantwortlich sind, kann diese Vermutung aber nicht belegen und konkrete Schädiger benennen. Dies gilt insbesondere bei globalen Schädigungen und Schadstoffen mit langer Karenzzeit.

Vor den gleichen praktischen Problemen steht das Haftungsrecht. Existieren wohldefinierte Haftungsregeln, die es dem Geschädigten erlauben, den Schädiger für die Folgen seines Handelns haftbar zu machen, so besteht in der Theorie die Tendenz zu einem gesellschaftlichen Optimum: Auf der einen Seite hat der Schädiger Vorteile durch die Produktion des Gutes, auf der anderen Seite muß er evtl. für die Folgen seines Handelns haften. Sind die erwarteten Haftungskosten höher als die Vorteile der Produktion, wird er auf sie verzichten und umgekehrt. Dieser Abwägungsprozeß führt

302 Siehe Coase, Ronald Henry (1960), S. 1-44.

dazu, daß tendenziell ein gesamtwirtschaftlich optimales Ausmaß an Schädigung realisiert werden kann.

Zieht man ein Resümee zu den Instrumenten [303], so zeigt sich ein gewisser Zielkonflikt zwischen der ökonomischen Effizienz auf der einen sowie der Praktikabilität und politischen Durchsetzbarkeit auf der anderen Seite. Ge- und Verbote sind zwar häufig nicht ökonomisch effizient, jedoch treffsicher, leicht nachvollziehbar und deshalb auch politisch durchsetzbar. Verhandlungslösungen sowie wohldefinierte Haftungsregeln überzeugen zwar im theoretischen Modell, stoßen jedoch auf derart große und viele praktische Schwierigkeiten, daß sie zur Internalisierung der externen Effekte des Verkehrs kaum handhabbar erscheinen. Einen akzeptablen Mittelweg stellen Pigou-Steuern und Standard-Preis-Ansätze dar, die zwar theoretisch nicht so überzeugend wie Verhandlungslösungen sind, jedoch den großen Vorteil der Praktikabilität und politischen Akzeptanz besitzen. Ein noch unausgeschöpftes und erschließungswürdiges Potential liegt in den handelbaren Umweltrechten, die aus Gründen der Praktikabilität auf die Produzenten von Verkehrsträgern und nicht ihre Nutzer konzentriert werden sollten. Allerdings sind hier zunächst emotionale und politische Widerstände auszuräumen.

303 Vgl. Fritsch, Michael; Wein, Thomas; Ewers, Hans-Jürgen (1993), S. 99ff.

IV.5 Verkehrsinfrastruktur als öffentliches Gut

In bezug auf Verkehrsträger, insbesondere aber Verkehrswege, wird häufig ihr Kollektivgutcharakter betont, der ihr effizientes Angebot über den Markt verhindere. In der Theorie der privaten Güter bestimmen die Bedürfnisse eines Individuums und sein Einkommen seine Nachfrage nach Gütern. Damit es zu einem entsprechenden Angebot durch private Anbieter kommt, sind zwei Charakteristika notwendig: Zum einen ist das Ausschlußprinzip anwendbar, d.h., zahlungsunwillige Individuen können vom Konsum des Gutes ausgeschlossen werden. Ein Bäcker wird nur demjenigen ein Brot verkaufen, der auch bereit ist, hierfür zu zahlen. Zum anderen herrscht Rivalität im Konsum. Ist ein Brot von einer Person verzehrt, so kann nicht auch noch eine andere Person hierdurch ihren Hunger stillen.

Diese beiden Eigenschaften der Ausschließbarkeit und der Rivalität haben zur Konsequenz, daß ein Nachfrager den geforderten Preis für das Gut zahlen muß, wenn er in seinen Besitz kommen will. Da kaufkräftige Nachfrage besteht, wird sich ein Angebot entfalten, wenn die Produktionskosten unter jenem Preis liegen, den die Nachfrager zu zahlen bereit sind. Anbieter und Nachfrager können sich dezentral einigen, das Gut ist marktgängig und wird auch ohne staatliche Einflußnahme produziert.

Öffentliche unterscheiden sich von den privaten Gütern dadurch, daß ihnen die Eigenschaften von Ausschließbarkeit und Rivalität fehlen.

- Nicht-Ausschließbarkeit von Nutzern bedeutet, daß es unmöglich oder doch zumindestens unwirtschaftlich ist, einem Nachfrager ein Gut vorzuenthalten, selbst wenn er keinen Preis bezahlt. Klassische Beispiele hierfür sind der Deichbau und die Landesverteidigung. So profitiert etwa von Hochwasserschutzmaßnahmen jeder, der in der betreffenden Region wohnt, auch wenn er keinen Kostenbeitrag zu seiner Erstellung geleistet hat.
- Nicht-Rivalität im Konsum besteht dann, wenn der Konsum eines entsprechenden Gutes durch einen Nutzer dann nicht beeinträchtigt wird, wenn andere Personen das Gut ebenfalls konsumieren. Der Anblick des Feuerwerks wird nicht dadurch vermindert, daß noch andere Personen das gleiche Feuerwerk beobachten. [304]

Aufgrund dieser Merkmale wird der nutzenmaxierende Konsument versuchen, die free-rider-Position einzunehmen, d.h., er hofft auf die Erstellung des Gutes, ohne jedoch sein

[304] Güter, bei denen gleichzeitig das Nicht-Ausschlußprinzip und die Nicht-Rivalität gilt, heißen reine öffentliche Güter. Von ihnen sind Güter zu unterscheiden, bei denen nur eins der beiden Prinzipien zutrifft. So heißen Güter, bei denen das Ausschlußprinzip gilt, bei denen aber Nicht-Rivalität herrscht, Maut-Güter. Herrscht Rivalität, aber das Nicht-Ausschlußprinzip, so spricht man von Almende-Gütern. Ein Beispiel für ein Maut-Gut ist das Kabelfernsehen, ein Beispiel für ein Almende-Gut die Hochseefischerei. Vgl. hierzu Blankart, Charles Beat (1991), S. 56.

Interesse durch einen Finanzierungsbeitrag zu dokumentieren, obwohl er durchaus Nutzen aus dem öffentlichen Gut ziehen würde. In einer solchen Situation ist ein Eingreifen des Staates erforderlich, damit die Produktion des gesellschaftlich notwendigen und wünschenswerten Gutes überhaupt zustande kommt. Als Möglichkeiten hierzu stehen ihm die Dienstverpflichtung (Deichdienst, Wehrdienst, Schneeräumdienst, Wahlhelferdienste usw.), die Eigenproduktion (Erstellung des Gutes in eigener Regie) wie Polizei, Feuerwehr und Schulen und Kontrakte (Bezug des Dienstes von privaten Anbietern, so etwa die Müllabfuhr) zur Verfügung.

Treffen die Kriterien der Nicht-Rivalität im Konsum und die Nicht-Anwendbarkeit des Ausschlußprinzips auf den Verkehrsbereich zu und handelt es sich hierbei um Probleme, die zusätzlich zu den jenen, die bereits oben behandelt wurden, Marktversagen belegen? Diese Frage muß für die Verkehrsträger und die Verkehrsinfrastruktur getrennt beantwortet werden. Während die Merkmale eines öffentlichen Gutes auf die Verkehrsträger wohl kaum zutreffen - die Eigner von Verkehrsträgern können Personen relativ problemlos von der Mitfahrt ausschließen, wenn sie nicht den geforderten Preis zu zahlen bereit sind -, mag dies zunächst bei der Verkehrsinfrastruktur anders aussehen. Hier ist eine Realisierung des Ausschlußprinzips bei jener Infrastruktur, die nur von geringer Streckenlänge ist, nur wenige Auf- und Zufahrten kennt oder bei deren Nutzung durch Verkehrsträger die Mithilfe des Eigners der Verkehrswege notwendig ist (z.B. Start- und Landehilfen im Luftverkehr), relativ einfach möglich. Dies ist bei den Schienenwegen und den Flughäfen der Fall. [305] Anders mag sich die Situation beim Straßennetz darstellen, bei dem bisher zwar kein technisches, aber ein ökonomisches Nicht-Ausschlußprinzip vorlag. Man hätte zwar Personen, die keine Benutzungsgebühren zu zahlen bereit gewesen wären, auch bisher von der Nutzung ausschließen können; dies hätte jedoch zu sehr hohen Kosten geführt, da Schranken und Mauthäuschen praktisch an jeder Ecke notwendig gewesen wären. Durch den technischen Fortschritt ist die Ausschließbarkeit auch im Straßenverkehr ökonomisch möglich und bei den anderen Verkehrsträgern leichter geworden. So wäre es möglich, an Straßen Zählgeräte aufzustellen und die oder der mit dem Autoverkehr verbundenen Einnahmen (Mineralölsteuer, Kfz-Steuer) auf die Eigner der Straßen zu verteilen. [306] Noch eleganter wäre die –heute problemlos möglich– elektronische Erfassung der von den Kraftfahrzeugen gefahrenen Kilometer und Fahrrouten, die eine Zuordnung der entstandenen Kosten ermöglicht. Selbst wenn aber das Nicht-Ausschluß-Prinzip gelten würde, so handelt es sich hierbei nicht um ein neues Argument. Nicht-Ausschluß bedeutet nämlich lediglich, daß technologische externe Effekte vorliegen, also hier die Schaffung von Verkehrsinfrastruktur mit sozialen Zusatzkosten bzw. –nutzen verbunden ist. Positive und negative Effekte wurden aber bereits im vorhergehenden Kapitel abgehandelt.

---

305 Hier mag man darauf hinweisen, daß die Bereitstellung dieser Verkehrsinfrastruktur durch nur einen Anbieter volkswirtschaftlich günstiger sei als ein Angebot durch mehrere Produzenten. Damit ist man aber bei der Frage, ob ein natürliches Monopol besteht, und nicht mehr bei der Frage, ob die Verkehrsinfrastruktur ein öffentliches Gut darstellt. Zum natürlichen Monopol vgl. das Kapitel III.1 –Tendenz zum natürlichen Monopol–.

306 Damit bestände eine direkte Analogie zum Punktsystem im Gesundheitswesen.

Nicht-Rivalität im Konsum bedeutet, daß die Grenzkosten pro zusätzlichem Nutzer sehr gering oder sogar Null sind und damit (fast) ausschließlich fixe Kosten anfallen. Dies ist bei Verkehrswegen nur so lange der Fall, wie sie noch nicht überlastet sind. Aber selbst dann ergibt sich kein zusätzliches Argument für das Auftreten von Marktversagen beim Angebot von Verkehrsinfrastruktur. Der Fall hoher Fix- und geringer variabler Kosten und die wirtschaftspolitischen Möglichkeiten, mit ihm umzugehen, wurde bereits bei der Tendenz zum natürlichen Monopol behandelt und stellt damit keinen neuen Tatbestand dar. [307]

Damit ist van Suntum [308] zuzustimmen: Marktversagen über den Charakter der Verkehrsinfrastruktur als öffentliches Gut zu begründen, ist „analytisch letztlich überflüssig, denn Nicht-Rivalität im Konsum ist nichts anderes als der Extremfall des ausschließlichen Vorliegens von Gemeinkosten bei Grenzkosten von Null, und Nicht-Anwendbarkeit des Ausschlußprinzips bedeutet nichts anderes als das Vorliegen negativer oder positiver externer Effekte."

307 Können Personen vom Genuß eines Gutes ausgeschlossen werden und liegt Nicht-Rivalität im Konsum vor, so liegt kein rein öffentliches, sondern ein Mautgut vor. Hier ist eine Abwicklung über den Markt möglich, wie etwa die Beispiele des Kabelfernsehens, des Besuchs von Sportveranstaltungen, Theatern und Museen sowie die Besichtigung von Sehenswürdigkeiten zeigen, sehr wohl möglich. Es ergibt sich hier lediglich die Frage nach einer vernünftigen Preisbildung, die aber öffentliche wie private Anbieter gleichermaßen treffen würde.

308 Suntum, Ulrich van (1986c), S. 90. Ähnlich bei Fritsch, Michael; Wein, Thomas; Ewers, Hans-Jürgen (1993), S. 255f.

IV.6 Gemeinwirtschaftliche Aufgaben des Verkehrs

Bezogen sich die bisherigen Argumente der Besonderheit des Verkehrs auf die Allokation und verbanden sich mit der Frage, inwieweit eine staatliche Einflußnahme im Verkehrssektor notwendig ist, um eine die ökonomische Wohlfahrt einer Gesellschaft maximierende Bereitstellung von Verkehrsleistungen zu garantieren, so rücken jetzt andere, etwa verteidigungs- und sozialpolitische Begründungen in den Vordergrund.

„Neben den vorstehend erörterten allokationstheoretischen Argumenten werden als weitere Besonderheit dem Verkehrssektor im allgemeinen, der Eisenbahn und dem ÖPNV im besonderen bestimmte gemeinwirtschaftliche Aufgaben zugeschrieben, worunter sinnvollerweise solche Aufgaben bzw. Ziele zu verstehen sind, deren Erfüllung zwar im gesamtwirtschaftlichen Interesse liegt, aber ein vom privaten Erwerbsstreben abweichendes Verhalten erfordert *(A. Predöhl)*. Früher standen hier vor allem **staatspolitische** Überlegungen und Gesichtspunkte der Landesverteidigung im Vordergrund. So sollte z.B. das deutsche Eisenbahnnetz des 19. Jahrhunderts neben der rein wirtschaftlichen Entwicklung auch der politischen Integration der im Zollverein bzw. später im Deutschen Reich zusammengeschlossenen Kleinstaaten dienen. Heute ist es dagegen eher das **Sozialstaatsprinzip**, welches zur Begründung gemeinwirtschaftlicher Verpflichtungen herangezogen wird, und zwar in zweierlei Hinsicht:

- Zum einen geht es um das **regional-** bzw. **raumordnungspolitische** Ziel 'einheitlicher Lebensverhältnisse' im Bundesgebiet, welches in Art. 72 Abs. 2 und Art. 106 Abs. 3 des Grundgesetzes der Bundesrepublik postuliert wird. Hierzu sollen vor allem die Eisenbahn und der Straßenbau beitragen, indem auch solche Strecken bedient bzw. aufrechterhalten werden, die den üblichen Auslastungsanforderungen an sich nicht genügen. Dies trifft insbes. auf ländliche Gebiete und das Zonenrandgebiet zu.
- Zum anderen soll der Verkehrssektor auch der **personenbezogenen Sozialpolitik** dienen, insbes. durch Sozialtarife für besondere Personengruppen wie Schüler, Rentner, Schwerbehinderte etc., aber auch durch ein flächendeckendes Angebot an öffentlichen Verkehrsmitteln, um generell auch für einkommensschwache Schichten dem 'Grundbedürfnis' der Mobilität gerecht zu werden.“ [309]

„Die gemeinwirtschaftliche Verkehrsbedienung ist in drei Bereichen anzutreffen:

- im Eisenbahngüterverkehr in der Fläche, also auch in peripheren Regionen,
- im Personenverkehr per Schiene und Straße in ländlichen Gebieten und
- im Personenverkehr in Ballungsgebieten.

[309] Suntum, Ulrich van (1986c), S. 83.

Sie wird im wesentlichen über zwei Instrumente verfolgt:

- über nichtkostendeckende Tarife, die vor allem den Verlader- bzw. Personenkreisen zugute kommen sollen, die auf öffentliche Verkehrsmittel angewiesen sind und nicht auf Werk- bzw. Individualverkehr zurückgreifen können, und
- über den Zwang zur Bedienung konzessionierter Linien, die im Güterverkehr vor allem der Bahn, im Personenverkehr gemeinsam der Bahn und dem gesamten ÖPNV-Gewerbe obliegt.“ [310]

Diese gemeinwirtschaftlichen Anforderungen an den Verkehrssektor ziehen jedoch keineswegs die Notwendigkeit eines staatlichen Verkehrsangebotes nach sich. Bevor es zu einer solchen Entscheidung kommt, sind vielmehr folgende Aspekte zu berücksichtigen:

a) Es sollte überlegt werden, ob nicht Einkommenstransfers an die entsprechenden Personen (Sozialtransfers) oder die entsprechenden Regionen (regionale Finanzausgleichszahlungen) zu einem höheren Wohlfahrtsgewinn bei den Empfängern führen als eine Subventionierung des Verkehrs, wie Abbildung 53 belegen will.

Abbildung 53: Wohlfahrtsökonomische Auswirkungen von Transfers und Preissubventionen

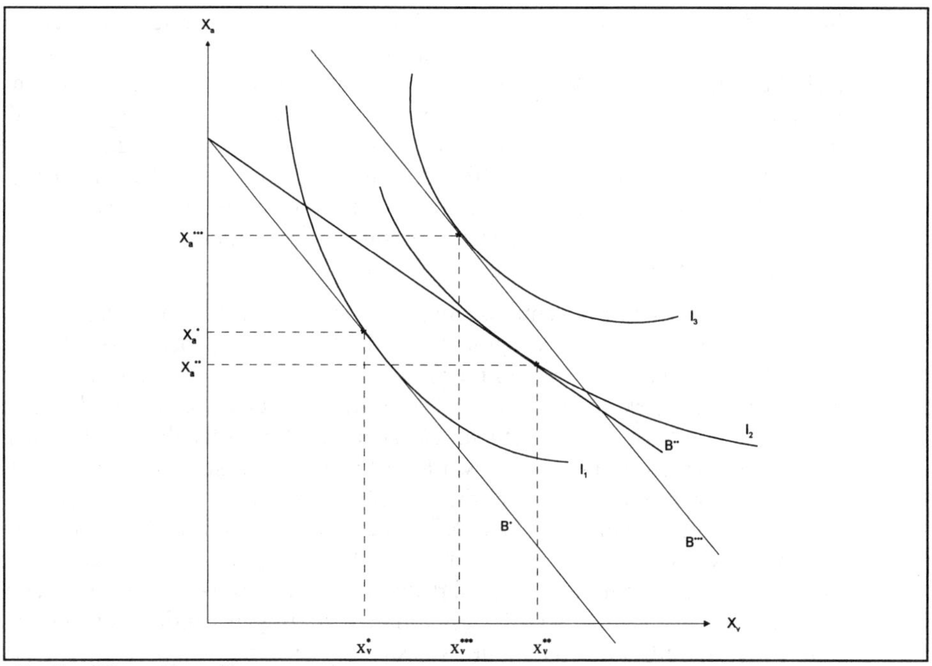

Quelle: Eigene Darstellung.

---

310 Laaser, Claus-Friedrich (1991b), S. 105f.

Unser kleines Modell setzt sich aus folgenden Bestandteilen zusammen:

- Im von uns betrachteten Haushalt stehen zwei Güter zur Verfügung, die mit X_a (anderes Gut) und X_v (Verkehrsleistung) gleichzusetzen sind.
- B steht für die Budgetgerade, also jene Mengen von X_a und X_v, die bei gegebenem Einkommen und bei gegebenen Preisen der beiden Güter realisiert werden können.
- Die Indifferenzkurven werden mit I gekennzeichnet; je weiter diese Indifferenzkurve vom Koordinatenursprung entfernt liegt, um so höher ist das damit verbundene Nutzenniveau für den betrachteten Haushalt.
- Im Diagramm sind drei Situationen voneinander zu unterscheiden, nämlich die Situation ohne staatliche Transferzahlungen und ohne Preissubventionen des Verkehrs (*), dann die Situation mit einer Subventionierung des Verkehrsbereichs (**) und schließlich jene Situation, die durch einen direkten Sozialtransfer an den Haushalt gekennzeichnet ist (***).

Es ergeben sich folgende Schlußfolgerungen:

- In der Ausgangssituation (*) werden die Mengen X_a^* und X_v^* realisiert; sie führen zu einem Nutzenniveau von I_1.
- In der Situation (**) subventioniert der Staat den Verkehrsbereich; die Verkehrsleistungen werden jetzt deutlich günstiger angeboten als bisher. Dadurch dreht sich die Budgetgerade. Würde man das gesamte Einkommen zum Kauf von X_a verwenden, so wäre die hiermit zu erwerbende Menge gleich gegenüber dem bisherigen Zustand. Von der Verkehrsleistung X_v könnte dagegen eine wesentlich größere Menge erworben werden, da ihr Preis gesunken ist. Der neue Optimalpunkt liegt auf der Indifferenzkurve I_2 und ist mit den Mengen X_a^{**} und X_v^{**} verbunden. Der Haushalt hat gegenüber der bisherigen Situation seine Wohlfahrt verbessert, da $I_2 > I_1$ ist.
- Dem Staat entstehen Subventionszahlungen, die sich aus der Multiplikation der Preisminderung mit der nachgefragten Menge X_v^{**} ergeben. Würde er die Finanzmittel nicht zur Verbilligung von X_v verwenden, sondern sie als Sozialtransfers direkt an den Haushalt weiterleiten, würde sich die Budgetgerade B^* parallel auf B^{***} verschieben, da sich an der Preisrelation der beiden betrachteten Güter nichts ändern würde; aufgrund des gestiegenen Einkommens könnten aber größere Mengen dieser Güter eingekauft werden. Die neuen optimalen Mengen sind X_a^{***} und X_v^{***}, die zu einem Nutzen führen, der durch die Indifferenzkurve I_3 repräsentiert wird. Da $I_3 > I_2$, würde der Staat mit der gleichen Finanzsumme die Wohlfahrt des Haushaltes stärker erhöhen, wenn er ihm die freie Verfügung über das Einkommen zubilligen würde, als wenn er ein Gut relativ verbilligt und damit die Preissignale verzerrt.

b) Will der Staat dennoch ein bestimmtes Verkehrsangebot realisiert wissen, so muß er es keineswegs selber erbringen, sondern kann es ausschreiben und dem billigsten

Anbieter den Zuschlag erteilen. Betrachten wir etwa zwei Orte A und B, die nach dem Willen des Staates mindestens zehnmal am Tag durch eine Buslinie verbunden werden sollen. Da die Nachfrage relativ gering ist, würde sich kein privater Anbieter bereit finden, diese Strecke ohne Subventionen zu befahren. Der Staat könnte diese Strecke in einer von ihm zu bestimmenden qualitativen Form ausschreiben und jenem Bieter den Zuschlag erteilen, der bereit wäre, die erforderten Leistungen zu minimalen Subventionen zu erbringen. Da die Markteintrittskosten relativ gering sind, ist in diesem Fall auch nicht zu befürchten, daß sich der Staat vom Unternehmer abhängig macht und in Zukunft höhere Subventionsforderungen erwarten muß, gegen die er sich nicht wehren kann.

c) Wenn eben möglich, wird auch ein privater Anbieter bestrebt sein, Marktsegmentierung zu betreiben und für Einkommensschwächere geringere Tarife zu fordern, da eine solche Preisdifferenzierung seine Gewinnsituation verbessert. Beispiele hierfür bieten Entgelte für den Besuch von Kinos, Theatern, Museen und Sportveranstaltungen. Außerdem kann es für den Anbieter von Verkehrsleistungen sinnvoll sein, die Preise in verkehrsschwächeren Zeiten zu senken, um die Gesamtnachfrage relativ gleichmäßig über den Tag zu verteilen. Auch hiervon profitieren sozial Schwächere überproportional, da sie (Rentner, Arbeitslose, Sozialhilfeempfänger) über eine hohe Zeitsouveränität verfügen.

Damit bleibt in bezug auf die Besonderheiten des Verkehrs zur Begründung staatlicher Einflußnahme festzuhalten, daß sich die meisten vorgebrachten Argumente bei näherer Betrachtung als hinfällig erweisen. Eine gewisse Stichhaltigkeit hat die Tendenz zum natürlichen Monopol bei der Bereitstellung von Verkehrsinfrastruktur und vor allem die Existenz externer Effekte, speziell der externen Kosten. Zur Funktionsfähigkeit der Marktwirtschaft im Verkehrssektor ist es unbedingt erforderlich, die Verkehrsträger mit jenen Kosten zu belasten, die sie volkswirtschaftlich verursachen.

V. Elemente der Verkehrspolitik

V.1 Ziele der Verkehrspolitik

Innerhalb verkehrspolitischer Konzepte läßt sich grundsätzlich eine marktwirtschaftliche von einer interventionistischen Variante unterscheiden. Die marktwirtschaftliche Variante zeichnet sich durch

- eine ökonomisch-anthropozentrische Weltsicht aus, stellt also die Interessen des Menschen in ihren Mittelpunkt.
- ein hohes Vertrauen in die Funktionsfähigkeit des Marktes aus, unterstellt also, daß Verkehrsangebot und -nachfrage bei Setzung vernünftiger Rahmenbedingungen dezentral effizient miteinander koordiniert werden.
- ein geringes Vertrauen in die Steuerungsfähigkeit gesellschaftlicher Prozesse durch den Staat aus. Die Begründung liegt in der außerordentlichen Komplexität der Gesellschaft und damit auch des Verkehrsbereichs, die eine zentrale Instanz überfordert („Anmaßung von Wissen"), in der egoistischen Verhaltensweise der Politiker, die sich am Eigen- (Stimmenmaximierung) und nicht am Gemeinwohl orientieren, sowie in der aufgrund staatlichen Handelns geänderten Verhaltensweise der Privaten, die zunehmend auf den Staat vertrauen und ihre Eigeninitiative reduzieren.
- eine individualistische Staatsauffassung aus. Der Wille des Einzelnen muß Bezugspunkt des staatlichen Handelns sein; er weiß am besten, was gut für ihn ist (= Konsumentensouveränität).

Sie will also eine möglichst effiziente Befriedigung der Mobilitätsbedürfnisse der Bevölkerung. Eine marktwirtschaftliche Verkehrspolitik fordert

- die Setzung ordnungspolitischer Rahmenbedingungen, die einen effizienten Verkehrsmarkt ermöglichen. Hierzu zählt
  - eine Anlastung der Verkehrswegekosten auf die einzelnen Verkehrsträger.
  - eine Internalisierung externer Effekte.
  - eine Offenhaltung der Märkte, die alle Marktzutrittsbeschränkungen beseitigt (bestreitbare Märkte).
- den Verzicht auf prozeßpolitische Maßnahmen, die preisverfälschend, wettbewerbsmindernd und strukturkonservierend wirken. Dies gilt insbesondere für
  - staatliche Marktzutrittsschranken und -regulierungen.
  - Preisregulierungen und überhöhte Tarife
  - den Schutz ausgewählter Verkehrsträger vor Konkurrenz.

- den Rückzug des Staates auf jene (wenigen) Bereiche, in denen Marktversagen nachgewiesen ist.
- die weitgehende Nutzung des Marktes auch in diesen Bereichen, so etwa die Ausschreibung unrentabler Busstrecken anstelle eines Eigenbetriebes.
- die Orientierung an den Präferenzen der Privaten. So sollte sich die Infrastrukturplanung an bestehenden oder absehbaren Engpässen ausrichten.

Die interventionistische Verkehrspolitik baut dagegen auf

- einer ökologischen Weltsicht auf. Nicht ausschließlich die Interessen der Menschen, sondern die aller Lebewesen, ja der gesamten Natur sind zu berücksichtigen.
- einem geringen Vertrauen in die Leistungsfähigkeit marktwirtschaftlicher Prozesse auf. Der Markt führt danach zu ungerechten Verteilungen, zunehmenden Instabilitäten und vor allem zu einer nicht mehr hinnehmbaren Schädigung der ökologischen Basis, die letztlich zu einer Gefahr für das menschliche, aber auch anderes Leben wird.
- ein hohes Vertrauen in andere Lenkungsformen gesellschaftlicher Prozesse auf. Während hierbei früher nur an staatliche Lenkung gedacht wurde, rücken heute immer stärker Verhandlungen (etwa in der Form „Runder Tische") in den Vordergrund.
- einer kollektivistischen Staatsauffassung auf. Es gibt dem individuellen Interesse übergeordnete gemeinwirtschaftliche Interessen. Auch hier hat eine Umgewichtung stattgefunden. Standen früher wachstums- und konjunkturpolitische Ziele im Vordergrund [Infrastrukturinvestitionen zur Stimulierung des Aufbaus privaten Kapitals und zur Beseitigung gesamtwirtschaftlicher Instabilitäten (Globalsteuerung)], so sind dies heute primär ökologische Belange.
- der Existenz meritorischer Güter auf. Danach schätzen die Individuen ihre eigenen Bedürfnisse nicht richtig ein. Es gibt wichtige Güter, die von ihnen in ihrer kurzfristigen Betrachtungsweise nicht richtig bewertet werden, so etwa eine intakte Umwelt als Grundlage für das langfristige Überleben. Nur übergeordnete Instanzen werden auch das Interesse zukünftiger Generationen mit berücksichtigen.

Interventionistische Verkehrspolitik wird also dem individuellen Mobilitätsbedürfnis nur insoweit Rechnung tragen, als es nicht im Widerspruch zu übergeordneten Zielen steht. Hierzu zählt vor allem die zum Überleben notwendige Qualität der Umwelt.

Dies bedeutet, im Rahmen einer nachhaltigen Verkehrspolitik dafür Sorge zu tragen, daß

- die Assimilationsfähigkeit der Natur nicht überlastet wird. Es dürfen nur so viele Emissionen zugelassen werden, wie von der Natur ohne Verschlechterung ihrer ökologischen Qualität „verarbeitet" werden können (Selbstreinigung der Natur).

- nur so viele nicht-erneuerbare Ressourcen verbraucht werden, wie an physisch oder funktionell gleichwertigem Ersatz erneuerbarer Ressourcen oder an Erhöhung der Produktivität zur Verfügung steht. Ein Verbrauch an Erdöl müßte also durch die Schaffung erneuerbarer Energiequellen (Solar- oder Windenergie) oder durch technischen Fortschritt, der zu einer höheren Energieproduktivität führt, ausgeglichen werden.
- wegen der Höhe des heutigen Verkehrs, der gegen diese beiden ersten Postulate verstößt, limitierende Maßnahmen ergriffen werden. Hierbei gibt es ein Abstufen der Qualität der verkehrslenkenden Eingriffe. Am besten ist Verkehrsvermeidung, gefolgt von der Umlenkung des Verkehrs von besonders umweltfeindlichen zu umweltfreundlicheren Verkehrsträgern, etwa bei Gütern vom Lkw auf die Schiene. An letzter Stelle rangiert die möglichst umweltfreundliche Abwicklung bisheriger Verkehrsmengen mit bisherigen Verkehrsträgern (Verkehrsberuhigung, Lärmschutzwälle, Drei-Liter-Autos, Katalysator).

Diese Forderungen legen den Einsatz folgender verkehrspolitischer Instrumente nahe:

- (Insbesondere) Der Autoverkehr muß erheblich verteuert werden. Die hierfür geeigneten Maßnahmen beziehen sich sowohl auf den fahrenden (Mineralölsteuer) als auch auf den ruhenden Verkehr (Parkgebühren).
- Ein Ausbau des Straßennetzes ist abzulehnen. Neue Infrastruktur schafft nur neuen, induzierten Verkehr und sorgt damit für neue Engpässe im Netz, die es anschließend zu beseitigen gibt. Dies führt zu einem umweltschädigenden Prozeß ohne Ende.
- Auch hohe Eingriffsintensitäten werden befürwortet, so auch Verbote, die die individuelle Handelsmöglichkeit extrem beschneiden (Sperrung von Innenstädten für den Pkw, Verbote für Inlandsflüge).
- Umweltfreundlichere Verkehrsträger wie die Bahn und der ÖPNV sind zu fördern. Dies gilt auch, wenn hierfür aufgrund von Unrentabilitäten Subventionen notwendig sind. Dies deshalb, weil hierdurch der (unter Einschluß der Umweltbeeinträchtigungen) noch kostenungünstigere Autoverkehr reduziert wird (Politik des second-best), aber auch, weil der Verkehr gemeinwirtschaftliche Funktionen hat, etwa die Flächenerschließung und die damit zu schaffende Möglichkeit alter, kranker, armer und sehr junger Menschen ohne Pkw zur Mobilität.
- Gesellschaftliche Strukturen sind anders zu organisieren als bisher. Dies gilt etwa für die Siedlungsstruktur. Einem erheblichen Mehrverkehr schaffenden Suburbanisierung von Wohnen und Arbeiten ist entgegenzuwirken. Funktionsmischung von Wohnen, Arbeit, Einkaufen und Freizeitgestaltung ist der Funktionstrennung von Wohngebieten, Gewerbegebieten und Einkaufszentren, die notwendigerweise Verkehr mit sich bringt, vorzuziehen. [311] Innerhalb der Wirtschaftsstruktur sind regionsinterne Kreisläufe zu induzieren; die interregionale Arbeitsteilung hat nämlich hiernach ihr Optimum weit überschritten.

[311] Siehe beispielsweise Bundesamt für Bauwesen und Raumordnung (1999).

V.2 Träger der Verkehrspolitik

Reine öffentliche Güter [312] zeichnen sich durch eine Tendenz zum natürlichen Monopol und das Auftreten externer Effekte aus; es spricht einiges dafür, dieses Angebot nicht von Individuen über den Markt, sondern von Kollektiven über politische Entscheidungsprozesse bereitstellen zu lassen. Entscheidet man sich für diesen Weg, obwohl es auch gute Gründe für eine private Bereitstellung gibt, [313] so sagt diese Entscheidung zugunsten von Kollektiven aber noch nichts über ihren Umfang, ihre Aufgaben, ihre Mittelbeschaffung und ihre Außenbeziehung zu anderen Kollektiven. Mit diesen Fragen beschäftigt sich die Theorie des Föderalismus. [314] Grundlegend ist hierbei das Prinzip der fiskalischen Äquivalenz, nach dem –wie auf einem funktionierenden Markt– nicht internalisierte externe Effekte und damit Fehlallokationen von Ressourcen vermieden werden sollen. „Weil in die kollektivinternen Entscheidungen nur innerhalb des Kollektivs anfallende Kosten und Nutzen eingehen, sollen die Grenzen dieses Kollektivs so gezogen werden, daß weder positive noch negative Konsequenzen kollektivinterner Entscheidungen über die Grenzen eben dieses Kollektivs streuen. Mit anderen Worten: Ein Kollektiv hat wenigstens so groß zu sein, daß an seinen Grenzen für die in ihm initiierten Entscheidungskonsequenzen das Ausschlußprinzip gilt. Es ist also –bezogen auf eine bestimmte Entscheidung– das Kollektiv so einzurichten, daß die von den Konsequenzen dieser Entscheidung Betroffenen die an ihrem Zustandekommen Beteiligten sind. Damit ist –bei allgemeiner Anwendung des Prinzips– ausgeschlossen, daß die an der kollektiven Entscheidungsfindung Beteiligten über andere als sich selbst (mit) entscheiden und durch die Entscheidungen anderer tangiert werden. Das Prinzip der fiskalischen Äquivalenz erweist sich demnach als eine notwendige Bedingung paretooptimaler Allokationseffizienz bei der Bereitstellung kollektiver Güter und Dienste.“ [315] Es ergibt sich damit die Forderung nach Identität von Nutzern, Kostenträgern und Entscheidungsberechtigten. [316] Die Verletzung dieses Prinzips hat erhebliche Konsequenzen; treten positive (negative) externe Effekte auf, so wird die Verkehrsinfrastruktur in einem zu kleinen (zu großen) Umfang erstellt. [317]

Welcher Art können die auftretenden externen Effekte sein? Verschiedene Formen sind denkbar und politisch relevant:

- Eine Region A erstelle Verkehrsinfrastruktur, von der auch die Einwohner der Region B Nutzen haben. Beispiele hierfür sind der Bau eines Verkehrsflughafens, der

312 Vgl. Kapitel IV.4. –Verkehrsinfrastruktur als öffentliches Gut–.

313 Siehe hierzu das Kapitel V.3.1.1 –Verkehrsinfrastrukturpolitik–.

314 Vgl. Tiebout, Charles M. (1956), S. 416-424; und Oates, Wallace E. (1992).

315 Kirsch, Guy; Theiler, Jürg (1978), S. 345.

316 Aktuelle gelungene Darstellungen finden sich in verschiedenen Publikationen von Karl, so etwa bei Karl, Helmut (1996), S. 55-82.

317 Siehe hierzu die Ausführungen bei Arnold, Volker (1998), S. 521-536.

Ausstrahlungseffekte auch in die Region B hat, oder der Bau einer Straße, die auch von den Einwohnern der Region B genutzt wird.

- Die in A geschaffene Infrastruktur führt zu Verkehr, der sich u.a. in Form von Schadstoff- und Lärmimmissionen in B bemerkbar macht.
- Die Einwohner in B werden gezwungen, einen Teil der Kosten, die mit der Schaffung der Infrastruktur in A verbunden sind, zu übernehmen, ohne von dieser Maßnahme zu profitieren.

Ein Beispiel möge verdeutlichen, daß es durch das Auftreten dieser –und weiterer– externer Effekte zu einem Über- oder Unterangebot an öffentlichen Leistungen kommen kann. Von einem öffentlichen Gut mögen 1 000 Leute profitieren, die auch über seine Bereitstellung entscheiden und die Kosten für seine Erstellung und seinen Unterhalt tragen müssen. Hier ist die Identität von Nutzern, Kostenträgern und Entscheidungsberechtigten gegeben und damit die Voraussetzungen für eine pareto-optimale Situation erfüllt. Anders sieht dagegen die Situation aus, wenn 501 Personen, die starken Nutzen vom öffentlichen Gut haben, über sein Angebot entscheiden, die Kosten aber von 1 000 Personen aufgebracht werden müssen. Da bei den Entscheidungsträgern die Nutzen sehr hoch sind, die Kosten aber sehr klein, da sie auf viele Schultern umgelegt werden, wird das öffentliche Gut erstellt werden, obwohl eventuell die Nutzen der 501 kleiner sind als die Kosten der 1 000. Dies ist etwa dann der Fall, wenn das Kollektiv zu groß abgegrenzt ist oder eine zentrale Instanz erhebliche Subventionen bei der Erstellung des öffentlichen Gutes zahlt. Liegt dagegen die Entscheidungskompetenz bei den 1 000 Zahlern und haben nur 499 Leute von diesem Gut einen Nutzen, so wird sich die Mehrheit gegen die Erstellung des Gutes entscheiden, selbst dann, wenn der Nutzen der 499 Personen größer ist als der Kosten der 1 000.

Was bedeutet dieses fiskalische Äquivalenzprinzip konkret für die Verkehrspolitik? Zur optimalen Bereitstellung öffentlicher Güter ist es sinnvoll, Kollektive nach dem Prinzip der fiskalischen Äquivalenz abzugrenzen und die Entscheidung jenem Kollektiv zuzuordnen, das die Nutzen dieser Maßnahme gerade noch internalisiert (Subsidiaritätsprinzip). Haben von einer Straße (fast) ausschließlich die Einwohner einer Gemeinde Nutzen [318], sollte die Gemeinde auch über ihren (Aus-)Bau entscheiden. Erstreckt der Nutzungsstreubereich sich dagegen über zwei oder mehrere Gemeinden, so sollten alle Betroffenen in die Entscheidung über die entsprechende Verkehrsinfrastruktur einbezogen und zu ihrer Finanzierung herangezogen werden. Dies kann auf unterschiedliche Weise geschehen: Zum einen ist es sinnvoll und möglich, daß die betroffenen Gemeinden in Verhandlungen miteinander eintreten und eine Einigung am „runden Tisch" erzielen. Zum anderen kann die nächst höhere Instanz, hier der Landkreis, die Entscheidung über den (Aus-)Bau der Straße an sich ziehen und eine Entscheidung hierüber treffen. Welche dieser beiden Organisationsformen besser ist, hängt von der Realisierung des fiskalischen Äquivalenzprinzips und den hiermit verbundenen Transaktionskosten ab. Sind

318 Zu den Schwierigkeiten, Nutzen und Kosten in einer Volkswirtschaft konkret zu messen und zu verteilen, vgl. das Kapitel II.2.1 –Grundsätzliche Möglichkeiten zur Erfassung der Nutzen und Kosten–.

etwa nur zwei Gemeinden von der Maßnahme betroffen, so ist der Nutzerkreis wesentlich geringer als die Gesamtmenge der Kostenträger, die bei einer Finanzierung durch den Landkreis durch alle ihm zugehörige Gemeinden gebildet würde, so daß die Gefahr eines Unterangebotes der öffentlichen Verkehrsinfrastruktur sehr groß ist; außerdem sind hier die Transaktionskosten relativ gering, da sich zwei Gemeinden eher einigen können als mehrere. In diesem Fall sollte also die Entscheidungskompetenz bei den einzelnen Gemeinden bleiben. Anders sieht dagegen die Situation aus, wenn der Nutzerstreubereich weitgehend identisch mit den Außengrenzen des Landkreises ist und dieser außerdem aus einer Vielzahl von Gemeinden besteht. Hier ist das Prinzip der fiskalischen Äquivalenz erfüllt; außerdem würden zwischen der großen Anzahl der Gemeinden hohe Transaktionskosten entstehen, die volkswirtschaftlich unnötig sind.

Diese Entscheidungen setzen sich auf den höheren regionalen Ebenen fort. Aus diesem Grund macht es Sinn, daß Verkehrspolitik nicht nur vom Bund, sondern auch von den Ländern, den Kreisen und den Gemeinden betrieben wird. Im Hinblick auf die zunehmende weltwirtschaftliche Verflechtung haben Magistralen darüber hinaus immer stärker supranationalen Charakter, so daß sich hier, wenn sich eine Verhandlungslösung zwischen Nationalstaaten aufgrund hoher Transaktionskosten verbietet, eine Verlagerung der Kompetenzen auf übernationale Einrichtungen anbietet. Ein Beispiel hierfür sind die transeuropäischen Netze der Europäischen Gemeinschaft. [319]

319 Vgl. hierzu Kapitel V.3.2.3.4 –Transeuropäische Netze–.

V.3 Instrumente der Verkehrspolitik

V.3.1 Verkehrsinfrastrukturpolitik

V.3.1.1 Methoden zur Beurteilung der volkswirtschaftlichen Nützlichkeit

Beim Entscheid darüber, ob der (Aus-)Bau einer bestimmten Strecke volkswirtschaftlich sinnvoll ist, stehen drei Methoden mit jeweils spezifischen Vor- und Nachteilen zur Verfügung: [320]

a) Die **Nutzen-Kosten-Analyse** beruht einerseits auf den normativen Vorgaben der Wohlfahrtsökonomie, andererseits auf Erkenntnissen privatwirtschaftlicher Investitionsrechnungen. Ihr Anliegen „besteht gewöhnlich darin, auf zwei zentrale Fragen eine Antwort zu geben:

   (1) Ist es aus ökonomischer Sicht sinnvoll, staatliche Projekte auf Kosten des Entzugs finanzieller Mittel aus dem privaten Sektor durchzuführen?

   (2) Welches oder welche staatlichen Vorhaben sollen aus einer Anzahl potentieller Alternativen ausgewählt und in die Praxis umgesetzt werden?

   Referenzmaße für die Beantwortung dieser Fragen stellen die positiven und negativen Beiträge der jeweiligen Alternativen zur gesellschaftlichen Wohlfahrt dar.

   Ein öffentliches Projekt kann den unterschiedlichsten Charakter aufweisen. Im Grunde darf man darunter alle Maßnahmen des Staates subsumieren, die darauf abzielen, in einem Land das wirtschaftliche Geschehen sowie die kulturellen oder sozialen Lebensbedingungen zu fördern. Das Investitionsvorhaben einer Gemeinde, etwa der Ausbau des städtischen Nahverkehrs, zählt dazu ebenso wie die Errichtung einer Landesuniversität oder eine umweltpolitische Maßnahme des Bundes, zum Beispiel die Einrichtung eines Überwachungssystems zur Reinhaltung von Luft und Wasser.“ [321]

   Die auf einen Bezugszeitpunkt abdiskontierten Nutzen müssen größer als die mit der Durchführung des Projektes verbundenen Kosten sein. Konkrete Entscheidungskriterien sind die Kapitalwertmethode (= Nettogegenwartswert), das Nutzen-Kosten-Verhältnis und das Kriterium des internen Zinsfußes.

   Bei der Kapitalwertmethode wird die Differenz zwischen dem Gegenwartswert aller Nutzen und aller Kosten, die während des Planungszeitraums anfallen, berechnet:

---

320 Siehe hierzu die ausgezeichnete Darstellung bei Hanusch, Horst (1994).

321 Hanusch, Horst (1994), S. 1.

$$NGW = \sum_{t=0}^{T} \frac{U_t}{(1+i)^t} + \frac{R_T}{(1+i)^T} - \sum_{t=0}^{T} \frac{K_t}{(1+i)^t}$$

Legende:

NGW	=	Nettogegenwartswert
t	=	Zeitpunkt (t=0,1,..., T)
T	=	Länge des Planungszeitraums
U	=	Nutzen
R	=	Restwert am Ende des Planungszeitraums
K	=	Kosten
i	=	Zinssatz

Bei dem Nutzen-Kosten-Verhältnis wird nicht die Differenz, sondern die Relation von Nutzen und Kosten (NKR = Nutzen-Kosten-Relation) berechnet:

$$NKR = \frac{\sum_{t=0}^{T} \frac{U_t}{(1+i)^t} + \frac{R_T}{(1+i)^T}}{\sum_{t=0}^{T} \frac{K_t}{(1+i)^t}}$$

Bei der internen Zinsfußmethode wird jener Diskontierungssatz r berechnet, der zu einer Gleichheit der abgezinsten Nutzen und Kosten führt:

$$\sum_{t=0}^{T} \frac{U_t}{(1+r)^t} + \frac{R_T}{(1+r)^T} = \sum_{t=0}^{T} \frac{K_t}{(1+r)^t}$$

Charakteristisch für die Nutzen-Kosten-Analyse ist

- die konsequente Orientierung an den Präferenzen von Individuen. Der gesamtgesellschaftliche Nutzen ist also nichts anderes als die Summe der als gegeben akzeptierten Einzelnutzen.
- ihre konsequente Orientierung an der Wohlfahrtsökonomie. Ihr Einsatz ist nur dann sinnvoll, wenn der Markt nicht hinreichend funktioniert oder andere Kriterien als die allokative Effizienz herangezogen werden sollen. Ansonsten sollte das Angebot über den Markt erfolgen, womit die Nutzen-Kosten-Analyse überflüssig werden würde.
- die Erfassung möglichst aller volkswirtschaftlicher Nutzen und Kosten. Damit ergibt sich die Frage nach ihren Erfassungsmöglichkeiten [322] und der Wahl des richtigen Abzinsungsfaktors i [soziale Zeitpräfenzrate (nur der heute oder auch der zukünftig Lebenden) oder reale Wachstumsrate des BSP, die im Gleichgewicht dem Wertgrenzprodukt des Kapitals entspricht].

322 Vgl. Kapitel II.2 –Volkswirtschaftliche Nutzen und Kosten in der Empirie–.

- die Transformation externer Effekte in Geldbeträge, soweit wie möglich. Effekte, bei denen dies nicht möglich ist, heißen intangibel und werden nachrichtlich aufgeführt.
- die mögliche Öffnung auch für nicht-allokative Anliegen wie Beschäftigungs- und Verteilungseffekte.

Die hohe Bedeutung des Nutzen-Kosten-Analyse im Verkehrsbereich in Deutschland resultiert daraus, daß

- alle größeren öffentlichen Investitionsmaßnahmen einer Nutzen-Kosten-Analyse unterworfen werden müssen. [323]
- demgemäß der Bundesverkehrswegeplan [324] maßgeblich auf diesem Verfahren aufbaut. [325]

b) Die **Kosten-Wirksamkeits-Analyse** bewertet die durch ein Projekt entstehenden Kosten weiterhin mit Hilfe von Geldeinheiten. Bei der Erfassung des Nutzens wird dagegen auf die Berechnung nur einer Nutzengröße, die in Geldeinheiten zum Ausdruck gebracht wird, verzichtet. Vielmehr werden Teilziele formuliert und mit Hilfe physischer Größen gemessen, inwieweit ein betrachtetes Projekt dazu beiträgt, diese Teilziele zu realisieren. Für eine infrastrukturelle Maßnahme im Verkehrsbereich mögen folgende Teilziele relevant sein: [326]

323 „...Für geeignete Maßnahmen von erheblicher finanzieller Bedeutung sind Nutzen-Kosten-Untersuchungen anzustellen." Aus: § 7 der Bundeshaushaltsordnung und § 2 Haushaltsgrundsätzegesetz.

324 Vgl. Bundesminister für Verkehr (1992).

325 Deshalb soll an dieser Stelle auf die Darstellung eines Beispiels verzichtet werden. Die im Bundesverkehrswegeplan praktizierte Nutzen-Kosten-Analyse wird ausführlich im Kapitel V.3.2.3.1 erläutert.

326 Die folgenden Übersichten sind Hanusch, Horst (1994), S. 163ff., entnommen. Ihm sei an dieser Stelle herzlich für die Erlaubnis zur Übernahme dieses Beispiels gedankt.

Übersicht 14: Zielsystem zur Beurteilung alternativer Verkehrsprojekte

A. Benutzerziele
- A1. Verbesserung des Fahrkomforts
- A2. Zeitersparnisse durch
  - A21. hohe Geschwindigkeit
  - A22. wenige Umsteigevorgänge
  - A23. geringere Wartezeiten
  - A24. viele Zusteigemöglichkeiten

B. Betriebskostenersparnisse
- B1. Personaleinsparungen
- B2. Sachkostensenkungen

C. Umweltziele
- C1. Verringerung des Verkehrslärms
- C2. Weniger Luftverschmutzung

D. Reduktion der Unfallgefahr
- D1. Weniger Unfälle mit Personenschäden
- D2. Weniger Unfälle mit Sachschäden

Quelle: Hanusch, Horst (1994), S. 163

Anschließend ist für die alternativ zur Auswahl stehenden Projekte abzuschätzen, wie weit sie diese Teilziele erreichen helfen.

Übersicht 15: Zielsystem, Wirksamkeitsmaßstäbe und Skalierungsarten für alternative Verkehrsprojekte

Zielsystem	Wirksamkeitsmaßstab	Skalierungsart
A. Benutzerziele		
A1. Verbesserung des Fahrkomforts	Wahrscheinlichkeit, einen Sitzplatz zu finden	ordinal
A2. Zeitersparnisse durch		
A21. hohe Geschwindigkeit	Durchschnittsgeschwindigkeit	kardinal
A22. wenige Umsteigevorgänge	durchschnittliche Zahl der Umsteigevorgänge	kardinal
A23. geringe Wartezeiten	durchschnittliche Wartezeit	kardinal
A24. viele Zusteigemöglichkeiten	durchschnittliche Entfernung zur nächsten Zusteigemöglichkeit	kardinal
B. Betriebskostenersparnisse:		
B1. Personaleinsparungen	Anzahl eingesparter Personen	kardinal
B2. Sachkostensenkungen	in Geldeinheiten	kardinal
C. Umweltziele:		
C1. Verringerung des Verkehrslärms	in Dezibel oder Phon/verbale Beschreibung	kardinal / nominal
C2. Weniger Luftverschmutzung	Immissionswerte/verbale Beschreibung	kardinal / nominal
D. Reduktion der Unfallgefahr:		
D1. Weniger Unfälle mit Personenschaden	Anzahl verhinderter Unfälle im Jahr	kardinal
D2. Weniger Unfälle mit Sachschaden	Anzahl verhinderter Unfälle im Jahr	kardinal

Quelle: Hanusch, Horst (1994), S. 166

Anschließend werden die Projekte in einer Kosten-Wirksamkeits-Matrix zusammengestellt, die bei m Projekten (j=1,2,...,m) und n Wirksamkeitskriterien (i=1,2,...,n) folgendes Aussehen hat:

Übersicht 16: Kosten-Wirksamkeits-Matrix

Projekt	Kosten	Wirksamkeit				
		W_1	W_2	W_3	...	W_n
A_1	K_1	W_{11}	W_{12}	W_{13}		W_{1n}
A_2	K_2	W_{21}	W_{22}	W_{23}		W_{2n}
A_3	K_3	W_{31}	W_{32}	W_{33}		W_{3n}
$\vdots$	$\vdots$	$\vdots$	$\vdots$	$\vdots$	$\vdots$	$\vdots$
A_m	K_m	W_{m1}	W_{m2}	W_{m3}		W_{mn}

Quelle: Nach Hanusch, Horst (1994), S. 166

Die Bewertung dieser Ergebnisse wird dem Entscheidungsträger überlassen. Er steht insbesondere vor folgenden Problemen:

- Bei der Auswahl des besten Projektes muß er, wenn nicht eins bei allen Kriterien dominant ist, eine Gewichtung und Normierung der einzelnen Wirkungen und Wirksamkeitsmaßstäbe vornehmen.
- Schließlich ist die Frage zu klären, ob die ermittelten Wirksamkeiten beim besten Projekt den Einsatz der mit ihm verbundenen Kosten rechtfertigen. Hierzu muß der Entscheidende doch wieder eine (subjektive) Bewertung der Wirkungen vornehmen.

Damit ermöglicht die Kosten-Wirksamkeits-Analyse zwar eine erheblich leichtere Erfassung der volkswirtschaftlichen Nutzen; da in physischen und nicht in monetären Größen gemessen wird, erhöht sich dafür aber in erheblichem Maß die Subjektivität der Entscheidung.

c) Die **Nutzwertanalyse** konzentriert sich auf die Outputseite eines Projektes [327], deren Wirkung wie bei der Kosten-Wirksamkeits-Analyse über Teilziele erfaßt wird. In der Formulierung der relevanten Projektalternativen und der Bestimmung dieser Teilziele besteht die erste Aufgabe der Nutzwertanalyse. Anschließend wird die Erfüllung dieser Teilziele über physische Indikatoren gemessen; auch hierin besteht eine direkte Analogie zur Kosten-Wirksamkeits-Analyse. Der Unterschied besteht darin, daß die einzelnen Zielbeiträge nicht unverbunden nebeneinander stehen gelassen, sondern in einem Gesamtnutzwert für jedes Projekt verdichtet werden, das eine direkte Reihung der Alternativen erlaubt. Bei der Bildung eines solchen komplexen Gesamtindikators ergeben sich zwei methodische Probleme:

- Wie lassen sich die in ganz unterschiedlichen Dimensionen vorliegenden Einzelkriterien, etwa weniger Verkehrstote und höhere fahrbare Geschwindigkeit „gleichnamig" machen? Hierzu mißt man in der Regel den Zielerreichungsgrad mit Hilfe von Klassen, ersetzt also die kardinalen durch ordinale Zahlen.
- Wie ist es möglich, die jetzt gleichdimensionierten Teil- zu einem Gesamtindikator zusammenzufassen? Dazu ist es notwendig, die Teilnutzwerte mit Gewichten zu multiplizieren und so ein gewichtetes arithmetisches Mittel zu bilden.

Damit ergeben sich folgende Arbeitsschritte in einer Nutzwertanalyse, die sich in einer schematischen Zusammenfassung verdichten lassen:

(1) Vorgegeben sind entweder grobe Zielsetzungen, Teilziele oder Programmplanungen.

(2) Formulierung von Projektalternativen A_j zur Erfüllung der unter 1) aufgeführten Ziele.

(3) Bezogen auf die Projektalternativen erfolgt die Aufstellung eines detaillierten Zielsystems derart, daß die Konkretisierung der Ziele bis zu operationalen Zielkriterien i gewährleistet ist, d.h. Aufstellung einer Zielhierarchie und den dazu-

327 Die Inputseite kann über negative Teilnutzwerte berücksichtigt werden.

gehörigen Definitionen mit Beschreibung der Zielfristigkeit, Zielverflechtung und der Erfüllungsbedingungen.

(4) Messung der jeweiligen zielrelevanten Konsequenzen (Zielerträge) w_{ij} der Alternativen
(w_{ij} : Wirkungen der Alternative j in bezug auf das Kriterium i, i=1,...,n; j=1,...,m)

(5) Bewertung der Wirkungen im Hinblick auf den Grad der Zielerfüllungen. Bestimmung von Zielerfüllungsgraden e_{ij} · (e_{ij}: Erfüllungsgrad der Alternative j in bezug auf das Ziel bzw. Kriterium i).

(6) Verteilung der Kriteriengewichte g_i nach ihrer relativen Bedeutung.

(7) Ermittlung des Teilnutzwertes T_{ij} je Alternative
(T_{ij} : Teilnutzwert der Alternative j in bezug auf das Kriterium i)
Die Ermittlung des jeweiligen Teilnutzwertes erfolgt nach der Formel:

$$T_{ij} = e_{ij} \cdot g_i$$

(8) Bildung des Gesamtnutzwertes durch Wertsynthese

$$N_j = \sum_{i=1}^{n} T_{ij}$$

(9) Bestimmung einer Rangordnung der Alternativen.

Übersicht 17: Schema für eine Nutzwertanalyse

Alternativen		A_1				A_j				A_m		
Kriterien	g_i	w_{i1}	e_{i1}	T_{i1}		w_{ij}	e_{ij}	T_{ij}		w_{im}	e_{im}	T_{im}
Kriterium_1	g_1	w_{11}	e_{11}	T_{11}		w_{1j}	e_{1j}	T_{1j}		w_{1m}	e_{1m}	T_{1m}
...	...	...	...	...		...	...	...		...	...	...
...	...	...	...	...	+	...	...	...	+	...	...	...
...	...	...	...	...		...	...	...		...	...	...
Kriterium_n	g_n	w_{n1}	e_{n1}	T_{n1}		w_{nj}	e_{nj}	T_{nj}		w_{nm}	e_{nm}	T_{nm}
				N_1				N_j				N_m

Quelle: Strassert, Günter (1973), S. 148

Kehren wir zu unserem Beispiel aus dem Verkehrsbereich zurück[328], das im Rahmen der Nutzwertanalyse zu folgendem Ergebnis führen möge:

[328] entnommen Hanusch, Horst (1994), S. 177ff.

Übersicht 18: Zielsystem, Wirksamkeitsmaßstäbe und Bewertungsschlüssel für alternative Verkehrsprojekte

Zielsystem	Wirksamkeitsmaßstab	Bewertungsschlüssel				
		1	2	3	4	5
A. Benutzerziele						
A1. Verbesserung des Fahrkomforts	Wahrscheinlichkeit, einen Sitzplatz zu finden (in %)	unter 30	30-50	51-70	71-90	über 90
A2. Zeitersparnis durch						
A21. hohe Geschwindigkeit	Durchschnittsgeschwindigkeit (in km/h)	unter 10	10-40	41-70	71-100	über 100
A22. wenige Umsteigevorgänge	∅ Zahl der Umsteigevorgänge	über 3	3	2	1	0
A23. geringe Wartezeiten	∅ Wartezeit (in Minuten)	über 15	11-15	6-10	2-5	unter 2
A24. viele Zusteigemöglichkeiten	∅ Entfernung zur nächsten Zusteigemöglichkeit (in km)	über 0,7	0,51-0,7	0,31-0,5	0,1-0,3	unter 0,1
B. Betriebskostenersparnisse:						
B1. Personaleinsparungen	Anzahl eingesparter Personen	0	1-10	11-30	31-50	über 50
B2. Sachkostensenkungen	In Geldeinheiten (TDM)	0	1-20	21-60	61-100	über 100
C. Umweltziele:						
C1. Verringerung des Verkehrslärms	Ausmaß des Verkehrslärms (verbal)	sehr groß	erheblich	mittel	gering	minimal
C2. Weniger Luftverschmutzung	Ausmaß der Luftverschmutzung (verbal)	sehr groß	erheblich	mittel	gering	minimal
D. Reduktion der Unfallgefahr:						
D1. Weniger Unfälle mit Personenschaden	Anzahl verhinderter Unfälle im Jahr	0	1-3	4-6	7-10	über 10
D2. Weniger Unfälle mit Sachschaden	Anzahl verhinderter Unfälle im Jahr	0	1-7	8-14	15-20	über 20

Quelle: Hanusch, Horst (1994), S. 177

Hier werden die gleichen Teilziele genutzt, die auch schon der Kosten-Wirksamkeits-Analyse zugrundegelegt wurden. Eine Überführung kardinaler Größen in einen normierten Bewertungsschlüssel geschieht hier dadurch, daß fünf Klassen gebildet werden, die es erlauben, das Dimensionsproblem zu lösen.

Übersicht 19: Nutzwertanalyse alternativer Verkehrsprojekte

Zielsystem (Wirksamkeitsdimension; Kriterien i=1,2,3...11)	Gewichte g_{ij}	A_1 U-Bahn			A_2 Straßenbahn		
		Zielertrag w_{i1}	Zielerfüllungsgrad e_{i1}	Teilnutzwert T_{i1}	Zielertrag w_{i2}	Zielerfüllungsgrad e_{i2}	Teilnutzwert T_{i2}
A. Benutzerziele	[0,3]						
A1. Verbesserung des Fahrkomforts (%)	0,1	80	4	0,4	60	3	0,3
A2. Zeitersparnisse durch	(0,2)						
A21. hohe Geschwindigkeit (∅ km/h)	0,05	90	4	0,2	20	2	0,1
A22. wenige Umsteigevorgänge (∅ Zahl)	0,05	2	3	0,15	2	3	0,15
A23. geringe Wartezeiten (∅ Minuten)	0,05	5	4	0,2	10	3	0,15
A24. viele Zusteigemöglichkeiten (∅ km)	0,05	0,8	1	0,05	0,6	2	0,1
B. Betriebskostenersparnisse:	[0,3]						
B1. Personaleinsparungen (Anzahl Personen)	0,15	40	4	0,6	0	1	0,15
B2. Sachkostensenkungen (TDM)	0,15	10	2	0,3	50	3	0,45
C. Umweltziele:	[0,2]						
C1. Verringerung des Verkehrslärms (verbales Ausmaß)	0,1	minimal	5	0,5	erheblich	2	0,2
C2. Weniger Luftverschmutzung (verbales Ausmaß)	0,1	minimal	5	0,5	erheblich	5	0,5
D. Reduktion der Unfallgefahr:	[0,2]						
D1. Weniger Unfälle mit Personenschaden (Unfälle/Jahr)	0,1	5	3	0,3	4	3	0,3
D2. Weniger Unfälle mit Sachschaden (Unfälle/Jahr)	0,1	10	3	0,3	12	3	0,3
Summe der Gewichte	1	Nutzwert n_1		3,5	Nutzwert n_2		2,7

Quelle: Nach Hanusch, Horst (1994), S. 180

Mit Hilfe der Gewichtung der Teilziele, ihrer Messung und ihrer Zuordnung zu den fünf gebildeten Klassen ist es möglich, Teil- und Gesamtnutzwert zu bestimmen. So würde z.B. die Wahrscheinlichkeit, bei einer U-Bahn einen Sitzplatz zu finden, 80 % betragen; damit trägt der Zielerfüllungsgrad 4, da diese Ausprägung in der vierten gebildeten Klasse (71-90) liegt. Ordnet man der Verbesserung des Fahrkomforts ein Gewicht von 10 % zu, so ergibt sich ein Teilnutzwert von 4·0,1=0,4. Verfährt man entsprechend für die übrigen Teilnutzwerte und die beiden betrachteten Projektalternativen, errechnet sich für die U-Bahn ein Gesamtnutzwert von 3,5 und für die Straßenbahn eine Ausprägung von 2,7. Damit ist aber noch keine Entscheidung über das zu realisierende Projekt gefallen, ja noch nicht einmal die Frage entschieden, ob eines dieser beiden Projekte überhaupt realisiert werden soll, und wenn ja welches. Hierzu sind die ermittelten Nutzwerte mit den Kosten der jeweiligen Projekte zu konfrontieren. Damit ergeben sich erhebliche Subjektivitäten im Rahmen dieses Bewertungsverfahrens, da

- die Einzelziele gewichtet werden müssen.
- Klassen zur Lösung des Dimensionsproblems gebildet werden müssen, auf deren Anzahl und Grenzen die ermittelten Ergebnisse sehr sensitiv reagieren.
- die ermittelten Gesamtnutzwerte den Planungs-, Bau- und Unterhaltungskosten der Projekte gegenübergestellt und abgewogen werden müssen.

Eine marktwirtschaftlich orientierte Verkehrspolitik richtet sich konsequent an den Wünschen der Nachfrager aus und wird sich deshalb für ein Verfahren entscheiden, das möglichst objektiv diese Präferenzen zum Ausdruck bringt. Diesem Anspruch kommt am ehesten die Nutzen-Kosten-Analyse entgegen. Dagegen wird eine interventionistische Verkehrspolitik Raum für einen subjektiven Entscheidungsspielraum der Projektträger fordern und sich daher eher für die Kosten-Wirksamkeits- oder die Nutzwertanalyse entscheiden. Dabei wird ökologischen Belangen ein sehr hohes Gewicht zugemessen werden.

V.3.1.2 Planungs- und Genehmigungsverfahren

Die (zügige) Realisierung neuer Verkehrsinfrastrukturprojekte scheitert heute häufig an den üblichen Planungs- und Genehmigungsverfahren sowie stark eingeschränkten Finanzierungsmöglichkeiten der öffentlichen Hand.

Im Planungsprozeß –hier angestellt an dem in Hessen üblichen Ablauf– sind folgende einzelnen Stufen zu durchlaufen, die für die anderen Bundesländer in gleicher oder ähnlicher Form ebenfalls gelten [329]:

329 In enger Anlehnung an Hessisches Ministerium für Wirtschaft, Verkehr, Technologie und Europaangelegenheiten (1995). Die Bundesländer planen und bauen Bundesfernstraßen im Auftrag des Bundes; die Planungssystematik sieht in den anderen Bundesländern ähnlich aus wie in Hessen.

Übersicht 20: Planungssystematik bei gebietsübergreifenden, raumbedeutsamen Straßenbauvorhaben

Phase		Abschluß
1	Grundsatzplanung	Bekanntgabe des Planungskorridors
2	Linienplanung	Bekanntgabe der Vorzugslinie
3	Linienbestimmung auf Landesebene (Raumordnungsverfahren) und Bundesebene	Öffentliche Bekanntgabe des Verfahrensergebnisses (abgestimmte Linie)
4	Vorplanung der Straße	Genehmigung und öffentliche Bekanntgabe des Vorentwurfs
5	Planfeststellungsentwurf	Öffentliche Bekanntgabe
6	Planfeststellungsverfahren	Planfeststellungsbeschluß und öffentliche Bekanntgabe
7	Bauentwurf	baureife Pläne und Zeichnungen; Freigabe zur Baudurchführung

Quelle: Siehe Fußnote 329

Diese Stufen sind aufeinander aufgebaut und gliedern sich nach dem Grad der Konkretisierung des Projektes. Während in der Phase 1 ein grober Korridor der möglichen Linienführung bestimmt wird, legen die folgenden Phasen die ungefähre und die letzten Phasen die genaue Trassierung (einschließlich der konkreten Bauausführung) fest. Jeder dieser Planungsstufen sind Planungsbeiträge zugeordnet, die die technische, umweltfachliche, wirtschaftliche und rechtliche Beurteilung ermöglichen. Ziel einer jeden Planungsstufe ist ein Lösungsvorschlag. Dieser Vorschlag wird aber nicht allein von der Straßen- und Verkehrsverwaltung und der von ihr beauftragten Gutachter erarbeitet, sondern es erfolgt eine Beteiligung der Träger öffentlicher Belange (beispielsweise Naturschutzbehörden, obere Wasserbehörden, Landwirtschaftsbehörden, öffentliche Versorgungsunternehmen, anerkannte Naturschutzverbände und Kommunen).

Jede Planungsstufe schließt nach dem Untersuchungs- und Entscheidungsprozeß mit einem Ergebnis –einer Entscheidung– ab.

In jeder Planungsphase ist, wie am Beispiel der Phase 2 in Übersicht 21 dargestellt, auch eine Bürgerinformation vorgesehen, beispielsweise in Form von Bürgerversammlungen. Die Phase 3 beinhaltet darüber hinaus eine formelle Öffentlichkeitsbeteiligung mit Beteiligung der Bürger, wie sie das Umweltverträglichkeitsprüfungsgesetz vorsieht. Dazu werden die Unterlagen öffentlich ausgelegt, und jeder hat die Möglichkeit, zur Planung Stellung zu nehmen. Die wichtigste Bürgerbeteiligung findet dann im Rahmen des Planfeststellungsverfahrens (Phase 6) statt, welches das eigentliche Verfahren zur Bauzulassung darstellt. Auch hier werden die Planungsfeststellungsunterlagen öffentlich ausgelegt, und alle von der Planung Betroffenen haben die Möglichkeit, Anregungen und ihre Bedenken vorzutragen.

Übersicht 21: Planungssystematik - Phase 2 –

Linienplanung	← →	Beteiligung Träger öffentlicher Belange und Verbände
• UVS[330] Stufe II: Wirkungsanalyse	←	Beteiligung
• Verkehrsuntersuchung	→	kommunale Gremien
• Vermeidungsstrategien		
• Linienvorschlag	← →	Bürgerinformation
↓		
Bekanntgabe des Lösungsvorschlages		
↓		
Phase 3		

Quelle: Siehe Fußnote 329

Dieses Planungsverfahren ist kompliziert und langwierig, zumal die Möglichkeit rechtlicher Schritte von seiten der Betroffenen besteht. Von der grundsätzlichen Entscheidung zum Bau eines Projektes bis zu seiner Genehmigung bzw. seinem Baubeginn sind Zeiträume von 15 bis 20 Jahren nicht selten.

In dieser Situation und der Erfordernis, in den neuen Bundesländern für einen zügigen Auf- und Ausbau der dortigen völlig unzureichenden Verkehrsinfrastruktur sorgen zu müssen, ist vom Bundestag das Verkehrswegeplanungsbeschleunigungsgesetz beschlossen worden, das am 19. Dezember 1991 in Kraft getreten ist[331]; es ist bis zum 31.12.1999 befristet.

„Ziel des Gesetzes ist es, die Planungszeiten für Verkehrswege in den neuen Bundesländern, dem Land Berlin sowie für die Verkehrswege zwischen diesen und den Wirtschaftszentren des übrigen Bundesgebiets zu verkürzen. Erfaßt werden Neubau und Änderung von Eisenbahnstrecken, Bundesfernstraßen, Bundeswasserstraßen, Straßenbahnen einschließlich Hoch- und Untergrundbahnen sowie Verkehrsflughäfen. Mittel, dieses Ziel zu erreichen, sind:

- die Einbeziehung der neuen Eisenbahnstrecken in das Linienbestimmungsverfahren; der Wegfall der Verpflichtung zum Einvernehmen der an der Raumordnung beteiligten Bundesressorts bei der Linienbestimmung sowie der Verpflichtung zur Durchführung eines Raumordnungsverfahrens, das erst durch die Raumordnungsverordnung vom 13.12.1990 allgemein vorgeschrieben wurde.
- Die Verkürzung von Fristen für das Planfeststellungsverfahren.

330 Umweltverträglichkeitsstudie. In jeder der Phasen sind Umweltbelange zu berücksichtigen. Hierzu dienen die gesetzlich vorgeschriebene Umweltverträglichkeitsprüfung und die naturschutzgesetzliche Fachplanung. Ergebnisse sind ökologische Risikoeinschätzung, eine Umweltverträglichkeitsstudie und der landschaftspflegerische Begleitplan.

331 Gesetz zur Beschleunigung der Planungen für Verkehrswege in den neuen Ländern sowie im Land Berlin (Verkehrswegeplanungsbeschleunigungsgesetz) vom 16.12.1991, BGBl. I, S. 2174, zuletzt geändert durch das Gesetz vom 15.12.1995 (BGBl. I, S. 1840).

- Die Erstreckung des Instruments der Plangenehmigung auf alle Fälle des Neubaus und der Änderung von Verkehrswegen und der Änderung von Verkehrsflughäfen, soweit privat Betroffene einverstanden sind und 'mit den Trägern öffentlicher Belange ... das *Benehmen* hergestellt worden ist'. In all diesen Fällen soll die Plangenehmigung die volle Konzentrationswirkung entfalten.
- Das Bundesverwaltungsgericht entscheidet in erster und letzter Instanz. Die Anfechtungsklage hat keine aufschiebende Wirkung,
- die vorzeitige Besitzeinweisung wird erleichtert,
- die Genehmigung von Verkehrsflughäfen erfolgt im Planfeststellungsbeschluß,
- das (zunächst) bis Ende 1999 befristete Beschleunigungsgesetz gilt für alle Vorhaben, deren Planung bis spätestens Ende 1995 begonnen wurde." [332]

Zentrales Anliegen dieses Verkehrswegeplanungsbeschleunigungsgesetzes war es, die Planungszeit und Realisierung der Verkehrswege (Schienenwege, Bundesfernstraßen, Bundeswasserstraßen und Verkehrswege von U- und Straßenbahnen) deutlich zu verkürzen. [333] „Doch auch in den alten Bundesländern dauern Planungsverfahren für Verkehrsinvestitionen zu lange. Dies ist gemeinsame Auffassung der Verkehrsminister des Bundes und der Länder, die mehrfach ihren Ausdruck in Beschlüssen der Länderverkehrsminister-Konferenz gefunden hat. Auch auf der Konferenz der für Verkehr, Umwelt und Raumordnung zuständigen Minister und Senatoren von Bund und Ländern am 5. und 6. Februar 1992 wurde einvernehmlich festgestellt, daß die Planungszeiten für Verkehrsinfrastrukturmaßnahmen zu verkürzen sind." [334] Als Lösung wurde ein Gesetzentwurf für eine Vereinfachung der Systematik des Planfeststellungsrechts vorgelegt. Das Gesetz zur Vereinfachung der Planungsverfahren für Verkehrswege (Planungsvereinfachungsgesetz –PlVereinfG) vom 17. Dezember 1993 [335] übernahm wesentliche Instrumente des geänderten Planfeststellungsrechts aus dem Verkehrswegeplanungsbeschleunigungsgesetz. Neben der Beschleunigung wird die Angleichung verfahrensrechtlicher Vorschriften der verschiedenen Verkehrswegegesetze angestrebt, um damit einen Beitrag zur Rechts- und Verwaltungsvereinfachung des Bundes zu leisten. [336]

332 Näheres in BR-Drs. 303/91.
Gassner, Erich (1992), S. 449ff.

333 Dieser Effekt ist nach Auffassung der Bundesregierung voll erreicht worden (vgl. Verkehrsnachrichten 4/96: Auswirkungen der Planungsbeschleunigung). Durch die Befristung bei der Erzielung des Einvernehmens mit anderen Behörden ergibt sich ein Zeitvorteil von drei bis fünf Monaten, durch die den Behörden gesetzten Fristen ein bis zwei Jahre und durch das einzügige gerichtliche Verfahren ein weiteres Jahr.

334 Gesetzentwurf der Bundesregierung [Entwurf eines Gesetzes zur Vereinfachung der Planungsverfahren für Verkehrswege (Planungsvereinfachungsgesetz –PlVereinfG), Bundesrat, Drucksache 756/92 vom 06.11.1992, S. 2].

335 Gesetz zur Vereinfachung der Planungsverfahren für Verkehrswege (Planungsvereinfachungsgesetz –PlVereinfG vom 17. Dezember 1993, BGBl. I, 1993, S. 2123).

336 Vgl. Gesetzentwurf der Bundesregierung [Entwurf eines Gesetzes zur Vereinfachung der Planungs-

Im einzelnen handelt es sich dabei um Änderungen des Bundesfernstraßengesetzes (Art. 2), des Bundesbahngesetzes (Art. 1), des Bundeswasserstraßengesetzes (Art. 3), des Luftverkehrsgesetzes (Art. 4) und des Personenbeförderungesetzes (Art. 5). Auf wichtige Teilbereiche der dort getroffenen Regelungen wird im folgenden näher eingegangen, wobei die Änderungen des Bundesfernstraßennetzes im Vordergrund stehen, die sich weitgehend auch auf die anderen Bereiche übertragen lassen: [337]

- Bestimmung von Planung und Linienführung

  In Abänderung der bisherigen Regelung müssen Planung und Linienführung nur noch zwischen Bundesverkehrsministerium und entsprechender Landesplanungsbehörde abgestimmt werden (Benehmensreglung). Für die Festlegung der Linienführung ist nur noch eine Frist von drei Monaten vorgesehen. Bei Maßnahmen von nur örtlicher Bedeutung (Ortsumgehungen) verzichtet der Bundesminister für Verkehr (BMV) auf die Linienbestimmung.

- Planfeststellung und Plangenehmigung

  Gegenüber den früheren Regelungen kommt es zu einer Verfahrensbeschleunigung, da für Behörden und Kommunen neue und kürzere Fristen im Planfeststellungsverfahren gelten.

  An die Stelle eines Planfeststellungsbeschlusses kann eine Plangenehmigung treten, die die gleiche rechtliche Wirkung besitzt. Voraussetzung dafür ist, daß „1. die Rechte anderer nicht beeinträchtigt werden oder die Betroffenen sich mit der Inanspruchnahme ihres Eigentums oder eines anderen Rechts schriftlich einverstanden erklärt haben und 2. mit den Trägern öffentlicher Belange, deren Aufgabenbereich berührt wird, das Benehmen hergestellt worden ist.“ [338] Nicht alle umfangreichen formellen Erfordernisse der Planfeststellung müssen bei der Plangenehmigung berücksichtigt werden; so kann etwa auf die Durchführung eines UVP-Verfahren verzichtet werden. [339]

Schließlich kann sowohl auf das Planfeststellungsverfahren als auch auf die Plangenehmigung verzichtet werden, wenn Fälle von nur unwesentlicher Bedeutung vorliegen. Dies ist dann der Fall, „wenn 1. andere öffentliche Belange nicht berührt sind oder die erforderlichen behördlichen Entscheidungen vorliegen und sie dem Plan nicht entgegenstehen und 2. Rechte anderer nicht beeinfluß werden oder mit den vom Plan Betroffenen entsprechende Vereinbarungen getroffen werden.“ [340]

---

verfahren für Verkehrswege (Planungsvereinfachungsgesetz - PlVereinfG), Bundesrat, Drucksache 756/92 vom 06.11.1992, S. 3].

337 Vgl. im folgenden Steinberg, Rudolf; Berg, Thomas (1994), S. 488-491.

338 § 18 (2) des Allgemeinen Eisenbahngesetzes (AEG). Im Bundesfernstraßengesetz und im Personenbeförderungsgesetz finden sich analoge Formulierungen.

339 Siehe Übersicht 21.

340 § 18 (3) des Allgemeinen Eisenbahngesetzes (AEG).

Eine weitere zentrale Bedeutung kommt dem Wegfall des Suspensiveffekts (= aufschiebende Wirkung) der Anfechtungsklage zu; dies gilt für verkehrliche Vorhaben, im Bundesfernstraßenbau allerdings nur für Maßnahmen des vordringlichen Bedarfs (Bedarfsplangesetz). Bei einer Klage sind nicht mehr Verwaltungsgerichte zuständig, sondern gleich Verwaltungsgerichtshöfe oder Oberverwaltungsgerichte, die erst- und in der Regel auch letztinstanzlich entscheiden.

Noch weiter gehen Investitionsmaßnahmengesetze, mit deren Hilfe es möglich ist, einzelne Investitionsmaßnahmen als Gesetz zu beschließen. Der Gesetzgeber entscheidet unmittelbar über die Zulässigkeit des Projekts einschließlich der erforderlichen Folgemaßnahmen. Hierdurch wird das Planungsverfahren weiter abgekürzt; Rechtsmittel gegen diese Maßnahme können nur beim Bundesverfassungsgericht eingelegt werden (Verfassungsbeschwerde, ggf. Organklage). Das erste als Gesetz beschlossene Projekt stellt die Südumfahrung Stendal im Rahmen der Schienenschnellfahrstrecke Hannover-Berlin dar (Gesetz vom 29.10.1993 –BGBl. I, S. 1906). [341]

Es gibt politische Bestrebungen, das Beschleunigungsgesetz auf die alten Bundesländer auszuweiten. Hier muß sorgfältig zwischen dem Nutzen der Beschleunigung und den Kosten dieser Maßnahme (weniger sorgfältige Planung, Verkürzung des Rechtsweges und der Rechtskontrolle, Abbau der Bürgerbeteiligung) abgewogen werden.

V.3.1.3 Finanzierungsmöglichkeiten durch Privatisierung

Die finanziellen Engpässe der öffentlichen Hand können durch eine Privatisierung von Aufgaben verringert werden. Die Formen der Privatisierung reichen von Leasing- (der Staat mietet das gebaute Projekt und hat das Recht, es nach Ablauf der Mietzeit zu erwerben) über Betreiber- (Private bauen das Projekt und haben dafür das Recht, für eine gewisse Zeit eine Mautgebühr zu erheben; anschließend fällt das Projekt an den Staat) bis zu Eigentümermodellen (hier entfällt im Vergleich zu Betreibermodellen die zeitliche Limitierung der Gebührenerhebung; außerdem sind die Privaten auf Dauer Eigentümer).

Im Auftrag des Bundes ist die Möglichkeit der Privatisierung von Autobahnen mit Hilfe von fünf Modellen untersucht worden, wie sie in Übersicht 22 wiedergegeben werden.

341 Ein entsprechendes Gesetz gilt mittlerweile auch für den Abschnitt Wismar-West–Wismar-Ost der Autobahn der A20 (Gesetz vom 02.03.1994 –BGBl. I, S. 734). Die Bundesregierung (vgl. Verkehrsnachrichten 4/96: Auswirkungen der Planbeschleunigung) schätzt den Zeitgewinn durch den Einsatz von Investitionsmaßnahmegesetzen gegenüber einer Zulassung in Verwaltungsverfahren auf etwa zwölf Monate.

Übersicht 22: Überblick über fünf Privatisierungsmodelle

Privatisierungsmodelle

Modell A
Finanzierungsgesellschaft
Bundeseigene Gesellschaft mit ausschließlichen Finanzierungsfunktionen

Modell B
Autobahngesellschaft des Bundes
Die Verwaltungsfunktionen und das BAB-Vermögen wird auf eine privatrechtliche Gesellschaft im alleinigen Bundesbesitz übertragen (vergleichbar Netz-AG der künftigen Bahnstruktur).

Modell C
Einzelstreckenprivatisierung
Planung, Bau, Finanzierung und Betrieb einzelner Neu- und Ausbaustrecken werden privaten Unternehmen im Rahmen einer Konzession zeitlich befristet übertragen. Streckenspezifische Maut, deren Höhe von den zu tätigenden Investitionen abhängt und dem privaten Konzessionär zusteht.

Modell D
Regionale Netzgesellschaften
Private übernehmen Aufgaben wie in Modell C, allerdings werden erweitert auf das gesamte BAB-Netz regionale Konzessionen vergeben.

Modell E
Private Autobahn AG
Wie in Modell B werden sämtliche Verwaltungsfunktionen sowie das BAB-Vermögen in eine Aktiengesellschaft eingebracht. Das Vermögen wird jedoch vollständig veräußert (z.B. an der Börse). Die staatliche Verantwortung für BAB entfällt weitestgehend.

Quelle: Gratza, Hugo; Hahn, Wolfgang; Steenken, Nicolaus (1996), S. 13ff.

Als Ergebnis der Untersuchung wurde festgestellt, daß keines der untersuchten Modelle ohne Einschränkung zur Umsetzung empfohlen werden kann. In einer Kombination wichtiger Elemente der Modelle A und C wird jedoch ein vielversprechender Weg gesehen, um zu einem gegenüber dem Status quo leistungsfähigeren Autobahnsystem in Deutschland zu gelangen. Insbesondere wird empfohlen,

- die Finanzierung der Bundesautobahnen von Steuern auf ein nutzerfinanziertes System mit netzweiten, streckenbezogenen und zweckgebundenen Gebühren umzustellen.
- streckenbezogene Autobahngebühren zunächst nur für schwere Lkw einzuführen.
- den Markt für Planung, Bau, Betrieb und Finanzierung von Autobahnen für private Konzessionäre ohne Totalprivatisierung des BAB-Netzes schrittweise zu öffnen. [342]

In der Bundesrepublik Deutschland ist mittlerweile die private Vorfinanzierung von Verkehrsinfrastruktur-, insbesondere Straßenbauprojekten durchführbar und wird praktiziert; auch Konzessionsmodelle sind möglich. [343]

---

342 Zu den Möglichkeiten einer Privatisierung von Bundesautobahnen vgl. auch Ewers, Hans-Jürgen; Rodi, Hansjörg (1995).
Zu gleichen Möglichkeiten im ÖPNV siehe Knieps, Günter (1993), S. 249ff.

343 Nach Fernstraßenbauprivatfinanzierungsgesetz. Eine private Finanzierung ist für eine Reihe mit den Ländern abgestimmten Projekten vorgesehen. Die erste Konzession wurde 1996 für die Warneüberquerung in Rostock vergeben. „Im Mittelpunkt des Modells der privaten Vorfinanzierung stehen die volkswirtschaftlichen Vorteile, die durch die frühzeitige Projektverwirklichung erzielt werden können. Durch ein „Einkaufen von Zeit“ werden der verkehrliche Nutzen und die damit zusammenhängenden Wachstums- und Beschäftigungseffekte um Jahre früher erreicht. Die jetzt zusätzlich möglichen Straßenbaumaßnahmen könnten bei konventioneller Haushaltsfinanzierung erst wesentlich später verwirklicht werden. Darüber hinaus werden mit der privaten Vorfinanzierung wertvolle Erfahrungen für die künftige Anwendung neuer privatwirtschaftlicher Finanzierungsformen gesammelt.
Die Refinanzierung der privat vorfinanzierten Straßenbaumaßnahmen erfolgt jeweils ab Verkehrsfreigabe mit Haushaltsmitteln durch Zahlung von 15 Jahresraten. Die Belastung des Bundeshaushalts wird durch diese späteren Rückzahlungsraten schwerpunktmäßig in einen Zeitraum verschoben, in dem die finanziellen Anstrengungen für den Aufbau Ost in der Hauptsache abgeschlossen sein werden.“ (Verkehrsnachrichten 4/98, S. 2).

V.3.2 Ordnungspolitik

V.3.2.1 Kapazitätsregulierungen

Im Rahmen der Ordnungspolitik werden die Spielregeln festgelegt, nach denen Anbieter und Nachfrager am Verkehrsmarkt agieren dürfen. Traditionell werden sie in Kapazitätsregulierungen, Preispolitik und Marktorganisation unterteilt.

Kapazitätsregulierungen äußern sich in Maßnahmen, die Einfluß auf den Marktzutritt bzw. -austritt der Anbieter von und (seltener) der Nachfrager nach Verkehrsleistungen nehmen. Grundsätzlich kann dabei zwischen offenen, beschränkten und geschlossenen Märkten unterschieden werden. Auf offenen Märkten kann jeder agieren, der dies will, auf beschränkten Märkten nur derjenige, der hierzu eine staatliche Konzession besitzt; sie kann sich auf die Eignung der antragstellenden Personen (Zeugnisse, Gesundheit, Zuverlässigkeit) oder die Feststellung der objektiven Notwendigkeit (gesellschaftliches Interesse) beziehen. Der Begriff „geschlossene Märkte" spricht für sich selbst; niemand außer den bereits dort Tätigen darf auf diesem Markt agieren.

Die Einstellung zur Kapazitätspolitik wird davon abhängen, welches Vertrauen man in die Funktionsfähigkeit des Marktes besitzt; hierbei ist es besonders entscheidend, ob man die ruinöse Konkurrenz [344] als realistische Gefahr eines Marktversagens ansieht. Tut man dies, so wird man den Marktzutritt beschränken. Die Begründung liegt darin, daß

- potentielle Unternehmer die Risiken des (schon übersetzten) Marktes unterschätzen und so vom Staat vor Selbstausbeutung und unabsehbaren finanziellen Risiken geschützt werden müssen.
- ansonsten Überkapazitäten entstehen, die einer Fehllenkung volkswirtschaftlichen Kapitals gleichzusetzen sind.
- ein Gewinn von Anbietern in geschützten oder geschlossenen Märkten notwendig ist, damit sie auch unrentable gemeinwirtschaftliche Aufgaben erfüllen können. Ein Beispiel stellte in der Vergangenheit die Bahn dar, die auch unrentable Nebenstrekken weiterführen sollte (= Quersubventionierung).

Erleichtert wird dagegen der Marktaustritt. Hierfür stehen Instrumente wie Abwrackprämien, Umschulungsbeihilfen und vorgezogene Rentenzahlungen zur Verfügung. Produktionsfaktoren sollen damit von unrentablen zu rentablen Bereichen der Volkswirtschaft umgelenkt werden.

344 Vgl. Kapitel III.2 –Anpassungsmängel–.

Völlig anders ist dagegen die Einstellung derjenigen zu Kapazitätsregulierungen, die die Gefahr einer ruinösen Konkurrenz im Verkehrsbereich nicht sehen. Sie weisen darauf hin, daß

- durch den Staat geschützte Märkte zu einem eingeschränkten Wettbewerb führen, der eine Fehlleitung von Ressourcen, negative Auswirkung auf die Schaffung und Einführung des technischen Fortschritts und die Vernachlässigung von Verbraucherinteressen mit sich bringt.
- eine Erfüllung gemeinwirtschaftlicher Aufgaben nicht effizient über eine Quersubventionierung, sondern über direkte Transferzahlungen zugunsten der durch diese Maßnahme Begünstigten erfolgt.

und fordern

- die Verkehrsmärkte für neue Wettbewerber offen zu halten und alle Markteintrittsschranken, soweit rechtlich möglich, zu beseitigen. Dies hilft u.a. der Realisierung des Konzeptes bestreitbarer Märkte und sorgt für neue innovative Verkehrskonzepte.
- den Marktaustritt nicht zu erleichtern. Da der Markt zu einer Auslese der Leistungsfähigsten führt, käme dies einer Verschwendung von Steuergeldern gleich. Auch aus sozialpolitischen Gründen sind Entgelte für Marktaustritt entbehrlich. Einmal gehören geringe Einkommen und Konkurse zum normalen unternehmerischen Risiko, und zum anderen gelten für die Milderung sozialer Notlagen andere Regelungen, etwa das Arbeitslosengeld und die Sozialhilfe. Verkehrs- ist keine Sozialpolitik.

V.3.2.2 Preispolitik

Bei der Preispolitik läßt sich eine freie von einer geregelten Preisbildung unterscheiden. Bei der freien Preisbildung ergibt sich die Höhe des Preises durch das Zusammenwirken von Angebot und Nachfrage am Markt. Bei der geregelten Preisbildung nimmt der Staat direkten Einfluß auf die Höhe der Preise, indem er Preise genehmigt oder Mindest-, Höchst-, Margen- oder Festpreise setzt.

Bei einem vollkommenen Markt kommt es –wie bereits ausgeführt [345]– zur wohlfahrtsmaximierenden Gleichheit von gesellschaftlichen Grenznutzen und Grenzkosten, die durch die Nachfrage- und die Angebotskurve verkörpert werden. Verfolgt der Staat keine außerökonomischen Ziele, so wird er in diesem Fall die Preisbildung dem Markt überlassen.

Es gibt aber mehrere Gründe für den Staat, von der freien Marktpreisbildung abzugehen und regulierend in den Preisbildungsprozeß einzugreifen.

---

345 Siehe hierzu auch Kapitel II.1 –Volkswirtschaftliche Nutzen und Kosten des Verkehrs in der Theorie–.

a) Es besteht eine Tendenz zum natürlichen Monopol. In diesem Fall liegen die Grenzkosten unterhalb der Durchschnittskosten; die Grenzkosten-Preis-Regel würde zu einem dauernden Verlust beim Anbieter führen und ohne flankierende Maßnahmen die Einstellung der Produktion zur Folge haben. Hier kann es sinnvoll erscheinen, dem Anbieter einen höheren Preis zuzubilligen und ihn mit einer Mißbrauchsaufsicht zu kombinieren. [346]

b) Aufgrund unelastischer im Zeitablauf schwankender Angebots- und Nachfragefunktionen kommt es zu starken Preisbewegungen, die von den Marktteilnehmern nicht mehr vernünftig interpretiert werden können; der Preis verliert seine Signal- und Lenkungsfunktion. Hier bietet sich auf den ersten Blick die Setzung eines Fest- oder Margenpreises an, wie er aus Abbildung 54 hervorgeht.

Abbildung 54: Die Funktion von Margenpreisen bei starken eratischen Preisschwankungen

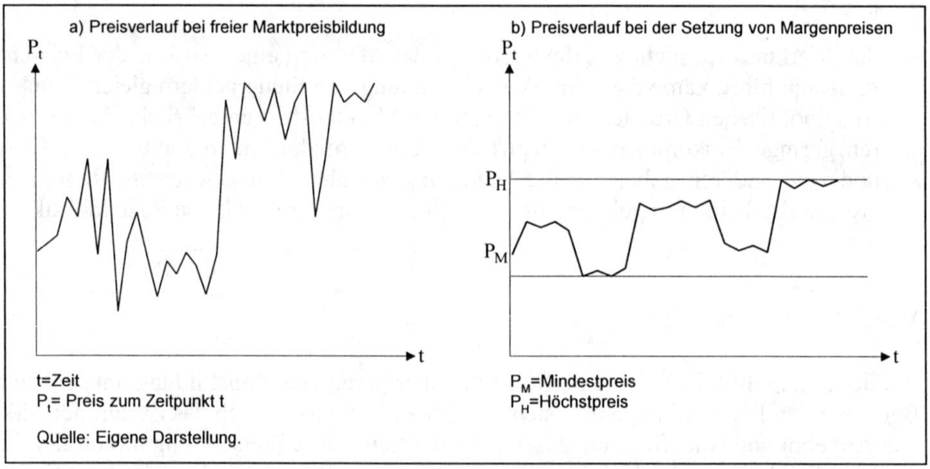

Quelle: Eigene Darstellung

Beide Abbildungen zeigen den Marktpreis im Zeitablauf. In Abbildung 54a) herrscht freie Preisbildung mit starken, von den Marktteilnehmern kaum noch sinnvoll interpretierbaren Preisschwankungen. Der vom Staat in Abbildung 54b) gesetzte Margen- setzt sich aus einem Mindest- (P_M) und einem Höchstpreis (P_H) zusammen. Der Marktpreis darf sich nur noch zwischen diesen beiden Extremen bewegen. Je enger sie zusammenrücken, um so stringenter ist der Einfluß des Staates auf die Preisbildung. Fallen P_H und P_M zusammen, wird der Margen- oder Intervall- zum Fest- oder Fixpreis. Herrschen Verhältnisse wie in Abbildung 54b), so ha-

[346] Auf die Preissetzung bei einer Tendenz zum natürlichen Monopol wurde bereits ausführlich in Kapitel IV.1 –Tendenzen zum natürlichen Monopol– eingegangen, so daß sich hier eine nähere Erörterung erübrigt.

ben Anbieter und Nachfrager eine wesentlich validere Informations- und Kalkulationsgrundlage als bei freier Marktpreisbildung. [347]

c) Eine Preisbeeinflussung kann auch verteilungspolitisch begründet werden. Die Setzung von Mindestpreisen (etwa bei ruinöser Konkurrenz) dient dem Anbieterschutz, die Setzung von Höchstpreisen (etwa beim Vorliegen eines Monopols) dem Nachfragerschutz. Betrachten wir beispielhaft den Fall, daß der Staat Mindestpreise setzt.

Abbildung 55: Setzung von Mindestpreisen

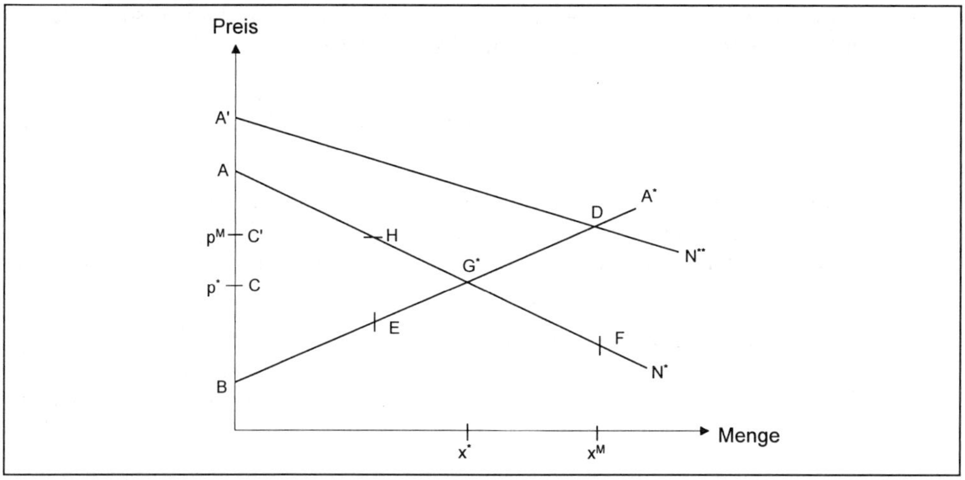

Quelle: Eigene Darstellung

Bei einer freien Preisbildung beträgt die gesamtwirtschaftliche Rente ABG^* und läßt sich in die Konsumentenrente ACG^* und die Produzentenrente BCG^* aufteilen.

Wird der Mindestpreis p^M gesetzt, geht ohne flankierende Maßnahmen die Nachfrage auf C'H zurück, während das Angebot auf C'D steigt. Die neue gesamtwirtschaftliche Rente beträgt ABEH und ist damit um HEG^* niedriger als bisher.

Diese Situation kann aber nicht stabil sein, da es zu einem Angebotsüberschuß von HD kommt; sie läßt es den Anbietern opportun erscheinen, den gesetzten Mindestpreis von p^M zu unterbieten. Es sind flankierende Maßnahmen notwendig, um den gesetzten Mindestpreis in seiner Höhe zu erhalten. Sie können in einer künstlichen Angebotsverknappung oder einer Induzierung zusätzlicher Nachfrage bestehen. Hier möge sich der Staat für die zweite Möglichkeit entschieden haben und durch eigene

347 Zu den hiermit verbundenen Nachteilen vgl. Kapitel IV.2.2 –Instrumentelle Ansatzpunkte beim Vorliegen von Anpassungsmängeln–. Erinnert sei vor allem an das Informationsproblem (Wie weiß der Staat um den langfristigen Gleichgewichtspreis, wie legt er also P_M und P_H im Zeitablauf fest?) und das Ausgleichsproblem (Wie gleicht der Staat Angebots- und Nachfrageüberschüsse aus, wenn der gleichgewichtige Marktpreis außerhalb des festgelegten Preisintervalls liegt?)

Nachfrage oder Nachfragesubventionen die Nachfragefunktion von N^* nach N^{**} verschieben. Zum Preis von p^M würde dann die Menge x^M am Markt gehandelt. Daraus lassen sich folgende Schlußfolgerungen für die Wohlfahrt in der Volkswirtschaft und ihren einzelnen Gruppen ableiten:

- Die Subventionierung der Nachfrage führt zu einer Konsumentenrente von A'C'D, die größer oder kleiner als die bisherige Konsumentenrente ACG^* sein kann.
- Die Produzentenrente hat sich von CBG^* auf C'BD erhöht.
- Faßt man die Konsumenten- und die Produzentenrente zusammen, so ist sie gegenüber dem bisherigen Zustand um $A'AG^*D$ angestiegen.
- Die Nachfragesubventionierung muß aber vom Staat, etwa über die Erhebung von Steuern, finanziert werden. Die notwendigen Nachfragesubventionen betragen A'AFD.
- Dem Nutzenzuwachs von Produzenten und Konsumenten in Höhe von $A'AG^*D$ steht also ein Nutzenentgang der Steuerzahler von A'AFD gegenüber, so daß sich die gesamtwirtschaftliche Wohlfahrt durch die Setzung des Mindestpreises um G^*FD verringert hat.
- Die Argumentation zur Setzung von Höchstpreisen, die die Nachfrager schützen sollen, verläuft analog. Auch hier kommt es zur Notwendigkeit flankierender Maßnahmen, die mit gesamtwirtschaftlichen Wohlfahrtseinbußen verbunden sind.
- Will man aus sozialpolitischen Gründen die Gruppe der Nachfrager begünstigen, so ist es unter wohlfahrtstheoretischen Aspekten besser, ihnen Transfers zukommen zu lassen, über die sie frei verfügen können, als Zuschüsse zum Angebot oder Erwerb bestimmter Produkte –hier von Verkehrsleistungen– zu geben. Möglicherweise würden nämlich andere Güter, die nicht subventioniert werden, den Nachfragern höheren Nutzen stiften.

V.3.2.3 Marktorganisation

Im Rahmen der **Marktorganisation** werden die Rahmenbedingungen für den Wettbewerb im Verkehrsbereich festgelegt; ihre besonders wichtigen Elemente sind die Eigentumsordnung sowie das Vertrags- und das Wettbewerbsrecht. Sie legt fest, wo in der Spannweite von freiem Wettbewerb und staatlicher Regulierung die praktizierte Verkehrspolitik focussiert wird.

Im Rahmen der **Eigentumsordnung** ist festzulegen, wer Eigentum an Verkehrswegen und Verkehrsträgern erwerben darf. Hier ist staatliches von privatem Eigentum zu unterscheiden.

Das herrschende **Vertragsrecht** muß die Frage beantworten, inwieweit Marktpartner bei der Gestaltung ihrer Verträge autonom sind. Im Extrem ist eine vollkommen freie Vertragsgestaltung auf der einen und die Fixierung standardisierter Verträge auf der anderen Seite denkbar.

Das **Wettbewerbsrecht** hat zu klären, inwieweit das Marktgeschehen im Verkehrsbereich der Konkurrenz zwischen mehreren Anbietern und mehreren Nachfragern unterworfen werden soll. Die Palette reicht hier von geschützten Angebotsmonopolen über die Einrichtung von Zwangsverbänden und dem geforderten Zusammenschluß kleiner Unternehmen bis hin zur Förderung von Angebotsstrukturen, die für intensiven Wettbewerb sorgen.

Diese drei Elemente der Marktorganisation zeigen an, daß sie durch unterschiedliche Grade der Reglementierung gekennzeichnet ist. Sie schwankt zwischen Regulierung auf der einen und Deregulierung auf der anderen Seite. Ein hohes Maß an Regulierung zeichnet sich durch folgende Charakteristika aus:

- Der Staat ist Eigentümer der Verkehrswege und wichtiger Verkehrsträger, z.B. der Bahn und der nationalen Fluggesellschaft.
- Die Vertragsfreiheit zwischen den Marktteilnehmern ist stark eingeschränkt. Dies gilt insbesondere für die Preise der gehandelten Verkehrsleistungen, die durch Preiskartelle oder den Staat festgelegt sind. Hingewiesen sei in diesem Zusammenhang etwa auf die 1961 in der Bundesrepublik Deutschland beschlossene (heute aber nicht mehr gültige) Bestimmung von Festpreisen durch den Verkehrsminister im Straßengüterfernverkehr und die 1945 gegründete IATA (International Air Transport Association), der alle wichtigen Luftverkehrsgesellschaften angehören und die Preise, Beförderungsbedingungen und Nebenleistungen im Detail festlegte.
- Angestrebt wird eine Angebotsstruktur in der Form eines Monopols oder eines Kartells, in dem die Anbieter ihre Maßnahmen aufeinander abstimmen. So werden etwa kartellorganisatorische Organisationen, die ihre Kapazitäten, Absatzparameter, Marktgebiete und Fahrrouten aufeinander abstimmen, ausdrücklich begrüßt.

Begründet wird diese Regulierung [348] mit

- Marktunvollkommenheiten des Verkehrsmarktes (Tendenz zum natürlichen Monopol, ruinöse Konkurrenz, externe Effekte, Verkehrsinfrastruktur als öffentliches Gut).
- gemeinwirtschaftlichen Aufgaben des Verkehrs, für die der Markt „blind“ sei; sie werden sicherheitspolitisch, vor allem aber sozialpolitisch begründet.

Von Befürwortern der Deregulierung werden diese Besonderheiten des Verkehrsmarktes geleugnet oder zumindestens darauf hingewiesen, daß zu ihrem Ausgleich bzw. zur Berücksichtigung gemeinwirtschaftlicher Instrumente zur Verfügung stehen, die die Markteffizienz weniger mindern. „Unerläßlich ist es, sich mit den Gründen dafür aus-

348 Siehe etwa die Argumente bei Daubertshäuser, Klaus (1984), S. 581ff.

einanderzusetzen, weshalb einzelne Wirtschaftsbereiche zu einem bestimmten Zeitpunkt dem einer marktwirtschaftlichen Ordnung eigentlich zugrunde liegenden Prinzip der Vertragsfreiheit entzogen wurden. Dabei gilt es sauber zu trennen zwischen den allgemeinen Rechtsnormen und den wirtschaftlich relevanten Rechtsnormen und den wirtschaftlich relevanten speziellen Regulierungen. Denn immerhin sind auch die allgemeine Rechtsordnung, das Privat-, Eigentums-, Vertrags-, Strafrecht, die für jedermann gelten, grundsätzlich staatliche Regulierungen. Diese machen die private Vertragsfreiheit überhaupt erst möglich. Um deren Abschaffung kann es daher nicht gehen, sondern nur um jene Einschränkungen der privaten Handlungsfreiheit, die nicht für alle gelten und die über die allgemeine Beschränkung hinausgehen, ..." [349] Dies bedeutet im einzelnen:

- Der Staat soll sich als Akteur im Verkehrssektor soweit wie nur eben möglich zurücknehmen. Will er Eigentümer der Verkehrsinfrastruktur bleiben, so ist für eine Trennung von Fahrwegen und dem Transport auf ihnen zu sorgen. Letzterer ist auf jeden Fall wettbewerblich zu organisieren.
- Märkte sind offen zu halten; Anbieter und Nachfrager haben freien Zutritt, wenn sie bestimmte, möglichst niedrig zu haltende Bestimmungen erfüllen. Dieses Konzept offener und bestreitbarer Märkte sorgt aufgrund intensiven wirklichen oder potentiellen Wettbewerbs für statische und dynamische Effizienz.
- Absprachen zwischen Unternehmen, etwa in der Form von Kartellen, sind grundsätzlich verboten. Sie legen ihre Absatzparameter frei fest, aber in Konkurrenz und nicht in Kooperation mit anderen Verkehrsanbietern.
- Nach Auffassung dieser Befürworter eines deregulierten Verkehrsmarktes hat die Regulierung zu überhöhten Beförderungspreisen, einer ineffizienten Erbringung von Verkehrsleistungen [350], verbunden mit einer unnötigen Vergrößerung der Verkehrsströme [351], zu einer Begünstigung des Individualverkehrs [352] und zu einer Verhinderung von technischem Fortschritt geführt. [353]

[349] Laaser, Claus-Friedrich (1991a), S. 112.

[350] Nach Schätzungen der Deregulierungskommission lagen die Transportpreise im Straßengüterfernverkehr in der Bundesrepublik Deutschland Ende der 80er Jahre 20 % über dem vermuteten Gleichgewichtspreis freier Märkte.

[351] Beschränkungen gab es lange Zeit für den Werk- und den internationalen Verkehr. So war es dem Werkverkehr verboten, Transporte für Dritte durchzuführen: Ein Fahrzeug, das Güter im Werkverkehr ausgeliefert hat, durfte auf dem Rückweg keine Waren für Dritte mitnehmen, also in der Regel leer zurückfahren. Ähnlich verhielt es sich im internationalen Verkehr: Die Kabotage war verboten. Das bedeutet: Ein ausländischer Lkw, der Güter über die deutsche Grenze transportiert hat, durfte auf dem Rückweg keine Transporte innerhalb der Bundesrepublik Deutschland abwickeln.

[352] Fehlender Wettbewerb führt zu hohen Preisen und einer geringen Qualität des Angebotes. Hierdurch gewinnt im Personenverkehr etwa der eigene Pkw relativ an Attraktivität.

[353] Neue Wettbewerber sorgen im Markt für Bewegung; neue Angebote, niedrige Preise oder moderne Produktionsverfahren zwingen die Konkurrenz zur Reaktion und führen damit zu einer Flexibilisierung des Marktes. Sind die Märkte dagegen weitgehend abgeschottet, so erstarren sie und sind nicht mehr in der Lage, notwendige Neuerungen durchzuführen.

V.3.3 Prozeßpolitik

V.3.3.1 Meinungsbeeinflussung und Information

Setzt die Ordnungspolitik die „Spielregeln“ des Verkehrssektors, so greift der Staat mit Hilfe prozeßpolitischer Maßnahmen direkt in das Verkehrsgeschehen ein. Da eine Person

- zur Verfolgung eines bestimmten Ziels
- im Rahmen der ihr zur Verfügung stehenden Information
- unter Berücksichtigung der von ihr nicht abänderbaren relevanten Rahmenbedingungen und
- durch Nutzung der Instrumente, die sie eigenständig einzusetzen in der Lage ist,

handelt, kann Prozeßpolitik

- Einfluß auf das angestrebte Ziel nehmen (moral suasion, Meinungsbeeinflussung etwa durch Werbung).
- Information steuern, d.h. geben oder vorenthalten.
- Rahmenbedingungen, z.B. die Höhe der Mineralölsteuer, ändern.
- Instrumente in die Verfügungsgewalt des einzelnen geben oder sie ihm nehmen, indem der Staat an die Stelle freier Entscheidung Gebote oder Verbote setzt.

Meinungsbeeinflussung und Information im Rahmen der Verkehrspolitik bedeutet,

- den Verkehrsteilnehmern klar zu machen, welche gesellschaftlichen, insbesondere ökologischen Auswirkungen mit ihrem Handeln verbunden sind.
- an sie zu appellieren, sich gesellschaftlich vernünftig zu verhalten.

„Der Zusammenhang zwischen Mobilität, Verkehr und Verkehrsfolgen ist bei weiten Teilen der Bevölkerung nicht bekannt. Die Einsicht in die Knappheit und nicht beliebige Vermehrbarkeit verkehrlicher Ressourcen besteht bisher kaum. Die schneller als die Verkehrsmöglichkeiten wachsende Verkehrsnachfrage ist das Hauptproblem, das in der Bevölkerung bewußt gemacht werden muß. Wenn die Gesellschaft überwiegend die Folgen eines umfassenden, den Bedarf weitestgehend abdeckenden Infrastrukturausbaus nicht mehr tragen bzw. bei der Finanzierung von Investitionen andere Prioritäten setzen will, dann muß sie sich verstärkt um eine effizientere Ausnutzung der bestehenden Ressourcen bemühen. Diese Forderung nach rationalem Umgang mit den verkehrlichen Möglichkeiten in einem begrenzten Umfeld muß zum Allgemeingut der verkehrspolitischen Diskussion in Deutschland werden. Sie muß erfüllt werden, um die freie Mobilität von Menschen, Gütern und Dienstleistungen zu erhalten.“ [354]

Informationsverbesserung läßt sich beispielsweise über Werbemaßnahmen (etwa die Werbung für umwelt- und energieschonende Verkehrsmittel), Informationsschriften (etwa mit praktischen und konkreten Tips für eine umweltfreundliche Mobilität), eine

---

[354] Barth, Margareta; Neumann, Horst; Würtenberger, Julian (1996), S. 21ff.

entsprechende Gestaltung des Schulunterrichts (etwa neue Konzepte der Verkehrserziehung, die neben sicherheits- auch umweltpolitischen Anliegen Rechnung tragen) sowie Fortbildungskurse (etwa zum energiesparenden Autofahren) durchführen.

Diese kommunikativen Maßnahmen, verbunden mit dem Ziel eines freiwilligen Einstellungs- und Verhaltenswandels, werden aber nur dann erfolgreich sein, wenn sie die Bedürfnisse der Menschen sowie die individuellen Bestimmungsfaktoren von Mobilität und Verkehrsmittelwahl berücksichtigen. Reines Appellieren, das auf das Zurückstellen eigener Präferenzen zugunsten des Gemeinwohls zielt, wird dagegen die gewünschten Effekte nicht mit sich bringen. Die „moral suasion“ wird ins Leere laufen. Sie kann allgemein als Appell des Staates an die Entscheidungsträger definiert werden, sich gemäß gesamtgesellschaftlichen Leitbildern zu verhalten. Charakteristisch hierbei ist, daß die Verletzung propagierter Normen keinerlei direkte Auswirkung auf denjenigen hat, der sich nicht ihnen gemäß verhält. Innerhalb der Verkehrspolitik kann sie z.B. eine konkrete Ausformung dadurch erfahren, daß an die Verkehrsteilnehmer appelliert wird, auf das Auto zu verzichten und dafür den ÖPNV zu nutzen, freiwillig einen Katalysator einzubauen, am Wochenende zuhause zu bleiben und keine Freizeitfahrt zu unternehmen usw. Dieses Instrument der appellativen Lenkung ist allerdings zum Scheitern verurteilt, da sie nicht auf das egoistische, sondern auf das altruistische Empfinden von Verkehrsteilnehmern zielt. Verhält sich nämlich ein Handelnder entsprechend den Aufrufen des Staates, so bedeutet dies für ihn, Kosten auf sich zu nehmen, um dadurch einem gesamtgesellschaftlichen Ziel zu seiner Realisierung zu verhelfen. Dabei zeigt sich, daß die Kosten dieser Maßnahme dem Individuum voll zur Last fallen, während der Beitrag zur Zielerreichung kaum spürbar sein dürfte und außerdem allen Wirtschaftssubjekten zugute kommt; der Nutzen nimmt damit den Charakter eines öffentlichen Gutes an. Es läßt sich festhalten, daß all jene Entscheidungsträger individuell rational handeln, die genau entgegengesetzt den Appellen agieren. Sie steigern ihren individuellen Nutzen, wenn sie versuchen, Kosten auf die Allgemeinheit abzuwälzen und den Nutzen zu individualisieren, während im Konzept der „moral suasion“ genau das entgegengesetzte Verständnis zugrunde liegt.

Schauen wir hierzu ein Beispiel an, in dem es um den freiwilligen Einbau eines Katalysators in einen Pkw geht. Betrachtet seien zwei Verkehrsteilnehmer, die sich folgender Nutzen-Kosten-Matrix gegenüber sehen:

Übersicht 23: Nutzen-Kosten-Matrix zweier Verkehrsteilnehmer beim freiwilligen Einbau eines Katalysators

I \ II	kein Einbau	Einbau
kein Einbau	0 / 0	+100 / -50
Einbau	-50 / +100	+ 80 / +80

Bauen beide Verkehrsteilnehmer I und II keinen Katalysator ein, so verändert sich die Situation gegenüber dem bisherigen Zustand nicht, so daß die Veränderung der Nutzen jeweils Null beträgt. Baut I einen Katalysator ein, führt dies zu einer Luftverbesserung im Wert von 100 Einheiten, dem bei II keine Kosten gegenüberstehen, so daß sich für ihn die Situation gegenüber dem bisherigen Zustand um 100 Einheiten verbessert. I muß dagegen 150 Geldeinheiten für den Einbau des Katalysators bezahlen, so daß sich für ihn ein Nettoverlust von 50 Einheiten ergibt. Baut II einen Katalysator ein, I aber nicht, so stellen sich umgekehrte Nutzen-Kosten-Ströme ein. Bauen beide Verkehrsteilnehmer einen Katalysator ein, so verbessert sich die Umweltsituation entscheidend und führt sowohl für I als auch für II zu einem erheblichen Nutzenzuwachs; da aufgrund von Größenvorteilen der Einbau des Katalysators billiger wird –er möge jetzt anstelle von bisher 150 nur noch 120 Einheiten kosten–, mögen sich für beide Pkw-Besitzer positive Nutzen (Bruttonutzen der Umweltverbesserung vermindert um die Kosten des Einbaus des Katalysators) von jeweils 80 Geldeinheiten ergeben.

Damit wird klar, daß der gleichzeitige Einbau eines Katalysators in beide Pkws die gesamtgesellschaftlich optimale Strategie darstellt, da sie mit einem Nutzenzuwachs für beide Personen von 160 Einheiten verbunden ist. Obwohl sich ihre Situation deutlich verbessert, werden die Verkehrsteilnehmer, handeln sie individuell rational, dennoch einem Appell zum Einbau eines Katalysators nicht folgen, u.z. aus folgendem Grund: Der Verkehrsteilnehmer I wird auf die dem II zur Verfügung stehenden Strategien, nämlich „kein Einbau“ und „Einbau“, reagieren. Baut II keinen Katalysator ein, so ist es für I ebenfalls günstiger, keinen Katalysator einzubauen, da für ihn der Einbau eines Katalysators mit einer Nutzeneinbuße von 50 Geldeinheiten verbunden wäre, der Verzicht auf einen Einbau aber keine Veränderung gegenüber der bisherigen Situation bedeutet. Baut dagegen II einen Katalysator ein, so ist es für I weiterhin sinnvoll, auf den Einbau eines Katalysators zu verzichten, da +100 > +80 ist. I wird also die Kosten für den Einbau eines eigenen Katalysators sparen und von der Handlungsweise von II profitieren wollen. Damit ist, egal wie II handelt, der Nicht-Einbau eines Katalysators ist für I immer vorteilhaft und erweist sich damit gegenüber dem Einbau eines Katalysators als dominante Strategie. Die analoge Argumentation gilt für II, so daß auch er sich dafür entscheiden wird, keinen Katalysator einzubauen. Das gesellschaftliche Optimum, nämlich der Einbau eines Katalysator in beiden Pkws, wird aufgrund der egoistischen Verhaltensweise beider Verkehrsteilnehmer nicht realisiert.

V.3.3.2 Steuern und Subventionen

Zu dem gesellschaftlich gewünschten Ergebnis kann der Träger verkehrspolitischer Maßnahmen gelangen, wenn er sich nicht auf reine Appelle beschränkt, sondern erwünschtes Verhalten durch Subventionen „prämiiert“ bzw. unerwünschtes Verhalten durch Steuern „bestraft“. Unser obiges Beispiel aus Übersicht 24 ändert sich wie folgt, wenn der Einbau eines Katalysators mit 60 Geldeinheiten prämiiert wird bzw. bei einem Nicht-Einbau 60 DM an den Staat abzuführen sind.

Übersicht 24: Nutzen-Kosten-Matrix zweier Verkehrsteilnehmer beim Einbau eines Katalysators unter Berücksichtigung von Subventionen und Steuern

II / I	kein Einbau	Einbau
kein Einbau	*0 / 0*	*+100 / +10*
	-60 / -60	+40 / -50
Einbau	*+10 /+100*	*+140 /+140*
	-50 / +40	+ 80 / +80

kursiv *bei Subventionierung des Einbaus*
normal bei Besteuerung des Nicht-Einbaus

Baut II keinen Katalysator ein, so wird sich I für einen Einbau entscheiden, da sowohl bei der Subventionierung als auch bei der Besteuerung der Einbau dem Nicht-Einbau überlegen ist. Ähnlich sieht die Situation aus, wenn II einen Katalysator in seinen Pkw einbauen läßt. In beiden Fällen ist der Einbau für I günstiger als ein Verzicht. Der Einbau wird für beide Verkehrsteilnehmer zur dominanten Strategie, so daß es mit Hilfe der Subventionen bzw. der Steuern gelungen ist, das individuelle Verhalten mit der Maximierung der gesellschaftlichen Wohlfahrt in Übereinstimmung zu bringen.

Wie hoch wird beim Auftreten von externen Kosten die Steuer anzusetzen sein, um zum Wohlfahrtsoptimum zurückzukehren? [355] Pigou [356] wird, wie bereits ausgeführt, [357] die Idee zugeschrieben, dem Verursacher eines negativen externen Effektes über eine Besteuerung die sozialen Grenzkosten seiner Handlung in Rechnung zu stellen. Eine solche Pigou-Steuer stellt die klassische Antwort des Ökonomen zur Lösung des Allokationsproblems bei externen Effekten und damit zur Lösung des Umweltproblems dar.

---

355 Zur Verletzung des Wohlfahrtsoptimums beim Auftreten externer Effekte vgl. Kapitel III.3 –Externe Effekte– und hier insbesondere die Abbildung 33 (Auswirkungen des Auftretens externer Kosten beim Verkehr).

356 Pigou, Arthur Cecil (1920).

357 Siehe hierzu das Kapitel IV.3.2 –Instrumentelle Ansatzpunkte beim Vorliegen externer Effekte–.

Abbildung 56: Einführung einer Pigou-Steuer

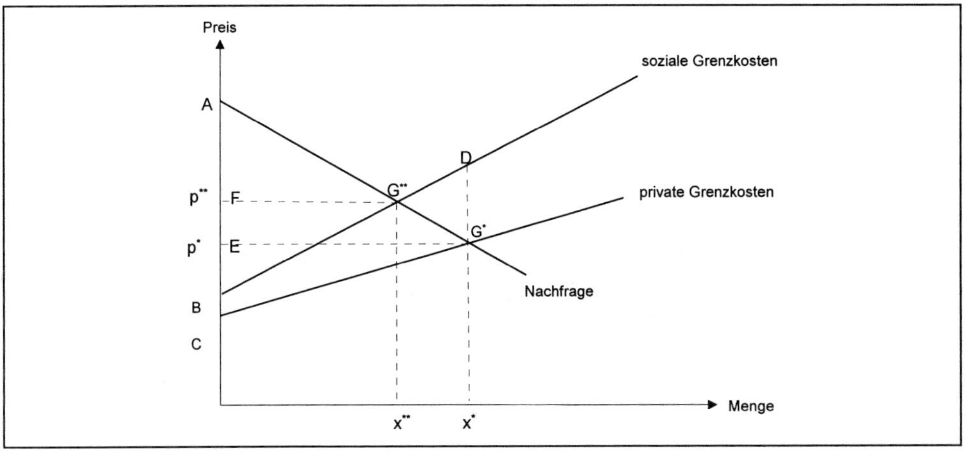

Quelle: Eigene Darstellung

Werden keine Pigou-Steuern erhoben, wäre der Gleichgewichtspreis p^* und die Gleichgewichtsmenge x^*. Durch das Abwälzen eines Teiles der Kosten auf die Allgemeinheit, entstünde ein Wohlfahrtsverlust von $DG^{**}G^*$. Wird eine Pigou-Steuer in Höhe von p^{**} - p^* erhoben, so kommt es zu dem Preis von p^{**} und der Menge von x^{**}, die die wohlfahrtsmaximierende Gleichheit von sozialen Grenzkosten und sozialen Grenznutzen repräsentiert. Der Gesamterlös beträgt $p^{**} \cdot x^{**}$, wovon $p^* \cdot x^{**}$ an die Produzenten und $\left(p^{**} - p^*\right) \cdot x^{**}$ in Form einer Pigou-Steuer an den Staat fließt. Zur Bestimmung des korrekten Pigou-Steuersatzes $p^{**} - p^*$ ist die Kenntnis der sozialen Grenzkosten erforderlich. Hierbei treten erhebliche Informations- und Bewertungsprobleme auf.[358]

Die Pigou-Steuer kann nicht nur zur Internalisierung der Emissionen des Verkehrs genutzt werden, sondern auch zur Vermeidung oder zumindestens Verringerung der Staukosten. Hierzu werden Gebühren bei der Benutzung von Verkehrswegen erhoben, die sich in Abhängigkeit von der Streckenbelegung verändern, um so wieder die Gleichheit von sozialen Grenznutzen und –kosten herzustellen; man spricht in diesem Fall von road-pricing. Betrachten wir hierzu die Nachfrage nach Verkehrsleistungen, die je nach Tages-, Wochen- und Jahreszeit auf einem bestimmten Streckenabschnitt des Straßennetzes unterschiedlich ausfällt. Die Spitzenbelastung wird auch als Peak-Nachfrage bezeichnet, der entsprechende Zeitraum als Peak-Periode; ihm steht die Zeit einer sehr niedrigen Nachfrage gegenüber (Off-Peak-Periode).

358 Siehe hierzu im einzelnen das Kapitel II.2.2.2 –Externe Kosten–.

Abbildung 57: Road-Pricing bei unterschiedlichen Nachfrageverhältnissen

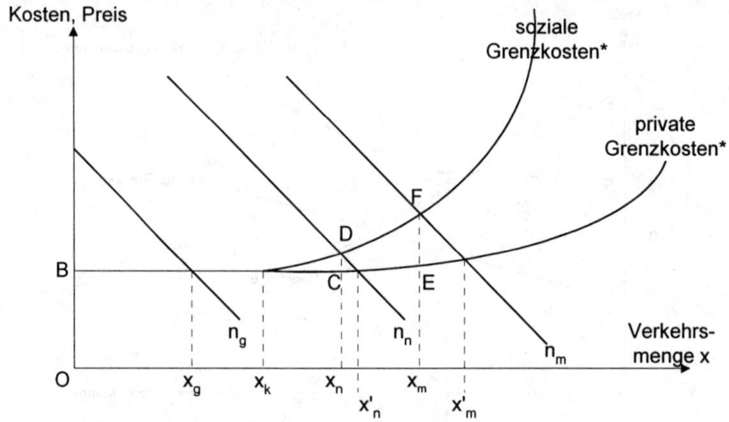

n_g=Nachfragefunktion zum Zeitpunkt der geringsten Nachfrage
n_n=Nachfragefunktion zum Zeitpunkt normaler Nachfrage
n_m=Nachfragefunktion zum Zeitpunkt der maximalen Nachfrage
*=Verkehrswege- und Staukosten

Quelle: Eigene Darstellung

Zum Zeitpunkt der geringsten Nachfrage (Nacht, Wochenende, keine Ferienzeit) wird die Kapazitätsengpaßgrenze X_K nicht erreicht. Es fallen keine Stau-, sondern nur Verkehrswegekosten in Höhe von OB an. Sie sollten vom Nutzer als Peak-off-Preis erhoben werden. Zum Zeitpunkt der durchschnittlichen Verkehrsnachfrage ist die Verkehrsmenge bereits größer als x_k; es entstehen Staukosten. Werden sie nicht internalisiert, so ist die effektive Verkehrsmenge x'_n größer als jene optimale Menge x_n, bei der sich soziale Grenzkosten und –nutzen gerade ausgleichen. Um diese Menge zu realisieren, ist zusätzlich zu den Verkehrswegekosten OB eine Gebühr von CD zu erheben, die der Differenz von privaten und sozialen Grenzkosten des Staus entspricht. Zum Zeitpunkt der maximalen Nachfrage ist ein Peak-Preis von OB+EF zu bezahlen. Durch die Erhebung von Verkehrswegebenutzungsgebühren in Abhängigkeit von der Nachfrage kann eine gleichmäßigere Auslastung der Kapazitäten erreicht werden. Nachfrager mit hoher Zeitsouveränität werden ihre Fahrten in Zeiten mit geringer Nachfrage und geringem Entgelt verlegen.

So bestechend das Road-Pricing erscheint, so ist es auch mit Problemen und Schwierigkeiten verbunden.

- Das System erfordert hohe Investitionen in Verkehrswege und –mittel, um die Verkehrsteilnehmer überwachen und mit ihnen abrechnen zu können.
- Die Überwachung führt eventuell zu einem „gläsernen Bürger“, verbunden mit der Gefahr der Verletzung der Privatsphäre und eines Datenmißbrauchs.

- Road-Pricing hat nur eine geringe Akzeptanz. Zur Verminderung des Autoverkehrs wird etwa die Verbesserung des öffentlichen Verkehrs viel stärker bejaht. [359]
- Häufig wird auf die sozialen Folgen und die Verteilungswirkung des road-pricing (wie auch der Pigou-Steuern) hingewiesen. Stichwort: Der Reiche kann sich das Autofahren weiter erlauben, der Arme muß darauf verzichten. Empirische Untersuchungen zeigen, daß die absoluten Kosten der Internalisierung mit steigendem Einkommen zwar anwachsen, dieser Anstieg aber unterproportional erfolgt, so daß der Anteil der erhobenen Steuern und Gebühren bei niedrigen Einkommen am höchsten ist. [360]

Nach einem Beschluß des Ministerrats der EU kann Road-pricing auf Autobahnen und vergleichbaren Straßen ab 1998 angewendet werden. In Deutschland sind Systeme zur elektronischen Gebührenerhebung ein Jahr lang auf der A 555 Bonn–Köln durchgeführt worden. Aufgrund der dabei gewonnenen Erfahrung will die Politik auf das Road-pricing für Pkw verzichten, aber ab dem Jahr 2000 eine streckenbezogene Autobahngebühr für Lkw erheben, die das bisherige Vignettensystem ablösen soll.

Erfahrungen mit Road-pricing liegen vor allem im Stadtverkehr vor (Singapur, Bergen, Oslo, Trondheim). [361] Danach ist der gewünschte Effekt durchaus eingetreten. Der Autoverkehr hat sich verringert und entzerrt.

Die umgekehrte Argumentation wie bei den externen Kosten ist sinnvoll, wenn externe Nutzen bei der Produktion eines Gutes, hier von Verkehrsleistungen, auftreten. Hier ist dann zwischen einer privaten und einer sozialen Nachfragefunktion zu unterscheiden.

---

359 Vgl. Schlag, B.; Teubel, U. (1996).

360 Siehe hierzu z.B. Teubel, Ulf (1997), S. 97-103.

361 Vgl. Köberlein, Christian (1997), S. 229ff.
Eine neuere Untersuchung bestätigt diese Befunde: Im Rahmen des 4th Framework Programme for Research and Development in the Field of Transport ‚Strategic Research – Road Transport' kommt das EUROTOLL Project ‚European Research Project for Toll Effects and Pricing Strategies' aufgrund zehn Fallstudien in Frankreich, Deutschland, Italien, Österreich und Großbritannien für Traffic Demand Management (TDM) zu folgenden wichtigen Schlußfolgerungen

„• If allowed by the pricing scheme, the most favoured reaction patterns are trip-retiming and route choice.
- Regarding re-timing of trips, if the scheme contains a time-related component, the patterns normally is successful: of course the success depends on the possibilities of shifting, i.e. the more or less short peak-pricing period. Similar effects may result from building trip chains.
- Deeply linked to route choice, the impact of TDM on the capacity usage of road infrastructure is quite successful, too. Only one exception has to be noticed: In case of limitation to one single road category, there may be worsening effects initiated through by-pass.
- Concerning modal shift, TDM schemes partially show less impacts than mentioned before. Most intensive reactions can be expected from corridor and network pricing in passenger transport. The amount of this is especially influenced by the share of modes at the starting point.
- In general, freight transport is expected to react with more rigidity to TDM strategies."

[Kommission der Europäischen Gemeinschaft (1999c), S. 103f.].

Abbildung 58: Einführung von Pigou-Subventionen

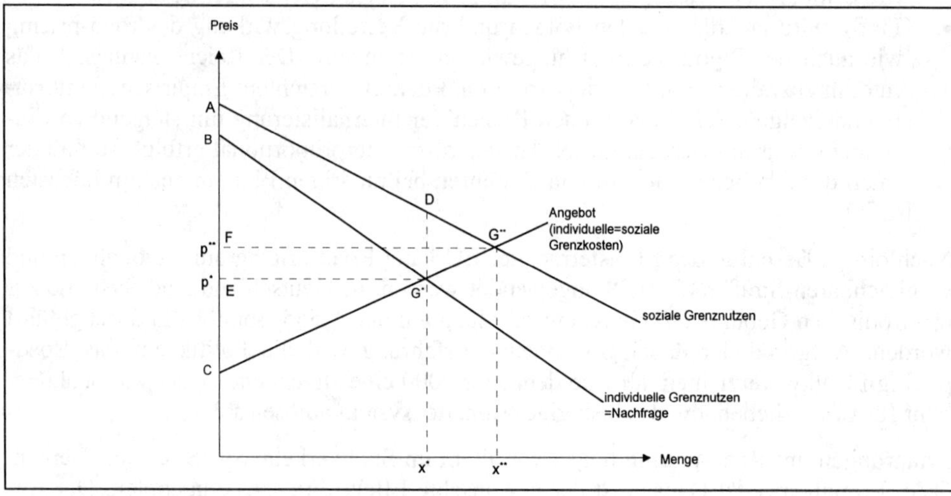

Quelle: Eigene Darstellung

Ohne Subventionierung des Angebotes würde sich ein Preis von p^*, verbunden mit der Menge x^*, einstellen. Die Gleichheit von sozialen Grenzkosten und sozialen Grenznutzen ist aber bei einem Preis von p^{**} und einer Menge von x^{**} realisiert, so daß es ohne Einführung von Pigou-Subventionen zu einem Wohlfahrtsverlust von G^*DG^{**} kommen würde. In dieser Situation ist es gesamtgesellschaftlich sinnvoll, durch die Gewährung von Subventionen eine Produktionsausweitung von x^* auf x^{**} erreichen zu wollen. Die bei der Pigou-Steuer erwähnten praktischen Probleme gelten selbstverständlich bei der Einführung von Pigou-Subventionen analog.

Während man bei den negativen externen Effekten des Verkehrs praktische Beispiele wie Unfälle, Umweltzerstörung, Flächenverbrauch usw. sofort vor Augen hat, fällt dies bei den positiven externen Effekten wesentlich schwerer.[362] Plausibel erscheint die Subventionierung aber dann, wenn man die rein statische zugunsten einer dynamischen Betrachtungsweise verläßt. Hier kann es sinnvoll sein, Verfahren zur Verkehrsminderung, -umlenkung und -abwicklung zu fördern, da

- der technische Fortschritt teilweise durch Nicht-Ausschließbarkeit und Nichtrivalität charakterisiert ist. Der Nutzer technischen Wissens kann andere Nutzer nicht vom gleichzeitigen Gebrauch dieses Wissens ausschließen, noch wird der Nutzen dieses Wissens eingeschränkt, wenn ein anderer Akteur dieses Wissen nutzt. Hieraus schlußfolgert Arrow[363] eine Fehlallokation im marktwirtschaftlichen System und

362 Vgl. hierzu das Kapitel IV.3.2.3 –Gibt es externe Nutzen des Verkehrs?–.

363 Arrow, H. (1962): Economic Welfare and the Allocation of Ressources for Invention, in: Nelson, R. (Ed.): The rate and direction of invention activity, S. 619: „We expect a free enterprise economy to underinvest an evention in research (as compared as with an ideal), because it is risky, because the product can be approbeated only to a limited extend, and because of an increasing returns in news".

erhebt die Forderung nach einer staatlichen Unterstützung von Forschung und Entwicklung.

- hierdurch an anderer Stelle auftretende externe negative Effekte abgebaut oder doch zumindestens gemildert werden. Hier stellt also eine Subventionierung umweltfreundlicherer Verkehrsträger und -verfahren eine zweitbeste Lösung dar, wenn eine erstbeste Lösung in der Form von Pigou-Steuern beim stärker umweltgefährdenden Verkehrsträger –aus welchem Grund auch immer– nicht möglich sein sollte.

V.3.3.3 Ver- und Gebote

Zwangsmittel konkretisieren sich in bestimmten vom Staat erlassenen Ge- oder Verboten. Hierbei sind Ge- noch wesentlich restriktiver als Verbote. Beinhalten letztere nur, daß bestimmte Handlungen zu unterlassen sind, so schreiben erstere ein konkretes Handeln definitiv vor. Ein Beispiel im Rahmen der Verkehrspolitik für ein Gebot ist etwa der Einbau eines Katalysators in einen Pkw, Beispiele für Verbote Geschwindigkeitsbegrenzungen, Parkraumbewirtschaftungen, Fahrverbote und das Überschreiten bestimmter Emissionsstandards. Es ist evident, daß das Arbeiten mit Zwangsmitteln für den Staat besonders effizient zu sein scheint, da er nicht, wie z.B. bei Meinungsbeeinflussung und Information sowie Steuern und Subventionen, darauf angewiesen ist, daß die Verkehrsteilnehmer wie von ihm erwartet und prognostiziert reagieren. Obwohl sie offenbar die Erreichung des angestrebten Ziels zu garantieren scheinen, werden sie in der Realität nur ungern eingesetzt, da sie sehr viele negative Elemente beinhalten. Zu nennen sind hierbei vor allem

- die Einschränkung des Freiheitsspielraums der Verkehrsteilnehmer. Freiheit beinhaltet einen Wert an sich, der innerhalb unseres gesellschaftlichen Systems sehr hoch angesetzt wird. Die verbindliche Festlegung eines bestimmten Handelns von seiten des Staates wird daher häufig als ein besonders gravierender Eingriff angesehen, der nur in besonderen Situationen erlaubt ist und einer besonderen Begründung bedarf.
- Gegenmaßnahmen von seiten der Verkehrsteilnehmer. Sie werden versuchen, sie störende verbindliche Vorschriften zu unterlaufen. Soll das Instrument greifen, muß der Staat durch einen Kontrollapparat Ausweichbewegungen verhindern.
- die Verhinderung technischen Fortschritts. Wird eine bestimmte Technologie vorgeschrieben, so besteht keinerlei Anreiz, nach neuen Technologien zu forschen, die effizienter zur Realisierung des angestrebten Zieles beitragen.

V.4 Der Einfluß anderer Bereiche auf das Verkehrsgeschehen

V.4.1 Flächennutzung/Raumordnung

Das Verkehrsgeschehen wird nicht nur über die Verkehrspolitik, sondern auch über andere Politikbereiche gelenkt, die ebenfalls Einfluß auf die objektiven und subjektiven Verhaltensdeterminanten der Verkehrsteilnehmer nehmen. Beispielhaft sei auf die Siedlungsstruktur und die Telekommunikation eingegangen.

Der Mensch überwindet Entfernungen, um am Ziel der Fahrt Tätigkeiten (Arbeiten, Ausbildung, Einkaufen, Geschäftsverrichtungen, Freizeit, Urlaub) nachzugehen, die er am Quellort gar nicht oder nicht in gleicher Qualität erfüllen kann. Das räumliche Verhältnis dieser Orte menschlicher Aktivitäten heißt Siedlungsstruktur. Liegen die nachgefragten Raumpunkte nahe beieinander (weit auseinander), so ist die durchschnittlich zurückgelegte Fahrstrecke niedrig (hoch). Bei einer entsprechend gestalteten Siedlungsstruktur ist es demnach möglich, die Verkehrsleistung und damit auch die Auswahl des Verkehrsträgers zu beeinflussen, ohne das Aktivitätsspektrum und die Mobilität des Menschen einzuschränken. Dies bedeutet im einzelnen [364], wobei je nach betrachteter räumlicher Ebene zwischen landes-, regional- und ortsplanerischen Maßnahmen unterschieden werden kann, die Umsetzung folgender Prinzipien:

a) *Das Prinzip der dezentralen Konzentration*

Das bewährte Leitbild der dezentralen Konzentration, das von den Stärken der Siedlungsstruktur in Deutschland ausgeht, erklärt sich auf zwei unterschiedlichen regionalen Ebenen. [365] Im *interregionalen* Zusammenhang geht es darum, Entwicklungspotential zu dezentralisieren, um auf der einen Seite Überschreitungen des Ballungsoptimums in Verdichtungsräumen zu vermeiden und auf der anderen Seite eine passive Sanierung (insbesondere peripherer) ländlicher Räume zu verhindern (Gefahr der zirkulären und kumulativen Verursachung nach Myrdal mit regional ungleichgewichtigen, gesamtwirtschaftlich schädlichen Wachstumsprozessen). We-

---

364 Vgl. z.B.
Holz-Rau, Christian; Kutter, Eckhard (1995);
Hesse, Markus (1995);
Sieber, Niklas (1995);
Frehn, Michael (1995);
Bundesminister für Raumordnung, Bauwesen und Städtebau (1996);
o.V. (1996);
Bundesministerium für Raumordnung, Bauwesen und Städtebau (1996b), insbesondere S. 33ff., und
Bundesamt für Bauwesen und Raumordnung (1999).

365 Eine gute Darstellung findet sich bei Brake, Klaus (1994), S. 481ff.

sentlicher Aspekt dieser großräumigen Konzeption ist die Schaffung von Entwicklungsbändern, die diese zentralen Orte miteinander verbinden, also die Schaffung von punkt-axialen Siedlungsstrukturen. Die Linienstrukturen dieses Achsenkonzeptes sind für den Einsatz von Massenverkehrsmitteln (ÖV) geeignet, da sie Verkehre bündeln; sie schaffen insbesondere gute Voraussetzungen für die Schiene.

„Auf der großräumigen Ebene bietet das punkt-axiale Konzept, wie idealisiert in Abbildung 59 *[im Originaltext: Abbildung 3]* dargestellt, den besten Ansatzpunkt für verkehrsvermeidende und ÖV-freundliche Siedlungsstrukturen. Nach dem Konzept der 'dezentralen Konzentration' sollten langfristig die Mittelzentren gestärkt werden durch

- Ansiedlung von Bevölkerung aus dem ländlichen Raum,
- Ansiedlung von Gewerbebetrieben aus Ober- und Großzentren und
- Stärkung der zentralörtlichen Versorgungsfunktionen.

Diese Klein- und Mittelstädte haben den Vorteil, daß erstens die Bewohner eine geringe Verkehrsleistung verursachen, zweitens Pendlerströme aus dem Umland von den weit entfernten Großstädten abgezogen werden können und drittens aufgrund ihrer geringen Flächenausdehnung eine höherer Anteil unmotorisierten Verkehrs möglich ist. Eine Voraussetzung für dessen Stärkung ist, daß keine weitere flächige Ausdehnung der Städte stattfindet. Deshalb müssen auch in Mittelzentren verdichtete Wohnsiedlungen angelegt werden.“ [366]

366 Sieber, Niklas (1995), S. 97f.

Abbildung 59: Zielvorstellungen für eine „MIV-arme Siedlungsstruktur"

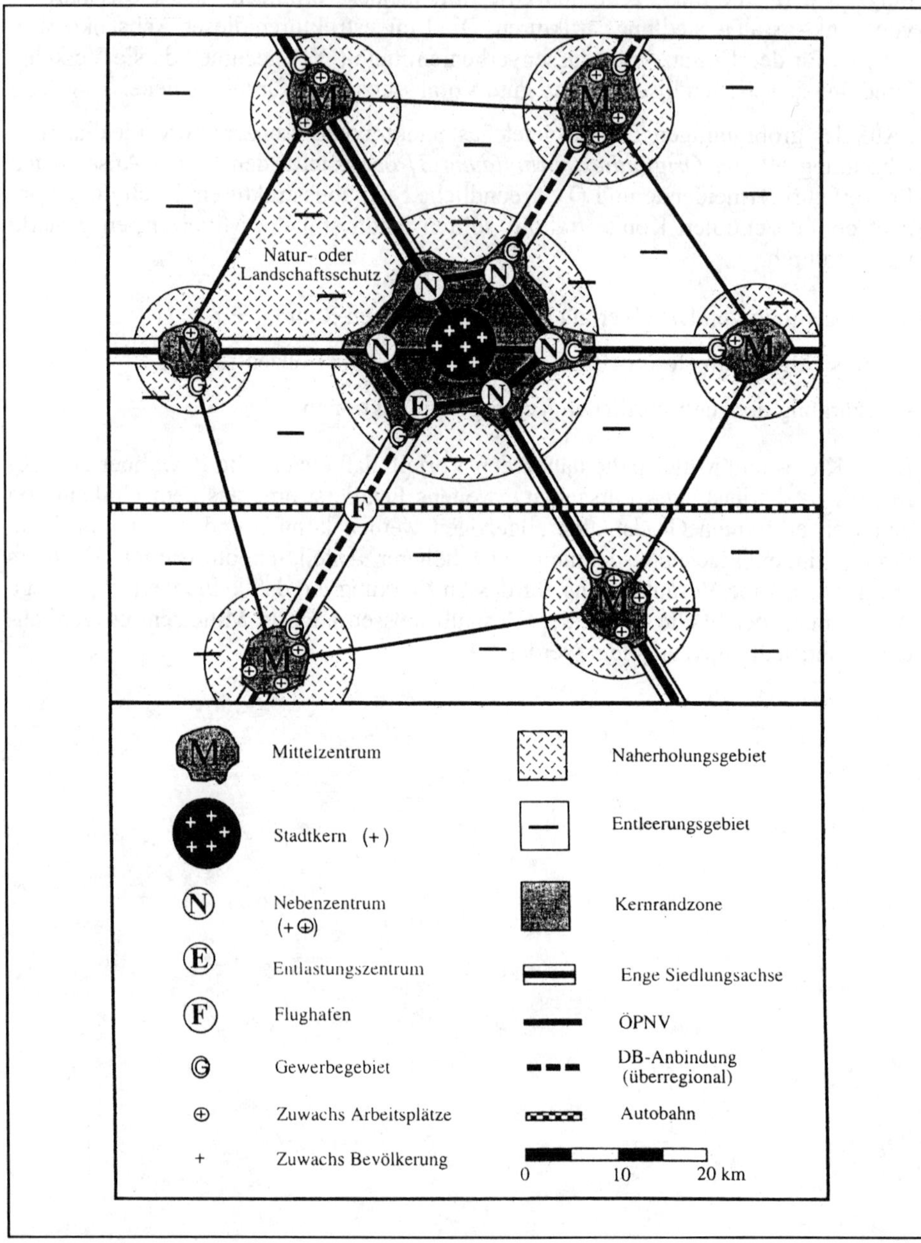

Quelle: Sieber, Niklas (1995), S. 97f.

Auf *intraregionaler* Ebene ist das Entwicklungspotential auf wenige Raumpunkte zu konzentrieren. Hierfür spricht

- die Verhinderung einer dispersen und flächenbeanspruchenden Siedlungstätigkeit (Ressourcenschonung).
- ein gebündeltes Dienstleistungsangebot in Zentralen Orten, das Verkehrsbewegungen vermindert und Akkumulationsvorteile schafft.
- die Bildung regionaler Wachstumspole, die über Urbanisierungseffekte und mögliche Vorteile der Massenproduktion die Standortattraktivität eines Wirtschaftsraumes erhöht.

Hier interessiert insbesondere der zweite Gesichtspunkt, nämlich die Minderung des Verkehrs und seine Umlenkung auf den ÖPNV. Auch dabei spielt das Modell der Siedlungsachsen eine wichtige Rolle, da sie Verkehr bündeln und so den Einsatz von Massenverkehrsmitteln erleichtern. Es ergibt sich eine direkte Analogie zur Abbildung 59, wobei das Oberzentrum (die Mittelzentren) durch die City (die Stadtteilzentren) zu ersetzen wäre.

b) Das Prinzip der Funktionsmischung

Unter einer Funktionstrennnung (Funktionsmischung) versteht man das räumliche Auseinander (Miteinander) von Einrichtungen, die unterschiedlichen menschlichen Ansprüchen Rechnung tragen.

„Gebiete, in denen *sämtliche* Funktionen mit alltäglicher Bedeutung im angemessenen Maß vorhanden sind –Wohnungen und Arbeitsplätze, Geschäfte und Schulen, privat wie öffentlich nutzbare Freiräume– ermöglichen verkehrssparsame Verhaltensweisen. Eine Mischung innerhalb der einzelnen Lebensbereiche ist dabei von Vorteil: vor allem Arbeitsplätze unterschiedlichen Charakters, Wohnungen unterschiedlichen Standards und unterschiedlicher Größe. Auch wenn sich eine soziale Mischung im engeren Sinne erfahrungsgemäß nicht stabilisieren läßt, so sollte zumindest eine gemischte Altersstruktur angestrebt werden.

Verkehrsvermeidend ist dabei nur eine ausgewogene Mischung, beispielsweise für Wohnen und Arbeiten ein Verhältnis der Anzahl der Arbeitsplätze zur Anzahl der Erwerbstätigen von '1'. Ein Arbeitsplatzüberhang, wie er die Kernstädte und insbesondere deren Innenstädte bezeichnet, ist als 'Nullsummenspiel' grundsätzlich verbunden mit Arbeitsplatzdefiziten an anderen Orten. Unabhängig von der Gemeindegröße sind Gemeinden mit ausgewogener Mischung verkehrssparsamer als Gemeinden, in denen eine der beiden Nutzungen überwiegt.

Dies gilt sinngemäß auch für den Versorgungsverkehr. Die Geschäfte in verkehrssparsamen, ausgewogen gemischten Gebieten decken den Bedarf der Gebietsbevölkerung - nicht mehr und nicht weniger. Dagegen ist eine Struktur, die in einzelnen Gebieten Defizite und damit verbunden in anderen Gebieten (City und Standorte peripherer Großeinrichtungen) einen Einzelhandelsüberschuß aufweist, verkehrsaufwendig." [367+368]

Eine verkehrsmindernde Funktionsmischung in einer Stadt der kurzen Wege möge folgendes Aussehen haben:

Abbildung 60: Stadt der langen und der kurzen Wege –Funktionstrennung und Funktionsmischung–

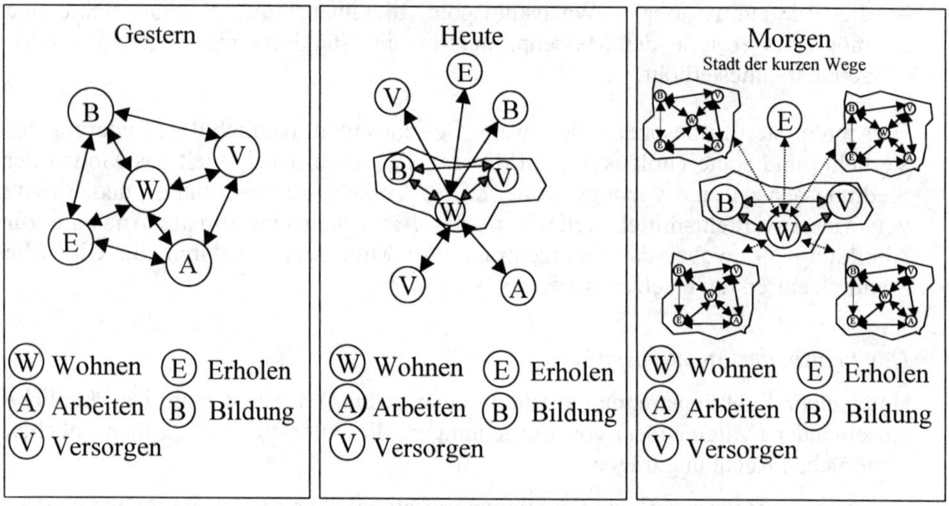

Quelle: Modifizierte eigene Darstellung nach Bundesministerium für Raumordnung, Bauwesen und Städtebau (1996b), S. 37

Heute sind die Standorte menschlicher Aktivitäten wie Wohnen, Arbeiten, Versorgen, Erholen und Bilden getrennt. Es kommt zu relativ langen Wegen zwischen dem Wohnplatz auf der einen und den übrigen Standorten auf der anderen Seite. Gelingt es, getrennte in gemischte Funktionen zu überführen, so ändert sich das Mobilitätsmuster zugunsten kurzer Wege. Die einzelnen Standorte liegen nahe beieinander; die sie trennenden Entfernungen können häufig „zu Fuß" überwunden werden und legen die Zusammenfassung bisher getrennter Wege zu Wegeketten nahe.

367 o.V. (1996), S.7f.

368 Besonders negativ werden Einkaufszentren auf der „grünen Wiese" gesehen. Diese Auffassung ist allerdings nicht unumstritten. So verweist Gerlach [Gerlach, Jürgen (1996), S. 14] darauf, daß großflächige Versorgungsstrukturen den Trend zu Großmengeneinkäufen und Kopplungseinkäufen fördern; damit reduzieren sie die Anzahl der Wege. Außerdem fangen Standorte vor der Stadt einen Teil des Verkehrs ab.

c) Das Prinzip der verträglichen Dichte

Eine kompakte Siedlungsweise reduziert die innerstädtischen Distanzen, ermöglicht das Erreichen von nahegelegenen Versorgungs- und Dienstleistungseinrichtungen zu Fuß oder mit dem Fahrrad und schafft so die Voraussetzung für ihre Tragfähigkeit. Freistehende Einfamilienhäuser mit großen Grundstücken sind mit dem Konzept der Verkehrsvermeidung nicht vereinbar. Zieladäquater sind Konzepte flächensparenden Bauens, die das „Wohnen im eigenen Haus und eigenen Garten" kompatibel mit geringen Entfernungen machen. Allerdings ist eine maximale Verdichtung nicht optimal, da sie zu einer erheblichen Ausweitung des Freizeitverkehrs führt. Es kommt nicht nur darauf an, das Wohnen attraktiv zu gestalten, sondern auch das Wohnumfeld zu verbessern, damit es attraktiv ist, hier auch seine Freizeit zu verbringen. Verdichtete Bauweisen führen nicht nur zu kürzeren Wegen, sondern auch zu einer anderen Wahl des Verkehrsträgers, wie der Übersicht 25 entnommen werden kann. Werden Entfernungen von 0-2 km überwiegend zu Fuß zurückgelegt, so wird bei größeren Distanzen der Pkw zum dominierenden Verkehrsträger.

Übersicht 25: Anteil des Verkehrsaufkommens in der Bundesrepublik 1982

Entfernung	Fuß	Fahrrad	ÖPNV	Pkw	Sonstige
0-2 km	54,5%	16,8%	2,4%	23,5%	2,8%
2-3 km	18,6%	17,3%	11,3%	48,6%	4,2%
3-4 km	9,3%	12,7%	16,8%	55,8%	4,9%
4-5 km	7,5%	9,0%	18,1%	60,8%	4,6%
> 5 km	1,0%	3,2%	16,4%	71,8%	7,3%

Quelle: KONTIV 1982, zitiert nach Sieber, Niklas (1995), S. 98

Eine weitergehende Aufspaltung und Konkretisierung der Stadt der kurzen Wege findet sich in der folgenden Übersicht, die sich auf die Stadt Oranienburg bezieht, aber in gleicher Weise auf andere Städte anwendbar ist.

Übersicht 26: Städtebauliche und verkehrliche Strategien für Oranienburg als „Stadt der kurzen Wege"

	Städtebauliche Strategien	Verkehrliche Strategien
Stadtzentrum	> „Bild der Stadt", Aufgreifen historischer Bezüge > vielfältige Nutzungsmischung/Branchenmix > attraktive Aufenthaltsflächen (Plätze, Arkaden, Passagen)	> zentrale ÖPNV-Erschließung > autofreie/autoarme Zonen > konzentriertes Parken am Zentrumsrand, ggf. Park and Ride
Stadtteilzentren Wohngebietszentren	> Sicherung der Nahversorgung > Kombination mit Schulen, kulturellen Einrichtungen etc.	> ÖPNV-Anbindung (bedarfsorientiert) > fuß- und radwegeorientierter Einzugsbereich
Verdichtetes Wohnen	> zentrumsnahe Standorte > Wohnumfeldgestaltung > wohnungsnahe Freiflächen	> gute ÖPNV-Erschließung > internes Fuß- und Radwegenetz > konzentriertes Parken am Wohngebietsrand
Gering verdichtetes Wohnen	> Zuordnung zum Stadtgebiet > Gliederung in „Nachbarschaften"	> ÖPNV-Erreichbarkeit (Bike & Ride) > flächensparende Erschließung
Industrie, Gewerbe etc.	> Abstand zu empfindlichen Nutzungen (soweit erforderlich) > Flächenrecycling	> Bahnanschluß sichern/ermöglichen > Anschluß an schwerverkehrsverträgliche Routen
Verwaltung, Dienstleistungen	> zentrumsnahe Standorte > nutzungsverträgliche Mischung mit Wohnen, Einkaufen etc.	> gute ÖPNV- und Rad-Erschließung > Parkraumbegrenzung für Bedienstete und Besucher
Freizeit- und Erholungseinrichtungen	> wohnungsnahe Angebote	> Erreichbarkeit vorrangig ohne Pkw

Quelle: Studiengesellschaft Verkehr mbH, Berlin, u.a. (1993).

In die gleiche Richtung zielen die Forderungen des für Raumordnung zuständigen (ehemaligen) Bundesministeriums für Raumordnung, Bauwesen und Städtebau mit dem Aspekt auf einen umweltgerechten Stadt- und Regionalverkehr, in dem Handlungsansätze gefordert werden, die zur Verringerung des Verkehrsaufwandes, zur Verlagerung auf umweltverträgliche Verkehrsmittel und zur ressourcen- und umweltschonenden Abwicklung des Verkehrs beitragen. „Besondere Bedeutung kommt dabei den siedlungsstrukturellen Handlungsansätzen, wie dezentrale Konzentration, Nutzungsmischung und verträgliche Dichte, zu." [369] Spezieller Handlungsbedarf wird für jene Räume gesehen, in denen durch Luftverunreinigungen, Lärmbelästigungen und Überlastungen der Verkehrsnetze ungesunde Lebensbedingungen oder unausgewogene Wirtschafts- und Sozialstrukturen bestehen oder zu entstehen drohen. [370] Dies gilt insbesondere für die Verdichtungsräume und die sie verbindenden Verkehrskorridore. Ein Ausweg wird vor allem in der Verkehrsvermeidung und der –verlagerung zulasten des

[369] Deutsches Nationalkomitee Habitat II (1996), S. 8.

[370] § 2 (1.5) des Raumordnungsgesetzes des Bundes (Fassung vom 28.04.1993, veröffentlicht in BGBl. I 1993, S. 630).

Individual- und zugunsten des Verkehrs mit hoher Massenleistungsfähigkeit gesehen. „Die Ministerkonferenz für Raumordnung sieht in der Entlastung verkehrlich hochbelasteter Räume vom Kraftfahrzeugverkehr einen unverzichtbaren Beitrag zur Sicherung der Umweltqualität und der Standortqualität der Verdichtungsräume der Bundesrepublik Deutschland sowie zur Verbesserung Ihrer Wettbewerbsfähigkeit im europäischen Kontext. Deshalb hält die MKRO die Entlastung verkehrlich hochbelasteter Räume vom Kraftfahrzeugverkehr für einen wesentlichen Inhalt der erforderlichen integrierten Siedlungs- und Verkehrskonzepte für Verdichtungsräume und die betroffenen Fremdenverkehrsregionen“. [371]

Zur Entlastung verkehrlich hochbelasteter Verdichtungsräume vom Kraftfahrzeugverkehr werden im einzelnen folgende Maßnahmen vorgeschlagen:[372+373]

1. Stärkung der dezentralen Konzentration in den Verdichtungsräumen und deren Umland

   Dies bedeutet u.a.

   * Ausbau von geeigneten Entlastungsorten im Umland mit dem Ziel einer höheren Eigenversorgung bei Arbeitsplätzen, Einkaufsmöglichkeiten sowie sozialen und öffentlichen Einrichtungen.
   * Bündelung von Verkehrsströmen in einem punktaxialen System.
   * Vorrang für den ÖPNV nicht nur im Verdichtungskern, sondern auch im Umland; Schaffung eines leistungsfähigen und attraktiven ÖPNV-Angebotes.
   * Stärkere Kooperation zwischen Kernstadt und Umland, insbesondere bei der Wohnbauland- und Gewerbegebietsausweisung sowie bei der Verkehrsentwicklungsplanung.

2. Förderung der Stadt der kurzen Wege

   * Kompakte Siedlungsstrukturen mit stärkerer Nutzungsmischung von Funktionen wie Wohnen, Arbeiten, Einkaufen, Freizeit und Kultur.
   * Konzentration der Siedlungsentwicklung auf Einzugsbereiche vorhandener oder zu errichtender Haltepunkte des Schienenpersonennahverkehrs (SPNV).

3. Prüfung der Verkehrswirkung größerer Einzelprojekte

4. Ausschöpfung der kommunalen und regionalen Steuerungs- und Regelungskompetenz für einen siedlungs- und umweltfreundlichen Verkehr in Verdichtungsräumen und ihrem Umland

---

371 Ministerkonferenz für Raumordnung (MKRO) (1997).

372 Ähnlich auch Bundesministerium für Raumordnung, Bauwesen und Städtebau (1996a), S. 92ff.

373 Zu den mit den einzelnen Maßnahmen verbundenen Entlastungeffekten vgl. Rothengatter, Werner; Gehrung, Peter; Gresser, Klaus (1998).

* Dichtes Liniennetz des ÖPNV; attraktive Bedienungshäufigkeit.
* Bike & Ride- sowie Park & Ride-Möglichkeiten sind zu verbessern.
* Beschränkung und Verteuerung des Parkangebots.
* Bevorrechtigung des ÖPNV an Signalanlagen und durch Busspuren.
* Förderung des kombinierten Ladungsverkehrs.
* Citylogistik.

5. Änderung der übergeordneten Rahmenbedingungen
   * Anlastung der externen Kosten beim Individualverkehr.

Die Maßnahmen zur Entlastung verkehrlich hochbelasteter Fremdenverkehrsgebiete vom Kfz-Verkehr konkretisieren sich in: [374]

1. Verbesserung des touristischen Angebots im öffentlichen Verkehr und für nichtmotorisierte Verkehrsteilnehmer
   * Erschließung der Fremdenverkehrsregion mit Hilfe eines attraktiven ÖV.
   * Verknüpfung mit dem regionalen ÖPNV-Angebot.
   * Spezielle Angebote im Zielgebiet (Ferientickets, Kombi-Tickets, Belohnungen über Gastgeschenke).
   * Geschlossene Rad- und Wanderwegenetze.
2. Verbesserung des touristischen Informationsangebotes
3. Begrenzung des Pkw-Verkehrs.

Die Raumordnungspolitik ist mit diesen Forderungen der interventionistischen Variante der Verkehrspolitik zuzuordnen. [375]

V.4.2 Telematik [376]

Telematik ist ein Kunstwort, das sich aus Telekommunikation und Informatik zusammensetzt. Sie bezeichnet die Gesamtheit nachrichtentechnischer Übertragungsverfahren, mit denen sich Informationen auf elektronischem Weg sammeln und verteilen lassen. Ihr Vorteil liegt in ihrer Schnelligkeit, Sicherheit, Genauigkeit und Massenleistungsfä-

374 Vgl. Deutsches Nationalkomitee Habitat II (1996).

375 Vgl. Kapitel V.1 –Ziele der Verkehrspolitik–.

376 Siehe hierzu Ernst, Matthias; Walpuski, Dirk (1997): Telekommunikation und Verkehr, München.

higkeit. Sie ermöglicht es, daß sich Informationen zielgerichtet und ohne Zeitverlust an alle übermitteln lassen, die an ihnen interessiert sind. Hier ist eine wesentlich bessere Informationsbeschaffung, -verarbeitung, -speicherung und -übertragung möglich als bisher. Ihre Anwendung im Verkehr heißt Verkehrstelematik; an die Einführung, Verbreitung und Weiterentwicklung werden große Hoffnungen im Hinblick auf eine bessere Verkehrsabwicklung geknüpft.

„Mit dem Einsatz der heute im wesentlichen marktfähigen Telematiksysteme im Verkehr wird es zukünftig möglich sein, die Kapazitäten der heute vorhandenen Verkehrsinfrastrukturen, insbesondere bei Schiene, Straße und vor allem in Engpaßbereichen, deutlich zu erhöhen und die Vernetzung und Verknüpfung der Verkehrsträger untereinander zu verbessern.

Die noch stockenden, aber politisch gewollten Verkehrsverlagerungen in Ballungsräumen vom Individualverkehr zum Öffentlichen Personennahverkehr (ÖPNV) und im Fernverkehr von der Straße auf Schiene und Wasserstraße können so wirklich in Gang gebracht werden sowie Staus, Leerfahrten und Ziel-/Parkplatzsuchverkehre vermieden, die Umweltbelastungen im Verkehr insgesamt abgebaut und die Sicherheit im Verkehr erheblich verbessert werden.“ [377+378]

Diese Hoffnung läßt sich dreifach begründen:

- Erstens kann die Verkehrstelematik dazu beitragen, die Leistungsfähigkeit der Verkehrsträger Straße, Schiene, Schiff- und Luftfahrt zu verbessern.
- Zweitens schafft die Verkehrstelematik die Voraussetzung dafür, daß es gelingt, die einzelnen Verkehrsträger in einem integrierten Verkehrssystem zu vernetzen und optimal aufeinander abzustimmen. Durch den Austausch von Informationen sind die einzelnen Angebote so aufeinander abzustimmen, daß der Verkehrsteilnehmer die für ihn jeweils günstigste Möglichkeit (einzelnes Verkehrsmittel oder eine Kombination von ihnen) auszuwählen in der Lage ist.
- Drittens ist es mit Hilfe moderner Telematik nicht nur möglich, Verkehrsprozesse effizienter zu gestalten, sondern Verkehr zu substituieren. So können Bildtelefone, ISDN-Bildübertragungsgeräte und vor allem Videokonferenzen Reisen überflüssig machen. Computerverbundnetze ermöglichen Telearbeit zuhause und substituieren so Berufspendlerfahrten, die in der Regel zu Spitzenbelastungszeiten der Verkehrsinfrastruktur stattfinden; dies macht den Entlastungseffekt um so wertvoller.

Beginnen wir mit der Betrachtung der Möglichkeiten, die die Telematik zur Optimierung der Leistungsfähigkeit der einzelnen Verkehrsträger bietet, und hierbei mit dem

---

377 Bundesminister für Verkehr (1993), S. 2.

378 Zur Erleichterung ihrer Einführung hat die Bundesregierung 1995 das Wirtschaftsforum Verkehrstelematik ins Leben gerufen, dem Spitzenvertreter von Bund, Ländern und Kommunen, des öffentlichen Verkehrs, der Automobil-, Elektro- und Elektronikindustrie, der Verkehrswirtschaft und relevanter Dienstleistungen angehören. Die dort gefaßten Grundsätze und Beschlüsse gehen aus „Verkehrstelematik –Leitlinien festgelegt“, Verkehrsnachrichten Heft 4 (1999), S. 1ff., hervor.

Straßenverkehr.[379] Hinzuweisen ist hierbei zunächst auf Verkehrszustandsinformationen, die vor Staus warnen und Empfehlungen für Umleitungen geben. Sie dienen einem besseren Verkehrsfluß und einer höheren Verkehrssicherheit. Ein erster Schritt waren hier Verkehrsfunkmeldungen, die zu festen Zeiten im Radio ausgestrahlt werden. Dieses System ist mittlerweile erheblich ausgeweitet worden. Seit 1997 kann sich der Fahrer über Mobilfunk jederzeit bei privaten Dienstleistern über die ihn interessierende Strecken informieren und so seine Fahrroute optimieren. Mit Hilfe von RDS/TMC-Autoradios können sich die Verkehrsteilnehmer ebenfalls seit 1997 „jederzeit gezielt und beliebig wiederholbar über die aktuelle Verkehrssituation für einzelne Streckenbereiche oder Regionen informieren“.[380] Anzuführen sind ferner Fahrzeugnavigationssysteme, die kürzeren Reisezeiten dienen. Hierzu gibt der Fahrer Quell- und Zielort in einen Rechner ein, der ihm unter Nutzung digitalisierter Verkehrswegenetze Routenvor-

---

379 Die hier gewählte Darstellung der Vorteile der Telematik nach Verkehrsträgern ist nur eine der möglichen sinnvollen Vorgehensweisen. Eine andere Einteilung wählt Cerwenka, der nach den Transportphasen die Möglichkeiten der Telematik bei der Vorbereitung, der Durchführung und der Nachbereitung unterscheidet.

Systematisierung der Einsatzbereiche von Informationstechnik im Verkehr

<table>
<tr><th>Phase</th><th>Personenverkehr</th><th>Güterverkehr</th></tr>
<tr><td>Transportvorbereitend</td><td>• Verabredung einer Begegnung (z.B. mit Telefon)
• Auskunfts- und Reservierungssysteme
• „Parkplatzbuchen statt Parkplatzsuchen“
• Pre-pay-Systeme zur Durchführung von Road pricing</td><td>• Frachtakquisition
• Fahrzeugdisposition („Flottenmanagement“)
• Personaldisposition</td></tr>
<tr><td>Transportbegleitend
(selektiv
+ aktuell
+ relevant
= maßgeschneidert)</td><td colspan="2">• Parkleitsysteme
• Zielführungssysteme (Individualverkehr)
• Betriebsleitsysteme (öffentlicher Verkehr)
• Flugsicherungssysteme (Luft)
• Zugsicherungssysteme (Schiene)
• Lichtsignaltechnik (Straße)
• Auskunftssysteme für Fahrwegzustand (Witterung, Unfall, Baustelle, Stau)
• Satellitennavigation
• Kommunikation mit Leitstelle zur raschen Umdisposition bei Eintritt von Unvorhergesehenem (z.B. mit Mobiltelefon)
• Automatische Ortung und Alarmierung bei Verunglückung
• Systeme automatisierten Konvoiverfahrens auf der Straße
• Fahrleistungserfassung für Road pricing</td></tr>
<tr><td>Transportnachbereitend</td><td colspan="2">Post-pay-Systeme zur Durchführung von Road pricing</td></tr>
<tr><td></td><td></td><td>• Transportstatistik
• Innerbetriebliche Erfolgskontrolle</td></tr>
</table>

Quelle: Cerwenka, Peter (1994), S. 318.

380 Hahn, Wolfgang; Kretschmer-Bäumel, Elvira (1998), S. 487f.

schläge unterbreitet. Besonders effizient sind diese Systeme, wenn sie mit Verkehrsinformations- und –warndiensten gekoppelt sind und so durch Berücksichtigung von Staus, überfüllten Parkhäusern usw. Wartezeiten und Suchverkehr verhindern. Eine hohe Bedeutung erlangt die Telematik im Straßenverkehr ferner durch kollektive Verkehrsbeeinflussungsanlagen, die aufgrund der Verkehrsdichte und –geschwindigkeit Signalanlagen automatisch steuern. Diese Steuerung kann in der Schaltung von Ampelanlagen, der Vorgabe von Höchstgeschwindigkeiten, der (Um-)Leitung des Verkehrs (etwa in der Form von Parkleitsystemen) sowie der Warnung von Glatteis und Nebel bestehen.

Für den Lkw spielt außerdem die automatische Frachtguterfassung und –begleitung eine erhebliche Rolle. Über satelliten- und mobilfunkgestützte Systeme ist es möglich, den Standort des Verkehrsmittels während des gesamten Transportvorgangs zu überwachen. Hierdurch wird der Transport sicherer; außerdem lassen sich die Transportkapazitäten wesentlich besser nutzen, indem Leer- und Suchfahrten verringert werden.

Im ÖPNV zeigt sich die Nutzung der Telematik u.a. in rechnergestützten Betriebsleitsystemen und Lichtsignalanlagen. Betriebsleitsysteme erleichtern einen reibungslosen Ablauf im spurgebundenen Verkehr. Rechnergestützte Lichtsignalanlagen geben Bussen und Bahnen an Kreuzungen Vorfahrt und machen so den ÖPNV attraktiv.

Im Rahmen des Bundesverkehrswegeplans 1992 sind für den Auf- und Ausbau der Telematik Investitionen von über 6 Mrd. DM für Schiene, Straße, Wasserstraßen und Luft vorgesehen; hierfür entfällt der größte Anteil mit rd. 4,2 Mrd. DM auf die Schiene. Dabei ist das Projekt CIR-ELKE (Computer Integrated Rail Roading - Erhöhung der Leistungsfähigkeit im Kernnetz) von besonderer Bedeutung. Hier soll durch den Einbau von verbesserter Betriebsleittechnik eine Erhöhung der Streckenleistungsfähigkeit und der besseren Auslastung der Transportgefäße ermöglicht werden, die zu einer Steigerung des Leistungsvermögens um rd. ein Drittel, vor allem im Güterverkehr, beitragen wird. Wie Lkws lassen sich Züge via Satellit jederzeit orten und besser steuern. Außerdem läßt sich die Telematik bei der Bahn zur Einrichtung elektronischer Auskunfts- und Buchungssysteme nutzen.

Im Luftverkehr hat die Telematik zu einer deutlichen Erhöhung der Verkehrssicherheit durch Informations-, Steuerungs- und Kontrollfunktionen geführt. Außerdem wird eine deutlich bessere Nutzung einzelner Flughäfen und einer Abstimmung zwischen ihnen möglich. Eine gleiche Aussage läßt sich für die Binnenschiffahrt treffen. Auch hier führt die Telematik zu den Vorteilen, die bereits bei den anderen Verkehrsträgern, insbesondere dem Lkw und dem Flugzeug, angeführt wurden. Sie ermöglicht ein deutlich verbesserndes Informationsmanagement zwischen Häfen, Versendern und Schiffahrtsunternehmen.

Der zweite Vorteil der Telematik im Verkehrsbereich liegt in der Schaffung eines Verkehrssystems, in dem die einzelnen Verkehrsträger optimal aufeinander abgestimmt und miteinander vernetzt sind; der Übergang zwischen ihnen ist zu erleichtern. „Betriebsleitsysteme und Terminals des Kombinierten Verkehrs und der mit Hilfe von Telematiktechnik reibungslose Übergang an verkehrsträger- und kundenspezifischen Schnittstellen tun ein übriges, Ladungsdispositionen, Umschlag und Wechsel zwischen den verschiedenen Verkehrsträgern erheblich zu vereinfachen und zu verbessern. Durch diese von Spediteuren und Verladern zunehmend wahrgenommenen Möglichkeiten der modernen Transporttelematik wird die Bildung von Transportketten und damit die Verlagerung von Straßentransporten auf die umweltfreundlicheren Verkehrsträger Bahn und Binnenschiffahrt erleichtert.

In Häfen als Schnittstellen für den intermodalen Verkehr wird ebenfalls Telematik als eine wesentliche Voraussetzung für den rationellen Zu- und Ablauf sowie den Warenumschlag eingesetzt.

Durch die telematikgestützte Bündelung von Güterströmen und Vernetzung von regionalem Wirtschaftsverkehr und Güterfernverkehr in Güterverkehrszentren (GVZ), ergänzt durch die Nutzung von City-Logistik (Bündelung von Warenströmen in Städten unter Einsatz von Verkehrstelematik), können in Ballungsräumen die Anzahl von Fahrten verringert, der Einsatz stadtgerechter Fahrzeuge erhöht und die Wegstreckenwahl optimiert werden, so daß dadurch ebenfalls Effizienzsteigerungen bei der Durchführung von Güterverkehrstransporten und Reduzierungen von Umweltbelastungen zu erwarten sind." [381]

Der dritte mögliche Vorteil der Telematik liegt darin, daß durch eine verbesserte Nachrichtenübertragung Verkehr ersetzt werden kann. „Die Frage, in welchem Maße telekommunikatonstechnische Übertragungsverfahren physischen Verkehr substituieren und so zur Lösung insbesondere des Straßenverkehrsproblems beitragen können, muß differenziert beantwortet werden. Es sind durchaus Substitutionspotentiale vorhanden. Durch Ergebnisse empirischer Studien werden die Vorteile einer Harmonisierung der zeitlichen und räumlichen Zusammensetzung des Verkehrs infolge von Flexibilisierungsanstrengungen jedoch stärker gewichtet. Substitutionspotentiale treten z.Z. vor allem in Bereichen auf, in denen durch Informationsdefizite ausgelöste unnötige Verkehre vermieden werden können, oder im Bereich der erzwungenen Mobilität, wenn Kostenüberlegungen eine Rolle spielen. So zwingt der durch steigende Büromieten in Großstädten sowie zunehmende Reisekosten induzierte Kostendruck viele Unternehmen zum Einsatz von Telekommunikationsmedien, um eine Dezentralisierung von Angestelltentätigkeiten (Teleworking) und/oder eine Verringerung der Geschäftsreisekosten (Teleconferencing) zu erreichen.

Die mittels empirischer Studien prognostizierten Vermeidungseffekte in bezug auf den Personenverkehr liegen zwischen 0 % und 20 % für Teleworking und zwischen 9 % und 35 % für Teleconferencing. Allerdings gehen diese Analysen naturgemäß von dem derzeitigen geringen Akzeptanzniveau neuer Telekommunikationsmedien, der starken Gewöhnung an staubedingte Wartezeiten, der großen Abneigung gegen die Substitution von persönlichen Kontakten durch Telekommunikation und dem noch nicht in allen Bereichen vorhandenen Umweltbewußtsein der Menschen aus. Daher hängen Substitutionspotentiale stark vom Verhalten der Menschen, insbesondere deren Lernverhalten, ab. Angesichts der bestehenden Verkehrsprobleme sollte aber versucht werden, auch die

381 Hahn, Wolfgang; Kretschmer-Bäumel, Elvira (1998), S. 488.

z.Z. noch als relativ gering prognostizierten Substitutionspotentiale zu nutzen, in dem die Telekommunikation als Alternative zu Teilbereichen des physischen Verkehrs bereitgestellt und gefördert wird.“ [382+383]

Ob neue Verfahren der Telematik zu einer Verflüssigung oder gar Vermeidung des Verkehrs führen, ist allerdings in der Literatur nicht unumstritten. So werden auch gegenläufige Effekte vermutet: [384]

- Zusätzliche Information schafft einen neuen Bedarf an physischer Kommunikation; es erwächst der Wunsch, die Informationssintflut mit anderen Menschen zu diskutieren, um Orientierung und Struktur zu erhalten.
- Telematik macht viele Fahrten erst möglich. So ist es mit Hilfe des Telefons unproblematisch, kurzfristig Verabredungen zu treffen.
- Die bisherige Mobilitätsforschung zeigt, daß der Mensch im Durchschnitt gleiche Zeiten, nämlich gut eine Stunde pro Tag, für Mobilität verwendet. Werden die Verkehrsabläufe flüssiger, so wird er seinen Aktionsbereich ausdehnen, da es zu einer Erhöhung der Verkehrsleistung kommt.
- Führt die Telekommunikation zunächst zu einer merklichen Entlastung von Straßen, so wird das Fahren mit dem Auto wieder attraktiver. Damit kommt es zu Gegenbewegungen zugunsten des Individualverkehrs.

382 Höller, Marcel (1994), S. 53.

383 Siehe auch Zumkeller, Dirk (1997), S. 16-21; und Rangosch-du Moulin, Simone (1998), S. 203-207.

384 Vgl. Cerwenka, Peter (1994), S. 320f.

V.5 Praktizierte Verkehrspolitik

V.5.1 Die Verkehrspolitik in der Vergangenheit

Verkehrspolitik hat auch in Deutschland eine lange Tradition. [385] Ansätze, in der Regel macht- und militärpolitisch begründet, finden sich bereits in frühesten Zeiten vor allem im Straßen- und Kanalbau. Bereits im Mittelalter lassen sich Pläne für Verkehrswegenetze, Verkehrsregeln, festgelegte Beförderungspreise, Marktzulassungsregeln, Vorschriften für die technische Ausrüstung von Fahrzeugen und Stapelrechte nachweisen. Im Merkantilismus wurde der Verkehr aus handelspolitischer Sicht stark gefördert. Eine umfassende Verkehrspolitik im heutigen Sinn entwickelte sich aber erst Ende des 18. und in der ersten Hälfte des 19. Jahrhunderts. Der Liberalismus schuf die wirtschaftspolitischen und die Entwicklung der Dampfkraft die technischen Voraussetzungen für eine sich stark ausweitende, auch großräumige Verkehrsentwicklung. Revolutionär war das Aufkommen der Eisenbahn, die die Transportkosten auf einen Bruchteil –geschätzt werden 10 % und weniger– reduzierte. In der Folgezeit war Verkehrs- weitgehend identisch mit Eisenbahnpolitik. In Deutschland sind folgende Entwicklungsschritte dabei von besonderer Bedeutung:

- 1835 fuhr die erste **Dampfeisenbahn in Deutschland** von Nürnberg nach Fürth; im gleichen Jahr wurde dort bereits ein fahrplanmäßiger Verkehr eingeführt. Anschließend erfolgte ein zügiger Bau weiterer Strecken, die überwiegend privat betrieben wurden, so etwa die 1837 in ersten Teilen freigegebene 115 km lange Strecke von Leipzig nach Dresden. [386] Die erste Staatsbahn fuhr 1838 zwischen Braunschweig und Wolfenbüttel.

  Die Bahnstrecken verliefen anfänglich nur zwischen und in der Nähe größerer Städte. Erst allmählich wurden durchgehende Linien gebaut, die durch Nebenlinien und Kleinbahnen ergänzt wurden. Zu Beginn des 20. Jahrhunderts hatte das Streckennetz bereits eine Länge von mehr als 50.000 km.

  Die bis dahin weitgehend privat betriebenen Eisenbahnen wurden zwischen 1875 und 1885 fast vollständig verstaatlicht. Die Begründung lag zum einen in ihrer hohen strategischen und militärpolitischen Bedeutung, die sich in den Kriegen 1864, 1866 und 1870/71 erwiesen hatte, und zum anderen an den Einnahmen, die der Staat aus den erheblichen Gewinnen der Eisenbahnen erzielen konnte. [387]

---

385 Siehe hierzu die Ausführungen bei Köberlein, Christian (1997), S. 136ff.

386 Nach Kellenbenz, Hermann (1988), S. 230ff.

387 Nach Linden [Linden, Walter (1961), S. 121] lieferten die fünf größten deutschen Staatsbahnverwaltungen von 3 Mrd. DM Einnahmen über 1 Mrd. DM an den Staat ab.

Bis 1920 existierten in Deutschland Länderbahnen, die ihre Aktivitäten koordinierten (Fahrplanabstimmung; Normierung der Spurweite sowie der Tunnel- und Brükkenprofile bereits ab 1847); sie wurden in diesem Jahr zur Reichsbahn zusammengeschlossen. Ihr wurden eine Reihe von Verpflichtungen auferlegt. Hierzu zählten [388]

– gemeinwirtschaftliche Aufgaben wie die Preisfestlegung nach dem Wert der transportierten Güter (Quersubventionierung in der Form einer Belastbarkeitsstaffel), eine entfernungsdegressive Preissetzung (Entfernungsstaffel), die Tarifpflicht (allgemein gültiges Preisverzeichnis), die Beförderungspflicht und die Betriebspflicht (auch unrentabler Strecken).
– die Abführung eines „angemessenen Gewinnes" an den Staat.

Sie wurde zwischen 1924 und 1933 unter dem Namen „Reichsbahngesellschaft" privatisiert und trug durch hohe Gewinne, auf deren Erzielung sie die Politik verpflichtete, maßgeblich zur Bezahlung der Reparationen für den 1. Weltkrieg bei.

- Der Siegeszug der Eisenbahnen drängte **andere Verkehrsträger** zurück, die wie Pferdegespanne vollkommen verschwanden oder sich wie die Binnenschiffahrt anpassen mußten. Konkurrenzfähig war sie nur noch bei Verwendung großer Schiffe, die leistungsfähiger Wasserstraßen bedürfen. „In Deutschland entstanden mit dem Rhein-Herne-Kanal (1906-1914), dem Dortmund-Ems-Kanal (1890-1899) und dem Mittellandkanal (1916 bis Hannover) Binnenwasserstraßen, die auch für größere Schiffseinheiten geeignet waren, den Wettbewerb mit der Eisenbahn gestatteten und die Entwicklungsfähigkeit des Kohlebergbaus, der eisen- und stahlerzeugenden Industrie wie der chemischen Industrie förderten." [389]

Anfang des 20. Jahrhunderts entstand der Bahn mit dem motorisierten Straßenverkehr ein ernstzunehmender Konkurrent; Pkw und Lkw traten ihren Siegeszug an, der sich auf ihre hohe Flexibilität und Raumerschließung gründete. Seit dem Ende des ersten Weltkriegs ging der Anteil der Eisenbahn am Gesamtverkehr im Deutschen Reich und in anderen Ländern kontinuierlich zurück.

Durch den Verlust der monopolistischen Stellung der Eisenbahn stellte sich jetzt die Frage nach der Koordinierung der Verkehrsträger. Durch staatliche Reglementierungen, Konzessionen und Tariffestsetzungen wurde in den 30er Jahren eine adäquate Verkehrsordnung angestrebt, deren Zweck zum einen in einem Schutz der Bahn und zum anderen in der gesteigerten Einflußnahme des Staates auf den Verkehrsbereich bestand.

Um es der Deutschen Reichsbahn zu ermöglichen, ihren gemeinwirtschaftlichen Verpflichtungen weiterhin nachzukommen, wurde ein Regelwerk geschaffen, das den Konkurrenzdruck deutlich milderte. „Der Straßengüterverkehr wird in Güter-

---

388 Nach Aberle, Gerd (1996), S. 106.

389 Kellenbenz, Hermann (1988), S. 233.

fern-, Güternah- und Werkverkehr unterteilt. Für den Bereich des Fernverkehrs wurden bereits 1931 Konzessionen eingeführt, die als subjektive, auf qualitative Kriterien bezogene Marktzugangsbeschränkungen zu verstehen sind. 1935 kamen noch quantitative Marktzugangsbeschränkungen als Vorläufer der späteren Kontingente hinzu. Darüber hinaus wurde die Möglichkeit des intra- sowie intermodalen Preiswettbewerbs durch die Verpflichtung beschränkt, den am Eisenbahngütertarif ausgerichteten Reichskraftwagentarif nicht zu unterschreiten. Schließlich hatten alle Fernverkehrsunternehmen dem öffentlich-rechtlichen Reichskraftwagen-Betriebsverband beizutreten. Dessen Aufgabe bestand insbesondere darin, den Reichskraftwagentarif einvernehmlich mit der Deutschen Reichsbahn zu erstellen und seine Einhaltung zu kontrollieren. — Im Gegensatz zum Güterfernverkehr blieben der Güternah- sowie der Werkverkehr zunächst noch unreguliert."[390]

Der öffentliche Straßenverkehr (Busunternehmen) wurde sowohl als Linien- als auch als Gelegenheitsverkehr der Genehmigungspflicht unterworfen.

Der noch in seinen Anfängen steckende Luftverkehr wurde noch nicht als beachtenswerter Wettbewerber der Bahn angesehen und deshalb nicht reglementiert.

Anders dagegen die Binnenschiffahrt, die ähnlich wie der Güterfernverkehr einer stringenten Marktordnung unterworfen wurde. Die Partikuliere der Binnenschiffahrt wurden in öffentlich-rechtlichen Schifferbetriebsverbänden zusammengefaßt. Das Frachtaufkommen wurde auf die Mitglieder dieser Zwangsverbände aufgeteilt. Frachtenausschüsse legten verbindliche „kostendeckende", genehmigungspflichtige Beförderungsentgelte fest.

- Die **Verkehrspolitik in der Bundesrepublik Deutschland** stand **nach dem 2. Weltkrieg** vor einer Ausgangslage, die durch erhebliche Zerstörungen im Verkehrswegenetz und bei den Fahrzeugen sowie durch eine stark reglementierte Ordnung bei allen Verkehrsträgern gekennzeichnet war. Die Hauptaufgaben für die Politik bestanden somit in einem Wiederaufbau und Ausbau der Verkehrsinfrastruktur sowie einer Neuordnung des Verkehrsbereichs. Zwar werden planwirtschaftliche Lösungen abgelehnt, weil sie „offensichtlich den freiheitlichen Prinzipien der Regierungspolitik widersprachen, zur Ausschaltung des Wettbewerbs, auf lange Sicht zur Erstarrung und Unwirtschaftlichkeit in der Verkehrsorganisation und damit zu schweren Nachteilen ökonomischer und soziologischer Art geführt hätte."[391] Doch wurden in der Praxis die strengen staatlichen Reglementierungen, die in den 30er Jahren für den Verkehrsbereich geschaffen wurden, eher verschärft.

  Das Bundesbahngesetz von 1951 schrieb der *Deutschen Bundesbahn* zwar ein Handeln nach „kaufmännischen Grundsätzen" vor, implizierte aber einen direkten Konflikt mit dem Prinzip dadurch, daß die Bahn verpflichtet wird, auch unrentable Strecken weiter zu betreiben und teilweise nicht kostendeckende Tarife zu erheben. Dafür wird die faktische Monopolstellung der Bundesbahn im Eisenbahnwesen

390 Eickhof, Norbert (1993b), S. 453.

391 Bundesminister für Verkehr (Hrsg.) (1965), S. 55.

festgeschrieben, ihr ein generelles Vorrecht bei der Errichtung neuer Strecken eingeräumt und die Konkurrenz, insbesondere der Lkw-Verkehr, streng reglementiert. Für den Staat bestanden erhebliche Eingriffsmöglichkeiten; er genehmigte die Tarife und hatte über den Verwaltungsrat der DB sowie das Verkehrs- und Finanzministerium erhebliche Mitspracherechte bei der praktizierten Unternehmenspolitik.

Nach 1945 wurde der Reichs-Kraftwagen-Betriebsverband aufgelöst; es folgte eine Periode der Deregulierung, die nach Gründung der Bundesrepublik Deutschland aber schnell wieder endete. 1952 wurden das Güterkraftverkehrsgesetz und das Personenverkehrsgesetz erlassen, die den Wettbewerb im *Straßenverkehr* erheblich einschränkten. Dies erfolgte durch zwei Gruppen von Maßnahmen:

a) „durch eine Regelung des Angebots, mit anderen Worten also durch eine Kontrolle der Zulassung von Unternehmen zu den Verkehrsmärkten; hier handelt es sich insbesondere um die Konzessionierung und Kontingentierung im gewerblichen Güterfernverkehr, die Abgrenzung des Werkverkehrs“ (Ausmerzung des unechten Werkverkehrs), „ferner um das Erlaubnis-Genehmigungsverfahren im Güternahverkehr“ (Beförderungen im Umkreis von 50 km um den Standort des Fahrzeugs) „und schließlich um das Genehmigungsverfahren im gewerblichen Personenverkehr“,

b) „durch die Bindung der Beförderungsentgelte an die behördliche Genehmigung“. [392]

Für den Güterfernverkehr bestanden also weiterhin Marktzutrittsregulierungen in der Form von Kontingenten und Konzessionen sowie zunächst als Festpreise eingeführte Tarife. Auch der Güternahverkehr wurde –wenn auch in abgeschwächter Form– in die Regulierung mit einbezogen. Der Marktzutritt war an die Erteilung einer Konzession gebunden, die sich aber nur auf eine subjektive Eignungsprüfung erstreckte; Kontingente waren nicht vorgesehen. Die zunächst ebenfalls als Festpreise eingeführten Tarife wurden 1959 in Margenpreise abgeändert. Der Werkverkehr unterlag einer Anmeldepflicht und dem strikten Verbot, Verkehrsleistungen für Dritte zu erbringen.

Auch bei der Personenbeförderung wurde weitgehend auf Reglementierungen des Dritten Reiches zurückgegriffen. So unterlag jede Personenbeförderung mit Landfahrzeugen einer Genehmigungspflicht. Konzessionen für den Taxiverkehr wurden kontingentiert, Linienkonzessionen für Busse und Straßenbahnen nur beim Vorliegen eines öffentlichen Interesses vergeben. Tarife wurden fest vorgegeben und kontrolliert.

Nach dem 2. Weltkrieg entwickelte sich ein weiterer Verkehrsträger, der *Luftverkehr*, mit hohen Wachstumsraten. Verantwortlich hierfür waren deutliche technische Fortschritte während des Krieges; sie führten zu einer erheblichen Ausweitung des Aktionsradius, der Tragfähigkeit und der Geschwindigkeit von Flugzeugen. Der Li-

392 Bundesminister für Verkehr (Hrsg.) (1965), S. 57.

nienverkehr innerhalb der meisten Staaten wurde nur von einer Gesellschaft betrieben, so in der Bundesrepublik Deutschland ab 1955 von der „Deutschen Lufthansa“. Im Rahmen des Weltflugnetzes spielte die IATA (International Air Traffic Association) organisatorisch eine große Rolle. Sie setzte „mehr und mehr die Organisationsform des Pools durch. Fluggesellschaften verschiedener Nationalitäten regulierten das Flugangebot gemeinsam und verteilten dementsprechend die Gesamteinnahmen.“ [393] Neben der weitgehenden Ausschaltung des Preiswettbewerbs durch staatliche Preissetzungen und Tarifempfehlungen durch die IATA traten weitere, den Wettbewerb verhindernde Faktoren:

- In den meisten Ländern der Welt galt (und gilt) ein strenges Kabotageverbot, d.h., ausländische Fluggesellschaften werden daran gehindert, Inlandsflüge durchzuführen.
- Ausländern wird es unmöglich gemacht, inländische Fluggesellschaften zu gründen oder zu erwerben.
- Die einzige Fluggesellschaft des Inlandes ist darüber hinaus häufig noch in staatlicher Hand, was die Gefahr von Wettbewerbsverzerrungen (z.B. in der Form von Subventionen) mit sich bringt.
- Grenzüberschreitender Verkehr wird in der Regel durch bilaterale Verkehrsabkommen zwischen den beteiligten Staaten bis ins Detail festgelegt. Hierdurch sollen gleiche Anteile am zwischenstaatlichen Verkehrsaufkommen garantiert und der Preiswettbewerb eingedämmt werden.
- Der Luftverkehr bedarf der Zuteilung von Start- und Landerechten auf Flughäfen (slots). Sind die Flughäfen in staatlicher Hand, so besteht die Gefahr der Bevorzugung der eigenen und der Diskriminierung fremder Luftverkehrslinien.

Mehrere Versuche, den Luftverkehr zu liberalisieren, scheiterten, so 1944 auf der Chicago-Konferenz und 1947 in Genf, am Widerstand der meisten europäischen Staaten. „Diese Länder fürchteten eine dauerhafte Dominanz der von den Kriegsverwüstungen weitgehend verschont gebliebenen US-Carrier. Statt der von den USA angestrebten universellen Gültigkeit der fünf Freiheiten der Lüfte gelang es lediglich, sich auf die allgemeine Anerkennung der ersten und der zweiten Freiheit zu verständigen. Sie geben den Fluggesellschaften eines Signatarstaats des Chicagoer Abkommens das Recht, einen anderen Vertragsstaat überfliegen sowie dort eine technische Zwischenlandung, insbesondere in Notfällen, einlegen zu dürfen. Die Erteilung, Einschränkung oder Verweigerung weitergehender Rechte und damit der konkrete Umfang der für die Aufnahme des gewerblichen Flugbetriebs unverzichtbaren restlichen Freiheiten ist seitdem das Ergebnis diesbezüglicher bilateraler Verhandlungen der beiden jeweils betroffenen Länder.“ [394]

---

393 Kellenbenz, Hermann (1988), S. 237.

394 Knorr, Andreas: Bilaterale, regionale oder multilaterale Liberalisierung des Luftverkehrs?, in: Internationales Verkehrswesen 9/98, S. 383.

Das Gesetz über den *gewerblichen Binnenschiffahrtsverkehr* von 1953 stellte ebenfalls die vor dem 2. Weltkrieg eingeführte Ordnung wieder her. Auch dieser Markt war danach wieder weitgehend von Konzessionen und festgelegten Tarifen geprägt.

„Das Gesetz gegen Wettbewerbsbeschränkungen (GWB) von 1957 baute die wettbewerbspolitische Sonderstellung der Verkehrswirtschaft noch weiter aus. Gemäß der alten Fassung des § 99 GWB wurde der Verkehrssektor ein wettbewerbsrechtlicher Ausnahmebereich, auf den die allgemeinen Verbots- und Kontrollvorschriften des GWB teils gar nicht und teils nur partiell angewandt werden konnten. Auf diese Weise kam es in diesem Sektor nicht nur zu den in den Verkehrsgesetzen verankerten Regulierungssystemen, die staatliche Wettbewerbsbeschränkungen implizierten, sondern auch zu kartellrechtlich legalisierten privaten Wettbewerbsbeschränkungen."[395]

- In einer **zweiten Phase der Verkehrsordnungspolitik nach dem 2. Weltkrieg** sollte „der Verkehr mit der gebotenen Umsicht an die soziale Marktwirtschaft herangeführt werden." [396] Diesem Zweck diente vor allem das Verkehrsänderungsgesetz vom 01.08.1961 („Kleine Verkehrsreform"), mit dem das Güterkraftverkehrsgesetz, das Allgemeine Eisenbahngesetz, das Bundesbahngesetz und das Gesetz über den gewerblichen Binnenschiffahrtsverkehr novelliert wurden. Mit diesem Gesetz wurde der Einfluß des Staates im Verkehrssektor begrenzt. Bei der Deutschen Bundesbahn wurden ihre gemeinwirtschaftlichen Verpflichtungen deutlich von ihrer Pflicht zur eigenwirtschaftlichen Betriebsführung abgegrenzt. Hierdurch sollte eine Stärkung der Wettbewerbsposition sowie eine Verringerung des Defizits und des Subventionsbedarfs der DB erreicht werden. Kernstück der Reform war aber, daß nach der DB und der Binnenschiffahrt auch der gewerbliche Güterverkehr ein Tarifantragsrecht erhielt. Alle binnenländischen Verkehrsträger konnten seitdem eine Tarifinitiative starten. Die Beförderungstarife wurden nun von Tarifkommissionen der drei binnenländischen Verkehrsträger eigenverantwortlich ermittelt und der zuständigen Behörde zur Genehmigung vorgelegt. Nach Auffassung der Bundesregierung standen sie nun nicht mehr nur im „Rahmen eines Leistungswettbewerbs im Schutze der staatlichen Tarifkoordinierung, ... sondern sind der rauhen Luft des Preiswettbewerbs ausgesetzt." [397]

Die Erwartungen, die sich an das Verkehrsänderungsgesetz von 1961 knüpften, erfüllten sich nicht. Im Gegenteil verschlechterte sich die Verkehrssituation auch danach. Die Bahn verlor weiter an Marktanteilen und mußte immer höher subventioniert werden. So stiegen die Leistungen des Bundes von 0,36 Mrd. DM im Jahr 1960 auf 2,8 Mrd. DM in 1966. [398] Der steigende Marktanteil von Pkw und Lkw führte zu einer immer stärkeren Belastung der Straßen. Steigende Unfallzahlen und

---

395 Eickhof, Norbert (1993b), S. 454.

396 Bundesminister für Verkehr (Hrsg.) (1965), S. 57.

397 Bundesminister für Verkehr (Hrsg.) (1965), S. 60.

398 in denen allerdings 1,14 Mrd. DM für die Abgeltung betriebsfremder und politischer Lasten enthalten waren.

die Verlangsamung des Verkehrsflusses brachten hohe soziale Zusatzkosten mit sich. Auch in der Binnenschiffahrt herrschte eine prekäre Situation. Von den damals 4 100 Binnenschiffahrtsunternehmen waren etwa 95 % mittelständische Partikulierbetriebe, die meist nur über ein Schiff verfügten, und 5 % Reedereien. Die Partikuliere führten Frachten fast ausschließlich als Unterfrachten für Reedereien durch und mußten mit einem erheblichen Preisverfall kämpfen, der sich wieder zwangsläufig auf die Tarifpolitik der Bundesbahn auswirken mußte.

- Am 08.11.1967 legte die Bundesregierung ein neues verkehrspolitisches Programm vor, das nach dem damaligen Bundesverkehrsminister **Leber-Plan** genannt wurde. Mit ihm waren folgende Zielsetzungen verbunden: [399]

  - Befriedigung der Nachfrage nach Verkehrsleistungen zu angemessenen Bedingungen.
  - Verbesserung der wirtschaftlichen Lage der drei Hauptverkehrsträger durch Anpassung der Transportkapazitäten an das Verkehrsaufkommen.
  - Optimale Aufgabenteilung der Verkehrsträger im Güterverkehr in erster Linie über die Kräfte des Marktes.
  - Schaffung einer modernen Verkehrsbedienung in der Fläche.
  - Förderung des Kombinierten Verkehrs Schiene/Straße.
  - Ausbau eines für den künftigen Bedarf ausreichenden Verkehrswegenetzes.
  - Erhöhung der Verkehrssicherheit durch gesetzgeberische, technische und erzieherische Maßnahmen.

  Als konkrete Maßnahmen wurden vorgeschlagen:

  - Bundesbahn: Verminderung des Personalbestandes bis 1972 um 82 000 Arbeitnehmer, Streckenstillegungen von etwa 3 400 km, Förderung des Huckepack- und Containerverkehrs, Förderung des Personennahverkehrs z.B. durch den Verbund mit anderen Verkehrsträgern, mittelfristige Investitionsplanung für den Zeitraum 1968-1972 im Umfang von 12,5 Mrd. DM zur Verbesserung des Leistungsangebots.
  - Straßengüterverkehr: Zusätzliche Besteuerung aller Beförderungsleistungen im gewerblichen Straßengüterverkehr (Leberpfennig) für alle Lkw mit mehr als 4 t Nutzlast, Einführung einer Beförderungssteuer ebenso für den Werkfernverkehr, Verbot des Transports einer Reihe von Massengütern (28 Gütergruppen) auf der Straße, restriktive Handhabung des Genehmigungskontingents für den gewerblichen Güterfernverkehr, Lizenzpflicht für den Werkverkehr mit Lkw über 4 t Nutzlast (die Lizenz kann versagt werden, wenn die Bundesbahn ein akzeptables Angebot vorlegt), Anhebung der Mindestmotorleistung.

---

399 Vgl. Aengenendt, Renate (1969), S. 230 ff.

- Linienflugverkehr: Liberale Vergabe von Flugkonzessionen an ausländische Gesellschaften, sofern die Deutsche Lufthansa keine unzumutbaren Einbußen erleidet und das betroffene Ausland sich zu gegenseitigen Maßnahmen entschließt.
- Binnenschiffahrt: Beeinflussung der Abwrackung und des Baus von Binnenschiffen, Zusammenschluß der Partikuliere zu Genossenschaften, gleichberechtigtes Mitwirken von Unternehmern und Verladern in den Frachtausschüssen (mit dem Ziel der Stabilisierung der Beförderungsentgelte).

Diese und weitere vorgeschlagene Maßnahmen ließen sich nicht zur Gänze umsetzen, [400] führten aber zu gesetzgeberischen Initiativen mit folgendem Ergebnis:

- Gesetz über die Besteuerung des Straßengüterverkehrs und Änderungsgesetz zum Gesetz über den gewerblichen Binnenschiffahrtsverkehr vom 01.01.1969.
- Änderungsgesetz zum Güterkraftverkehrsgesetz vom 14.05.1969.
- Änderungsgesetz zum Güterkraftverkehrsgesetz vom 22.06.1969.

Primäres Ziel, das mit diesen Maßnahmen verbunden war, war das Zurückdrängen des Lkw-Verkehrs, das die Situation primär der Deutschen Bundesbahn, aber auch der Binnenschiffahrt verbessern sollte. Hierzu wurden auch dirigistische Mittel wie Konzessionen und Beförderungsverbote angedacht und teilweise umgesetzt.

Der Leber-Plan brachte nicht die erhoffte verkehrliche Wende mit sich. Vielmehr verschärften sich die bereits vorher bestehenden Probleme weiter. Besonders deutlich wurde dies bei einer Anfang der siebziger Jahre durchgeführten Status quo-Prognose bis zum Jahr 1985, nach der sich der modal-split weiter zugunsten des Individualverkehrs entwickelte, die Deutsche Bundesbahn und der Öffentliche Personennahverkehr immer defizitärer werden und die negativen externen Effekte des Verkehrs (Unfälle, Flächenverbrauch, Staus, Emissionen) deutlich zunehmen. Das „**Kursbuch für die Verkehrspolitik**" [401] zieht daraus folgende Konsequenzen: [402]

- Die Lebensbedingungen in den Städten sollen verbessert werden. Instrumente hierzu sind die Änderung des Gemeindeverkehrsfinanzierungsgesetzes (GVFG) zugunsten des ÖPNV, Unterstützung von Verkehrsverbünden, erleichterte Einrichtung von Fußgängerzonen und Parkleitsystemen sowie ein besserer Ausgleich für die Übernahme gemeinwirtschaftlicher Aufgaben.
- Die Ertragslage der Deutschen Bundesbahn soll verbessert werden. Erreicht werden soll dies durch die Durchführung des Verkehrs nach eigenwirtschaftlichen Grundsätzen, den Ersatz unwirtschaftlichen Schienen- durch Omnibusver-

400 So mußte wegen des erheblichen Widerstandes auf das Beförderungsverbot bestimmter Güter mit dem Lkw verzichtet werden.

401 Lauritzen, Lauritz (1973).

402 In Anlehnung an Köberlein, Christian (1997), S. 155ff.

kehr sowie eine bessere Kooperation mit Unternehmen des gewerblichen Güterkraftverkehrs.

- Die Verkehrssicherheit soll verbessert werden. „In Zusammenarbeit mit dem Verkehrssicherheitsrat wurde für den Straßenverkehr ein Verkehrssicherheitsprogramm für die Bereiche Verkehrserziehung, Verkehrsaufklärung, Fahrzeugsicherheitsausstattungen, Alkohol am Steuer, Modernisierung des Führerscheinwesens, Unfallforschung und Unfallrettungswesens erarbeitet. Die Sicherheitsmaßnahmen erstreckten sich darüber hinaus auf den Schienenverkehr (z.B. Beseitigung von Bahnübergängen, Einführung des Zugbahnfunks), die Schiffahrt (z.B. Errichtung von Funkortsystemen, Einführung des Radars in der Binnenschiffahrt) und die Luftfahrt (z.B. Verbesserung der Ausbildung des Luftfahrtpersonals, Ausbau des Luftfahrtbundesamtes).“ [403]
- Der Umweltschutz soll einen höheren Stellenwert erhalten. So soll sein Stellenwert bei der Planung von Bundesfernstraßen erhöht werden. Die Emissionen der Kraftfahrzeuge sind deutlich zu reduzieren. Flugbeschränkungen und neue Technik soll den vom Flugverkehr ausgehenden Lärm verringern. Die Vorschriften für den Transport gefährlicher Güter sind zu verschärfen.
- Die Verkehrsinfrastrukturinvestitionen sollen besser aufeinander abgestimmt werden. Dies gilt sowohl auf horizontaler Ebene zwischen den einzelnen Verkehrsträgern als auch auf vertikaler Ebene zwischen Bund, Ländern und Gemeinden. Hierzu wird die Bundesverkehrswegeplanung auf eine Nutzen-Kosten-Analyse nach einheitlichen Kriterien umgestellt, die es gestattet, Infrastrukturvorhaben nach ihrer Dringlichkeit zu reihen und ihre volkswirtschaftliche Nützlichkeit aufzuzeigen. [404]

Die Verkehrspolitik versuchte, diese Ziele durch eine Politik der kleinen Schritte zu realisieren, die in Teilbereichen [Verkehrssicherheit durch bessere Fahrerausbildung, erzieherische Maßnahmen wie die „Verkehrssünderkartei“, Einführung der 0,8-Promille-Grenze, Geschwindigkeitsbegrenzungen, technische Verbesserung an Fahrzeugen (Sicherheitsgurte, Airbag), Umweltschutz durch Abgas- und Lärmgrenzwerte, Steuererleichterung für abgasarme Autos] durchaus erfolgreich war, jedoch die Probleme der Bahn und des ÖPNV trotz einer strengen Verkehrsmarktordnung nicht in den Griff bekam. Teilweise wurden bestehende Vorschriften gelockert (Einführung von Margentarifen anstelle von Festpreisen im Straßengüterverkehr, reine Preisempfehlungen im Speditionssammelgutverkehr, Abschaffung der Kontingente im Möbelfernverkehr), teilweise aber auch verschärft (Wochenend- und Feiertagsfahrverbot für Lkw mit mehr als 7,5 t zulässigem Gesamtgewicht, Verbesserung der Tarifüberwachung durch Einschaltung der Bundesanstalt für den

403 Köberlein, Christian (1997), S. 156.

404 Siehe hierzu die ausführliche Darstellung in Kapitel V.5.3.1 –Der Aus- und Neubau von Verkehrswegen im Rahmen der Bundesverkehrswegeplanung–.

Güterfernverkehr, Anstrengungen zur Unterbindung des Konzessionshandels für Güterfernverkehrsgenehmigungen).

Diese und vorhergehende Maßnahmen führten Ende der 80er Jahre zu erheblichen Regulierungen in den Verkehrsmarktordnungen, wie sie aus Übersicht 27 hervorgehen:

Übersicht 27: Regulierungen im Verkehr 1988

	Preise	Mengen	Sonstiges
Eisenbahnverkehr	Personenbeförderung: genehmigungspflichtige Tarife Güterbeförderung: überwiegend Ausnahmetarife; Tariffestsetzung durch Tarifkommission, an der die Verlader mit beratender Stimme teilnehmen, staatliche Genehmigungspflicht	Streckenneubau und -stillegungen genehmigungspflichtig	Gemeinwirtschaftliche Pflichten: Betriebs-, Beförderungs-, Tarif- und Fahrplanpflicht
Straßengüternahverkehr	Vor 1959/61 Festsetzung von Festtarifen durch Bundesverkehrsminister, seit 1961 Tariffestsetzung durch Tarifkommission (1961-1969 Verlader mit beratender Stimme, seit 1969 paritätische Beteiligung der Belader) mit staatlicher Genehmigungspflicht, seit 1959 Margentarife	Konzessionierung nach persönlicher Eignung, keine Kontingentierung	Vertragsfreiheit, Werkverkehr weder konzessioniert noch kontingentiert, aber Drittladeverbot
Straßengüterfernverkehr	Vor 1961 Festsetzung von Festtarifen durch den Bundesverkehrsminister, seit 1961 Tariffestsetzung durch Tarifkommission (Verlader mit beratender Stimme) mit staatlicher Genehmigungspflicht (Orientierung am Eisenbahngütertarif), von 1961 bis 1975 Margentarife erlaubt, seit 1975 Margentarife	Konzessionierung nach persönlicher Eignung und Kontingentierung nach volkswirtschaftlichem Bedarf	Einschränkung der Vertragsfreiheit, Werkverkehr weder konzessioniert noch kontingentiert, aber Drittladeverbot
Straßenpersonenverkehr			
• Buslinienverkehr	Genehmigungspflichtige Tarife	Konzessionen	Gemeinwirtschaftliche Pflichten; Privileg der Bundesbahn für den Schienenparallel- und –ersatzverkehr (z.B. Bahnbusse)-
• Taxiverkehr	Tarifzwang für Fahrten im Pflichtbereich	Konzessionen	Gemeinwirtschaftliche Pflichten
Binnenschiffahrt	Tariffestsetzung durch Frachtenausschüsse (1961-1969 Verlader mit beratender Stimme, vor 1961 und seit 1969 mit paritätischer Beteiligung) mit staatlicher Genehmigungspflicht, seit 1961 Margentarife erlaubt	Konzessionierung nach persönlicher Eignung, keine Regulierung der Kapazitäten durch Kontingentierung, aber seit 1969 Abwrackprämien	Werkverkehr von der Marktordnung ausgenommen
Seeschiffahrt	Frei	Frei, aber Kabotagevorbehalt	Ladungsaufteilungen im internationalen Verkehr
Luftfahrt			
• Linienverkehr	Genehmigungspflichtige Tarife	Konzessionen	Im grenzüberschreitenden Verkehr bilaterale Verträge über den Marktzugang
• Charterverkehr	Frei	Marktzugang nur gering reglementiert	

Kabotagevorbehalt: Ausländische Verkehrsunternehmen sind von der Beteiligung am Binnenverkehr ausgeschlossen;

Margentarife: Frachtentgelte, die innerhalb einer bestimmten Bandbreite schwanken dürfen.

Quelle: Deregulierungskommission, entnommen o.V. (1990), S. 5, mit eigenen Ergänzungen; siehe auch Eickhof, Norbert (1993a).

- Diese durch staatliche Interventionen und Dirigismus gekennzeichnete Situation erwies sich aus mehreren Gründen als unhaltbar:
  - Der Schutz der Bahn war trotz aller Marktinterventionen nicht erreicht worden. So sank der Marktanteil der Bahn sowohl im Personen- als auch im Güterverkehr ebenso kontinuierlich wie kräftig, etwa zwischen 1960 und 1990 von 16,1 % auf 6,2 % im Personen- und von 37,4 % auf 20,6 % im Güterverkehr, während die Verluste (einschl. erfolgswirksamer Bundeszuschüsse) im gleichen Zeitraum von 1,2 auf 14,9 Mrd. DM anstiegen.
  - Der Wettbewerb erlahmte aufgrund eines nicht möglichen Markteintritts leistungsstarker, innovativer Konkurrenten. Dies führte sowohl zu einer statischen (fehlerhafte Marktallokation) als auch dynamischen (unzureichende Einführung von technischem Fortschritt) Ineffizienz.
  - Die Markteingriffe führten zu überhöhten Tarifen, verbunden mit negativen Auswirkungen auf andere Sektoren sowie die interregionale und internationale Arbeitsteilung.
  - Die Regulierungen des Verkehrsmarktes verursachten erhebliche Kontroll- und Interventionskosten.
  - Die völlige Deregulierung des grenzüberschreitenden Straßengüterfernverkehrs, verbunden mit einer Einschränkung und baldigen Aufhebung des Kabotageverbots, führte zu einer Aushöhlung des obligatorischen nationalen Preissystems; es war nicht länger haltbar.

Diese Faktoren führten in ihrem Zusammenspiel zu einer deutlichen **Kehrtwendung der Verkehrspolitik** in Deutschland. Sie setzt in jüngster Vergangenheit verstärkt auf den Markt, indem sie

- privatisiert,
- freie Preisbildung zuläßt und
- Marktzugangsbarrieren abbaut. [405]

Verantwortlich für diese Kehrtwende in der Verkehrspolitik waren aber nicht nur die unhaltbar gewordenen Verhältnisse im Verkehrsbereich, sondern auch Vorgaben der Europäische Union (EU).

Der 1957 geschlossene und 1958 in Kraft getretene Vertrag zur Gründung der Europäischen Wirtschaftsgemeinschaft (EWGV) sah auch für den Verkehrsbereich eine relativ marktwirtschaftliche Konzeption vor. Art. 74 des EWG-Vertrages geht von einer gemeinsamen Verkehrspolitik aus, die den allgemeinen Zielen des Vertrages wie einem freien Güteraustausch und Personenverkehr verpflichtet ist. Dies macht einen Abbau hemmender Vorschriften im Verkehrssektor notwendig und verlangt

---

405 Zur heutigen Situation der Verkehrsträger vgl. Kapitel V.5.2 –Die verkehrspolitischen Rahmenbedingungen für die unterschiedlichen Verkehrsträger–.

eine Befreiung des Transportwesens aus den staatlichen Fesseln. Hierzu sollte nach Art. 75 EWGV der Verkehrsministerrat gemeinsame Regeln für den grenzüberschreitenden Verkehr aufstellen sowie die Bedingungen für die Zulassung ausländischer Unternehmen zur Durchführung rein inländischer Transporte, die sog. Kabotage, festlegen.

Die Umsetzung dieser Vorschriften durch den EG-Ministerrat erfolgte mehr als schleppend. Er ging davon aus, daß es vor einer EG-weiten Dienstleistungsfreiheit im Verkehrsgewerbe der Harmonisierung der Vorschriften in den einzelnen Nationalstaaten bedürfe, um die Grundlage für einen fairen Wettbewerb zu schaffen. Hierbei zeigte sich, daß die Verkehrsmärkte in den einzelnen Ländern sehr unterschiedlich geregelt waren, und jede Regierung den Versuch unternahm, die eigenen Regulierungen zu erhalten und für die EG verbindlich zu machen. Dabei erwiesen sich die Vorschriften in der Bundesrepublik Deutschland, insbesondere im Güterverkehr, als sehr restriktiv, während andere Staaten deutlich liberalere Verkehrsmärkte hatten. Vor diesem Spannungsverhältnis und der inflexiblen Haltung der einzelnen Mitgliedsstaaten resignierte die EG und ließ die Verhältnisse, wie sie waren.

Diese Situation wurde für das Europäische Parlament zunehmend unerträglich; es verklagte den Verkehrsministerrat wegen langjähriger Untätigkeit und wegen des Verstoßes gegen wichtige Artikel des EWG-Vertrages. Mit dem Urteil des Europäischen Gerichtshofes vom 22. Mai 1985 änderte sich die Situation im Verkehrsbereich der EG grundlegend. Er entschied, daß ungeachtet des Standes der Harmonisierung der innerstaatliche Güter- und Personenverkehr allen Unternehmen in der Gemeinschaft ohne Diskriminierung aufgrund der Staatsangehörigkeit oder des Niederlassungsortes offen stehen sollte. In Konsequenz hat der Verkehrsministerrat Ende 1985 beschlossen, alle bilateralen und Gemeinschaftskontingente zu beseitigen sowie das Kabotageverbot aufzuheben. Allerdings wurden bis zur endgültigen Umsetzung lange Fristen beschlossen, innerhalb derer ein stufenweises Vorgehen erfolgen soll.

Nach einem anderen Urteil des Europäischen Gerichtshofes vom 30. April 1986 sind, was bis zu diesem Urteil umstritten war, die Wettbewerbsvorschriften des EWG-Vertrages (Art. 85ff.) auch auf den Verkehr anzuwenden. Danach sind auch die Regierungen der Mitgliedsstaaten und nicht nur die Unternehmen an das Wettbewerbsrecht gebunden. Die Regierungen dürfen keine Tarife für verbindlich erklären oder genehmigen, die das Ergebnis kartellrechtlich verbotener Vereinbarungen oder Beschlüsse von Unternehmensvereinigungen sind. Dies bedeutet das Ende der obligatorischen innerdeutschen Preissetzungen in der Form von Fest-, Margen- und Mindestpreisen für Verkehrsleistungen.

Das 1985 ergangene richtungsweisende Urteil des Europäischen Gerichtshofes fiel mit dem Weißbuch der Kommission über die Vollendung des Binnenmarktes zusammen, der zum 01.01.1993 eingeführt wurde. „Die Kommission räumte daraufhin der Verkehrsproblematik bei ihren Schritten zur Vollendung des Binnenmarktes hohe Priorität ein, denn sie war sich darüber im klaren, daß nur beim Wegfall der Restriktionen für die Dienstleistungsfreiheit im Verkehr die Beseitigung anderer –administrativer, technischer, steuerlicher, zolltariflicher und sonstiger– Handelshemmnisse voll zum Tragen kommen würde.“ [406] Durch die Einheitliche Europäische Akte, die die Grundlage für den Europäischen Binnenmarkt bildet, wurde festgelegt, daß Fragen der Schiffahrts- und Luftverkehrspolitik mehrheitlich entschieden werden können. Für diese beiden Verkehrsträger sind außerdem Entscheidungen des Europäischen Gerichtshofes aus den Jahren 1974 und 1986 wichtig, die festlegten, daß die Seeschiffahrt und der Luftverkehr der gemeinsamen europäischen Verkehrspolitik zuzuordnen sind und demnach die Regeln der europäischen Wettbewerbspolitik Anwendung finden.

Die Verträge von Maastricht, die das Europäische Währungssystem vorbereiten sollten, ändern an den derzeit geltenden Vorschriften über die Verkehrswirtschaft wenig. Wie schon bisher kann ein Land im Ministerrat überstimmt werden, so daß eine einzelne Nation ihr nicht genehme Beschlüsse nicht mehr verhindern kann. Neu aufgenommen wurde dagegen die Vorschrift, daß alle Bestimmungen zur Verbesserung der Verkehrssicherheit (Art. 75, Ic) künftig in die Kompetenz der Gemeinschaftsorgane fallen.

- Im Rahmen der **gemeinsamen Verkehrspolitik (GVP)** will die **EU** sich in Zukunft auf fünf Hauptbestandteile konzentrieren, nämlich die Entwicklung und Integration der Verkehrssysteme in der Gemeinschaft auf der Grundlage des Binnenmarktes, die Sicherheit, den Umweltschutz, die soziale Dimension und die Außenbeziehungen. [407]

  Die Entwicklung und Integration der Verkehrssysteme in der Gemeinschaft gliedert sich in vier Hauptbestandteile, die durch den wirtschaftlichen und rechtlichen Rahmen, die technische Harmonisierung, Forschung und Entwicklung sowie die Transeuropäischen Netze gebildet werden. Innerhalb des wirtschaftlichen und rechtlichen Rahmens fallen Harmonisierungs- und Liberalisierungsmaßnahmen. Dazu zählen der Abbau von Beschränkungen beim Marktzugang, die Regelungen der Kabotage, die Einbeziehung der Eisenbahn in die Liberalisierungsmaßnahmen, die Entwicklung eines Gemeinschaftsrahmens zur Anlastung der Wege- und sonstigen Kosten an die Verkehrsnutzer, Regelungen der zivilrechtlichen Haftung und der Versicherung, Hilfe bei der Anpassung der Verkehrsträger an den Wettbewerb in einem gemeinschaftsweiten Markt sowie nicht zuletzt die Maßnahmen zur Verbesserung der Verfügbarkeit und der Qualität von Informationen über das Funktionieren des Binnenmarktes.

  Mit Hilfe der technischen Harmonisierung soll eine Interoperabilität der Verkehrssysteme innerhalb der Gemeinschaft erreicht und damit eine Beseitigung von Wettbewerbsverzerrungen vorgenommen werden. Eine solche Harmonisierung bezieht

406 Europäische Gemeinschaft (1993), S. 5.

407 Europäische Gemeinschaft (1993), S. 67.

sich auf alle Verkehrsträger und reicht etwa von der Kompatibilität der Hochgeschwindigkeitsbahnnetze bis zur technischen Harmonisierung von Ladeeinheiten, Eisenbahnausrüstungen, Wechselbehältern und Terminals im kombinierten Verkehr.

Innerhalb des Vierten Rahmenprogramms für Forschung und Entwicklung der Europäischen Union hat der Verkehrsbereich einen höheren Stellenwert erhalten. Zwar geht es insbesondere um die Erfordernisse integrierter Verkehrssysteme, deren Komplementarität und Effizienz verbessert werden soll. Einen hohen Stellenwert hat innerhalb des Forschungsprogramms auch die Telematik, die für ein besseres Funktionieren des multimodalen Verkehrssystems sowie die Verknüpfung und Interoperabilität der einzelnen Verkehrsträger sorgen soll.

Im Rahmen der Transeuropäischen Netze werden jene Verkehrswege festgelegt, die für ein Zusammenwachsen Europas besonders wichtig sind und die periphere Gebiete näher an den Europäischen Binnenmarkt heranführen. [408]

Eine hohe Priorität räumt die Europäische Union der Sicherheit für die Verkehrsteilnehmer und die Allgemeinheit ein. Im Bereich der Straßenverkehrssicherheit plant die Kommission die Durchführung eines Programms mit vorrangigen Maßnahmen zur Schulung und zum Verhalten von Fahrern, zu technischen Standards von Fahrzeugen und zu den Infrastrukturaspekten der Sicherheit. Auch bei den anderen Verkehrsträgern sollen durch angepaßte Maßnahmen die Sicherheitsstandards erhöht werden. Im Gefahrgutverkehr wird sich das Augenmerk auf die notwendige Annäherung der Haftungsregelungen bei Unfällen richten. Hierzu zählt auch die Harmonisierung der Klassifizierung, Kennzeichnung und Verpackung gefährlicher Güter.

Die Belange des Umweltschutzes erfordern auf Gemeinschaftsebene strenge Vorschriften für Abgasemissionen, Energieverbrauch und Geräuschemissionen der einzelnen Verkehrsmittel. Zu den einzelnen durchzuführenden Maßnahmen zählen u.a. aktualisierte, verschärfte und ggf. neue Rechtsvorschriften im Hinblick auf zulässige Emissionen, der Schutz der in oder bei Flughäfen lebenden und arbeitenden Menschen vor ansteigenden Lärmpegeln aufgrund der Zunahme des Luftverkehrs sowie Umweltverträglichkeitsprüfungen, die fester Bestandteil der Beschlußfassung bei infrastrukturpolitischen Maßnahmen, Programmen und Einzelentscheidungen werden.

Zum Sozialschutz zählen die Maßnahmen der Verkehrspolitik, mit denen Kriterien für den Zugang zum Beruf und zur Ausbildung festgelegt, die Lebens- und Arbeitsbedingungen verbessert, die Beschäftigungsmöglichkeiten im Verkehr gesichert und ausgebaut sowie der Dialog zwischen den Sozialpartnern und der Abschluß von Tarifverträgen gefordert werden.

Die kontinuierliche Zunahme der grenzüberschreitenden Mobilität von Personen und Waren erfordert es nach Auffassung der EG-Kommission, die Belange der Außenbeziehungen innerhalb der GVP zu stärken. Vorgeschlagen wird hierzu folgende dreistufige Strategie:

---

408 Zur ausführlichen Darstellung der Transeuropäischen Netze vgl. Kap. V.5.3.4.

- Schrittweise Umgestaltung bestehender bilateraler Vereinbarungen, damit sie sich innerhalb einer bestimmten Frist in einen Rahmen von Gemeinschaftsabkommen und -verfahren einfügen;
- Entwicklung eines globalen Konzeptes für Aufbau und Funktionieren der Verkehrssysteme in Europa, einschl. der Länder des europäischen Wirtschaftsraums und Mittel- und Osteuropas;
- Stärkung der Rolle der Gemeinschaft in den entsprechenden internationalen Organisationen.

V.5.2 Die gegenwärtigen verkehrspolitischen Rahmenbedingungen für die unterschiedlichen Verkehrsträger

Aufgrund der o.a. verkehrspolitischen Entwicklungen haben sich die Rahmenbedingungen für die Verkehrsträger in den letzten Jahren entscheidend geändert; weitere Anpassungen sind für die nächsten Jahre zu erwarten. Dies bedeutet für die wichtigsten Verkehrsträger: [409]

a) Straßengüternahverkehr [410]
   - Konzessionierung nach persönlicher Eignung.
   - Ausweitung des Radius von 50 auf 75 km seit Mai 1992.
   - Wegfall aller Tarifbindungen zum 31. Dezember 1994.

b) Straßengüterfernverkehr
   - Aufhebung aller Tarifvorschriften im grenzüberschreitenden Verkehr zum 1. Januar 1989.
   - Wegfall aller Kapazitätsbeschränkungen zum 1. Januar 1993; seitdem nur noch Konzessionierung nach persönlicher Eignung.
   - Schaffung eines Kabotagekontigents zum 1. Juli 1990, das auf die EG-Staaten aufgeteilt und jährlich erhöht wird. Zum 01. Juli 1998 wurde die unbegrenzte Kabotage eingeführt.
   - Die Lockerung und Aufhebung des Kabotageverbots gilt auch für den Werkverkehr. Weiterhin gelten für ihn bisherige Vorschriften, wonach Transporte für Dritte und der Konzernverkehr verboten sind.
   - Einführung der Tariffreiheit zum 1. Januar 1994; sie löste die 1975 eingeführten Margentarife ab.

---

409 Auf die Verkehrsträger ÖPNV und Eisenbahn wird in den Kapiteln V.5.3.2 und V.5.3.3 ausführlich eingegangen werden.

410 Seit dem 01.07.1998 ist die Trennung zwischen Güternah- und -fernverkehr mit dem neuen Güterkraftverkehrsgesetz (GüKG vom 22.06.1998, BGBl. I S. 1485) aufgehoben.

c) Binnenschiffahrt
- Konzessionierung nach persönlicher Eignung.
- Einführung der Tariffreiheit zum 1. Januar 1994; sie löste die 1961 eingeführten Margentarife ab.
- 1974 Aufhebung des Kabotagevorbehalts im Rheinstromgebiet.
- Generelle Aufhebung des Kabotagevorbehalts zum 1. Januar 1995.
- Konflikte bestehen noch im Hinblick auf das von Belgien, Frankreich und den Niederlanden praktizierte Reihenfolgeverfahren (tour-de-rôle-System), bei dem Frachten nach der Reihenfolge der Schiffsmeldungen zu festen Preisen zugeteilt werden.

d) Luftverkehr
- Die traditionelle Trennung zwischen Fluglinien- und Gelegenheits-(=Charter-) verkehr wurde innerhalb der Europäischen Union zum 1. Januar 1994 aufgehoben.
- Flugpläne sind seit diesem Zeitpunkt nicht mehr genehmigungspflichtig.
- Flugpreise und Frachtraten können im Grundsatz zwischen Kunden und Fluggesellschaft frei vereinbart werden.
- Konzessionierung nach persönlicher Eignung.
- Beschränkungen der Kabotage werden schrittweise aufgehoben. Ab 1997 wurde die Kabotage generell zugelassen.
- Diese Regelungen werden schrittweise auf ganz Europa (derzeit ohne Schweiz und Osteuropa) ausgeweitet. Außerhalb gelten die bisherigen Unterscheidungen und Vorschriften.
- Bilaterale Verträge mit anderen Staaten zum Zweck der Deregulierung und der Herstellung eines fairen Wettbewerbs, so mit den USA am 24. Mai 1994.

Übersicht 28 stellt nochmals die wichtigsten gesetzlichen Regelungen, Verordnungen und Bestimmungen zusammen.

Übersicht 28: Gesetzliche Regelungen, Verordnungen und Bestimmungen

- Luftverkehrsgesetz (LuftVG) in der Fassung der Bekanntmachung vom 14. Januar 1981 (BGBl. I S. 61), zuletzt geändert durch Artikel 4 des Gesetzes vom 23. Dezember 1993 (BGBl. I S. 2123)
- Luftverkehrszulassungs-Ordnung (LuftVZO) in der Fassung der Bekanntmachung vom 13. März 1979 (BGBl. I S. 308), zuletzt geändert durch Artikel 1 der Verordnung vom 26. Mai 1993 (BGBl. I S. 750)
- Güterkraftverkehrsgesetz (GüKG) vom 22. Juni 1998 (BGBl. I S. 1485)
- Gesetz zur Neuregelung des Fracht-, Speditions- und Lagerrechts (Transportrechtsreformgesetz – TRG) vom 25. Juni 1998 (BGBl. I S. 1588)
- Gesetz zur Aufhebung der Tarife im Güterverkehr (Tarifaufhebungsgesetz - TAufhG) vom 13. August 1993 (BGBl. I S. 1489)
- Verordnung über den Zugang zum Beruf des Unternehmers im innerstaatlichen und grenzüberschreitenden Binnenschiffsgüterverkehr vom 30. September 1992 (BGBl. I S. 1760)
- Personenbeförderungsgesetz (PBefG) vom 08. August 1990 (BGBl. I S. 1690)
- Allgemeines Eisenbahngesetz (AEG) vom 27. Dezember 1993 (BGBl. I S. 2378, 2396)

Quelle: Eigene Zusammenstellung

V.5.3 Vertiefte Behandlung ausgewählter Instrumente

V.5.3.1 Der Aus- und Neubau von Verkehrswegen im Rahmen der Bundesverkehrswegeplanung

Auf einige politische Maßnahmen und Änderungen, die ein besonderes Gewicht haben, soll im folgenden vertieft eingegangen werden. Begonnen sei mit der Verkehrsinfrastruktur des Bundes, dessen Aus- und Neubau im Rahmen der Bundesverkehrswegeplanung festgelegt wird.

Die

- Vollendung des EU-Binnenmarktes
- Herstellung der Deutschen Einheit im Zentrum eines nicht mehr geteilten Europas mit auch nach Osten offenen Grenzen
- steigende Nachfrage nach Verkehrsleistungen sowohl von Unternehmen (just-in-time, outsourcing, Globalisierung der Märkte) als auch Privaten (vor allem im Urlaubs- und Freizeitverkehr)
- zunehmende Belastung der Umwelt und die gestiegene Sensibilität der Gesellschaft für die damit zusammenhängenden Probleme

haben zu völlig neuen Anforderungen an die Verkehrspolitik geführt. Sie muß in einem ökologisch verträglichen Rahmen dafür Sorge tragen, daß die Mobilität und damit zusammenhängende soziale und wirtschaftliche Austauschprozesse auch in Zukunft gewährleistet sind.

Vor dem Hintergrund dieser Ausgangssituation hat das Bundeskabinett am 15. Juli 1992 den Bundesverkehrswegeplan (BVWP '92) als Grundlage für den Ausbau der Verkehrswege des Bundes beschlossen.[411] In ihm werden jene Verkehrsprojekte festgelegt, die in den nächsten Jahren zur Erreichung der obigen Ziele aus- bzw. neugebaut werden sollen. Dabei ist zwischen jenen Maßnahmen, die als vordringlich angesehen werden (= indisponibler Bedarf), und solchen, die einer umfassenden gesamtwirtschaftlichen Nützlichkeitsbewertung unterzogen werden, zu unterscheiden.

Zu den vordringlichen Maßnahmen zählen

- der Ersatz- und Erhaltungsbedarf sowie der Nachholbedarf in den neuen Bundesländern (191,7 Mrd. DM; davon 58 Mrd. DM „Nachholbedarf" zur qualitativen Verbesserung der Verkehrsinfrastruktur in Ostdeutschland)
- der „Überhang" (59,7 Mrd. DM). Zum „Überhang" zählen insbesondere Investitionen zur Vollendung laufender Vorhaben (Herstellung des vollen Verkehrswertes einer Maßnahme) und das Programm „Lückenschlüsse" sowie die Herstellung der unterbrochenen oder doch zu wenig leistungsfähigen Straßen- und Schienenverbindungen im ehemaligen Grenzraum.
- der noch nicht realisierte, bereits im Verkehrswegeplan 1985 nachgewiesene vordringliche Bedarf (14,5 Mrd. DM).
- die „Verkehrsprojekte Deutsche Einheit" als vorrangige Vorhaben für das Zusammenwachsen der neuen und alten Länder (57,5 Mrd. DM).

Hinzu treten neue Projekte, die einer umfassenden Bewertung unterzogen werden. Im Mittelpunkt steht dabei eine Nutzen-Kosten-Analyse, die um ökologische, städtebauliche und zusätzliche (Interdependenzen zwischen Straßen- und Schienennetz, Anbindungen von Anlagen des kombinierten Verkehrs sowie Güterverkehrszentren, politische Zusagen und Vereinbarungen mit europäischen Nachbarstaaten sowie Projekte von herausragender Bedeutung) Kriterien ergänzt wird. Übersicht 29 verdeutlicht den gesamten Ablauf der Bundesverkehrswegeplanung, an deren Ende schließlich die einzelnen Gesetzgebungsverfahren stehen. Punkt 3 wird mit Übersicht 30 weiter differenziert, die die gesamtwirtschaftliche Bewertung, ihre ergänzenden Kriterien und die sich dahinter verbergenden Teilaspekte aufzeigt.

[411] Vgl. Der Bundesminister für Verkehr (Hrsg.) (1992).

Übersicht 29: Bundesverkehrswegeplanung

	Bundesverkehrswegeplanung	
	Ablauf	Beteiligte
1	Prognose der Verkehrsentwicklung • Strukturdaten • Verkehrsentwicklung (Gesamtverkehrsprognose, Personen- und Güterverkehr) • Modal Split • Umlegung auf die Verkehrsnetze Szenarien über ordnungspolitische Rahmenbedingungen	BMV Gutachter
2	Überprüfung der Verkehrsnetze • Netzlücken, Schwachstellen • Optimierung Vorschläge für Neu- und Ausbaumaßnahmen	Länder Deutsche Bahn AG Abgeordnete BMV Verbände
3	Bewertung der Projekte • Gesamtwirtschaftliche Bewertung (Nutzen-Kosten-Verhältnis) • ökologische Beurteilung (Umweltrisikoeinschätzung) • städtebauliche Beurteilung • zusätzliche Kriterien Einstufungsvorschläge	BMV Gutachter
4	Dringlichkeitseinteilung unter Berücksichtigung der Finanzplanung BVWP-Entwurf	BMV
5	Anhörung/Abstimmung • Unterrichtung Fachkreise und Verbände • Abstimmung auf Landesebene • Abstimmung auf Bundesebene	BMV - Verbände - Länder - Bundesressorts
6	Kabinettsbeschluß • BVWP • Entwurf der Ausbaugesetze (Bundesfernstraßen, Schienenwege)	Bundeskabinett (Exekutive)
7	Gesetzgebungsverfahren bis zur Verkündung der Ausbaugesetze	Bundestag Bundesrat Bundespräsident

Quelle: Bundesministerium für Verkehr (1995)

Übersicht 30: Projektbewertung zum Bundesverkehrswegeplan 1992

I Gesamtwirtschaftliche Bewertung

- Projektnutzen aus
  - Transportkostensenkung
  - Kosten der Wegeerhaltung
  - Beiträge zur Verkehrssicherheit
  - Verbesserung der Erreichbarkeit
  - Regionale Effekte
  - Umwelteffekte (insbes. Lärm, Abgas, Trennwirkung)
- Investitionskosten
- Ergebnis Nutzen/Kosten-Verhältnis

II Ökologische Beurteilung

- Informationssammlung
  - Einstufung der Potentiale (Biotop, Landschaftsbild, Wasser und Boden)
  - Ausgewiesene Schutz- und Schongebiete
  - Einschätzung sekundärer und komulativer Effekte sowie Vorbelastung
  - Kulturgüter
- Aussage
  Konkliktdichte (5stufig) aus Überlagerung der o.g. Potentiale mit jeweiliger Empfindlichkeit gegenüber Straßenbaumaßnahmen
- Verbale Ergebnisdarstellung mit Hinweisen auf weitere Planung

III Städtebauliche Beurteilung

- Maßnahmenwirkung
  Entlastungseffekte/Nutzpotentiale bzw. Belastungseffekte/Risikopotentiale im Einflußbereich von 10 km beiderseits einer Straßenbaumaßnahme auf Stadtraumqualität, Soziale Wirkung und Umweltqualität
- Verbale Zusammenfassung und Angabe der Nutzenänderung (% N/K) aufgrund städtebaulicher Effekte

IV Zusätzliche Entscheidungskriterien

- Interdependenz
  Nachfrageverlagerung von BAB/Fernstrecken DB AG und Fernstrecken-S-Bahnen in funktionaler Parallellage
- Anbindung von Anlagen des Kombinierten Verkehrs (KV) sowie Güterverkehrszentren (GVZ)
- Internationale Verbindung
- Projekte von herausragender Bedeutung
  - „Verkehrsprojekte Deutsche Einheit“
  - Anbindung von Häfen/Flughäfen
  - „Vorsorgeplanung“ im Hinblick auf langfristige Netzkonzeption

V Einstufungsvorschlag

Quelle: Bundesministerium für Verkehr (1995)

Im Prinzip werden alle Verkehrsprojekte in den Bundesverkehrswegeplan aufgenommen, deren Nutzen-Kosten-Verhältnis >3 ist. Von dieser Einstufung kann aufgrund der übrigen Kriterien (ökologische Beurteilung, städtebauliche Beurteilung, zusätzliche Entscheidungskriterien) abgewichen werden. Für diesen Neu- und Ausbaubedarf stehen insgesamt 90,9 Mrd. DM bis zum Jahre 2010 zur Verfügung.

Damit ergibt sich insgesamt ein Investitionsbedarf von 414,3 Mrd. DM, von denen 194,9 (191,4; 28,0) Mrd. DM auf das Schienennetz (Bundesfernstraßen; Bundeswasserstraßen) entfallen. [412]

Die hierbei vorgeschlagenen Aus- und Neubaumaßnahmen im Rahmen des Straßen- und des Schienennetzes gehen aus der folgenden Abbildung 61 und Abbildung 62 hervor.

[412] 1999 weist der Bundesverkehrswegeplan eine Finanzierungslücke von 80 bis 90 Mrd. DM auf. Auch aus diesem Grund wurde beschlossen, den BVWP ´92 zu überarbeiten; ein Investitionsprogramm 1999-2002 wurde mit den Ländern vereinbart. Dies setzt sich aus hochprioritären Investitionsmaßnahmen in Höhe von 64,5 Mrd. DM und prioritären Investitionsmaßnahmen von 2,85 Mrd. DM zusammen. Die Liste der hochprioritären und prioritären Investitionsmaßnahmen umfaßt ein Investitionsprogramm für Neu- und Ausbaumaßnahmen von 36 Mrd. DM sowie rd. 31 Mrd. DM für den Erhalt der Infrastruktur. Es ist darauf hinzuweisen, daß in den NBL besonders an den „Verkehrsprojekten Deutsche Einheit" festgehalten wurde. In den NBL stehen für die vier Jahre 32,1 Mrd. DM zur Verfügung, wobei ca. 40 % für die Schienenwege angesetzt sind.
Vgl. Bundesministerium für Verkehr, Bau- und Wohnungswesen (BMVBW) (1999), S. 2.

Abbildung 61: Ausbaumaßnahmen BVWP '92 Straße (Vordringlicher Bedarf)

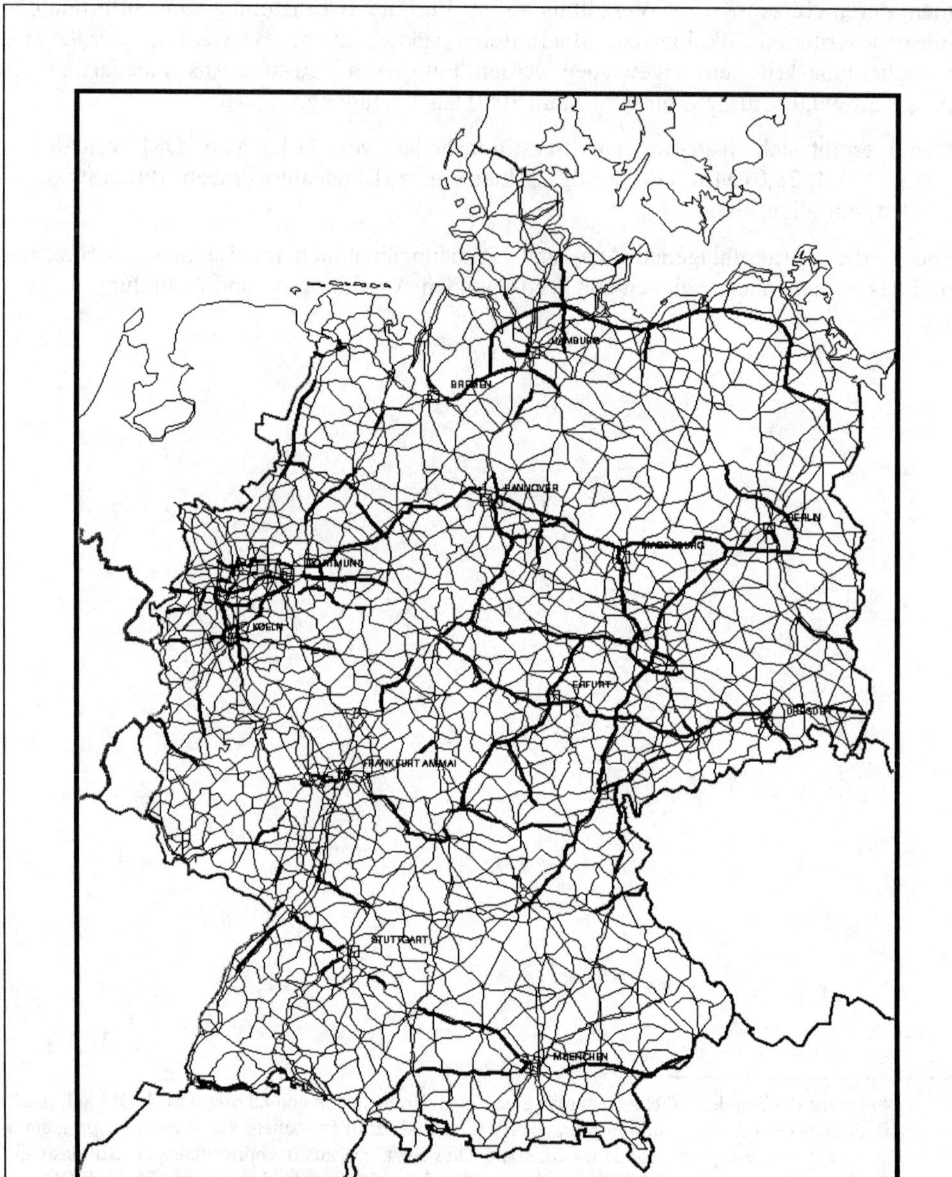

Legende: Aus-/Neubaumaßnahmen (Vordringlicher Bedarf)
Fernstraßennetz

Quelle: VERENA Gh Kassel, eigene Darstellung in Anlehnung an Bundesminister für Verkehr (Hrsg.) (1992)

Abbildung 62: Ausbaumaßnahmen BVWP '92 Schiene (Vordringlicher Bedarf)

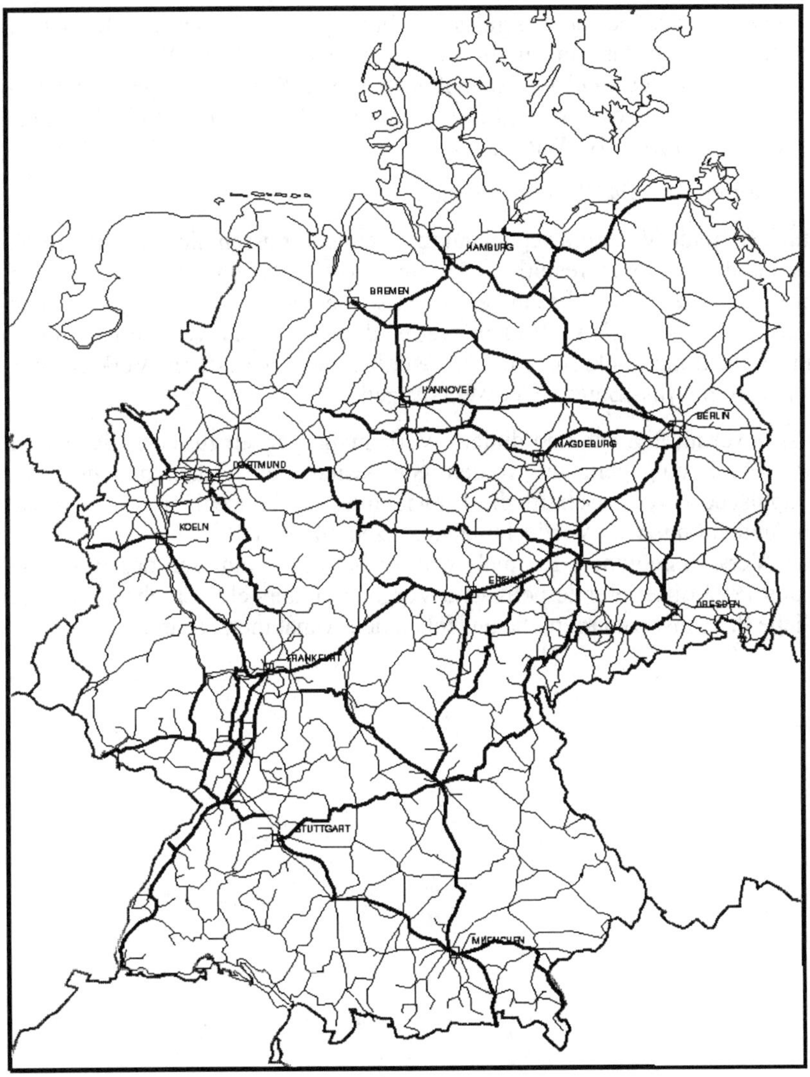

Legende: Aus-/Neubaumaßnahmen (Vordringlicher Bedarf)
Sonstige Strecken

Quelle: VERENA Gh Kassel, eigene Darstellung in Anlehnung an Bundesminister für Verkehr (Hrsg.) (1992)

Über diese Vorlagen hat der Bundestag und seine Ausschüsse beraten und sie am 30.06.1993 in der Form eines Schienenwegeausbaugesetzes und des Vierten Fernstraßenausbauänderungsgesetzes in dritter Lesung verabschiedet. Die abschließende Beratung dieser beiden Gesetze durch den Bundesrat hat im September des gleichen Jahres stattgefunden. Gegenüber dem Bundesverkehrswegeplan '92 hat der Deutsche Bundestag den Zeitraum für den vordringlichen Bedarf bis zum Jahr 2012 erweitert. Das Planungsvolumen für Neu- und Ausbaumaßnahmen von Schienenwegen, Bundesfern- und Bundeswasserstraßen des vordringlichen Bedarfs erhöht sich damit um 20 Mrd. DM gegenüber dem Ansatz des BVWP '92.

Zu den Schritten des BVWPs im einzelnen:

Will man effiziente Verkehrswegeplanung betreiben, müssen die zukünftigen Verkehrsmengen und die aus ihnen resultierenden Be- und Überlastungen der einzelnen Straßenabschnitte bekannt sein. Absehbare Engpässe deuten auf verkehrspolitischen Handlungsbedarf hin, der sich in Verkehrsvermeidung, Verkehrsverlagerung und besserer Verkehrsabwicklung konkretisiert. Eine Möglichkeit zur besseren Verkehrsabwicklung besteht in einem (Aus-)Bau von Verkehrswegen.

Daher ist es vernünftig, daß koordinierte Verkehrsprognosen zur Grundlage der Bundesverkehrswegeplanung gemacht werden. Sie basieren auf Annahmen über die soziodemographische und wirtschaftliche Entwicklung in Deutschland sowie benachbarten Ländern und münden in Verflechtungsmatrizen für den Personen- und Güterverkehr zwischen Verkehrsregionen. Erstmals wurden bei den Prognosen des Bundesverkehrswegeplans 1992 differierende politische Vorgaben unterstellt. Ergebnis sind drei unterschiedliche Prognoseszenarien, die auf folgenden Annahmen basieren:

Übersicht 31: Personen- und Güterverkehrsprognose für das Jahr 2010 [413]

		Varianten		
		Szenario "F"	Szenario "G"	Szenario "H"
Bevölkerung (Mio. E)	Alte Länder: Neue Länder:	62,1 16,0	62,1 16,0	62,1 16,0
Pkw-Bestand: (Mio.)	Alte Länder: Neue Länder:	37,3 8,2	37,3 8,2	37,3 8,2
Wirtschaftswachstum(v.H./a)	Alte Länder: Neue Länder:	2,4 5,9	2,4 5,9	2,4 5,9
Verkehrsinfrastruktur	Alte Länder: Neue Länder:	Heutiges Netz + "vordringlicher Bedarf" BVWP '92 [414] Heutiges Netz + Lückenschlüsse + Nachholbedarf + Verkehrsprojekte Deutsche Einheit		
Marktordnung		Liberalisierung im Straßengüter- und Binnenschiffsverkehr		
Nutzerkosten		reale Preisstabilität gegenüber 1985	Pkw-Kosten: + 100 v.H. [415] LKW-Kosten: + 50 v.H. [416] Zuschläge auf Flugpreise	Pkw-Kosten: + 30 v.H. [417] LKW-Kosten: + 50 v.H. [418] Bahnkosten: Preissprung beim ICE Luftfahrt: reale Preisstabilität
Parkraumbewirtschaftung		Status quo	Steigerung der Parkkosten	
Reisegeschwindigkeit im Straßennetz		Status quo	Verringerung um 5 v.H.	
Reisegeschwindigkeit im Schienennetz		deutliche Geschwindigkeitszunahme im Fernverkehr		

Quelle: Intraplan Consult GmbH, München; Institut für Angewandte Verkehrs- und Tourismusforschung (IVT), Heilbronn (1991);
Kessel + Partner Verkehrsconsultants, Freiburg i. Br. (1991);
entnommen Bundesministerium für Raumordnung, Bauwesen und Städtebau (Hrsg.) (1994), S. 155.

Bei F handelt es sich im Grunde um eine Status quo-Prognose, die die politischen Rahmenbedingungen konstant hält und damit den Trend der Vergangenheit in die Zukunft verlängert. G stellt das Kontrastszenario zu F dar; es werden drastische verkehrspolitische Maßnahmen ergriffen, so eine reale Verdoppelung der Pkw-Kosten, um den Straßenverkehr in seiner Entwicklung zu dämpfen. Das Szenario H stellt einen Mittelweg zwischen diesen beiden Extremen dar und wurde dem Bundesverkehrswegeplan zugrunde gelegt.

---

413 Zusammenfassung zentraler Annahmen der einzelnen Varianten.

414 BVWP '92: Bundesverkehrswegeplan 1992.

415 inflationsbereinigt.

416 inflationsbereinigt.

417 inflationsbereinigt.

418 inflationsbereinigt.

Aus dem gewählten Szenario H ergeben sich folgende Nachfrageprognosen im Personen- und Güterverkehr für Gesamtdeutschland und die Bundesrepublik (alt).

Tabelle 68: Nachfrageprognose zum Bundesverkehrswegeplan 1992

	Deutschland			Bundesrepublik (alt)		
	1988	2010	Veränderung (in %)	1988	2010	Veränderung (in %)
Güterverkehr (in Mrd. tkm)						
Straße – fern	122	238	+95	111	182	+64
Bahn	125	194	+55	65	132	+103
Binnenschiffahrt	63	116	+84	56	91	+63
Summe	310	548	+77	232	405	+75
Personenverkehr (in Mrd. Pkm)						
Individualverkehr	647	838	+30	562	658	+17
Bahn	62	88	+42	42	70	+67
Flugzeug	14	34	+143	13	25	+92
ÖSPV	87	110	+26	70	84	+20
Summe	810	1070	+32	687	837	+22

Quelle: Datenquellen
Güterverkehr: Kessel + Partner Verkehrsconsultants, Freiburg i. Br. (1991);
Personenverkehr: Intraplan Consult GmbH, München; Institut für Angewandte Verkehrs- und Tourismusforschung (IVT), Heilbronn (1991);

Diese erwarteten Verkehrsmengen bilden die Grundlage für die Bewertung von Verkehrsprojekten, deren Realisierung dem Bund von seiten der Länder vorgeschlagen werden; sie erfolgt in Form einer gesamtwirtschaftlichen Nutzen-Kosten-Analyse. In ihr werden die folgenden Kriterien berücksichtigt:

Übersicht 32: Komponenten der gesamtwirtschaftlichen Nutzen-Kosten-Analyse

	Komponente	Begründung und Messung
NB	Transportkostensenkung	Transportnachfrage kann mit geringerem Einsatz an Produktionsfaktoren durchgeführt werden. Verantwortlich hierfür sind Beschleunigungen, Entfernungsverkürzungen, Erhöhungen der Fahrzeugauslastung und Vergrößerungen von Fahrzeugabmessungen.
NB_1	Senkung von Kosten der Fahrzeugvorhaltung	Fahrzeugvorhaltekosten umfassen die zeitabhängigen Sachkosten. Hierzu zählen die Verzinsung des in Fahrzeugen gebundenen Kapitals, die zeitabhängige Abschreibung sowie die zeitabhängigen Instandhaltungskosten.
NB_2	Senkung von Kosten des Fahrzeugbetriebs	Zu den Betriebsführungskosten zählen vor allem die Arbeitseinkommen des Fahr- und Begleitpersonals, die leistungsabhängigen Fahrzeugabschreibungen sowie die Antriebs- und Betriebsstoffe.
NB_3	Vermeidung von Aufkommensverlagerungen	Der (Aus-)Bau von Verkehrswegen führt zu einer Änderung des modal-split. Beim aufnehmenden Verkehrszweig entstehen Beförderungsmehrkosten, beim abgebenden Verkehrszweig Kosteneinsparungen.
NW	Kosten der Wegeerhaltung	
NW_1	Erneuerung der Verkehrswege	Durch den (Aus-)Bau einer Strecke können Erneuerungsmaßnahmen entbehrlich werden, die ansonsten zur Erhaltung der Leistungsfähigkeit des Verkehrsweges erforderlich wären.
NW_2	Instandhaltung der Verkehrswege	Hierunter fallen die jährlichen Kosten für Betrieb und Instandhaltung. Die gebaute Strecke muß unterhalten werden; auf anderen jetzt entlasteten Strecken fallen dagegen geringere Instandhaltungskosten als bisher an.
NS	Beiträge zur Verkehrssicherheit	Infrastrukturmaßnahmen können zur Senkung gesamtwirtschaftlicher Unfallkosten beitragen, indem sie die Sicherheit der Fahrwege erhöhen, eine Umleitung von Fahrzeugen auf Wege mit höherem Sicherheitsgrad des gleichen Verkehrszweiges oder Verkehrsverlagerungen auf andere Verkehrszweige mit höherem Sicherheitsgrad bewirken. Die Unfallkostensätze (DM/Schadenstyp) enthalten je nach Art und Schwere des Unfalltyps den Wert der infolge von Unfällen auftretenden Produktionsausfälle, Wohlfahrtsverluste durch Invalidität, Freizeitausfälle, Behandlungskosten für stationäre und ambulante Behandlung, Sachschäden sowie anteilige Verwaltungskosten der Versicherungen, Rechtsfolgekosten und Polizeikosten.
NE	Verbesserung der Erreichbarkeit von Fahrtzielen	Zeitersparnisse im Sinne von Transportdauerverkürzungen ergeben sich als Folge von Verkehrsinfrastrukturinvestitionen, wenn die erwartete Verkehrsnachfrage im Planungsfall mit geringerem Zeitaufwand abgewickelt werden kann als im Vergleichsfall. Für den gewerblichen (nicht-gewerblichen) Personenverkehr wird in einem Stundensatz von 31,50 DM (6,-- DM) gearbeitet. Für den Lkw- und Omnibusverkehr sind diese Sätze bereits in der Senkung der Kosten des Fahrzeugbetriebs (NB_2) enthalten.

	Komponente	Begründung und Messung
NR	Regionale Effekte	
NR_1	Beiträge zur Überwindung konjunkturneutraler Unterbeschäftigung aus dem Bau von Verkehrswegen	Hier wird davon ausgegangen, daß durch den (Aus-)Bau von Verkehrswegen Arbeitsplätze erhalten und geschaffen werden. Der Wert dieser Arbeitsplätze wird mit den Kosten angesetzt, die dem Staat entstehen, wenn er im Rahmen der regionalen Strukturpolitik Arbeitsplätze zu schaffen versucht. Für die alte Bundesrepublik Deutschland wird pro Arbeitsplatz und Jahr ein Betrag von DM 20.500,-- angesetzt, für die neuen Bundesländer DM 27.000,--.
NR_2	Beiträge zur Überwindung konjunkturneutraler Unterbeschäftigung aus dem Betrieb von Verkehrswegen	Investive Maßnahmen an der verkehrlichen Infrastruktur können die Standortgunst von Regionen verbessern und damit zur Stabilisierung alter und zur Schaffung neuer Arbeitsplätze beitragen. Aufgrund von ökonometrischen Untersuchungen wird davon ausgegangen, daß ein Kilometer Autobahn bis zu acht Arbeitsplätzen sichern bzw. schaffen kann. Die Bewertung dieser Arbeitsplätze geschieht wie bei NR_1.
NR_3	Raumordnerische Vorteile	Raumordnungspolitik will die Gleichwertigkeit der Lebensbedingungen in allen Regionen in Deutschland. Von daher erhalten jene aus- oder neuzubauenden Strecken einen Zuschlag, die vor allem bisher relativ schlecht erschlossenen Wirtschaftsräumen Nutzen bringen. Diese Nutzenkomponente geht als prozentualer Anteil aus der Summe der Verbilligung von Beförderungsvorgängen, der Verbesserung der Erreichbarkeit von Fahrtzielen und der regionalen Effekte NR_1 und NR_2 in die Berechnungen ein.
NR_4	Förderung des internationalen Informations- und Leistungsaustauschs	Ähnlich wird bei dieser Nutzenkomponente verfahren. Die Strecken erhalten hier einen Zuschlag, die im Zuge vorhandener oder geplanter internationaler Verbindungen Bedeutung haben oder die die Hinterlandverbindungen der deutschen Seehäfen verbessern.
NU	Umwelteffekte	
NU_1	Verminderung von Geräuschbelastungen	Im Rahmen dieser Komponente wird berechnet, inwieweit Personen durch eine aus- oder neugebaute Strecke mit Lärm belastet oder entlastet werden. Die monetäre Bewertung orientiert sich an den Wettbewerbspreisen für Schallschutzfenster. Soweit Verkehrswegeprojekte Geräuschbelästigungen hervorrufen (verringern), stiften sie negativen (positiven) Nutzen.
NU_2	Verminderung von Abgasbelastungen	Wertungsrelevant bei dieser Komponente sind sowohl intramodale Wirkungen (verminderte Energieverbräuche je Leistungseinheit, Umlenkung von Fahrzeugströmen in weniger umweltempfindliche Zonen, verkürzte Fahrtweiten) als auch Aufkommensverlagerungen zwischen Verkehrszweigen mit unterschiedlicher Immissionsintensität. Eine Bewertung erfolgt mit Hilfe von Ertragsverlusten bzw. Mehraufwendungen für die Schadensbekämpfung (Schadenswerte).
NU_3	Verminderung von Trennwirkungen	Durch den Bau von Ortsumgehungen und die damit verbundene verkehrliche Entlastung von Ortsdurchfahrten läßt sich die von stark belasteten Ortsdurchfahrten verursachte Trennwirkung vermindern. In Abhängigkeit vom Straßentyp und der Verkehrsstärke ergeben sich unterschiedliche Fußgängerwarte- und Umwegzeiten für das Überqueren der Fahrbahn. Für die Bewertung der Zeitverluste wird der gleiche Zeitkostensatz wie bei der Verbesserung der Erreichbarkeit (NE) verwendet.

Komponente		Begründung und Messung
NU_4	Verminderung von Beeinträchtigungen der Wohnqualität und der Kommunikation	Fahrzeugströme können auch über eine eingeschränkte Nutzung des Lebensraumes sowie die Beeinträchtigung des Ortsbildes Umweltnachteile zufügen. Zur Abbildung dieser Wirkungen kann die Bereitschaft der an einer stark belasteten Innerortsstraße wohnenden Bevölkerung herangezogen werden, für eine Wohnung in einer vergleichsweise unbelasteten Wohnstraße eine den Wert anderweitig erfaßter Umweltbelastungen übersteigende Miete zu zahlen. Die monetäre Bewertung der Nutzenkomponente NU4 ergibt sich aus der jeweils streckenspezifischen Verkehrsstärke, der Anzahl betroffener Personen sowie einem aus der Zahlungsbereitschaft abgeleiteten Wertansatz.
NF	Erfüllung von verkehrsfremden Funktionen	Verkehrswege können in Ausnahmefällen auch verkehrsfremde Funktionen erfüllen. Von Bedeutung für die gesamtwirtschaftliche Bewertung ist dies in erster Linie bei Investitionen an Bundeswasserstraßen, insbesondere in den Bereichen der Energieerzeugung aus Wasserkraft, des Hochwasserschutzes, der wasserwirtschaftlichen Ver- und Entsorgung sowie der Freizeitgestaltung. Entsprechende Bewertungen lehnen sich im wesentlichen an Ersparnissen an Kosten zweckadäquater Alternativen an.

Quelle: Eigene Zusammenstellung nach PLANCO-Consulting-Gesellschaft (1993), S. 8 und S. 25ff.

Betrachten wir beispielhaft die Ergebnisse für den Bau der A 44 zwischen Düsseldorf und Unna; die für die einzelnen Streckenabschnitte errechneten Ergebnisse im Rahmen der Nutzen-Kosten-Analyse gehen aus der Tabelle 69 hervor.

Tabelle 69: Ergebnisse der Nutzen-Kosten-Analyse zur A 44 zwischen Düsseldorf und Unna

Abschnitte der A 44 / Kriterium		Strümp-Messe (Rheinquerung)	Ratingen-westl. Velbert (Ausbau von 4 auf 6 Spuren)	Essen / Dilldorf-AK BochumWitten	AK Dortmund/ Witten-A1
werktäglicher Verkehr		79 100	41 800	53 600	53 700
jährl. Nutzen u. Kosten (in Mill. DM)					
Transportkostensenkungen	NB	150,241	2,953	120,928	55,928
Kosten der Wegeerhaltung	NW	-0,282	-0,055	-0,689	-0,767
Beiträge zur Verkehrssicherheit	NS	8,667	0,707	10,334	0,545
Verbesserung der Erreichbarkeit	NE	30,368	1,537	54,160	24,483
Regionale Effekte	NR	0,167	0,081	31,506	11,700
Umwelteffekte	NU	6,046	0,113	10,179	7,882
Summe Nutzen		195,208	5,337	226,418	99,772
Investitionskosten		22,708	1,560	33,354	31,320
Nutzen-Kosten-Verhältnis		8,6	3,4	6,8	3,2
Einstufungsvorschlag		vordringlicher Bedarf	weiterer Bedarf	vordringlicher Bedarf	weiterer Bedarf

Quelle: Berechnungen zum Bundesverkehrswegeplan '92, entnommen Eckey, Hans-Friedrich; Horn, Klaus; Stock, Wilfried (1995), S. 7

Alle Streckenabschnitte erreichen ein Nutzen-Kosten-Verhältnis >3, wobei die Rheinquerung sowie Essen/Dilldorf-AK Bochum/Witten besonders günstig abschneiden. Wegen einer Interdependenz mit der S-Bahn wird der Ausbau der A 44 im Bereich Ratingen-Velbert, wegen erheblicher Umweltprobleme der Neubau AK Dortmund/Witten-A 1 trotz über drei liegender Koeffizienten nur in den weiteren Bedarf aufgenommen.

Es bleibt festzuhalten, daß mit der durchgeführten Nutzen-Kosten-Analyse ein im Prinzip richtiger Weg beschritten wird; die Bundesverkehrswegeplanung steht auf einem hohen methodischen Niveau und macht ihre Ergebnisse intersubjektiv vergleich- und nachvollziehbar. Dennoch ergeben sich eine Reihe von Kritikpunkten, die genereller oder spezieller Natur sein können. Zu den generellen Einwendungen und Verbesserungsvorschlägen zählen: [419]

- Die Bundesverkehrswegeplanung nimmt eine Bewertung von Einzel-Investitionsprojekten und keine umfassende, verkehrsträgerübergreifende Systemoptimierung vor. Die einzelnen, dem Bund angemeldeten Projekte werden nämlich nacheinander und einzeln einer Nutzen-Kosten-Analyse unterworfen. Bezugsfall ist dabei jeweils das heutige Verkehrswegenetz, ergänzt um die politisch gesetzten, vordringlichen Maßnahmen, Planfall dieses Verkehrswegenetz, ergänzt um die in ihren Effekten zu bewertende Maßnahme. Durch diese Vorgehensweise wird die gegenseitige Interdependenz der einzelnen Verkehrsinfrastrukturprojekte nicht berücksichtigt. Es ist aber unmittelbar evident, daß solche Interdependenzen bestehen.

  Hierzu ein Beispiel:

  B D
  ‖ ‖
  A C

  Die in unmittelbarer Nähe zueinander gelegenen Städte A und B bzw. C und D seien mit Autobahnen untereinander verbunden. Zwischen A und C sowie zwischen B und D fehlen aber solche leistungsfähigen Straßenverbindungen. Berechnet man jetzt nacheinander das Nutzen-Kosten-Verhältnis einmal für eine Autobahn von A nach C und dann für eine solche Verbindung von B nach D, würde man Verkehrsmengen doppelt zählen und die zukünftige Verkehrsinfrastruktur viel zu günstig bewerten. Fügt man nämlich das geplante Straßenprojekt von A nach C in das heutige Verkehrswegenetz ein und führt anschließend Verkehrssimulationen durch, so fließt auch der Verkehr von B nach D und C über A und damit über die neue Autobahn. Fügt man anschließend die neue Autobahn von B nach D in das heutige Verkehrswegenetz ein, so würde der Verkehr von A nach D und C über B und damit über die andere geplante Autobahnstrecke führen. Der gleiche Verkehr würde beiden Autobahnprojekten angerechnet, die damit in ihren Effekten deutlich überzeichnet würden. Hier hilft eine Systemoptimierung, die die wechselseitige Abhängigkeit der Infrastrukturprojekte mit berücksichtigt. Praktisch kann man so vorgehen, daß man die einzelnen Verkehrsprojekte zunächst nacheinander so bewertet, wie dies bisher geschieht. Aus dieser Liste der Projekte wählt man dann jenes mit dem höchsten Nut-

---

419 Siehe hierzu den Wissenschaftlichen Beirat beim Bundesminister für Verkehr (1996), S. 99ff.

zen-Kosten-Koeffizienten ein. Die übrigen Projekte bewertet man dann anschließend neu, wobei der Bezugsfall nicht das heutige Verkehrswegenetz ist, sondern dieses Verkehrswegenetz, ergänzt um die Verkehrsmaßnahme mit dem im ersten Schritt errechneten höchsten Nutzen-Kosten-Koeffizienten usw. Auf diese Weise würde vermieden werden, Verkehrsströme doppelt zu zählen und wechselseitige Interdependenzen unberücksichtigt zu lassen.

- Die internationale Bedeutung von verkehrsinfrastrukturellen Maßnahmen wird lediglich, wie oben ausgeführt, durch Aufschläge berücksichtigt. Hier wäre es methodisch sehr viel sauberer und auch dem europäischen Einigungsprozeß angemessener, die Effekte für die ausländischen Verkehrsteilnehmer in gleicher Weise zu bewerten, wie dies bereits heute für die deutschen Verkehrsteilnehmer geschieht.
- Die Nachfrage nach Verkehrsleistungen wird im Bundesverkehrswegeplan in einem ersten Schritt berechnet und dann als gegeben vorausgesetzt. Neue Infrastrukturmaßnahmen, also ein verbessertes Verkehrswegenetz, verringern aber die Raumwiderstandsfunktionen und erhöhen damit den Aktionsradius der Verkehrsteilnehmer; gegenüber dem heutigen Zustand werden sie mehr fahren und längere Strecken zurücklegen. Diese Rückkoppelungsschleife müßte im Bundesverkehrswegeplan Berücksichtigung finden, tut dies aber nicht. Hierdurch wird der (falsche) Eindruck erweckt, daß mit Hilfe einer verbesserten Infrastruktur vorhandene und absehbare Verkehrsprobleme relativ leicht gelöst werden können.
- Das der Analyse zugrunde gelegte, großräumige Verkehrswegenetz wird in den durchgeführten Berechnungen nicht mit dem kleinräumigen, intraregionalen Verkehrswegenetz verknüpft. Damit kümmert sich der Bundesverkehrswegeplan nicht darum, was mit jenen Verkehrsmengen geschieht, die zwar nach Verbesserung der Verkehrsinfrastruktur relativ leicht von A nach B fahren können, dort aber wiederum auf eine hoffnungslos überlastete Verkehrsinfrastruktur treffen. Die Fahrt zwischen der benutzten Autobahnauffahrt und der gewählten -abfahrt mag leichter werden, die Fahrt von dieser Abfahrt bis zur Innenstadt aufgrund der gestiegenen Verkehrsmengen dagegen um so problematischer.
- Die gewählten Nutzenkomponenten NB, NW, NS und NE stellen lediglich mehr oder weniger plausible Annäherungen für den eigentlichen Nutzen dar, der auf der Zahlungsbereitschaft der Verkehrsteilnehmer basiert. Die hierdurch möglicherweise auftretenden Verzerrungen seien am fiktiven Beispiel des Ausbaus einer Eisenbahnstrecke erläutert. [420]

  Beim Personenverkehr [421] gelte in bezug auf eine bestimmte Trasse die Nachfragefunktion PP_1NP_1. PP_1 ist der vor Ausbau der Trasse herrschende Prohibitivpreis, bei dem die Nachfrage nach Verkehrsleistungen 0 wäre. NP_1 ist das Nachfragepotential bei einem Nulltarif.

---

420 Die folgenden Ausführungen basieren auf Arnold, Volker; Eckey, Hans-Friedrich; Klemmer, Paul (1986), S. 53ff.

421 Die beispielhaft für den Personenverkehr vorgebrachten Überlegungen gelten in gleicher Weise auch für den Güterverkehr.

Kommt es zu einer höheren Attraktivität der Trasse durch eine bessere Zugfolge, höheren Bedienungskomfort auf der Strecke, geringere Fahrzeiten usw., verschiebt sich die Nachfragefunktion nach rechts (vgl. Abbildung 63). Bleibt es beim gleichen Fahrpreis FP wie bisher, steigt die Nachfrage nach Verkehrsleistungen (in Personenkilometern) von N_1 auf N_2.

Abbildung 63: Erhöhung der Nachfrage durch Ausbau einer Trasse

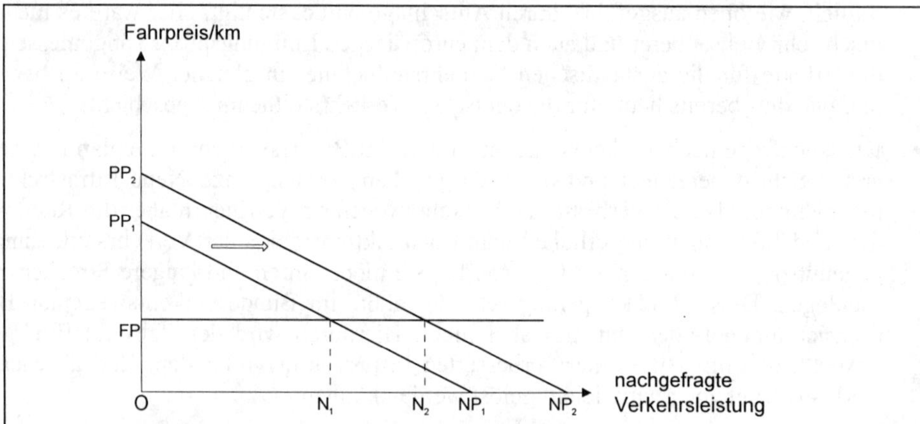

Legende:
FP = Fahrpreis
PP = Prohibitivpreis
NP = Nachfragepotential bei Null-Tarif
N = Nachfrage bei einem Fahrpreis FP
Index 1 = Zustand vor Ausbau der Trasse
Index 2 = Zustand nach Ausbau der Trasse

Quelle: Eigene Darstellung

Im Bundesverkehrswegeplan werden der ausgebauten Trasse u.a. zwei Nutzenkomponenten wie folgt zugerechnet:

- Für die bereits bisher mit der Bahn fahrenden Personen kommt es zu einer Zeitersparnis, die aufgrund von unterstellten Lohnsätzen in Geldeinheiten umgerechnet wird.
- Beim zusätzlich induzierten Verkehr der Eisenbahn wird unterstellt, daß er aus einer Substitutionsbeziehung mit anderen Verkehrsträgern, vor allem dem Pkw resultiert; induzierter Neuverkehr wird nicht berücksichtigt. Der Trasse werden die hierdurch entstehenden geringeren volkswirtschaftlichen Kosten der Fahrzeugvorhaltung und des Fahrzeugbetriebs gutgeschrieben.

Die Vorgehensweise bei der Berechnung der Substitutionseffekte zwischen den Verkehrsträgern Pkw und Bundesbahn sei in einem Diagramm verdeutlicht:

Abbildung 64: Berechnung der Nutzenkomponente NB_3 im Bundesverkehrswegeplan

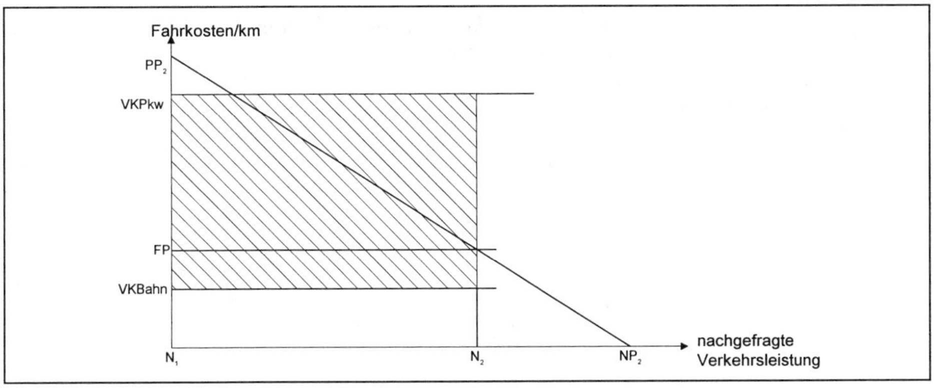

Legende:

Im Bundesverkehrswegeplan unterstellte volkswirtschaftliche Nutzensteigerung aufgrund der Senkung von Beförderungskosten durch Verlagerungen zwischen den Verkehrsträgern.

Quelle: Eigene Darstellung

Aus der Abbildung 63 wird der Bereich N_1 (Nachfrage vor Ausbau der Trasse) und N_2 (Nachfrage nach Ausbau der Trasse) in die Abbildung 64 übertragen. Ist VKPkw der Beförderungskostensatz des Pkw und VKBahn die entsprechende Größe der Eisenbahn, ergibt sich eine Differenz von VKPkw–VKBahn. Sie wird mit der Nachfragesteigerung N_2–N_1 multipliziert. Das hierdurch entstehende Rechteck steht für die Größe NB_3 im Bundesverkehrswegeplan.

Eine solche Vorgehensweise verkennt aber, daß die Benutzung eines bestimmten Verkehrsmittels für die Fahrgäste Eigenwert besitzt; wäre dies nicht der Fall und die Benutzung von Verkehrsmitteln ausschließlich von den Fahrkosten abhängig, dürfte im obigen Beispiel niemand mit dem Pkw fahren, wenn ihm alternativ die Eisenbahn zur Verfügung stehen würde. Die Einschätzung des Nutzens geschieht besser über die Nachfragefunktion, die sich aus den individuellen Indifferenzkurven zwischen Pkw und Eisenbahn zusammensetzt und damit die Präferenzstruktur der Verbraucher zum Ausdruck bringt. Der für die Nachfrager entstehende Nutzen ergibt sich dann - wie bereits erläutert - durch die unter der Nachfragefunktion befindliche Fläche. Ist etwa ein Nachfrager bereit, den Preis PP_2 zu bezahlen, wird ihm aber nur ein Fahrpreis von FP abverlangt, so entsteht für ihn eine positive Nutzendifferenz von PP_2–FP. Damit ergibt sich für den zusätzlichen Personenverkehr, der durch die Bahn abgewickelt wird, eine Nutzensteigerung in der Volkswirtschaft, wie sie aus Abbildung 65b) hervorgeht. Das Dreieck PP₂, FP, A stellt die Nutzensteigerung der Nachfrager dar, das darunter liegende Rechteck die Nutzensteigerung des Verkehrsträgers, die daraus resultiert, daß der eingenommene Fahrpreis über den Beförderungskosten liegt, also ein Gewinn entsteht.

Abbildung 65: Nutzensteigerung in einer Volkswirtschaft durch Ausbau einer Bundesbahnstrecke

a) Nutzensteigerung bei dem auch bisher über die Bahn abgewickelten Personenverkehr

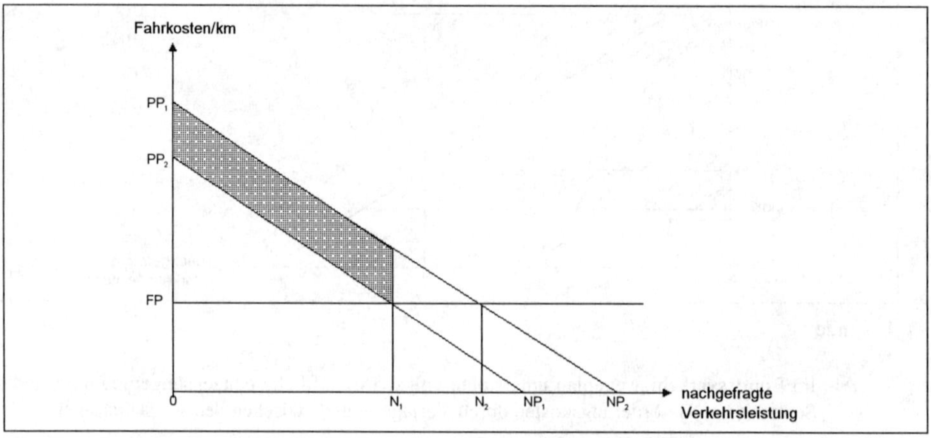

Legende: Volkswirtschaftliche Nutzensteigerung des bisher bereits über Bahn abgewickelten Verkehrs

b) Nutzensteigerung beim vom Pkw auf die Bahn umgelenkten Verkehr

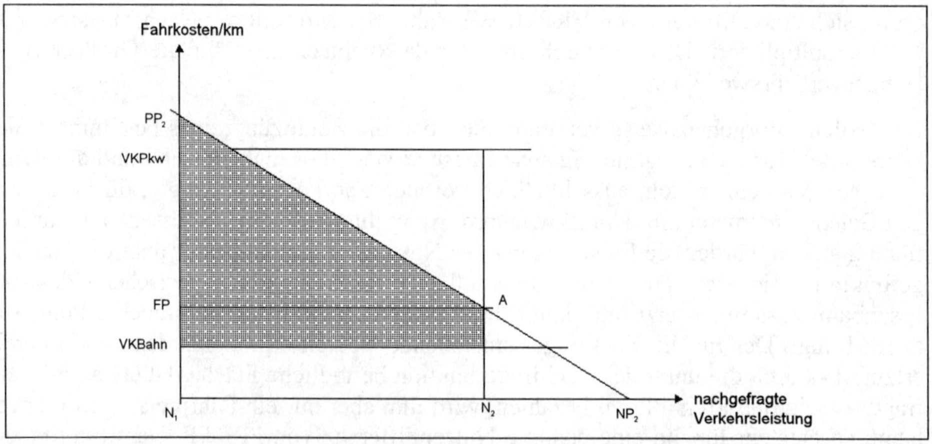

Legende: Volkswirtschaftliche Nutzensteigerung durch Verlagerung zwischen den Verkehrsträgern

Quelle: Eigene Darstellung

Die Nutzensteigerung für den bereits bisher mit der Bahn abgewickelten Personenverkehr ergibt sich keineswegs - wie im Bundesverkehrswegeplan unterstellt - durch die Multiplikation von Fahrzeitersparnis und fiktivem Lohnsatz S je Stunde, da die höhere Reisegeschwindigkeit für die Benutzer von ganz anderem Interesse sein kann, als es im Lohnsatz zum Ausdruck kommt. Die Einschätzung äußert sich durch die Form der Rechtsverschiebung der Nachfragefunktion; die Nutzensteigerung entspricht damit der zwischen der ursprünglichen und der neuen Nachfragefunktion liegenden Fläche [vgl. Abbildung 65a)].

Neben diesen und weiteren grundlegenden Bedenken gegen die methodische Vorgehensweise im Rahmen der Bundesverkehrswegeplanung ergeben sich eine Reihe von Kritikpunkten im Detail. Hier sei beispielhaft auf die Berechnung der regionalen Effekte NR_1 und NR_2 eingegangen. Gegen die im Rahmen der Bundesverkehrswegeplanung gewählte methodische Vorgehensweise sprechen u.a. folgende Argumente:

- Im Rahmen der Bundesverkehrswegeplanung wird bei der Berechnung regionaler Effekte nur von einem einzigen regionalen Ziel, nämlich der Schaffung von Arbeitsplätzen in strukturschwachen Regionen, ausgegangen. Eine solche eindimensionale Zielfunktion entspricht aber nicht den viel umfassenderen Vorgaben der Raumordnung, die sich (zumindestens) in den drei Zielen Arbeitsplatzversorgung, Versorgung mit zentralörtlichen Gütern und Umweltqualität niederschlägt. Die eindimensionale müßte also durch eine mehrdimensionale Zielfunktion ersetzt werden.
- Darüber hinaus werden die Arbeitsplatzschaffungseffekte im Rahmen der Bundesverkehrswegeplanung falsch berechnet. Dies gilt sowohl für die Arbeitsplatzschaffungseffekte während der Bau- als auch für jene während der Betriebsphase.

  Häufig behauptete positive regionale Einkommens- und Beschäftigungswirkungen durch den Bau von Verkehrsinfrastrukturprojekten werden von den Verfassern als irrelevant angesehen [422].
- Die Beschäftigungseffekte während der Betriebsphase werden ebenfalls falsch berechnet. Hier wird auf ein Regressionsmodell zurückgegriffen, in dem die Schaffung von Arbeitsplätzen mit der Länge des Verkehrswegenetzes, also etwa der Länge der Autobahnen, konfrontiert wird. Arbeitsplatzveränderungen werden auf die Verbesserung der Verkehrsinfrastruktur zurückgeführt. Zugrundegelegt wird damit ein Modell mit
  - falscher Regionalisierung, die u.a. Suburbanisierungseffekte fälschlicherweise großräumigen Verkehrsinfrastrukturinvestitionen gutschreibt. Gearbeitet werden müßte nicht mit Kreisen, sondern mit Funktionalregionen, die Kernstädte und Umland zu einem Wirtschaftsraum zusammenfassen.
  - einer Messung der Güte der Verkehrsinfrastruktur in Form einer physischen Ausstattung der Region mit Verkehrsinfrastruktureinrichtungen. Entscheidend ist aber nicht etwa die Länge der Kilometer Autobahn je Quadratkilometer, son-

422 Zur Begründung vgl. Kapitel II.2.2.2.1 –Der Einfluß der Verkehrsinfrastruktur auf die internationale Wettbewerbsfähigkeit–.

dern die interregionale Verbindungs- und intraregionale Erschließungsqualität, die ganz anders gemessen werden müßten [423].

– einer weitgehenden Vernachlässigung anderer Standortfaktoren. Arbeitsplatzwachstum wird im verwendeten Modell (fast ausschließlich) auf Verkehrsinfrastrukturinvestitionen zurückgeführt.

Die im Rahmen der Bundesverkehrswegeplanung ermittelten Ergebnisse sind aufgrund dieser Einwendungen nur sehr bedingt verwendbar.

- Methodisch eindeutig falsch ist die Bewertung eines neuen Arbeitsplatzes, wie sie im Rahmen der BVWP durchgeführt wird. Der Wert eines Arbeitsplatzes wird mit jener Summe angesetzt, die der Staat sonst im Rahmen der Gemeinschaftsaufgabe „Verbesserung der regionalen Wirtschaftsstruktur“, institutionalisiert durch die Bund-Länder-Gemeinschaftsaufgabe „Verbesserung der regionalen Wirtschaftsstruktur“, auszugeben hätte, um einen neuen Arbeitsplatz zu schaffen. Wer Arbeitsplätze finanziert, ist im Rahmen einer volkswirtschaftlichen Nutzen-Kosten-Analyse aber vollkommen unerheblich. Wie zweifelhaft eine solche Bewertung ist, zeigt sich an einem fiktiven Fall; wäre die regionale Strukturpolitik in der Bundesrepublik Deutschland vollkommen wirkungslos, wären also etwa die Mitnahmeeffekte unendlich, so würde der Wert eines neugeschaffenen Arbeitsplatzes ebenfalls gegen unendlich konvergieren. Jede verkehrspolitische Maßnahme in strukturschwachen Regionen würde sich damit rechnen, da die Nutzen-Kosten-Relation in diesem Fall ebenfalls gegen unendlich streben würde. Je ineffizienter also die regionale Strukturpolitik, um so eher lohnen sich Straßen- und Schienenbau; dies ist sicherlich eine nicht haltbare Aussage. Der Nutzen ist vielmehr über jene Steigerung des Bruttoinlandsproduktes zu berechnen, der auf den Einsatz bisher nicht beschäftigter Produktionsfaktoren durch den Abbau von Arbeitslosigkeit zurückzuführen ist.
- Die Attraktivität einer Region wird nicht dadurch erhöht, wie im Rahmen der BVWP unterstellt, daß sie einige Kilometer zusätzliche Autobahn oder Straße bekommt, sondern dadurch, daß sie hierdurch besser in das überregionale Verkehrsnetz eingebunden wird und die Zentren intraregional besser gegenüber dem Umland erschlossen werden. Damit darf die Güte einer regionalen Verkehrsinfrastruktur nicht über die physische Infrastrukturausstattung je Quadratkilometer gemessen werden, sondern über die Einbindung der Region in die gesamtwirtschaftliche Verkehrsinfrastruktur; Straßen- oder Schienenwege wirken nämlich nie für sich allein, sondern immer nur in Zusammenhang mit dem schon bestehenden Verkehrswegenetz. Diese Überlegung bedingt auch, daß es vollkommen unsinnig ist, die Steigerung der Attraktivität auf jene Region zu beschränken, in der die Baumaßnahme durchgeführt wird. Da diese neue Strecke auch Transitfunktionen für andere Regionen übernimmt, erhöht sich selbstverständlich auch deren Attraktivität. Eigene Berechnungen mit Hilfe von Luftliniengeschwindigkeiten [424] zu ausgewählten Ziel-

---

423 Vgl. den eigenen Vorschlag in II.2.2.2 –Der Einfluß der Verkehrsinfrastruktur auf die Wettbewerbssituation von Wirtschaftsräumen in einer Volkswirtschaft–.

424 ebenda.

orten zeigen, daß die Ausstrahlungseffekte berechenbar sind und sich weit in die Fläche hinein erstrecken.

V.5.3.2 Die Privatisierung der Deutschen Eisenbahn [425]

Sinkende Marktanteile der Bahn, eine steigende Haushaltsbelastung des Bundes sowie Vorgaben [426] durch die EU haben eine grundlegende Reform des Eisenbahnwesens in Deutschland notwendig gemacht. Eine im September 1989 eingesetzte „Regierungskommission Bundesbahn" hat im Dezember 1991 Reformvorschläge vorgelegt, die u.a. die Trennung von staatlichen Aufgaben und unternehmerischem Risiko vorschlug. Diese Forderung bedeutete eine vollkommene Abkehr von den bisherigen Verhältnissen. Insbesondere nach Art. 87 des Grundgesetzes und seiner Auslegung [427] hatte die Bahn keine eigene Rechtspersönlichkeit, sondern war staatliches Sondervermögen des Bundes. Entsprechend wurde sie als bundeseigene Behörde geführt und beschäftigte Beamte. Die Bundesbahn wurde öffentlich-rechtlich tätig und übernahm hoheitliche Aufgaben. Gefordert wurde von der Kommission ebenfalls eine Auftragsregelung für gemeinwirtschaftliche Leistungen, die Finanzierung des Fahrweges durch den Bund sowie die Entlastung der Bahn von Altschulden und nicht benötigtem Personal.

Die Vorschläge der Kommission wurden relativ zügig umgesetzt. Die Bahnreform trat zum 01. Januar 1994 in Kraft; rechtliche Grundlage hierfür war die Änderung des Art. 87 des Grundgesetzes sowie der Erlaß des Eisenbahnneuordnungsgesetzes vom 27.12.1993 (EneuOG) [428]. Es umfaßt neben sechs neuen oder neugefaßten Gesetzen 135 Änderungen bestehender Gesetze und Verordnungen. [429] Die hiermit intendierten und

---

[425] Zur Bahnstruktur vgl. Aberle, Gerd; Brenner, Andrea (1996) und Laaser, Claus-Friedrich (1994).

[426] Zu den rechtlichen Vorgaben durch die EU vgl. Heinemann, Tobias (1999), S. 174ff.; spezielle Bedeutung für das Eisenbahnwesen haben die EWG-Richtlinie 91/440, die EWG-Verordnung 1893/91 und die EG-Richtlinie 95/19. Als Grundsatz wird in Art. 1 der Richtlinie 91/440 „die Vorgabe aufgestellt, daß die Geschäftsführung der Eisenbahnunternehmen von den Mitgliedstaaten ohne Rücksicht auf staatliche und politische Vorgaben unabhängig sein soll sowie Umfang und Preis der von ihnen angebotenen Waren und Leistungen" eigenverantwortlich festlegen. Die Verordnung 1893/91 bezieht sich auf das Prinzip der Abgeltung gemeinwirtschaftlicher Leistungen. Ein öffentliches Interesse an solchen Leistungen wird zwar anerkannt. Ihre Erbringung hat aber auf der Grundlage eines Vertrages zwischen Unternehmen und zuständiger staatlicher Stelle zu erfolgen, in dem die Einzelheiten der Leistungserstellung und ihrer Abgeltung geregelt wird. Diese Verordnung hat nicht nur für die Bahn Bedeutung, sondern ist auch für die Regionalisierung des Öffentlichen Personennahverkehrs grundlegend. Die Richtlinie 95/19 enthält „Regeln über die Zuweisung von Fahrwegekapazitäten der Eisenbahn und die Berechnung von Wegeentgelten". Hierdurch soll Wettbewerbern ein chancengleicher Marktzutritt gesichert und ein hoher Sicherheitsstandard gewährleistet werden.

[427] Vgl. Ludewig, Johannes (1998), S. 507f.

[428] Veröffentlicht in Bundesgesetzblatt I, S. 2378, berichtigt im BGBl. 1994 I, S. 2439.

[429] Bei den neuen sechs Gesetzen handelt es sich um
Artikel 1: Gesetz zur Zusammenführung und Neugliederung der Bundeseisenbahnen,
Artikel 2: Gesetz über die Gründung einer deutschen Bahnaktiengesellschaft,
Artikel 3: Gesetz über die Eisenbahnverkehrsverwaltung des Bundes,

zum großen Teil mittlerweile umgesetzten Bestandteile lassen sich wie folgt beschreiben:

a) Trennung von hoheitlichen und unternehmerischen Aufgaben

Grundlegend für die Eisenbahnneuordnung ist die Trennung von unternehmerischen und hoheitlichen Aufgaben im Eisenbahnsektor. [430] Die hoheitlichen Aufgaben obliegen dem Eisenbahnbundesamt EBA und dem Bundeseisenbahnvermögen BEV. Aufgabe des EBA ist u.a. die Planfeststellung für die Schienenwege, die Eisenbahnaufsicht, die Erteilung und der Widerruf von Betriebsgenehmigungen sowie die Untersuchung von Störungen im Eisenbahnbetrieb, u.z. nicht nur für die Bahn AG, sondern für alle Eisenbahnen. [431]

Vor dem 01.01.1994 setzte sich das Bundeseisenbahnvermögen aus den Sondervermögen „Deutsche Bundesbahn" und „Deutsche Reichsbahn" zusammen. Aus diesen Sondervermögen wurden jene Teile ausgegliedert und in die Rechtsträgerschaft der neugegründeten Deutschen Bahn AG überführt, die für das Angebot von Verkehrsleistungen einer Eisenbahn und zum Unterhalt der zugehörigen Infrastruktur notwendig sind. [432] Alleinige Aktionärin ist die Bundesrepublik Deutschland. [433] Die Bahn AG hat mindestens die Bereiche Personennahverkehr, Personenfernverkehr, Güterverkehr und Fahrweg zu bilden, die nach § 2 DBGrG zwischen 1997 und 1999 als neu gegründete Aktiengesellschaften auszugliedern sind. Die Deutsche Bahn AG existiert als bundeseigene Holdinggesellschaft weiter. Diese „2. Stufe Bahnreform" ist in der Zwischenzeit realisiert worden. Die bisherigen Geschäftsbereiche der Deutschen Bahn AG Fernverkehr, Nahverkehr, Netz, Güterverkehr und Personenbahnhöfe bilden seit dem 01.01.1999 rechtlich eigenständige Aktiengesellschaften, die DB Reise & Touristik AG, DB Region AG, DB Netz AG, DB Cargo AG und DB Station & Service AG heißen. Ihre rechtliche Ausgliederung und Eintragung ins Handelsregister erfolgte zum 01.06.1999. Die Reise & Touristik AG fährt im Augenblick pro Tag etwa 400 000 Fahrgäste mit rund 1 000 Fernverkehrszügen, die Regio AG rund 3,4 Mio. Reisende mit 30 000 Zügen im Regional- und Nahverkehr. Über 6 000 Bahnhöfe werden von der Station & Service AG unterhalten. Mehr als 700 Güterzüge der Cargo AG sind täglich unterwegs und transportieren jährlich rund 300 Mio. Tonnen Fracht. Die Netz AG betreibt, unterhält und vermarktet die Gleise der Deutschen Bahn. Rund 100 Eisenbahnunternehmen nutzen dieses Netz

---

Artikel 4: Gesetz zur Regionalisierung des Öffentlichen Personennahverkehrs,
Artikel 5: Allgemeines Eisenbahngesetz (AEG),
Artikel 6: Anpassung anderer Rechtsvorschriften an die neue Situation;
wichtige inhaltliche Änderungen betreffen insbesondere das Bundesschienenwegeausbaugesetz.

430 Festgeschreiben in Art. 87e Absatz 1 und 3 des Grundgesetzes.

431 Nach § 3 Abs. 2 des Gesetzes über die Eisenbahnverkehrsverwaltung des Bundes vom 27.12.1993 (BGBl. I, S. 2378, 2394).

432 Das restliche Vermögen wurde an das Bundeseisenbahnvermögen BEV übergeleitet.

433 § 8 Nr. 2 des Gesetzes über die Gründung der Deutschen Bahn –Aktiengesellschaft– Deutsche Bahn Gründungsgesetz (DBGrG vom 27.12.1993).

und zahlen hierfür Trassenpreise. Die gegründeten Aktiengesellschaften sind für das operative Geschäft verantwortlich. Die Holding beschränkt sich auf Aufgaben, die für alle Führungsgesellschaften notwendig sind. Hierzu zählen Forschung, Umwelt und der Konzerneinkauf.

In einem weiteren Schritt soll die Holding aufgelöst werden, so daß die entstandenen Aktiengesellschaften rechtlich und organisatorisch völlig unabhängig voneinander sind. Dieser vierte Schritt ist allerdings in der endgültigen gegenüber der ursprünglichen Fassung des Gesetzes abgemildert worden. Stand in der ursprünglichen Fassung eine maximale Frist von fünf Jahren für diese vierte Phase, so wird sie in der endgültigen Fassung des Gesetzes zeitlich nicht mehr limitiert. Außerdem findet sich dieser Schritt nicht mehr als Muß-, sondern als Kann-Bestimmung im Gesetz.

Die Schritte der organisatorischen Umsetzung der Bahnreform gehen zusammengefaßt aus der Abbildung 66 hervor.

Abbildung 66: Organisatorische Umsetzung der Bahnreform

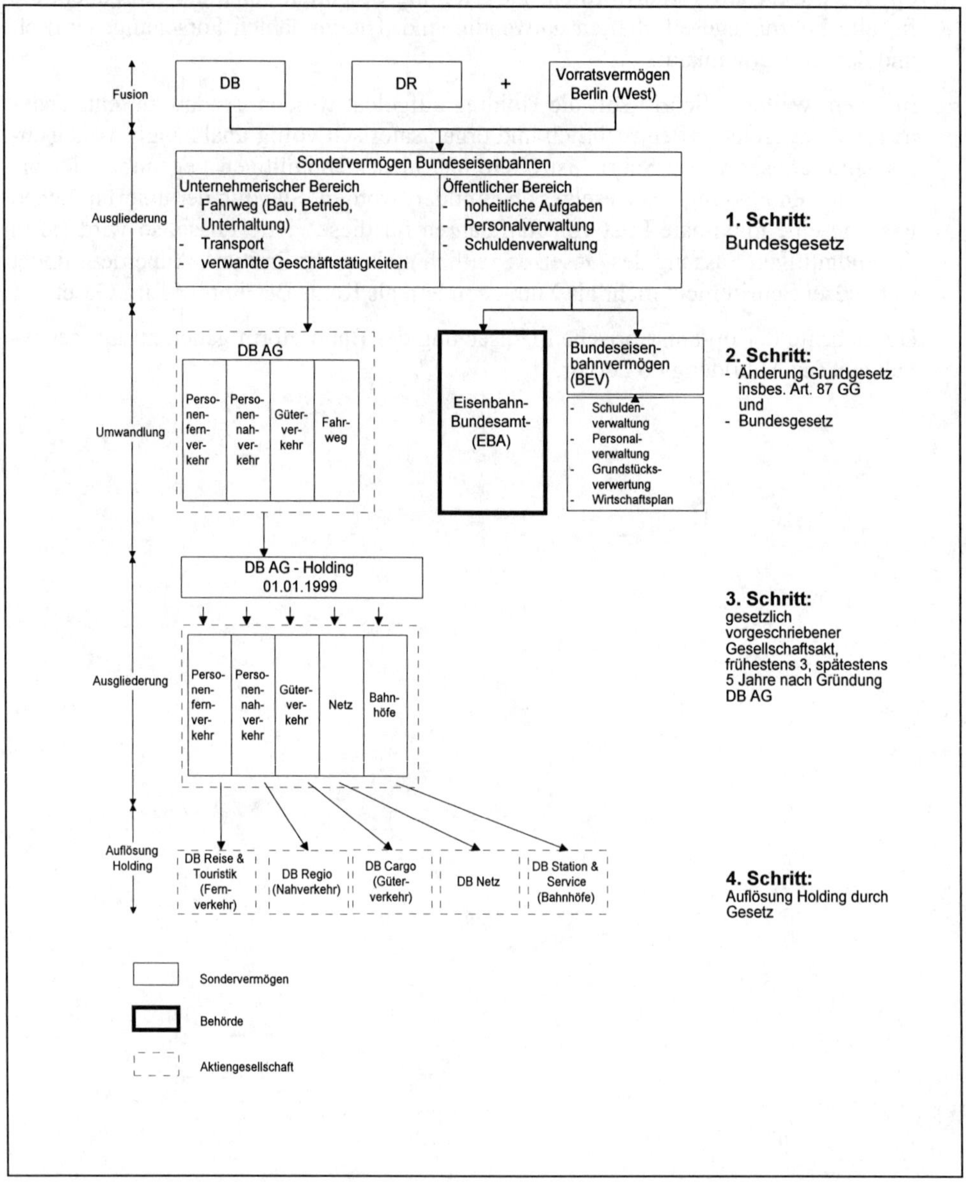

Quelle: Modifizierte Darstellung nach Aberle, Gerd; Brenner, Andrea (1996), S. 7

b) Finanzielle Maßnahmen zur Herstellung der Wettbewerbsfähigkeit der Bahn

Zur Herstellung der Wettbewerbsfähigkeit der privatisieren und unternehmerisch handelnden Eisenbahn wurden mehrere Maßnahmen beschlossen und umgesetzt:

- Das Bundeseisenbahnvermögen BEV hat die langfristigen Verbindlichkeiten der Bahn, die Ende 1993 rd. 67 Mrd. DM betrugen und mit jährlichen Zinszahlungen von etwa 4,7 Mrd. DM verbunden waren, übernommen.
- Die Bahn wurde von Altlasten freigestellt, die durch die Eingliederung der Deutschen Reichsbahn entstanden sind. Dies gilt für die Beseitigung von Umweltschäden, für Neuinvestitionen und Modernisierungsvorhaben in das Sachanlagevermögen, für den erhöhten Materialaufwand, für die Angleichung des Ausbaustandes und der technischen Ausstattung sowie erhöhte Personalaufwendungen aufgrund des niedrigen Produktivitätsniveaus. [434]
- Die durch die Überleitung des Personals entstehenden finanziellen Belastungen werden ebenfalls vom Bundeseisenbahnvermögen übernommen. Das BEV als Dienstherr beschäftigt alle bisherigen Beamten weiter und weist sie der Deutschen Bahn AG zu. Diese ersetzt aber nur den Betrag, der sich bei der Beschäftigung von neu eingestellten Arbeitnehmern auf der Basis neu ausgehandelter Tarifverträge ergeben würde. Arbeiter und Angestellte, die bisher bei der Deutschen Bundesbahn oder der Deutschen Reichsbahn beschäftigt waren, werden Arbeitnehmer der Deutschen Bahn AG. Aber auch hier übernimmt das BEV Mehrkosten, die durch das bisher geltende öffentliche Dienstrecht (hohe Gehälter, Kündigungsschutz) entstehen. Verbunden sind mit dieser Regelung augenblicklich etwa 8 Mrd. DM pro Jahr.
- Zur Finanzierung dieser Maßnahmen hat der Bund 1994 die Mineralölsteuer um 16 Pfennige pro Liter Benzin und um 7 Pfennige pro Liter Diesel erhöht. Außerdem soll das BEV die für den Bahnbetrieb nicht mehr benötigten Liegenschaften, die ihr zugewiesen wurden, verkaufen.
- Die Bahn hatte in ihrer Bilanz Aktiva überbewertet und handelsrechtlich unzulässige Aktivierungen vorgenommen. So war das Sachvermögen um etwa 50 Mrd. DM überbewertet; auf der anderen Seite fehlten 81 Mrd. DM an Pensionsrückstellungen und 24 Mrd. DM an Sozialplanrückstellungen. [435] In der Eröffnungsbilanz der Deutschen Bahn AG wurde deshalb das Sachanlagevermögen von 99 auf 25 Mrd. DM korrigiert; das Einsetzen der Rückstellungen für Verpflichtungen gegenüber dem Personal konnte weitgehend entfallen, da sie von der BEV übernommen wurden. Durch die Korrektur des Sachanlagewertes fallen deutlich geringere Abschreibungen an, die es der DB AG wesentlich erleichtern, „schwarze Zahlen" zu schreiben.

---

434 Vgl. Aberle, Gerd; Brenner, Andrea (1996), S. 15.

435 Vgl. Laaser, Claus-Friedrich (1994), S. 33.

- Gemeinwirtschaftliche Leistungen müssen der Bahn angemessen entgolten werden. So hat der Bund der Bahn 1994 7,4 Mrd. DM für die Übernahme nicht kostendeckenden Personennahverkehrs überwiesen. Diese Aufgabe ist ab 1996 auf die Länder übergegangen. [436]
- Das am 15. November 1993 verabschiedete Bundesschienenwegeausbaugesetz [437] legt die Finanzierung der Investitionen in die Schienenwege fest. Hat die Bahn den (Aus-)Bau der Strecke beantragt, so finanziert der Bund diese Maßnahme vor; die Bahn zahlt mindestens in Höhe der jährlichen Abschreibungen zurück. Hat die Bahn einen entsprechenden Antrag nicht gestellt, soll die Strecke aber dennoch (aus-)gebaut werden, so werden Baukostenzuschüsse gewährt, die gar nicht oder doch nur teilweise von der DB AG zurückgezahlt werden müssen. [438] Damit findet eine Subventionierung des Streckenbaus mindestens in Höhe der eingesparten Zinsen statt.

c) Regionalisierung des öffentlichen Schienenpersonennahverkehrs

Das dritte Strukturmerkmal der Bahnreform ist die Regionalisierung des öffentlichen Schienenpersonennahverkehrs SPNV. Durch sie wird die Deutsche Bahn AG davon entbunden, ein Angebot aus gemeinwirtschaftlichen Gründen auf unrentablen Strecken zu erbringen. „Nach altem Rechtsstand trug der Bund die Verantwortung für die Daseinsvorsorge in der Form, daß der SPNV auch auf hoch defizitären Strecken in der Fläche angeboten wurde. Die Länder und Kommunen hatten durch die Betriebspflicht der Bahn nach §§ 4, 12 I und 14 III Bundesbahngesetz (BbG) ein weitreichendes Anrecht auf die Aufrechterhaltung des defizitären SPNV. So konnten sie nach § 12 I BbG bei Stillegungsverfahren der DB über den Verwaltungsrat einer Stillegung widersprechen und diese zumindest verzögern. Durch diese Verteilung der Zuständigkeiten war die Bahn im Laufe der Zeit in eine Rolle gedrängt worden, die Aberle als ‚Selbstbedienungsladen ohne Kasse' bezeichnet, zugleich

436 Siehe hierzu das Kapitel 3.2.3.3 –Die Regionalisierung des Öffentlichen Personennahverkehrs–.

437 vom 15.11.1993, ausgegeben zu Bonn am 24.11.1993 im BGBl. I Z 5702 A, Nr. 61–1993, S. 1874.

438 Im Dezember 1997 haben Bund und DB AG eine neue Regelung beschlossen:
„Nach der Neuregelung werden sämtliche Bedarfsplaninvestitionen über verlorene Baukostenzuschüsse und die Bestandsinvestitionen zu 50 Prozent durch Eigenmittel der DB AG sowie zu 50 Prozent durch Bundeszuwendungen (Darlehen oder Baukostenzuschüsse für Investitionen im Bereich der ehemaligen Deutschen Reichsbahn) finanziert. Damit entfallen auch die jährlich bislang für die vorfinanzierten Investitionen des Bedarfsplans erforderlichen Rückzahlungen der DB AG in Höhe der Abschreibungen an den Bund. In Höhe dieser Rückzahlungen erhöht nunmehr aufgrund der Neuregelung im Gegenzug die DB AG ihre eigene Investitionsmittelbereitstellung für Schieneninvestitionen im Bestandsnetz dergestalt, daß der Bund hier nur noch 50 Prozent der erforderlichen Finanzmittel einsetzen muß.
Damit ist eine letztlich sehr wesentliche Veränderung bei den Finanzierungsprinzipien der Schieneninfrastruktur eingetreten. Für die Bahn dürfte sich letztlich ein Vorteil darstellen: Es entfallen erhebliche jährliche Darlehensrückzahlungen, die eingesparten Beträge fließen –wenn die Bahn diese Verpflichtung erfüllt– wieder in Schieneninvestitionen, an denen die DB AG aus betriebswirtschaftlichen Gründen ein Interesse hat. Andererseits reduziert der Bund seine investiven Zuwendungen in Höhe der entfallenden Darlehensrückzahlungen.“ o.V. (1998), S. 325.

war aber ihr Interesse an einer effizienten Gestaltung des Nahverkehrs aufgrund der pauschalen Abdeckung ihrer Fehlbeträge gering gewesen.“ [439]

Die Verantwortung für den SPNV ist mit dem 01.01.1996 auf die Bundesländer übergegangen. Für sie ergeben sich im Hinblick auf unrentable Bahnstrecken folgende Möglichkeiten:

- Die Bahnstrecke wird stillgelegt.
- Die Bahnstrecke wird in eigener Regie weitergeführt (und eventuell durch entsprechende Maßnahmen attraktiver gemacht).
- Die Deutsche Bahn AG bedient die Strecke im Auftrag weiter. Da sie nach der Reform keine gemeinwirtschaftlichen Aufgaben mehr hat, wird sie diesen Betrieb nur übernehmen, wenn ihr hierfür ein Entgelt mindestens in Höhe der zu erwartenden Verluste gezahlt wird.
- Der Auftrag zur Betreibung der Strecke wird an ein anderes konkurrierendes Eisenbahnunternehmen erteilt.

Die Länder waren mit dieser neuen Situation, die für sie den Übergang von einer bequemen Lage des Fordernden zur Eigenverantwortlichkeit bedeutete, nur einverstanden, wenn sie für die Übernahme der neu auf sie zukommenden Pflichten entschädigt wurden. Hierzu war der Bund im Prinzip auch bereit; er bot die 7,7 Mrd. DM als Ausgleichszahlungen an die Länder an, die er zuletzt für die Aufrechterhaltung des SPNV an Zuschüssen bereitgestellt hatte. Die Länder forderten dagegen mehr als 20 Mrd. DM. Sie begründeten ihre Forderung damit, daß sich die Nebenstrecken der Bahn in einem sehr schlechten Zustand befänden und deshalb umfangreiche Ersatz- und Neuinvestitionen notwendig seien. Wie so häufig im politischen Abstimmungsprozeß einigte man sich auf einen Betrag in der Mitte; 1996 erhielten die Länder 14,98 Mrd. DM [440], die jährlich um die Wachstumsrate der Umsatzsteuern dynamisiert werden sollen. Diese vom Bund überwiesenen Finanzmittel können von den Ländern relativ frei verwendet werden, so für die Bestellung von Verkehrsleistungen bei Dritten, für die Abdeckung von Betriebskostendefiziten und für Investitionen im Verkehrsbereich. Bestellungen von Nahverkehrsleistungen brauchen sich nicht auf den SPNV zu beschränken, sondern können auch an andere Anbieter von ÖPNV-Leistungen wie Busunternehmen gehen. [441]

Ob diese Reform zu einer dauerhaften Gesundung der Bahn geführt hat, ist im Augenblick noch nicht zu entscheiden und muß abgewartet werden. Zwar hat die Bahn

---

439 Laaser, Claus-Friedrich (1994), S. 8.

440 Diese 14,98 Mrd. DM setzen sich aus 8,7 Mrd. DM Transfermittel für die Regionalisierung und 6,28 Mrd. DM Mitteln aus dem Gemeindeverkehrsfinanzierungsgesetz (GVFG) zusammen. Dieses Gesetz besteht seit 1971 und soll der Verbesserung der Verkehrsverhältnisse in den Gemeinden dienen. Gefördert werden der Bau von kommunalen Straßen sowie Einrichtungen des Öffentlichen Personennahverkehrs. Diese GVFG-Mittel werden ab 1997 auf 3,28 Mrd. DM reduziert, die Transfermittel aus der Regionalisierung dagegen auf 12,0 Mrd. DM erhöht.

441 Wenn auch § 7 des Regionalisierungsgesetzes eine primäre Verwendung für die SPNV nahelegt.

in den letzten Jahren ein (leicht) positives Betriebsergebnis vorgelegt, [442] doch liegt dies sicherlich auch an den großzügigen finanziellen Maßnahmen des Bundes zur Herstellung der Wettbewerbsfähigkeit der Bahn. Der Marktanteil ist jedenfalls von 1994 bis 1997 im Personenverkehr konstant geblieben und im Güterverkehr weiter gesunken; andererseits waren Erfolge „über Nacht" realistischerweise aber auch nicht zu erwarten. Es bleibt festzuhalten, daß die Richtung des Reformkurses von einer öffentlichen Verkehrsanstalt mit einem starken Element der staatlichen Daseinsvorsorge hin zu einem privaten Unternehmen, das sich im Wettbewerb mit anderen Eisenbahngesellschaften und Verkehrsträgern am Markt behaupten muß, richtig war und ist. Dennoch bleiben eine Reihe offener Fragen und Probleme.

– Die Deutsche Bahn AG und damit auch ihre Tochtergesellschaften sind in 100 %igem Eigentum des Bundes. Eine echte Privatisierung ist aber erst dann erfolgt, wenn in Zukunft ein Verkauf an Private erfolgt. In der jetzigen Konstruktion sind jedenfalls Durchgriffe des Staates auf das unternehmerische Handeln nicht auszuschließen. Das Deutsche Bahn Gründungsgesetz DBGrG sieht jedenfalls keine Pflicht des Bundes zur Veräußerung der Aktien der DB AG vor. „Andererseits wird das Recht des Eigentümers zu einer solchen Veräußerung auch an keiner Stelle ausgeschlossen. Partiell wird es allerdings in § 2 Abs. 3 beschränkt: Danach ist für die Veräußerung von Anteilen und Stimmrechten an solchen Teilgesellschaften, ‚deren Tätigkeit den Bau, die Unterhaltung und das Betreiben von Schienenwegen umfaßt', die Ermächtigung durch ein Gesetz, das der Zustimmung des Bundesrates bedarf, erforderlich. Außerdem ergibt sich – trotz einer mißverständlichen Formulierung– aus dieser Vorschrift, daß nur maximal 49,9 % der Anteile an einer solchen Infrastrukturgesellschaft veräußert werden dürfen." [443]

– Das verbesserte Ergebnis der Bahn beruht auch darauf, daß erhebliche Kostenverlagerungen zulasten des Steuerzahlers stattgefunden haben. Die fiskalischen Belastungen bleiben auf jeden Fall noch lange Zeit bestehen. Sie werden erst dann deutlich zurückgehen, wenn die Altschulden getilgt und die personellen Verpflichtungen abgebaut sind. Der Abbau des bestehenden Personalüberhangs durch Frühverrentungen, freiwillige Kündigungen (mit Abfindungen) und Übernahme in anderen Verwendungsbereichen, der Ausgleich wirklich gezahlter Löhne und Gehälter im Vergleich zu Entgelten, die bei der Neueinstellung von Beschäftigten anfallen würden, sowie die anfallenden Versorgungsleistungen werden erst in etwa 40 Jahren abgeschlossen sein. [444] Auf der anderen Seite bestand kaum eine vernünftige Alternative, wollte man der Bahn eine faire Startchance geben.

---

442 Die Umsatzrendite betrug 1995 (1996) 0,4 (1,3) %, die Eigenkapitalrendite von Steuern 2,6 bzw. 2,8 %. Die Bahn geht außerdem aus, daß sich die Arbeitsproduktivität (Umsatz : Beschäftigte) seit 1994 um 70 % erhöht hat und der Steuerzahler gegenüber einer status quo-Entwicklung um bisher 25 Mrd. DM entlastet wurde (vgl. o.V. (1999b), S. V).

443 Wissenschaftlicher Beirat beim Bundesminister für Verkehr (1997); S. 627.

444 Vgl. Laaser, Claus-Friedrich (1994), S. 19.

- Die Bahn wird im laufenden Betrieb erheblich subventioniert; damit entsteht eine Wettbewerbsverzerrung gegenüber anderen Verkehrsträgern. Diese Subventionierung beruht auf mehreren Tatbeständen:

  * Die deutliche Abwertung des Anlagevermögens in der Eröffnungsbilanz der DB AG führt zu erheblichen stillen Reserven. Daraus folgt, daß die Abschreibungen den Werteverzehr des Kapitals nur höchst unzureichend widerspiegeln.

  * Beim (Aus-)Bau von Strecken fallen für die Bahn im günstigsten Fall verlorene Baukostenzuschüsse und im ungünstigsten Fall gesparte Zinsen an.

  * Die Regionalisierungsmittel des Bundes fließen (zum größten Teil) als Aufträge der Länder oder nachgeordneter Gebietskörperschaften an die DB AG, die dafür Leistungen im Schienennahverkehr zu erbringen hat. Hierdurch verbilligt sich das Angebot und die Nachfrage steigt. Würden die Mittel statt dessen als Transfers an die Haushalte fließen, würden sie wahrscheinlich auch andere, ihnen wichtiger erscheinende Güter und Dienstleistungen erwerben. Ein Großteil der Mittel wäre dann für die Bahn verloren.

  * Aus Mitteln des Gemeindeverkehrsfinanzierungsgesetzes erhält die Bahn jährlich weitere Finanzmittel von mehr als 300 Mio. DM.

  * Die Rechtfertigung dieser Subventionen mit dem Hinweis auf die höhere Umweltverträglichkeit der Schiene kann jedenfalls nicht überzeugen. Hier ist eine Anrechnung der externen Effekte bei den einzelnen Verkehrsträgern die überzeugendere Lösung.

- Eine faire Konkurrenz zwischen der DB AG und anderen Eisenbahnunternehmen kann nur entstehen, wenn die Nutzung der Trassen allen Anbietern von Schienenverkehrsleistungen zu gleichen, fairen Konditionen ermöglicht wird. [445] Dazu wäre es sinnvoll gewesen, eine vollständige Trennung von Fahrweg und Betrieb vorzunehmen. Die für das Netz zuständige Gesellschaft wäre dann bestrebt gewesen, die Nutzung einer Trasse jenem Anbieter zu ermöglichen, der den höchsten Preis hierfür bezahlt; das wird jener Anbieter sein, der kostengünstig produziert und eine hohe Nachfrage nach seinen Leistungen hat. Die Nutzung der Trasse würde der volkswirtschaftlich optimalen Verwendung zugeführt. Leider ist eine solche organisatorische Lösung nicht gewählt worden. Die für den Erhalt und die Vermarktung der Eisenbahnstrecken zuständige DB Netz AG ist zwar formal selbständig, gehört jedoch wie Anbieter von Verkehrsleistungen zur Holding DB AG. Es liegt die Gefahr sehr nahe, daß die Schwesterunternehmen bei der Trassenvergabe bevorzugt und Dritte benachteiligt werden.

---

[445] Die rechtliche Grundlage für die Forderung findet sich in § 14 der Neufassung des Allgemeinen Eisenbahngesetzes (AEG), nach dem alle Eisenbahnunternehmen die zur Leistungserbringung notwendige Infrastruktur diskriminierungsfrei nützen sollen.

Unter der jetzigen rechtlichen Konstruktion sind Diskriminierungen anderer Anbieter jedenfalls nicht auszuschließen. [446+447]

V.5.3.3 Die Regionalisierung des Öffentlichen Personennahverkehrs

Der Öffentliche Personennahverkehr ÖPNV stand (und steht) vor ähnlichen Problemen wie die Bahn. Das Defizit wurde unbezahlbar, der Marktanteil sank und Vorschriften durch die EU verlangten eine Anpassung.

1993 betrugen die finanziellen Zuwendungen der öffentlichen Hand an den ÖPNV 32,4 Mrd. DM. Dieser Betrag läßt sich verschieden aufteilen und systematisieren. Nach der Art der Zuwendung unterscheidet das Ifo-Institut [448] zwischen direkten Zuschüssen (kommen dem ÖPNV direkt zugute, erfolgen mit dem Ziel der ÖPNV-Förderung und können ihm vollständig zugerechnet werden; zu ihnen zählen die Investitionshilfen innerhalb und außerhalb des Gemeindeverkehrsfinanzierungsgesetzes GVFG sowie Zuschüsse zur Kooperationsförderung, zu Modellversuchen und zu Planungen), indirekten Zuschüssen zum Ausgleich struktureller Schwächen (Steuererleichterungen von Bund und Ländern in Form der Umsatzsteuerermäßigung und der Kraftfahrzeugsteuerbefreiung für Busse, Ausgleichszahlungen an die Bahn zur Abgeltung gemeinwirtschaftlicher Aufgaben, Betriebsbeihilfen sowie der Ausgleich von Defiziten der ÖPNV-Betriebe), Leistungen aufgrund anderer Politikbereiche (bildungspolitisch motivierte Zahlungen zum Ausgleich gemeinwirtschaftlicher Leistungen im Ausbildungsverkehr sowie sozi-

---

446 Daß es sich hierbei nicht um eine reine Vermutung handelt, sondern daß Bezüge zur Realität bestehen, zeigt die Reaktion der mit Tochterunternehmen der DB AG konkurrierenden Privatbahnen. „Unter den Güter-Privatbahnen, von denen es in Deutschland bisher nur eine Handvoll gibt, zirkuliert eine Liste mit 24 Tricks der Deutschen Bahn AG“, mit denen sie unliebsamer Konkurrenz das Leben schwer macht. So mietet etwa der Monopolist sämtliche Anlagen an einer Strecke an, so daß die Privatbahn ihre Züge nicht beladen kann. Vgl. Schroeter, Stefan (1998), S. 1ff.

447 Das augenblickliche Preissystem der DB Netz AG (Neues Trassenpreissystem TPS 98) ist zweistufig aufgebaut und entspricht dem System der Bahn-Card im Personenverkehr. Der Kunde kann eine InfraCard kaufen, mit der er einen Beitrag zur Vorhaltung der Eisenbahninfrastruktur leistet. Die InfraCard hat nicht für alle Erwerber den gleichen Preis, sondern unterscheidet sich nach dem Umfang und der Qualität des genutzten Netzes, dem Verkehrsort und der Vertragsdauer. Hat der Kunde eine InfraCard erworben, so zahlt er einen deutlich günstigeren Trassenpreis als ein Kunde ohne InfraCard. Dieser variable Preis, gemessen in DM/Zugkm, hängt von der Kapazitätsauslastung der Strekke, der dem Kunden eingeräumten Fahrbahnflexibilität und weiteren Faktoren (innovative Zugsysteme, Umweltbonus u.a.) ab. Von einem Kunden ohne InfraCard wird ein ausschließlich vom Volumen der eingekauften Zugkilometer abhängiges Entgelt erhoben; es heißt VarioPreis und ist in seiner Höhe von der Qualität und der Belastung der Strecke abhängig. (Vgl. Haase, Dagmar (1998), S. 460ff.). Dieses Trassenpreissystem ist unter volkswirtschaftlichen Aspekten durchaus zu begrüßen. Durch Einführung eines Festbetrages und relativ niedrigen variablen Trassenpreisen kommt es zu einer Annäherung von volkswirtschaftlichen Grenzkosten und –nutzen, die zur Realisierung des Wohlfahrtsoptimums notwendig ist. Außerdem läßt es die Flexibilität der variablen Preiskomponente zu, Kapazitätsengpässe abzumildern und eine relativ gleichmäßige Nutzung der Trassen zu erreichen. (Siehe hierzu Knieps, Günter (1998), S. 466ff.).

448 Vgl. Ratzenberger, Ralf (1997), S. 12.

alpolitisch motivierte Ausgleichszahlungen für die unentgeltliche Beförderung von Schwerbehinderten) und Leistungen anderer Politikbereiche, die dem ÖPNV aber nur anteilig zugerechnet werden können (Leistungen an Eisenbahnen, die aber nur teilweise dem ÖPNV zugute kommen, wie Investitionszuschüsse). Die Zahlungen von insgesamt 32,4 Mrd. DM teilen sich wie folgt auf diese vier Bereiche auf:

Die direkte Förderung (indirekte Förderung zum Ausgleich struktureller Schwächen; Leistungen anderer Politikbereiche; ÖPNV-anteilige Leistungen) beträgt 6,2 (17,4; 5,4; 3,4) Mrd. DM. Eine andere Unterteilung unterscheidet nach dem Finanzier; der Bund steuerte 17,5, die Länder 7,0 und die Gemeinden 7,9 Mrd. DM zur Finanzierung des ÖPNV bei. 21,7 (10,7) Mrd. DM flossen 1993 in die alten (neuen) Bundesländer. Abbildung 67 bringt diese Zahlungen graphisch zum Ausdruck.

Abbildung 67: Finanzleistungen für den ÖPNV im Jahr 1993 nach Herkunft und Arten –Deutschland–

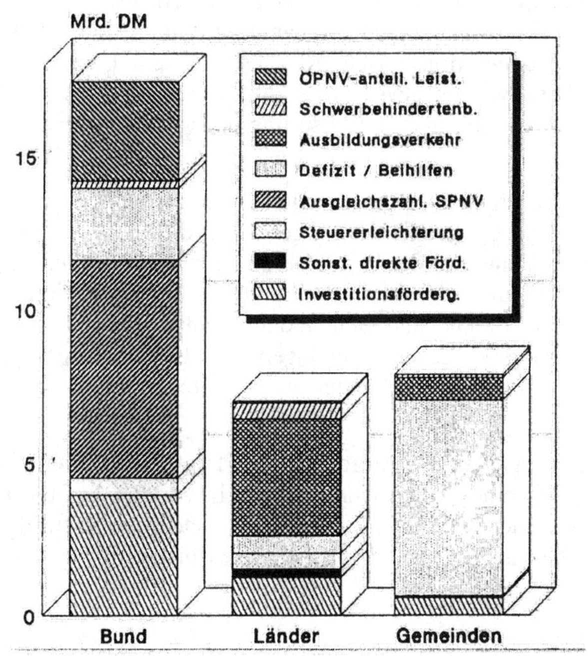

Quelle: Ratzenberger, Ralf (1997), S. 13

Dabei hatten die Zahlungen eine deutlich steigende Tendenz. So sind sie in der alten Bundesrepublik Deutschland zwischen 1983 und 1993 von 15,6 auf 21,7 Mrd. DM angestiegen; dies entspricht einer Wachstumsrate von 33,3 %.

Diese Zahlungen konnten jedoch einen Rückgang des ÖPNV am gesamten Personenverkehr nicht aufhalten. 1978 wurden im Öffentlichen Personennahverkehr (Schienennahverkehr und Linienverkehr im öffentlichen Straßenpersonenverkehr) 64,1 und 1990 58,4 Mrd. Personenkilometer gefahren; der Anteil an der Verkehrsleistung im Personenverkehr sank damit von 11,1 auf 8,0 %. Er stieg dann 1991 durch seinen hohen Anteil in den neuen Bundesländern im vereinigten Deutschland auf 9,1 % und blieb bis 1997 etwa konstant.

Von Bedeutung bei der Regionalisierung des ÖPNV waren auch rechtliche Vorgaben der EU, von den hier die Verordnung 1893/91 [449] eine besondere Rolle spielt. Sie fordert u.a., daß Verkehrsleistungen, die vom Auftraggeber vorgegeben werden und die im öffentlichen Interesse liegen, so zu erbringen sind, daß sie die Allgemeinheit mit möglichst geringen Kosten belasten. Außerdem nimmt sie zum Weiterbestehen gemeinwirtschaftlicher Pflichten bei der Organisation möglichst kostengünstiger Lösungen (Privatisierung, Vergabe von Konzessionen) Stellung. „Das Verhältnis zwischen gemeinwirtschaftlichen Pflichten und wirtschaftlicher Selbständigkeit wird dahingehend gelöst, daß zwar bei Erlaß der Verordnung durchaus ein öffentliches Interesse an gemeinwirtschaftlichen Dienstleistungen anerkannt wird, dieses jedoch auf der Grundlage einer vertraglichen Kooperationsbeziehung zwischen dem Unternehmen und der zuständigen Behörde des Mitgliedstaates über die Einzelheiten der Leistungserbringung angeordnet wird. Hierin liegt auch der Ursprung der Regionalisierung des Öffentlichen Personennahverkehrs.“ [450]

Wirtschaftliche und rechtliche Vorgaben machten es unerläßlich, den gesamten ÖPNV neu zu organisieren und ihn effizienter zu gestalten; dies geht nur durch (mehr) Wettbewerb. Im Zusammenhang mit der Privatisierung der Bahn wurden der Schienenpersonennahverkehr SPNV und der straßengebundene ÖPNV regionalisiert; seit dem 01.01.1996 sind hierfür Länder und Gemeinden verantwortlich. Diese Neuorganisation fußt vor allem auf drei gesetzlichen Grundlagen, dem Regionalisierungsgesetz des Bundes, den Nahverkehrsgesetzen der Länder und der Novellierung des Personenbeförderungsgesetzes.

Das **Regionalisierungsgesetz des Bundes** [451] überträgt alle Nahverkehrsleistungen, die bisher vom Bund und seinen Unternehmen erbracht wurden, auf die Länder. Dies gilt nicht nur für den Schienenpersonennahverkehr [452], sondern auch für den übrigen Personennahverkehr (insbesondere Busverkehr), soweit er bisher in der Kompetenz des Bundes lag. [453]

---

449 Vgl. Fußnote 426 im Kapitel V.5.3.2 –Die Privatisierung der Deutschen Eisenbahn–.

450 Heinemann, Tobias (1999), S. 175.

451 § 2 des Gesetzes zur Regionalisierung des Öffentlichen Personennahverkehrs enthält –erstmals in einem deutschen Gesetz– eine Legaldefinition des Begriffes ÖPNV. Danach ist Öffentlicher Personennahverkehr „die allgemein zugängliche Beförderung von Personen mit Verkehrsmitteln im Linienverkehr, die überwiegend dazu bestimmt sind, die Verkehrsnachfrage im Stadt-, Vorort- und Regionalverkehr zu befriedigen“.

452 Schienenverkehr mit weniger als 50 km Reiseweite oder weniger als einer Stunde Reisezeit.

453 Auf die Regionalisierung des SPNV, die mit ihm verbundenen Finanzleistungen des Bundes sowie

Die **Nahverkehrsgesetze der Länder** regeln die Aufgabenträgerschaft innerhalb des jeweiligen Bundeslandes für den ÖPNV. Sie müssen Aussagen zu folgenden Fragenkomplexen treffen:

- Wer ist Aufgabenträger für den Schienenpersonennahverkehr und den straßengebundenen ÖPNV (insbesondere Straßenbahnen und Busse)?

  Hier kommen prinzipiell das Bundesland selber oder eine Gebietskörperschaft (Stadt- und Landkreise, kommunale Zweckverbände) in Frage. Spielt sich der Verkehr innerhalb der Kreisgrenzen ab, so legt das Prinzip der fiskalischen Äquivalenz (Deckungsgleichheit von Aufgaben-, Betroffenheits- und Verantwortungsbereich) nahe, die Kompetenz hierfür den Stadt- und Landkreisen zuzuordnen; so verfahren auch alle Bundesländer. Anders sieht dagegen die Situation beim kreisübergreifenden ÖPNV, insbesondere dem SPNV, aus. Hier üben einige Bundesländer wie Baden-Württemberg und Bayern diese Kompetenz selber aus, während andere Länder, z.B. Hessen und Nordrhein-Westfalen, diese Aufgabe an die Gebietskörperschaften weitergeben; diese bilden dann Zweckverbände, die als Verkehrsverbünde bezeichnet werden.

- Wie wird die Planung für einen attraktiven, aufeinander abgestimmten ÖPNV vorgenommen und wer ist hierfür verantwortlich?

  Die Nahverkehrsgesetze der Länder verpflichten die Aufgabenträger, Nahverkehrspläne aufzustellen. „Die Nahverkehrsplanung gliedert sich in die Schritte

  - Festlegung der Ziele des ÖPNV im Kontext der gesamtverkehrlichen Ziele,
  - Ermittlung des Verkehrsbedarfs,
  - Entwurf eines Angebotskonzeptes mit der Festlegung des Erschließungskonzeptes, der Fahrtenhäufigkeit und der Tarifstruktur,
  - dem Entwurf der Angebotskomponenten Liniennetz und Fahrplan sowie
  - der Ermittlung der Kosten und der Einnahmen.“ [454]

  Bei der Aufstellung der Nahverkehrspläne NVPL wirken die Verkehrsunternehmen mit, ohne daß jedoch die NVPL die unternehmerische Eigenverantwortlichkeit beschränken dürfen. Der erstellte Plan ist einer Genehmigungsbehörde (Land, Regierungspräsidium) zur Genehmigung vorzulegen. Da der NVPL nur ein Rahmen- und kein Detailplan ist, hat die Genehmigungsbehörde bei der Erteilung von Strecken-

die auftretenden und noch zu lösenden Probleme wurde bereits ausführlich im Kapitel 3.2.3.2. –Die Privatisierung der Deutschen Bundesbahn– eingegangen, so daß sich hier eine erneute Behandlung erübrigt. Interessant in diesem Zusammenhang ist auch, daß der Bund nach § 8 (2) des Bundesschienenwegeausbaugesetzes 20 % der Mittel, die in Schienenwege investiert werden, für Strecken zu verwenden hat, die dem Schienenpersonennahverkehr dienen.

454 Kirchhoff, Peter (1997), S. 307.

konzession diesen Plan zwar zu berücksichtigen, ist jedoch nicht absolut an ihn gebunden.

- Wer erhält in welchem Umfang Transfermittel nach dem Regionalisierungsgesetz und nach dem Gemeindeverkehrsfinanzierungsgesetz?

  Ihre genaue Verwendung ist in den meisten Ländern nicht gesetzlich festgeschrieben. „So muß jedes Land von Jahr zu Jahr neu festlegen, welche Anteile für den SPNV und den übrigen (straßengebundenen) ÖPNV verwandt wird bzw. wie die Aufteilung in investive und konsumtive Ausgaben erfolgt.“ [455] Die Regionalisierungsmittel können frei für investive oder konsumtive Zwecke sowie für unterschiedliche Verkehrsträger eingesetzt werden. Die Mittel nach dem Gemeindeverkehrsfinanzierungsgesetz sind Investitionszuschüsse, die allerdings nicht nur dem ÖPNV, sondern auch dem kommunalen Straßenbau zur Verfügung stehen; über die Aufteilung entscheiden die Länder.

Die Länder haben (mit Ausnahme Hamburgs) in 1995 Nahverkehrsgesetze erlassen, die zum 01.01.1996 in Kraft getreten sind. „Trotz zahlreicher Unterschiede dieser Landesgesetze lassen sich im wesentlichen folgende Gemeinsamkeiten feststellen:

- Aufgabenträger für den ÖPNV (ohne SPNV) ist die kommunale Ebene (Landkreise und kreisfreie Städte).
- Der ÖPNV ist freiwillige, nicht aber Pflichtaufgabe der Kommunen.
- Dem ÖPNV wird häufig Vorrang gegenüber dem motorisierten Individualverkehr eingeräumt.
- Der Nahverkehr auf der Schiene wird zum Grundangebot des ÖPNV bestimmt.
- Es werden keine Bedienungsstandards vorgegeben.
- Alle Aufgabenträger werden zur Zusammenarbeit untereinander und mit den Verkehrsunternehmen verpflichtet.
- Jeder Aufgabenträger hat einen Nahverkehrsplan aufzustellen.
- Nach den meisten Gesetzen soll die Landes-, Regional- und Bauleitplanung ausreichende Anschlüsse an den ÖPNV vorsehen bzw. sich daran ausrichten.
- Die Aufgabenträger sind zugleich ‘zuständige Behörde’ nach der Verordnung (EWG) 1191/69 in der Fassung der Verordnung (EWG) 1893/91 und entscheiden dadurch über den gemeinwirtschaftlichen Verkehr.“ [456]

Die dritte gesetzliche Grundlage bei der Regionalisierung des ÖPNV stellt die **Novellierung des Personenbeförderungsgesetzes (PBefG)** [457] dar. Besonders wichtig ist hierbei die in § 13 und § 13a getroffene Unterscheidung zwischen Eigen- und Gemeinwirtschaftlichkeit. Eigenwirtschaftlich heißt ein Verkehr dann, wenn der mit ihm verbunde-

455 Girnau, Günter (1996), S. 4ff.

456 Bundesminister für Verkehr (1995), S. 5f.

457 vom 15.12.1995, BGBl. I, S. 1705ff.

ne Aufwand durch Beförderungserlöse, Erträge aus gesetzlichen Ausgleichs- und Erstattungsregelungen (z.B. Beförderung von Schülern und Schwerbehinderten) und Erträgen im handelsrechtlichen Sinn (z.B. Querverbundzahlungen aus anderen Unternehmensbereichen) gedeckt wird. Entsteht dagegen ein vom Auftraggeber auszugleichender Verlust beim Betrieb einer Linie, heißt der Verkehr gemeinwirtschaftlich. Diese Unterscheidung ist deshalb wichtig, weil die Vergabe der Konzessionen unterschiedlich erfolgt. Bei eigenwirtschaftlichem Verkehr wird eine bestehende Konzession verlängert, während bei gemeinwirtschaftlichem Verkehr eine Ausschreibung zu erfolgen hat. Die Genehmigungsbehörden haben dabei kein Recht zu überprüfen, wie die Eigenwirtschaftlichkeit hergestellt wurde und können gegen den Willen des Auftraggebers auch keine Ausschreibung verlangen. Bei Ausschreibungen im gemeinwirtschaftlichen Verkehr ist jene Lösung zu wählen, die zur niedrigsten Haushaltsbelastung führt.

Den Erfolg der Regionalisierung zu überprüfen ist im Augenblick wegen ihrer erst kurzen Wirksamkeit nicht sinnvoll; es sind nur einige Hinweise möglich:

- Der bisher rückläufige Anteil des ÖPNV am gesamten Personenverkehr hat sich seit wenigen Jahren stabilisiert.
- Es sind eine Reihe von Ausschreibungen im ÖPNV bereits durchgeführt oder geplant. [458]
- Es werden von der Industrie mittlerweile deutlich verbilligte Regionalfahrzeuge angeboten, die den Einstieg neuer Wettbewerber in den Markt erleichtern. [459] Triebwagen sind in den letzten Jahren im Preis von 4,5 auf 2,5 Mio. DM gesunken.
- Die Regionalisierung des SPNV hat zu wachsenden Streckennetzen durch die Reaktivierung stillgelegter Linien und zu einem steigenden Fahrgastaufkommen geführt. So ist die Leistung der DB AG im SPNV von 1993/94 bis 1997/98 um 50 Mio. Zugkilometer von 482,1 auf 532,1 Mio. Zugkm angewachsen. Im gleichen Zeitraum haben auch die nicht-bundeseigenen Eisenbahnen ihre Leistung um 11 Mio. Zugkm ausgeweitet. [460]

Die Regionalisierung des ÖPNV ist sicherlich zu begrüßen. Die Bündelung der Kompetenz und Verantwortlichkeit „vor Ort“ führt zu einem effizienteren Leistungsangebot, zu einer schnelleren Reaktion auf die Wünsche von Nachfragern und zu flexibleren Betriebsabläufen. Dennoch bleiben eine Reihe von Problemen, von denen im folgenden die wichtigsten beispielhaft aufgegriffen werden: [461]

- Beim SPNV besteht zwar nach dem Auslaufen bestehender Verträge das uneingeschränkte Bestellerprinzip und damit formal freier Wettbewerb, der jedoch wegen der Marktmacht der DB AG materiell deutlich eingeschränkt ist.

---

458 Vgl. o.V. (1998c), S. 315.

459 Vgl. Girnau, Günter (1996), S. 8f.

460 Vgl. o.V. (1998a), S. 5.

461 Siehe hierzu Wissenschaftlicher Beirat beim Bundesverkehrsministerium (1998), S. 213-223.

- Anders dagegen stellt sich die Situation beim übrigen ÖPNV dar; hier gilt das Bestellerprinzip und uneingeschränkter Wettbewerb nur für den gemein-, aber nicht für den eigenwirtschaftlichen Verkehr. Da bestehende Verkehrsunternehmen aus Eigennutz alles unternehmen, um Wettbewerb zu verhindern, ergeben sich daraus folgende Konsequenzen:

  a) Eigenwirtschaftlichkeit wird nicht als Kostendeckung durch Erlöse am Markt, sondern sehr viel umfassender definiert. Hierzu rechnen häufig nicht nur eine Reihe öffentlicher Zuschüsse und Vergünstigungen wie Ausgleichszahlungen für den Ausbildungs- und Schwerbehindertenverkehr, Investitionszuschüsse nach GVFG und steuerliche Erleichterungen, sondern auch Quersubventionierungen durch Schwesterbetriebe in Verbundunternehmen. Häufig werden Verkehrsgesellschaften in einem Unternehmen mit der Strom-, Wasser-, Fernwärme- und Gasversorgung geführt. Die im Verkehrsbereich anfallenden Verluste werden durch Gewinne in den anderen Bereichen abgedeckt. Hierdurch wird eine Eigenwirtschaftlichkeit der vom Verkehrsunternehmen betriebenen Linien hergestellt und eine Versteuerung der im Energie- und Wasserbereich anfallenden Gewinne vermieden. [462]

  b) Das PBefG fordert ein „ausreichendes" Angebot im ÖPNV, ohne dies näher zu definieren. Die Verkehrsunternehmen haben Interesse daran, ein Netz rentabler Linien als ausreichend zu definieren („Rosinenpickerei") und beschränken sich auf die Bedienung des Schüler- und Berufsverkehrs. Ökologisch, landesplanerisch und sozial wünschenswerte Verbesserungen [463] des ÖPNV unterbleiben.

  c) Die Auftraggeber sind häufig (Mit-)Eigentümer der Verkehrsunternehmen; so sind die Verkehrsgesellschaften in kreisfreien Städten meist Eigentum der Kommunen. Damit entsteht ein unerfreuliches Interessenkartell. Die Auftraggeber haben ein originäres Interesse daran, die ihnen gehörenden Verkehrsgesellschaften vor Wettbewerb zu schützen. Eigenwirtschaftlichkeit und ausreichende Verkehrsbedienung werden von ihnen sehr großzügig interpretiert.

- Bestehende rechtliche Vorschriften sind ungenau und stehen teilweise in Widerspruch zueinander, so daß Unsicherheit entsteht. Einige noch offene Fragen seien in diesem Zusammenhang angeführt. Wie genau ist Eigenwirtschaftlichkeit zu definieren, und was bedeutet ausreichende Verkehrsbedienung? Erlaubt Art. 92 des EWG-Vertrages, der den Austausch zwischen Mitgliedsstaaten behindernde Zuschüsse verbietet, die Herstellung der Eigenwirtschaftlichkeit durch Quersubventionierung, da hierdurch das Auftreten ausländischer Wettbewerber am Markt verhindert wird? Inwieweit ist die konkrete Ausgestaltung des ÖPNV an Vorgaben durch den Nahverkehrsplan gebunden?

---

462 Ob eine solche Vorgehensweise zur Herstellung der Eigenwirtschaftlichkeit rechtlich zulässig ist, ist umstritten. Allerdings wird eine solche Quersubventionierung in Zukunft wegen der Liberalisierung der Energiemärkte und der damit steigenden Wettbewerbsintensität immer weniger möglich sein.

463 Sie werden in Art. 1 (4) der Verordnung 1893/91 der EU ausdrücklich gefordert.

- Die hohen Zuschüsse im Rahmen der Regionalisierung bringen die Gefahr ihrer unwirtschaftlichen Verwendung mit sich. Beispiele hierfür sind neu entstandene große Verwaltungen [464], Verkehrsverbünde, die selber SPNV betreiben wollen und damit die sinnvolle Trennung von Auftraggebern und Verkehrsunternehmen aufheben [465] sowie erhebliche Mitnahmeeffekte bei den gewährten öffentlichen Subventionen [466]. Die WIBERA Wirtschaftsberatung AG [467] hat untersucht, ob die von den 1997 vom Bund gezahlten 12 Mrd. DM, von denen 7,8 Mrd. DM zur Bestellung von Bahnleistungen vorgesehen waren, ausreichen. Diese sich auf § 6 (3) des Regionalisierungsgesetzes beziehende und vom Bundesminister für Verkehr in Auftrag gegebene Studie kommt zu dem Ergebnis, daß der für Bahnleistungen vorgesehene Betrag bis zum Jahr 2001 auf knapp 7,4 Mrd. DM abgesenkt werden kann. So liegt die von ABERLE gezogene Schlußfolgerung nahe: „Ein zentraler Fehler bei der Regionalisierung war, daß die Länder bei der Verwendung der Regionalisierungsmittel, die 1997 12 Mrd. DM betrugen und 1998 entsprechend dem Wachstum des Mehrwertsteueraufkommens dynamisiert noch darüber liegen, keiner Kontrolle unterliegen. So kann auch nicht ausgeschlossen werden, daß Teile dieser Steuerzahlergelder im wahrsten Sinne des Wortes verwirtschaftet werden. Eine gute Idee wird langsam, aber stetig demontiert. Wie heißt es doch im Volksmund: Zuviel Geld verdirbt die Sitten.“ [468]

Aus grundsätzlichen Überlegungen, aus ersten gemachten Erfahrungen und aus den oben aufgezeigten Problemen ergeben sich folgende **Verbesserungsvorschläge für den regionalen ÖPNV**, die sicherlich einer gewissen Übergangszeit bedürfen:

- Die Kompetenzen und Verantwortlichkeiten von Aufgabenträger, Genehmigungsbehörde und Verkehrsunternehmen sind eindeutig zu definieren und voneinander abzugrenzen. Dies impliziert auch und vor allem, daß die Aufgabenträger nicht länger (Mit-)Eigentümer der Verkehrsunternehmen sein dürfen. Diese sind vielmehr zu privatisieren; dies bedeutet nicht nur die Wahl einer privaten Rechtsform, sondern insbesondere private Eigentümer, die mit ihren Einlagen unternehmerisch haften.

---

464 Aberle, Gerd (1998), S. 239: „Anstelle der vor der Bahnreform für den SPNV verantwortlichen Hauptverwaltung der Deutschen Bundesbahn haben nunmehr 15 Länder mehr oder weniger große Bahnverwaltungen aufgebaut, überwiegend ausgestattet mit einer beträchtlichen Zahl von Personalstellen und Sachmitteletats. Einige Länder haben große und größte Verkehrsverbünde mit spezifischen Verwaltungsstrukturen geschaffen; andere spezielle Landeseisenbahngesellschaften gegründet.“

465 So der Verkehrsverbund Rhein-Main RMV.

466 Die staatlichen Zuschüsse und Ausgleichszahlungen werden unabhängig von der Rentabilität der Linie oder des Verkehrsunternehmens bezahlt. „So erhält ein Verkehrsunternehmen auch dann Ausgleichszahlungen nach § 45a PBefG, wenn es auf einer stark frequentierten Schülerlinie schon durch die (im übrigen ebenfalls meist größtenteils staatlich finanzierten) Schülerfahrkarten ausreichende Einnahmen hat. GVFG-Fahrzeugförderungen werden auch dann gewährt, wenn ein Unternehmen ohnehin Ersatzbeschaffungen vornehmen würde und diese auch aus eigener Kraft finanzieren könnte.“ (Berschin, Felix; Hickmann, Gerd (1998), S. 601).

467 Die Ergebnisse des Gutachtens wurden entnommen Szabo, Oliver (1998), S. 280.

468 Aberle, Gerd (1998), S. 239.

- Die Aufgabenträger sind für die Aufstellung des Nahverkehrsplans verantwortlich. Er muß von einem weitgehend unverbindlichen Rahmenplan zu einer verbindlichen politischen Aussage weiterentwickelt werden, in der Linien und Bedienungshäufigkeiten eindeutig festgelegt werden.[469] Er dient der Definition eines ausreichenden Verkehrsangebots und garantiert, daß die Linien optimal aufeinander abgestimmt werden.
- Die Trennung zwischen eigen- und gemeinwirtschaftlichen Verkehr ist aufzugeben. Alle Linien sind auszuschreiben; die Konzession geht an den günstigsten Anbieter. Ihre Laufzeit sollte mittelfristig sein und mehrere Jahre umfassen. Ein solcher Zeitraum schafft Planungssicherheit für Unternehmen, verhindert aber die Erstarrung des Wettbewerbs, die bei zu langen Laufzeiten eintreten würde („Großvaterrechte").
- Transfermittel sollten nicht direkt an die Verkehrsunternehmen, sondern an die Aufgabenträger fließen.[470] Sie zahlen diese Mittel an jene Unternehmen, die im Ausschreibungsprozeß die geringsten Zuschüsse für den Betrieb einer Strecke fordern.
- Um die Wirtschaftlichkeit zu fördern, werden die Transfermittel nicht mehr an Leistungskriterien wie Sitzplatzkilometer, Investitionen oder Aufwand gekoppelt, sondern nach pauschalen Kriterien wie Einwohner und Fläche verteilt.
- Die Genehmigungsbehörde genehmigt die Nahverkehrspläne, erteilt die Konzessionen auf Antrag des Aufgabenträgers und überwacht die Ausschreibungsverfahren und die Verausgabung der Transfermittel.
- Häufig geäußerte Bedenken gegen eine so weitgehende Privatisierung des ÖPNV sind nicht stichhaltig. „Rosinenpickerei" wird durch die Aufstellung eines verbindlichen Nahverkehrsplans, der auch für die Koordinierung des Angebots verschiedener Verkehrsunternehmen sorgt, verbunden mit der Ausschreibung der Linien in geforderten Qualitätsstandards, verhindert. „Sozialdumping" zu verhindern, sofern es überhaupt im Verkehrsbereich in verschärfter Form im Vergleich zu anderen Wirtschaftszweigen auftritt, ist Aufgabe der Sozial- und Arbeitsmarktpolitik sowie der Tarifpartner und nicht Aufgabe der Verkehrspolitik, ebenso wie die Wettbewerbs- und nicht die Verkehrspolitik Tendenzen zu Oligopolen und zu Monopolen zu verhindern hat.

---

469 Ein Verzicht auf einen verbindlichen Nahverkehrsplan bei Einführung eines intensiven Wettbewerbs auf dem Verkehrsmarkt mit vielen Anbietern würde ansonsten zu chaotischen Zuständen führen, wenn die einzelnen Fahrpläne nicht aufeinander abgestimmt sind. Diese Situation ist in Großbritannien eingetreten.

470 Eventuell sogar im Rahmen ungebundener Zuweisungen im Rahmen des Kommunalen Finanzausgleichs, damit „vor Ort" eigenständig darüber entschieden werden kann, ob wirklich der ÖPNV die dringlichste Aufgabe darstellt.

V.5.3.4 Transeuropäische Netze

Das Zusammenwachsen von Volkswirtschaften in einem gemeinsamen Binnenmarkt führt zu einer steigenden Mobilität von Personen, Gütern und Nachrichten, die im Augenblick noch häufig durch eine unzureichende Infrastruktur beschränkt wird. [471] Verkehrsinfrastrukturen wurden bisher nämlich hauptsächlich nach nationalen und verkehrsspezifischen Erfordernissen konzipiert. „Diese Vorgehensweise führte aus der Sicht der Gemeinschaft zu einer Reihe gravierender Probleme. Dazu gehören das häufige Fehlen geeigneter Verbindungen zwischen den Netzen einzelner Länder, Lücken und Engpässe sowie Hindernisse für die Interoperationalität, die die Leistungsfähigkeit massiv beeinflussen.“ [472] Neben der Verwirklichung eines einheitlichen Binnenmarktes für Verkehrsdienstleistungen muß es deshalb Aufgabe der EU sein, für ein länderübergreifendes, leistungsfähiges Verkehrswegenetz zu sorgen. Im Vertrag von Maastricht [473] wird deshalb richtiger- und konsequenterweise die Entwicklung einer Gemeinsamen Verkehrspolitik (GVP) bekräftigt und ihr neue Impulse verliehen. „Zum ersten Mal werden Maßnahmen zur Verbesserung der Verkehrssicherheit ausdrücklich anerkannt. Die Bestimmung zu den Transeuropäischen Netzen und zum wirtschaftlichen und sozialen Zusammenhalt stellen eine neue Grundlage für den Beitrag der Gemeinschaft zum Auf- und Ausbau der Verkehrsinfrastruktur dar. Der neue Titel zum Thema Industrie unterstreicht die Notwendigkeit, Voraussetzungen für die Wettbewerbsfähigkeit der Unternehmen in der Gemeinschaft zu schaffen. Zugleich heißt es im Maastrichter Vertrag, daß die GVP in Übereinstimmung mit dem Subsidiaritätsprinzip Maßnahmen beinhalten muß, die von den Mitgliedsstaaten einzeln nicht angemessen realisiert werden können und daher aufgrund ihrer Dimension oder Verwirklichung besser von der Gemeinschaft verwirklicht werden." [474]

Mit dem Vertrag von Maastricht wurde der Europäischen Union die Aufgabe übertragen, die bislang vor allem einzelstaatlich ausgerichteten Infrastrukturnetze in den Bereichen Verkehr, Telekommunikation und Energie aufeinander abzustimmen. „Die Tätigkeit der Gemeinschaft zielt im Rahmen eines Systems offener und wettbewerbsorientierter Märkte auf die Förderung des Verbunds und der Interoperabilität der einzelstaatlichen Netze sowie des Zugangs zu diesen Netzen ab. Sie trägt insbesondere der Notwendigkeit Rechnung, insulare, eingeschlossene und am Rande gelegene Gebiete mit den zentralen Gebieten der Gemeinschaft zu verbinden.“ [475]

---

471 Zu der Entwicklung des internationalen Verkehrs und den hierbei auftretenden infrastrukturellen Engpässen vgl. European Conference of Ministers of Transport (ECMT) (1995). So stieg alleine der internationale Güterverkehr auf der Straße in der Europäischen Union zwischen 1984 und 1989 um 84,4 %; mehr als 5.000 km Straße sind permanent überlastet.

472 Erdmenger, Jürgen (1996), S. 6.

473 Rechtsgrundlage sind Art. 129b-d des EG-Vertrages in der Fassung vom 07. Februar 1992, z.B. abgedruckt in Presse- und Informationsamt der Bundesregierung (Hrsg.) (1994), S. 208f.

474 Mitteilungen der Kommission der Europäische Gemeinschaften (1993), S. 5.

475 Presse- und Informationsamt der Bundesregierung (Hrsg.) (1994), Artikel 129b (2) des EG-Vertrages, S. 208.

Mit den transeuropäischen Netzen werden vor allem zwei Ziele verfolgt [476]:

a) *Verbesserung der Funktionsfähigkeit des Binnenmarktes*

   Durch den Ausbau der Infrastruktur soll die Leistungsfähigkeit insbesondere des Verkehrs- und Telekommunikationssystems gesteigert werden. Die Kommission vergleicht den Binnenmarkt mit einem organischen Gebilde, das nur funktioniert, wenn Blutkreislauf (Verkehrsinfrastrukturen), Nervensystem (Telekommunikationsnetz) und Muskelapparat (Energieinfrastruktur) störungsfrei arbeiten. Dies wird nur dann gelingen, wenn die Netze der einzelnen Verkehrsträger international vernünftig miteinander, aber auch untereinander verbunden werden. Zudem erweisen sich bestimmte Regionen aufgrund starker Verkehrskonzentration als Nadelöhr. Dazu gehören insbesondere die Benelux-Staaten, das Ruhrgebiet, der Großraum London, die Île-de-France und Norditalien. [477]

b) *Steigerung der Wettbewerbsfähigkeit der Industrie sowie Förderung von Wachstum und Beschäftigung*

   Verantwortlich hierfür zeichnen sowohl der Investitionsschub in der (Aus-) Bauphase als auch die kostensenkenden und wettbewerbsintensivierenden Effekte während der Leistungsphase. In Artikel 129c des EG-Vertrages sind die Leitlinien und Aktionen genannt, die zur Erreichung dieser Ziele genutzt werden sollen. Danach

   - sind Leitlinien zu entwickeln, in denen die Ziele, die Prioritäten und die Grundzüge der in Betracht gezogenen Aktionen erfaßt und Vorhaben von gemeinsamen Interesse ausgewiesen werden.
   - führt die Gemeinschaft Maßnahmen durch, die die Interoperationalität der Netze gewährleisten; hierzu zählt insbesondere die Harmonisierung der technischen Normen.
   - können Vorhaben zur Realisierung angestrebter Projekte finanziell unterstützt werden.

Die Europäische Kommission hat die mit dem Vertrag von Maastricht zugeflossene zusätzliche Kompetenz im Verkehrsbereich zügig umgesetzt und in Zusammenarbeit mit den Mitgliedsstaaten der EU Leitlinien für ein transeuropäisches Verkehrswegenetz erlassen, das vom Rat der Verkehrsminister angenommen wurde; sie umfassen für die EU und die durch sie umschlossene Schweiz für alle Verkehrsträger Trassen von europäischer Bedeutung [478] und machen Aussagen zu ihrer weiteren angestrebten Entwicklung.

---

476 Vgl. auch Zippel, Wulfdiether (Hrsg.) (1996), worin die Ziele, die mit der Schaffung und dem Ausbau der Transeuropäischen Netze verbunden sind, in weiteren Beiträgen aus unterschiedlichen Ansätzen diskutiert werden.

477 In enger Anlehnung an o.V. (1994a), S. 4f.

478 Diese festgelegten Trassen haben keine unmittelbare Bindungswirkung für die Nationalstaaten und verpflichten sie nicht zur unmittelbaren Umsetzung.

Genereller Grundsatz für die Leitlinien aller Verkehrsträger ist eine bedarfsgerechte sowie sozial- und umweltverträgliche Gestaltung und Weiterentwicklung des europäischen Verkehrswegenetzes. Außerdem soll das Verkehrsnetz der EU mit dem der Nachbarstaaten abgestimmt und so zu einem gesamteuropäischen Verkehrswegenetz erweitert werden. Diese Zielsetzung impliziert folgende Aussagen zu den einzelnen Verkehrsträgern:

„Das transeuropäische *Straßennetz* [479] bildet mit seinen Magistralen der großen internationalen Fernverkehrsverbindungen und seinen Querverbindungen das Grundgerüst für die Bedienung in der Fläche. Es umfaßt 67 500 km, wovon 19 700 km in den nächsten 10 Jahren zur Vervollständigung des Netzes ausgebaut werden sollen. 40 % davon sollen in den peripheren Regionen realisiert werden. In den zentraleren Regionen steht der Ausbau zur Umgehung großer Ballungsräume, die Anbindung der intermodalen Verkehrsknotenpunkte sowie der Zugang zum Netz im Vordergrund. Ein weiterer Schwerpunkt liegt in der Entwicklung eines interoperablen Verkehrsmanagements für das transeuropäische Straßennetz.

Das transeuropäische *Schienennetz* umfaßt in seinem Endausbau 70 000 km, davon 23 000 km Aus- und Neubaustrecken für den Hochgeschwindigkeitsverkehr sowie 23 000 km, die vorwiegend dem kombinierten Verkehr dienen. Während es sich in den zentralen Regionen der Gemeinschaft hauptsächlich um die Beseitigung von Engpässen durch Erhöhung der Streckenkapazität handelt (z.B. Modernisierung der Signalanlagen, Bau von Umgehungsstrecken), muß in den peripheren Regionen vor allem das allgemeine Qualitätsniveau verbessert werden (z.B. Erneuerung der Anlagen, Elektrifizierung, Bau neuer Zugangsstrecken). Im gesamten Netz müssen die Verbindungen zu den Flug- und Seehäfen sowie Umschlagseinrichtungen für den Güterverkehr und Umsteigepunkte für den Personenverkehr geschaffen werden.

Kombinierter Verkehr, d.h. die Beförderung einer Ladeeinheit (Wechselbehälter, Container, Sattelanhänger, Lastwagen) durch mehrere Verkehrsträger, erfolgt in den 30 größten Güterverkehrskorridoren der Gemeinschaft. Damit vermehrt Ladeeinheiten, die bisher auf der Straße transportiert werden, auf die Schiene oder Wasserstraße verlagert werden können, sind jedoch eine Reihe von Verbesserungsmaßnahmen, wie die Anpassung der Lichtraumprofile oder die Errichtung von Umschlagsanlagen, erforderlich. Der Ausbau soll in den nächsten 10 Jahren erfolgen.

---

479 Eine Abbildung der transeuropäischen Netze der einzelnen Verkehrsträger findet sich bei Erdmenger, Jürgen (1996), S. 6ff.

Abbildung 68: Leitschema des transeuropäischen Verkehrsnetzes (Horizont 2010) –Abschnitt: Eisenbahnen–

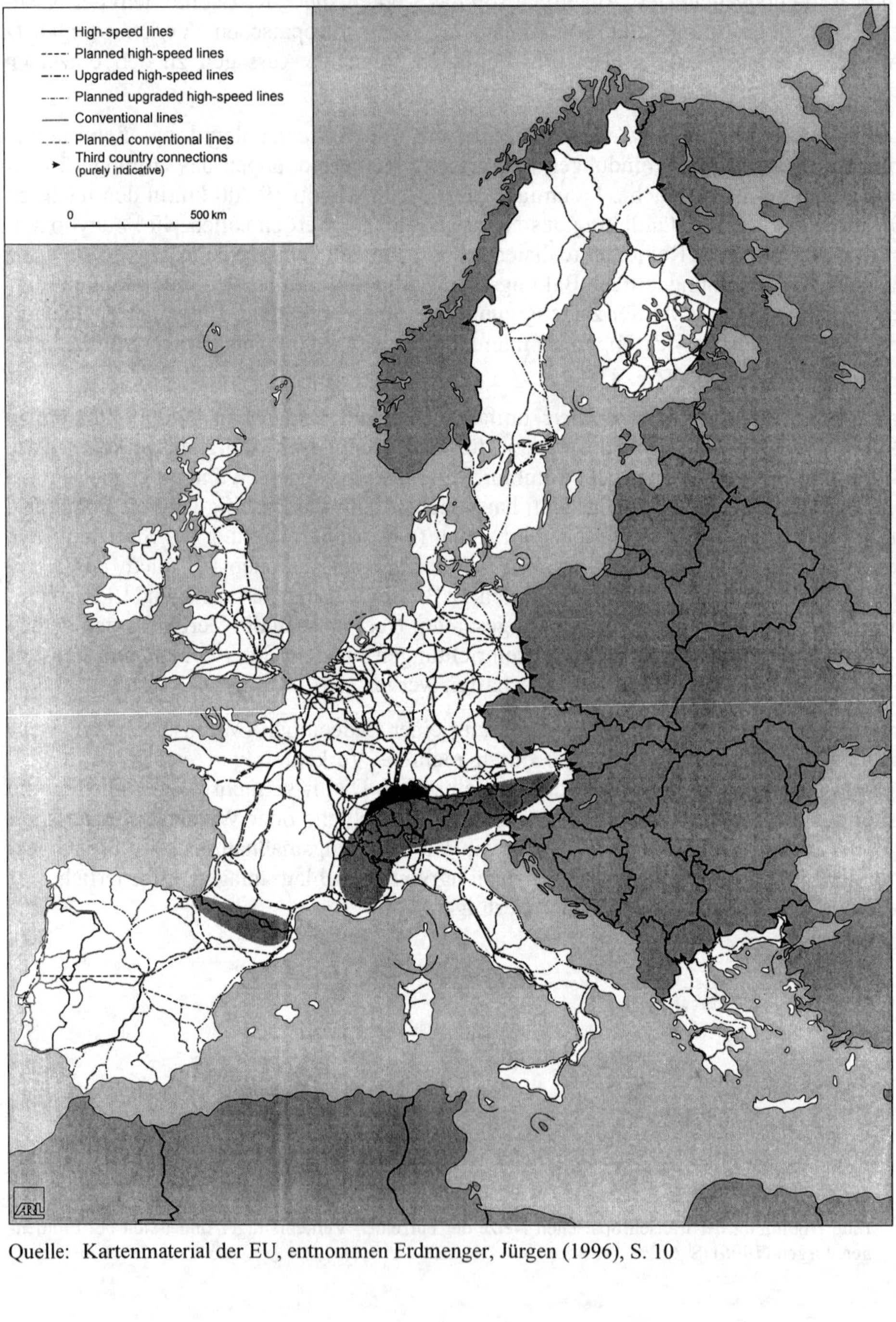

Quelle: Kartenmaterial der EU, entnommen Erdmenger, Jürgen (1996), S. 10

Das transeuropäische *Binnenwasserstraßennetz* beruht auf den wichtigsten Wasserstraßenachsen. Ziel ist es, auf der Basis dieser Wasserwege ein kohärentes und homogenes Binnenwasserstraßennetz zu schaffen, das die Verlagerung von anderen Landverkehrsträgern ermöglicht. Hierfür müssen die noch fehlenden Verbindungen hergestellt und die größten bestehenden Engpässe beseitigt werden.

Den Seehäfen kommt eine entscheidende Funktion als Schnittstelle zwischen Land- und Seeverkehr zu. Der Seeverkehr bewältigt 90 % des Verkehrs zwischen der Gemeinschaft und der übrigen Welt und rund 35 % des Verkehrs zwischen den Mitgliedstaaten. Die Küstenschiffahrt stellt ebenfalls ein Potential dar, um einen Teil des Verkehrsaufkommens überlasteter Landkorridore zu übernehmen. Wegen den Besonderheiten der Hafenstruktur, insbesondere der Wettbewerbssituation zwischen den Häfen, definiert der Leitlinienvorschlag nur ganz allgemein Infrastrukturprojekte, wobei der land- und seeseitige Zugang zu den Häfen sowie die Infrastruktur innerhalb der Häfen im Vordergrund stehen.

Mit dem Seeverkehr in Zusammenhang steht die Errichtung eines europäischen *Managementsystems zur Verfassung, Organisation und Lenkung des Seeverkehrs* in europäischen Gewässern. Das System soll die Sicherheit und die Effizienz des Seeverkehrs erhöhen sowie den Umweltschutz in den ökologisch sensiblen Bereichen gewährleisten.

Das *transeuropäische Flughafennetz* besteht aus rund 310 Flughäfen, die nach quantitativen Kriterien bestimmt wurden, und hauptsächlich Verbindungsfunktionen zwischen der Gemeinschaft und der übrigen Welt, innerhalb der Gemeinschaft und mit den entlegenen Regionen der Gemeinschaft wahrnehmen. Um diese Funktionen erfüllen zu können, legt der Leitlinienvorschlag folgende Prioritätengruppen fest:

- Optimierung und Ausbau der Flughafenkapazität
- Verbesserung der Umweltverträglichkeit
- Verbesserung des Zugangs zu den Flughäfen und der Verknüpfung mit anderen Netzen.

Überlastungserscheinungen im Luftverkehr sind dagegen nicht zuletzt auch auf die schlechte Ausnutzung des Luftraums und Kapazitätsengpässe in der Flugsicherung zurückzuführen. Durch den schrittweisen Aufbau eines *Luftverkehrsmanagementnetzes* mit Flugnavigationsplan, Verkehrsflugregelung und Einrichtungen der Flugsicherung soll der Luftverkehr zukünftig sicherer und effizienter abgewickelt werden.

Eine große Bedeutung kommt der weiteren inhaltlichen Entwicklung der Netzknotenpunkte zu, die als intermodale Schnittstellen den reibungslosen Übergang von einem Verkehrsträger zum anderen gewährleisten. Schwerpunkte sind hierbei Güterverkehrszentren, Binnenhäfen und Umschlagterminals.“ [480]

In ihrem Weißbuch über Wachstum, Wettbewerbsfähigkeit und Beschäftigung [481] nimmt die EU-Kommission eine Schätzung der mit dem (Aus-)Bau der Verkehrswege-

480 Erdmenger, Jürgen (1996), S. 12f.

481 Vgl. Kommission der Europäischen Gemeinschaften (1993)

netze verbundenen Kosten vor. Sie beläuft sich für das transeuropäische Verkehrsnetz auf über 400 Mrd. €, von denen 220 Mrd. € bis zum Ende des Jahrhunderts aufgebracht werden sollen. Aufgrund knapper Finanzmittel und der Kompetenzverteilung kann die EU diese Strecken nicht selbst (aus-)bauen, sondern lediglich mit Hilfe des „goldenen Zügels" und von Appellen versuchen, das Handeln der Nationalstaaten entsprechend zu beeinflussen. Hierfür stehen im Zeitraum von 1995 bis 1999 nur relativ bescheidene Finanzmittel zur Verfügung. Speziell für die transeuropäischen Netze sind dies 1,8 Mrd. €, die die finanziellen Anstrengungen der Mitgliedsstaaten unterstützen und insbesondere in Form von Durchführbarkeitsstudien, Anleihbürgschaften oder Zinszuschüsse verausgabt werden sollen. [482] Als weitere Finanzierungsquellen stehen vor allem die Kohäsionsfonds und der Europäische Regionalentwicklungsfonds zur Verfügung; beide umfassen zusammen ca. 30 Mrd. €, die aber nur teilweise für die Verkehrsinfrastruktur verausgabt werden. [483]

Aus Gründen der Machbarkeit tut die EU gut daran, eine Prioritätenliste aufzustellen und sich zunächst auf die besonders wichtigen Projekte zu konzentrieren. Entsprechend hat der Europäische Rat 1993 eine Arbeitsgruppe unter Leitung des damaligen Vizepräsidenten der Europäischen Kommission Christophersen beauftragt, ein erstes im Weißbuch bereits präsentiertes Konzept weiterzuentwickeln und eine Liste besonders wichtiger europäischer Verkehrswege vorzulegen, deren (Aus-)Bau prioritär sein soll. Diese Liste bestand aus 35 Vorhaben der Verkehrsinfrastruktur, 5 Vorhaben des Verkehrsmanagements und 7 Vorhaben zur besseren Anbindung von Drittländern. Diese Vorhaben wurden in drei Gruppen eingeteilt, die die Dringlichkeit ihrer Realisierung zum Ausdruck bringen sollen; hierbei handelt es sich um prioritäre Vorhaben, andere wichtige Vorhaben und Projekte, die weiter geprüft werden müssen. Der Europäische Rat hat auf seiner Sitzung im Dezember 1994 in Essen die vorrangigen Projekte bestätigt. Hierbei handelt es sich um die aus Übersicht 33 hervorgehenden Maßnahmen.

---

482 Presse- und Informationsamt der Bundesregierung (Hrsg.) (1994), Art. 129c (1) des EG-Vertrages, S. 208f.

483 „Unionsmittel werden aus vier verschiedenen Quellen gezahlt:

- **EU-Haushalt** –Daraus werden Mittel für Durchführbarkeitsstudien und Anleihebürgschaften sowie Zinszuschüsse gewährt, mit denen wesentlich höhere Beträge freigemacht werden können. Sofern die Berechtigung dazu besteht, können diese Mittel auch in Form von Beihilfen gewährt werden.
- **Strukturfonds**, d.h. den Europäischen Fonds für regionale Entwicklung für die am meisten benachteiligten Gebiete, den Kohäsionsfonds (nur für Spanien, Portugal, Griechenland und Irland) und Gemeinschaftsinitiativen wie INTERREG –Förderung der grenzüberschreitenden Zusammenarbeit.
- **Europäische Investitionsbank (EIB)** –Anleihen können nunmehr aus einem TEN-„Fenster" für größere Infrastrukturvorhaben gewährt werden.
- **Europäischer Investitionsfonds** –Der EIF wurde im Juni mit einem Kapital von 2 Mrd. € gebildet und befindet sich zu 30 % in der Hand privater Finanzinstitutionen. Während ursprünglich damit Anleihebürgschaften für TEN-Projekte übernommen wurden, könnte der Fonds im dritten Jahr seines Bestehens direkte Finanzierungen gewähren."

Quelle: EU-Kommission (1999), abgerufen am 19.10.1999.

Übersicht 33: 14 vorrangige Vorhaben im Verkehrsbereich

	Vorhaben	Voraussichtliche Kosten (in Mrd. DM)
1.	Hochgeschwindigkeitszug/Kombinierter Verkehr Nord–Süd (Berlin–Leipzig–Erfurt–Nürnberg–München–Verona)	>20,0
2.	Hochgeschwindigkeitszug PBCAL (Paris–Brüssel–Köln–Amsterdam)	13,0
3.	Hochgeschwindigkeitszug Süd (Madrid–Barcelona–Perpignon–Montpellier; Madrid–Valladolid–Vitoria)	12,9
4.	Hochgeschwindigkeitszug Ostfrankreich–Süddeutschland (Paris–Metz–Straßburg–Karlsruhe mit Anbindungen an Metz–Saarbrücken–Mannheim und Metz–Luxemburg)	4,5
5.	Konventionelle Strecke/Kombinierter Verkehr Betuwe-Strecke (Rotterdam–Grenze NL/D–Rhein/Ruhr)	3,3
6.	Hochgeschwindigkeitszug/Kombinierter Verkehr Frankreich–Italien (Lyon–Turin–Mailand–Venedig–Triest)	13,6–14,2
7.	Griechische Autobahn PATHE und Via Egnatia (Nord-Süd-Achse PATHE Patras–griechisch/bulgarische Grenze; Ost-West-Achse Via Egnatia Igoumenitsa–Thessaloniki–Kipi–griechisch/türkische Grenze)	6,4
8.	Autobahn Lissabon–Valladolid (Lissabon–Formoso–Salamanco–Valladolid)	1,1
9.	Konventionelle Zugverbindung Cork–Dublin–Belfast–Lorne–Stranraer	0,2
10.	Flughafen Malpensa (Norditalien)	1,0
11.	Feste Schienen-/Straßenverbindung zwischen Dänemark und Schweden – Feste Verbindung Öresund (einschließlich Zufahrtsstraßen Straße, Schiene, Luft)	3,4
12.	Nordisches Dreieck (vier Abschnitte für Schiene und Straße Oslo–Kopenhagen, Oslo–Stockholm, Kopenhagen–Stockholm, Turku–Helsinki–russische Grenze)	4,4
13.	Straßenverbindung Irland–Vereinigtes Königreich–Benelux	2,9
14.	Hauptstrecke Westküste Großbritannien (Schiene)	0,6–0,8

Quelle: EU-Kommission (1999)

Diese Projekte werden in Abbildung 69 dargestellt.

Abbildung 69: Prioritäre Verkehrsprojekte in der Europäischen Union

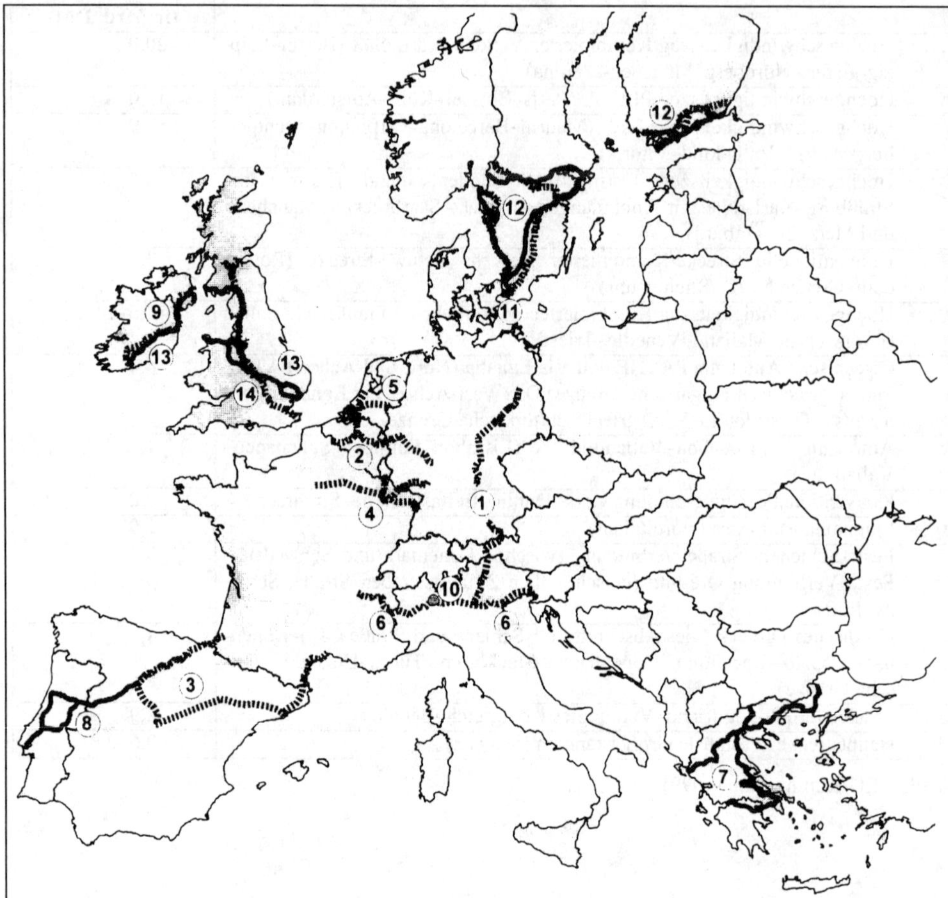

1. High-speed train/combined transport North-South (I/A/D)
2. High-speed train PBKAL (B/UK/NL/D)
3. High-speed train South (E/F)
4. High-speed train East (F/D/L)
5. Conventional rail combined transport: Betuwe line (NL/D)
6. High-speed train/combined transport France-Italy (F/I)
7. Greek Motorways (GR)
8. Motorway, Lisboa-Valladolid (E/P)
9. Conventional rail link (IRL/UK)
10. Milano-Malpensa Airport (I)
11. Fixed rail/road link Denmark-Sweden (DK/S)
12. Nordic Triangle multimodal corridor (N)/S/SF)
13. Ireland-United Kingdom-Benelux road project (IRL/UK/B)
14. West Coast Main Line (rail) (UK)

Quelle: Eigene graphische Darstellung nach Vickerman, Roger; Spiekermann, Klaus; Wegener, Michael (1999), S. 8.

Die Realisierung dieser Projekte ist mit einer voraussichtlichen Kostensumme von 91 Mrd. € verbunden; hiervon entfallen 80 % auf Eisenbahnverbindungen, 9 % auf Verbindungen Straße–Schiene und lediglich 10 % auf den Bau neuer Straßen. Der Rat fordert die Mitgliedstaaten, die Europäische Kommission und die Europäische Investitionsbank auf, die 14 vorrangigen Projekte weiter voranzutreiben; mit der Realisierung sollte spätestens Ende 1996 begonnen werden.

Für eine Überprüfung der Frage, ob die Realisierung dieser und weiterer Projekte gelingt, ist es noch zu früh. Es kann lediglich grundsätzlich darüber nachgedacht werden, ob die durch den Vertrag von Maastricht beschlossene Kompetenzerweiterung und der darauf fußende Vorschlag der 14 vorrangigen Projekte grundsätzlich vernünftig ist. Überprüfungskriterien sind dabei die fiskalische Äquivalenz und die Subsidiarität. [484] Danach sollte eine Aufgabe auf jener Hierarchieebene angesiedelt werden, auf der ihre regionalen Auswirkungen spürbar sind [485] und die in der Lage ist, die Aufgabe zu erfüllen. Eine Ansiedlung der Aufgabe auf einer zentralen Ebene ist nur dann sinnvoll, wenn

- auf der niedrigeren Ebene erhebliche externe Effekte zu erwarten sind und (zu) hohe Transaktionskosten eine direkte Verhandlungslösung zwischen den Betroffenen erschweren oder sogar unmöglich machen.
- die niedere Ebene personell, organisatorisch oder finanziell nicht in der Lage ist, die notwendige Aufgabe zu erfüllen.
- bei der Durchführung vieler kleiner Projekte hohe Vorteile der Massenproduktion (increasing returns to scale) entstehen, die Zentralisierungsnachteile mehr als ausgleichen.

Bei transeuropäischen Netzen treffen die zweite und dritte Begründung sicherlich nicht zu. Alle Mitgliedstaaten sind in der Lage, Verkehrswege eigenständig zu planen, zu bauen und zu unterhalten. Treten finanzielle Engpässe auf, ist es sinnvoller, zweckgebundene Transfers an die untere Ebene zu geben als die Aufgabe zu zentralisieren. Vorteile einer Massenproduktion sind ebenfalls nicht erkennbar. Stichhaltig ist allerdings das erste Argument. Von Verkehrswegen, die von Nationalstaaten gebaut und unterhalten werden, die aber den Stellenwert von europäischen Magistralen haben, gehen erhebliche externe Effekte aus. [486] Außerdem wirken einzelne Strecken nie für sich allein, sondern nur als Bestandteil eines umfassenden Netzes. Für die Bewältigung grenzüberschreitender Verkehrsströme bedeutet dies, daß die nationalen Netze aufeinander abgestimmt werden müssen. Sind mehrere Staaten von einer Strecke betroffen, liegt eine Zentralisierung der Planungs- und Realisierungskompetenz nahe, da bei vielen Beteiligten ansonsten die Transaktionskosten zu hoch werden. Daher ist eine Auswei-

484 Siehe hierzu Wink, Rüdiger (1996), S. 301ff.; und Wink, Rüdiger (1997), S. 59ff.

485 Dies entspricht der geforderten Gleichheit von Verantwortungs-, Finanzierungs- und Betroffenheitsbereich.

486 zumindestens so lange, wie keine kostendeckenden Benutzungsgebühren erhoben werden.

tung der Kompetenz der EU im Verkehrsbereich zu begrüßen; sie sollte sich auf jene Tatbestände beschränken, die in ihren Auswirkungen deutlich über nationale Grenzen hinausgehen. Dies wird von der EU auch so gesehen; so galten als Auswahlkriterien der prioritären Projekte das gemeinsame Interesse mehrerer Staaten sowie ihre außergewöhnliche Größe. [487] Diese im Prinzip richtige und stichhaltige Begründung ist um folgende Forderungen zu ergänzen:

- Die Erhebung kostendeckender Benutzungsgebühren für Verkehrswege verringert das Auftreten externer Effekte und damit die Notwendigkeit, Kompetenzen zu zentralisieren.
- Für jedes Projekt im Rahmen der transeuropäischen Netze muß nachgewiesen werden, daß von ihm mehrere europäische Staaten (spürbar) betroffen sind. [488+489]
- Die Vorgaben der EU müssen für die Mitgliedstaaten verbindlich sein; ein Projekt muß realisiert werden, wenn die Nützlichkeit auf europäischer Ebene nachgewiesen ist. [490] Die EU hat sich an den Kosten der Maßnahme zu beteiligen, u.z. in Höhe des Anteils der Nutzen, die auf andere Mitgliedstaaten entfallen.

---

487 Vgl. Zwischenbericht o.V. (1994b), S. 52f.

488 Zu den Möglichkeiten, die regionalen Auswirkungen von Verkehrsinfrastrukturprojekten deutlich zu machen, vgl. die Ausführungen in Kap. (Regionale Auswirkungen Bebra nach Erfurt –Erläuterungen–).

489 Dieses Kriterium scheint nicht bei allen prioritären Projekten des transeuropäischen Netzes erfüllt zu sein. So sollen etwa Straßen in Griechenland gefördert werden, deren Auswirkungen sich weitgehend auf dieses Mitgliedsland beschränken werden. Hier hat sich die EU sicherlich auch von dem Wunsch und der politischen Notwendigkeit leiten lassen, alle Mitgliedstaaten zu berücksichtigen.

490 Es sei denn, daß Umwelt oder Menschen im Mitgliedstaat unzumutbar geschädigt würden.

Literaturverzeichnis

Aberle, Gerd (1992): Verkehrswegerechnung und Optimierung der Verkehrsinfrastrukturnutzung, Hamburg.

Aberle, Gerd (1996): Transportwirtschaft, München.

Aberle, Gerd (1998): Regionalisierung auf Abwegen, in: Internationales Verkehrswesen, Heft 6, Hamburg, S. 239.

Aberle, Gerd; **Brenner**, Andrea (1996): Bahnstrukturreform in Deutschland, Köln.

Aberle, Gerd; **Engel**, Michael (1992): Theoretische Grundlagen zur Erfassung und Bewertung des volkswirtschaftlichen Nutzens, in: Internationales Verkehrswesen, Heft 5, Hamburg, S. 169-175.

Aberle, Gerd; **Kindsvater**, Katrin; **Aufderbeck**, Christiane; **Trost**, Dirk (1998): Schienen- und Busverkehr in der Region, Bd. 15 der Gießener Studien zur Transportwirtschaft und Kommunikation, Hamburg.

Aengenendt, Renate (1969): Ordnung ohne Wettbewerb? Kritische Betrachtungen zum Leber-Plan, in: Wirtschaft und Wettbewerb, Band 19, Düsseldorf.

Allais, M.; **Del Viscovo**, M.; **Duquesne de la Vinelle**, L.; **Oort**, C.J.; **Seidenfus**, H. St.: Möglichkeiten der Tarifpolitik im Verkehr, Brüssel 1965.

Anderson, R.J.; **Crocker**, T.D. (1971): Air Pollution and Residental Property Values, in: Urban Studies, Heft 8, Abingdon, Oxfordshire, S. 171 ff.

Arnold, Volker (1998): Steuerwettbewerb und die Möglichkeit der Überversorgung mit lokal öffentlichen Konsumgütern, in: Zeitschrift für Wirtschafts- und Sozialwissenschaften, Band 118, Berlin, S. 521-536.

Arnold, Volker; **Eckey**, Hans-Friedrich; **Klemmer**, Paul (1986): Ökonomische Bewertung der Bundesbahnausbaustrecke Dortmund-Kassel, Dortmund u.a.

Arrow, H (1962).: Economic Welfare and the Allocation of Ressources for Invention, in: **Nelson**, R. (Ed.): The rate and direction of inventive activity, Princeton

Aschauer, David Alan (1989): Is Public Expenditure Productive?; in: Journal of Monetary Economics, Nr. 23, S. 177-200.

Aschauer, David Alan (1991): Infrastructure: America's Third Deficit; in: Challenge, March-April 1991, S. 39-45.

Assenmacher, Walter (1995): Einführung in die Ökonometrie, München.

Bach, Stefan; **Gornig**, Martin; **Stille**, Frank; **Voigt**, Ulrich (1994): Wechselwirkung zwischen Infrastrukturausstattung, strukturellem Wandel und Wirtschaftswachstum, Heft 151 der Beiträge zur Strukturforschung des Deutschen Instituts für Wirtschaftsforschung, Berlin.

Banfi, Silvia u.a. (1995): Externe Effekte des Verkehrs, Paris.

Barde, Jean-Philippe; **Pearce**, David W. (Ed.) (1991): Valuing the Environment, London.

Barth, Margareta; **Neumann**, Horst; **Würtenberger**, Julian (1996): Bewußtseinsbildung für eine nachhaltige Mobilität, in: Internationales Verkehrswesen Heft 7+8, Hamburg, S. 21-31.

Baum, Herbert; **Esser**, Klaus; **Höhnscheid**, Karl-Josef (1998): Volkswirtschaftliche Kosten und Nutzen des Verkehrs, Heft 108 der Forschungsarbeiten aus dem Straßen- und Verkehrswesen, Bonn.

Beratungsgesellschaft für Angewandte Systemforschung (BASYS) (1992): Verkehrsmodelle: Vergleichende Bewertung, Bern.

Berschin, Felix; **Hickmann**, Gerd (1998): Von der Bahnreform zur ÖPNV-Strukturreform, in: Internationales Verkehrswesen, Heft 12, Hamburg, S. 600-606.

Bickel, Peter; **Friedrich**, Rainer (1995a): Externe Kosten des Verkehrs in der Bundesrepublik Deutschland –Ein aktueller Überblick–, in: VDI-Gesellschaft Energietechnik: Externe Kosten von Energieversorgung und Verkehr (VDI-Berichte), Düsseldorf, S. 77-90.

Bickel, Peter; **Friedrich**, Rainer (1995b): Was kostet uns die Mobilität? Externe Kosten des Verkehrs, Heidelberg.

Blankart, Charles Beat (1979): Die wirtschaftspolitische Bedeutung von Skalenerträgen öffentlicher Unternehmen. Eine theoretische und empirische Betrachtung, in: Zeitschrift für öffentliche und gemeinwirtschaftliche Unternehmen, Vol. 2, H. 1, Baden-Baden, S. 1-25.

Blankart, Charles Beat. (1991): Öffentliche Finanzen in der Demokratie: eine Einführung in die Finanzwissenschaft, München.

Bohley, Peter (1996): Statistik, München.

Bohm, Peter (1971): An Approach to the Problem of Estimating Demand for Public Goods, in: The Swedish Journal of Economics, Heft 73, Stockholm, S. 55 ff.

Bökemann, Dieter (1990): The Importance of Infrastructure in Regional Evolution, in: **Peschel**, Karin (Ed.): Infrastructure and the Space Economy, Berlin/Heidelberg, S. 81 ff.

Böttger, W.; **Napp-Zinn**, A.F.; **Riebel**, P., **Seidenfus**, H. St.; **Wehner**, B. (1962): Methodische Probleme der vergleichenden Wegekostenrechnung für Schiene, Straße und Binnenwasserstraße –Gutachten erstattet dem Bundesminister für Verkehr, Anlage 5, Bundestagsdrucksache IV/1449 vom 02.08.1962, Bonn.

Braden, John B.; **Kolstadt**, C.D. (1992): Measuring the Demand for Environmental Quality, North-Holland.

Brake, Klaus (1994): Dezentrale Konzentration, in: Informationen zur Raumentwicklung, H. 7/8, Bonn, S. 481-488.

Bühl, Achim; **Zöfel**, Peter (1998): SPSS für Windows Version 7.5, Bonn.

Bundesamt für Bauwesen und Raumordnung (1998): Verlagerungspotentiale in verkehrlich hoch belasteten Fernverkehrs-Korridoren, Heft 90–Forschungen, Bonn.

Bundesamt für Bauwesen und Raumordnung (1999): Siedlungsstrukturen der kurzen Wege (Ansätze für eine nachhaltige Stadt-, Regional- und Verkehrsentwicklung), Werkstatt: Praxis Nr. 1/1999, Bonn.

Bundesanstalt für Straßenwesen (BASt) (1989): Schätzung der gesamtwirtschaftlichen Unfallkosten 1988, Bergisch-Gladbach 1989.

Bundesminister für Verkehr (1973): Der Mensch hat Vorfahrt, o.O. 1973.

Bundesminister für Verkehr (1976/1989): KONTIV-Untersuchungen 1976/1989.

Bundesminister für Verkehr (1993): Telematik im Verkehr, in: Verkehrsnachrichten, Heft 10, Berlin, S. 1-4.

Bundesminister für Verkehr (1995): Schienenpersonennahverkehr ist jetzt Ländersache, in: Verkehrsnachrichten, Heft 12, Berlin, S. 5-6.

Bundesminister für Verkehr (Hrsg.) (1965): Die Verkehrspolitik in der Bundesrepublik Deutschland 1949-1965, Band 29 der Schriftenreihe des Bundesministers für Verkehr, Hof/Saale.

Bundesminister für Verkehr (Hrsg.) (1992): Bundesverkehrswegeplan 1992: (BVWP '92), Bonn.

Bundesministerium für Raumordnung, Bauwesen und Städtebau (1996a): Siedlungsentwicklung und Siedlungspolitik: Nationalbericht Deutschland zur Konferenz HABITAT II, Bonn.

Bundesministerium für Raumordnung, Bauwesen und Städtebau (1996b): Raumordnung in Deutschland, Bonn.

Bundesministerium für Verkehr (1992): Projektdossiers BVWP '92 (HE 1002; HE 9), Bonn.

Bundesministerium für Verkehr (1995): So plant der Bund seine Verkehrswege – Bundesverkehrswegeplan nach Bundesverkehrswegeplanung–, Bonn.

Bundesministerium für Verkehr, Bau- und Wohnungswesen (BMVBW) (1999): Verkehrsnachrichten, Heft 11, Berlin.

Busch, Berthold; **Klös**, Hans-Dieter (1995): Potentialfaktor Infrastruktur, Band 222 der Beiträge zur Wirtschafts- und Sozialpolitik des Instituts der Deutschen Wirtschaft Köln, Köln.

Canning, D.; **Fay**, L.M. (1993): The Effect of Transportation Networks on Economic Growth, Discussion Paper, Columbia University.

Cerwenka, Peter (1994): Beiträge der Informationstechnik für eine effiziente Verkehrsgestaltung, in: Raumforschung und Raumordnung, Heft 4/5, Bonn, S. 316-321.

Clark, John Maurice (1961): Competition as a Dynamic Process, Washington.

Coase, Ronald Henry (1960): The problem of social costs, in: Journal of Law and Economics, Heft 3, Chicago, S. 1-44.

Conrad, Klaus; **Seitz**, Helmut (1994): The economic benefits of public infrastructure, in: Applied Economics, Vol. 26, 1994, S. 303-311.

Cox, Helmut; **Hübener**, Harald (1981): Wettbewerb. Eine Einführung in die Wettbewerbstheorie und Wettbewerbspolitik, in: **Cox**, Helmut; **Jens**, Uwe; **Market**, Kurt (Hrsg.), Handbuch des Wettbewerbs, München, S. 1-48.

Daubertshäuser, Klaus (1984): Gegen eine liberalistische Verkehrsmarktpolitik, in: Wirtschaftsdienst XII, Hamburg, S. 581-584.

Deutsches Institut für Wirtschaftsforschung (DIW) (1997): Strukturanalyse und Rückschätzung der Statistik des Straßengüterverkehrs, Gutachten im Auftrag des Bundesministers für Verkehr, Berlin.

Deutsches Institut für Wirtschaftsforschung (DIW) (Hrsg.) (1989): Zur Entwicklung der Totalen Faktorproduktivität in den Wirtschaftszweigen der Bundesrepublik Deutschland, in: DIW-Wochenbericht Nr. 8, Berlin, S. 83-88.

Deutsches Institut für Wirtschaftsforschung (DIW) (Hrsg.) (1994): Entwicklung des Personenverkehrs in Deutschland bis zum Jahr 2010, in: DIW-Wochenbericht Nr. 22, Berlin, S. 365-374.

Deutsches Institut für Wirtschaftsforschung (DIW) (Hrsg.) (1997): Trassenpreise der Deutschen Bahn AG –diskrimierungsfrei und kostendeckend?, in: DIW-Wochenbericht Nr. 26, Berlin, S. 457-462.

Deutsches Institut für Wirtschaftsforschung (DIW) (Hrsg.) (1998): Wettbewerb im Öffentlichen Personennahverkehr unausweichlich, in: DIW-Wochenbericht Nr. 19, Berlin, S. 311-317.

Deutsches Institut für Wirtschaftsforschung (DIW) (verantwortlich für den Inhalt); **Bundesministerium für Verkehr (Hrsg.)** (verschiedene Jahrgänge): Verkehr in Zahlen, Berlin/Hamburg.

Deutsches Nationalkomitee Habitat II (1996): Nationaler Aktionsplan zur nachhaltigen Siedlungsentwicklung, Bonn.

Diekmann, Achim (1990): Nutzen und Kosten des Automobils –Vorstellungen zu einer Bilanzierung. Internationales Verkehrswesen 42, Heft 6, Frankfurt (M) , S. 332-340.

Dixit, Avinash; **Nalebuff**, Barry (1997): Spieltheorie für Einsteiger: Strategisches Know-how für Gewinner, Stuttgart.

Dogs, Ernst; **Platz**, Holger (PLANCO Consulting) (1990): Externe Kosten des Verkehrs –Schiene, Straßen, Binnenschiffahrt, Essen.

Domschke, Wolfgang (1972): Kürzeste Wege in Graphen: Algorithmen, Verfahrensvergleiche, Meisenheim.

Dosch, Fabian; **Lutter**, Horst; **Otto**, Ingrid; **Pütz**, Thomas; **Schmitz**, Stefan (1995): Verkehrlich hochbelastete Räume, Arbeitspapier 9/1995 der Bundesforschungsanstalt für Landeskunde und Raumordnung, Bonn.

Easterly, William; **Rebelo**, Sergio (1993): Fiscal Policy and Economic Growth: An Empirical Investigation, NBER Working Papier Series No. 4499.

Eckey, Hans-Friedrich; **Horn**, Klaus; **Stock**, Wilfried (1995): Regionale und verkehrliche Auswirkungen des Neubaus der A44 Ratingen-Bochum/Witten, RUFIS 95,4, Bochum.

Eckey, Hans-Friedrich; **Kosfeld**, Reinhold; **Dreger**, Christian (1992): Statistik, Wiesbaden.

Eckey, Hans-Friedrich; **Kosfeld**, Reinhold; **Dreger**, Christian (1995): Ökonometrie, Wiesbaden.

Eickhof, Norbert (1993a): Verkehrsmarktordnungen und Güterverkehrsentwicklung, in: WISU, 22. Jg., Heft 7–Juli, WISU-Studienblatt, Düsseldorf, Beilage.

Eickhof, Norbert (1993b): Verkehrspolitische Reformerfordernisse, in: WISU, 22. Jg., Heft 5–Mai, Düsseldorf, S. 453-460.

EMNID (1991): KONTIV 89, Bielefeld.

Enderlein, Heinz; **Kunert**, Uwe (1990): Berechnung der Kosten und der Ausgaben für die Wege des Eisenbahn-, Straßen-, Binnenschiffs- und Luftverkehrs in der Bundesrepublik Deutschland für das Jahr 1987, Berlin.

Enderlein, Heinz; **Link**, Heike (1992): Berechnung der Wegekosten- und Wegeausgabendeckungsgrade für den Straßenverkehr in den alten Ländern der Bundesrepublik Deutschland für das Jahr 1991, Berlin.

Enderlein, Heinz; **Rieke**, Heilwig (1987): Berechnung der Kosten für die Wege des Eisenbahn-, Straßen- Binnenschiffs- und Luftverkehrs in der Bundesrepublik Deutschland für das Jahr 1984, Berlin.

Erdmenger, Jürgen (1996): Transeuropäische Netze im Bereich Verkehr, in: EUREG, Heft 3, Hannover, S. 6-15.

Ernst, Matthias; **Walpuski**, Dirk (1997): Telekommunikation und Verkehr, München.

Europäische Gemeinschaften (1993): Die künftige Entwicklung der gemeinsamen Verkehrspolitik: Globalkonzept einer Gemeinschaftsstrategie für eine auf Dauer tragbare Mobilität, Bulletin der Europäischen Gemeinschaften, Beilage 3, o.O.

Europäisches Parlament der EG (1961): Terminologische Liste der verkehrswirtschaftlichen Begriffe mit Berücksichtigung der Kostenfrage. Anlage zum Bericht von Herrn Paul J. Kapteyn über Fragen der gemeinsamen Verkehrspolitik im Rahmen der Europäischen Wirtschaftsgemeinschaft, Sitzungsdokument Nr. 106, Luxemburg.

European Conference of Ministers of Transport (ECMT) (1995): European transport trends and infrastructural needs, Paris.

European Conference of Ministers of Transport (ECMT) (1996): Report of the Hundred and Second Round Table on Transport Economics, held in Paris on 9th-10th May 1996 on the following topic: Changing Daily Urban Mobility: Less or Differently, Paris.

European Conference of Ministers of Transport (ECMT) (1998): Efficient Transport for Europe (Policies for Internalisation of External Costs), Paris.

Ewers, Hans-Jürgen; **Rodi**, Hansjörg (1995): Privatisierung der Bundesautobahnen, Göttingen.

Feichtinger, Gustav; **Hartel**, Richard F.(1986): Optimale Kontrolle ökonomischer Prozesse, New York.

Forschungsgesellschaft für Straßen- und Verkehrswesen (Arbeitsgruppe Verkehrsplanung) (1986): Richtlinien für die Anlage von Straßen, Teil: Wirtschaftlichkeitsuntersuchungen (RAS-W), Köln.

Forschungsgesellschaft für Straßen- und Verkehrswesen (Arbeitsgruppe Verkehrsplanung) (1997): Kommentar zum Entwurf „Empfehlungen für Wirtschaftlichkeitsuntersuchungen an Straßen (EWS)“, Ausgabe 1997

Frank, Hans-Joachim; **Walter**, Norbert (1993): Strategien gegen den Verkehrsinfarkt.

Frehn, Michael (1995): Verkehrsvermeidung durch wohnungsnahe Infrastruktur, in: Raumforschung und Raumordnung, 53. Jg., Heft 2, Bonn, S. 102-111.

Fritsch, Michael; **Wein**, Thomas; **Ewers**, Hans-Jürgen (1993): Marktversagen und Wirtschaftspolitik, München.

Gassner, Erich (1992): Umweltaspekte des Verkehrswegeplanungsbeschleunigungsgesetzes unter besonderer Berücksichtigung der Plangenehmigung, in: Natur und Recht, 14. Jg., Berlin, S. 449-453.

Gatzweiler, Hans-Peter; **Irmen**, Eleonore; **Janich**, Helmut (1990): Auswahl und Berechnung von Infrastrukturindikatoren zur Neuabgrenzung der Gemeinschaftsaufgabe "Verbesserung der regionalen Wirtschaftsstruktur", Bonn-Bad Godesberg.

Gawel, Erik (1994): Positive externe Effekte des Automobilverkehrs –Eine Schimäre?, in: Zeitschrift für Angewandte Umweltforschung, 7. Jg., Heft 2, Berlin, S. 158-162.

Generaldirektion Sieben (Verkehr) der EU-Kommission (1999): Internet-Mitteilung (http://www.europa.eu.int/pol/ten/proj_de.htm), abgerufen am 19.10.1999.

Gerlach, Jürgen (1996): Dezentrale Versorgungsstrukturen und umweltorientierter Verkehr –ein Widerspruch?, in: Internationales Verkehrswesen, Heft 9, Hamburg, S. 12-16.

Giersch, Herbert (1981/82): Wie Wissen und Wirtschaft wachsen, in: List-Forum, Vol. 11, H. 3, Düsseldorf, S. 143-162.

Girnau, Günter (1996): Der Stand der Regionalisierung –Lösungen und offene Fragen–, in: Internationales Verkehrswesen, Heft 5, Hamburg, S. 4-9.

Glaser, Christian (1992): Externe Kosten des Straßenverkehrs. München.

Gratza, Hugo; **Hahn**, Wolfgang; **Steenken**, Nicolaus (1996): Möglichkeiten einer Privatisierung von Bundesautobahnen, in: Internationales Verkehrswesen (48), Heft 6, Hamburg, S. 13-19.

Grupp, Hariolf (1986): Die sozialen Kosten des Verkehrs. Verkehr und Technik, Hefte 9 und 10, Berlin/Bielefeld/München, S. 359-366 und S. 403-407.

Haase, Dagmar (1998): Das neue Trassenpreissystem der Deutschen Bahn AG, in: Internationales Verkehrswesen, Heft 10, Hamburg, S. 460-465.

Haggett, Peter; **Cliff**, Andrew; **Frey**, Allan (1977): Locational Models, Bristol.

Hahn, Georg; **Reineke**, Wilken (1994): Güterverkehrszentren –Die bessere Hälfte, in: Logistik heute 9-94, München.

Hahn, Wolfgang; **Kretschmer-Bäumel**, Elvira (1998): Telematik im Verkehr –Stand und Perspektiven aus verkehrspolitischer Sicht, in: Internationales Verkehrswesen, Heft 10, Hamburg, S. 485-492.

Hamm, Walter (1964): Preise als verkehrspolitisches Ordnungselement, Heidelberg.

Hamm, Walter (1988): Verkehr, in: Handwörterbuch der Wirtschaftswissenschaft, Band 8, Stuttgart u. New York, Tübingen, Göttingen und Zürich, S. 224 ff.

Hanley, Nick; **Spash**, Cliv L. (1991): An Introduction to Modern Welfare Economics, Cambridge.

Hanley, Nick; **Spash**, Cliv L.(1993): Cost-Benefit-Analysis and the Environment, Bodmin.

Hansmann, Armin; **Pautsch**, Peter R. (1992): Standortkriterien und Netzstrukturen von Güterverkehrszentren (GVZ), vervielfältigtes Manuskript, o.O.

Hanusch, Horst (1994): Nutzen-Kosten-Analyse, 2. Aufl., München.

Hayek, Friedrich August von (1968): Der Wettbewerb als Entdeckungsverfahren, Institut für Weltwirtschaft, Kieler Vorträge, N.F., 56, Kiel.

Heimes, Anton (1989): Handlexikon des Güterkraftverkehrs, Hamburg.

Heine, Wolf-D. (1998): Mobilitätspsychologie –Psychologie für ein situationsangepaßtes Mobilitätsverhalten, in: Zeitschrift für Verkehrswissenschaft, 69. Jg., Heft 1/1998, S. 23ff., Düsseldorf, S. 23-70.

Heinemann, Tobias (1999): Rechtliche Vorgaben für die „2. Stufe Bahnreform", in: Internationales Verkehrswesen, Heft 5, Hamburg, S. 174-179.

Heinsch, Brigitte (1986): Der Einfluß des öffentlichen Inputs Verkehrsinfrastruktur auf die Wettbewerbsfähigkeit einer Volkswirtschaft, Frankfurt/Bern/New York.

Hengevoss, Tilman (1990): Dienstleistungen, technischer Fortschritt und industrielle Wettbewerbsfähigkeit, Winterthur.

Hesse, Helmut (1980): Nutzen-Kosten-Analyse I: Theorie, in: Handwörterbuch der Wirtschaftswissenschaften, Band 5, Stuttgart, S. 361-382.

Hesse, Markus (1995): Verkehrswende, Raumforschung und Raumordnung, 53. Jg., Heft 2, Bonn.

Hessisches Ministerium für Wirtschaft, Verkehr, Technologie und Europaangelegenheiten (1995): A 44 Kassel-Eisenach (Planungssystematik und Vorzugskorridor), Wiesbaden.

Hofmann, Ulrich (1996): Produktivitätseffekte der öffentlichen Infrastruktur, Frankfurt.

Höller, Marcel (1994): Informations- und Kommunikationstechnologien: Techniküberblick und Potential zur Verkehrsvermeidung, in: **Höller**, Marcel u.a. (1994): Die Bedeutung von Informations- und Kommunikationstechnologien für den Verkehr, Göttingen, S. 7-58.

Holocher, Klaus (1988): Wegerechnungen für Straßen, Darmstadt.

Holz-Rau, Christian; **Kutter**, Eckhard (1995): Verkehrsvermeidung (Siedlungsstrukturelle und organisatorische Konzepte), Heft 73 der Materialien zur Raumentwicklung der Bundesforschungsanstalt für Landeskunde und Raumordnung, Bonn.

Hoppmann, Erich (1966): Das Konzept der optimalen Wettbewerbsintensität, in: Jahrbücher für Nationalökonomie und Statistik, Vol. 179, Stuttgart, S. 286-323.

Hoppmann, Erich (1968): Zum Problem einer wirtschaftspolitisch praktikablen Definition des Wettbewerbs, in: **Schneider**, Hans Karl (Hrsg.): Grundlagen der Wettbewerbspolitik, Schriften des Vereins für Socialpolitik, N.F., 48, Berlin, S. 9-49.

Hoppmann, Erich (1978): Das Konzept des wirksamen Preiswettbewerbs, Tübingen.

Huckestein, Burkhard; **Verron**, Hedwig (1995): Externe Effekte des Verkehrs in Deutschland. In: Mobilität um jeden Preis? Expertenworkshop zu externen Kosten des Verkehrs, 6.11.1995, Berlin.

ifo-Institut für Wirtschaftsforschung (1995): Vorausschätzungen der Verkehrsentwicklung in Deutschland bis zum Jahr 2010, München.

Ifo-Institut für Wirtschaftsforschung (Hrsg.) (1989): Standort Bundesrepublik im Urteil des verarbeitenden Gewerbes, in: ifo-schnelldienst 4/89, Berlin, S. 22-28.

Illing, Gerhard (1995): Spieltheorie in den Wirtschaftswissenschaften, in: Wirtschaftswissenschaftliches Studium (WiSt), Heft 10, S. 509-516.

Informationsdienst des Institut der deutschen Wirtschaft (iwd) (1993), 2/1993, Köln.

Institut für Angewandte Wirtschaftsforschung (1995): Ökonomische Systemanalyse für das Verkehrswesen, Tübingen.

Institut für Wirtschaftsforschung Halle (1994): Regionale Wirtschaftsförderung in Sachsen-Anhalt, Halle.

Intraplan Consult GmbH, München; Institut für Angewandte Verkehrs- und Tourismusforschung (IVT), Heilbronn (1991): Personenverkehrsprognose 2010 für Deutschland, München.

Jochimsen, Reimut (1966): Theorie der Infrastruktur, Tübingen.

Johansson, Per-Olov (1987): The Economic Theory and Measurement of Environmental Benefits, Cambridge.

Johnston, John (1956): Scale, Costs and Profitability in Road Passenger Transport, in: Journal of Industrial Economics, Vol. 4.

Johnston, John (1984): Econometric Methods, New York.

Kågeson, Per (1993): Getting The Prices Right. A European Scheme for Making Transport Pay its True Costs. Brüssel.

Karl, Helmut (1996): Bedarf die europäische Integration einer europäischen Raumordnungspolitik?, in: Wolfgang Gick (Hrsg.) (1996): Die zukünftige Ausgestaltung der Regionalpolitik in der EU, München.

Kellenbenz, Hermann (1988): Verkehr I: Geschichte, in: Handwörterbuch der Wirtschaftswissenschaft, Band 8, Stuttgart/Tübingen/Göttingen.

Kemming, Herbert (1980): Raumwirtschaftstheoretische Gravitationsmodelle, Berlin.

Kessel + Partner Verkehrsconsultants, Freiburg i. Br. (1991): Güterverkehrsprognose 2010 für Deutschland, Freiburg i. Br.

Kinnock, Neil (1996): Towards Fair and Efficient Pricing in Transport. Communication to the European Commission, Brüssel.

Kirchhoff, Peter (1997): Methodische Grundlagen und Inhalte von Nahverkehrsplänen für den ÖPNV, in: Internationales Verkehrswesen, Heft 6, Hamburg, S. 306-311.

Kirsch, Guy ; **Theiler**, Jürg (1978): Föderalismus, in: WISU, Heft 7, Düsseldorf, S. 345-350.

Klemmer, Paul; **Eckey**, Hans-Friedrich; **HLT** (1985): Überprüfung des Systems der Schwerpunktorte im Rahmen der Gemeinschaftsausgabe "Verbesserung der regionalen Wirtschaftsstruktur", Sprockhövel/Schauenburg/Wiesbaden.

Knieps, Günter (1993): Privatisierung und Deregulierung im Öffentlichen Personennahverkehr, in: Zeitschrift für Verkehrswissenschaften, 64. Jg., Heft 4, Düsseldorf, S. 249-259.

Knieps, Günter (1998): Das neue Trassenpreissystem –Volkswirtschaftliche Vorteile eines zweistufigen Systems–, in: Internationales Verkehrswesen, Heft 10, Hamburg, S. 466-470.

Knop, Bernd H.(1976): Verkehr und regionaler Entwicklungsstand, Bochum.

Knorr, Andreas (1998): Bilaterale, regionale oder multilaterale Liberalisierung des Luftverkehrs?, in: Internationales Verkehrswesen, Heft 9, Hamburg, S. 383-387.

Köberlein, Christian (1997): Kompendium der Verkehrspolitik, München.

Köhler, Karl Gregor (1967): Zur Rechnungsmethodik der Wegekosten - Die Aussagefähigkeit alternativer Wegekostenrechnungen für verkehrspolitische Entscheidungen, (Verkehrswissenschaftliche Studien aus dem Institut für Verkehrswissenschaft der Universität Hamburg, Heft 4), Göttingen.

Koll, Robert (1979): Regionales Wachstum, München.

Kommission der Europäischen Gemeinschaft (1969): Bericht über die Musteruntersuchung gemäß Artikel 3 der Entscheidung des Rates Nr. 65/270/EWG vom 13. Mai 1965, EWG-SEK (69) 700, Brüssel.

Kommission der Europäischen Gemeinschaft (1993): Wachstum, Wettbewerbsfähigkeit und Beschäftigung (Weißbuch zu den Herausforderungen der Gegenwart und Wege in das 21. Jahrhundert), in: Bulletin der Europäischen Union, 26. Jg., Beilage 6, o.O.

Kommission der Europäischen Gemeinschaft (1994): Volkswirtschaftliche Kosten der Straßenverkehrsunfälle –Bericht–, Brüssel.

Kommission der Europäischen Gemeinschaft (1995): Faire und effiziente Preise im Verkehr (Grünbuch), Brüssel.

Kommission der Europäischen Gemeinschaft (1999a): Internet-Mitteilung der (http://www.europa.eu.int/pol/ten/proj_de.htm) vom 18.06.1999

Kommission der Europäischen Gemeinschaft (1999b): Faire Preise für die Infrastrukturbenutzung: ein abgestuftes Konzept für einen Gemeinschaftsrahmen für Verkehrs- und Infrastrukturgebühren in der EU, Luxemburg.

Kommission der Europäischen Gemeinschaft (1999c): EUROTOLL Project, Final Report for Publication, 23.03.1999, o.O.

Koshal, Rajindar K. (1970): Economies of Scale in Bus Transport: India, in: Journal of Transport Economics and Policy, Vol. 4, No. 1, London, S. 29-36.

Koshal, Rajindar K. (1972): Economies of Scale in Trucking and Bus Transport, in: Journal of Transport Economics and Policy, Vol. 6, No. 2, London, S. 147-153.

Kracke, Rolf. u.a. (1991): Untersuchung über mögliche Standorte von Güterverkehrszentren in Norddeutschland, Hannover.

Laaser, Claus-Friedrich (1991a): Marktöffnung und Wettbewerb –Das erste Gutachten der Deregulierungskommission–, in: Zeitschrift für Verkehrswissenschaft, Bd. 62–Heft 2, Düsseldorf, S. 111-121.

Laaser, Claus-Friedrich (1991b): Wettbewerb im Verkehrswesen, Tübingen.

Laaser, Claus-Friedrich (1994): Die Bahnstrukturreform –Richtige Weichenstellung oder Fahrt auf Abstellgleis?, Kiel.

Lassen, Diethard (1979): Unzerschnittene verkehrsarme Gebiete in der Bundesrepublik Deutschland, in: Natur und Landschaft 54, H. 10, Bonn, S. 333-334.

Lassen, Diethard (1987): Unzerschnittene verkehrsarme Gebiete über 100 km^2 Flächengröße in der Bundesrepublik Deutschland. Fortschreibung 1987, in: Natur und Landschaft 62, H. 12, Bonn, S. 532-535.

Lassen, Diethard (1990): Unzerschnittene verkehrsarme Gebiete über 100 km^2 –eine Ressource für die ruhige Erholung, in: Natur und Landschaft 65, H. 6, Bonn, S. 326-327.

Lauritzen, Lauritz (1973): Der Mensch hat Vorfahrt – Kursbuch für die Verkehrspolitik: ein Konzept des Bundesministers für Verkehr, Bonn.

Le Blanc, L.J.; **Rothengatter**, Werner (1982): Gleichgewicht in Verkehrsnetzen. Das Basismodell und einige Erweiterungen für integrierte Verkehrsplanungen, in: Jahrbuch für Regionalwissenschaft 3, Heidelberg, S. 82-115.

Lee, Norman; **Steedman**, Ian (1970): Economies of Scale in Bus Transport, in: Journal of Transport Economics and Policy, Vol. 4, No. 1, London, S. 15-28.

Leerkamp, Bert; **Nobel**, Thomas (1999): GVZ: Bausteine einer nachhaltigen Raum-, Verkehrs- und Standortplanung, in: Internationales Verkehrswesen, Heft 7+8, Hamburg, S. 325-328.

Linden, Walter (1961): Grundzüge der Verkehrspolitik, Wiesbaden.

Ludewig, Johannes (1998): Die Deutsche Bahn AG im Spannungsfeld zwischen unternehmerischem und öffentlichem Interesse, in: Wirtschaftsdienst, 78. Jg.–September, Hamburg, S. 507-509.

Lutter, Horst (1980): Raumwirksamkeit von Fernstraßen, Bonn.

Lutz, Friedrich A. (1956): Bemerkungen zum Monopolproblem, in: ORDO, Jahrbuch für die Ordnung von Wirtschaft und Gesellschaft, Vol. 8, Stuttgart, S. 19-43.

Maennig, Wolfgang; **Thies**, Carsten (1998): Markt- und Wettbewerbsversagen bei der Errichtung von Güterverkehrszentren, in: Zeitschrift für Verkehrswissenschaft, 69. Jg., Heft 1, Düsseldorf, S. 1-22.

Marburger, Ernst-Albrecht (1974): Zur Frage der Beeinflussung von Haus- und Grundstückspreisen durch straßenverkehrsabhängige Lärm- und Abgasemissionen, in: Zeitschrift für Verkehrswissenschaft, Heft 45, Düsseldorf, S. 19-37.

Michaelis, Peter (1996): Ökonomische Instrumente der Umweltpolitik, Heidelberg.

Ministerkonferenz für Raumordnung (1997): Entschließung „Handlungskonzepte zur Entlastung verkehrlich hochbelasteter Räume von Kfz-Verkehr" der MKRO vom 03.06.1997.

Mitteilungen der Kommission: Die künftige Entwicklung der gemeinsamen Verkehrspolitik, Beilage 3 des Bulletins der Europäischen Gemeinschaften, 1993.

Müller-Merbach, Heiner (1970): Operations Research, Berlin und Frankfurt (M).

Newbery, David (1995): Reforming road taxation, Hampshire.

o.V. (1974): Brockhaus-Enzyklopädie, 19. Band, Wiesbaden.

o.V. (1988): Wirtschaftswoche Nr. 42 vom 14.10.1988

o.V. (1989): Standort Bundesrepublik im Urteil des verarbeitenden Gewerbes, in: Ifo-Schnelldienst 4/89, S. 22-28.

o.V. (1990): Deregulierung drängt, in: Informationsdienst des Institut der deutschen Wirtschaft (iwd) vom 31. Mai 1990, Köln.

o.V. (1994a): Europaweit vernetzt, in: Informationsdienst des Institut der deutschen Wirtschaft (iwd) vom 11. August 1994, Köln.

o.V. (1994b): Zwischenbericht der persönlichen Beauftragten über die transeuropäischen Netze, in: Bulletin der Europäischen Union, 27. Jg., Sonderbeilage 2, o.O.

o.V. (1996): Städtebauliche Konzepte zur Verkehrsvermeidung, ExWoSt-Informationen zum Forschungsfeld „Städtebau und Verkehr", 06.8, Bonn.

o.V. (1997): Gabler-Wirtschafts-Lexikon, Wiesbaden 1997.

o.V. (1998a): Nahverkehr auf der Schiene wächst anhaltend, in: Verkehrsnachrichten, Heft 1, Berlin, S. 5-6.

o.V. (1998b): Wesentliche Änderungen in der Deutschen Schieneninfrastrukturfinanzierung, in: Internationales Verkehrswesen, Heft 11, Hamburg, S. 523-524.

o.V. (1999a): Mobilitätsbilanz (herausgegeben von der Deutschen Bahn AG und der Umweltstiftung WWF-Deutschland), Frankfurt.

o.V. (1999b): Neue Etappe mobiler Marktwirtschaft, in: DB Mobil, Juni, Hamburg.

Oates, Wallace E. (1992): Fiscal Federalismus, New York.

Pearce, David W.; **Markandya**, Anil (1988): The Benefits of Environmental Policy, Paris.

Pearce, David W.; **Turner**, R. Kerry (1990): Economics of Natural Ressources and the Environment, New York, London, Toronto, Sydney, Tokyo.

Pearce, David; **Markanya**, Anil; **Barbier**, Edward B. (1991): Blueprint for a Grean Economy, London.

Peschel, Karin (Ed.) (1990): Infrastructure and the Space Economy, Berlin/Heidelberg.

Pigou, Arthur Cecil (1920): The economics of Welfare, London.

PLANCO-Consulting-Gesellschaft (1993): Gesamtwirtschaftliche Bewertung von Verkehrswegeinvestitionen: Bewertungsverfahren für den Bundesverkehrswegeplan 1992, Heft 72 der Schriftenreihe des Bundesministeriums für Verkehr, Essen und Bonn.

Pompl, Wilhelm (1998): Luftverkehr, Berlin.

Presse- und Informationsamt der Bundesregierung (Hrsg.) (1994): Der Vertrag, Bonn.

Pressereferat des Bundesministers für Verkehr (Hrsg.) (1998): Verkehrsnachrichten 5/6-98, Berlin.

Rangosch-du Moulin, Simone (1998): Einsparungen im Pendler- und Geschäftsreiseverkehr durch Telekommunikation, in: Internationales Verkehrswesen, Heft 5, Hamburg, S. 203-208.

Ratzenberger, Ralf (1997): Finanzleistungen für den Öffentlichen Personennahverkehr, in: Ifo-Schnelldienst 14, S. 11-22.

Reimers, Walter (1983): Determinanten regionalen Wachstums, München.

Reinhold, Tom (1997): Zur Problematik der Monetarisierung externer Kosten des Verkehrslärms, in: Zeitschrift für Verkehrswissenschaft, 68. Jg., Heft 3, Düsseldorf, S. 123-164.

Richter, Klaus-Jürgen (1995): Verkehrsökonometrie, München.

Ridker, R.G.; **Hennig**, J.A. (1967): The Determinants of Residental Property Values with Special Reference to the Air Pollution, in: The Review of Economic Statistics, Heft 44,Cambridge (Mass), S. 246-257.

Ronning, Gerd (1988): Möglichkeiten und Grenzen der ökonometrischen Nachfrageanalyse, in: Wirtschaftswissenschaftliches Studium, Heft 2, S. 65-72.

Rothengatter, Werner; **Gehrung**, Peter; **Gresser**, Klaus (1998): Verlagerungspotentiale in verkehrlich hoch belasteten Fernverkehrs-Korridoren, Heft 90 der Forschungen des Bundesamtes für Bauwesen und Raumordnung, Bonn.

Sachverständigenrat zur Begutachtung der gesamtwirtschaftlichen Entwicklung (1994), Jahresgutachten 1994/95, Stuttgart.

Sartowski, Roman (1990): Organisation und Praxis kommunaler Wirtschaftsförderung: dargestellt am Beispiel der Kommunen Schleswig-Holsteins, Düsseldorf.

Schalk, Hans-Joachim (1976): Die Bestimmung regionaler und sektoraler Produktivitätsunterschiede durch die Schätzung von Produktionsfunktionen, Bd. 32 der Beiträge zum Siedlungs- und Wohnungswesen und zur Raumplanung, Münster.

Schiller, Hans (1982): Der Einfluß von Fernstraßen auf die raumstrukturelle Entwicklung, Köln.

Schips, Bernd (1990): Empirische Wirtschaftsforschung, Wiesbaden.

Schlag, B.; **Teubel**, U. (1996): Public and political issues, in: **Gunnarsson**, O.; **Schlag**, B. u.a.: Transprice deliverable, London, Göteborg.

Schmidt, Ingo (1981): Wettbewerbstheorie und -politik. Eine Einführung, Stuttgart.

Schroeter, Stefan (1998): Privatbahnen und Güterverkehr –An Hindernissen vorbeischlängeln–, in: WirtschaftsBild, 48. Jg., Nummer 48.

Schulte, Christof (Hrsg.) (1999): Lexikon der Logistik, München u.a.

Schulz, Werner (1985a): Bessere Luft, was ist sie uns wert? Eine gesellschaftliche Bedarfsanalyse auf der Basis individueller Zahlungsbereitschaften. Texte 25/85 des Umweltbundesamtes, Berlin.

Schulz, Werner (1985b): Der monetäre Wert besserer Luft, Frankfurt, Bern und New York.

Schumpeter, Joseph Alois (1943): Capitalism, Socialism, and Democracy, 3. Aufl., London.

Seitz, Helmut (1993): Autobahngebühren: Pay-as-you-benefit, in: Zeitschrift für Verkehrswissenschaft, 64. Jg., Heft 2, Düsseldorf S. 187-205.

Seitz, Helmut (1994a): Infrastruktur, Besteuerung und interregionaler Wettbewerb: Theoretische Aspekte und empirische Befunde, Manuskript, Universität Mannheim.

Seitz, Helmut (1994b): Public Capital and the Demand for Private Inputs, in: Journal of Public Economics, Vol. 54, S. 287-307.

Seitz, Helmut (1995): Infrastrukturversorgung als Wettbewerbsinstrument zwischen Städten, in: Elemente der ökonomischen Raumstruktur, Schriften des Vereins für Socialpolitik, N.F. Bd. 237, Berlin, S. 101-128.

Selz, Thomas (1993): Angebots- oder nachfrageseitige Steuerung der Verkehrsnachfrage? –Das Problem des induzierten Neuverkehrs, in: Zeitschrift für Verkehrswissenschaft, 64. Jg., Heft 1, Düsseldorf, S. 1-37.

Sieber, Niklas (1995): Vermeidung von Personenverkehr durch veränderte Siedlungsstrukturen, in: Raumforschung und Raumordnung, 53. Jg., Heft 2, Bonn, S. 94-101.

Socialdata, Institut für Verkehrs- und Infrastrukturforschung GmbH (1984): KONTIV 82, München.

Soltwedel, Rüdiger; **Busch**, Axel; **Gross**, Alexander; **Laaser**, Claus-Friedrich (1986): Deregulierungspotentiale in der Bundesrepublik, Kieler Studien, 202, Tübingen.

Sozialforschung Brög (1977): KONTIV 76, München.

Statistisches Bundesamt (Hrsg.) (1994a): Bodenfläche nach Art der tatsächlichen Nutzung, Fachserie 3, Reihe 5.1, Berlin.

Statistisches Bundesamt (Hrsg.) (1994b): Güterverkehr der Verkehrszweige, Fachserie 8, Reihe 1, Wiesbaden.

Statistisches Bundesamt (Hrsg.) (1995): Statistisches Jahrbuch 1995 für die Bundesrepublik Deutschland, Stuttgart.

Statistisches Bundesamt (Hrsg.) (1997): Statistisches Jahrbuch 1997 für die Bundesrepublik Deutschland, Stuttgart.

Statistisches Bundesamt (Hrsg.) (1998): Statistisches Jahrbuch 1998 für die Bundesrepublik Deutschland, Stuttgart.

Statistisches Bundesamt (o.J.): Erwerbstätige nach Wirtschaftsgruppen, -unterbereichen, -bereichen und Stellung im Beruf, Mikrozensus 1996, o.O.

Steinberg, Rudolf; **Berg**, Thomas (1994): Das neue Planungsvereinfachungsgesetz, in: Neue Juristische Wochenzeitschrift (NJW), 47. Jg., Heft 8, München, S. 488-491.

Strassert, Günter (1973): Nutzwertanalyse, in: Methoden der empirischen Regionalforschung (1. Teil), Forschungs- und Sitzungsberichte der Akademie für Raumforschung und Landesplanung, Band 87, Hannover.

Studiengesellschaft Verkehr mbH, Berlin, u.a. (1993): Modellstadt umweltfreundlicher Verkehr (Zusammenfassender Schlußbericht), erarbeitet im Auftrag des Ministeriums für Umwelt, Naturschutz und Raumordnung des Landes Brandenburg, o.O.

Suntum, Ulrich van (1986a): Das Verzinsungsproblem in der Infrastrukturfinanzierung –ein Lösungsansatz für das Straßennetz, in: Finanzarchiv, Tübingen, S. 273-296.

Suntum, Ulrich van (1986b): Konsumentenrente und Verkehrssektor, Berlin.

Suntum, Ulrich van (1986c): Verkehrspolitik, München.

Szabo, Oliver (1998): Anmerkungen zur Untersuchung der WIBERA nach § 6 des Regionalisierungsgesetzes, in: Internationales Verkehrswesen, Heft 6, Hamburg, S. 280-281.

Tengler, Hermann (1989): Die Shift-Analyse als Instrument der Regionalforschung, Stuttgart.

Teubel, Ulf (1997): Verteilungswirkungen von Straßenbenutzungsgebühren in einem städtischen Ballungsraum, in: Internationales Verkehrswesen, Heft 3, Hamburg, S. 97-103.

Teufel, Dieter (1993b): Der Autoverkehr als Umweltfaktor, in: Frank, Hans-Joachim; Walter, Norbert: Strategien gegen den Verkehrsinfarkt (1993), Stuttgart, S. 41-61.

Teufel, Dieter u.a. (1991): Umweltwirkungen von Finanzinstrumenten im Verkehrsbereich. Umwelt- und Prognose-Institut, UPI-Bericht Nr. 21, Heidelberg.

Thiesis, Michael (1998): Mobilitätsmanagement, Band 86 der Schriftenreihe für Verkehr und Technik, Bielefeld.

Thomas, Richard; **Huggett**, Richard (1980): Modelling in Geography, London.

Thomson, John M.(1978): Grundlagen der Verkehrspolitik, Bern und Stuttgart.

Tiebout, Charles M. (1956): A pure theory of local Expenditures, in: Journal of Political Economy, Vol. 64, Chicago, S. 419 ff.

Tuchtfeldt, Egon (1970): Infrastrukturinvestitionen als Mittel der Strukturpolitik, in: **Jochimsen**, Reimut; **Simonis**, Udo E. (Hrsg.): Theorie und Praxis der Infrastrukturpolitik. Schriften des Vereins für Socialpolitik N.F., Band 54, Berlin, S. 125-151.

Umwelt- und Prognose-Institut Heidelberg (UPI) (1991): Umweltwirkungen von Finanzinstrumenten im Verkehrsbereich, UPI-Bericht Nr. 21, Heidelberg.

Umweltbundesamt (Hrsg.) (1997): Daten zum Umwelt –Der Zustand der Umwelt in Deutschland, Ausgabe 1997, Berlin.

Vickerman, Roger; **Spiekermann**, Klaus; **Wegener**, Michael (1999): Accessibility and Economic Development in Europe, in: Regional Studies, Vol. 33.1 (1999), S. 1-15.

Weise, Peter u.a.(1991): Neue Mikroökonomie, Heidelberg.

Wenke, Martin (1994): Zur Elastizität der Kraftstoffnachfrage bei unterschiedlich spezifizierten Nachfragefunktionen und asymmetrischen Verbraucherreaktionen; in: RWI-Mitteilungen, Berlin, S. 39-59.

Wicke, Lutz (1982): Umweltökonomie –eine praxisorientierte Einführung, München.

Wicke, Lutz (1989): Umweltökonomie –eine praxisorientierte Einführung, 2. Auflage München.

Wilkinson, R.K. (1973): House Prices and the Measurement of Externalities, in: The Economic Journal, Heft 83, London, S. 72-86.

Wille, Eberhard (1993): Vorrang für die produktiven Ausgaben; in: Blick durch die Wirtschaft.

Willeke, Rainer (1977): 'Ruinöse Konkurrenz' als verkehrspolitisches Argument, in: ORDO, Jahrbuch für die Ordnung von Wirtschaft und Gesellschaft, Vol. 28, Stuttgart, S. 155-170.

Willeke, Rainer (1993): Zur Frage der externen Kosten und Nutzen des motorisierten Straßenverkehrs, in: Zeitschrift für Verkehrswissenschaft, 64. Jg., Heft 4, Düsseldorf, S. 215-236.

Wilson, Alan; **Kirkby**, Michael (1975): Mathematics for geographers and planners, Oxford.

Wink, Rüdiger (1996): Transeuropäische Netze: Für Wachstum oder für regionale Umverteilung, in: Wirtschaftsdienst, Heft VI, S. 301-309.

Wink, Rüdiger (1997): Aufbau transnationaler Verkehrsnetze –eine institutionelle Überforderung der Europäischen Union?, in: **Karl**, Helmut (Hrsg.): Transeuropäische Netze: Die infrastrukturpolitischen Aufgaben der EU, Bonn, S. 59-83.

Wirtschaftsforum Verkehrstelematik (1999): Verkehrstelematik –Leitlinien festgelegt, in: Verkehrsnachrichten, Heft 4, Berlin, S. 1-4.

Wissenschaftlicher Beirat beim Bundesminister für Verkehr (1996): Bundesverkehrswegeplanung: Methodische Weiterentwicklung und Privatisierungsperspektiven, in: Zeitschrift für Verkehrswissenschaft, 67. Jg., Heft 2, Düsseldorf, S. 99-121.

Wissenschaftlicher Beirat beim Bundesminister für Verkehr (1997): Bahnstrukturreform in Deutschland –Empfehlungen zur weiteren Entwicklung–, in: Internationales Verkehrswesen, Heft 12, Hamburg, S. 623-633.

Wissenschaftlicher Beirat beim Bundesminister für Verkehr, Bau- und Wohnungswesen (1999): Faire Preise für die Infrastrukturbenutzung, in: Internationales Verkehrswesen, Heft 10, Hamburg, S. 436-446.

Wissenschaftlicher Beirat beim Bundesverkehrsministerium (1998): Probleme der Regionalisierung des ÖPNV und Ansatzpunkte für ihre Lösung, in: Internationales Verkehrswesen, Heft 4, Hamburg, S. 213-223.

Zachcial, Manfred; **Roth**, Alexander; **Schneider**, Reinhard; **Meindorf**, Jürgen (1990): Verbesserung des Verfahrens für die Erfassung von Projektbeiträgen zur Überwindung regionaler Unterbeschäftigung in der Bundesrepublik Deutschland, Bremen.

Zeppernick, Ralf (1990): Die Diskussion um die Standortqualität der Bundesrepublik Deutschland, in: Wirtschaftsdienst I, S. 51-56.

Zippel, Wulfdiether (Hrsg.) (1996): Transeuropäische Netze, 1. Aufl., Schriftenreihe des Arbeitskreises Europäische Integration e.V., Bd. 39, Baden-Baden.

Zumkeller, Dirk (1997): Sind Telekommunikation und Verkehr voneinander abhängig? Ein integrierter Raumüberwindungskontext, in: Internationales Verkehrswesen, Heft 1+2, Hamburg, S. 16-21.

Zitierte Gesetze und Verordnungen

Allgemeines Eisenbahngesetz (AEG) vom 27. Dezember 1993 (BGBl. I, S. 2378, 2396).

Amtsblatt der Europäischen Gemeinschaft (1993): EG-Richtlinie 92/89/EWG vom 25. Oktober 1993

Autobahnbenutzungsgebühren-Gesetz (ABBG) vom 9.2.1994, (BGBl. II, S. 1765).

Bundesfernstraßengesetzes in der Fassung der Bekanntmachung vom 19. 4. 1994 (BGBl. I, S. 854), geändert durch das Vierte Gesetz zur Änderung des Bundesfernstraßengesetzes vom 18. 6. 1997 (BGBl. I, S. 1452).

Bundeshaushaltsordnung (BHO) vom 19. 8. 1969 (BGBl. I, S. 1284).

Bundesschienenwegeausbaugesetz vom 15.11.1993, (BGBl. I, S. 1874).

Eisenbahnneuordnungsgesetzes vom 27.12.1993 (EneuOG), (BGBl. I, S. 2378), berichtigt 1994 (BGBl. I, S. 2439).

EG-Richtlinie 92/89/EWG vom 25. Oktober 1993 (Amtsblatt der Europäischen Gemeinschaft 1993).

Fernstraßenausbaugesetz (FStrAbG) vom 15.11.1993, (BGBl. I, S. 1879).

Fernstraßenbauprivatfinanzierungsgesetz – FstrPrivFinG, vom 30.8.1994, (BGBl. I, S. 2243).

Gemeindeverkehrsfinanzierungsgesetz (GVFG) vom 28.1.1988, (BGBl. I, S. 100); geändert am 27.12.1993, (BGBl. I, S. 2378).

Gesetz für den Abschnitt Wismar-West–Wismar-Ost der Autobahn der A20; Gesetz vom 02.03.1994 (BGBl. I, S. 734).

Gesetz für die Südumfahrung Stendal im Rahmen der Schienenschnellfahrstrecke Hannover-Berlin; Gesetz vom 29.10.1993 (BGBl. I, S. 1906).

Gesetz über die Eisenbahnverkehrsverwaltung des Bundes vom 27.12.1993 (BGBl. I, S. 2378, 2394).

Gesetz über die Gründung der Deutschen Bahn –Aktiengesellschaft– Deutsche Bahn Gründungsgesetz (DBGrG) vom 27.12.1993, (BGBl. I, S. 2378).

Gesetz zur Aufhebung der Tarife im Güterverkehr (Tarifaufhebungsgesetz - TAufhG) vom 13.8.1993 (BGBl. I, S. 1489).

Gesetz zur Beschleunigung der Planungen für Verkehrswege in den neuen Ländern sowie im Land Berlin (Verkehrswegeplanungsbeschleunigungsgesetz) vom 16.12.1991, (BGBl. I, S. 2174), zuletzt geändert durch das Gesetz vom 15.12.1995 (BGBl. I, S. 1840).

Gesetz zur Neuregelung des Fracht-, Speditions- und Lagerrechts (Transportrechtsreformgesetz – TRG) vom 25. Juni 1998 (BGBl. I, S. 1588).

Gesetz zur Regionalisierung des Öffentlichen Personennahverkehrs vom 27.12.1993, (BGBl. I, S. 2395-2396).

Gesetz zur Vereinfachung der Planungsverfahren für Verkehrswege Planungsvereinfachungsgesetz –PlVereinfG vom 17. Dezember 1993, (BGBl. I, 1993, S. 2123).

Gesetz zur Zusammenführung und Neugliederung der Bundeseisenbahnen vom 27.12.1993, (BGBl. I, S. 2378-2385).

Grundgesetz der Bundesrepublik Deutschland, geändert am 20.10.1997, (BGBl. I, S. 2470).

Güterkraftverkehrsgesetz (GüKG) vom 22.06.1998, (BGBl. I, S. 1485).

Haushaltsgrundsätzegesetz vom 19.8.1969, (BGBl. I, S. 1273), geändert am 26.11.1993, (BGBl. I, S. 1928).

Luftverkehrsgesetz (LuftVG) in der Fassung der Bekanntmachung vom 14. Januar 1981 (BGBl. I, S. 61), zuletzt geändert durch Artikel 4 des Gesetzes vom 23.12.1993 (BGBl. I, S. 2123).

Luftverkehrszulassungs-Ordnung (LuftVZO) in der Fassung der Bekanntmachung vom 13.3.1979 (BGBl. I, S. 308), zuletzt geändert durch Artikel 1 der Verordnung vom 26.5.1993 (BGBl. I, S. 750).

Novellierung des Personenbeförderungsgesetzes (PBefG) vom 15.12.1995, (BGBl. I, S. 1705).

Personenbeförderungsgesetz (PBefG) vom 08. August 1990 (BGBl. I, S. 1690).

Raumordnungsbericht 1986, Drucksache 10/6207 des Deutschen Bundestages vom 19.09.1986.

Raumordnungsbericht 1993, Bonn 1993.

Verordnung über den Zugang zum Beruf des Unternehmers im innerstaatlichen und grenzüberschreitenden Binnenschiffsgüterverkehr vom 30.9.1992 (BGBl. I, S. 1760).

Stichwortverzeichnis